公共管理研究方法：一种学科融合视角下的研究途径

吴军民　编著

中国财经出版传媒集团
中国财政经济出版社

图书在版编目（CIP）数据

公共管理研究方法：一种学科融合视角下的研究途径／吴军民编著．--北京：中国财政经济出版社，2021.12

ISBN 978-7-5223-1000-8

Ⅰ.①公…　Ⅱ.①吴…　Ⅲ.①公共管理-研究方法　Ⅳ.①D035-3

中国版本图书馆CIP数据核字（2021）第253124号

责任编辑：彭　波　　　　责任印制：史大鹏
封面设计：卜建辰　　　　责任校对：胡永立

中国财政经济出版社 出版

URL：http：//www.cfeph.cn

E-mail：cfeph@cfeph.cn

社址：北京市海淀区阜成路甲28号　邮政编码：100142

营销中心电话：010-88191522

天猫网店：中国财政经济出版社旗舰店

网址：https：//zgczjjcbs.tmall.com

北京中兴印刷有限公司印刷　各地新华书店经销

成品尺寸：185mm×260mm　16开　27.25印张　620 000字

2021年12月第1版　2021年12月北京第1次印刷

定价：62.00元

ISBN 978-7-5223-1000-8

（图书出现印装问题，本社负责调换，电话：010-88190548）

本社质量投诉电话：010-88190744

打击盗版举报热线：010-88191661　QQ：2242791300

序　言

进入21世纪以来，随着以人工智能、物联网、大数据、云计算、区块链等为代表的新兴技术、新兴产业的跨越式发展，创造了大量新的发展机遇，带动了经济和社会新一轮跨越式发展，也推动了学科间的进一步融合。学科融合是成为现代学科发展的基本趋势，也是创新性成果产生的重要途径。本书正是基于这一趋势和视角，力图呈现社会学、政治学、统计学、经济学、计算机科学等多学科交叉、参与、介入成果，适应高校公共管理类专业创新型、复合型人才培养对研究方法的学习与应用要求。

学科融合是管理科学尤其是公共管理科学的基本属性和特征。爱因斯坦说："一切宗教、艺术和科学都是同一棵树上的分支。"公共管理学可以说是源于政治学，而政治学又源于哲学。包括公共管理在内的诸多学科最初都以混沌不分的形态包含于哲学范畴内，一直到西方开启近代化、工业化进程后，自然科学、社会科学的若干学科才分别从哲学中分化分离出来，并最终在19世纪末20世纪初在大学教育中逐步确立并形成了自然科学、社会科学和人文科学中若干经典学科相对独立的学科地位。19世纪自然科学三大发现即细胞学说、生物进化论和能量守恒转化定律，极大地促进了自然科学的发展并对社会发展产生了极为深远的影响。恩格斯曾高度评价了这些重要发现，认为"有了这三大发现，自然界的主要过程就得到了说明，就归结到自然的原因了"，并鲜明地提出"由于这三大发现和自然科学的其他巨大进步，我们现在不仅能够指出自然界中各个领域内过程之间的联系，而且总的说来也能指出各个领域之间的联系了，这样我们就能够依靠以经验自然科学本身所提供的事实，以近乎系统的形式描绘出一幅自然界联系的清晰的图画。"自此而降直至20世纪上半叶，公共管理学科的发展几乎都可以从自然科学经典发现中找寻融合的基因。正如控制论创始人诺伯特·维纳所说的那样："在已经建立起的科学部门间的无人的空白区上，最容易取得丰硕的成果；在两个领域交错的地方，最容易取得丰硕的成果。"例如，政治与行政二分法为传统公共行政学从政治学相对独立出来并确立了公共管理学科的基本雏形，科学管理原理为私营部门、公共部门从早期工厂管理向科学管理发展提供了科学原理，而官僚制理论则为现代社会实施合法统治的行政组织制度奠定理论基础。

进入20世纪下半叶后，公共管理学科与其他学科间的界限被不断打破并被重新划分，学科间的相互渗透、相互交叉呈现出蓬勃发展、方兴未艾的势头。其中，最为引人注目的是经济学理论、私营部门管理理论与公共管理理论的交叉渗透。例如，以市场为基础源于经济学的公共选择理论、委托—代理理论以及交易成本理论在公共管理理论中的应用和发展，以私营部门管理理论为基础的公共部门绩效管理、战略管理、弹性政府、公民参与等理论与研究的融合。尤其是20世纪70年代后，随着电子计算机、互联网等新兴信息科技的不断创新和普及应用，人类社会经历和正在经历着基于信息化、数字化、智能化以及智慧化的第四次信息技术革命，它不仅通过信息/知识技术的全领域、全过程应用而深远地改变了物质资源生产过程，而且通过改变社会通信、社会联结的结构与方式生成一个新的时代、新的社会。展望这个新的时代和社会，人们的认知和思维方式将发生深刻转变，信息与信息知识/技术将成为人类知觉活动、概念活动和原生性活动的积极参与者，信息/知识流成为推动社会科学融合发展的主要动力，跨学科、交叉学科与综合性研究以前所未有的规模、速率和特征奔涌而现，社会科学逐步迈入学科融合发展的后学科时代。

研究方法的交叉渗透和相互学习一直是公共管理学科融合最为活跃的领域之一。公共管理研究方法在继承和创新发展传统社会科学研究方法的同时，也从当代自然科学和人文科学、交叉科学以及其他新兴社会科学的研究方法中汲取营养要素，同时关注新兴科学技术发展前沿，尤其是人工智能与机器学习、增强现实/虚拟现实、物联网、量子计算、下一代认知计算等新兴科技与算法，强化公共管理研究方法的学科融合基础。就学科教育目的和价值诉求而言，研究方法融合旨在通过多学科、交叉学科资源的参与、渗透和介入，有效化解问题，更好地服务于问题的理论解释，并在问题探索、理论应用中全面培养和提高学生的研究性学习能力和公共管理学科素养。因此，基于这一基本认识，公共管理研究方法的融合首先应是以公共管理学科为主导学科，体现公共管理学科的属性和特质。也就是说，在研究方法融合的过程中，作为主导学科的公共管理研究方法是学习主体认知的对象和目标，其他学科方法是途径、技术和手段，这些途径、技术和手段的学习能更好地帮助学习者学好主导学科，丰富和拓展学习者的学习资源和认知视野。

本书的编撰契合了当前学科融合发展的趋势与现实需求。编撰者在长期的公共管理类专业教学与科学研究实践中积累了较为丰富的经验，深刻体察到不同层次的学生对研究方法尤其是融合研究方法学习有着迫切的愿望，知悉学生关于研究方法学习、应用和掌握的难点、痛点和堵点。为此，编撰者从公共管理研究生教育的特点出发，为广大高校公共管理类专业师生提供这样一套体现学科融合属性与特征的研究生教材。学科融合是不断发展和变化的，公共管理研究方法融合是不断拓展和创新的，我们将紧密跟踪社会科学融合发展，紧密跟踪公共管理学科研究方法融合的最新成果。同时，诚挚地希望广大读者给我们反馈信息，对本套教材提出批评和建议，以使本书能够在所有读者和作者的帮助下不断完善，为促进中国公共管理研究方法的发展而共同努力。

编　者

2021年9月20日

目　录

第1篇　原理与过程

第2篇　资料收集

第1篇

原理与过程

第1章　公共管理与科学

管理是人类社会的一项基本活动。在特定环境下，管理是对组织所拥有的资源进行计划、组织、领导、协调和控制，以实现既定组织目标的一系列过程。管理一词由来已久，最早可能追溯至黄帝时代设置的主管各方面事务的百官。在我国悠久的历史长河中，管理既可以作为动词，又可以作为名词。“万历中，兵部言，武库司专设主事一员管理武学”,① 其中管理为动词；而“东南有平海守御千户所，洪武二十七年九月置。又有内外管理、又有碧甲二巡检司”,② 其中的内外管理为名词。而在国外的发展历史中，分别用 manage 和 management 表示动词和名词。20 世纪以来，管理在“科学管理之父”弗雷德里克·泰勒、赫伯格·西蒙、彼得·德鲁克以及亨利·法约尔等西方学者的发展下逐渐形成了一种知识体系，人们开始把研究管理活动中所形成的有关管理的基本原理和基本方法，统称为管理学。作为一种知识体系，管理学是管理思想、管理原理、管理技能和方法的综合，而公共管理是特定领域的管理活动。虽然目前学术界对公共管理还未形成统一的概念，但早在 20 世纪 90 年代西方国家就逐渐形成了一个独立的公共管理研究领域。其实，公共管理是一个古老且年轻的学科，它既与人类文明相伴，也与现代技术、现代理念和社会进步息息相关，这其中就包括用科学的精神和方法来进行管理。不同的现代学科，都不同程度地接受了科学的方法，只是它们在研究方法和研究内容上有不同之处。从这个角度来看，这里的科学方法并不是每个学科独有的方法，它是一个思维、观察、推断、测量、验证和解释的认知过程，为许多现代科学所共有。因此，本书所探讨的主要是如何尽可能地将科学的研究方法用到公共管理学科研究之中。

1.1　公共管理

我国自 20 世纪 90 年代开始才对公共管理进行研究。当时，中国社会处于计划经济体制向市场经济体制转型过渡的时期，尤其是市场化、全球化日益明显的趋势对中国的政府管理带来了巨大的冲击和挑战，使传统行政管理的理念与方法难以再适应新时代的发展要求；这时，西方国家的公共管理的思想和理论开始大量传入中国，甚至影响了高等教育领域学科重

① 张廷玉．明史［M］．卷六十九，志四十五．

② 张廷玉．明史［M］．卷四十五，志二十一．

组。与体制转型的社会现实相联系和受外来新思想的影响，我国学术界也提出并使用了有别于“行政管理”的公共管理概念。但关于公共管理的概念界定，无论是西方学者还是国内学者目前都还缺乏统一的规范性认识。

1.1.1 公共管理的含义

尽管目前国内外学者对公共管理的含义尚未达成一致的意见，但是他们根据研究视角的不同提出了各自的理解。从遵循管理学研究路径来看，Lynne 认为公共管理是可以运用市场策略和企业战略的管理，公共管理的根本就是非政治化和企业化；① 而沿着公共政策研究路径的学者则认为公共管理应该是与公共政策的制定密切相关的管理，甚至直接将公共管理界定为政策管理。从多种研究路径的综合视角来看，帕瑞（Perry）和克莱默（Kreamer）就将公共管理视为传统公共行政的规范取向与一般管理工具取向的结合体；② 而波兹曼等则指出“公共管理就是对政治权威的管理”。③

同样地，国内学者在西方公共管理理论的基础上提出了不同的定义。与西方学者相比，我国学者主要从公共管理的主体、客体、方法和手段出发对公共管理含义进行了不同的界定。张成福和党秀云（2001）认为公共管理是以政府为核心的公共部门整合社会的各种力量，广泛运用政治的、经济的、管理的、法律的方法，强化政府的治理能力，提升政府绩效和公共服务品质，从而实现公共的福祉与公共利益。④ 张良（1997）认为公共管理是政府为促进社会整体协调发展，采取各种方式对社会全体公众整体的生活质量和共同利益进行调节控制的过程；公共管理学属于特定领域管理学的一类，研究的是对公共领域进行管理的特殊规律和过程。⑤ 陈振明（2003）认为公共管理是公共组织提供公共物品和服务的活动，它主要关注的不是过程、程序和遵照别人的指示办事及内部取向，而更多的是关注取得的结果和对结果的获得负个人责任。⑥ 陈庆云（2001）认为公共管理是指那些不以营利为目的，旨在追求有效增进与公平分配社会公共利益的调控活动，其本质是追求社会公共利益，突出标志是管理主体的外延。⑦ 周树志（2001）认为公共管理区分为宏观的公共管理，即政治管理；

---

① Lynne. Managing Public Policy, Boston: Little, Brown. 1996, Public management as Art. Science and Profession, Chat ham, N. J.: Chat ham House Publishers. pp. 43 – 46.

② Perry J Y, K reamer K L. Public management: public and private perspectives. California: May field Public Company, 1983: 4.

③ Bozeman B, Strauss man D J. Public management strategies: guidelines for managerial effectiveness. San Francisco: Jose – Bass Publishers, 1990: 3 – 5.

④ 张成福，党秀云．公共管理学［M］．北京：中国人民大学出版社，2001.

⑤ 张良．公共管理导论［M］．上海：上海三联书店，1997.

⑥ 陈振明．公共管理学［M］．北京：中国人民大学出版社，2003.

⑦ 陈庆云．公共管理研究的若干问题［J］．中国人民大学学报，2001（1）：22 – 28.

中观的公共管理，即公共行政；微观的公共管理，即管理主体外延的新公共管理。① 王乐夫（2001）认为公共管理是对社会事务进行管理的社会活动，它归结为国家公共管理、政府公共管理和社会公共管理，其中社会性是共同的内涵。② 而张庆东（2001）认为现代公共管理是区别于公共行政的新学科，也有别于新公共管理；它首先关注广义的政府而不是狭义的政府，其次是包含政府在内的总体的公共部门。③

1.1.2 公共管理的特征

公共管理实质上是一种管理。传统的管理理论，无论是对一般性的管理，还是对企业管理或政府管理的讨论，都存在着一个共同的特征：主体本位、过程主线、效率至上、管制中心。现代公共管理应该以一种开放的思维模式，动员全社会的力量，来建立一套以政府为中心的开放主体体系。我们认为，现代公共管理基本模式大致具备以下特征。

公共利益与私人利益相统一，重在公共利益上。马克思主义认为，个别人的私人利益与所谓的社会普遍利益是互相伴随的。④ 马克思所讲到的“社会普遍利益”，就是公共利益。社会的稳定与发展，必须以社会“公共利益”与不同组织的“共同利益”的存在，去促进并带动私人利益的发展。“私人利益本身已经是社会所决定的利益，而且只有在社会所创造的条件下并使用社会所提供的手段才能达到。”

政府组织与其他公共组织相统一，重在政府组织上。不言而喻，政府是公共管理活动的核心主体，但它们不是唯一的主体。相反，西方新公共管理运动的实践已经证明，政府承担的不少公共管理职能及具体内容，由非政府的公共组织来完成，这不仅是可能的而且是可行的，后者不一定比前者差。一般地说，宏观方面的管理职能或全局性的关键事项，更多地应由政府来承担，特别是如国防、外交、重大法律、法规与政策的制定，只能由政府来完成。从微观方面的管理来看，政府可以承担一部分，更多地应该交给社会的其他公共事务管理部门来做。越是接近基层方面的公共事务，越有可能让相关的非政府部门来完成。

社会问题管理与资源管理相统一，重在问题解决上。多数人认为，在一般的管理活动中，管理目标是既定的，所以管理的主要问题是在管理过程中，如何配置资源，使之更有效。公共管理更多的是要解决社会问题，即由于社会多数成员所期望的现象与实际现象产生了偏差而提出来的社会问题。这些偏差所包含的内容是多方面的，既有要素及其配置的有效性问题，也有利益分配的公平性问题。我们不否认资源管理在公共管理中的重要性，因为管

---

① 周树志. 公共行政、公共政策、公共管理［J］. 中国行政管理，2001（2）：59－61.

② 王乐夫. 论公共管理的社会内涵及其他［J］. 政治学研究，2001（3）：78－79.

③ 张庆东. 公共行政与公共管理：概念辨析与学科界定［J］. 中国人民大学学报，2001（5）：86－92.

④ 中央马克思恩格斯列宁斯大林著作编译局. 马克思恩格斯全集（第三卷）［M］. 北京：人民出版社，1999.

理过程中若资源配置不当，就不能实现公共管理要解决社会问题的目的。然而社会问题管理比资源管理所包含的内容更丰富、更复杂。

结果管理与过程管理相统一，重在结果管理上。在公共管理活动中，对社会问题管理实际上包含三项内容：一是问题提出中的管理；二是问题解决的过程管理；三是问题解决的结果管理。资源管理更多的是关注前两项内容，很少讨论第三个内容。我们已经反复强调，传统管理理论，总是先设定一个目标，然后围绕如何实现这个目标去协调资源管理，关注管理过程。这种只关注如何有效地实现目标的过程，而不考虑目标确定的合理性以及实际分配的公平性管理，一直受到很多学者的抨击。过程管理更多地强调效率，而结果管理更多地突出公平。

管理所追求的公平与效率相统一，重在公平上。对公共管理本质的理解使我们清醒地认识到，有效地增进与公平地分配社会公共利益，都必须认真考虑。但增进公共利益最终还是为了分配给社会的每一个成员。效率与公平是公共管理的两大基本目标。效率与增进公共利益有关，公平与分配公共利益有关。引起争论的问题是公共管理的基本目标，是重在效率还是公平？在讨论公共政策的本质时，我们曾提出，在政府与市场的关系上，市场机制主要解决效率问题，政府的政策机制主要解决公平问题。这里讲的公平，是广义的公平，包括分配公平、规则公平、竞争环境的公平以及程序公平等。在公共管理讨论中，我们仍然坚持：公共管理主体主要解决公平问题，而市场机制主要解决效率问题。这里所讲的公平，仍然是广义的公平。

公共组织的外部管理与内部管理相统一，重在外部管理上。公共管理更多的是要解决社会公共问题，所以强调公共利益，重在结果管理、突出公平等，实质上都是围绕公共组织对外实施管理展开的。传统的企业管理理论主要研究企业内部问题自然不必多说。在政府管理研究中，围绕着提高“行政效率”，不少人把注意力常常放在政府内部管理上。加强政府自身管理是必要的。但这种活动的最终归宿还是体现于外部的管理，即对社会公共事务的管理。不论是政府，还是其他社会公共组织，都要把对外管理的质量作为衡量其绩效的最终标准。

服务管理与管制管理相统一，重在服务上。社会中大量存在的问题主要有两类：一类是管制性问题，另一类是服务性问题。为了维护政治统治，作为统治阶级的工具的政府，凭借着强制性的公共权力，一直在社会管理中承担着“统治型”角色，以至于不少人产生误解，认为政府的外部管理就是政府对社会民众的管制。宪法、法律及政府确定的管制性制度和政策，甚至像价格管制等微观规制措施，都是要解决社会中属于管制性的问题的。打破传统管理理论的思维模式，不是从管理主体的角度考虑如何管制被管理者，而是站在社会与民众的立场，要求公共管理的主体，特别是政府如何为公众服务，这是公共管理发展中最重要的特征。我们认为，公共组织承担着管制管理与服务管理两大任务，但其立足点还是在服务上。

管理制度与技术相统一，重在制度创新上。著名经济学家吴敬琏在分析我国高新技术产业发展问题时，提出了“制度重于技术”的思想。① 我们认为，这一思想也同样适用于公共管理。管理活动所运用的技术与方法，主要是针对效率问题的。而制度变革与制度建设既要解决效率问题，又要处理公平问题。正是在这个意义上，我们十分强调公共管理活动中制度创新的特殊意义。

1.1.3　公共管理的发展趋势

公共管理问题是公共组织尤其是政府组织主导社会事务和社会发展的前沿问题，也是人类社会自从出现利益分化和阶级分化以来的重大现实问题。如今，人类社会的航船已经行进到 21 世纪，在时代发展的新起点上仍在持续着全球化的人类社会的结构转型，而主导社会变化和发展的公共管理也正在发生着新的变化。这些变化和发展趋势可以概括为边缘化、国际化、创新化、公共政策化、知识管理化和可持续发展化。

第一，公共管理边缘化。公共管理的边缘化趋势表现在，21 世纪的公共管理将把主体中心主义转化为客体中心主义，把权力中心主义转化为服务中心主义，把效率中心主义转化为成本中心主义，把个体利益中心主义转化为公共利益中心主义。传统的管理把统治和统治行为置于社会的中心，21 世纪的公共管理则不同，它关注政府实施的各种计划、项目的有效性，表现出一种目标导向的趋势，行政权力和行政行为从属于目标这一中心，这个目标的具体表现就是公众的满意。21 世纪的公共管理会更注重社会的分权，使人们把视线从关注权力和权力的运行转向关注管理的效果上来。政府不再是唯一执掌公共权力的组织与部门，公共权力随着公共管理的社会化而社会化，公共管理变成了一种为公众的服务。21 世纪的公共管理还把预防痼疾当作处理问题的思路，把掌权者与权力本身区分开来的做法从观念上否定了行政权力的私有，并试图以此减少腐败的滋生空间，使公众增加对政府的满意度。公共管理边缘化的发展趋势代表着走向一种全新的公共行政模式的方向，是政府管理变迁中一个新时代的开始。

第二，公共管理国际化。随着经济全球化与一体化的发展，公共管理在向边缘化发展的同时正日益呈现出国际化的趋势。21 世纪公共管理国际化的趋势表现为管理思想、管理文化、管理人才等方面的国际化。管理思想国际化突出表现在公共管理人员将逐步摆脱狭隘的思想观念，更加强调人的作用，更加注重管理创新。管理文化是公共管理部门在长期管理活动中所形成的价值观念、行为准则及作风等，在信息网络化、竞争全球化的 21 世纪，注重本土管理文化和外来管理文化的结合，博采众长，形成有特色的管理新文化已成为公共管理发展的必需。管理人才是制约管理发展的重要因素，努力创造适于公共人才资源发现、培育、使用和发展的宏观环境，在世界范围内寻找丰富低廉的自然资源和人力资源，最大限度地实现低成本、高收益正成为公共管理发展的新趋势。

---

① 吴敬琏．制度重于技术——发展中国高新技术产业［M］．中国发展出版社，2002.

第三，公共管理创新化。管理创新化是21世纪公共组织生存和发展的根基。作为主导社会发展前沿的公共管理肩负着改革、建设和发展的重任，适应开放、创新、前进的时代步伐，更好地驾驭全局成为公共管理的发展趋势。现代公共组织将不满足于已有的结论，不满足于“上传下达”，不迷信于任何权威，不轻信盲从，敢于冲破旧观念和老模式，善于求新，从而取得创造性、突破性的成就。求异思维、超前思维、开放性思维、动态性思维、反向思维将成为21世纪公共管理的新思维。这些创造性管理的出现意味着公共管理创新化时代的开始。21世纪的公共管理将把创新贯穿于整个管理过程，使管理随着技术、市场等环境变化而变化。同时，整个公共组织及其组成人员也是创新型的，把创新作为其活动的主旋律。随着21世纪公共管理的全面创新，创新活动也将由单项创新向综合创新，由个人创新向群体创新发展，创新活动的行为与过程也将显现出新颖性、灵活性、随机性、开拓性、风险性。从创新活动的风险性来说，风险管理是21世纪公共管理创新化必不可少的重要组成部分，公共组织在管理活动中将加强监督测和预测，在捕捉机遇的同时努力防范风险，实现公共管理持续、有效创新。

第四，公共管理公共政策化。随着现代政府职能的分化，政府规模也就越来越庞大。政府规模扩大不仅给社会造成沉重负担。而且自身也出现了机构臃肿、人浮于事、推诿扯皮等效率问题和贪污、腐败、以权谋私、钱权交易等公平问题。根据新公共管理的理论设计，政府虽然还是专门的公共管理机构，但却不是唯一的机构。原先由政府承担的公共管理职能很大一部分可以由其他社会组织来承担，政府可以部分或全部从日常管理中解放出来，专心致力于公共政策的制定及监督执行。政府严守公共政策制定的职能，运用公共政策来引导和控制政府以外的其他社会公共组织的公共管理，公共管理日益呈现出公共政策化的趋势。公共管理公共政策化涵盖着公共管理社会化的内容，政府以外的公共组织虽然承担了原先政府所承担的公共管理职能，但却不是政府的组成部分，而且也不是政府机构的延伸，它在本质上属于社会的范畴，意味着社会自身实现了自我管理，同时也代表着21世纪公共管理的发展方向。

第五，公共管理知识管理化。随着21世纪信息技术的推广应用与信息资源的开发利用，管理信息化正在往广度和深度发展，并进入公共管理业务活动综合信息化的新阶段。管理信息化的新发展进一步促进信息管理的普及和提高，导致信息管理在整个管理中地位的提升。可以说，若无信息管理也就谈不上任何管理。然而，在知识经济时代，知识管理却是信息管理的延伸与发展。如果说信息管理使数据转化成为信息，并使信息为组织设定的目标服务，那么知识管理则使信息转化成为知识，并用知识来提高特定公共组织的应变能力和创新能力。知识管理是信息管理发展的新阶段，它使公共管理呈现出知识管理化的发展趋势。知识管理要求把信息与信息、信息与活动、信息与人连接起来，在政府管理的互动过程中通过信息与知识的共享来实现公共组织的智慧创新，从而有效减少公共管理过程中所出现的不虞效应。

第六，公共管理可持续发展化。可持续发展的综合、整体、协调性特征要求政府组织能够处理好经济、政治、社会等各个领域的平衡发展。同时，可持续发展的质效性使政府组织在发展中必须采取能体现其特征的发展模式，彻底抛弃先前那种“高投入、高消耗、高污染、低产出、低质量”的社会经济增长模式，建立可持续发展的生态社会经济增长模式。首先，公共管理的可持续发展化将体现在政府决策上，公共决策的科学化集中体现在决策有前瞻性上；其次，公共管理的可持续发展化也体现在公共组织的权力真空和职责真空将会有效避免；最后，公共管理生态环境，“没有稳定的环境，什么都搞不成；已经取得的成果也会失掉。”公共管理环境尤其是文化环境将为公共管理的可持续发展化不断提出新的价值理念和心理诉求，切实为公共管理的稳定顺畅发展创造条件。

1.2 科　学

科学是一种态度、观点、方法，强调拿证据说话。同时，科学的东西本身具有悖论。也就是说，不同的专业学科的东西很容易被混淆和认为是矛盾的。其实，它反映了科学地认识事物不同的多个复杂方面。科学是使主观认识与客观实际实现具体统一的实践活动，它是通往预期目标的桥梁，也是联结现实与理想的纽带。也可以说，科学是使主观认识符合客观实际和创造符合主观认识的客观实际的实践活动。科学性就是符合客观实际的真实属性，它是主观认识与客观实际能够实现具体统一的属性，它使主观认识符合客观实际和探索。创造符合主观认识的客观实际的实践活动过程是科学研究；创造符合主观认识的客观实际（实现预期目标）的方法、措施、手段是科学技术；创造符合主观认识的客观实际的实践活动是运用科学；符合客观实际的主观认识是科学知识；符合客观实际的普遍规律是科学理论。具体来说，要进一步认识科学，深入阐述科学的含义、科学的基本分类、科学的基本功能及其发展趋势。

1.2.1　科学的含义

人们在日常生活中经常运用到科学，也经常提到“科学”，但对于“科学”究竟是什么，恐怕很少有人能够说清楚。通常，对于“科学”的含义，不同的人基于不同的视角具有完全不同的理解。从传统德语的理解视角来看，“科学”完整地保留了“认识”的这层含义，实际上这同古希腊意义上的与 dóxa 相对的 epistéme 有着相近的含义。[①] 实际上，哲学在古希腊是与科学一体的，在这个体系中包含两个部分：一个是对经验事实的确证，另一个是为人的思想和行为寻求普遍的准则和理性。前者属于近代意义上的科学知识，主要是经验事实方面的学问；后者属于哲学，是关于事物产生及其演化的始基即“自然本性”的学说亚

① 任军. 胡塞尔现象学中科学的含义［J］. 西北师大学报（社会科学版），2008（4）：9－13.

里士多德的思想体系中充分表现了科学和哲学的一体化状况，形而上学在这个体系中被称为第一哲学。而胡塞尔认为“早在古代的哲学观念——这种观念在一切存在的不可分割的统一中有其统一性——中，就同时包含一种存在的有意义的层次，因此包含存在问题的有意义的层次。因此，形而上学，有关最高和终极问题的学问，就获得了诸种学问的王后的尊严。只有形而上学的精神才赋予一切认识，一切其他学问提供的认识以终极的意义”。① 现象学作为第一哲学为科学奠基，就是要恢复哲学作为追问 arché 意义上的始基和本原的学问，而非仅仅作为命题的原理或者因果律的意义的学问。就这个意义上而言，“科学”一词对于胡塞尔来说不仅仅意味着通常意义上所理解的科学，而是具有哲学与具体的事实科学双重层面上的含义。从精神层面来看，科学具有双重意义：一是认为世界是物质的，人是物质世界里一个神圣的组成部分，因而他们的需要、生命和权利就是现实世界里最高的召唤，而不是传统认为的神或其他超自然力量；二是既然世界是物质的，人的需要、生命和权利是最高的召唤，这种物质世界是可知的，可以通过科学的方法来了解和解释。② 而从科学与技术的联系视角来看，科学就是尖端技术，甚至有人直接将科学定义为一切有系统的、有组织的、正确的知识体系；除此之外，还有人认为科学就是数学、化学、物理学等现有的学科。

那么，“科学”的含义是什么呢？科学是从确定研究对象的性质和规律这一目的出发，通过观察、调查和实验而得到的系统的知识。由此指明了科学的目的、方法和特征。其实，科学是科学研究与科学知识这两种形式的结合。通常而言，科学工作主要包括两个方面：一方面是开展研究活动，发现新知识，开拓新领域；另一方面是掌握和推广现有的知识体系。可见，科学工作的两个方面是相互联系、相互依存的，科学知识是科学研究的基础，缺乏科学知识就很难从事科学研究；而科学研究则是科学知识的来源，科学知识体系是依靠研究成果来建立、充实和完善的。一是科学知识。科学是系统的知识，这些知识是组织在具有逻辑性的理论系统中，它们以论文和专著的形式发表，并在教科书、百科全书、词典以及各种普及读物中得到推广。科学知识可应用于各种目的、各个领域，它是教育的主题，是文化的资源，也是人类社会化的重要内容。可以说，科学是全人类的共同财富，因而它不具有为集团利益服务的意识形态的宣传性。二是科学研究。科学研究是以系统的、实证性的方法获取知识。科学要使用实验、观察、检验等实证方法，以保证所获得的知识是真实可靠的。科学判断知识真假的标准是客观事实与逻辑法则，不符合事实或逻辑的知识是虚假的知识。科学与形而上学是对立的，后者使用的是主观、思辨的方法，它对同一个事实可以有不同的理解和解释，而科学则是客观的，任何人只要采用同样的科学方法都能得出同样的结论。尽管科学知识是说明普遍的规律，但科学研究却是具体的、分析性的。研究通常是将事物分解，然后对具体问题作出具体分析，最后才加以综合概括。科学研究是人的活动，它不仅要求研究人员具备一定的特殊能力，如智力、创造力和想象力，而且还受到个人主观因素如个人偏好、

① 胡塞尔．欧洲科学的危机与超越论的现象学［M］．商务印书馆，2001.

② 范柏乃，蓝志勇．公共管理研究与定量分析方法［M］．科学出版社，2017.

价值倾向、世界观等的影响。此外，现代的科学研究实际上是一种社会活动，它是许多个人的有组织的职业活动。在科学的共同体中，不仅需要组织管理与协调，而且还需要一些共同的规范和规则。这样，研究活动必然会受到社会结构和组织规范的影响。

1.2.2　科学的基本分类

科学是个宽泛的概念，它囊括了所有经实践检验而获得了系统化、公式化的知识。确切地说，科学是通过运用已知世界的大众可理解的数据计算、文字解释、语言说明、形象展示的一种总结、归纳和认证。其实，科学不是认识世界的唯一渠道，但其具有公允性与一致性，却为探索客观世界最可靠的实践方法。可见，科学所涉及的范围相当广，经实践证实了的知识都可称为科学。因此，不同的视角下，科学有完全不同的分类。

按研究对象的不同可分为自然科学、社会科学和思维科学，以及总结和贯穿于三个领域的哲学和数学。自然科学，与“社会科学”“思维科学”并称“科学三大领域”，它是以定量作为手段，研究无机自然界和包括人的生物属性在内的有机自然界的各门科学的总称。自然科学是研究大自然中有机或无机的事物和现象的科学，包括天文学、物理学、化学、地球科学、生物学等。其认识的对象是整个自然界，即自然界物质的各种类型、状态、属性及运动形式。认识的任务在于揭示自然界发生的现象以及自然现象发生过程的实质，进而把握这些现象和过程的规律性，以便解读它们，并预见新的现象和过程，为在社会实践中合理而有目的地利用自然界的规律开辟各种可能的途径。自然科学最重要的两个支柱是观察和逻辑推理。由对自然的观察和逻辑推理自然科学可以引导出大自然中的规律。假如观察的现象与规律的预言不同，那么要么是因为观察中有错误，要么是因为至此为止被认为是正确的规律是错误的，超自然因素不存在考虑之中。顺着传统用法，自然科学可被理解为生物科学，并以区分物理科学及化学科学。社会科学是用科学的方法，研究人类社会的种种现象的各学科总体或其中任一学科。它是研究各种社会现象的科学，如社会学研究人类社会，政治学研究政治、政策和政治活动，经济学研究资源分配。思维是人所特有的认识能力，它是人的意识掌握客观事物的高级形式，在社会实践的基础上，思维对感性材料进行分析和综合，通过概念、判断、推理的形式，造成合乎逻辑的理论体系，反映客观事物的本质属性和运动规律。

按与实践的不同联系可分为理论科学、技术科学、应用科学等。理论科学是对某种经验现象或事实的科学界说和系统解释，一系列特定的概念、原理以及对这些概念、原理的严密论证组成的知识体系；理论科学以科学及其发展规律为主要研究对象，主要包括科学的本质、科学发现、交叉学科与学科知识体系、科学工作者与科学共同体、科学合作等方面的研究主题。“技术科学”（techno science）一词是由比利时哲学家霍特斯（Gilbert Hottois）于 1979 年首先使用，原意是指一种“技术内化于科学中”的复杂过程，后来逐渐发展为两种基本含义：一是“技术化的科学”，强调科学以技术为中介和中心；二是科学、技术、自然与社会等各种异质性行动者之间的相互缠绕与辩证互动，其中任何一个行动者（包括技术）

都不为中心，始终都处在一个开放式生成的“无缝之网”（seamless web）中。[①] 应用科学包含一个正确的术语“技术科学”或“技术”，很多方面与理论科学是既模糊又明确的，与理论科学相较而言，它研究的方向性、目的性都很强，且与实践活动密切相关，直接体现着人的需求。

按人类对自然规律利用的直接程度，科学可分为自然科学和实验科学两类。自然科学的认识对象是整个自然界，囊括了自然界物质的各种类型、状态、属性及运动形式，主要在于揭示自然界发生的现象以及自然现象发生过程的实质，进而把握这些现象和过程的规律性，以便解读它们，并预见新的现象和过程，从而尝试在社会实践中合理而有目的地利用自然界的规律开辟各种可能的途径。实验科学，是指根据一定目的，运用一定的仪器、设备等物质手段，在人工控制的条件下，观察、研究自然现象及其规律性的社会实践形式，是获取经验事实和检验科学假说、理论真理性的重要途径，它不仅包括仪器、设备、实验的物质对象，还包括背景知识、理论假设、数据分析、科学解释，以及实验者之间的协商、交流和资金的获取等相关社会因素。

按是否适合用于人类目标，科学又可分为广义科学、狭义科学两类。顾名思义，广义科学是将传统实验科学的外延从三维空间扩展到多维空间；狭义科学是指名、数、质、力等自然科学。然而，有学者从科学统一的视角来论述广义科学和狭义科学，认为奥本海默和普特南对科学统一的定义就是狭义科学统一，也就是说，把所有科学词项都还原为一门科学的词语，把所有的科学规律还原为某一门科学的规律，用物理语言作为科学的普遍语言，把所有的科学命题翻译成物理命题；而广义科学统一必须给科学统一的纲领加以限制，这就要求：有部分的科学词项可以还原为某一门科学的词项，有部分的科学规律可以还原为某一门科学的规律。[②] 为了科学探索的方便，可以约定作为语言统一和规律的统一。

1.2.3 科学的基本功能

科学无处不在。不管是国家发展还是个人生活，都离不开科学。可以说，科学在人类发展过程中具有重要的功能与作用。但是，广而谈之的科学究竟有哪些基本功能呢？那就得根据科学所涉及的领域而具体谈之。科学的发生和发展是以社会物质生产的发生和发展为基础的，社会物质生产活动决定着自然科学和技术科学发展的趋势、方向、速度和规模。同时，科学又以越来越大的能动性反作用于生产的发展，在社会的物质生产活动过程中发挥其特殊的功能。因此，从社会生产生活的视角来看，科学主要具有认识功能、技术功能和教化功能。

认识功能是科学的基础性功能。作为人类认识自然、改造自然的有效手段，科学使人类

---

① 肖雷波．从科学论到技术科学研究［J］．自然辩证法研究，2012（8）：64－68，48.

② 汤治成．约定性结构还原与广义科学统一［J］．系统科学学报，2010（4）：23－27.

摆脱了对物质世界的被动状态。科学的基本认识功能主要包括三个方面：一是认识目标功能。由于科学知识具有一定的确定性、精确性和逻辑连贯性等特点，因而能在一定限度内对认识发展起到某种目标或典范作用。科学能够把自身聚焦到较小范围内的比较深奥且迫切需要解决的问题上，从而规定了一定时期中认识的发展道路和目标。二是认识方法功能。巴甫洛夫曾经指出："科学是随着研究方法所获得的成就而前进的。研究法每前进一步，我们就更提高一步，随之在我们面前也就开拓了一个充满着种种新事物的更辽阔的远景。"① 在科学史上，新概念的制定、新原理的提出、新学科的创立，往往同新科学方法的采用密切相关。一部科学史，不仅是科学理论发展史，同时也是科学方法的发展史。近代化学理论的革命，就是在原子论方法的基础上发生的。由于把化学实验方法与原子论方法结合起来，同时应用数学方法，近代化学先后发现了质量不灭定律、定比定律和当量定律等，进而建立了道尔顿的化学原子论和阿佛加德罗的分子学说，最终综合为原子—分子理论。三是认识条件功能。科学能够从变革思想观念、提供知识背景和输送科学精神等方面，为人类的认识活动创造条件。恩格斯在《家庭·私有制和国家的起源》中，就是根据美国路·亨·摩尔根的《古代社会》一书所提供的材料和研究成果，系统、科学地阐明了原始社会民族的起源、发展和基本特征，对唯物史观作了重大补充和发挥。他指出："生产本身又有两种。一方面是生活资料即食物、衣服、住房以及为此所必需的工具的生产；另一方面是人类自身的生产，即种的繁衍。一定历史时代和一定地区内的人们生活于其下的社会制度，受着两种生产的制约；一方面受劳动的发展阶段的制约，另一方面受家庭的发展阶段的制约。劳动愈不发展，劳动产品的数量、从而社会的财富愈受限制，社会制度就愈在较大程度上受血族关系的支配。"②

技术功能是科学的最明显功能，主要通过转换成物质生产力来表现。以理论形态存在的科学，能够通过一定的中间环节渗透到生产过程中，从而转化为改造自然的物质生产力。科学成为直接生产力的前提是被应用于生产过程，游离于生产过程之外的科学只是潜在的生产力。在此，人们首先注意到的是自然科学。自然科学介入生产过程，主要是通过以下两条途径来实现的：一是科学以一定的技术为中介，制造出先进的生产工具和设备，开发出新的劳动对象，从而以物化的形式渗透到生产过程中。从18世纪中叶到19世纪中叶，人们在生产中应用力学、热力学等方面的科学成果，制造机器，用自然力代替人力，改革生产技术，使生产力获得了前所未有的发展。从19世纪70年代到20世纪初，运用电磁学原理制造发电机、电动机和输电设备，使电力得到推广，生产效率大幅度提高。20世纪40~50年代，由于科学事业的蓬勃发展，引起了一场以原子能、电子计算机和空间技术为标志的技术革命。电子计算机、系统论、控制论和信息科学使生产实现了自动化；原子物理、高分子化学帮助人类找到了新的能源和材料；半导体、激光、宇航技术和分子生物学为生产开辟了新的领域

---

① 巴甫洛夫．巴甫洛夫选集［M］．科学出版社，1955：49.

② 马克思，恩格斯．马克思恩格斯选集（第4卷）［M］．人民出版社，2012：2.

和途径，从根本上改变了物质生产的面貌。科学的发展和技术的进步，不仅使人类的体力而且使人类的智力得到延伸和扩展。大大增强了人类改造、征服自然的能力。二是借助于教育活动，使劳动者（现实的、潜在的）掌握科学技术，从而提高劳动者的素质和技能。与现代社会生产力中的新的生产工具、生产设备和劳动对象相适应，现代社会生产力中的劳动者必须掌握一定的、必要的科学技术知识，才能参与现实的生产过程，驾驭现代化的生产工具和设备。因此，教育——无论是基础教育、职业教育还是职工培训——作为科学知识渗透到生产过程的中介，在现代化社会中正日益显示出其重要性。

教化功能是科学的基本性功能。科学的教化功能是针对社会主体的。我们以前较多地注意到了社会科学的教化功能，这一功能表现为两个方面：一是对主体所必需的基础文明（包括语言、道德、法律、艺术等诸方面）的培养，主体的个体素质的提高和价值取向的形成便得益于此；二是开发主体的思维能力，更新思维方式。思维方式与实证知识不同，它具有预见性和先导性，正是社会科学为此提供了对思维方式的系统反思，并将之化为主体的思维能力，社会科学具有教化功能已是一个不争的事实，自然科学是否亦有此功能呢？回答是肯定的。自然科学的教化功能具有直接的与间接的双重性。默顿（Merton）的研究已证明了它有直接的教化功能。默顿指出："自然科学具有自己独特的精神气质（ethos），即共享性（communalism）、普遍性（universalism）、无私利性（disinterestedness）、独创性（originality）和怀疑主义（scepticism）。"① 这些特性从文艺复兴以来就融入了启蒙思想，直接成为人们的思维方式与价值取向的构成部分。自然科学的间接教化功能是指它通过影响社会科学而发生的，试以哲学为例。哲学的产生和发展有赖于自然科学进步为其提供科学基础和思想资料。科学史和哲学史都表明，哲学的发展总是受到当时自然科学发展的影响。同时，自然科学还可通过广播、电视、新闻出版等形式，为先进的社会意识的普及和作用的发挥提供物质手段。在科学精神的指导下，人们的文化知识不断丰富、思想觉悟逐步提高、社会精神财富日益增加、社会精神面貌越来越好。人们在履行社会职责的过程中，施展个人才华、完善自我人格、实现自我价值，向着真善美的目标进发。正所谓，在改造客观世界的同时，不断地改造自己的主观世界。在此意义上，自然科学的管理功能也离不开教化，不仅是管理者，即使是被管理者，如果不具备科学素养，要进行科学的管理是不可能的。

1.2.4 科学的发展趋势

科学一方面起源于管学家和宗教僧侣对事物本质的思辨，另一方面起源于工农业生产的实践。自此，科学对人类社会的发展和变化起着十分重要的作用。因此，科学的发展和对人类进步的推动，特别是在近现代科学在改变人类生活方式和质量方面所表现出来的强大的力量，使人们对科学产生了前所未有的崇敬。经典力学、量子力学、化学、医学、地质地理

① 默顿．科学社会学（全两册）［M］．商务印书馆，2003.

学、电子科学、计算机技术、生命科学等，在近几百年里给人类社会带来的变化远远超过人类几千年文明的演化和进步。它们不但改变了人类的经济活动，如生产和交换的方法；也改变了人类的社会关系和政治关系。比如说，在社会关系上，生产力的发展使福利国家的概念成为可能，网络技术的发展减少了距离和空间的约束。科学技术的成功不但使许许多多优秀的人才投身科学，也使许多立志改造社会的社会科学学者对科学高度重视。他们崇尚科学的力量，学习科学的成就，探求科学成功的秘密，将科学的方法借鉴到社会科学的领域，来研究人与人、人与社会和社会与社会之间的关系。然而，科学在其发展过程中经历了三个阶段：第一阶段是对自然现象的描述与分类；第二阶段是对自然界的运行机制或规律的认识；第三阶段是对人类社会和人类本身的认识。如果说人类在认识与解释自然现象方面已取得了重大进展，那么在科学地解释社会现象方面则是刚刚起步，目前的科学还很难应付人类在政治、经济、社会、心理、文化等方面提出的问题。当代科学在发展问题上面临着三个重大问题：一是科学与文化的分离；二是科学方法的局限；三是社会制度的制约。因此，科学要想得到进一步的发展，除了要扩大科学的研究领域、打破科学与文化的隔绝状态、发展适用于研究社会文化现象的方法之外，还必须改革现存的社会体制和科学体制。要改造社会，首先要深入全面地认识社会。

交叉科学的发展是当前科学的发展趋势最明显趋势。自20世纪50年代以来，现代交叉科学在发展过程中主要呈现四大发展趋势。

一是由缓慢增长到加速发展。交叉科学的大发展始于20世纪。据初步估算，在2500多个交叉学科中，90%以上是出现在20世纪不到100年的时间里。① 到目前为止，交叉科学学科总量约占全部学科总数的一半。据有关数据统计，社会科学的交叉学科约571个，自然科学（实指自然科学的基础科学）2147个，技术科学711个，综合科学约2008个。② 这是人类仅用了几十年的时间在自然科学领域造就的一大奇观。还应看到交叉科学几乎在所有大的学科领域都成了主要的发展趋势。社会科学中的交叉科学占社会科学全部学科总数的40%以上，技术科学占63%以上。综合科学本身就是各个学科综合交叉的产物。现在，自然科学和社会科学合流的趋势已成为一股势不可挡的时代潮流。

二是由线性交叉到立体网络交叉。德国物理学家普朗克曾经说过："科学是内在的统一体，它被分解为独立的部门不是由于事物的本质，而是由于人类认识能力的局限性。实际上存在着从物理到化学，通过生物学和人类学到社会学的连续链条。"③ 人类在漫长的历史长河中，由于生产和科学技术还没有发展到足够的水平，没有大量全局性命题，人们的认识能力也不可能达到系统综合的深度。因此，在近代所形成的学科从不同领域分别地、割裂地认识世界。而现代，由相邻学科的线性交叉发展到立体网络交叉，它的表现形式就是"大科学"的出现。著名科学家普赖斯在其经典著作《小科学、大科学》中指出："由于当今的科

①② 解恩泽．现代交叉科学的发展趋势［J］．创新科技，2006（11）：46-47.

③ 夏禹．科学学基础［M］．科学出版社，1983.

学大大超过了以往的水平，我们显然已经进入了一个新时代，那是消除了一切陈腐却保留着基本传统的时代。现代科学不仅硬件如此光辉不朽，堪与埃及金字塔和欧洲中世纪大教堂媲美，且用于科学事业的人力、物力的国家支出也骤然使科学成为国民经济的主要环节。现代科学的大规模性，面貌一新且强有力而使人们以‘大科学’一词来美誉之”①。

三是由理论综合到综合理论。交叉科学的理论内容也有一个发展过程，这就是由理论的综合发展为综合性理论的建立。综合性理论在各学科内部和各门学科之间的出现，是交叉科学发展的又一个趋势。17 世纪，牛顿在伽利略和开普勒等人研究的基础上，建立了完整的力学体系，实现了自然科学史上的第一次理论大综合。18 世纪出现了百科全书式的概括综合。它从唯物主义自然观出发，认为所有已经建立起来的自然科学部门都是互相联系着的，可是它还不能揭示各门科学的相互转化，而只能把它们简单地并列起来。19 世纪出现了一系列理论的综合，如能量守恒与转换定律、达尔文科学进化论、细胞学说、经典电磁理论等。20 世纪以来，在许多领域由于各门学科在发展过程中发生了接触，表现出“相干”“共振”“融合”或者“吸附”“嵌入”等关系。为了解决某一问题，就形成了综合性理论。交叉科学所形成的综合性理论，又表现在横向科学的出现。横向科学揭示了客观世界中的一些普遍关系，在生物科学、技术科学和社会科学之间，架起了“桥梁”。信息论揭示了技术信息、生物信息、社会信息的共同规律。控制论是研究生命现象、人类社会、机器系统、思维和一切可能的一般结构里的调节和控制的规律。系统论研究和分析各式各样系统的共同特征，找出适用一般化系统模式、原则和规律，并对系统的性质作出数学的描述，以求得系统的最佳效能。

四是由自然萌发到组织研究。20 世纪以来，交叉科学之所以发展得这样快，其中一个重要原因是：人们对交叉科学的作用有了深刻认识，这是对科学发展规律认识的结果。恩格斯对交叉学科的发展曾有过天才的预见：“在分子科学和原子科学的接触点上，双方都宣称与己无关，但是恰恰就在这一点上可望取得最大的成果。”② 列宁在 1919 年也曾指出：“从自然科学奔向社会科学的强大潮流，不仅在配第时代存在，在马克思时代也是存在的，在 20 世纪，这个潮流也同样强大，甚至可以说更加强大了。”③ 20 世纪 40 年代以来一些思想家、科学家对此也深有见解。控制论的创立者维纳指出：“在科学发展可以得到最大收获的领域，是各种已经建立起来的部门之间的被人忽视的无人区”。④ 现在许多国家处理和解决环境、生态、能源、城市建设、人才开发等一系列重大社会问题，以及重大的科技项目，一般都组织跨学科研究，发展交叉科学。美国学者伯恩鲍姆对北美几所主要大学的 84 个跨学科研究项目进行抽样调查，调查表明，他们从事研究的项目有：社会指标、城市交通、污染

---

① 普赖斯．小科学大科学［M］．世界科学社，1970.

② 恩格斯．自然辩证法［M］．人民出版社，2018.

③ 转引自周鲍龙．非平衡系统经济学与经济计量学概要［M］．吉林省社会科学院经济研究所，1982.

④ 维纳．控制论［M］．科学出版社，1962.

控制、武器控制、空间探索、深海钻探、精神障碍、骨骼的电属性、癫痫等。跨学科研究小组的特点：小组具有多种专业知识；小组成员运用不同的研究方法；小组成员发挥不同的作用；小组成员彼此受到他人研究方法影响。

1.3　公共管理与科学的融合

不同的现代学科，都在不同程度上接受了科学的方法。他们不同之处就像科学中的不同学科一样，是研究对象的不同，而不是方法的不同。每个学科或许有它们在研究某一个问题上开发出来的特定的研究工具，但这种研究工具，可以被别的学科很快学会，用来研究他们自己的问题。例如，天文望远镜的原理在医学上的应用可以是显微镜。从这个角度来看，我们谈的方法并不是某一个学科所独有的方法，它是一个思维、观察、推断、测量、验证和解释的认知过程，为许多现代学科所共有。不同的学科有不同研究的对象和重点，但这一个认知的过程却大同小异。因而，严格说来，本书探讨的是科学的研究方法在公共管理领域的应用，而不是公共管理的研究方法。这个理解，也可以放到许多不同的学科中。

公共管理学科追求用公共政策和公共管理的方法，来解决人与人、人与社会、社会与社会甚至社会与环境之间的问题，是博大的领域，需要从不同学科的知识库中汲取养料，也需要对特定的问题开发出自己独有的方法。如果说，传统政治学注重政府的价值观念和权力导致的利益分配；传统经济学注重合理利用资源要求产出的最大化；传统心理学注重人的感受和感知对外界的影响力；传统法学注重判例；传统历史学注重历史事实和结果；传统社会学注重对社会现象的了解。那么，公共管理注重的就是人与人、人与物、人与环境之间互动效益的协调。用一个比较简单的比喻，就是如何发挥人的主观能动性，使用一切可能使用的技术，以达到“1 +1 >2”的效果。

作为一个新近的引进学科，公共管理经过 30 年的“中国化”，在我国的研究取得了长足的进步，但是，目前尚存在着学科边界模糊、视野狭窄、基础不牢、知识体系不完整、研究方法陈旧、知识创新不足、理论研究落后于实践发展、针对性与应用性不强，对国外公共管理领域的新思潮、新流派、新理论和新方法的跟踪研究与批判分析尚待加强等方面的问题，因此，有学者指出当前我国公共政策研究必须下大力气加强对基本理论和方法的探索。[①] 复杂性科学已经成为一种学科交叉综合的新研究范式，是目前方法和理论研究的新热点，[②] 虽然它还处于萌芽时期，但已被有些科学家誉为“21 世纪的科学”。且复杂性科学关注的系统演化、涌现、自组织、自适应、自相似等特征是众多社会问题的共同特征，其研究

---

① 陈振明，薛澜．中国公共管理理论研究的重点领域和主题［J］．中国社会科学，2007（3）：140－152，206.

② 克劳斯·迈因策尔．复杂性中的思维［M］．曾国屏译，中央编译出版社，1999.

成果涉及化学、生物、神经、动物、自然地理、气候、经济、考古、医药、社会等领域和学科。通过发展非线性、多智能体与复杂网络等模型和方法，复杂性科学不断为复杂问题解决提供新思路、方法和工具。其实，公共管理领域中已经有学者开始注意如混沌非线性等系统复杂性的研究①，逐渐认识到复杂性科学的重要作用。因此，以多学科交叉为特征的复杂性科学可以从不同侧面和维度为公共管理问题研究提供新的方法，也可以为公共管理学科和专业建设指出新的发展方向。探讨将复杂性科学的思想、方法与成果引入公共管理研究的必要性和可行性，以期丰富公共管理研究的理论和方法，探索推动中国特色的公共管理学研究和应用的方向。

1.4 公共管理与社会科学方法

社会科学各学科是从19世纪开始发展的，但直到近几十年，它们才汇集在“社会科学”这一名称下。一般来说，“社会科学”主要包括社会学、政治学、经济学、人类学和法律学（有些人还将历史学、心理学包括在内），以及由它们形成的各种交叉学科和分支学科，如社会心理学、管理学、行政学、社会人类学、人口学、政治经济学等。因此，公共管理是社会科学各学科的一部分，两者是部分与整体的关系。其实，社会科学是从传统的人文学科中分化出来的，它至今还带有人文学科的痕迹。但是它的形成与发展受到自然科学的鼓舞则是毫无疑问的。

1.4.1 社会科学方法

“社会”是社会科学方法的本体论依据，而社会科学方法则是社会本体论的工具化、操作化，社会科学方法总是与对“社会”的理解联系在一起的。近代以来，西方社会科学方法大体上经历了实证主义、解释学、类型论、后现代主义方法。这4种类型各有其独立的方法系列。

（1）实证主义方法。

对“社会”的自然科学理解以及由此产生的社会物理学、社会生物学的实证主义方法系列。这一种理解导源于孔德。孔德认为社会领域“像其他领域的现象一样服从不变的规律”，研究这些不变规律必须采用社会物理学的方法，这种方法必须符合实证方法的五大原则，即现实的而非幻想的、有用的而非无用的、可靠的而非可疑的、确切的而非含糊的、肯

① Evans Karen g. Chaos as opportunity: Grounding a positive vision of management and society in the new physics [J]. Public Administration Review, 1996 (5): 33 - 46.

定的而非否定的。[①] 在孔德看来，“神学与物理学极端不相容，它们的观点具有根本对立的性质”[②]，从神学到物理学经过形而上学的中介，即从“超自然的观点”进入“自然观点”，也就从“神学领域”进入“实证领域”。尽管孔德后期抛弃了“社会物理学”的观点，主张历史主义是社会科学的根本特点，但他主要的影响仍是前者。孔德的社会物理学发展到斯宾塞，形成了社会生物学。这一方法系列通过社会系统论、社会控制论走向现代化，在当代社会仍具有强大的力量。社会运动过程当然包含着物理的、生物的、系统的、自组织的领域，从这些方面研究社会对于认识社会是绝对必要的，但仅仅停留于这些实证的、科学的领域，我们并不能真正把握社会运动的本质——整个世界历史无非人通过人的劳动而诞生的过程，是自然界对人的生成过程。

（2）解释学方法。

对“社会”的解释学方法的理解以及由此产生的解释学本体论的方法系列。对“社会”的解释学理解导源于德国哲学家施莱尔马赫和狄尔泰所创立的现代解释学。施莱尔马赫第一次把解释学理论从哲学的角度系统化，将其研究的重心放在理解本身，而不是被理解的文本上，因此解释不再仅是一种方法，还有了认识论意义。狄尔泰把解释学奉为人文科学的普遍方法；海德格尔则把解释学从方法论、认识论的领域转移到本体论的领域，建立了一种本体论解释学；伽达默尔进一步发挥了解释学“本体论”意义，并建立了一套完整的哲学解释学体系；当代的利科则通过把解释学、现象学与实用主义连接起来，建立了一种全新的社会学解释学。从解释学的角度来看社会，社会无疑是民族发展中自己构成的特殊的“理解”系统，它展现为各个民族极其复杂的生命系统、象征系统、隐喻系统、行为系统、交往系统、心理系统等，它们以特殊的方式建构和再现着一个社会的具体样态。这种方法将历史事实看作“文本”，这样一来，社会科学家也就从被动地收集资料、描述事实的方式中解脱出来，转化为从现实生活整体出发的对“文本”的解释，对意义和新的秩序的发现。

（3）类型论方法。

对“社会”类型论的理解以及由此产生的“理念类型”与“建构主义”的方法系列。类型论的社会理解出于这样分析，即所有不同社会都有其共同的结构，并有其相似的发展道路。韦伯的“理念类型”和罗尔斯的“规范方法论”是这种观念的集中体现。在韦伯看来，“理念类型”只是为研究而设定的，它并不现实存在，只是一种“乌托邦”，但它建构了一种理想的模式，为研究具体的社会结构、政治、经济和精神活动提供了一个参考的系统，从而可以使人们确定现实与理想的接近或偏离的程度。罗尔斯则从遮断现实信息的“无知之幕”以及消除交涉优势的“原初状态”的假设出发，试图通过反思性调整的程序（方法论的正当化程序）来为正义奠定普遍主义基础的立场。当然，面对自己提倡的程序性证明无法得出正义原则这样致命性的严峻事实时，他不得不反过来求助于“重叠性共识”，对社会

---

① 奥古斯特·孔德．论实证精神［M］．商务印书馆，1970.

② 莫蒂默·艾德勒等．西方思想宝库［M］．吉林人民出版社，1988.

契约论的合理性、经验性侧面进行自我修正。因而，类型论的方法系列十分近似于自然科学中的“理想实验”。所不同的是，理想实验是一种纯粹条件下的实验，只是在现实中无法把条件纯粹化，而社会科学的“理念类型”却永远无法实现，它只是一种比较、研究的手段和方法。但是，“理念类型”方法也起到一种导向作用，即用“应是”来矫正“所是”。

（4）后现代主义方法。

自19世纪末以来，现代西方人文思潮有一个共同的特征，即对传统“形而上学”的批判。后现代主义思潮总的来说就是对这种批判的继承和激进化，它抛弃了传统形而上学的终极信念，传达和启示出来的乃是传统本体论的“消解”“危机”以及传统“形而上学”的真正终结。后现代主义思维契合了时代脉搏，为信息时代下的社会科学方法提供了一种新的哲学思维方式。用后现代的话语来说，传统形而上学的终结，也就是对各种“中心主义”“本质主义”“表象主义”“基础主义”“宏大叙事”“人道主义”的彻底瓦解与解构，以及对形形色色关于“理性”“进步”“连续性”“确定性”“唯一性”“正义”“良心”等概念的不信任。哲学的终结也就是哲学走向了相对主义时代，各种与传统形而上学思维方式针锋相对的思维模式粉墨登场，如对“碎片性”“模糊性”“偶然性”“不确定性”“不可琢磨性”“不可化约性”“不可言说性”以及对“当下性”“异质性”和“差异性”的热衷与张扬。当然，后现代主义所谓“哲学的消亡”，当然不是哲学的消失或不再思考，而是哲学的时代主题和哲学思维方式的转换。

1.4.2 公共管理方法

20世纪80年代以来，公共管理学作为政治学与管理学的交叉性学科以及作为与中国改革开放密切相关的应用性学科逐渐形成。而研究方法是公共管理学研究的重要主题，作为一门交叉性学科，公共管理学具有天然的方法论优势，它可以充分吸纳政治学、经济学、社会学、法学、统计学等各学科中的科学方法来研究公共管理问题。所谓公共管理方法就是指公共管理主体在管理社会公共事务的过程中，为履行公共管理职能，提高公共管理效能所采取的方式、手段或技术措施的总称。① 然而，当前我国公共管理学在研究方法上所取得的进展，可从两个层面进行观察：一方面，随着公共管理学的发展以及对西方公共管理知识的吸纳与消化，公共管理研究方法正在不断更新，技术手段正在不断丰富，现有研究方法主要包括实地研究方法、实验研究方法、调查研究方法以及文献研究方法；另一方面，从整体来看，科学方法在公共管理研究中所占比例不高，公共管理学研究距离“科学”仍有一定距离。因此，它不仅要引进、消化和吸收西方先进的公共管理理论，更应跟踪与吸纳西方公共管理的前沿方法论，实现研究方法科学化，进一步强化公共管理研究对政府实践的应用价值。

---

① 张丽霞．当代公共管理方法的变革与发展趋势［J］．党政论坛，2004（11）：33－35.

（1）实地研究方法。

实地研究（field research）也可以称为田野调查、田野工作和现场研究，是一种深入研究对象的生活背景中，以参与观察和无结构访谈的方式收集资料，并通过对这些资料的定性分析来说明和诠释现象的社会研究方式。实地研究是一种定性的资料收集和分析方式，也是基本的科学研究方式之一，被广泛地运用于人类学、民俗学、考古学、生物学、生态学、环境科学、地质学、地形学、地球物理学、古生物学、人类学、语言学、哲学、建筑学及社会学等自然或社会科学领域。

实地研究可以追溯到古代中西方的游记或历史记载或风土人情的记录。中国的《徐霞客游记》、西方 13 世纪的探险家和传教士对异域文化的记录等都是实地研究的萌芽。学术性的实地研究始于 19 世纪晚期的人类学。到 20 世纪 70 年代，实地研究受到了来自调查研究和定量研究的挑战，此间，实地研究的比重大幅下降。20 世纪 70 年代和 80 年代，实地研究再度活跃，实地研究方法论也得到了拓展。目前，实地研究已经有了一套独特的方法论，形成了从哲学、方法论到研究技术的完整体系。与实证主义相对的自然主义奠定了实地研究的方法论基础，民族志、常人方法论、认知心理学、文化人类学、民俗学、语言学等诸多学科的概念和方法被实地研究所采纳，丰富了实地研究的研究方式和研究技术。

公共管理实地研究是实地研究方法在公共管理领域的运用，指研究者在解决公共管理问题时，深入研究对象的生活背景中，以参与观察和无结构访谈的方式收集资料，并通过对这些资料的定性分析来说明公共管理行为、制度、文化等的图景、模式和联系，诠释公共管理意义的研究方式。实地研究方法几乎可以运用到公共管理的所有领域，如决策制定组织文化、公务人员心理、社区治理公共服务等领域。

（2）实验研究方法。

实验研究方法（experimental research methods）即研究者基于相关理论和研究假设，运用必要、合理、合情、合法的人为手段，主动干预自变量并控制无关变量，对实验对象进行观察、测量和对比，实现探究特定研究对象和揭示社会生活因果关系的研究方法①。根据心理学、社会学、传播学等实验将社会科学领域的实验研究范式归纳为实验设计、实验实施、实验分析三个关键阶段。实验设计阶段包括表明实验目的、选择实验类型、招募实验对象、设置实验组别；实验实施阶段包括准备实验要素、激发实验进程、测量实验结果；实验分析阶段包括收集实验资料、分析实验数据、归纳实验结论。

实验研究法是唯物主义哲学世界观的体现，在某种意义上，实验研究法的历史与人类世界观发展的历史同样久远。早在 12 ~ 13 世纪，罗吉尔·培根（Roger Bacon）、邓斯·司各脱（Duns Scot us）和奥卡姆的威廉（William of O cam）等人就进行了大量的实验研究。现代管理学实验研究可以追溯到“科学管理之父”弗雷德里克·泰勒（Fed rick Winslw Tay-

① 臧雷振．社会科学研究中实验方法的应用与反思——以政治学科为例［J］．中国人民大学学报，2016（5）：150 - 156.

lor）1878 年在米德维尔（Mid val）钢铁公司和后期在伯利恒钢铁公司所做的系列科学管理实验。继泰勒的科学管理之后，1924～1932 年，美国哈佛大学教授乔治·梅奥（George Mayo）在美国西方电器公司位于芝加哥附近霍桑地区的工厂，进行长达 8 年的霍桑试验，则是管理学历史上影响最为深远的实验研究。管理学的实验研究方法随后扩展到了管理学的各二级学科及其所属各个专业。如企业管理学二级学科之下的市场营销、战略管理、组织行为等专业都广泛地使用实验研究方法。公共管理二级学科中的行政管理、城市管理、国土资源与管理、社会保障等专业也广泛地使用实验研究的方法。

公共管理实验研究是实验研究方法在公共管理领域的运用，指研究者在实验室或者现场自然情境下，控制无关变量，对实验变量进行实验处理，观察和分析实验变量对因变量产生的影响。实验研究的方法被广泛地应用在公共管理领域的决策、评估、绩效、组织生产力、公共组织行为等领域，逐渐汇聚成“实验公共管理学”这一别具特色的研究潮流。一般来说，在实验研究过程中，研究者通过引入（或操纵）一个变量（即自变量），以观察和分析它对另一个变量（即因变量）所产生的效果。从方法论上看，实验是定量研究的一种特定类型，在检验变量之间的因果关系方面，实验研究具有最突出的效用。

（3）调查研究方法。

当代社会科学研究领域一个重要的发展趋势是大量借鉴自然科学的研究方法，将数学模型、计算机仿真等技术和手段不断推广应用于社会科学研究过程中。其中，以抽样统计为基础的问卷调查方法是当代社会调查方法发展最为迅速、最为活跃、最引人关注的领域。问卷调查方法是最常用的社会调查方法，它是建立在经验观察和归纳法的基础之上的一种科学的社会统计调查方法。与传统研究方法相比，这种方法使社会研究者对社会现象的研究进一步定量化、科学化。不仅如此，社会统计调查方法的发展还建立在统计学、心理学、社会学等学科发展的基础之上，在 20 世纪 20～50 年代逐渐成熟，并得到迅速的推广和应用，最终成为目前应用最为广泛的社会科学研究方法。

调查研究（survey research）是种非常古老的研究方法，也是当前社会科学领域最常使用的研究方式之一。对于公共管理学这样与社会实践结合紧密的研究学科、研究领域来说，调查法是非常重要的研究方法之一。与其他研究方式相比较，调查研究具有三个最显著的特点：一是要求研究者真正地深入社会实践生活中，去系统地观察和了解社会现象，分析和把握客观社会事实；二是调查研究过程中所使用的研究材料主要依赖于第一手资料；三是调查研究主要收集并分析定量资料。基于这三点可以看出，调查研究与实验研究、文献研究、实地研究有重要的区别。与实验研究相比较，调查研究不强调对所观察社会现象的人为干预或控制，恰恰相反，调查研究还力求限制调查者可能对受调查者所形成的影响，减少调查误差，以保证调查研究的科学性。与文献研究相比较，两者最大的区别是研究所依据的材料是不是第一手材料。文献研究方法注重对已有相关文献的搜集、整理、分析和逻辑推理，尤其注重对文本的梳理和抽象分析。另外，文献研究也不要求深入社会实践去实地接触研究对象、观察社会现象。与实地研究相比，调查法主要使用结构化的资料收集方式并对相关资料展开定量分析。

（4）文献研究方法。

文献研究方法是指根据一定的研究目的或课题，通过调查文献来获得资料，从而全面、正确地了解掌握所要研究问题的一种方法。它所要解决的问题是如何在浩如烟海的文献群中选取适用于课题的资料，并对这些资料做出恰当分析和使用。文献调查法不与研究对象直接打交道，而是间接地通过查阅各种文献获得信息。在公共管理中，文献研究方法具有特殊的地位和作用。

开展一项公共管理课题研究，无论是在立题之前，还是在研究过程中，以至于研究完成后的论文写作，都离不开查阅有关文献资料。美国科学基金委员会调查统计，一个科研人员用在一个科研项目中研究图书情报资料上的时间，占全部科研时间的1/3～1/2。所以说利用科学文献是实现利用“前人劳动成果”的重要措施和方法，是研究取得成功的重要保障。一是有利于确定公共管理研究选题。查阅文献是公共管理研究中的一个重要步骤，严谨的研究者往往在确定研究选题时便开始查阅文献了。查阅文献可以帮助我们了解有关问题的历史和研究现状，从而为我们确定研究选题提供参考。二是有利于确定公共管理研究问题。确定研究选题之后，还要更深入地精读有关文献，在搜集和分析有关文献基础上，将研究逐步具体化，确定研究的具体问题。三是有利于快速进入公共管理研究前沿。没有继承和借鉴，科学不能得到迅速的发展，决定了人们在研究先前的历史事实时需要借助于文献的记载，在发展科学领域时需要继承文献中的优秀成果。现代科学研究不仅需要以人与人之间的协作为条件，同样需要以利用前人的研究劳动成果为条件。公共管理发展的规律和动力，就是在继承的基础上进行创新。四是有利于为公共管理研究提供科学的论证依据。公共管理文献资料是公共管理研究的记录，它记载了前人的科研成果，有事实、数据、理论、方法以及有关科研工作的假说，有前人的研究总结、经验教训，它反映了公共管理的研究水平、学术思想和最新成就。通过查阅文献资料，从过去和现在的有关研究成果中得到启发，不仅可以找到获得科学回答的线索，使研究范围内的概念、理论具体化，而且为更科学地论证自己的论点提供有说服力的、丰富的事实和数据资料。五是有利于补充和丰富公共管理的实证研究成果。文献法和实证研究方法相辅相成，对研究者都是不可或缺的。研究者通过查阅文献有助于构建理论假说，而通过实证能验证、完善和发展理论假说，从而最终能够丰富文献，而且这样的文献更有价值。

1.4.3　作为科学的公共管理研究方法

公共管理研究方法是人们在寻求公共管理领域问题的解答，获取公共管理知识的过程中，思想的逻辑、路径以及各项行动的步骤、程序和技巧。第一，公共管理研究方法是思维方法和行动方法的统一。公共管理研究是涉及思维活动和实际行动的双重活动，公共管理研究是思维方法和行动方法的有机统一。第二，公共管理研究方法是实质性方法和形式性方法的统一。公共管理研究中既涉及理论视角、理论思路、理论途径、理论模型等实质性方法，还涉及逻辑推理、资料收集和分析等形式性的方法。第三，公共管理研究方法是公共管理学术研究方法、公共管理实践问题解决方法和公共管理咨询方法的统一。公共管理研究包括公共管理学术研究、公共管理实践问题解决、公共管理咨询三种形态，因此公共管理研究方法也包括公共管理学术研究方法、公共管理实践问题解决方法和公共管理咨询方法，这些方法的公约数是公共管理问题及其解决的逻辑。第四，公共管理研究方法是公共管理方法、公共管理学方法的前提和基础。"公共管理方法"一词可以做广义理解和狭义理解。广义的公共管理方法是公共管理领域中思维方法、实践方法、研究方法的总称；狭义公共管理方法则是公共管理实践或公共管理实务方法的简称。狭义的公共管理方法属于行动方法的范畴，是公共管理主体进行公共管理实务活动过程中使用的认识工具和行动工具的总称。"公共管理学方法"则是公共管理学科的逻辑、理论结构和认识程序。公共管理研究方法侧重公共管理问题的探究。公共管理学方法侧重公共管理学科的逻辑。狭义的公共管理方法侧重公共管理实务的认识和行动。三者虽侧重点不同，但在公共管理问题解决这一点上是共通的。公共管理研究的知识成果构成公共管理学科，公共管理研究的知识也为公共管理活动提供支撑，从这个意义上说，公共管理研究方法是公共管理学方法和公共管理方法的前提和基础。

从公共管理研究方法的内涵来看，科学的公共管理研究方法所强调的是更加科学地运用公共管理研究方法，来系统地、规范地研究公共管理问题，获取科学的公共管理知识。因此，作为科学的公共管理研究方法应重视将科学方法与公共管理研究方法的有机结合，突破原有的公共管理研究方法的"瓶颈"，从而为未来公共管理学科的发展奠定稳固的科学基础。科学发展观所体现出的科学精神贯穿于人类实践活动的一切领域，在每一个领域都有不同的体现。公共管理作为一种社会实践活动是指政府制定公共政策，与其他公共组织一起，处理公共事务，提供公共产品和服务的活动。因此，在公共管理活动中科学精神有自己独特的表现。这种独特性表现在公共管理研究方法论上，尤其强调了要运用科学的方法论。重要的是，学者大多从科学的角度定义方法论。如莱西（A. R. Lacey）所编的《哲学辞典》（*A Dictionary of Philosophy*）将"方法论"（methodology）定义为："对那些综合指导着科学探索的推理和实验原理及过程的一种系统分析和组织，也称为科学方法。因而，方法论是作为每一门科学的特殊方法的一种总称。"① 因此，作为科学的公共管理研究方法，特别是在公共管理研究的工具和技术都实现了智能化、信息化和自动化的背景下，更应积极促进实现公共管理研究方法的科学化，从而推进公共管理研究的科学发展进程。

关键术语

管理　公共管理　科学　社会科学方法　公共组织　政府组织　社会组织　管理制度　理论科学　技术科学　应用科学　认识功能　技术功能　教化功能　交叉科学　学科融合

① 莱西．哲学辞典［M］．伦敦 1986 年版，第 113 页．

思考与实践

1. 何谓管理？何谓公共管理？
2. 公共管理的基本特征有哪些？
3. 简述公共管理发展的一般趋势。
4. 简述科学的含义、类型、功能与特征。
5. 科学发展的一般趋势是什么？
6. 如何理解公共管理与科学的融合？
7. 如何理解公共管理方法与社会科学方法的融合？

阅读材料

1. 薛澜．公共管理与中国发展——公共管理学科发展的回顾与前瞻 [J]．管理世界．2002 (2)：43-57.

2. 蓝志勇．也谈公共管理研究方法 [J]．中国行政管理，2014 (1)：59-65.

3. 熊澄宇．关于新文科建设及学科融合的相关思考 [J]．上海交通大学学报（哲学社会科学版)，2021 (4)：22-26.

4. 孔繁斌．从社会科学的边缘到核心：公共管理学科再认识 [J]．中国行政管理，2017 (9)：16-20.

第2章 范式、理论与公共管理研究

公共管理研究是一种特殊类型的研究活动，是针对公共管理问题而进行的研究。公共管理研究由两个关键要素构成：第一，公共管理问题；第二，公共管理研究的方法，这主要表现在公共管理问题的多维性和公共管理方法论的多元性。其实，公共管理研究是公共管理学术研究、公共管理实务活动和公共管理咨询的统一。经过多年来的发展，公共管理从社会研究中吸收、借鉴并在此基础上已经形成了公共管理研究的研究范式和理论支撑。理论寻求解释，范式则提供了寻求解释的方法。范式本身并不解释任何事情，但是它们产生理论的逻辑架构。在研究中，理论试图提供逻辑解释，主要三个方面的理论功能：一是理论可以预防我们的侥幸心理；二是理论可以合理解释观察到的模式，并且提出更多的可能性；三是建立研究的形式和方向，指出实证观察可能有所发现的方向。然而，并不是所有的公共管理研究都与理论密切相关，有时候，公共管理学者只是为了展开公共管理问题的研究而寻求从理论上开始着手，如是否一个革新性的研究范式真能起作用。因此，本章主要从方法论、研究范式、研究逻辑体系以及公共管理研究中的伦理问题四大方面探讨理论、范式如何与公共管理研究相互配合。

2.1 方法论

《韦伯斯特新大学辞典》将方法论定义为："一门学科所使用的主要方法、规则和基本假定原理；对特定领域中关于探索原则与程序的一种分析。"① 《韦氏新世界美语词典》将方法论定文为："方法的科学或方法的有序安排；特别是对科学探索和哲学探索的推理原理应用有关的逻辑学分支；任何特定科学中的方法体系。"②《牛津哲学辞典》认为："方法论是特定的探索领域方法的一般性研究。这些探索领域包括科学、历史数学、心理哲学、伦理等。"③《中华辞海》认为方法论是："关于认识世界、改造世界的根本方法的学说。在某一

① G. &C. Merriam, T. Allen&Son, Webster's New Collegiate Dictionary, Springfield, MA: G. &C. Merriam Co., 1977.

② Victoria Neufeldt, Webster's New World Dictionary of American English, Third College Edition, Macmillan General Reference; Leather edition (March 1990).

③ Simon Blackburn. 牛津哲学辞典［M］. 上海外语教育出版社，2000.

门具体学科上所采用的研究方式、方法的综合。”① 袁方认为：“方法论主要探讨研究的基本假设、逻辑、原则、规则、程序等问题，它是指导研究的一般思想方法或哲学。”② 综合来看，方法论概念具有以下特点：第一，方法论是具有系统性的理论；第二，方法论属于逻辑学的分支；第三，方法论具有程序性；方法论主要阐述探索的程序、步骤、规则和过程；第四，方法论揭示探索活动和探索成果的基本假定和前提；第五，方法论是从多种方法中抽象出来的共同的原则；第六，方法论存在层次性，哲学、科学和具体学科都有各自的方法论；第七，方法论是与本体论、知识论和价值论紧密相关的概念，哲学和科学理论本身具有方法论的含义。因此，按照抽象层次的高低，方法论可被分为哲学与科学方法论和学科方法论。

2.1.1　哲学方法论

哲学方法论提供的是人类对于社会、自然的认识和思考，是构成社会研究体系的基础。例如，马克思主义哲学阐述的社会是一个客观存在的实体；社会的发展是一个自然历史过程；人与人之间的关系是建立在一定生产方式的基础上，等等。现代社会理论中的一部分实际上也具有哲学方法论的意义。例如，吉登斯结构化理论不仅是一种社会学理论，而且是一种社会历史观。结构化理论从人类实践活动的向度出发，对于社会的构成、社会的类型和社会的变迁做出了新的分析和说明，从而实现了当代西方社会历史观的重建。又如，福柯的《癫狂史》等论著，考察了中世纪末至现代西方对癫狂病者的态度，被看作控诉西方对癫狂病者的恐怖性压制和批判自笛卡尔以来的理性主义传统。1966 年他发表《词与物》一书，转向思想文化的历史研究，继尼采的“上帝死了”的口号之后，呐喊“人之死”，震动西方文坛。

2.1.2　科学方法论

波普尔对经验实证主义的修正是从“知识起源说”开始的。他认为，科学知识不是像经验实证主义所描述的那样起源于经验观察和归纳，科学知识的起源是从各种“问题”开始的。问题引起人们的思索、探究，促使人们作出各种假设式的回答，然后通过事实证伪而形成知识。这里，波普尔强调自由想象的重要性，自由想象是科学创造中不可或缺的非理性因素。这样，波普尔就以“自由想象优于经验观察”的命题否定了孔德关于“观察优于想象”的原有命题。

然而只有自由想象是不足以构成科学理论的。于是波普尔提出了自己的“证伪理论”，

---

① 康大为．中华辞海［M］．印刷工业出版社，2001.

② 袁方．社会研究方法教程［M］．北京大学出版社，1997.

他认为实证主义只强调理论的可实证性或可证实性，只注意搜集肯定的例证，而轻视否定的例证，这是不正确的。人们不应通过肯定而应通过“否证”来构筑科学理论。实质上波普尔正是用一个理论是否可证伪或否证来区分科学与非科学的。现代的学者们提出自己的理论不是期待它们被证实，而是期待它们被证伪，以便修正旧理论或提出新理论。波普尔思想的精髓就是他著名的假设检验法或称“试错法”（trail - and - error method）。这一方法是对杜威（1859 ~ 1952）等实证主义者的假设演绎法的修正与发展。它的提出对本世纪的自然科学和社会科学的研究逻辑都产生了深远影响。继波普尔之后，库恩、拉卡托斯、费耶尔阿本德等人对科学方法论的发展作出重大贡献。尤其是库恩（T. Kuhn）的“范式”概念和“科学发展阶段论”对于分析社会科学的研究方法很有启发。

2.1.3 学科方法论

一般而言，公共管理学方法论是公共管理学科范围内所有知识成果的逻辑、规则和程序的一般理论。公共管理研究方法论则是公共管理研究者为了解决公共管理问题，获得公共管理知识的逻辑、规则和程序的一般理论。公共管理学方法论和公共管理研究方法论虽然紧密相关，但是并不等同。公共管理学方法论侧重探讨公共管理学知识形态本身的理论逻辑和规则，其对象是既有的公共管理知识。公共管理研究方法论则侧重探讨获取公共管理知识的认知逻辑和规则，其对象是公共管理问题。一方面，公共管理问题本身就是已知和未知的统一，公共管理研究依赖既有的知识，同时也产生新的知识；另一方面，公共管理研究获取知识的过程往往决定了知识的最终形态。因此，公共管理研究方法论与公共管理学方法论是难以分割的，就像硬币的两面。

2.2 研究范式

研究范式是通过研究方法、论述方法、学术评价标准体现出来的学科范式。学科范式是学科内容和方法的统一，而研究范式就是学科范式中的方法部分。研究范式的概念始于科学哲学家托马斯·库恩（T. Kuhn）。他在著名的《科学革命的结构》一书中回顾了人类历史上许多重大的科学突破，提出了范式的转换——理论概念的创新——而不是简单的科学研究成果的积累，才是重大科学进步的唯一途径。① 关于范式的不同含义，英国学者玛格丽特·玛斯特曼（Margaret Master man）曾对库恩的范式观作了系统的考察，他从《科学革命的结构》中列举了库恩使用的 21 种不同含义的范式，并将其概括为三种类型或三个方面：一是作为一种信念、一种形而上学思辨，它是哲学范式或元范式；二是作为一种科

① 托马斯·库恩. 科学革命的结构［M］. 北京大学出版社，2012.

学习惯、一种学术传统、一个具体的科学成就，它是社会学范式；三是作为一种依靠本身成功示范的工具、一个解疑难的方法、一个用来类比的图像，它是人工范式或构造范式。[①] 从托勒密的地心说到哥白尼的日心说的认识转换，从牛顿的经典力学到爱因斯坦的量子力学的思维飞跃，从以计算机主机为核心到以网络为主体的数字电子技术革命，都给经济和社会的发展带来了不可估量的影响，更不用说其同时在科学技术的其他领域引起的连锁效应了。

2.2.1　库恩关于范式的讨论

库恩认为，一个范式或者一系列范式并不一定概括某一领域所有问题和研究活动："有可能某些科学研究活动没有范式可依，或者即便有也不像上述范式那么严格，那么有约束力"。[②] 他在以后讨论常规科学的本质时又重申了这一观点。库恩指出，各种承诺（概念的、理论的、工具的和方法论的）所形成的牢固网络的存在，是把常规科学与"解题"在隐喻层面上联系起来的主要源泉。库恩特别强调了范式的"优先性"。[③] 具体来说，可以将库恩的观点归纳为：一是范式是某一领域中确认研究问题和研究方法的标准，包括一个世界观（建构理论用以揭示科学事实的相关性）和两个基本标准——脱离了科学活动的竞争态势，从而吸引了一批稳定的追随者；同时，它又是足够开放的，为后继者留下来各种各样需要解决的问题。二是范式并不一定是自我涵纳的，在同一学科中可能会存在着竞争性的范式，甚至不是所有的研究活动都有范式引导。三是范式不同于规则。受共有范式引导的研究者并不一定遵循相同的规则。没有诠释标准或者缺少一致性规则并不影响范式对科学研究的引导作用。

从库恩的角度来看，范式之所以重要，其核心在于：一是从科学史看来，科学进步不仅仅是简单知识累积的结果，而是实现了范式的转换，即先前理论和知识结构的重建。真理更容易从谬误中产生。有了在思维范式指导下的常规科学研究，更容易使研究者在研究过程中发现谬误，进而离真理更近。例如，哥白尼能够发现地心说的谬误，正因为他对地心说有了周密的了解，当他发现不少行星的运转不符合地心说所描写的规律时，他就开始寻求解释，直到后来发现最好的解释就是构建新的理论日心说。

---

① 何菊玲，栗洪武．教师教育范式：结构与内涵——基于库恩范式理论的解读［J］．教育研究，2008（4）：83－88.

② Kuhnts. The Structure of Scientific Revolutions（2nd ed.）［M］. Chicago：University of Chicago Press，1970.

③ 蓝志勇，凯瑟琳·安德逊．当代公共管理研究的范式观——一项经验研究［J］．公共管理报，2005（3）：12－22，92－93.

2.2.2 里尔茨关于范式的区分

美国社会学家里茨尔区分了社会学的三种不同的研究范式：社会事实范式、社会定义范式和社会行为范式，这种划分主要是表明社会学家看待社会现象的不同方式或不同的观察角度。社会事实范式是以杜尔凯姆的方法论思想和现代的结构功能理论为代表的，它强调社会现象的客观性，认为社会现象是客观的事实，它们不能还原为个人的事实。例如，一场社会运动并不是由许多个人行动构成的，而是由一些社会历史因素所形成的“合力”推动的，它是一种客观的，不以个人意志为转移的社会历史现象。社会事实范式强调对宏观的社会结构、社会制度、文化规范进行研究，在社会结构层次和文化层次探讨社会的本质属性。

社会定义范式以韦伯的思想为代表，它强调社会现象的主观性质，认为一些宏观的社会现象，如“国家”“制度”“阶级”等都不是有形的实体，它们是由人们的主观定义建立的，因此社会现象是不可能与个人的动机、态度和行为相分离的。这也是个体主义方法论的主要论点。米德等人的符号互动论还进一步指出，人们对社会和社会现实的定义是通过人际互动过程建立起来的，他们的行动和互动方式都受这种共同的社会定义的指导。[①] 社会定义范式强调在微观层次研究人们是如何建立社会、如何在社会中行动的。

社会行为范式是以行为科学（管理学、社会心理学、组织社会学等）的方法论为代表的，它强调对个人的社会行为进行客观精确的分析，主张用经验的或实证的方法研究社会现象。它认为社会事实范式过于抽象，只限于宏观层次，而社会定义范式又过于主观，只限于微观层次，因此只有通过对人的外部行为进行经验观察，才能认识社会现象的因果关系，才能像自然科学那样客观地解释社会现象。

以上这几种研究范式都只是强调社会现实的某一侧面，但它们对于全面地认识社会都是必不可少的。尽管这几种范式使用的基本假设、概念和研究方式各不相同，不过在实际研究中，它们又是相互联系的。例如，社会学研究主要关心的是社会结构和社会发展的问题，它的研究主题常常是以社会事实的概念表述的（如“经济基础与上层建筑的关系”问题），但这种概念往往是抽象的，因此，在经验研究中就需要运用社会行为范式的概念将其具体化，而在研究社会行为时又必然涉及人的主观层次，这就会与社会定义范式的概念相联系。

2.2.3 公共管理的研究范式

在公共管理研究中，存在着一系列不成文的指导公共管理学科研究的范式。可以把公共

① Mead G H. Mind, Self, and Society: from the Standpoint of a Social Behaviorist [M]. The University of Chicago Press, 1934.

管理学科的研究范式概括为公共性（一级范式）—认知方法（二级范式）—研究领域（三级范式）的三级层次模型（见表 2－1）。

表 2－1 公共管理研究范式：三级层次模型

一级范式最重要层次（公共性）	假定	研究内容	问题
	公共管理区别于一般性管理	公共性的地位	如何改进公共部门工作

二级范式次要层次（认知方法）	内容	经营理论（52%）	政治理论（17.6%）	司法理论（6.0%）	伦理理论（1.6%）	历史/感知理论（110.5%）	综合理论（4.2%）	其他（3.0%）
	假定	公共管理就是效率、有效性和经济	公共管理就是谁想得到什么	公共管理就是合法权益	有关道德伦理	历史与现实紧密相关	公共管理复杂的管理过程	未确认模式
	研究内容	个人群体，组织结构和程序	个人群体、社区、政治组织结构和程序	法律制度和程序	伦理标准和程序	历史文献、人物与事件	与管理有关的相关问题	未确认模式
	问题	如何更高效和经济地运作	如何取得权力与资源	如何解决冲突，贯彻法律和制度	伦理对管理和社会的影响	如何避免历史错误	如何全面地理解公共管理	未确认模式

三级范式更次要层次	次要层次	假定	研究内容	问题
	组织管理和执行决策	公共管理中组织管理的重要性	结构与程序	如何进行组织工作
	人事管理	公共管理中人事管理的重要性	结构与程序	人事制度的程序与效果
	政治/立法机构与程序	公共管理中政治/立法机构与程序的重要性	结构与程序	政治与立法机构的描述与评价
	金融与预算	公共管理中金融与预算的重要性	结构与程序	预算/金融程序与效果
	公共管理理论	公共管理中公共管理理论的重要性	结构与程序	公共管理的正确性
	政策制定与分析	公共管理中政策制定与分析的重要性	结构与程序	政策程序与效果

续表

	次要层次	假定	研究内容	问题
三级范式更次要层次	社会经济问题	公共管理中社会经济问题的重要性	结构与程序	变化的社会与经济问题
	研究方法改进	公共管理中研究方法改进的重要性	结构与程序	更好的有效性与可靠性
	技术使用与管理	公共管理中技术使用与管理的重要性	结构与程序	管理目的
	其他			

最高层次的范式是公共性的范式，称为一级范式。在一级范式的下面，存在着各种不同的理论。这些理论也满足库恩对范式的定义要求。因为这些范式存在于这个领域主要方向的界限内，并因这些方向的存在而存在，所以可以把它们称为二级范式或认知理论范式。一级范式为这个领域划定界限、规定正规的研究方向，而认知理论范式界定这个领域内的概念性、理论性和方法性的理论。

这些二级范式包括：①把政治管理问题归结为政策制定、权力斗争和资源分配的政治理论；②把公共管理视为提高社会和组织效率的工具的经营理论；③把公共管理看作支持宪法和其他法律、法规的工具的司法理论；④要求公共管理通过对自由、正义和人类尊严等民主价值产生的影响认清管理行为后果的伦理理论；⑤不同于上述任何理论，把公共管理看作确保政府运转的体制的综合理论；⑥追溯、探索对公共管理理论发展和实践做出的贡献的历史理论。

2.3 研究逻辑体系

与其他科学研究一样，社会研究中研究者普遍使用两种推理方式：归纳推理和演绎推理。归纳推理的过程是从特殊到一般，即从一组具体的观察结果推导出一般性的规律或法则。由于在现实中常常不可能进行完全的、穷尽的具体观察，因而，由归纳推理所得出的结论也容易遭到意想不到的驳斥。在这方面最为人们所熟知的例子是由卡尔·波普等人所引证的有关白天鹅的结论。许多年来，人们所观察到的天鹅都是白色的，因而生物学家们设想所有的天鹅都是白色的。但是，当人们在塔斯马尼亚看到黑天鹅时，“天鹅都是白色的”这一概括就在一天之内被事实证明是错误的了。与归纳推理的过程相反，演绎推理的过程是从一般到特殊。研究者从他所希望检验的一般性理论开始，然后到现实中去观察、收集资料，以检验这种一般性理论。

应该说，两种推理方式在科学研究中都具有重要的作用。对于归纳推理来说，其在系统地提出问题、提出带规律性的结论、建构解释现象的理论方面无疑是一个有用的阶梯；而对于演绎推理来说，其在帮助人们检验一种理论、判断一种理论的正确性方面起着至关重要的作用。没有经过经验检验的理论解释常常只是一种可能的解释。在科学研究中，一般的模式是将这两种推理过程有机地结合起来，构成一种称为“假设演绎法”的逻辑过程。这种过程由以下四个相互联系的步骤组成：（1）观察一种现象或一组完整的事件。（2）对观察的结果进行概括，试图形成一种能够解释所观察的现象的理论。（3）从这种概括出的理论出发，推演出具有逻辑性的某种结论。（4）用具体的材料来检验这种理论。若理论被检验所证实，那我们就可以得出结论说，我们获得了能够解释这种现象的知识（当然，这种知识通常只能作为种“或然性的解释”，而非完全肯定的解释）；若理论不能被我们的检验所证实，我们就得回过头来修改原始的理论，并进行新的检验。在这一过程中，前两个步骤采用的是归纳推理（即从具体的观察中概括出一般性的结论）；而后两个步骤则是采用的演绎推理（即从一般性的理论推演到新的经验性现象）。

历史上，归纳逻辑与演绎逻辑往往是对立的。古代哲学家多强调演绎方法，他们认为感性经验不可靠，主张用思辨的方法发现一般规律，然后运用演绎三段论的形式来说明具体现象。近代科学则建立在观察与归纳的基础上，培根等人把归纳逻辑作为科学的主要工具，认为一切真知都来源于经验事实。他们反对凭空构造理论，强调科学的实证性。一直到 20 世纪，由于波普等人的贡献，归纳逻辑与演绎逻辑才在假设检验法（或试错法）中结合起来。

单纯的归纳或单纯的演绎都有其局限性。归纳逻辑的局限在于：（1）由一些个别事例概括出的一般性结论并非是可靠的，它有可能被其他未观察到的事例所推翻。（2）由归纳不可能逻辑地推论出一般原理，因为由归纳得到的结论只是对一些具体的、个别的经验现象的概括，它只适合于一定的时间、地点、场合、范围，它仍停留在经验层次。由感性上升到理性，即由观察结论上升到理论命题实际上是经历了认识上的一个“飞跃”，这一过程要依靠猜测、想象、洞察或思辨，而并非是靠归纳完成的。可以说，归纳逻辑的主要作用是发现经验事实之间的联系，而不是发现一般原理。而演绎逻辑的局限是，由于演绎的大前提，即一般原理或公理有可能是错的，所以由它推演出的命题也可能是错的，这样的命题不可能有效地解释具体现象。此外，单纯靠演绎也不可能发现理论的错误。

2.4　公共管理研究中的伦理问题

公共管理研究是在一定的社会环境下进行的，因此，在进行相关研究时，研究者必须将伦理问题纳入研究范畴之内。如果不重视研究中的伦理问题，则很容易导致研究难以进行下去。然而，究竟什么是伦理，是一个值得探讨的问题。在大多数的字典和一般的用法中，伦理（ethics）通常和道德（morality）相提并论，两者都涉及对与错的问题。但是什么是对？什么是错？又根据什么标准来区分？每个人都有自己的一套标准。这些标准也许是宗教或政治意识形态，或是对什么可行与什么不可行的实际观察结果。其中，《韦氏新世界辞典》（*Webster's New World Dictionary*）对伦理的定义就很典型，它把伦理定义为“与特定职业或群体相一致的行为标准”。虽然这个说法会让那些追求绝对道德的人感到不满，不过，我们在日常生活中就把道德与伦理当成群体成员的共识。不同群体有不同的道德标准，这一点不值得意外。如果你们要在某个社会里生活，了解那个社会的道德标准是十分有用的。你们要在某个社区里搞研究，也是如此。可见，要进行公共管理研究工作的话，就需要对研究者共识与不共识有比较深入的了解和认识。

2.4.1 自愿参与

作为社会研究的一部分，公共管理研究需要运用社会研究中的理论和方法。社会研究经常（虽并非总是）需要介入他人的生活。访问员敲门或者是问卷寄到家门口，都标志着在受访者没有提出要求的情况下，一项会让他耗时费力的活动就要开始了。参与社会实验则会扰乱研究对象的正常行为。更有甚者，社会研究经常要求他人透露其私人信息——有些甚至是其亲友伙伴都不知道的信息，而且还要求把这些信息告诉陌生人。另外，自愿参与原则又直接违背了很多科学方面的考虑。一般说来，如果实验对象或是调查研究的受访者都是自愿的，科学上所要求的概括性就受到了威胁。这样的研究定位可能会反映很多人的人格特性，但其研究结果不能概括所有的人。最明显的例子就是描述性调查，除非受访者是经科学抽样挑选出的并包括志愿者和非志愿者，否则研究者就不能把抽样调查结果推论到总体。特别是在实地研究经常面临着这种伦理上的两难困境。研究者常常不能透露正在进行的研究，因为担心一旦透露，就会影响研究的社会过程。很明显，在这种情形下的研究对象，没有选择自愿或拒绝参与的余地。自愿参与是重要的原则，但要真正遵循却常常有困难。当你们认为有正当的理由违反这项规范时，那么，遵守科学研究的其他道德规范就显得更重要，如不能伤害研究对象等。

2.4.2 对参与者无害

公共管理研究最首要的伦理准则，就是必须对参与者无害。可以肯定的是，没有人会原则上反对这个准则。但你也将看到，有时候要完全遵守这条准则是相当困难的。例如，研究者在访问人们的宗教观时，启发了他对自己信仰的怀疑；或者针对妇女人权的研究，导致某些妇女开始对他们的工作及婚姻产生不满。一个调查什么时候会危及参与研究的人们？你们将发现，这个看似简单的规则要求研究者永远提高警觉。当你们进行研究设计时，应该不断地自问是否会对参与研究者造成伤害。既然在生活中所做的每一件事都有可能伤害到他人，就必须衡量研究活动的重要性以及相对的危害性。公共管理研究者有很多方法可以保护其研究对象免遭伤害。比如，我们小心翼翼地尊重对象的隐私。研究常常要求我们要了解人们生活中的隐私、细节，而且我们承诺对所了解到的内容保密。通常，我们都是以一种匿名的方式收集资料，这样我们就无法将个体和他们提供的信息资源对应起来，也就可以防止信息的意外泄漏。你还会发现，在某些类型的研究方案中，尽管经常要采取某种欺骗的方式，但是研究者还是要承诺避免欺骗，除非这是不可避免的。例如，如果你以这样的方式来介绍一个调查或是实验："我们想研究一下你的偏见程度有多大。"这样，研究对象就会更倾向于调整他们的回答和行为，以显得不存偏见。为了某些特定的研究目的，当真的需要欺骗研究对象时，我们还是要衡量一下研究的潜在价值能否抵消欺骗行为所带来的不良后果。

2.4.3　匿名与保密

保护研究对象的权益最首要的就是保护他们的身份，特别是在进行调查研究的时候。如果披露研究对象被调查时的反应必定会伤害到他们，因此，坚守这项规范就显得至关重要。匿名和保密这两种技巧（两者经常被混淆），则能够在这个时候给你们帮助。

当研究者无法辨认哪种反应属于哪个特定研究对象的意见时，这个研究对象就可以说是匿名①（anonymity）的。换句话说，接受访谈的研究对象绝对不可能是匿名的，因为访员是从一个可以辨别的研究对象那里收集相关的资料（在此，我假设你们遵守正确的抽样方法）。一个匿名的例子，就是以邮寄的方式进行问卷调查，而问卷回收之前并没有可辨别的编号。

当研究者能够指认特定研究对象的回答，但是承诺不会将其公开时，该研究就达到了保密②（confidentiality）的要求。例如，在一项访问调查中，尽管研究者其实随时可以公开某位研究对象所填报的收入。但是，就研究工作的伦理而言，却要对研究对象保证绝对不会这么做。当调查是保密而不是匿名的时候，研究者必须向研究对象表明真相。而且，千万不能把匿名当成保密。除了少数例外（例如有关公众人物的调查中调查对象同意公开其意见），对研究对象提供给我们的资料一定要保密。这并不是一项容易遵守的规范，而且法院也不承认社会研究的资料像神父和律师一样享有"沟通特权"（即法律保证保密特权）。

同样，在访谈调查中，刚开始你需要可辨别调查对象的资料才能和他们再度联络，以确定已经完成了访问，或取得原先访向中所遗漏的资料。因此，知道研究对象的身份，对保证资料的质量是至关重要的。然而，当你们确认访问已经结束，并且肯定已不再需要有关对象的更详尽资料时，就可以放心地把所有可辨别身份的资料从问卷上删除。有很多问卷的设计，把所有辨别身份的资料放在第 1 页，在不需要知道研究对象身份后，就可以把首页撕

---

①　匿名：当研究者和读者都不可能将回答和回答者对应起来时，这个研究就可以说达到了置名的要求。

②　保密：当研究者能够指认特定研究对象的回答，但且承诺不会将其公开时，该研究就达到了保密的要求。

掉。皮考（1996a，1996b）指出，即使如此，在很多时候也还是不足以保证保密性。这是他在联邦法庭中将近一年来的教训。对研究对象所有回答的仔细分析，有时候能够判断这个人的身份。跟研究伦理的其他方面一样，专业的研究者在这方面也同样避免遵循生硬的伦理规则。而且，他们还会不断地问怎么做才能够最好地保护被研究者的利益。

2.4.4 欺骗

我们已经知道，对研究对象身份的处理事关重要的伦理问题。而研究者如何处理自己的身份，也相当微妙。有时候，向研究对象表明自己的研究者身份是有用甚至必要的。有时候却要像一个高明的演员，让人们加入实验研究或填写冗长的问卷，并让人们不觉得你们在搞研究。就算你们必须隐瞒自己的研究者身份，你们仍须考虑下面的问题。因为骗人是不道德的，所以在公共管理研究中，欺骗行为应该被纳入科学或行政的考虑范围。即使如此，这些考虑还是会引起争议。有时候，研究者虽坦承自己在搞研究，却捏造研究目的或受益人。假设你们受托为某公共福利机构进行一项接受补助者的生活水准研究，尽管这个机构要寻找改善接受补助者的生活的方法，但是研究对象仍可能会害怕被扣上“骗子”的帽子。因此，研究对象可能把自己的生活状况，说得比实际情况更糟。然而，除非研究对象提供真实的答案，否则这项研究无法为有效改善他们的生活处境提供准确的资料。这时你们该怎么办呢？解决方案之一就是告诉研究对象，你们所进行的研究是大学研究计划的一部分，绝口不提你们和公共福利机构的关系。如此一来，虽然提高了研究的科学性，却产生了严重的伦理问题。在实验研究中，谎称研究目的是常有的事。虽然隐瞒你们在做研究并不容易，不过，隐瞒你们的研究目的却很简单，有时候甚至是恰当的。很多社会心理实验要测试研究对象到底要到何种程度才会放弃自己观察所得的证照，继而接受他人的观点。在这类实验中，研究者已经找到一个适当的解决方法，就是在实验结束后向研究对象进行任务报告①（debriefing）。虽然他们不能在实验开始前知道研究的真正目的，这并不表示他们事后也不能知道。在事后告诉他们真相，也许能弥补事前不得不撒的谎。然而，对这项工作必须谨慎，以确保研究对象心里不会产生疑虑或因自己在实验中的表现而对自己产生怀疑。如果这个问题有些复杂，那么，这纯粹是因为我们用人的生命作为研究议题所必须付出的代价。

2.4.5 职业伦理规范

由于公共管理研究的伦理问题既重要又模棱两可，大多数的专业学术机构都制定并公布了一套正式的行为规范，明确指出了哪些专业行为是可以接受的，哪些不能被认可。在此笔

---

① 任务报告：和对象交流，以让他们了解其在研究中的经历。当存在伤害参与人的可能性时，这种报告是尤为重要的。

者列举了美国民意研究协会（The American Association of Public Opinion Research，AAPOR）的行为规范，因为 AAPOR 是社会科学研究的一个综合性研究机构）。绝大多数的职业协会都有这样的伦理规范。例如，美国社会学协会、美国心理学协会、美国政治科学协会等。你可以在协会的网站上发现很多，如表 2－2 所示。

表 2－2　　　　美国民意研究协会行为规范

《美国职业伦理与实务规范》

作为美国民意研究协会的会员，我们将遵循本规范的以下原则：

我们的目标是支持健康的民意研究（所谓民意研究指的是，关于个人信仰、偏好和行为等资料主要来源于研究对象本人的研究）。

我们誓言保持高标准的科学能力和工作完整性，在与客户和社会大众的关系上亦然。我们也誓言拒绝所有不符合本规范的任务。

规范

Ⅰ. 工作行为的职业实务原则

A. 谨慎收集和处理资料，采取所有合理的步骤来假设结果的准确性。

B. 谨慎进行研究设计和资料分析。

1. 根据职业判断，采取最适用于手中研究议题的研究工具和分析方法。
2. 不应为了得出符合自己意愿的结论，而选用特定的研究工具和分析法。
3. 不应故意曲解研究结果或策略性地采用与现有资料不符合的解释。
4. 不应故意暗示我们的解释比实际资料有更高的可信性。

C. 在所有的研究报告中，应该准确、详尽地叙述研究发现和研究方法。

Ⅱ. 在与人打交道时的职业责任

A. 公众：

1. 应该与公众合法授权的代表合作，详述研究所使用的方法。
2. 不管是不是我们的责任。我们都应该保留发布研究结果的许可权。当发生解释错误时，我们应该公开说明修正的方法。除此之外，在其他方面，我们也有责任替客户保密。

B. 客户或资助人：

1. 对于所取得的客户资料和为客户所做研究的结果，除非客户正式授权发布，否则应该遵守保密的原则。
2. 应该清楚自己在技术与设备上的限制，只接受可在该限制下能顺利完成的工作。

C. 专业人士：

1. 不应把本协会会员身份当作自己职业能力的证明，因为本协会并不对任何个人或团体进行能力鉴定。
2. 明确自己有责任对民意研究科学作出贡献，并且自愿发表自己研究的理念和发现。

D. 研究对象：

1. 不应欺瞒研究对象或使用虐待、强迫或羞辱研究对象的策略与方法。
2. 应该保障每一位研究对象的置名权，除非研究对象为了特殊目的放弃匿名保护。除此之外，对所有足以辨别研究对象身份的资料应该严加保密。

资料来源：艾尔·巴比. 社会研究方法（第 11 版）［M］. 邱泽奇译. 清华大学出版社，2018：118－119.

关键术语

范式　方法论　研究范式　经验实证主义　试错法　社会事实范式　社会定义范式　社会行为范式　认知理论范式　公共管理理论　归纳推理　演绎推理　自愿参与　职业伦理规范　欺骗

思考与实践

1. 何谓方法论以及其主要有哪些特征？
2. 方法论的主要分类有哪些？
3. 简述范式、学科范式与研究范式的联系与区别？
4. 简要概述库恩与里尔茨关于范式的讨论？
5. 公共管理研究范式主要分为哪几个层次？其划分依据是什么？
6. 简述归纳推理与演绎推理两种逻辑推理方式的含义、作用、联系以及局限？
7. 公共管理研究过程中主要应注意哪些伦理问题？

阅读材料

1. 景怀斌．公共管理的认知科学研究：范式挑战与核心议题［J］．武汉大学学报（哲学社会科学版）．2016（6）：5－15.

2. 蓝志勇．新科学对推动哲学社会科学和公共管理研究范式创新的启示［J］．中国行政管理，2021（3）：6－12.

3. 刘高岑．延括认知假说：认知科学的新范式？［J］．科学技术哲学研究，2009（6）：25－29.

4. 张玉，王淼．公共管理研究的方法论新探——论结构方程模型在公共管理研究中的效用及其边界［J］．中国行政管理，2008（6）：114－117.

5. 曹堂哲，孙智慧．公共管理研究的技术设计范式：方法论、议题和逻辑［J］．天津行政学院学报．2015（1）：16－24.

6. Rowlands M. The Body in Mind：Understanding Cognitive Processes［M］. New York：Cambridge，1999.

第 3 章　研究设计

公共管理研究设计是开展公共管理研究的战略性蓝图和行动规划，是公共管理研究过程的一个环节，这个环节上承公共管理研究的选题，下接公共管理研究的实施。公共管理研究设计需要明确公共管理问题类型，公共管理研究的目的、对象、方法，研究资料的性质，研究的具体实施步骤和研究预期的结果等要素及这些要素之间的逻辑联系。

3.1　研究设计的含义

众多研究方法论的学者都对研究设计进行过定义，例如，艾尔·巴比（Earl Babbie）认为研究设计是："科学研究的计划，也就是设计发现某事物的战略。虽然设计的细节会因研究对象不同而有所不同，但我们仍然可以讨论研究设计的两个主要方面：第一，必须尽量明确发现的东西；第二，必须采用最好的方法进行研究。"① 袁方认为："如果说研究的最终目的是解答问题，那么研究设计的任务则是确定解答问题的途径、策略、手段和方案。"② 陈向明认为："研究设计通常指的是研究者在研究开始之前对研究的一个初步设想，其中包括问题的提出、具体的方法和手段、研究的步骤和进程、所期待的研究结果以及检验研究结果的方式等。"③ 综上所述，公共管理研究设计是开展公共管理研究的战略性蓝图和行动规划，是公共管理研究过程的一个环节，这个环节上承公共管理研究的选题，下接公共管理研究的实施。公共管理研究设计需要明确公共管理问题类型，公共管理研究目的、对象、方法，研究资料的性质，研究的具体实施步骤和研究预期的结果等要素及这些要素之间的逻辑联系。因此，研究设计（research design）是指对整个研究工作进行规划，制定出探索特定社会现象或事物的具体策略，确定研究的最佳途径，选择恰当的研究方法。同时，它还包含着制定详细的操作步骤及研究方案等方面的内容。研究设计在整个研究过程中扮演着十分重要的角色。因为研究课题的确立，实际上只是对整个研究工作提出了所要达到的目标。然而，如何去实现这一目标，则是研究设计阶段所要完成的任务。这就像任何一项生产建设工程在正式动工之前必须先进行严格的、周密的、切实可行的设计一样，在公共管理研究中，当研究课

---

① 艾尔·巴比．社会研究方法［M］．北京：华夏出版社，2018.

② 袁方．社会研究方法教程［M］．北京：北京出版社，1997.

③ 陈向明．质的研究方法与社会科学研究［M］．北京：教育科学出版社，2006.

题确定后，接下来的工作并不是马上深入公共管理实际中去收集资料，而是要为顺利达到研究课题所确立的目标进行认真的、周密的规划和设计工作。

3.2 研究设计的要素与过程

一个研究设计，既要包括研究设计的要素，也要包括研究设计的过程，这样才能是一个完整的研究设计。

3.2.1 研究设计的要素

根据研究设计需要回答的四个关键性问题，研究设计的基本要素将会涉及研究目的、研究问题、研究变量、研究假设、分析单元、时间维度和研究方法七个基本要素，如图 3－1 所示。首先，我们将从公共管理的研究目的着手，探讨分析单位——即研究的对象（人或事物）。其次，探讨如何处理公共管理研究中的时间问题，或者如何研究一个处于变动中的研究目标。有了这些概念之后，我们就转向如何设计研究计划。这个计划通常服务于两个目的：描述你如何能够设计一个研究，它为本书的剩余部分提供了一个图景。最后，我们还要探讨研究计划书的要素。通常，在从事一项研究之前，必须说明研究目的——也许可以申请到经费，或是获得授课老师的允许，借此也可以显示你在从事研究之前已经仔细考虑了研究议题的所有方面。

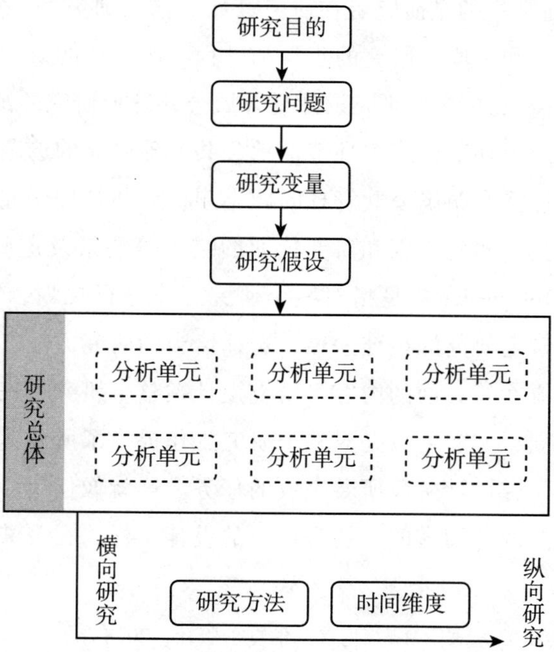

图 3－1 公共管理研究设计的基本要素

（1）研究目的。

人们在科学研究中所要达到的目的一般来说主要有三种，即探索、描述和解释。因此，根据研究目的，社会研究可以分为探索性研究、描述性研究和解释性研究。由于研究目的不同，探索性研究、描述性研究和解释性研究在研究要求、研究对象和研究方法，以及具体的程序和技术方面，会有比较大的区别。

探索性研究是研究者对于确定的研究课题和研究对象进行初步了解和熟悉的过程，通过初步考察，获得对研究对象的感性认识和理性思考。探索性研究从理论上说可以分为两种形式：第一，如同对大自然的探险一样，公共管理研究中也存在“探险”性质的探索性研究。例如，人类学家到一个与世隔绝的原始部落进行考察，就属于“探险”性质的探索性研究，或者对某个刚刚发现的，人类对它的认识几乎是空白的社会研究领域进行研究。这些研究一般被看作独立的探索性研究，如同哥伦布发现新大陆，不仅是地理上的发现，而且还有对“人”的发现。但是一般来说，这样的探索性研究是比较少的，尤其是在公共管理研究领域中。第二，公共管理研究中的探索性研究更多的是一种辅助性研究，作为正式研究的组成部分——先导性研究，为后续研究提供研究思路或研究假设。通常在下列三种情况下需要进行探索性研究：一是研究者所涉及的研究课题或现象是非常独特的，很少有人进行这方面的研究，也就是说是新的研究领域，是一个研究的“空白”；二是研究者本人对所涉及的研究课题不太熟悉，了解不多。例如，一个长期从事老年问题研究的学者要研究青少年不良行为，显然他需要先进行探索性研究才能把握有关青少年不良行为的问题。还有社会上还存在一些受到社会排斥甚至隔离的边缘性群体，如同性恋者等。一般人包括研究者在内对这些群体都不太熟悉，你只有经过探索性研究才能了解他们的初步情况。三是为进一步研究提供研究思路和研究假设，或者从中尝试和发展一种新的研究方法，或者对研究方法进行预演，从中发现问题，从而形成和完善研究设计。综上所述，实际上任何公共管理研究都必须经过探索性研究。因此，探索性研究有时也称为“初步探索”，并被看作公共管理研究过程中的一个重要步骤。探索性研究的具体方法主要有三种：第一，查阅文献，即根据研究课题收集与课题有关的文献资料，并在对文献资料分析的基础上提出具体的研究问题。第二，咨询“专家”，这里的专家是广义的。它既包括这一研究领域中的学者和科研人员、政府管理人员，也包括被调查对象中“知情者”和会“讲故事”的人。咨询专家的目的是了解他们对问题的看法和思路，被研究现象的最新动态和特点及其背景，以及不见于文献的信息。第三，现场观察，即到调查现场，通过对若干个对象的观察和访问，初步了解调查对象的具体情况。例如，他们的表达能力和理解能力怎样、被访问对象的基本情况等。作为辅助性研究的探索性研究是一种非正式研究，研究方法要求不高、比较简单。通常是采用非参与观察和非结构性访问收集资料，样本规模很小，并采用非概率抽样方法抽取样本。因此，探索性研究所获得的资料或“结论”在大多数情况下只具有参考价值，不能作为正式的、科学的研究成果。

描述性研究是系统地了解社会问题或社会现象的状况及其发展过程，通过对现状的准确全面的描述，反映总体的特征及其分布，解答社会现象“是什么”的问题。描述性研究是科学研究的基础，是科学研究的起点。也就是说，任何科学研究都是从描述性研究开始的，人们只有全面清楚地了解和掌握社会现象的状况特征及其分布，才有可能发现和揭示社会现象变化和发展的内在规律，才有可能解释社会现象之间的相互关系和发展趋势。一般来说，当某种学科在它刚刚开始建立起来时，往往以描述性研究为主，因为这个阶段还处于认识和资料积累时期。同时，一门学科的研究对象越是复杂多变，越是受到各种因素的影响和干扰，越是不稳定，它停留在描述性研究的时间就越长。描述性研究是正式研究。从科学研究的逻辑来说，描述性研究方法基本上以归纳法为主。人们必须通过对大量现象的反复观察，才有可能获得对现象的认识。描述性研究既可以是实地研究也可以是调查研究。实地研究中的个案调查基本上就是以归纳方法为主。研究者在对个案的长期观察过程中，搜集大量资料，经过分析和综合，反映研究对象的基本状况及其特征。调查研究方法中的普查和抽样调查也可以用来做描述性研究，其中应用最为广泛的是抽样调查。研究者在探索性调查的基础上，提出需要调查的项目或研究设想，然后采用问卷调查的方法收集资料，经过统计分析，研究者就可以在综合的基础上获得对事物基本状况的认识。与探索性研究不同，描述性研究采用的抽样方法必须是概率抽样，资料的收集必须采用以封闭式问题为主的问卷，以自填、结构式访问等方法收集资料，以统计方法作为主要分析资料的方法。同时，描述性研究一般都是大样本调查，这样才能获得具有普遍意义的结论。

描述性研究的科学逻辑基本上是归纳推理；一般来说不需要以研究假设（如果把研究假设仅仅理解为解释性的）作为研究的导向，但是它仍然需要以研究设想为基础，尤其是大规模的抽样调查。有的时候，研究者也可以采用“描述性”的研究假设，运用统计分析的方法检验社会现象在质和量上的差异性。由于现代公共管理研究中的描述性研究都是大规模的抽样调查，因此它要求做到描述的准确性和概括性。也就是说，描述性研究能够定量地精确地描述和说明社会现象的基本状况和分布特征，能够反映总体及各个部分的一般状况或普遍现象，而不是个别的、片面的。根据样本调查的结果，能够反映出总体的一般水平和趋势。它所得出的结论或对某种特定事物的状况和特征的分析应该具有相对的普遍意义。

解释性研究是要说明社会现象发生的原因，探索社会现象的发展趋势，揭示社会现象之间的相互关系和因果关系，解答社会现象“为什么”的问题。它是在描述性研究的基础上进行的。正如前面指出的那样，没有对社会现象的状况及其特征的准确了解，就不可能深入地发现社会现象的内在规律，也不可能探索社会现象的变化和发展的趋势。由于解释性研究是回答社会现象“为什么”会这样，是解释原因、说明关系，因而它往往是一种理论性研究，或者更多的是与理论性研究结合在一起。当然，应用性研究也可以是解释性研究，但是理论性研究必须是解释性的。因此，解释性研究通常是根据一定的理论，从与理论相联系的研究假设出发，经过对社会现象的调查收集资料并通过对资料的分析来检验假设，最后达到对社会现象进行理论解释的目的。也正因为如此，解释性研究除了与描述性研究一样，具有准确性和概括性的特点之外，还必须更严谨、更周密。从方法论看，解释性研究比较接近于社会研究方法中的实验研究，都是以揭示和解释社会现象之间的因果关系为自己的目的。在研究设计中，解释性研究必须提出明确的研究假设运用操作化的方法设计测量指标，然后根据测量指标设计问卷，因此解释性研究中问卷设计必须紧紧围绕所要验证的研究假设。例如，在“农民工的城市适应”的研究中，描述性研究只要调查农民在城市适应中遇到的问题和障碍，全面准确地描述农民工各主要特征的分布。而解释性研究则需要深入地探讨农民工在城市适应过程中遇到问题和障碍的原因，并且要在理论的高度上进行解释和分析。解释性研究也可以采用实地研究的方法，研究者可以在个案研究的基础上，通过个人的主观判断和洞察能力，运用理论分析的方法，解释社会现象之间的相互关系和因果关系及其变化发展的规律。但是，实地研究所得出的结论和观点的正确性主要取决于研究者的“悟性”和洞察能力，依靠研究者对资料的把握能力，以及通过理论诠释达到对社会现象的认知。而调查研究所得出的结论和观点主要是根据客观资料，采用理论演绎的方法，最后根据统计分析的结果验证研究假设及与研究假设相联系的理论。在分析方法上，解释性研究往往采用双变量和多变量的统计分析和数学模型，以使因果关系的模拟和表达更贴合现实中多事物互相影响的复杂状态，更具有普遍意义。

探索性研究、描述性研究和解释性研究具有内在的联系，它们之间是一个逐步递进的关系。从探索性研究、描述性研究到解释性研究构成了一条科学研究链。也就是说，任何科学研究都必须从探索性研究开始，然后过渡到描述性研究，在此基础上才能深入发展到解释性研究。当然，解释性研究也可以他人的描述性研究成果为基础进行。但是无论如何，探索性研究是不可缺少的，因为只有经过探索性研究，研究者才能找到问题之所在。表3－1罗列了三种不同研究类型的特征。

表3－1　　三种不同研究类型的特征

	探索性研究	描述性研究	解释性研究
对象规模	小样本	大样本	中样本
取样方法	非随机选取	简单聚集、按比例分层	不按比例分成
研究方法	观察、无结构访问	问卷调查、结构式访问	调查、实验等
分析方法	主观的、定性的	定量的、描述统计	相关与因果分析
主要目的	形成概念和初步印象	描述总体状况和分布特征	变量关系和理论检验
基本特征	设计简单、形式自由	内容广泛、规模不大	设计复杂、理论性强

（2）研究问题。

所谓研究问题（research question or research problem），指的是一项社会研究所要回答的具体问题，它是一个可以通过研究来进行回答的问题。它与人们日常生活中所说的“问题”或“现象”既有些相似，又有所不同。公共管理研究中的许多“问题”，的确时常是现实生活中的某种社会现象或某种社会问题，这是它们有些相近的原因；但公共管理研究的问题常常比社会世界中的某种社会现象或社会问题更为具体、更为集中，也更为明确，这是它们之间有所不同的地方。

与研究问题有关的另一个概念是研究主题（research subject or research topic）。研究主题指的是公共管理研究所涉及的某一类现象领域或问题领域。与研究问题相比，研究主题显得相对宽泛，也更有一般性。例如，婚姻、家庭、人际交往、社会流动等，就是研究主题的几个例子；而“青年结婚消费的结构及其影响因素如何”“三代人家庭中的成员关系与互动方式是怎样的”“城市居民的住宅状况对邻里交往有什么影响”等，则是研究问题的几个例子。一般来说，在一个研究主题中，可以包含许多个不同的研究问题，而选择研究问题的过程则常常是从宽泛的研究主题开始，逐步缩小到更为集中的研究问题。

社会生活包括众多的层次和方面，构成众多不同的领域。在每个方面或领域中，都有许多值得探讨的研究问题。对于一项具体的研究来说，它只能在众多的可能性面前进行选择。因为社会研究作为人们了解社会现象、探索社会规律的一种认识活动，既不是笼统的和无所不包的，也不是盲目的和漫无边际的，而是十分具体、明确、有针对性的。现实生活中的每一项社会研究，可以说都是针对某一社会生活领域中的某种特定社会现象或社会问题的。不同的研究问题，所涉及的领域不同，所针对的现象或问题也不同。

公共管理研究作为一种具体的公共管理认识活动，会有层次深浅、质量高低等差别。也就是说，有的公共管理研究能够在比较深入的层次上，揭示公共管理现象的内在联系，而有的则只能在比较浅显的层次上，一般地描述公共管理现象的表面特征；有的公共管理研究能够在比较高的层次上，概括社会现象的整体状况、发展变化规律，而有的则只能在比较低的层次上，简单列举公共管理现象的个别状况和具体表现；有的公共管理研究能够及时回答人们在社会中新遇到的、普遍关心的焦点问题，而有的则只能重复人们早已明了的事实、状况和结论。所有这些差别的形成，虽然有着多方面的原因，但是，研究问题选择上的差别，却往往是其最重要的原因。

Creswell（2013）在《教育研究》一书中指出，研究问题是研究者研究的争论或焦点（issues，controversies or concerns）。① 他对研究问题的定义、必要性以及如何撰写研究的“问题阐述”（statement of the problem）三个方面进行了深入的分析。

一是研究问题与研究主题（topic）、研究目的（purpose）和具体研究问题（research questions）是一个从一般到具体的过程，既有区别又有联系。

二是对于一个研究问题而言，该不该去研究取决于以下四个因素：①研究者本人是否具备研究对象与场地；②研究者本人是否具备足够的时间、资源和一定的研究能力；③研究问题能否增加相关领域的知识、是否在用新的研究对象在新的研究场所重复了过去的研究；④研究问题是否体现了社会某弱势群体的声音，研究问题是否改进了实践。

三是对于一项研究报告的“问题阐述”部分，一般包括主题、研究问题及其重要性、现有研究存在的问题与不足和对此问题研究的意义与价值。

---

① Creswell，John W. Educational Research［M］. Pearson，2013.

（3）研究变量。

研究变量（research variable）设计是指研究问题的概念化、具体化和可操作化，即使研究问题在研究中可以测量，并制订可操作的研究方案的过程。研究变量指研究者所要研究与测量的、随条件和情境变化而变化的因素。通俗地说，变量就是会变化的、有差异的因素。变量是相对于常量而言的。常量是指在一个研究中所有个体都具有相同的特征或条件。而变量则是指在一个研究中不同的个体具有不同的特征或条件。在公共管理研究中，常量不是要研究的内容，研究要探讨的是变量之间的相互关系。一项研究往往会涉及多个变量及其相互关系。因此研究者必须事先决定研究的主要变量，并理清变量之间的关系。

自变量、因变量和无关变量是公共管理研究中最重要、应用最广泛的变量。自变量又称刺激变量，是引起或产生变化的原因，是研究者操纵的假定原因变量。因变量又称反应变量，是自变量作用于被试后产生的效应，是研究者要测定的假定结果变量。无关变量（extraneous variable）也称控制变量，是指与特定研究目标无关的非研究变量，即除了研究者操纵的自变量和需要测定的因变量之外的一切变量，是研究者不想研究，但会影响研究进程、需要加以控制的变量。通常研究要探讨的是自变量和因变量的对应关系，自变量是研究者要操纵的因素，是变化的原因。因变量是研究者要测定的因素，是变化的结果。自变量的变化能引起或影响因变量的变化，而因变量的变化依赖于或取决于自变量的变化。自变量、因变量、无关变量三者的相互关系如图 3 - 2 所示。

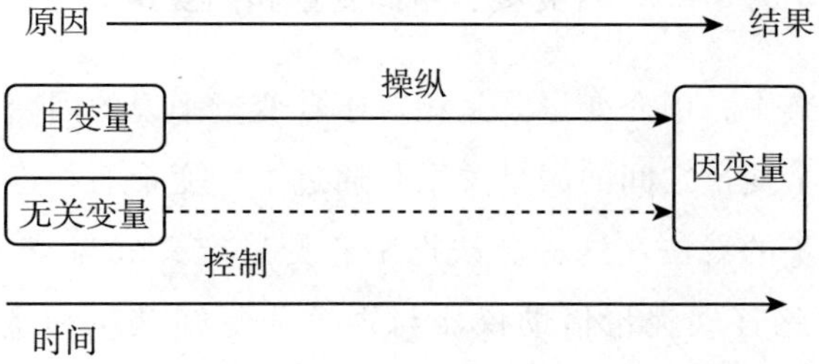

图 3 - 2　自变量、因变量、无关变量三者关系

由图 3 - 2 我们可以看出，研究的目的是探讨自变量和因变量的对应关系，图中用实线表示，研究的焦点最终集中在因变量的测定上。为了达到目的，为了获得准确的测定结果，必须对无关变量进行有效的控制，尽可能排除无关变量对因变量测定的影响，图中虚线表示无关变量会影响因变量的测定结果，需要加以控制。从时间顺序上看，自变量以及无关变量总是发生在因变量测定之前。

统计学上把说明现象某种特征的概念称为变量。根据变量取值的性质不同，我们可以把变量分为类别变量、顺序变量、间距变量和比率变量四种类型。对应的测量层次分别称为定类层次、定序层次、定距层次和定比层次。根据变量相互之间的关系，我们又可以把变量分为自变量、因变量以及中介变量。我们把那种引起其他变量变化的变量称为“自变量”（independent variable），并用 x 来表示；而把那种由于其他变量的变化而导致自身发生变化的变量称为“因变量”（dependent variable），并用 y 来表示。我们用“→”表示“引起”或“导致”。当一个变量影响另一个变量，或者说一个变量的变化“引起”或“导致”另一个变量的变化时，就形成了某种因果关系。用符号来表示就是：x→y。例如，“高的受教育程度倾向于低的生育率”“工业化导致人际关系疏远”“酒后开车会造成交通事故”，这些说法都是用一种因果关系把两个变量联系起来。在实验研究中，自变量是实验者主动操纵其变动的变量，即实验刺激；而因变量则是受实验刺激影响而变动的变量。在调查研究中，自变量多为属性变量，如性别、年龄、民族等；而因变量多为行为或态度变量。

在实际公共管理研究中，常常还会出现这样的情况：同一个变量可能会在某种关系中作为自变量出现，而在另一种关系中则作为因变量出现。例如，在“高的受教育程度倾向于低的生育率”这一关系中，“生育率”是“受教育程度”的因变量，但在“低的生育率导致人口老龄化”这一关系中，“生育率”又成为影响“人口老龄化”程度的自变量。究竟一个变量是作为自变量，还是作为因变量或是作为中介变量，要根据研究的理论框架和理论分析来决定。一项基本的因果关系只需要一个自变量和一个因变量。中间变量（intervening variable）则是出现在更为复杂一些的因果关系链中的第三个变量。它在自变量与因变量的联系中处于两者之间的位置，表明自变量影响因变量的一种方式和途径，如图 3-3 所示。

图 3-3　自变量、中间变量和因变量关系

在同一个因果关系链中，中介变量既是相对于自变量来说的因变量，又是相对于因变量来说的自变量。原来两个变量之间的因果关系是通过中介变量而相连接的。对于中介变量的理解，还有一种更进一步的看法。这种看法把中介变量定义成与“可观察变量”相对应的一种“不能经由人类的感官（无论借助仪器与否）而觉知其质和量的变量”，如动机、智力、敌意、态度、思想、情绪、习惯、兴趣、需要及价值观念等。“中介变量所指称的都是无法直接观察的内在心理历程，其‘位置’系在行为与行为的原因（环境与生理因素）两者之间，而有承前启后的作用。”① 环境及生理因素影响中介变量，而中介变量又影响行为。中介变量既是环境和生理因素的结果，又是行为的原因。这种理解与前面的理解有一个共同之处：中介变量处于自变量与因变量之间。所不同的是，它认为中介变量往往是一些“无法直接观察”，而只能从行为来推断或测量的特殊变量。例如，可以从学习成绩来推断学习态度或学习动机，从攻击行为来测量敌意的强弱等等。研究者正是通过某种行为来推断或测量中介变量，然后又用中介变量来解释另一种行为的。因此，我们可以将这种意义上的中介变量看作中介变量的一种特定类型，或者说，许多中介变量具有这种“无法直接观察”的特征。

① 杨国枢等．社会及行为科学研究法［M］．台北：东华书局，1985.

（4）研究假设。

公共管理研究必须有理论构思。理论构思的主要任务之一就是建立明确的研究假设，能否提出一个好的研究假设，不仅关系到研究过程的科学化水平，而且关系到能否取得好的研究成果。研究假设是研究者根据现有的科学理论和经验事实对所研究问题的规律或原因做出的一种推测性论断和假定性解释，是在进行研究之前预先设想的、暂定的理论。它是对问题的尝试性解答。由于这种设想目前还未获得充分的证据，因此研究假设需要在调查研究中加以证明。研究假设的功能主要在于它是理论的先导，起着纲领性作用。恩格斯曾高度评价理论假设在科学研究中的作用，他指出："只要自然科学在思维着，它的发展形式就是假设。一个新的事实被观察到了，它使得过去用来说明和它同类的事实的方式不中用了。从这一瞬间起，就需要新的说明方式了——它最初仅仅以有限数量的事实和观察为基础。"[①] 进一步的观察材料会使这些假设纯化，取消一些，直到最后纯粹地构成定律。研究假设对公共管理研究的作用可以概括为以下三个方面。

①假设是公共管理研究的核心。在有假设的公共管理研究中，整个研究过程实际上就是围绕着验证假设展开的。当然验证的结果并非总是假设被证实，也有被证伪的可能，但是不管最终结果如何，假设就如大海中的航标，为公共管理研究指明方向，使研究不偏离正确的方向。

②假设能更明确地说明和规定公共管理的研究课题。假设能帮助公共管理研究者明确研究的内容和方向，通过逻辑论证使研究课题更加明确，并按所确定的目标选择研究方法和收集相关资料，指导公共管理研究的深入发展。

③假设是构建公共管理理论的基础。科学研究的真正任务在于探索未知，逐步形成理论。假设则是理论建构和发展的重要基础，也是公共管理研究过程中的重要环节。从假设到理论是科学认识发展的必经之路。提出假设并不是认识的终结，而是为过渡到理论做准备。研究假设具有理论的某些特征，是有关现象的概括。当公共管理研究假设被证实时，这个研究假设就可能上升为公共管理的理论。

对于一个公共管理研究课题的假设，一般而言，它应该为课题的研究提供或规定研究方向和研究性质，对研究结果做出明确的预测，同时，为设计研究方案提供预见性的研究框架。一个好的公共管理研究假设通常具有以下四个方面的特点。

①科学性。假设应有一定的公共管理事实和理论依据，应合乎逻辑，理由充分，易于定量。科学性还表现在假说的核心概念具有严格规定的含义，具有好的概括度和清晰度，且理论体系结构严谨合理。

②预测性。假设应具有预测性，公共管理研究假设的正确与否有待于事实的检验，它对因果关系的解释是不确定的、或然的，即两个变量的关系非真则假，非此即彼，要么接受，要么拒绝。对于一定的公共管理行为、现象或事件的出现作试验性的合理解释，有一定的预

① 恩格斯．自然辩证法［M］．人民出版社，2018.

测性。也就是说，假说与确实可靠的理论不同，假说带有推测和假定的性质，有待于实践证实。

③可检验性。研究假说必须是可检验的，一个原则上不可检验的陈述是没有科学价值的。由于公共管理研究的假说是对公共管理事实或现象间的关系所作的推测性假定，而研究目的是要验证这种推测的正确程度和可靠性。因此，原则上的可检验性成为科学假说的必要条件，科学假说具有被证实或被证伪的可能性。

④逻辑性。假说的表述要明确、简明扼要、用词准确、条理分明，假说命题本身在逻辑上是无矛盾的。假设要以叙述的方式说明两个或更多变量间可期待的关系，不要使用疑问句的形式。

一个好的有价值的研究假说的形成是要经过一定的过程的，研究者要不断对其进行检验和完善。研究假设的形成是从观察发现到理论发现的中介环节，是由个别特殊的发现过渡到普遍一般发现的方式。公共管理研究假设的形成一般需要经过下列步骤：首先，要在搜集一定数量的事实、资料的基础上，提炼出科学问题。其次，寻求理论支持，形成初步假设。为了回答问题，要充分运用公共管理的科学知识，并且灵活地展开归纳和演绎、分析和综合、类比和想象等各种思维活动，形成解答问题的基本观点，并以此构成假设的核心。最后，要推演出各相关现象的理论性陈述，使假设发展成比较系统的形态，具有严谨的系统和稳定的结构。

（5）分析单位。

一般来说，分析单位等同于抽样单位。例如，要描述学生的思想状态可抽取一个个学生，要描述学校的思想政治工作可抽取一个个学校。但有时，分析单位可能与抽样单位不一致。例如，要分析家长对子女的态度，这时，分析单位是家长，而抽样单位可能是“户”。另外要注意，分析单位不一定是研究结论中所解释的单位，如迪尔凯姆分析的是个人特征（年龄、性别、贫富等），但他所解释的是不同群体的自杀率。公共管理研究中的分析单位主要有以下几类。

①个人（individual）。由于公共管理组织或者公共管理活动主要是由个人成员或个人活动组成的，因此，公共管理研究在很大程度上是以个人为研究对象的。作为公共管理研究分析单元的个人，通常包括政府官员、公务员、教师、学生、农民、工人、军人、企业家等。正是通过对个人进行深入的考察、分析、描述和解释，寻找和发现由个人组成的各种群体和组织活动的发生、发展与变化规律，以及由个人行为和态度所构成的丰富多彩的公共管理现象。

以个人作为分析单元，可以选定某种典型的个人（如官员和公务员等）为研究对象，以其变化发展的过程为研究内容，收集有关研究对象的一些资料，进行全面、深入、细致的分析研究，探索造成某种特殊状况的原因，从中揭示其发展、变化的基本规律，并在此基础上提出有针对性的公共管理对策与措施，促进研究对象的良好发展。以个人作为分析单元具有这样几个特点：第一，研究对象的单一性。以个人或个人活动作为研究对象，对象具有单一性、具体性。其主要研究个人的行为、心理、态度、兴趣等，个人研究可以不具有代表性、典型性。第二，研究目的的针对性。我们研究的目的是以更好地对对象进行矫治为目的，任何个人研究的目的都是通过发现存在的问题，探索形成问题的根源，以更好地有针对性地矫正。第三，研究过程的精细性。研究对象集中，便于更好地认识对象的现状，准确把握其特点，便于研究者有针对性地对材料进行纵向、横向的分析，从而归纳出一般性结论。第四，研究对象的长期性和稳定性。

②群体（group）。群体是相对于个体而言的。从心理学的角度来说，群体指由两个或两个以上成员组成，具有共同关注的目标、任务和活动，在行为上相互作用、在心理上相互影响的人群。群体的主要特点包括：成员有共同的目标；成员对群体有认同感和归属感；群体内有结构，有共同的价值观等。群体通常可分为正式群体和非正式群体。正式群体是指由组织结构确定的、职务分配很明确的群体。非正式群体是指成员为了满足个体需要，以感情为基础自然结合形成的多样的、不定型的群体。非正式群体既没有正式结构，也不是由组织确定的联盟，它们是个体为了满足社会交往的需要在工作和生活环境中自然形成的。一个现实的人，总是要生活在一定的社会环境中，受经济和政治地位、种族或民族、社区、年龄、性别、职业、血缘、兴趣、信仰等诸多方面因素的影响，总要与别的人形成一定的社会关系，参加一定的群体生活。而且，一个人通常不只属于一个群体，一般都同时是若干群体的成员。社会群体生活是人们的基本生活方式，这样，人们在社会生活中的群体特征和行为，就成为公共管理学研究的重要组成部分。因此，在公共管理研究领域，群体是重要的研究对象和分析单元，如工人群体、农民群体、教师群体、公务员群体、弱势群体等。

③组织（organization）。组织是指为了执行一定的社会职能，完成特定的社会目标、具有明确规章制度的一个独立单位，是正式化的社会群体，组织特征包括组织规模、组织方式、管理方式、组织行为、组织规范等。从社会学的角度看社会组织，特别要注意以下三点。

第一，社会组织有别于初级社会群体。虽然社会组织可以由初级群体或非正式群体演化而来，但是当它称为社会组织时，已经与如家庭、氏族、邻里等初级群体高度分离。

第二，组织中形成了分工体系。所谓分工，就是将为实现共有目的的工程分解为相互异质、相互补充的几种作业。因此，它不是在同类意识和共鸣原则的基础上形成的社会关系，而是在意识到自己的作业如果独立进行便是没有意义的，也就是在意识到功能上相互依存的必要性的基础上形成的社会关系。

第三，组织制造了制度化的支配关系。支配关系是由于利用势力或行使权力（权力即制度化了的势力）而建立的支配服从关系。组织中权力的一个重要特征是权力正当性的依据来源制定的秩序，即规则，而不是对权力行使者个人的恭顺感情。马克斯·韦伯把这种基于制定了的规则的支配称为法理的支配或权力，而将基于敬仰、崇拜和感激的支配称为传统的支配或权力。① 社会学把作为规则规定下来并且为组织成员承认和接受的支配关系，称为制度化了的支配关系。在这种关系中，服从规则是加入组织所必须付出的代价，组织成员也正是用这种代价换取组织支付给他的利益和报酬。另外，科层制组织中的权力关系是特定的，它与传统支配中的主从关系权力人格是不同的。一旦离开了职务，上下级就复归到了完全平等的个人。

在规模上，社会组织的规模大于一般社会群体，可以有许多成员。小型的社会组织如小企业，可能只有七八个人，而大型的组织可以拥有几百人、几千人、几万人，国家就是一个巨型的社会组织。学校、企业、医院、政府、农村、城市、维权机构、行业协会、民间公益组织、社区组织、互助组织、商会、工会、基金会等，均是公共管理研究的重要分析单位。

④公共产品（public goods)。除前述三种分析单元以外，各种类型的公共产品（或公共服务）也是公共管理研究的重要分析单元。公共产品是与私人产品相对应的一个概念，是指具有消费或使用上的非竞争性和受益上的非排他性的产品。不完全具有这两种特征的称为"准公共产品"，如公园、电影院等。公共产品的基本特征：一是非竞争性。一部分人对某一产品的消费不会影响另一些人对该产品的消费，一些人从这一产品中受益不会影响其他人从这一产品中受益，受益对象之间不存在利益冲突。二是非排他性。产品在消费过程中所产生的利益不能为某个人或某些人所专有，要将一些人排斥在消费过程之外，不让他们享受这一产品的利益是不可能的。

我们可以用公共产品（或公共服务）来概括那些无法包括到前述几种分析单元的其他一些分析单元形式，如行政、国防、文化、教育、科学、卫生、医疗、社会保障以及公共政策、法律制度等公共产品，均是公共管理学重要的研究对象，也是公共管理研究的重要分析单元。吴建南认为，公共管理研究在选择分析单元时应注意以下几个问题：首先，一项课题可以采用多种分析单元，研究者应该根据现象的复杂程度和研究目的的需要来选择分析单元。② 对于复杂的社会现象，只有从不同角度、不同层次去收集资料才能得到更完整、更真实的信息。所以分析单元的选择要与课题相对应，要与研究目的相符合。在具体的研究中，如果对分析单元进行分析所收集的资料不能完满地解答研究问题时，就应该增加或改变分析单元。其次，应该在满足研究问题要求的条件下，尽量选择那些最主要的分析单元，力求能深入研究，保证研究结果的质量。

（6）研究方法。

研究路径（approaches）是指研究者对某事物的规律进行研究的出发点或者角度。研究路径通常包括实证研究和规范研究两个方面。实证研究（empirical study）一般使用标准的度量方法，或者通过观察对现象进行描述，主要用来总结是什么情况（what is the case)。通常研究者用这种研究路径去提出理论假设，并验证理论。规范研究（normative study）是解

① 马克斯·韦伯．支配社会学［M］．上海三联书店，2020.

② 吴建南．公共管理研究方法导论［M］．科学出版社，2006.

决应该是什么（what should be）的问题。研究者通常是建立概念模型（conceptual model）和（或）定量模型（quantitative model）来推论事物的发展规律。研究者也会用这种路径去建立理论规范。上述两种研究的路径不是可以彼此替代的关系。两者之间存在着彼此依存和相辅相成的关系。对于反映事物发展规律的理论而言，实证研究与规范研究两者缺一不可，前者为理论的创建提供支持和依据；后者为理论的创建提供了可以遵循的研究框架和研究思路。

在社会科学（包括公共管理）的研究领域，无论是实证研究，还是规范研究，都可能采取两类研究方法（research method）：定量研究（quantitative analysis，quantitative method）和定性研究（qualitative analysis，qualitative method）的方法。任何研究过程都要涉及数据的收集，而数据有可能是定性的，也有可能是定量的。我们不能将定量分析与定性分析对立起来。在社会科学的研究过程中既需要定量的研究方法，也需要定性的研究方法。针对不同的研究问题以及研究过程的不同阶段，不同的研究方法各有优势。两者之间不存在孰优孰劣的问题。因此，定性方法是对用文字所表述的内容或者其他非数量形式的数据进行分析和处理的方法，而定量分析方法则是对用数量所描述的内容或者其他可以转化为数量形式的数据进行分析和处理的方法。在一项研究中，往往要同时涉及这两种分析方法。定性分析是用来定义表述事物的基本特征或本质特点（the what）的，而定量分析是用来衡量程度或多少（the how much）的。定性分析往往从定义、类推、模型或者比喻等角度来概括事物的特点；定量分析则假定概念成立，并对其进行数值上的衡量。

定量分析的主要工具是统计方法，用以揭示所研究问题的数赋关系。基本描述性的统计方法包括频数分布、百分比、方差分析、离散情况等。探索变量之间关系的方法包括相关分析、回归分析、多变量之间的多因素分析以及统计检索等。定量研究之所以被研究者所强调，是因为定量分析的过程和定量结果具有某种程度的系统性（systematic）和可控性（controlled），不受研究者主观因素影响。定量分析被认为是实证研究的主要方法，其优势是对理论进行验证（theory testing），而不是创建理论（theory generation）。在确定定量的研究方法时，需要对以下四个方面的问题综合加以考虑：①研究被试的取样方法（明确研究的总体、样本的大小、取样的手段等）；②研究的控制方法（操纵、控制变量的方式，实验处理，仪器的配备和程序的安排等）；③收集研究资料的方法（确定测量指标、测定方法，设计量表，规定数据记录方式等）；④资料的统计分析方法（根据资料特征，选择数据量化处理和检验假设的方式）。如果用系统性和可控性来衡量研究过程的科学性，定性分析方法比定量分析方法更易遭到质疑。然而，定性分析方法被认为在辅助和说明定量数据方面具有重要价值。实际上，定性分析方法往往贯穿于研究过程的始终，包括在数据的收集之前，有关研究问题的形成、理论假设的形成以及描述性分析框架的建立等都需要定性的分析过程，即对数据进行解释和描述等。如果遵循系统性和可控性的原则，那么定性分析方法在数据的收集过程中也有一些可利用的辅助工具，如摘要法、卡片法、聚类编码法等。在研究结论的做出和结论的描述方面，像矩阵图、概念模型图表、流程图、组织结构图、网络关系图等都是非常流行的定性分析工具。另外，从定性的数据中也可以通过简单的计算、归类等统计手段将定性分析与定量分析方法结合起来。

（7）时间维度。

任何研究对象都有一个时间定位，公共管理研究也不例外。时间维度的含义主要是指应考虑研究对象的时间特性，是大尺度的还是小尺度的，是属于某一时间区间的还是属于某时点的等等。由于任何事物都随时间而演化，所以处在不同时间段的事物肯定会有不同的特性，这就要求我们应尽可能考虑所研究对象的时间特性。根据研究设计中的时间维度，公共管理研究可以选择横向研究和纵向研究两种基本类型。

横向研究（cross - sectional study）是指在某时刻点上，对某一事物或社会现象所进行的研究。最典型的横向研究是人口普查，它是在同一时点上对人口状况进行的横截面研究。一般性的横向研究不可能如此严格地在某一天某一时刻进行，只是规定在一个比较短的时间（如一周、一月）内进行。在公共管理学研究中，横向研究应用很广，它有助于分析和比较属于不同群体、不同阶层或具有不同性别、不同年龄、不同职业和不同文化程度等特征的研究对象，在一定时间和空间范围内的分布状况和特征。横向研究的优点是能迅速、全面地了解事物或社会现象各个部分的真实情况，了解所研究事物或社会现象的要素、成分、结构特征和各种比例关系。其缺点是由于时间较短，通常只能搜集和分析被调查对象在某一特定时间的资料，不易看到发展的连续过程和关键的转变点，难以探究事物发展变化的原因和趋势。

纵向研究（longitudinal study）是指在比较长的时间内，对一个体或群体或组织的行为发展进行系统的定期研究，也称为追踪研究。例如，研究政府能力的形成、发展与变化，可以从某个政府组织的组建开始，持续多年对政府能力的形成原因、形成机理及发展变化趋势进行系统考察，从而查明政府能力的发生、发展路线和规律。纵向研究的时间一般较长，但也有例外。纵向研究的范围，可以是某一个体行为的发展，也可以是某个群体和组织行为的发展。纵向法的优点是可以比较系统、详尽地了解研究对象行为发展的连续过程和量变质变的规律。但它也有缺点，如研究的时间较长，不易同时进行大量的研究；影响被试的各种条件不易查明或控制；由于被试的生活条件变化，不易有效地进行前后比较等。

混合研究（integrative study），又称为“动态研究”。这就是把横向研究和纵向研究结合起来，充分考虑到研究对象和发展的关系，从而解决时间方面的“两难”问题。例如，研究政府的领导能力问题时，可以同时测查不同年龄的政府官员，并进行比较，这是横截面方法；然后集体追踪几年，这是纵向方法；再对这几个年龄组同时测验、比较。具体而言，开始对某些追踪组测查和比较，若干年后再测查和再比较。这种方法吸收了纵向法和横截面法的长处避免了其缺点，起到了扬长避短的作用。

3.2.2 研究设计的过程

研究设计还包括一些相对具体的方面，这就是对整个研究工作的步骤、手段、工具、对象、经费、时间等进行规划、选择和安排，形成一份完整的、周密的、切实可行的实施方案。没有一份这样的方案，公共管理研究的工作就会处于一种杂乱的状况，社会研究的目标也难以圆满实现。研究设计的过程就是具体研究方案的设计过程。研究方案的具体内容涉及从研究题目确定开始，直到资料收集、分析、报告撰写为止的整个过程。因而我们在设计具体方案时应将它与研究过程中的各个阶段、各个方面联系起来统筹进行考虑，既使各个阶段相互衔接，又使各方面内容都紧紧围绕研究的总目标。从大的方面说，一项研究的具体方案中应当包括下述几个方面的内容。

（1）说明研究课题的目的和意义。

即说明为什么要进行这项研究，从事这项研究在理论上或在实践上有什么样的价值。当然，要说明这些的前提条件是：研究者必须首先对自己的研究课题有一个清楚明确的认识。这种认识既包括对研究课题本身含义的理解，即该研究究竟要探讨和回答什么问题，也包括对研究课题在人们认识社会、改造社会中所具有的作用的理解。这种在研究方案设计中对研究课题的目的和意义的说明，表面上看起来与实际研究中的操作过程并不相关，但事实上，它既是对研究者选择这一课题的动机、意图、方向、价值等是否明确的一种检验；同时也是进一步地帮助研究者强化和突出这一课题的总目标，加强这一目标对整个研究过程的影响。如果研究者本人对研究课题的目标和意义都说不清楚，那么这一课题是否值得去做，以及是否能够真正做好，显然就值得怀疑了。

（2）说明研究的内容。

研究内容是对研究目的的具体分解和细化。在研究设计中，详细说明研究的内容，是落实目标的十分重要的一环。如前所述，研究课题的确定只是指出了我们所研究现象的大致范围或基本方向，至于在这个题目下，究竟应该研究哪些具体现象，则是在研究设计中所要解决的问题和所应完成的任务。假定我们所确定的研究课题是“北京市城区交通状况及问题研究”，那么，在研究方案设计中，就可以将城区的交通状况分解为交通车辆状况、道路建设状况、交通管理状况及人员流量状况等几个大的方面，然后再在每一个大的方面中，根据课题目标的要求和现有的条件，对研究内容进一步细化。比如说，将交通车辆状况细化为机动车与非机动车、客车与货车、大车与小车等具体的研究内容。这样就可以为研究指标的选择、问卷的设计等打下较好的基础。

（3）说明研究的理论假设。

尽管不是每类研究都必须有理论假设，但对于那些必须有理论假设的研究来说，则应该在研究方案中对理论假设进行一番陈述和说明。一般来说，探索性研究的主要目的是通过了解情况来发现问题，来建立不同现象之间的联系，直至建立起解释这种联系的理论假设。因此，探索性研究显然是不需要事先建立起理论假设的；描述性研究的主要目的是全面描述某种社会现象的状况和特点，为进一步分析和探讨不同现象之间的联系打下基础，因此，它一般也不需要建立明确的理论假设；只有在解释性研究中，才必须事先建立起明确的理论假设。在解释性研究的具体方案中，不能缺少对理论假设的陈述和说明。

（4）说明研究的分析单位和抽样方案。

指明研究课题的分析单位，可以使研究者有针对性地收集研究所需的资料，同时也可以使研究者避免犯层次谬误或简化论的错误。而抽样常常涉及研究对象的选取问题，它也是公共管理研究中一项十分重要的工作。从总体中所抽出的那一小部分研究对象对总体是否具有代表性、有多大的代表性，与我们的抽样方法、抽样过程紧密相关。在具体抽样方案的设计中，我们需要说明：第一，研究的总体是什么，即对研究对象所取自的总体进行界定；第二，采用什么样的抽样方法和程序进行抽样，即是以某一种抽样方法单独进行抽样，还是采用几种方法结合进行，抽样的具体步骤又是如何等；第三，样本规模的大小及样本准确性程度的要求等。

（5）说明研究资料的收集方法与分析方法。

公共管理研究中的资料收集方法有各种不同的形式，每一种具体的资料收集方法都有其特定的优点和不足，它们分别适用于各种不同的条件和场合。研究者的任务，就是要根据自己所从事的研究课题的具体情况，从中进行选择，以达到最好的研究效果。资料收集方法的选择要依据多种因素综合考虑，如研究总体的性质、样本规模的大小、研究的目标和重点、研究课题完成的时间要求、研究者的人力、物力是否充足等。研究方案设计中的这一内容，正是要在研究实施之前，系统地分析和考虑上述各项因素，做出恰当的安排。根据研究类型的不同，资料的分析方法也有一定的差别，例如，探索性研究主要依赖于定性分析方法；描述性研究主要侧重于基本的描述统计和推论统计；而解释性研究则主要依赖于双变量与多变量的相关分析及其他一些更为复杂的统计分析方法。具体分析方法的选择同样要紧密结合研究课题的目标、内容和要求来进行。

（6）说明研究人员的组成、组织结构及培训安排。

对于一项较大规模的研究课题来说，往往需要不止一个研究者的共同努力才能完成。同时还可能会涉及挑选、培训调查员的问题。因此，在研究方案设计中，必须对研究课题的组成人员及其在研究中所承担的任务进行全盘考虑，明确分工，制订相应的组织管理办法。对调查员的挑选、培训工作也要事先进行规划，制订切实可行的培训方案，以保证研究工作的顺利进行。

（7）确定研究的时间进度和经费使用计划。

一项社会研究课题从定下题目到完成报告，往往有时间上的限定或要求。为了在规定的时间范围内保质保量地完成研究任务，顺利达到预定的研究目标，研究者应该在开始课题研究之前，对整个研究工作的时间分配和进度进行安排。每一阶段所分配的时间要合适，还要留有一点余地。特别要注意给研究的设计和准备阶段多安排一些时间，不要匆匆忙忙地开始收集资料的工作。此外，对于课题经费的使用，也应有一个大致的考虑和合适的分配，以保证研究各个阶段的工作都能顺利进行。

最后应说明的是，在进行研究设计时，研究者还应尽量注意和自己的研究题目相同或相似的研究，注意参考和借用这些研究在设计、工具选择、对象选取等方面的经验和做法。这样做不仅可以避免在自己的研究中少出错误，同时还可以使自己的研究成果同他人的研究成果进行比较。

3.3 抽 样

抽样是研究设计的主要内容之一，也是公共管理研究的一个重要步骤，它不仅与研究目的及研究内容紧密相关，而且还直接关系到资料的收集、整理与分析，同时它还涉及整个研究的费用以及应用的范围。本节就抽样的一般原理和概念、抽样的方法与程序、样本的设计与评估、抽样调查的特性与应用范围等做一个简单介绍。应当指出的是，本节的介绍虽然有助于对抽样的一般性了解，但仅依赖于本节的介绍，还不能实际地进行抽样，要进行实际抽样，还必须参阅其他有关抽样的专门书籍以及参考有关的抽样案例。这是因为，抽样是一个复杂的程序，涉及数学理论问题、实践问题与策略等问题。

3.3.1 抽样与抽样作用

抽样是一种选择调查对象的程序和方法。一般来说，对于由千差万异的个体所组成的总体，如果能对总体作全面的、普遍的调查，即将研究对象的整体无一例外地全部作为调查对象，其所得结果应该说是最具普遍意义、最能反映总体特征的。

（1）抽样的概念。

所谓抽样调查，就是从研究对象的整体中选出一部分代表加以调查研究，然后用所得结果推论和说明总体的特性。这种从总体中选出一部分的过程就是抽样，所选出的这部分代表称为样本。选取样本的方法一般分为两大类：一类是根据研究任务的要求和对调查对象的分析，主观地、有意识地在研究对象的总体中进行选择；与此相反，另一类是依据概率理论，按照随机的原则选择样本，完全不带调查者的主观色彩。前者称为非概率抽样，后者称为概率抽样。抽样作为一种从部分到总体、从个别到一般的认识方法，自古以来一直被人们自觉或不自觉地使用着。例如，医生通过抽取病人全身血液中的一小部分，化验出全部血液的情况；母亲喂婴儿水时，通过尝一口来判断整瓶水的温度等。具体来说，抽样主要包括以下内容。

①总体。

总体（population）通常与构成它的元素共同定义：总体是构成它的所有元素的集合；而元素（element）则是构成总体的最基本单位。在社会研究中，最常见的总体是由社会中的某些个人组成的，这些个人便是构成总体的元素。例如，当我们对某省大学生的择业倾向进行研究和探讨时，该省所有在校大学生的集合就是我们研究的总体，而每一个在校大学生便是构成总体的元素。又如，我们打算研究某城市居民的家庭生活质量，那么，该市所有的居民家庭就构成我们研究的总体，而其中的每一户家庭都是这个总体中的一个元素。

②样本。

样本（sample）就是从总体中按一定方式抽出的一部分元素的集合。或者说，一个样本就是总体的一个子集。例如，从某省总数为 12.8 万人的大学生总体中，按一定方式抽出 1000 名大学生进行调查，这 1000 名大学生就构成该总体的一个样本（当然，从一个总体中可以抽出若干个不同的样本）。

③抽样。

明白了总体和样本的概念，再来理解抽样的概念就十分容易了。所谓抽样（sampling），指的是从组成某个总体的所有元素的集合中，按一定的方式选择或抽出一部分元素（即抽出总体的一个子集）的过程。或者说，抽样是从总体中按一定方式选择或抽出样本的过程。例如，从 3000 名工人所构成的总体中，按一定方式抽出 200 名工人的过程；或者从 1000 户家庭构成的总体中，按一定方式抽出一个由 100 户家庭构成的样本的过程，都称为抽样。

④抽样单位。

抽样单位（sampling unit）就是一次直接的抽样所使用的基本单位。抽样单位与构成总体的元素有时是相同的，有时意义是不同的。例如，前面所举的例子中，单个的大学生既是构成某省 12.8 万名大学生这一总体的元素，又是我们从总体中一次直接抽出 1000 名大学生的样本时所用的抽样单位；但是，当我们从这一总体中一次直接抽出 40 个班级，而以这 40 个班级中的全部学生（假定正好 1000 名）作为我们的样本时，抽样单位（班级）与构成总体的元素（学生）就不是一样的了。

⑤抽样框。

抽样框（sampling frame）又称为抽样范围，它指的是一次直接抽样时总体中所有抽样单位的名单。例如，从一所中学的全体学生中，直接抽出 200 名学生作为样本，那么这所中学全体学生的名单就是这次抽样的抽样框；如果是从这所中学的所有班级中抽出部分班级的学生作为调查的样本，那么此时的抽样框就不再是全校学生的名单，而是全校所有班级的名单。因为此时的抽样单位已不再是单个的学生，而是单个的班级。

⑥参数值。

参数值（parameter）也称为总体值，它是关于总体中某一变量的综合描述或者说是总体中所有元素的某种特征的综合数量表现。在统计中最常见的总体值是某一变量的平均值。例如，某市待业青年的平均年龄、某厂工人的平均收入等，它们分别是关于某市待业青年这一总体在年龄这一变量上的综合描述，以及某厂工人这一总体在收入这一变量上的综合描述。需要说明的是，总体值只有通过对总体中的每一个元素都进行调查或测量才能得到。

⑦统计值。

统计值（statistic）也称为样本值，它是关于样本中某一变量的综合描述，或者说是样本中所有元素的某种特征的综合数量表现。样本值是从样本的所有元素中计算出来的，它是相应的总体值的估计量。例如，样本的平均值就是通过对样本中的每一个元素进行调查或测量后计算出来的，它是相应的总体平均值的估计量。抽样的目的之一，就是要通过这些样本值去估计和推断各种总体值。由于从一个相同的总体中可以根据不同的抽样设计得到若干个不同的样本，因此，从每一个样本中所得到的估计量，都只是总体的许多个可能的估计量中的一个。抽样设计的目标，就是尽可能使所抽出样本的估计量接近总体的参数值。

（2）抽样的作用。

从抽样的定义中不难看出，抽样主要涉及和处理有关总体与部分之间的关系的问题。抽样作为人们从部分认识整体这一过程的关键环节，其基本作用是向人们提供一种实现“由部分认识总体”这一目标的途径和手段。实际上，抽样早就在人们的日常认识活动中发挥着这种作用。抽样的基本思想或基本逻辑早就被人们自觉或不自觉地运用着。例如，厨师在做菜时，常常从一大锅汤中舀一勺汤尝一尝，以便知道整锅汤的味道如何；顾客在买米时，往往先从一大袋米中随手抓一把看看，便知道这批米的质量好不好。当然，抽样方法被更广泛地应用在各种形式的社会科学研究、自然科学研究，以及生产、销售等经济活动中。例如，对社会热点问题进行民意测验、对不同水稻品种的产量进行估计、对各种商品的质量进行检验或评比，都少不了抽样方法的运用和帮助。

在公共管理研究中，抽样主要解决的是对象的选取问题，即如何从总体中选出一部分对象作为总体代表的问题。一项公共管理研究若能对总体中的全部个体都进行了解，那当然是很好的。但实际上广大研究人员常常会在时间、经费、人力等方面遇到难题，甚至陷入困境，从而不得不在庞大的总体与有限的时间、人力、经费之间寻求平衡。以现代统计学和概率论为基础的现代抽样理论，以及不断发展、不断完善的各种抽样方法，正好适应了公共管理研究的发展和应用的需要，成为公共管理研究知识体系中必不可少的部分内容。可以说，抽样方法是架在研究者十分有限的人力、财力、时间与庞杂、广阔、纷繁、多变的公共管理现象之间的一座桥梁。有了它的帮助，研究者可以方便地从很小的部分达到很大的整体。

3.3.2　抽样类型

根据抽取对象的具体方式，我们把抽样分为各种不同的类型。从大的方面看，各种抽样都可以归为概率抽样与非概率抽样两大类。这是两种有着本质区别的抽样类型。概率抽样是依据概率论的基本原理，按照随机原则进行的抽样，因而它能够避免抽样过程中的人为误差，保证样本的代表性；而非概率抽样则主要是依据研究者的主观意愿、判断或是否方便等因素来抽取对象，它不考虑抽样中的等概率原则，因而往往产生较大的误差，难以保证样本的代表性。在概率抽样与非概率抽样这两大类中，还可细分出若干不同的形式，具体情况见图 3－4。

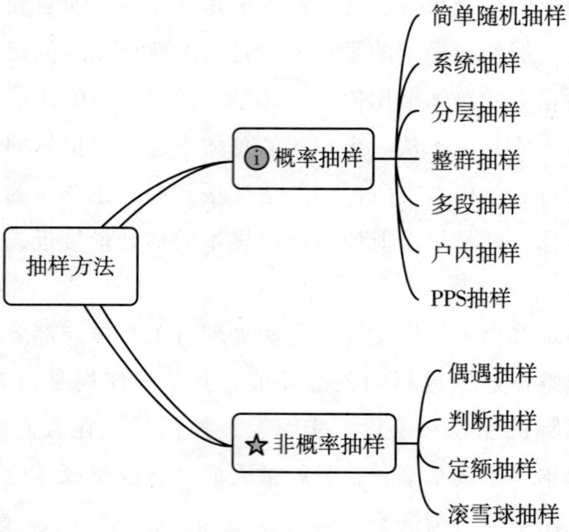

图 3－4　概率抽样与非概率抽样

（1）概率抽样。

概率抽样就是使总体中每一个体都有一个已知不为零的被选机会进入样本。概率抽样分为两大类：等概率抽样和不等概率抽样。前者总体中每一个体被选机会相等，后者每一个体被选中机会不等。等概率抽样又称随机抽样。概率抽样是以概率理论为依据，通过随机化的机械操作程序取得样本，故能避免抽样过程中的人为因素的影响，保证样本的代表性。对于不等概率抽样，可以采用某些加权的方法对不相等的概率作调整。在以各种方式抽取的样本中，随机样本的代表性最高。虽然随机样本不会完全与总体一致，但它能确定抽样误差，能正确地说出样本的统计值在多大程度上适合于总体，像所有的科学方法一样，它允许通过对误差来源的分类和客观评价进行积累改进。

①简单随机抽样。

简单随机抽样方法亦称为纯随机抽样方法。它是直接从总体中完全随机地抽取样本，是概率抽样的最基本形式。这种抽样方法，并不要求对总体的单位或元素进行排队或分组，可以直接从总体中抽取样本。从理论上来说，简单随机抽样方法最能保证总体中各个单位或元素同等被抽取的机会，因此是最符合概率抽样原则的。简单随机抽样的具体方法主要有两种，即抽签法和查对随机号码方法。

抽签法就如日常生活中的“摸彩”，事先把总体中每个单位或元素编号，将号码分别写在一张小纸条上，折叠好后放入一个容器里，如盒子、袋子，搅拌均匀后就可以直接从容器里任意抽取，直到抽取完规定的样本数为止。例如，某年级有学生 300 名，准备抽取 50 人作为调查对象。按照抽签法，只要把 300 名学生的姓名编上号码，分别写在 300 张小纸条上，即编制抽样框；折叠好后放入一个纸盒内，搅拌均匀，然后由专人从纸盒内一张一张抽取 50 张小纸条，即实施抽样；把抽取的小纸条上的号码与总体的 300 名学生的号码相对应，找到 50 名学生的姓名，即为调查样本。如果调查总体是该年级，还要分析被抽取的 50 名学生的基本状况，如性别、年龄、学习成绩等，与 300 名学生情况是否差不多，如果差距较大的话，就要重新抽样，这个步骤即为样本质量评估。

但是抽签法仅适用于总体规模不大、样本比较小的情况。如果一个总体的人数有 5000 人，样本数为 200 人，虽然也可以采用抽签法，但是工作量就比较大。因此，在这种情况下一般都采用查对随机数表的方法。随机数表也称为乱数表，表中数值的排列都是随机生成的，没有任何规律。查对随机数表抽取样本的步骤如下。

第一，在界定总体的基础上，编制抽样框，其中包括给总体每个成员编上号码。

第二，按照总体规模的位数，在随机数表中查对相同的位数。例如，总体有 5000 人，就是 4 位数，我们就在随机数表中从任意 4 位数开始查对。

第三，在随机数表中由上到下或从左到右抽样，只要小于或等于总体规模数的数值就是样本号码，直到抽满规定的样本数为止。

第四，把抽取出来的样本号码与抽样框中的名单相对照，与样本号码对应的单位名或个人姓名就是样本。

如果我们在一个 5000 人的总体中抽取 200 人作为样本，在编制好抽样框后，就可以在随机数表中直接抽样。表 3 - 1 就是随机数表的节选，我们可以按任意方向在表中取 4 位数，如果我们是从左到右取前 4 位数，被抽取的样本号码是：1009，3754，0842，1280，3106（参见表 3 - 2）；如果取后面 4 位数，被抽取的样本号码是：0973，4226，0190，0657，0601，2697，4264；也可以从第二个数字开始取 4 位数，被抽取的样本号码是：0097，2807，1060，3573。需要注意的是，在一次抽样中，只能选择一种标准确定位数，不能一会儿取前面的 4 位数，一会儿取后面的 4 位数，一会儿取中间的 4 位数。

表 3 - 2　随机数表抽样节选

随机数表中号码	选用号码	不选用的原因
100973	1009	
375420	3754	
084226	0842	
990190		前 4 为≥5000
128079	1280	
660657		前 4 为≥5000
310601	3106	
852697		前 4 为≥5000
635733		前 4 为≥5000
084226		与第三个号码重复

在简单随机抽样时，还需要讨论重复抽样和不重复抽样即回置抽样和不回置抽样的问题，或者说总体的单位或元素能否被重复抽取。如果在总体所含的300个学生中，抽取50名学生可能会发生某些学生被重复抽到。假如有10名学生被重复抽到，如果按50个样本计算，其中的10名是重复的，实际调查的学生数是40名，其中10名作为重复对象计算，即一个调查对象当成两个调查对象，仍然是50名学生。但是，这样处理的话，会给样本的代表性带来很大的影响。这种方法就是重复抽样或回置抽样。如果我们遇到重复的号码就跳过，一直抽取到50个样本为止，其中被跳过的重复号码，即重复对象有10名，虽然实际抽取的样本或次数就是60名（次），但是10名重复对象被舍去后，实际的调查对象还是50名。这种方法就是不重复抽样或不回置抽样。两种方法如何取舍，主要决定于抽样比率或概率的变化。在本例中，规定的样本是50名学生，抽样比率是：样本数/总体数 =50/300 =1/6 =0.167。但是，采用重复抽样的话要承受由此而产生的抽样误差总体数偏大的风险。如果采取不重复抽样方法，由于实际抽取的样本或次数是60名（次），虽然实际调查样本为50名，但抽样比率是样本数/总体数 =60/300 =1/5 =0.2。因此，已经明显改变了原来的拍样比率，即抽样概率。

如果我们在5000名学生组成的总体中抽取20名学生作为样本，抽样比率或概率为样本数/总体数 =200/5000 =1/25 =0.04，假设其中10名是重复样本，实际抽取的样本数或次数是210名，由于10名重复的调查对象被舍去，实际调查的样本数还是200名。虽然抽样比率或概率为210/5000 =21/500 =0.042，抽样概率发生了变化，但基本上可以忽略不计。如果在总体规模很大、样本相对较小的情况下，不重复抽样可能带来的概率变化是微不足道的。设想一下，我们在一个500万人口的城市中抽取1000名样本，即使其中有100名重复样本被舍弃，实际抽样次数或样本数是1100名（即调查样本仍为1000名），对于500万人口的总体来说，1000名和116名样本对于概率产生的影响是很小的（分别为0.0002和0.00022），是可以忽略不计的。

实际上，有关重复抽样和不重复抽样关系到抽样的独立性，即在一个规定的总体中，任何一个单位或元素的抽取都不能影响到其他单位或元素的抽取。由于调查研究的总体规模都比较大，抽样比率都比较小，即使采用不重复抽样的方法，对概率的影响也很小。因此，抽样调查一般采用不重复抽样方法。当然在样本数和总体数的比率较大，即抽样比率或概率较大情况下，需要谨慎地对待。或者采用重复抽样的方法，或者经过对样本质量的评估，多次抽样后，选择一个没有重复对象或重复对象较少的样本。

②系统抽样。

系统抽样（systematic sampling）又称等距抽样或机械抽样。它是把总体的单位进行编号排序后，再计算出某种间隔，然后按这固定的间隔抽取个体的号码来组成样本的方法。它与简单抽样一样，需要有完整的抽样框，样本的抽取也是直接从总体中抽取个体，而无其他中间环节。系统抽样的具体步骤如下。

第一步，给总体中的每一个个体按顺序编号，即制定出抽样框。

第二步，计算出抽样间距。计算方法是用总体的规模除以样本的规模。假设总体规模为N，样本规模为n，那么抽样间距K就由下列公式求得：

$$K(\text{抽样间距}) = N(\text{总体规模})/n(\text{样本规模}) \tag{3-1}$$

第三步，在最前面的K个个体中，采用简单随机抽样的方法抽取一个个体，记下这个个体的编号（假设所抽取的这个个体的编号为A），它称为随机的起点。

第四步，在抽样框中，自A开始，每隔K个个体抽取一个个体，即所抽取个体的编号分别为A，A+K，A+2K，…，A+(n−1)K。

第五步，将这n个个体合起来，就构成了该总体的一个样本。

例如，要在某大学总共3000名学生中，抽取一个容量为100的大学生样本。我们先将3000名学生的名单依次编上号码，然后按上述公式可求得抽样间距为：K=3000/100=30。

即每隔30人抽一名。为此，我们先在1~30的数码中，采用简单随机抽样的方法抽取一个数字，假如抽到的是12，那么就以12为第一个号码，每隔30名再抽一个。这样，我们便可得到12，42，72，…，2972总共100个号码。我们再根据这100个号码，从总体名单中一一对应地找出100名学生，这100名学生就构成本次的一个样本。

从前面的过程中我们不难看出，系统抽样较之于简单随机抽样来说，显然简便易行多了，尤其是当总体及样本的规模都较大时更是如此。这也正是社会研究较少采用简单随机抽样而较多采用系统抽样的原因。值得注意的是，系统抽样的一个十分重要的前提条件，是总体中个体的排列，相对于研究的变量来说，应是随机的，即不存在某种与研究变量相关的规则分布；否则，系统抽样的结果将会产生极大的偏差。因此，我们在使用系统抽样方法时，一定要注意抽样框的编制方法。特别要注意下列两种情况。

一是总体名单中，个体的排列具有某种次序上的先后、等级上的高低的情况。例如，我们要抽取若干家庭的样本进行消费状况调查。而家庭户的名单是按每个家庭总收入的多少由高到低顺序排列的。这样，如果有两个研究者都采取系统抽样的方法从这个总体中进行抽样，一个抽到抽样间距中靠前的号码，如3；而另一个抽到的是抽样间距中靠后的号码，如间距为40时抽到38。那么，从前一个研究者所抽样本中算出的家庭平均收入，一定大大高于后者所抽样本中算出的家庭平均收入。因为第一个样本中的每一个家庭都要比第二个样本中的每一个家庭在收入等级中靠前35个位置，即前者中的每一个家庭都比后者中的每一个家庭在总收入上高出35户家庭。如果我们事先注意到这种情况，就可以采取措施，打乱其原来的顺序，重新编制总体名单，或者改用其他的抽样方法。

二是总体名单中，个体的排列上有与抽样间隔相对应的周期性分布的情况。例如，前面关于大学生一例中，我们计算出间距为30。如果此时总体名单是按教学班排列、每班也是30个左右的学生，并且每班的名单都是按学生学习成绩高低排列，或是按班干部、一般学生、较差学生的顺序排列的。那么，当所抽的初始号靠前时样本就由各班上成绩优秀的学生组成，或是全由各班的班干部组成；而当所抽的初始号靠得较后时，样本就会由各班中成绩较差的学生或是各方面表现较差的学生组成。显然，无论是哪种情况，都不符合总体的全面情况，都是一个有着严重偏差的样本。

③分层抽样。

所谓分层抽样就是先将总体依照一种或几种特征分为几个子总体（类、群），每一个子总体称为一层，然后从每一层中随机抽取一个子样本，将它们合在一起，即为总体的样本，称为分层样本。由于社会研究对象的复杂性和异质性程度较高，有必要将它们按不同特征分为不同类型（或层），因此，分层抽样在社会研究中获得广泛的应用。分层抽样的优点如下。

一是当一个总体其内部分层明显时，分层抽样能够克服简单随机抽样的缺点。由于它是按群体的特征分布从不同层获得尽可能均衡的样本数，使样本与总体更相似，从而改善了样本的代表性。例如，在某个干部总体中，党的干部占总体的20%，行政管理干部占25%，技术干部占40%，其他各类专业干部占15%。按这四个干部类别（层）进行分层抽样，使样本中各类干部所占的比例也分别为20%、25%、40%和15%。这时样本似乎成了总体的一个“缩影”。

二是分层抽样可以提高总体参数估计值的精确度。由于它可以将一个内部差异很大的总体分成一些内部比较相似的子总体，从每一子总体内抽出一个小样本就能较好地代表总体，因此，在样本数相同的情况下，分层抽样比简单随机抽样的精确度高；或在同样的精确度要求下，分层抽样的样本规模较小。

三是有些研究不仅要了解总体的情形，还要了解某些类别的情形，分层抽样可以同时满足这两个要求，因为我们可以将每一类（层）看作一个总体。此外，对总体的不同部分还可以采用不同的抽样方法。例如，对居住在各社会机构的人和居住在一般家庭中的人，对流动人口和固定人口等，采用不同的处理方式，这时分层抽样便显示出其优越性。

四是便于行政管理。由于一层可以看作一个总体，因此每层可由专人进行管理。按各层子样本容量的确定方式，分层抽样可分为按比例分层抽样和非比例分层抽样。前者要求各层的子样本在总体的样本中所占比例与本层在总体中所占比例相同。例如，某中学有1000名学生，其中男600人、女400人，欲采用分层抽样从中抽取100人的一个样本，则其中男应有60人、女应有40人。有时我们希望了解的是一些层所代表的子总体的情况，而不是总体情况，如我们想了解某高校本科生、硕士研究生与博士研究生对职业的选择趋向。全校共有学生1000人，三者所占比例为6∶3∶1，如果我们按比例抽选一个60人的样本，则博士生仅占6人，数量太少，这时我们就要使用异比分层，如每组均抽20人，这就使博士生的被抽机会三倍于硕士生、六倍于本科生，是一个非等概率抽样，为此在作统计推论时，要进行加权处理。

应当以抽样单位的何种特性作为分层的标准，也就是说，应选用什么样的变量作为分层变量呢？一般来说，用以分层的理想变量是在调查中要加以测量的变量，例如，调查某厂职工购买书籍的平均册数，最好的分类变量是年购书总册数。将职工分为买5本以下、5~10本、9~35本、15~20本、20本以上五个层。经数学证明，这样选择分层变量，样本精确度可提高很多。然而实际上是不可能按这样的办法分层的，因为在调查之前我们无法知道每个职工的购书数量。因此，研究者一般是选择与调查中欲测量变量高度相关的变量，即对所要研究的变量有很大影响的因素作为分层变量。如在上例中，可按“教育水平”将职工分层，因为这一变量对职工购书量有很大影响。从理论上来说，在确定分层变量时应考虑到所有影响因素，但实际上却往往缺乏有关的详细资料，因此通常是主观判定哪个或哪几个因素与欲测变量高度相关，当然，如果选择的分层变量与欲测变量很少相关，那么样本的精确度就会降低。选择分层变量另一个原则是具有实用性，有时层是自然形成的。例如，当研究对象具有较大的地理差异时，作为分层标准可以是不同的地理区域，如不同国家或不同省区市。又如，在以个人为抽样单位时，较重要和普遍的分层标准有性别、年龄、教育、职业等。

除选择适当的分层变量外，提高分层样本的精确度还必须力求符合分层的原则，即尽可能地使各层内部保持一致，以简化总体的构造，使各层之间具有明显的差异性，以便包括总体的各种特性。此外，样本的精确度还与分层数目及样本大小密切相关，分层越细，样本越大，则样本的代表性越好。分层抽样适用于总体内个体数目较多、结构较复杂、内部差异较大的情况。

④整群抽样。

整群抽样是将总体按照某种标准划分为一些子群，每一个子群为一个抽样单位，用随机的方法从中抽若干子群，将抽出的子群中所有个体合起来作为总体的样本。整群抽样与分层抽样有相似之处，即它们在第一步都是根据某种标准将总体分为一些小群，但两者的抽样方式不同。在分层抽样中所有子群均要抽取一个子样本，作为总体样本的一部分，即总体样本在各层中均有分布。而整群抽样则不然，它是抽取若干子群并将抽出子群的全部个体合起来作为样本，因此，总体样本分布在部分子群中。由于抽样方式的不同，导致两者间划分子群的原则也不同。在分层抽样中，层的划分依据的是层之间异质性高、层内则尽可能同质的原则。整群抽样因仅抽取某几个子群作为整体的代表，如果子群间差异显著，且每个子群内同质性很高，那么这种情况下抽出的几个子群显然无法代表总体。例如，调查某工厂职工的平均收入，将工人按照工资级别（1 ~ 8 级）分为 8 个子群，用整群抽样抽取其中几个子群，假如抽到 1 级、4 级、5 级三个子群，显然这三级工人的平均工资无法代表全厂工人的收入水平。因此，整群抽样的分群原则应与分层抽样不同，它是使群间异质性低、群内异质性高，因此，分层抽样适用于界质分明的总体，而整群抽样适用于界质不清的总体。

整群抽样的优点在于：（1）它可以通过转换抽样单位扩大抽样的应用范围；（2）它可节省人、财、物力。如前所述，抽样要求有一份以总体所有个体排列的清单，即抽样框，但许多调查中往往因抽样单位的选择而无法得到总体的所有个体的可靠名单，有时即使可以得到这样一份名单，所需费用也十分昂贵，这就限制了抽样的应用范围。例如，我们需要从一个几十万人口的城市里以个人为抽样单位进行抽样，就需要有一份将这几十万人口排列出来的清单，这在实际上是极难做到的。在这种情况下，使用整群抽样获得抽样框就容易得多，如在城市中可以以居民委员会作为抽样单位制作抽样框，这显然要比以个人为抽样单位制作抽样框现实和容易得多。整群抽样通过将抽样单位由个人转换成群体，使由简单随机抽样和分层抽样所不能进行的抽样调查成为可能，这就大大地扩大了抽样的应用范围。此外，即使有总体的抽样框，为节约人力费用，也常常采用整群抽样。

整群抽样的最大缺点是样本分布不均匀，样本的代表性较差。因此与其他抽样方法相比，在样本数相同时，其抽样误差较大。例如，一个容量为800的整群样本，在效率上可能约与一个容量500的简单随机样本相等。特别要注意的是分析整群样本的资料，如抽样误差统计推断假设检验要比前面几种抽样方法复杂。尽管有这些局限性，但由于实施起来比较方便而且还可以节约人、财、物力，因此在大规模、大范围的调查中，仍常常采用这种抽样方法。例如，当样本的大小一定时，对一个包含20个街道的调查要比只在一个街道对所有居民户进行调查困难得多。当然，前者的样本精确度要比后者高。在权衡调查费用和样本精确度后，研究者往往会选用整群抽样。

整群抽样分为等规模整群抽样和不等规模整群抽样，前者总体内所有的群规模都相等，而后者总体内各群大小不一。在社会调查中一般遇到的是后一种情况，在这种情况下，往往出现样本规模随机变动的问题。例如，某总体含有四个群，人数分别为30、50、15、5，从中抽取两个群作样本，则样本规模可能是80人、45人、35人、65人、55人和20人六种情况。这种不确定性会给样本设计的费用与精度的计算以及实地调查工作带来困难，同时还会产生抽样偏差。为了解决这个问题，往往采取子抽样的方法，即从抽出的样本群中再抽一次样，得到所需样本。

整群抽样的样本群数应如何选择呢？例如，在一个城市的20个街道中应抽选几个街道呢？若总体所含子群总数较少，所抽取的样本群数也必然较少，这样会导致样本过于集中，有可能降低样本代表性。在理论上虽然可以通过增加样本群数来解决，但这会导致样本群数接近子群总数。这无异于总体调查，因而丧失了分群的优越性。另一种方法是增加子群总数，即减少每群所含个体数，这时便可抽取较多子群作为样本，而不增加样本个体数。但是样本群数的增加，会使样本分布范围扩大，这可能导致整群抽样成本低的优点的丧失。一般来说，样本群数占子群数总数的比例应当与样本数占总体的比例大致相当，但当这种抽样无法保证样本代表性时，则应考虑多阶段抽样。

⑤多段抽样。

在实际调查中，我们经常会碰到由于总体太大，无法收集总体单位或元素的全部名单，或者即使能够收集，花费的精力和成本也很大。正如我们在讲授编制抽样框所提到的，社会学实证研究的总体都比较大，一般都是以省区市，甚至全国为总体，在我国现在的信息条件下，虽然在理论上可以编制以个人为抽样单位的抽样框，但是成本极高。例如，我们需要调查某城市全部在校大学生的生存与发展及其价值观念，虽然不能排除我们从教育主管部门获得全市在册大学生的全部名单，直接在大学生中抽样。但是，编制这样一份包括全部在册大学生的（假定全市有50万名大学生）花名册本身就是一件很烦琐的、工作强度很高的工作。更何况，在很多研究中，即使在一个确定的总体内，我们也无法编制一份没有遗漏的以个人为抽样单位的抽样框。例如，近年来，很多部门和研究单位都非常关注我国改革开放以后新阶层的发育和发展，但是直到现在为止，我们都不能编制出一份能够详细反映一个特大城市的以个人为抽样单位的有关新阶层的抽样框。因此，在我国目前的信息条件下，那些总体特别大、以个人为抽样单位的抽样框的编制是很困难的，通常采用多段抽样方法。多段抽样方法以整群抽样方法为基础，是多级整群抽样，即从大群体（组织）开始抽样，再抽到比较小的群体（组织），最后抽到个人。它的抽样逻辑过程是：大群体（组织）→小群体（组织）→个人。也就是说，多段抽样方法是把抽样分成几个阶段进行。一般而言，根据我国的特点，在进行多段抽样时，开始阶段的抽样单位主要是行政单位或组织。例如，关于某城市全部在册大学生的生存与发展及其价值观念的调查，在抽样时，可以先从大学开始抽样，再在被抽取的学校中抽取学院，最后在被抽取的学院里抽取大学生。由于学院的学生人数相对有限，我们可以在学院很方便地编制以大学生为抽样单位的抽样框。对于某城市新阶层的调查，可以先从街道和镇开始抽样，再在被抽到的街道和镇抽取居委会和村，最后在被抽取的居委会和村编制出居委会和村所属的全部新阶层成员名单，由于新阶层的数量不是很多，可以对被抽取的居委会和村所属的全部新阶层成员进行调查（如果被抽取的居委会和村的新阶层成员很多，还要进一步抽样）。

需要注意的是，多段抽样编制抽样框时，事先要大致了解每个抽样阶段所含有的抽样单位规模或数量，从而安排好每个抽样阶段需要抽取的样本数。例如，关于某城市大学生的生存与发展及其价值观念的调查样本人数为2000人，全市有公办大学50所，平均每所大学有10个学院，全市大学生共50万名。在具体抽样时，事先需要知道某城市中大学所属学院的平均学生人数，以及最少和最多的学生人数。如果事先知道平均每个学院的学生人数大致为1000人，准备在每个学院平均抽取50名学生，那么需要抽取40个学院；依此类推，如果每所大学准备抽取2个学院，那么第一级以学校为单位抽样就需要在全部大学中抽取20所大学。它的抽样过程是：大学→学院→大学生（见图3-5）。在具体抽样时，当从50所大学抽取20所大学后，可以在被抽取的每所大学中各抽取2个学院，最后平均每个学院抽取50名大学生，为了保证每个学院被抽取大学生的概率一致性，一般采用系统抽样方法。例如，被抽去的40所学院学生总人数为40000人，样本数为2000人，抽样间距为20，即在被抽取的学院中，每隔20人抽取1人，如果甲学院有学生2000人，乙学院有学生800人，按系统抽样，甲学院应抽取100名学生，乙学院应抽取40名学生。每个学生被抽取的概率为0.04。如果采用简单随机抽样等方法，需要根据抽样比率（40所学院学生总人数为40000人，样本数为2000人）确定每个学院的样本人数，而不是平均分配样本人数，例如，甲学院样本人数 $=0.05\times2000=100$（人），乙学院样本人数 $=0.05\times800=40$（人）。

在多段抽样时，如果总体的异质性程度比较高，在开始阶段抽样时，即抽取大群体（组织）时，要适当扩大抽样比率。如果总体的异质性程度比较低，如对传统农村进行调查，在开始阶段抽样时，可以采用比较适中的抽样比率。由于多段抽样是把抽样分成几个阶段进行，每个阶段的抽样都会产生抽样误差，因而它的抽样误差比任何抽样方法都大得多。而且，改革开放以后，不仅是城市，即使在农村，总体的复杂性是计划经济时期不能相比的。因而，总体的异质性程度只是相比较而言，对于不同的研究课题和调查对象，总体的异质性程度，即总体单位或元素的差异程度只有高低之分。因此，无论从多段抽样本身所具有的局限性，还是从当代中国的社会分化程度来说，多段抽样方法都会产生比较大的抽样误差。从经验上说，在同等条件下，为了降低多段抽样方法产生的抽样误差，常用的方法如下。

第一，提高开始阶段的抽样比率，适当降低最后阶段的抽样比率，从而保证样本能够在总体中得到比较广泛的分布。例如，关于某城市大学生生存与发展及其价值观念调查，第一阶段，即对大学的抽样比率是 0.4（50 =0.4）；第二阶段，即对被抽取的学校所属学院抽样比率是 0.2［（20 ×2）/（20 ×10） =0.2］；第三阶段，即对被抽取的学院所属大学生的抽样比率是 0.05［（40 ×50）/（40 ×100） =0.05］。

第二，由于多段抽样方法是多种抽样方法的组合，即在每个抽样阶段可以根据研究需要分别采用简单随机抽样方法、系统抽样方法和分层抽样方法。为了降低多段抽样的抽样误差，可以在开始阶段采取分层抽样方法。例如，在本例中，第一阶段和第二阶段抽样就可以采用分层抽样方法，最后阶段采取系统抽样方法：第一阶段可以把所有大学分为综合性大学和专业性大学两种类型，采用等比分层抽样抽取大学；第二阶段可以在被抽取的学校中根据文科学院和理工科学院的分布情况抽取规定的学院，在具体抽样时，既可以规定每所大学各抽取 2 个学院，也可以根据学校的规模，即学生人数多少抽取学院数；第三阶段就可以在被抽取的学院中按系统抽样方法直接抽取大学生。

第三，由于多段抽样方法的每个阶段都有比较明确的抽样框，可以获得用来评估样本质量的资料或变量，在每个阶段抽样结束时都可以根据有关指标评估样本质量。因此，上述抽样方法的具体应用，可以在同等条件下有效地降低多段抽样方法所产生的抽样误差。

但是多段抽样方法存在一个明显的缺陷，即它假定总体是正态分布的，如果总体分布是偏态的话，就会产生很大的抽样误差。例如，假如全市大学生一半集中在 5 所大学，还有一半学生分散在 45 所大学中，即使按 0.4 的概率抽取大学，那些规模很大的学校最终入选样本的大学生是较少的，因为按规定入选大学只能抽取 2 所学院，按 0.4 的概率，可以抽到 2 所规模很大学校，共 4 个学院 4000 名学生，最终被抽取的学生只有 200 名（按学生的分布规模很大学校的样本数应该占一半，即 1000 人）。

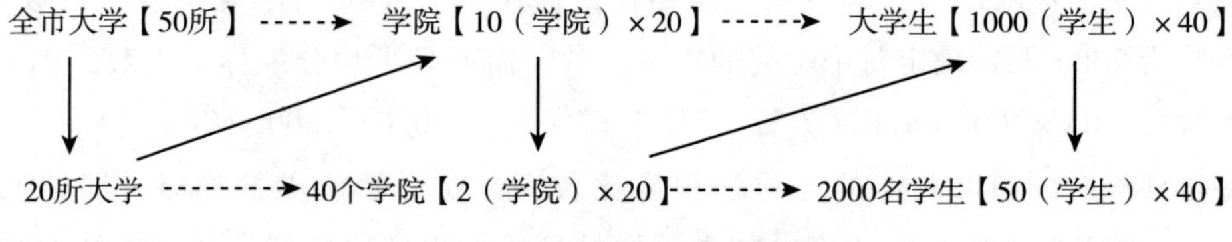

图 3 -5　多段抽样示例

⑥户内抽样。

采用面对面的访谈或者当面填写问卷是收集资料的常用方法，在涉及以家庭为抽样单位的调查研究中，完成抽样以后，还需要确定在被抽取的家庭中选取哪位家庭成员作为被调查对象。例如，我们要调查某城市居民的消费方式，采用的是入户调查方法，进入被调查家庭后就需要确定谁是我们的调查对象，即收集资料的对象。如果直接以户主作为调查对象的话，是不能全面反映市民的消费方式的，因为户主的年龄一般以中年人为主，而且大多数户主都已结婚。方法就是进入家庭后，在确定调查对象范围的基础上，随机确定一个调查对象。如果事先能够获得有关家庭资料，如户口资料，也可以事先确定。

其方法主要有 Kish 方法和生日法。Kish 法是根据事先设计好的抽样表（选择表）到家庭后随机选择一个符合调查要求的调查对象，例如，对于市民消费方式的调查，可以规定被调查对象必须年满 18 岁。Kish 抽样表有 8 种类型，具体见表 3－3。

表 3－3　　　　Kish 法

A 式抽样表		B1 式选择表		B2 式选择表		C 式选择表	
≥18 岁家庭成员及序号	被调查对象编号	≥18 岁家庭成员及序号	被调查对象编号	≥18 岁家庭成员及序号	被调查对象编号	≥18 岁家庭成员及序号	被调查对象编号
1	1	1	1	1	1	1	1
2	1	2	1	2	1	2	1
3	1	3	1	3	1	3	2
4	1	4	1	4	2	4	2
5	1	5	2	5	2	5	3
6	1	6	2	6	2	6	3
D 式选择表		**E1 式选择表**		**E2 式选择表**		**F 式选择表**	
≥18 岁家庭成员及序号	被调查对象编号	≥18 岁家庭成员及序号	被调查对象编号	≥18 岁家庭成员及序号	被调查对象编号	≥18 岁家庭成员及序号	被调查对象编号
1	1	1	1	1	1	1	1
2	2	2	2	2	2	2	2
3	2	3	3	3	2	3	3
4	3	4	3	4	4	4	4
5	4	5	3	5	5	5	5
6	4	6	5	6	5	6	6

Kish 抽样方法的具体步骤如下。

第一，调查以前，先由研究主持人将 8 种类型的抽样表 A、B1、B2、C、D、E1、E2、F 按照一定的比率分配到问卷，即指定每一份问卷采用哪一类抽样表；从 A～F，8 种类型的抽样表分别占问卷总数的1/6、1/12、1/12、1/6、1/12、1/12、1/6，并印制若干套（一套8种）抽样表发给调查员，每人一套。

第二，调查员进入被调查家庭后，首先询问符合条件的家庭成员。

第三，以性别年龄为标准，将合乎条件的家庭成员记录下来。性别、年龄的排序按照男在前女在后；年龄大的在前年龄小的在后的原则。

第四，根据排序后的最后一位家庭成员与右边相交的编号，查找左边对应的家庭成员序号，该序号所对应的家庭成员即为被调查对象。例如，某份问卷指定的是C表，该家庭符合条件，即年满18岁及以上的调查对象有4人：父亲（50岁）、母亲（45岁）、女儿（20岁）、外公（70岁），按性别、年龄排序为：外公、父亲、母亲、女儿。根据C表，家庭成员排序后最后一位是女儿，与右边相交的编号是2号，查找左边序号为2号的家庭成员，即父亲，因此该家庭的被调查对象是父亲。同理，如果指定的是D表，与右边相交的编号是3号，调查对象为母亲。

为了调查方便，也可以把8种类型的抽样表合成一张表，直接印在问卷封面上，仍然由研究主持人指定问卷采用某种类型的抽样表（见表3-4），调查员入户后按照上述步骤选取被调查对象。

表3-4　　Kish表合成

≥18岁家庭成员及序号	被调查对象编号							
	A	B1	B2	C	D	E1	E2	F
1	1	1	1	1	1	1	1	1
2	1	1	1	1	2	2	2	2
3	1	1	1	2	2	3	2	3
4	1	1	2	2	3	3	4	4
5	1	2	2	3	4	3	5	5
6	1	2	2	3	4	5	5	6

近年来，一些调查研究专家发现了比Kish抽样法更为简单的方法，即生日法。它是根据调查实施的具体时间和家庭成员出生时间的匹配程度选择被调查对象，家庭成员中谁的出生时间越是接近调查的实施时间，这个人就是被调查对象。例如，某项调查的具体实施时间是从2006年9月1日开始到9月30日结束，研究主持人可以指定其中的一天，如2006年9月1日为生日法抽样的对照时间，某家庭有4人，其中父亲的出生时间为1956年8月9日，母亲为1961年2月8日，女儿为1986年11月3日，外公为1936年3月18日。比较他们的出生月与出生日，最为接近9月1日的是父亲，因而父亲就是该家庭的被调查对象。如果遇到家庭成员中有数人的出生月份与出生日期是完全一样的或者出生月份、出生日期与生日法对照时间的差距是完全一样的，可以采用抽签法确定谁是被调查对象。

一般而言，由于每个人的出生时间也是一种随机现象，因此根据生日法选取的被调查对象也具有随机性。采取生日法选取被调查对象可以在多段抽样进入抽取家庭阶段时同时完成，不必进入家庭后再进行生日法抽样，这样也可以节约调查时间。

⑦PPS 抽样。

所谓 PPS 抽样就是“概率与元素的规模大小成比例的抽样”（Sampling with probability proportionate to size，PPS），是多段抽样方法的特定形式。在多段抽样方法中，第一级抽样时，总体中的每个单位都具有同等被抽中的机会，并不考虑每个单位规模的大小和人数的多少。例如，关于某城市大学生生存和发展以及价值观念调查的例子，采用多段抽样方法的话，第一阶段是以大学为抽样单位。在假定的 50 所大学中，有的是国家重点大学，有的是地方性学校；有的学科门类齐全、科研教学水平显著，有的只是专业性的学校或者科研教学水平一般；有的学校学生数达数万人，有的只有几千人。如果在多段抽样中，那些地位较高、水平较高、影响较大、规模较大的学校很有可能不被抽中，这样的结果对于样本的代表性是有影响的。因此，PPS 抽样方法的最大特点是单位规模的大小影响到被抽取的概率，也可以说，单位的规模越大，被抽中的概率也越高。因此，从单位规模对概率的影响来说，PPS 抽样方法是一种不等概率抽样。PPS 抽样方法的步骤如下（具体示例见表 3－5）。

表 3－5　　PPS 抽样方法示例

学校序号	学生人数	累积人数	号码范围	入选号码①	入选元素①	入选号码②	入选元素②
01	5000	5000	000001～005000				
02	35000	40000	005001～040000	033340	元素 1	010097 035097	元素 1 元素 2
03	40000	80000	040001～080000	040881	元素 2	060097	元素 3
04	24000	104000	080001～104000	093433 089923	元素 3 元素 4	085097	元素 4
05	12000	116000	104001～116000	113990	元素 5	110097	元素 5
06	10000	126000	116001～126000	116877	元素 6		
07	6000	132000	126001～132000				
08	8000	140000	132001～140000			135097	元素 6
09	50000	190000	140001～190000	164234 177082	元素 7 元素 8	160097 185097	元素 7 元素 8
10	9000	199000	190001～199000				
…	…	…	…	…	…	…	…

续表

学校序号	学生人数	累积人数	号码范围	入选号码①	入选元素①	入选号码②	入选元素②
48	15000	454500	439501～454500				
				476493	元素 19	460097	元素 19
49	38000	492500	454501～492500				
				489439	元素 20	485097	元素 20
50	7500	500000	42992501～500000				

注：①代表通过查对随机数表获得的入选号码和入选元素；②代表通过系统抽样方法获得的入选号码和入选元素，系统抽样的间距为 500000/20＝25000，起抽号为 10097。

第一，在确定的总体内，编制单位的抽样框，给每个单位按序编号，并且统计好每个单位的人数。例如，某城市共有 50 所高校，收集好每所学校的学生数，给每所学校编上号码。

第二，把每个单位的人数累积相加，根据累积人数确定每个学校的号码范围。例如，02 学校的累积人数：5000＋35000＝40000；03 学校累积人数：40000＋40000＝80000；两学校的号码范围分别为 005001～040000，040001～080000。

第三，根据规定的抽样元素数量，按照选择号码范围，查对随机数表抽取单位，也可以根据系统抽样方法抽取单位。一个单位的抽样元素内含若干个被调查对象。例如，在某城市如果有 50 所大学共 50 万名大学生，样本为 2000 名学生，如果一个抽样元素内含 100 名调查对象，则一共有 20 个抽样元素。一所学校被入选的抽样元素越多，也就意味着被调查的学生越多。抽样元素内含的调查对象数量，主要根据第一级抽样单位覆盖面的大小来决定，也就是说，如果适当增加第一级样本的数量，抽样元素内含的人数就相应减少。在完成第一级抽样时，需要对样本质量进行评估，发现样本具有较大的偏差，可以重新抽样，直到抽取出代表性较高的样本。从抽样实践来看，在一次抽样中，系统抽样要比简单随机抽样更能体现总体结构，或者说对总体更具有代表性。

第四，在被抽取的单位中，按照抽样元素的多少进行第二次抽样，直接抽到大学生。当然单位规模很大，被抽取的调查对象很多时，也可以通过整群抽样方法或多段抽样方法抽取被调查对象。例如，09 学校有 50000 名学生，被抽到两个抽样元素，即 200 名学生，直接抽取大学生存在一定的困难，可以通过整群抽样或多段抽样方法抽取大学生，当然也可以继续采用 PPS 方法抽样。

虽然从单位规模对概率的影响来说，PPS 抽样方法是一种不等概率抽样，但是由于单位规模较大被抽取的概率较大，在单位内部抽取样本时，概率较小；单位规模较小被抽取的概率较小，在单位内部抽取样本时，概率较大。两相抵消，PPS 抽样方法仍然是等概率抽样。例如：

08 学校被抽中的概率：20(8000/500000)＝0.32

08 学校内部学生被抽中的概率：100/8000 = 0.0125

09 学校被抽中的概率：20(50000/500000) = 2.0

09 学校内部学生被抽中的概率：100/50000 = 0.002

08 学校学生被抽中的概率：0.32 × 0.0125 = 0.004

09 学校学生被抽中的概率：2.0 × 0.002 = 0.004

（2）非概率抽样。

如前所述，随机抽样能够排除调查者的主观影响，抽选出较其他抽样方法更具代表性的样本，并且能够确切地知道和控制抽样误差的大小，从而使由样本推论总体，通过对样本的分析研究达到对总体的全面认识成为可能。但是在很多情况下，这种严格的随机抽样几乎无法进行，如调查对象的总体边界不清而无法制作抽样框。此外，有些研究为了符合研究的目的，不得不按照需要从总体中抽取少数有代表性的个体作为样本。为了保证随机原则，对抽样的操作过程要求严格，实施起来比较麻烦，费时费力。因此，如果调查的目的仅是对问题做初步探索，获得研究的线索和提出假设，而不是由样本推论总体，采用随机抽样就不一定是必须的。在上述情况下，一般代之以非概率抽样。非概率抽样由于每个个体进入样本的概率是未知的，而且由于排除不了调查者的主观影响，因而无法说明样本是否重现了总体的结构，用这样的样本推论总体是极不可靠的。尽管如此，非概率抽样对于帮助了解总体是有益的，它的操作方便、省钱省力，统计上也远较概率抽样简单，而且若能对调查总体和调查对象有较好的了解，抽样也可获得相当的成功。但特别应当指出的是，将非概率抽样的结论推论到大总体时要极其慎重，否则就容易出现以偏概全的错误。非概率抽样有下述几种类型。

①偶遇抽样。

偶遇抽样（accidental sampling）又称为方便抽样或自然抽样，是指研究者根据现实情况，以自己方便的形式抽取偶然遇到的人作为对象，或者仅仅选择那些离得最近的、最容易找到的人作为对象。如为了调查某市的交通情况，研究者到离他们最近的公共汽车站，把当时正在那里等车的人选作调查对象；其他类似的偶遇抽样还有：在街头路口拦住过往行人进行调查；在图书馆阅览室对当时正在阅览的读者进行调查；在商店门口、展览大厅、电影院等公共场所向进出往来的顾客、观众进行调查；利用报纸杂志对读者进行调查；老师对他所教的班级的学生进行调查，等等。这种碰到谁就选谁的抽样方法往往被有些人误认为就是随机抽样。仅从表面上看，两者的确有些相似，都排除了主观因素的影响，纯粹依靠客观机遇来抽取对象；但两者有一个根本的差别，这就是偶遇抽样没有保证总体中的每一个成员都具有同等的被抽中的概率。那些最先被碰到的、最容易见到的、最方便找到的对象具有比其他对象大得多的机会被抽中。正是这一点使我们不能依赖偶遇抽样得到的样本来推论总体。

②判断抽样。

判断抽样也称为主观抽样或立意抽样，它是由研究者根据自己的主观判断来抽取样本。规模比较大的偶遇抽样，很多是由调查员自己抽取样本，而在判断抽样中，往往由研究者自己进行抽样。因为，判断抽样往往是规模比较小的调查，例如，正式调查之前的探索性研究或质性研究。

在判断抽样中，研究者抽取样本的原则主要是：一是依据研究者对总体的了解程度，直接选择自己需要的调查对象，并且被选择的调查对象对于总体有一定的代表性；二是根据研究目的或对样本的特殊要求选择调查对象；三是在一般情况下应该避免抽取极端的样本，而应以“多数型”或“平均型”的样本为调查对象，以期通过样本调查来反映总体的情况。判断抽样的方法能够适合一些特殊的需要，如时间、人力、经费受到限制。质性研究中的抽样方法很多为判断抽样，通过深入的调查获得详细的资料。

判断抽样由于抽取的样本比较少，即使它可以采用质性研究方法获得非常丰富的资料，但是由于样本数量有限，并且样本的获得不是采用等概率的方法，因此通过判断抽样进行的调查是不能进行统计推论的。如果要推论总体的话，不仅不符合抽样原理，而也如前面所讲，犯了简化论的错误。

③定额抽样。

定额抽样（quota sampling）又称为配额抽样，它是一种比偶遇抽样复杂一些也进步一些的非概率抽样方法。进行定额抽样时，研究者要尽可能地依据那些有能影响研究变量的因素对总体分层，并找出具有各种不同特征的成员在总体中所占的比例；然后依据这种划分以及各类成员的比例去选择对象，使样本中的成员在上述各种因素、各种特征方面的构成及在样本中的比例都尽量接近总体。其前提是要对总体中各种构成的比例有所了解。如果把各种因素或各种特征看作不同的变量的话，那么定额抽样实际上就是依据这些变量的组合。下面，我们以性别、年级和专业三个因素来解释这种变量的组合及其定额抽样的实施办法。

假设某高校有4000名学生，其中男生占60%、女生占40%；文科学生和理科学生各占50%；一年级学生占40%，二年级、三年级、四年级学生分别占30%、20%和10%。现在要用定额抽样方法依上述三个变量抽取一个规模为100人的样本。依据总体的构成和样本规模，我们可得到定额表，如表3－6所示。

表3－6　　100人的定额样本分布

	男生（60人）		女生（40人）	
	文科（30人）	理科（30人）	文科（20人）	理科（20人）
年级	一 二 三 四	一 二 三 四	一 二 三 四	一 二 三 四
人数	12 9 6 3	12 9 6 3	8 6 4 2	8 6 4 2

表3－6的最下面一行就是样本中具有各种特征的学生数目。这一数目是依据点体中的结构分配的，它使样本在这几个方面与总体保持了一致。可以想象，如果所依据的类似特征（即变量）越多，样本中成员的分类也将越细，与总体的结构也将越接近。同时我们也可以看出，每增加一个分类特征，这种分布就会复杂一层，抽样就会困难一步。因此，研究者应根据研究的主要目标来进行配额抽样。

当研究的主要目标不是去推断总体状况，而主要是为了检验理论、解释关系或比较不同性质的群体时，通常不需要进行严格的随机抽样，不需要得到对总体有代表性、有概括性的样本。此时的抽样标准不是代表性，而是合适性——抽样适合研究的目标，适合检验理论和假设的需要，适合比较的需要。英克尔斯在研究人的现代性时，就是根据合适性的原则，采用了配额抽样，而没有采用随机抽样。他写道："我们没有寻找代表性的样本，而是寻找非常适合于目标的配额样本，个人与群体之所以被选入样本，是因为它们同我们要检验的理论有……"。①

英克尔斯的抽样设计如图 3－6 所示。就是他们对作为调查点的六个国家的选择，也是基于类似的考虑。"这些国家之所以使我们感兴趣，不是因为它们代表所有其他的国家，而是因为它们的人民符合我们的实验设计中的那些条件。"②

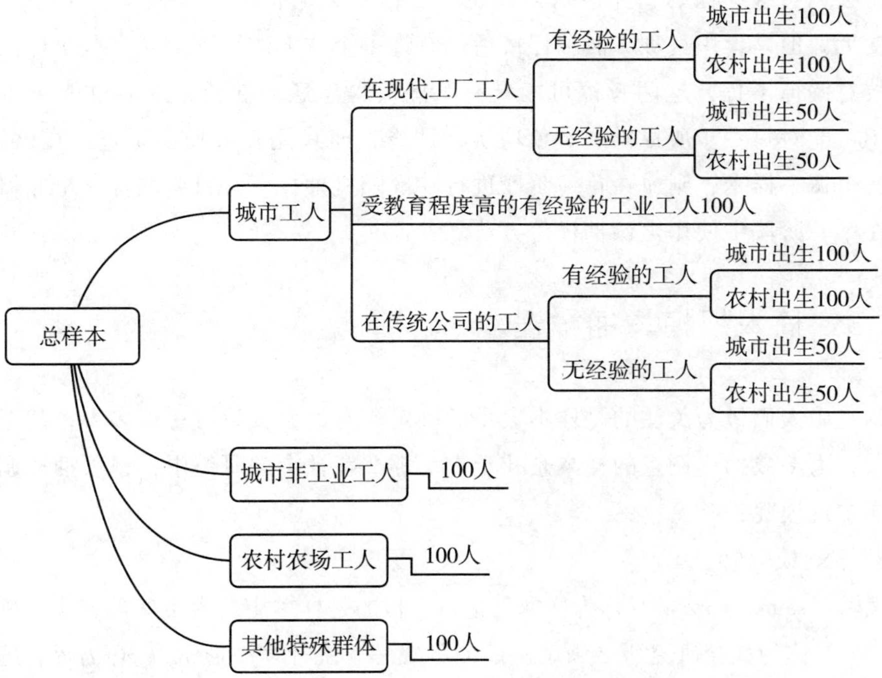

图 3－6　现代人研究抽样示意图

许多书中都谈到定额抽样与前面介绍的分层抽样十分相似，或把定额抽样称为分层抽样在非概率抽样中的对应词。实际上，两者同样具有本质上的差别。两者虽然都依据某些特征对总体进行分层，但两者的目的不同，抽样方法也不同。定额抽样之所以分层分类，其目的在于要抽选出一个总体的"模拟物"，其方法则是通过主观的分析来确定和选择组成这种模拟物的成员。也就是说，定额抽样注重的是样本与总体在结构比例上的表面一致性；而分层抽样进行分层，一方面，要提高各层间的异质性与同层中的同质性；另一方面，为了照顾到

①② 阿列克斯·英克尔斯，戴维．H．史密斯．从传统人到现代人——六个发展中国家中的个人变化［M］．中国人民大学出版社，1992.

某些比例小的层次，使所抽样本的代表性进一步提高，误差进一步减小。而最关键的差别是其抽样的方法完全依据概率原则，排除主观因素，客观地、等概率地到各层中进行抽样，这与定额抽样中那种“按事先规定的条件，采取偶遇方式，有目的地寻找”的做法是完全不同的。

④滚雪球抽样。

滚雪球抽样先从几个适合的调查对象开始，然后通过他们得到更多的调查对象，这样一步步扩大样本范围。当调查总体的个体信息不充分时，常采用这种方法。例如，要研究城市保姆问题，研究者一开始因缺乏信息无法抽样，这时可先通过各种办法，如家庭服务公司、街道居委会或熟人的介绍等，找到几个保姆进行调查，并让他们提供所认识的其他保姆的情况，然后再去调查这些保姆，并请他们提供自己所认识的保姆……依次类推，像滚雪球一样，由小变大。但是，用这种方法抽样最后仍有许多个体无法找到，还有些个体因某些原因被提供者故意漏掉不提，这两者都可能具有某些值得注意的性质，因而可能产生偏误。有时，我们不可能对每一步所提供的对象均实行调查，而只能实行抽样调查，在这种情况下，若要取得一个概率样本，则应在每一阶段进行一次随机抽样。若只要取得一个非概率样本即可，则可在第一阶段中使用定额抽样等方法。

3.3.3 样本规模与抽样误差

抽样调查中人们最为关注的是样本大小的确定。有的调查只有一百多人，甚至更少，有的有几万人，大多数抽样调查的样本是几千人。那么在社会学研究中，一项抽样调查到底需要多大的样本规模呢？

（1）样本规模。

样本规模（sample size）又称为样本容量，它指的是样本中所含个案的多少。确定样本规模也是每一项具体的社会研究所必须解决的问题之一。统计学中通常以 30 为界，把样本分为大样本（30 个个案及以上）和小样本（30 个个案以下）。之所以这样区分，是因为当样本规模大于 30 时，无论总体的分布如何，其平均数的抽样分布将接近于正态分布。从而许多统计学的公式就可以运用，也可以用样本的资料对总体进行推论。但需要注意的是，30 个个案的样本对于社会研究来说却常常是不够的。统计学中的大样本与社会研究中的大样本并不是一回事。

根据一些社会研究专家的看法，社会研究中的样本规模不能少于 100 个个案，这是因为，在社会研究中，研究者不仅需要以样本整体为单位来计算平均数、标准差、相关系数等统计量。同时，他们还经常需要将样本中的个案按不同的指标划分为不同的类别，进而分析不同类别之间的差别、分析不同变量之间的关系。因此，要保证所划分出的每个子类别中都有一定数量的个案，就必须扩大整个样本的规模。例如，要计算某企业职工的平均收入，也许大于 30 个个案的样本就可以。但是，如果要进一步计算不同年龄的职工群体（青年工人、中年工人、老年工人）的平均收入，那么，30 个个案的样本显然就不能满足统计的需要。

如果将样本中的个案按性别和年龄进一步划分为“青年男性、中年男性、老年男性、青年女性、中年女性、老年女性”六类，再分别计算每一类个案中的平均数、标准差时，所需的样本规模就更要成倍增加。

许多书中都给出了样本规模的计算公式。例如，简单随机抽样中推论总体均值的样本规模计算公式为：

$$n = t2 \times \sigma 2/e2 \qquad (3-2)$$

其中，t 为置信度所对应的临界值；σ 为总体的标准差；e 为抽样误差。

而推论总体成数（或百分比）的样本规模计算公式为：

$$n = t2 \times p(1-p)/e2 \qquad (3-3)$$

其中，p 为总体的成数或百分比；t，e 含义同上。

在上述计算公式中，由于置信度是事先确定的，因而其临界值 t 可从标准正态分布表中查出，e 也是研究者根据需要先确定的，但总体的标准差、成数或百分比却往往是难以得到的（它们通常是研究所需要的）。因此，在实际抽样过程中，研究者往往无法直接运用上述公式计算所需的样本规模，而只能采取某种变通的办法。例如，利用前人所做的关于同一总体的普查或抽样调查资料，来计算或估计总体方差，由此得出推论总体均值的样本规模。在计算推论总体成数（或百分比）的样本规模时，我们注意到，$p(1-p)$ 在 $p=0.5$ 时达到最大值。因此，即使我们对 p 一无所知，也可以采取比较保险的办法，取 $p=0.5$，这样，$p(1-p)=0.25=1/4$，式（3-3）变为：

$$n = t2/4e2 \qquad (3-4)$$

它可以保证样本规模足够大。表 3-7 就是根据上面的公式，在 95% 的置信度条件下（$t=1.96$）计算出的不同抽样误差所对应的最小样本规模（表中为计算简便，取 $t=2$）。

表 3-7　　95%置信水平下不同抽样误差所要求的样本规模

容许的抽样误差 e（%）	样本规模 n	容许的抽样误差 e（%）	样本规模 n
1.0	10000	10.5	330
1.5	4500	6.0	277
2.0	2500	6.5	237
2.5	1600	7.0	204
3.0	1100	7.5	178
3.5	816	8.0	156
4.0	625	8.5	138
4.5	494	9.0	123
5.0	400	9.5	110
		10.0	100

表 3 - 7 依据的是简单随机抽样，对于实际采用的多阶段复杂抽样，要达到同样的精度，还需要乘上它的设计效应 deff。根据经验，通常取设计效应为 1.8 或取 2，当然也可以取 2.5 等。当 deff 取得越大时，实际样本的规模也就越大。例如，表 3 - 7 中 5% 的抽样误差所要求的样本规模是 400，而取设计效应为 1.8 时的实际样本规模则是 400 × 1.8 = 720，取设计效应为 2 时的实际样本规模就成了 400 × 2 = 800 了。

（2）影响样本规模的因素。

从以上的计算公式中我们可以发现影响样本规模的因素主要是总体规模的大小、总体的差异性、抽样误差以及推论的置信度。除此以外，影响样本大小的还有抽样方法、经费、时间和人力。

①总体规模。一般而言，总体规模越大，样本也越大，但是根据有限总体抽样公式计算的结果，当总体达到一定规模以后，样本量的增加并不与总体规模的增加保持相同的速率（见图 3 - 7）；也就是说，在相同条件下，当总体达到一定规模后，样本量的增加与总体规模的增加并不成正比。例如，置信度为 95%（K = 1.96），抽样误差为 0.03，总体 500 人，样本数是 340 人，总体若按 50% 的比率增加，分别为 750 人、1125 人、1688 人、2532 人，样本数分别为 440 人、548 人、654 人、751 人，分别增加 29.4%、24.5%、19.3%、14.8%。因此，在一个趋向无限大的总体中，样本的增加是比较小的。这一规律告诉我们，对于一个 10 万人的总体和对于一个 100 万人乃至更大的总体来说，样本量的增加是有限的。

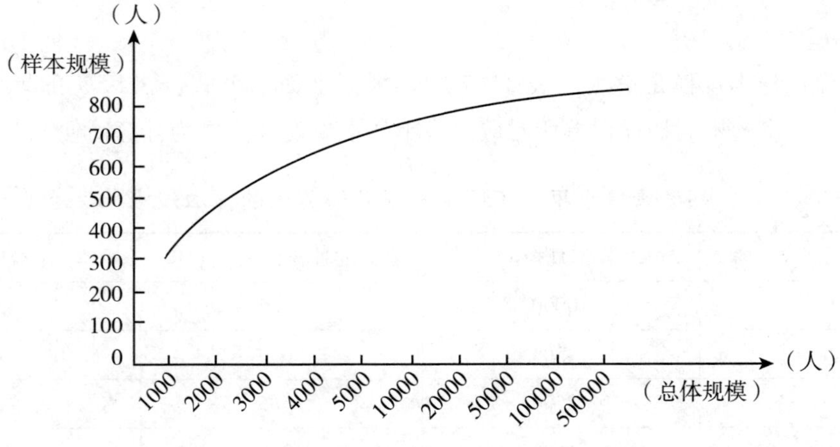

图 3 - 7　总体规模与样本数量之间的关系

注：在 95% 的置信度、±3 置信区间和总体参数值为 50% 对 50% 的条件下。

②总体的差异性。总体的差异性如前所述是指总体单位或元素之间的差异程度。总体单位或元素之间的差异越大，也就是它的同质性程度越低或者异质性越高。根据前面的例子，我们可以发现，在其他条件不变的情况下，样本规模与总体的差异性是正比关系，即总体差异性越大或异质性程度越高，样本的规模也越大。在抽样公式中，总体相对标准差或总体成数（百分比）是反映总体差异性的指标。例如，在一个同质性程度很高的总体中（总体差

异参数值 5% 对 95%），抽样误差为 0.03，样本数为 203 人，但是在一个同质性程度较低的总体中（总体差异参数值 40% 对 60%），样本数为 1024 人。

③抽样误差和可信度。由样本计算公式可知，置信度与样本规模是正比关系，即置信度越高，样本量也越大；事先规定的抽样误差越小，样本量就越大。在相同的置信度条件下，抽样误差越小，样本规模就越大。例如，在 95% 的置信度条件下，当抽样误差控制在 5% 的水平时，样本量为 384 人，当抽样误差控制在 4% 的水平时，样本量为 600 人，增加了 216 人，但是当抽样误差精确到 1% 时，样本量为 9604 人，增加了 9220 人。在有限总体中，随着抽样误差的缩小，样本量也会急剧增加。例如，总体为 2 万人，置信度为 95%，当抽样误差为 5% 时，样本量为 377 人；当抽样误差为 4% 时，样本量为 583 人；当抽样误差为 1% 时，样本量为 6488 人，差不多要占总体数的 1/3。林南在《社会研究方法》教材中应用了类似的资料说明这个问题。① 毫无疑问，在相同的条件下，置信度的高低也会对样本规模产生影响，以无限总体为例，在相同的抽样误差下，如 0.03，当置信度为 98% 时，样本量为 1508 人；如果置信度降低为 95%，样本量为 1067 人；当置信度降低为 90% 时，样本量为 756 人。

④经费、人力和时间。经费、人力和时间合在一起就是调查成本，在所有的条件中起关键作用的还是经费，抽样调查是成本比较高的一种研究，无论抽样做得如何精细，样本有多大，推论的可信度和精确度有多高，没有经费都是纸上谈兵。目前，社会研究中等规模的抽样调查，少则五六万，多则十几万；一份问卷的单项成本为 50～100 元，有时甚至更多。因此，没有足够的经费是不能进行抽样调查的。经费不管多少总是有限的，但是对于抽样的要求是无限的，因此，我们只能在有限的经费条件下，尽可能达到比较高的可信度和精确度。除此之外，还要考虑时间和人力因素。因为完成一个规模比较大的样本调查，需要比较长的时间和比较多的人参加。

⑤抽样方法。根据前面介绍的五种基本的抽样方法，即简单随机抽样方法、系统抽样方法、分层抽样方法、整群抽样方法和多段抽样方法，在同等条件下，它们对于总体的代表性程度是不一的。因此，对一项调查来说，采用不同的抽样方法，对于样本规模也有一定的影响。在各种抽样方法中，在同等条件下，总体代表性程度最高的是分层抽样方法，其次是简单随机抽样方法和系统抽样方法，代表性程度最低的是整群抽样方法和多段抽样方法。因此，对于一项抽样调查，如果选择整群抽样方法或多段抽样方法，要在“标准的”样本数量基础上适当增加一些样本，即用简单随机抽样公式计算获得的样本量乘以复合抽样的设计效应系数。

（3）抽样误差。

抽样误差（sampling error）就是样本统计值与总体参数值之间存在的偏差。它是由于抽样本身的随机性所引起的误差。无论采取什么样的抽样方式，这种误差都是不可避免

① 林南．社会研究方法［M］．农村读物出版社，1987.

的。但是，抽样误差的大小是可以在样本设计中事先进行控制的。除了抽样误差以外，社会研究中还存在另一种误差，即度量误差，它是指在记录、填答、汇总等工作中所出现的误差。

抽样误差主要取决于总体的分布方差和抽样规模，这两个因素都可以导致抽样误差的增加或降低。当样本规模增加时，样本统计量的随机波动程度就会降低，从而使抽样误差也降低。在简单随机抽样中，人们正是以扩大样本规模的方式来达到降低抽样误差的目的的。而分层抽样则是着眼于缩小总体的异质性程度或分布的方差，即通过将总体划分为不同的类别或层次，既使这些不同类别或层次在样本中都有代表，又使抽样误差中不存在层间变差成分，而只存在层内变差成分。其效果相当于降低了总体分布的方差，从而降低了样本统计量的随机波动程度，提高了样本统计量估计总体参数的精确度。有关抽样规模与抽样误差之间的关系问题，我们还应该注意两点。

①对于比较小的样本来说，样本规模上的很小的一点增加，便会带来精确度方面很明显的提高。例如，在前面例子中，当样本规模从100增加到156时（仅仅增加了56个个案），抽样误差就由10%下降到8%。

②而对于比较大的样本来说，同样增加这么多个个案，却收效甚微。比如，要使抽样误差从2%下降到1.5%，则需要增加200个案。因此，许多公司通常将他们的样本规模限制在200之内，因为当样本规模超过了这一点时，花费在所增加的样本规模上的人力、物力，相对于提高估计的精确度来说，就有些得不偿失。

3.4 测量与操作化

作为一种认识社会现象的活动，社会研究必然会涉及对社会现象进行测量的问题。社会研究的资料以及社会研究成果的质量，都直接与测量的质量紧密相连，因此，社会研究者必须高度重视测量的工作。在本节中，我们将对测量的概念与特征、概念的操作化过程、指数与量表、测量的层次、测量的信度与效度等内容进行介绍。

3.4.1 测量的概念与层次

测量是社会研究的重要环节，实证研究实际上是对社会现象进行观察与测量。

(1) 测量的概念。

在日常生活中，我们对于测量并不陌生。例如，人们总是在用人体自身的各种器官去对外部世界进行测量：眼睛在测量物体的大小、颜色、形状、空间距离；耳朵在测量各种声音的高低、方向、含义；鼻子在测量各种气体的味道；皮肤在测量周围的温度。由于人体器官的测量能力十分有限，而且测量的结果也不够精确，因而人们在科学研究中发明了许多专门的测量仪器，规定了各种测量的特定程序，创造了许多规范的测量方法，极大地提高了测量的水平和效果。人们不仅有了米尺、磅秤这样一些基本的测量物体长短、高低、大小、轻重的工具，还发明了温度计来精确测量大气的温度、水的温度和人体的温度，发明了望远镜来测量宇宙中不同行星之间的距离，发明了显微镜来测量人眼所无法看到的血液中的红白细胞的数目。在社会研究中，人们也进行着另一些形式的测量。例如，用人口登记的方法来测量一个国家的人口数量和人口结构；用电话访问的方法来测量人们对不同政党候选人的支持率；用自填问卷的方法来测量大学生所具有的择业倾向等等。虽然各种各样的测量在测量的内容、方式等方面千差万别，但它们在一些最本质的方面却完全一致。这些最本质的方面，就是测量所具有的科学的内涵。那么，究竟什么是测量呢？

美国学者史蒂文斯（S. S. Stevens）认为，测量就是依据某种法则给物体安排数字。这一定义被许多社会科学研究人员所采用。① 在此基础上，本书则用下述定义来进一步解释测量的含义：所谓测量（measurement），就是根据一定的法则，将某种物体或现象所具有的属性或特征用数字或符号表示出来的过程。测量的主要作用，在于确定一个特定分析单位的特定属性的类别或水平。它不仅可以对事物的属性做定量的说明（即确定特定属性的水平），同时，它也能对事物的属性做定性的说明（即确定特定属性的类别）。而在社会研究中，研究者所进行的大部分测量往往都是这种定性的测量。

（2）测量的基本要素。

为了更好地理解测量的概念，有必要对构成上述测量定义的四个必不可少的要素进行专门的说明。这四个要素是：测量客体、测量内容、测量法则、数字和符号。

①测量客体，即测量的对象。它是客观世界中所存在的事物或现象，是我们要用数字或符号来进行表达、解释和说明的对象。例如，我们测量一张桌子的高度时，这张桌子就是我们测量的客体或对象。在社会研究中，最常见的测量客体是各种各样的个人，以及由若干个个人所组成的各种社会群体、社会组织、社区等，在测量的四个要素中，测量客体所对应的是“测量谁”的问题。

②测量内容，即测量客体的某种属性或特征。实际上，在任何一种测量中，我们所测量的对象虽然是某一客体，但所测量的内容却并不是客体本身，而是这一客体的特征或属性。例如，桌子是我们的测量客体，而桌子本身我们却无法测量，只有桌子的各种特征，如它的高度、宽度、重量、颜色等，才能构成我们测量的内容。同样的道理，社会中的个人、群体、组织以及社区等是我们的测量客体，是社会研究中的测量对象，但我们所测量的却并不是这些个人、群体、组织或社区本身，而是其各种特征。例如，测量个人的行为、态度和社会背景；测量群体和组织的规模、结构和管理模式；测量社区的范围、人口密度和人际关系，等等。只有这些特征才是我们的测量内容。在测量的四个基本要素中，测量内容所对应的是“测量什么”的问题。

---

① See Guy, Edgley, Arafat&Allen, social Research Method, Allyn and Bacon, Inc, 1987.

③测量法则，即用数字和符号表达事物各种属性或特征的操作规则。也可以说，它是某种具体的操作程序和区分不同特征或属性的标准。例如，“将桌子放置在水平的地面，然后用直尺从地面垂直地靠近桌面的边缘，桌面所对应的直尺上的刻度即是桌子的高度”，这句话所陈述的就是测量桌子高度的规则。又如，在社会研究中，我们要测量人们的收入状况。那么，“将被研究者工资单上的应发金额数加上每月奖金发放统计表上他所得的奖金数额”就是一种测量法则。在测量的四个基本要素中，测量法则所对应的是“怎么测”的问题。

④数字和符号，即用来表示测量结果的工具。例如，120 厘米、110 厘米等就是测量桌子高度所得的结果；350 元、460 元等就是测量人们收入的结果。在社会研究中，研究者进行测量的结果中，许多是用数字来表示的。例如，被研究者的年龄、收入、上下班路途所需时间、被研究家庭的人口数、用于购置大件家电商品的费用、被研究组织的规模等。但是，同样也有许多是用文字来表示的。例如，被研究者的性别（用男、女）、婚姻状况（用未婚、已婚、离婚、丧偶）、被研究者对住房购买政策的态度（用赞成、反对）等。尽管许多用文字表达的测量结果在统计分析时都转换成了数字，但这种数字并不能像算术中的数字那样进行加、减、乘、除运算，最多只能作为不同类别的代号进行频数统计。在测量的四个基本要素中，数字和符号所对应的是“如何表示”的问题。

（3）测量层次。

由于社会研究中所涉及的现象具有各种不同的性质和特征，因而对它们的测量也就具有不同的层次和标准。史蒂文斯 1951 年创立了被广泛采用的测量层次分资法，他将测量层次分为四种，即定类测量、定序测量、定距测量和定比测量。

①定类测量。定类测量（nominal measurement）也称为类别测量或定名测量，它是测量层次中最低的一种。定类测量在本质上是一种分类体系，即将研究对象的不同属性或特征加以区分，标以不同的名称或符号，确定其类别。定类测量的数学特征主要是等于和不等于（或者属于和不属于）。我们前面谈到的定性测量实际上都是在定类测量上的测量。在社会研究中，对诸如人们的性别、职业、婚姻状况、宗教信仰等特征的测量，都是常见的定类层次的测量。它们分别将被研究者划分成“男性与女性”“工人、农民、教师、商人……或者“未婚者、已婚者、离婚者……”“佛教、天主教……不信教”等各种不同的群体或类别。而每一个被研究者则分别属于或者不属于其中某一类别。

由于定类测量实质上是一种分类体系，因而必须注意所划分的类别既要具有穷尽性，又要具有互斥性，即所划分的类别既要相互排斥，互不交叉重叠，又对各种可能的情况包罗无遗。这样，我们所测量的每一个对象都会在我们的分类体系中占据一个类别，且仅仅只会占据一个类别。例如，将性别分为“男性”和“女性”两类，将职业分为“工人”“农民”“干部”“专业技术人员”“商人”“其他”六类，等等。

定类测量具有两种属性：对称性和传递性。所谓对称性，是指甲对乙的关系也就是乙对甲的关系。如果甲与乙同类，则乙也一定与甲同类。反之，如果甲与乙不同类，则乙也一定不会与甲同类。所谓传递性，指的是如果甲与乙同类，而乙与丙同类，那么，甲一定与丙也同类。

由于对任何一门科学来说，分类都是基础，其他几种层次的测量，也都把分类作为其最低限度的操作。或者说，其他的几种测量层次中，都无一例外地包含着定类测量的分类功能。而在社会现象的测量中，大量的变量又都是定类变量，分类更是最基本的目标和最经常性的操作。因此，运用好定类测量，发挥其应有的作用，是社会研究人员的一项重要任务。

②定序测量。定序测量（ordinal measurement）也称为等级测量或顺序测量。定序测量的取值可以按照某种逻辑顺序将研究对象排列出高低或大小，确定其等级及次序。或者说，定序测量可以按某种特征或标准将对象区分为强度、程度或等级不同的序列。例如，测量人们的文化程度，可以将他们分为文盲、半文盲、小学、初中、高中、大专、大学及以上等，这是一种由低到高的等级排列；测量城市的规模，可以将它们分为特大城市、大城市、中等城市、小城市等，这则是一种由大到小的等级排列。在社会研究中，研究者可以用定序测量来对人们的社会地位、生活水平、住房条件、工作能力等特征进行类似的等级排列。

定序测量不仅能够像定类测量一样，将不同的事物区分为不同的类别，还能反映事物或现象在高低、大小、先后、强弱等序列上的差异。它的数学特征是大于或小于（>或者<），它比定类测量的数学特征高一个层次。定序测量所得到的信息比定类测量所得到的更多。同时，定序测量除了具备定类测量的对称性（即区分同类与不同类）以外，还具备不对称性。这种不对称性指的是甲对乙具有某种关系时，并不等于乙对甲也具有这种关系。例如，大于的关系（或小于的关系）就是不对称的。当甲>乙时，就不会有乙>甲。但此时传递性依然成立：如果甲>乙，乙>丙，那么，一定有甲>丙。

关于定序测量，有点需要略作说明。通常，研究者为了统计分析的需要，往往将这种有高低、大小、强弱不同的序列转化成大小不等的数字。例如，将“文盲与半文盲”“小学毕业”“初中毕业”“高中或中专毕业”“大专毕业及以上”等类别，分别用数字“1”“2”“3”“4”“5”来代表。需要注意的是，这种数字并非真正意义上的“数字”，即这些数字并不具有数学中数字的实际内涵和功能。它们不能用来进行数学运算，而只是一种单纯表示“大”“小”的符号。

但是在实际研究中，许多研究者常将某种特定的定序层次的测量结果近似地看作定距层次的运用。例如，在调查中常见的人们对某事物的态度这样的变量，其最常见的取值是：“非常赞成”“比较费成”“中立”“不太赞成”“很不赞成”或者“很满意”“比较满意”“一般”“不太满意”“很不清意”等，就是这种将定序层次的变量看作定距层次来使用的例子。这些研究者认为，由于这样的变量在测重尺度的取值基本上是平均划分的。即“非常赞成”与“比较赞成”之间的差距，基本上等同于“比较赞成”与“中立”之间的差距；而“一般”与“不太满意”之间的差距，也基本上等同于“不太满意”与“很不满意”之间的差距。因此，可以将这种类型的定序变量作为定距变量对待，以便可以运用更多复杂的统计方法。但应该注意的是，这种处理方法只有在有充分的理由确认测量尺度取值的划分是基本等距时才能使用。

③定距测量。定距测量（interval measurement）也称为等距测量或区间测量。它不仅能够将社会现象或事物区分为不同的类别、不同的等级，而且可以确定它们相互之间不同等级的间隔距离和数量差别。例如，测量人的智商，以及测量自然界中的温度，就是定距测量的典型例子。在定距测量中，我们不仅可以说明哪一类别的等级较高，还能说明这一等级比那一等级高出多少单位。也就是说，定距测量的结果相互之间可以进行加减运算。如果测得张三的智商为125，李四的智商为110，那么，125－110＝15，由此可以说张三的智商比李四高15。同样的道理，我们测量北京与武汉的温度，结果发现北京的温度为20摄氏度，武汉的温度为30摄氏度。从这一测量中，我们不仅可以了解到北京与武汉的气温不同（定类测量的测量结果），了解到武汉的气温比北京的气温高（定序测量的测量结果），还了解到武汉的气温比北京的气温高出10摄氏度（定距测量的测量结果）。

定距测量的另一个例子是公元年代。我们在调查问卷中经常会询问这样一个问题：“请问您是哪一年出生的？ ______年。”回答者所给出的数字可以向我们表明他们各自的年龄，而且越大的数字表示越小的年龄。数字间的间距与年龄间的间距完全相等。例如，对象甲1966年出生，对象乙1944年出生。那么，两者的年龄差距就等于数字差距：1966－1944＝22年（岁）。

需要注意的是，定距测量的值虽然可以为0，但这个0却不具备数学中我们所熟悉的“0”的含义。例如，在冬天，我们可以测得北京的气温为0摄氏度，但它却并不是表示北京“没有温度”，而只是代表北京的气温达到了水的“冰点温度”。从测量的角度看，此时的“0”只不过是一个特定的数字而已，它是人们主观认定和选取的。因为在另一种温度量（华氏温度计）中，0度则是冰点下32度。

④定比测量。定比测量（ratio measurement）也称为等比测量或比例测量。定比测量除了具有上述三种测量的全部性质之外，还具有一个绝对的零点（有实际意义的零点）。所以它测量所得到的数据既能进行加减运算，又能进行乘除运算。例如，对人们的收入、年龄、出生率、性别比、离婚率、城市的人口密度等所进行的测量都是定比测量的测量。它们的测量结果都能进行乘除运算。如测得张三的收入为480元，李四为240元，那么，480/240＝2，由此可以说，张三的收入是李四的收入的两倍（或李四的收入是张三的1/2）。是否有实际意义的零点（绝对零点）的存在，是定比测量与定距测量的唯一区别。

3.4.2 概念的操作化

社会研究中所要测量的变量许多都是十分抽象的概念，如地位、权力、声望、资源等。这些概念通常都是我们看不见、摸不着的。要使这些概念能够被我们所测量，必须对它们进行操作化处理。操作化既是社会研究中常用的概念，也是社会研究过程中最为困难、最为关键的步骤之一。为了更好地理解操作化的概念与方法，有必要先对概念、变量和指标这三个概念作简单回顾，并对三者之间的关系作简要的说明。

（1）概念、变量与指标。

①概念。概念是对现象的抽象，它是一类事物的属性在人们主观上的反映。概念的抽象程度也有高有低。抽象层次高的概念往往包含多个抽象层次低的概念，并且它往往是难以直接观察和描述的。这是因为概念的抽象层次越高，其涵盖面就越大，特征也就越含糊；相反，一个概念的抽象层次越低，其涵盖面也就越小，特征也越明确。概念的抽象性对于理论有着重要的作用。由于概念是命题的建筑材料，而命题则是理论的建筑材料，因此，有的社会学家把概念称为建筑理论大厦的砖石。

②变量。变量是指具有一个以上取值的概念，或者说，其就是包括一个以上范畴的概念。而那些只有一个固定不变的值的概念，则称为常量。

③指标。我们把表示一个概念或变量的含义的一组可观察到的事物，称为这一概念或变量的一组指标。概念是抽象的，而指标则是具体的；概念是人们的主观印象，而指标则是客观存在的事物。因此，概念只能想象，而指标则可以观察和辨认。例如，“社会阶级”是一个抽象概念，通过操作化，我们可以用一组指标来测量它，这组指标包括职业、收入、文化程度等。又如，家庭生活中的“夫妻权力”是家庭社会学中的一个重要概念，通过操作化，我们可以用购买大件家用电器的决定权、选择子女报考学校的决定权、家庭收入的管理权等指标来对它进行测量。指标的取值即一个指标所包含的子类别。例如，前述的“职业”是测量“社会阶级”的一个指标，它包含工人、农民、教师、干部、商业人员等多个不同的取值。

“概念”“变量”和“指标”这几个既相互联系又有所不同的概念之间的关系，可以用图 3－8 作粗略的区分。

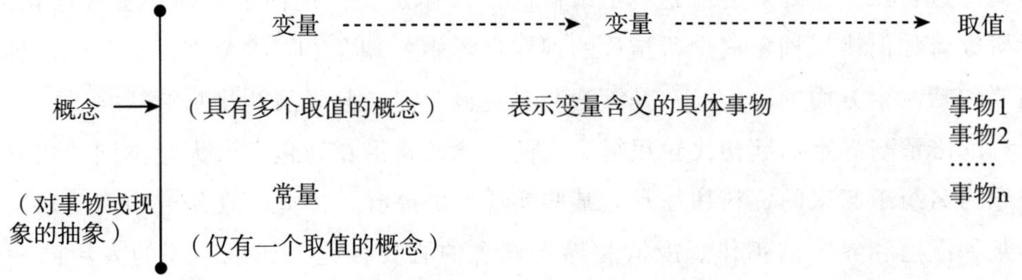

图 3－8　概念、变量、指标及取值关系

（2）操作化的含义与作用。

所谓操作化（open rationalization），就是要把我们无法得到的有关社会结构、制度或过程，以及有关人们行为、思想和特征的内在事实，用代表它们的外在事实来替换，以便于通过后者来研究前者。或者说，操作化就是将抽象的概念转化为可观察的具体指标的过程。它是对那些抽象层次较高的概念进行具体测量所采用的程序、步骤、方法、手段的详细说明。例如，将抽象概念“同情心”转化为“主动帮助盲人过街”“主动给讨饭者钱物”“主动向灾区捐款”，就是操作化的一个例子；而“将学生的语文、数学、外语三门课程的成绩按3、2、1的权重分别加权，然后相加并计算出平均值”，则是对抽象概念“智力水平”进行操作化的一个例子。

操作化在社会研究中有着极为重要的作用。存在于研究者头脑中的各种概念、意识，研究者用以构建其理论大厦的各种基本变量，只有经过了合适的操作化之后，才会在普通人可以看得见、摸得着的现实社会中显现出来。另外，操作化也是具有定量取向的社会研究的关键一环。尤其是在解释性研究中，若要对任何有关社会现实的理论假设进行检验，操作化往往是不可回避的前提。这就是说，只有通过操作化的过程，将思辨色彩很浓的理论概念“转变成”“翻译成”经验世界中那些人人可见的具体事实，假设检验才成为可能。

因此，可以说操作化是社会研究中由理论到实际、由抽象到具体这过程的“瓶颈”。从理论思维的天空，到经验研究的大地，有着相当的距离。而这种操作化过程，就是沟通抽象的理论概念与具体的经验事实的一座桥梁，它为我们在社会研究中实际的测量抽象概念提供了关键的手段。例如，前面提到的“同情心”的概念。什么是“同情心”呢？虽然我们确实常常谈到它，也能体会到它。但是，这个东西在现实中却并不存在。因为我们既不知道它的形状、大小、颜色，也没有摸到过它。但是，当我们将它操作化为“主动帮助盲人过街”“主动给讨饭者钱物”“主动为灾区捐款”时，我们就会在现实生活中看到它，并测量它了。操作化的作用正是让那些通常只存在于我们头脑中的抽象概念，最终在我们所熟悉、所生活的现实世界中“现出原形”，让那些本来只能靠我们的思维去理解、去体验的东西，“变成”我们看得见、摸得着的东西。

（3）操作化的方法。

对概念进行操作化处理，就是要给出概念的操作定义，这种定义即一套程序化的工具，它告诉研究者如何辨识抽象概念所指称的现实世界中的现象。① 从大的方面看，这种操作化过程主要包括两个方面的工作：一是澄清与界定概念；二是发展测量指标。

概念的澄清与界定。起初比较粗糙定义的概念常常潜在地包含着大量不同的成分，而以这种概念为名组织起来的资料往往具有某些实质性的差异，因此，在研究中需要对主要的概念进行某种澄清和界定的工作。澄清和界定概念的必要性是：如果不同的人用同一个概念（词语）来表达不同的含义，那么这样的概念也就没有用了。除非人们用同样的词语来表达同样的事物，否则交流就是不可能的。默顿指出：“概念澄清的一个功能，是弄清包摄于一个概念之下的资料的性质。”② 通过精确地指出一个概念包括什么、排斥什么，就可以为我

---

① 乔纳森·H. 特纳. 社会学理论的结构 [M]. 华夏出版社，2000.

② 罗伯特·默顿. 社会理论和社会结构 [M]. 译林出版社，2015.

们提供对资料进行分析和组织的指导性框架。同时，它也可以使各项具体的经验研究中所含的资料更加具有一致性和可比性。

在具体操作上，我们首先要弄清概念定义的范围。在采用或给出某个具体的定义之前，可以先看看其他的研究者对这一概念所下的定义是怎样的。而对于那些并未对该概念下正式的定义的研究者来说，我们就需要从其对概念的运用中来确定他对这一概念的界定。当我们通过收集和查询，了解到有关这一概念的各种不同的定义，从而对这一定义的大致范围有所理解以后，便可以对这些定义进行分类。例如，对于"社区"的概念，有的社会学研究人员曾列举出 94 种不同的关于社区的定义，社会学家贝尔和纽拜则通过分析和分类，发现这些定义中绝大部分都包含这样三项基本的元素：地域、共同的纽带、社会互动。① 这种方式可以帮助研究者形成对这一概念范围的总的理解和把握。

其次，决定一个定义。列出了有关这一概念的各种类型的定义，或者总结出各种定义中最具共同性的元素后，就该我们决定采取哪一种定义方式了。我们面临各种不同的选择：既可以直接采用一个现成的定义（即从现有的各种定义中确定一个自认为比较科学、比较确切的），也可以在现有定义的基础上自己创造出一个新的定义：采用现成的定义时，既可以用一个十分经典的定义，也可以用一个现代一些的定义。需要特别注意的是，这种选择应该以研究者进行具体的社会研究的需要为标准，哪种定义方式最适合研究的目的，就应该重点考虑这种定义方式。

例如，一项有关单位组织中的资源获得的研究需要对"资源"的概念进行操作化。研究者首先对这一概念进行了澄清："吉登斯（Giddens）将资源定义为'改革事物的一种能力'；科尔曼（J. S. Coleman）对资源作了更宽泛的理解，他认为资源是那些能满足人们需要和利益的物品、非物品（例如信息）以及事件（例如选举）。"在此基础上，研究者对其研究中的资源概念进行了界定："本文基本上采用科尔曼对资源的定义，即资源是那些可使人们满足必要且重要的经济、政治、社会以及与此相关的各种需要的东西。"②

发展测量指标。概念的澄清和界定只是解决了概念名义定义的内涵问题，即相当于给我们划定了概念内涵的具体范围。对于经验性的社会研究来说，还需要对其进行操作化，使其转化成能具体观察和测量的事物。接下来的任务就是要寻找与这些内涵相对应的经验指标。这一工作更为具体，也更具有挑战性。通常的做法如下。

第一，列出概念的维度。正如前面所介绍的，许多比较抽象的概念往往具有若干不同的方面或维度。或者说，一个抽象的概念往往对应于现实生活中的一组复杂的现象，而不仅仅只对应于一个单纯的、可直接观察到的现象，例如，"人的现代性"和"妇女的社会地位"就是这种具有多个不同维度概念的两个例子。因此，我们在界定概念的定义的同时，指出概

① See D. A. de Vaus, Surveys in Social Research, George Allen & Unwin Ltd. 1986, 41.

② 李汉林，李路路．资源与交换——中国单位组织中的依赖性结构［J］．社会学研究，1994（4）：3－5.

念所具有的不同维度，对于概念的操作化，对于概念的测量指标的选择，以及对综合的理论的思考与分析，都是十分有用的。又如，要测量社会中某群体的社会地位，往往是先将这一概念的主要维度列举出来。全国妇联曾于1990年在全国进行过一项大规模的“中国妇女社会地位研究”，在他们的研究方案中，就是将社会地位的含义区分为政治地位、经济地位、法律地位、教育地位和家庭地位几个不同的维度。① 英克尔斯在测量人的现代性时，也是先将这一概念分成20多个不同的维度来进行的。②

第二，建立测量指标。对于有些概念来说，建立一个测量指标是简单的。例如，人们的“性别”“文化程度”“婚姻状况”这样的概念就是如此；但是，对于其他一些比较复杂、比较抽象的概念来说，发展和建立测量指标就不是一件容易的事。通常，我们可以采取下列两种方式来发展概念的指标：第一种方式是寻找和利用前人已有的指标。尤其是对于一些测量人格、态度方面的量表，往往经过多次的运用和修改，常常可以成为我们可用的指标。当然许多前人的指标不一定完全适合我们的概念，需要作一定的修改和补充。利用前人的指标具有可与其他研究所得结果进行比较的优点，同时，这种做法比每个研究者都发展一套自己特定的指标的做法，更有利于社会知识的积累和形成。第二种方式是研究者先进行一段时间的探索性研究。采用实地观察和无结构式访问的方式，进行资料收集的初步工作。尤其是与被研究者中的关键人物进行比较深入的交谈，从这些人那里获得符合实际的答案。这样做可以帮助研究者从被研究者的角度、用被研究者的眼光来看待事物了解被研究者的所思所想，以及他们考虑问题的方式。所有这些都会对研究者发展出测量概念的指标提供极大的帮助。

（4）指标选择的多样性。

有些抽象概念往往很难，甚至不可能在具体现象中找到其所对应的指标，而且在许多情况下，一个操作性定义往往不能够完全代表一个概念，也是社会研究有时受到批评和指责的原因之一。同时，对这种抽象概念进行操作化时，往往在具体方法和测量指标方面，存在多种不同的选择。也就是说，对同一个概念进行测量时，可能会产生出不同的测量指标。而一项具体社会研究的结果，又与它所采用的操作化方式及其所产生的测量指标密切相关。

例如，以对前述的“夫妻权力”的测量为例，研究者通常将这一概念界定为“夫妻在家庭中的决策权”。对其进行操作化时，不同研究者所用的指标不尽相同。1960年，美国社会学者布拉德和沃尔夫在他们的研究中，选取了他们认为既能涉及丈夫又能涉及妻子在家庭中的决策权的8个指标。③ 这8个指标是：丈夫的职业选择、买什么样的汽车、是否买人寿

① 陶春芳．中国妇女社会地位概观［M］．中国妇女出版社，1993.

② 阿列克斯·英克尔斯，戴维．H．史密斯．从传统人到现代人——六个发展中国家中的个人变化［M］．中国人民大学出版社，1992.

③ 埃什尔曼．家庭导论［M］．中国社会科学出版社，1991.

保险、到什么地方度假、买什么样的房子、妻子是否应该参加社会工作、家里有人生病时应去看哪位医生、全家每周在食品方面应花多少钱。

他们根据调查测量的结果得出结论，丈夫和妻子在家庭决策中各有侧重，两者的权力相当。这一研究结果被广泛引证，并大大促进了后来的许多研究。但是，1971 年森特斯等研究者在对同一问题进行研究时，将“家庭中决策权”的概念操作化为 14 个指标，除了上述的 8 个以外，他们又增加了下面 6 个指标：请谁来做客和与谁一起出门、怎样装饰房间和摆设家具、收看什么电视节目和广播节目、家庭的正餐吃什么、买什么样的衣服、配偶应买什么样的衣服。

在他们的研究中，前 8 个问题的调查结果与布拉德等人的研究结果几乎完全一致，但加上 6 个新问题时，丈夫的权力下降了。这种结果表明，夫妻权力的对比和分布随着所考察的决策方面的不同而不同。①

陈明穗 1986 年在研究夫妻权力时是通过以下 15 项指标来进行测量的：丈夫的职业选择，妻子的职业选择，家人生病该看哪个医生，家庭生活费的支配，度假、旅游及休闲活动，生育子女数目，购买贵重物品，置产（买房子、土地等），房子布置及购买家具，订阅报刊、选择电视节目等，子女的教育，谁代表参加婚丧喜庆，谁决定送礼与回赠礼物，是否买保险，何种家电用品该淘汰换新。

伊庆春、蔡瑶玲 1988 年的研究则是用 15 项指标来进行测量的：丈夫的职业或工作选择，妻子是否外出工作或改变工作，家用支出分配，储蓄、投资、保险等，婚丧喜庆时贺礼的数额，买房子或房地产，要不要搬家，是否与上一代同住，生几个孩子，用哪种避孕方法，小孩上哪所学校，小孩教育，请哪些客人吃饭，娱乐休闲活动的计划，家中的布置及买家具。②

可以看出，上述这些测量指标都具有表面效度——它们都是在测量夫妻在家庭中的决策权。如果我们根据大陆的情况对“夫妻权力”的概念重新进行操作化，所用的指标可能与上述两者都不完全一样，相对而言，可能会比较接近台湾学者所用的指标。但肯定还会有一些与其不同的地方。因为，大陆的社会现实与台湾不同，而与美国的差别就更大。

上述例子告诉我们，就像语言学家在翻译其他语言的作品时，常常会碰到同一部作品由不同的人翻译，译文互不相同、有好坏优劣之分一样，对同一概念的操作化结果也存在着好坏优劣之分。社会研究中众多理论概念的操作化的结果也不是唯一的。各种不同的操作化结果相互之间只是在反映概念内涵的准确性和涵盖性上存在着程度上的差别，唯一的、绝对准确、绝对完善的操作化指标是不存在的。

---

① 埃什尔曼．家庭导论［M］．中国社会科学出版社，1991.

② 高淑贵．家庭社会学［M］．黎明文化事业公司，1991.

3.5　效度与信度

社会研究中任何一种精确的、系统的收集资料的方法，实际上都是一种特定形式的社会测量。而对于任何一种测量工具或测量手段来说，都会涉及这样一些基本问题：测量所得的数据或资料是否与人们感兴趣的特征有关？测量所得的结果是否正是人们所希望测量的东西？当这种测量的时间、地点及操作者发生改变时，测量的结果将会受到什么样的影响？这就是下面介绍的测量的效度和信度问题。

3.5.1　效度

由于公共管理研究中的测量通常是一种间接的测量，因此，研究者通常不能确保设计的测量程序或方法所测的正是他们要测量的变量。这就提出了测量的效度问题。

(1) 效度的定义。

所谓效度就是正确性程度，即测量工具确能测出其所要测量的特质的程度，效度越高，即表示测量结果越能显示其所要测量对象的真正特征。效度是任何科学的测量工具所必须具备的条件。

测量的效度可以决定所建立的理论解释的正确程度。人们对某种理论的反驳通常是指出这一理论对某一变量的测量是无效的，因此，它对变量间关系的理论解释也是无效的。

对效度的检验可以保证不同的研究人员对某一研究变量的意义与内涵有一致的理解。尽管每种测量工具都有其适用范围和局限性，不存在对所有现象都有效的测量工具。但是，一种有效的测量工具可以被不同的研究人员用来观测同一种现象或同一个概念，这样才能保证他们所测量的内容是一致的和可比的。在选择测量工具和设计问卷、表格时，首先要考虑其效度。也就是说，要考虑“测量出来的东西是否真的是研究者想要得到的东西”“所测得的结果是否能正确、有效地说明所要研究的现象”。

(2) 效度的基本原理。

鉴别效度，必须确定测量的目的与范围，考虑所要测量的内容是什么，分析其性质及表现特征，进而核查测量的内容是否与测量的目的相符，以此判断测量结果反映所要测量特质的程度。假设某种测量的目的在于衡量个体在某项属性（如工资收入）上的差异情况，则一群被调查者在该测量中得分的总变异量 ξ_x^2 包括三个部分：一是个体在与该属性有关的共同特质上所造成的变异量 ξ_t^2；二是与该属性无关的其他个别特质（如奖金、补贴、亲友赠款等）所造成的变异量品 ξ_o^2，其余为随机误差变异量品 ξ_e^2，可用公式表示：

$$\xi_x^2 = \xi_t^2 + \xi_o^2 + \xi_e^2 \tag{3-5}$$

从上述测量分数变异的观点来看，效度就是在测量得分的总变异量中，由所要测量的特质所造成的变异量所占的百分比：

$$效度=\frac{\xi_t^2}{\xi_x^2} \quad (3-6)$$

（3）效度的检查。

效度是一个多层面的概念，它是相对于特定的研究目的和研究侧面而言的。检验效度必须针对其特定的目的、功能及适用范围，从不同的角度收集各方面的资料分别进行。检验效度的方法很多，大体分为内容效度、准则效度和建构效度。

①内容效度（或表面效度）。考察内容效度旨在系统地检查测量内容的适当性，并依据我们对所研究的概念（变量）的了解去鉴别测量内容是否反映了这一概念的基本内容。内容效度实质上是个判断问题，K. D. 贝利在《现代社会研究方法》一书中提出，它必须“考虑两个主要问题：一是测量工具所测量的是否正是调查人员所想要测量的那种行为？二是测量工具是否提供了有关那种行为的适当样品？”① 第一个问题涉及研究者的主观判断能力或定义性的判断。第二个问题取决于研究者对研究变量的全面了解。例如，政治知识的考试虽然不可能列出所有的内容，但是考卷中必须对政治知识的每一部分都列出几道试题，作为这一部分的样品。这样，就能通过考察这些样品是否代表了变量的各个部分来评判考卷的内容效度。检查内容效度就是检查由概念到指标的经验推演是否符合逻辑，是否有效。对此只能凭借人们的主观判断和共同定义，因为对一个概念的理解是因人而异的，但在科学研究中，需要以大多数科学家所接受的概念定义为标准。

②准则效度（效标效度）。准则是被假设或被定义为有效的测量标准，符合这种标准的测量工具可以作为测量某一特定现象或概念的效标。对同一概念的测量可以使用多种测量工具，其中每种测量方式与效标的一致性称为准则效度。准则效度有各种形式。如果效标或准则是依据将来实际发生的情况而建立的，那么这种准则效度可称为预测效度。如果效标是与某种测量方式同时被证明为有效的，则称为共变效度。如果效标是以实际经验判断为准的，则称为实用效度。

预测效度是将已经得到的测量结果与未来实际发生的情况进行比较，以检查两者的一致性。例如，设计一种预测学生学习成绩的量表或测验，用它来测量学生毕业时的学习成绩。如果在学生毕业时，实际的学习成绩确实与预测值相一致，那么这一量表或测验就具有预测效度。研究人员可以继续使用它来预测其他学生的成绩。

共变效度是用来判断其他的测量工具是否可以取代作为效标的测量工具。例如，假设有一种高度精确的，但是却费时、费力的心理测验方法；它通过复杂的测量可以鉴别出某种精神疾病，但这种心理测验方法不可能在短时间内检查大量样本。如果能够设计出另一种简单的、自我填写的量表方法，而且这一量表的测量结果与心理测验的结果高度相关的话（即具有共变效度），那么它就可以替代心理测验方法。

---

① 贝利．现代社会研究方法［M］．上海人民出版社，1986.

实用效度通常用来检查测量工具的实际效果。由于对某些现象的测量过去并没有一定的标准，因此只能依据实际经验来检验测量工具的有效性。例如，近年来在我国采用的对干部能力素质的测评方法，其效度通常是依据组织部门和熟悉人对被测干部实际状况的了解来做出经验判断的。实用效度与共变效度有些近似，如定量化的干部测评方法就是以组织部门传统的考察干部的方法为效标，当它具有较高的效标效度时，由于省时间简便易行，因而就能取代过去沿用的老方法。

准则效度可以用两种测量工具得出的观测值之间的相关系数来衡量，而不是靠主观判断，但它的局限性是：有些作为效标的测量工具只是假定有效的，它本身是否真正有效并没有理论依据，这一缺陷是心理量度化方法所共有的。

③建构效度。考察建构效度是要了解测量工具是否反映了概念和命题的内部结构。它通常在理论性研究中使用。由于它是通过与理论假设相比较来检查的，因此建构效度也称为理论效度。

理论假设一般是陈述两个概念（X）和（Y）之间具有相关关系，那么在经验层次上对X的测量与对Y的测量也应当是相关的。前面已讲过，测量同一个概念可以用多个指标，当用X和Y的多个指标来测量两个概念之间的关系时，如果不同指标的测量都反映出理论所假设的关系，那么这些测量就具有建构效度。例如，假设“工作积极性”（X）与“对闲暇时间的利用”（Y）是正相关的，对“工作积极性”在经验层次上可选择两个指标，一个是“工作的主动性程度”（x_1），另一个是“工作动机”（x_2）。对于“闲暇时间的利用”这一变量可以设置“有效活动占用率”（y_1）这一指标来测量。如果x_1与y_1、x_2与y_1都是正相关，则称这一测量具有建构效度。反之，则称测量工具或理论不具有建构效度。以上三种效度可用图 3-9 来表示。

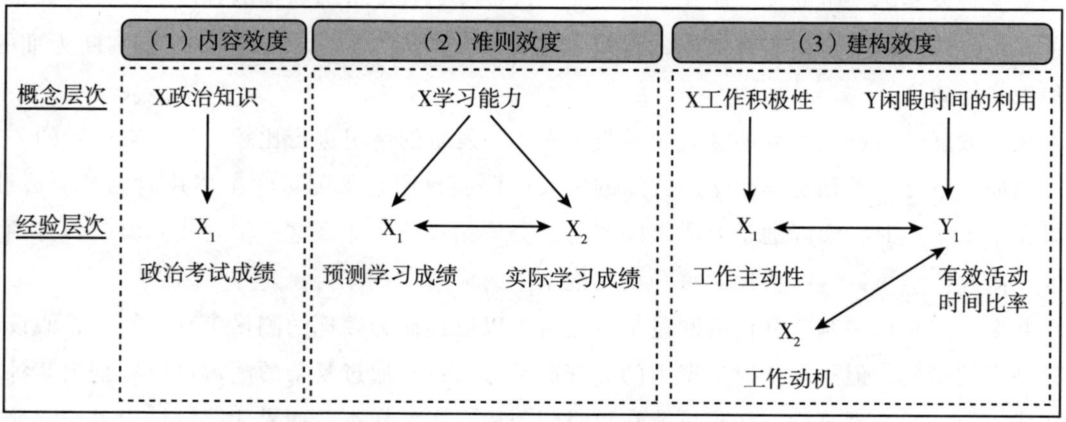

图 3-9　检查效度的三种程序

④内在效度与外在效度。测量都是在具体的时间、地点对具体的调查对象所作的观测。如果在一项具体研究中，对上述三种效度（内容效度、准则效度、建构效度）的检查没有发现问题的话，就可以认为这一研究具有内在效度，它的资料和结论可以有效地解答所研究

的问题。但是，这一研究结论的有效性是否可以适用于其他时间、地点和对象呢？这就涉及外在效度的问题了。可以说，内在效度是指一项研究的资料和结论的有效性，而外在效度是指这种研究结论的普遍有效性。例如，在美国的一些城市抽取几百名工人进行研究发现，“当代工人的阶级意识普遍淡漠”，那么，这一结论是否适用于各个国家，或美国的各个城市，还是仅适用于这几百名工人呢？它是否仅适用于 20 世纪 80 年代或进行研究的某一年（1984 年）呢？由这一例子可以看出，对外在效度的检查要考虑样本的代表性和特殊性，以及研究时间、地点、情境和研究内容的普遍意义。

3.5.2 信度

信度与效度是优良的测量工具所必备的条件，如果对测量工具的信度和效度一无所知，则无法判断其获得的资料的可信性与有效程度。“工欲善其事，必先利其器”，在社会调查中要认真检查所使用的测量工具，考验其信度与效度，这样才能期望获得可靠与正确的资料。

（1）信度的定义。

所谓信度是指测量数据（资料）与结论的可靠性程度，即测量工具能否稳定地测量到它要测量的事项的程度。也就是说，信度是对测量的稳定性与一致性而言的。

一个人站在测量体重的磅秤上，前后几次称出几个明显不同的重量，那么磅秤本身必定有问题，说明这架磅秤是不可靠的。

某班级有 A、B、C、D、E 五名学生，这五名学生平时的成绩名次，向来稳定，分别为 1、2、3、4、5。有两次测验，这五名学生的成绩如表 3-8 所示，从表中可以看出，乙测验的可靠性比甲测验的要低。

表 3-8　五名学生两次测验的成绩

学生	平时名次排列	甲测验		乙测验	
		实得分数	名次	实得分数	名次
A	1	93	1	74	3
B	2	85	2	68	4
C	3	78	3	85	1
D	4	69	4	64	5
E	5	61	5	80	2

在调查研究中，常采用问卷表作为测量工具，如果我们所用的问卷表中的问题，原来打算测量某一个概念，由于设计不周密，问题或答案的范畴模棱两可或有多种解释，以致被问者不能确定如何回答，从而使回答达不到一致性要求，这就降低了测量的可靠程度，那么它

的信度就会成问题。

(2) 信度系数的计算。

信度系数的计算是以变异理论为基础的。在前面对观测值的分析中可以知道：

$$(\text{观测值})\ X = T + O + B + E \tag{3-7}$$

当系统偏差 B = 0 时，有：

$$\xi_x^2 = \xi_{t+0}^2 + \xi_e^2\ (\xi_x^2\ \text{为观测值的变异量}) \tag{3-8}$$

其中，ξ_e^2 是随机因素造成的非系统变异；ξ_{t+0}^2是系统性变异，它不是偶然因素或测量误差造成的，而是由现象本身的变异和其他变量造成的变异合成的。

上述等式经过变换就得到：

$$\frac{\xi_{t+0}^2}{\xi_x^2} + \frac{\xi_e^2}{\xi_x^2} = 1 \tag{3-9}$$

信度可以看作系统性变异在观测到的总变异中所占的比率，ξ_{t+0}^2越大，则信度系数越大，表明测量的信度越高。

$$\text{信度系数} \rightarrow r_{xx} = \frac{\xi_{t+0}^2}{\xi_x^2} \tag{3-10}$$

信度也可以看成在观测到的总变异中，不是因随机误差所造成的变异所占的比率：

$$r_{xx} = 1 - \frac{\xi_e^2}{\xi_x^2} \tag{3-11}$$

(3) 信度的检查。

信度通常以相关系数表示。由于测量中误差变异的来源有所不同，故各种信度系数分别说明信度的不同层面而具有不同的意义。在实际应用中，信度系数有如下类型。

①重测信度。用同一份问卷的问题，对同群被测者前后调查两次，再根据调查的结果，计算其相关系数，就得到重测信度。假设第一次调查的观测值为 x，第二次的观测值为 y，那么重测信度就等于 x 与 y 的相关系数，即：

$$r_{xx} = \frac{\sum_{i=1}^{n} (x_i - \bar{x}) \cdot (y_i - \bar{y})}{\sqrt{\sum_{i=1}^{n} (x_i - \bar{x})^2 \cdot \sum_{i=1}^{n} (y_i - \bar{y})^2}} \tag{3-12}$$

这种信度能表示两次调查结果有无变动，反映了测量的稳定程度，故又称为稳定系数。它可以检查出被测者是否能正确理解所提的问题，并做出真实稳定的回答。

这是一种测量信度的较好方法，但须注意两次调查相隔的时间要适当。如果时间间隔太短，被测者还清楚地记得上一次调查的答案，如调查对计划生育的态度，两个月后再次调查，被调查者对上次的回答仍记得很清楚，所以测量的是他的记忆，而不是他此时的真实态度。如果间隔时间过长，可能会发生一些变故，影响到被调查者的态度。例如，本来被调查人第一次调查时赞成计划生育，而此后，由于小孩夭折等变故，在下一次调查时，他就有可能不赞成了。这样就会影响到测量的准确性。因此要选取适当的时间间隔，这有赖于我们的经验和对具体情况的理解。

②复本信度。复本是相对于原本而言的，它是原本的复制品。对一项调查的问题，让被调查者接受问卷测量，并同时接受这份问卷的复本的调查，然后根据调查结果计算其相关系数，就得到复本信度。使用复本求取信度可以避免重测信度的缺点，但使用的复本必须是真正的复本，即在题数、形式、内容、难度及鉴别度等方面都与原本一致，仅只在问法与用词方面与原本不同。复本调查可连续或相距一段时间进行，连续实施的复本信度又称等值系数，相距一段时间实施的复本信度又称稳定与等值系数。

③折半信度。在无复本且不准备重测的情况下，通常采用折半法以估计信度。折半法是将调查来的结果，按题目的单、双数分成两半记分，再根据各个人的这两部分的总分，计算其相关系数就得到折半信度，记作 r_{hh}，它可检查出问卷或量表中所询问的各项问题是否都针对同样的研究内容。

整个问卷的信度 r_{xx} 并不是在折半信度 r_{hh} 上乘以 2 就可以了，而需要采用下面的校正公式以求取信度。

$$r_{xx}=\frac{2r_{hh}}{1+r_{hh}} \tag{3-13}$$

式（3-13）能建立在两半部分的受异性相等的假定上。实际资料未必符合此种假定，在这样的情况下，宜用以下公式直接求取信度系数。

$$r_{xx}=2\times\left(1-\frac{S_a^2+S_b^2}{S^2}\right) \tag{3-14}$$

其中，S_a^2 与 S_b^2 分别表示两半部分的变异量，S^2 表示整个的变异量。

④评分者信度。在测量工具的标准化程度较低的情况下，不同评分者的判分标准也会影响测量的信度。例如，在实验法和观察法中，都要由调查员主观判断评分，这样就会受到个人偏见等因素的影响。要检查评分者信度，可计算一个评分者的一组评分与另一个评分者的同一组评分的相关系数。例如，在国际体操比赛中，可检查某一欧洲籍裁判员对欧洲运动员的一组评分以及某一亚洲籍裁判员对欧洲运动员的同一组评分，然后计算相关系数就可知评分者信度。若信度低，则说明测量工具不标准、不客观，且易于受评分者主观因素的影响。减少这种影响的方法是删除极端的评分或评分者，由多人评分并计算平均值。

（4）影响信度的因素。

在结构化、标准化程度较高的测量中，信度主要受随机误差的影响，随机误差越大，信度越低。随机误差的来源主要有：

①被调查者：如是否耐心、认真、专注不受情绪波动影响。一般来说，调查时间越长，提出的问题越多、越复杂，信度越低。

②调查者：是否按规定程序和标准，是否有意或无意地对被调查者施加影响，记录的认真程度等。

③测量内容：如提问的措辞含糊不清，不易理解，各个题目的内部一致性低，题目数少等。

④测量环境和时间：如研究人员对被调查者有较大“干扰”，他人在场的影响，两次测量的时间间隔太长等。

在非结构式和非标准化的测量中，除偶然因素外，信度还受研究者主观因素的影响，如个人偏见、思维定势、观察角度、主观武断以及世界观、价值观等。前面所讲的参与观察和无结构访问的客观性与可靠性较低皆源于此。

3.5.3 效度与信度之间的关系

信度和效度都是科学的测量工具所必须满足的条件。两者的关系是：(1) 信度低，效度不可能高。如果收集的资料不可信、不可靠，那么它肯定不能有效地说明所研究的对象。(2) 信度高，效度未必高（效度有可能很低）。例如，即使精确可靠地测出了一个人的经济收入，也未必能说明他的消费水平。(3) 效度低，信度有可能很高。例如，一项研究即使未能有效地说明社会流动的主要原因，但它有可能精确、可靠地调查出各个时期、各种类型的人的流动数量。(4) 效度高，信度必然也高。如果有效地说明了某种现象，那么它的资料和结论都必然是且必须是可信的。由这些关系可以看出，测量的信度是效度的必要条件，但不是充分条件，无信度必然无效度，但有信度未必有效度。反之，效度是信度的充分条件但不是必要条件，有效度必然会有信度，但无效度却未必无信度。图 3－10 是对两者关系的图示。

信度＼效度	低	高
低	①√	①×
高	② ③√	④√

“√”：可能

“×”：不可能

图 3－10　信度与效度的关系

下面我们再从测量理论的角度考察信度与效度的关系。由前面所介绍的几个计算公式可知：

$$信度\ r_{xx} = \frac{\xi_{t+0}^2}{\xi_x^2} = 1 - \frac{\xi_e^2}{\xi_x^2} \tag{3-15}$$

$$效度 = \frac{\xi_t^2}{\xi_x^2} \tag{3-16}$$

$$\xi_x^2 = \xi_t^2 + \xi_o^2 + \xi_e^2 \tag{3-17}$$

其中，ξ_x^2 为观值的总变异量，ξ_t^2 为所制变量的变异量，ξ_o^2 为其他变量的变异量，ξ_e^2 为随机误差的变异量。

由式（3－17）可转换为：

$$\frac{\xi_t^2}{\xi_x^2}=1-\frac{\xi_e^2}{\xi_x^2}-\frac{\xi_o^2}{\xi_x^2} \tag{3-18}$$

将式（3－15）、式（3－16）代入式（3－18）可得：

$$效度=信度-\frac{\xi_o^2}{\xi_x^2} \tag{3-19}$$

由此可知，效度系数等于信度系数减去$\frac{\xi_o^2}{\xi_x^2}$。由于其他变量的影响是内含在测量工具之中的，因此很难测出它们的变异量 ξ_o^2，而信度系数则可由相关系数计算。在一些研究中，研究者常用信度系数来近似地说明效度，但这是有缺陷的，因为在社会研究中，其他无控制的变量对资料的效度有很大影响。所以还是应当通过对内容效度、准则效度和建构效度的检查来说明研究的有效程度。最后，我们再对影响效度的因素做一简单说明。由信度和效度的关系可知，所有影响信度的因素也必然影响效度。此外，除随机误差外，效度还受到系统偏差和其他变量的影响。对这些影响可主要考虑两个方面：第一，测量工具。测量的效度在很大程度上取决于试题的效度。因此，在设计问卷、量表和调查提纲时要审慎地考虑调查的项目和内容，并对概念的操作定义和试题的内容效度进行检查。第二，样本的代表性。它是影响外在效度的重要因素。要提高研究的外在效度，就有必要采用概率抽样的方法，而且当研究总体的异质性很高时，还应加大调查的样本量。

关键术语

研究设计　研究目的　研究主题　研究变量　研究假设　分析单元　公共产品　时间维度　横向研究　纵向研究　研究方法　抽样单位　整群抽样　户内抽样　样本规模　抽样误差　操作化　效度　信度

思考与实践

1. 研究设计主要有哪些基本要素？以及主要遵循怎样的研究设计过程？
2. 简述抽样的概念、内容、作用和类型。
3. 样本规模的影响因素是什么？
4. 研究过程中抽样误差大小的影响因素有哪些？
5. 简要概述测量的基本要素与层次。
6. 简述操作化的含义与作用。
7. 概念与变量、指标的有何区别与联系？
8. 效度与信度之间存在何种关系？

阅读材料

1. 朱天飚．社会科学中的研究设计与定性研究［J］．公共行政评论，2015（4）：63－68，184.

2. 庄虔友．略论社会科学研究中的研究设计［J］．社会科学管理与评论，2012（1）：11－17，111.

3. 张小山．社会研究中与分析单位有关的若干问题［J］．黑龙江社会科学，2008（3）：134－137.

4. 刘军．关系：一种新的分析单位［J］．社会，2005（5）：188－202.

第2篇

资料收集

第 4 章　文献调查

企业在经营过程中常常需要了解市场行情、国民经济发展情况等信息，这些信息很难从消费者那里得到，文献调查法能很好地帮助企业获取这方面的信息。与其他收集市场信息的方法一样，文献调查法也需要建立严密的调查计划，并对将要利用的文献进行真实性、可用性的检查，从而保证调查的系统性和可靠性。

4.1　文献调查的含义

所谓文献调查就是指通过寻找文献搜集有关市场信息的调查方法，它是一种间接的非介入式的市场调查方法。作为一种独立的调查方法，文献调查法有其自身固有的优点。

（1）适用范围广，现存的文献种类繁多，包括各种类型的市场信息。通过文献进行各种类型的市场调查包括从描述性调查到解释性调查；从一般性市场分析到专项性市场调查；从国内的市场调查到国际市场调查，等等。

（2）文献调查受控因素较少，相较于其他调查方式来说，更省时、省力、省费用，可以获得更为精确的调查结果。与实地调查方法相比，文献调查的对象是不会自行变化的，这样就可以使调查过程更具机动性和灵活性，而不必担心操作失误而完全丧失调查效果。从资料获得的费用上看，一般会优于实地搜集资料的方法。

4.2　文献检索

4.2.1　文献检索的定义

文献检索（information retrieval）是指根据学习和工作的需要获取文献的过程。文献是指具有历史价值的文章和图书或与某一学科有关的重要图书资料。随着现代网络技术的发展，文献检索更多的是通过计算机技术来完成。

狭义的检索（retrieval）是指依据一定的方法，从已经组织好的大量有关文献集合中，查找并获取特定相关文献的过程。这里的文献集合，不是通常所指的文献本身，而是关于文献的信息或文献的线索。

广义的检索包括信息的存储和检索两个过程（storage and retrieval）。信息存储是将大量无序的信息集中起来，根据信息源的外表特征和内容特征，经过整理、分类、浓缩、标引等处理，使其系统化、有序化，并按一定的技术要求建成一个具有检索功能的数据库或检索系统，供人们检索和利用。而检索是指运用编制好的检索工具或检索系统，查找出满足用户要求的特定信息。

4.2.2 文献检索的语言

文献检索语言是一种人工语言，用于各种检索工具的编制和使用，并为检索系统提供一种统一的、作为基准的、用于信息交流的一种符号化或语词化的专用语言。因其使用的场合不同，检索语言也有不同的叫法。例如，在存储文献的过程中用来标引文献的语言，叫标引语言；用来索引文献的语言，则叫索引语言；在检索文献过程中所用的语言，则为检索语言。检索语言按原理可分为 3 大类：（1）分类语言。它是将表达文献信息内容和检索课题的大量概念，按其所属的学科性质进行分类和排列，成为基本反映通常科学知识分类体系的逻辑系统，并用号码（分类号）来表示概念及其在系统中的位置，甚至还表示概念与概念之间关系的检索语言。《中国图书馆分类法》（第 5 版，原名《中国图书馆图书分类法》，以下简称《中图法》）是我国图书分类法的基础，它把一切知识门类按"五分法"分为马列、毛泽东思想；哲学；社会科学；自然科学；综合性图书这五大部类。在此基础上建成由 22 个大类组成的体系系列。①（2）关键词语言。指从文献内容中抽出来的关键词，这些词作为文献内容的标识和查找目录索引的依据关键词不需要规范化，也不需要关键词表作为标引和查找图书资料的工具。（3）主题语言。是指经过控制的，表达文献信息内容的语词。主题词需要规范，主题词表是主题词语言的体现，词表中的词作为文献内容的标识和查找文献的依据。

4.3 二手资料

4.3.1 二手资料的定义

二手资料（secondary analysis）也称第二手分析，指的是对那些由其他人原先为别的目的收集和分析过的资料所进行的新的分析。这种新的分析主要有两种类型，分别为两种不同的研究目的：一种是从别人为研究某一问题而收集的资料中，分析与该问题所不同的新的问题，即把同一种资料（已有的、别人的研究所收集的资料）用于对不同问题的分析和研究中；另一种则是用新的方法和技术去分析别人的资料，以对别人的研究结果进行检验，即用

① 国家图书馆《中国图书馆分类书》编辑委员会．中国图书馆分类法（第五版）［M］．2010.

不同的分析方法处理同一种资料，看看是否能得出同样的结论。

分析所用的资料常常是别的研究者或研究机构通过实地调查所得到的原始数据，以及各种统计部门所编制的统计资料。由于电子计算机在社会研究中的普及和应用，使社会研究人员获得各种实地调查和统计的大量数据资料成为可能。从 20 世纪 60 年代开始，第二手资料的研究在国际上得到发展。许多研究中心和研究机构相互协作，形成了数据档案网。录好原始数据的磁带和输入卡被存入档案库，就像传统的图书馆收藏图书一样，供人们广泛交流和使用。不同的图书馆的书籍要靠借阅的办法，而数据档案库里的数据资料则需要复制和购买。

例如，美国社会学家艾尔·巴比在他的著作《社会研究方法》一书中举了一个他自己经历的例子①，他在加州大学柏克莱分校念研究生时，曾对查尔斯·格洛克关于宗教参与的原因的观点十分感兴趣。格洛克指出，那些看得到社会问题的现实解决办法，并感到能够取得成功的人们，往往去寻求这些办法；而那些看不到现实解决办法的人们将转向求助于宗教，艾尔·巴比很想检验一下格洛克的这一观点。但是，他当时却没有经费去进行一项大规模的实地调查。十分幸运的是，在他所上的研究方法课上，老师购买了一套数据资料供他们练习掌握各种研究方法。这套数据资料是阿尔蒙德和弗巴在 20 世纪 50 年代末至 60 年代初所做的一项有关人们政治社会化和政治参与的特点的研究中，从一个由五个国家的人员所构成的样本中得到的。② 这套数据资料包含着人们的宗教活动与政治活动的信息，以及人们对从政治上解决社会问题的各种看法。因此，艾尔·巴比就能够不费一分钱地利用这些资料来检验他的假设，即是否那些看不到政治解决办法的人们比那些看得到的人们具有更大的宗教参与。

4.3.2　二手资料分析的步骤

从理论上说，我们应该总是在取得资料之前就明确要研究什么问题。但在实际中，却往往总是先发现一组特别令人感兴趣或特别丰富的数据资料，然后再构想出一个能利用这些资料进行研究的问题。不过，为了叙述方便，我们还是按“正常”的顺序来介绍。

（1）选择主题。

适用于第二手分析的主题可以是相当大的，它有时仅仅只能采用那种在一个国家规模上所得到的数据资料。一旦你提出了某个假设或某种研究问题，就必须仔细地考虑操作化工作。哪些控制变量是关键性的，因变量是不是必须以某种特定的方式进行测量？通常，在研究设计中，要留有一定的余地，以便一旦发现相关的资料中并不具备所想要的各种特征时，就可以稍微修改研究设计，以保持与可用资料的一致性。在第二手分析中，必须相当准确地把注意力集中到研究主题上，以便于选择与之相适应的数据资料。在主题与资料的关系上，

① ［美］艾尔·巴比．社会研究方法（第 10 版）［M］．华夏出版社，2005.

② ［美］加布里埃尔·A. 阿尔蒙德，西德尼·维巴．公共文化——五个国家的政治态度和民主制［M］．东方出版社，2008.

二手资料分析往往要求主题去适应资料，而不是相反，这主要是因为数据资料是已定的、无法变动的，研究者只能在处理和分析资料的方法上、技术上动脑筋，而研究主题则是可以随时调整的。

（2）寻找资料。

由于第二手分析所用的都是原始调查或统计所得到的数据资料，因此应该对这种资料的主要来源有所了解，在美国等西方国家，有许多专门从事调查研究的机构，并且由于计算机应用十分普及，又有各种不同规模的数据库，因而资料来源较广。例如，有一种资料是由“全国民意研究中心”（NORC）根据其每年对全国的调查所编辑的《综合社会调查》（GSS），还有其他一些大学和科研机构、政府机构的调查研究中心所收集的数据资料等。在我国，目前尚还缺乏这样的数据资料库，因而所能利用的大多是国家统计部门所收集的资料。

对于第二手分析来说，明确所寻求的资料十分重要。也许一个研究人员寻找和发现潜在的、具有吸引力的资料来源的最好途径，是阅读一份相关的研究，因为有那么多公开发表的研究都是来源于大规模调查的分析，可以通过查阅过去一段时期的研究期刊而得到有关大型调查数据资料的情况。当发现一组对你似乎十分有吸引力的数据资料时，可以仔细地阅读论文的资料部分对资料的内容、收集方法等的描述。如果是在一本著作中发现这组资料的，那么书中一般都有介绍资料的收集方法和过程的专门章节。此外，在书后的附录中，还可以找到诸如问卷、指数计算方法等详细的信息。当认为这组数据对研究确实有用时，可与原始资料的收集者联系，向他索取原始问卷和了解具体细节。根据这些原始资料，就可以从中选择所需要的数据，进行研究和分析。原来的研究者所建立的某些变量、量表和指数，如社会经济地位量表等，只要是研究需要的，可以直接为你所用，但一定不要忽视他们的编制方法。

（3）对资料的再创造。

得到所需要的数据资料后，往往要对这些资料进行一些加工才能更好地为自己的研究服务。首先，必须从资料中寻找或重新定义你所要研究的变量。其次，应该仔细地研究这些变量。如果有一份每一变量的频率统计，就可以帮助你加深对资料的了解。比如说，若有很大一部分被调查者对于某一项目的回答是“不知道”，那么，你就必须决定是否利用这一项资料，以及如何去利用它。最后，可以选取部分样本，如只取 20 岁以上的对象。但是，在这样做时，必须重新考虑抽样设计，看看这种抽取部分样本的做法对样本本身的性质有什么影响，这一子样本的代表性又如何等。总之，作为一个二次分析研究人员，你可以重新创造出许多资料去适合研究。但必须时刻注意，不要把资料用于它所不适合的目的。

（4）分析资料。

二手资料分析最主要的也是最大量的工作，就是对资料的重新分析。在这种分析中，各种统计分析方法和技术都同样适用。如果把二手资料分析的方法与调查研究的方法进行比较，可以更清楚地认识这种方法的实质。调查研究往往是研究者根据自己的研究目的去实地收集第一手资料，也可以说他们是先“创造”出资料，然后再对这些资料进行分析。而二手资料分析则是研究者自己不去进行实地调查，不去“创造”第一手资料，只是根据自己的研究目标在别人已“创造”出的各种原始资料堆中去“寻找”合适的资料进行分析，即只是把别人已“创造”好的资料拿来为己所用。

4.3.3　二手资料分析的优缺点

二手资料分析首先具有省时、省钱又省力的优点。它可以使研究人员从复杂辛劳的原始资料收集，以及单调、枯燥的数据登录、输入等工作中解脱出来，以便能集中更多的时间和精力来对资料进行分析。二手资料分析的另一个突出优点是特别适合于比较研究和趋势研究。例如，我们可以通过对不同的研究者在不同的地区分别收集的资料进行二手资料分析，来对比不同地区的情况；或者把不同的研究者对不同的群体进行调查所取得的资料进行二手资料分析，来对比不同群体的情况；还可以把其他研究者在不同时期对于同一问题所作若干次研究的资料聚集在一起进行二手资料分析，以便研究事物发展的趋势。

二手资料分析的主要缺点在于其资料的准确性或适用性不足。这就是说，一方面某个研究者为其特殊的目的所收集的数据资料，不一定与另一研究者的研究旨趣相符；另一方面，二手资料分析研究者所需要的资料有可能完全搜集不到。最常见的情形是，二手资料分析研究者往往发现原始研究中的某个问题“基本上”是在测量他所感兴趣的某个变量。但他更希望这个问题的提法稍微有点不同，或者再接着问一个相关联的问题。那样就能更准确地测量他想测量的东西。实际上，这样的资料对于第二手资料分析研究人员来说，效度是较低的，即原始问题所测量的可能并不是二手资料分析研究人员所希望测量的变量。在现存统计资料的分析中，也存在着这样的问题。

4.4　现存统计资料

4.4.1　现存统计资料的定义

在社会科学研究中，人们也常常运用各种现存的统计资料来进行自己的研究。这种现存的统计资料，既可以为研究提供历史背景材料，又可以成为研究数据和资料的一种来源。后一种情况下的研究就被称作现存统计资料分析（analyzing existing statistics）。

现存统计资料的分析与二手资料分析有一个相似的方面，就是它们所用的资料都是别人已收集好的。只是二手资料分析所用的是原始数据资料，而现存统计资料的研究者则是利用那种以频数、百分比等统计形式出现的聚集资料。毫无疑问，我国最有价值的统计资料是由国家统计局编辑的《中国统计年鉴》以及诸如《中国社会统计资料》《中国人口统计年鉴》这样的分支统计资料，它们既包括各省区市和主要城市的资料，也包括不同年代的资料。在美国，质量最佳的资料是由美国商业部每年出版的《美国统计摘要》；此外，《美国年鉴》

以及联邦机构所公布的数据资料，对于社会科学研究来说也是十分有用的。国际范围内的统计资料主要由联合国提供，它的《人口年鉴》每年都提供各国重大的统计资料，如出生率、死亡率、人口自然增长率等有关人口的资料。而联合国的其他出版物则提供各种分类的数据资料。此外，一些专门的研究机构，特别是调查研究及民意测验机构，也可以提供巨大的数据资料。例如，美国的盖洛普民意测验中心，每年都公布他们的各种调查结果。在各种社会科学的专业刊物以及学术著作中，也有各种各样的统计资料，利用它们同样也能进行社会科学研究。

利用官方统计资料时，应注意两个问题：一是应该对统计资料的内容、对象、范围、特点等具有清楚明确的认识。二是对于各种统计指标、比率和数字的实际含义、它们的计算方法等应十分清楚，不能含糊不清。否则就会出现错用资料的情况，当我们阅读或使用某个统计数字时，总是应该问一问这个数字所代表的实际内容是什么。

4.4.2 现存统计资料分析的步骤

（1）选择资料。

许多研究常常要求大量的聚集资料与此相适应。例如，任何涉及全国范围内某种社会现象的趋势的研究，都要求这种资料。如果所研究的问题可能与某种聚集资料相适应，那么必须仔细地考虑能够用来回答这一问题的统计证据的类型。要从各种调查统计部门所编制的现存统计资料中，选择最适合你的研究问题、最有代表性和最有说服力的证据。

（2）处理资料。

由于聚集资料都是基于一定的基础之上建立起来的，因此把它们分解开来通常是不可能的。例如，当发现了某一时期的就业率资料时，只要该资料本身没有区分性别，那么就不可能将这一资料分解成男性就业率与女性就业率。我们通常所能做的是比较那些基于较小的单位，如省、市为单位的合计资料中的信息。我们可以比较改革 10 年中沿海开放城市与内地城市的就业率，或经济较发达地区与经济较落后地区的就业率等。总之，我们只能在现有统计资料本身的结构中去发现、发掘和利用，特别是从不同的角度来利用。

（3）说明来源。

现存统计资料分析中的一个很重要的工作，就是要说明所用的现存统计资料的来源，并使这种资料能够被理解。研究者必须对所用资料的各种注释总体基础以及测量指标的确切类型等有明确的认识，一定要准确地记下资料的来源和出处，因为现存统计资料分析人员所用的都是别人已整理好的资料。不明确这些资料的收集方法、指标含义、总体范围和某些特定的说明，往往不能很好地使用这些资料；而不确切地说明资料的来源、出处，别人就会对你的证据的可靠性和准确性产生疑问。

4.4.3 现存统计资料分析的信度和效度

只要我们的研究所依赖的是对现存统计资料的分析，我们就必然会受到现存统计资料内容的限制。通常，现存统计资料并不能准确地包含我们所感兴趣的资料，而测量对于我们所希望得出的结论来说，也常常不能成为研究的变量和概念的有效代表，因此，逻辑推理和重复验证这两条科学的原则，对于保证现存统计资料分析的效度来说是极其重要的。在现存统计资料分析中，一点小小的独创和推理常常可以发现好几个有关假设的独立检验标准，如果所有这些检验都表现出一致的结果，那么证据就有力地支持了你的结论。

现存统计资料分析的信度在相当大的程度上依赖于统计资料本身的质量。即这些统计资料是否精确地报告了它们所要报告的内容，如果统计资料本身不精确，就会造成严重的问题。要减少和防止这样的问题，提高现存统计资料分析的信度，就要对这种问题产生和出现的可能性有较清楚的认识。这通常需要对数据和报表的性质进行调查和了解，对数据失真的程度作出估计，从而加以修正。例如，如果某一现存统计资料中包含犯罪率的统计数据，我们不能不加以分析和了解就把这一统计数据看作现实的情况。因为这种统计数字中往往只包含已立案的或已发现、已报告的犯罪案件，却并不包括那些未被发现、未报案或未立案的犯罪事件。当然，如果同时运用逻辑推理和反复验证的方法去分析所用的现存统计资料，那么就能更好地克服这方面的问题。

关键术语

文献调查　文献检索　检索语言　二手资料　现存统计资料

思考与实践

1. 何谓文献调查？何谓文件检索？
2. 文献检索的语言分类。
3. 二手资料的分析步骤和优缺点。
4. 现存统计资料分析的含义及典型代表。
5. 现存统计资料分析的步骤。

阅读材料

1. 张梦中，马克·霍哲. 案例研究方法论 [J]. 中国行政管理，2002 (1)：43－46.

2. 周春柳，胡芬，刘晓冰. 管理案例资料及其收集方法研究 [J]. 管理案例研究与评论，2017，10 (3)：327－338.

3. 王琦. 国家社会科学基金重大招标项目“新中国七十年来农村基层建制变动资料收集与数据库建设”[J]. 华中师范大学学报（人文社会科学版)，2020，59 (4)：2.

第5章 实地调查

5.1 实地调查的含义

实地调查（field research）也称“实地研究”“田野调查”。与“调查研究”方式相对应，实地研究是一种质性研究方式，在文化人类学研究中得到广泛的应用。实地研究的特点在于研究者必须长期生活在被研究者的生活环境中，甚至作为其中的一员与被研究者共同生活，通过观察、访问等方法收集有关资料，根据对调查资料的质性分析揭示被研究对象生活方式以及行为方式背后隐藏的“文化密码”。实地研究的具体方法主要是参与观察、非结构型访问等。实地研究能够收集到比较详细、深入的资料，能够实地观察社会行为的具体表现和过程，能够深刻“理解”被研究对象的价值观念和行为方式，能够在一定程度上再现社会生活的“原生态”。与调查研究相比，实地研究适用于对社会现象的过程进行深入了解，尤其是在自然环境下研究人们的态度和行为的变化过程。由于是在现场观察集体行动的发生和发展，因而能在完全直接观察的基础上对研究对象进行深刻的思考。但是，实地研究难以得出概括性较高的、普遍性的结论，并且它所收集的资料的准确性、客观性会受到研究者的主观因素的影响，它所获得的“事实”实际上也是“建构性”的。实地研究方式最早用于文化人类学对于原始部落和土著居民的研究，20世纪30年代以来，以费孝通为代表的中国社会人类学家把实地研究方式用于中国现代社会、现代人的研究，开创了实地研究新的空间。① 实地研究比较适合处于描述性阶段的科学研究，它在“建构”新的理论方面有独到之处。在实地研究中，研究者一般应保持中立立场，在被参与团体中充当普通角色，不卷入被参与团体内部的是非之争。

5.2 访谈法

访谈法是一种最古老、最普遍的收集资料的方法，也是社会研究中最重要的调查方法之一。访谈的过程实际上是访谈者与被访谈者双方面对面的社会互动过程，访谈资料正是这种社会互动的产物。

---

① 费孝通．江村经济——中国农民的生活［M］．上海：商务印书馆，2001.

访谈因研究目的、性质或对象的不同，而有各种不同的方式。例如，根据访谈中访谈者与被访谈者的交流方式，可分为直接访谈和间接访谈，前者是访谈双方面对面的交谈，后者则是通过电话进行的交谈。根据一次被访谈的人数，访谈又可分为个别访谈与集体访谈。目前社会研究中广泛采用的是按照对访谈过程的控制程度进行的分类，按照这一分类方式，访谈分为结构式访谈与无结构式访谈。

5.2.1 访谈法的概念及类型

访谈法是另一种调查研究收集数据的方法，问卷法要求回答者去阅读问题并填写答案，访谈法也需要问卷，不过是研究者自己提出并当场记录答案。访谈一般是面对面，但也可采用电话访谈方式。访谈法的优点主要是可以得到问卷法难以得到的深入的资料。其主要缺点是太费事、成本大，以致样本数有限。访谈法有时与问卷法结合在一起应用。

（1）访谈法的概念。

访谈法与问卷法研究步骤和要求基本一致。确定问题和形成假设过程相同，抽样过程也相同，只是访谈的样本量较小。两者都需要被调查者的合作，不愿意填写问卷答案的人一般也不会接受访谈，访谈调查的难度会更大，因为后者样本小。两者的主要差别有：访谈提纲取代问卷，研究者需要具备良好的公关和沟通技术，需要记录技术和访谈前的充分准备。

（2）非结构型访谈法。

实地研究收集资料的方法主要是访问法和观察法，其中，访问法是最常用的方法。但实地研究的访问是非结构型访问（问卷调查中的访问法称为结构型访问），即它是根据大致的研究计划或者访谈提纲进行访问，或者是无主题谈话，即在“聊天”的氛围中，通过面对面的交流获取资料。它与结构型访问有两个显著区别：第一，结构型访问就是有结构的、标准化的问卷访问，访问员根据问卷上的问题逐一提问，并把答案记录在问卷上；非结构型访问最多只有一个访谈提纲，访问的过程是交流式的，访谈气氛是轻松的，访谈过程中访问者更多的是扮演一个“聆听者”的角色。第二，结构型访问需要聘用大量的访问员，对访问员的要求相对较低；非结构型访问一般是由研究者或者工作小组成员亲自进行访谈，参与访谈的人员具有比较强的研究能力和谈话能力。

访问法的功能或作用主要是：了解受访者的价值观念、情感感受、行为规范；了解受访者过去的生活经历以及他们所知道的事件及对事件意义的解释；对研究现象提供一个比较开阔、整体性的视野，多维度地深入、细致地描述事件的过程；为研究提供指导，即事先了解哪些问题需要追问，哪些问题比较敏感，要特别小心；有利于研究者和受访者建立熟悉、信任的人际关系；可以使受访者感到自信，从而有可能影响到对自身文化的解释和建构①。

非结构型访问法的类型根据谈话结构的控制程度可以分为无结构型访问和半结构型访问

---

① 陈向明．质的研究方法与社会科学研究［M］．北京：教育科学出版社，2000：169－170.

或非引导性访问和深度访问。非结构型访问法的类型还可以根据访问的正式程度，分为正式访问（事先约定，就某一主题进行交谈）和非正式访问（在与受访者一起参加活动时，根据当时的情景与其交流），正式访问还可以分为直接访问（面对面访问）和通过电话等工具进行的间接访问。根据受访者的人数，可以分为个别访问和集体访问（焦点团体访问）；根据访问的次数，可以分为一次性访问和反复访问。上述分类中最常用的是按谈话结构的控制程度，分为无结构型访问（非引导性访问）和半结构型访问（深度访问）。

（3）无结构型访谈法。

无结构型访问也称为非引导性访问或客观陈述法。这种访问方法表面上是一种无主题交谈，就像“拉家常”一样，没有固定的话题。研究者鼓励受访者就他所观察到的或者自己经历的问题发表意见、感受或者判断、描述事件的过程。受访者的谈话可以客观地反映出他的外显或潜在的信仰、价值观念、行为规范等，因此是一种比较隐蔽的收集资料的方法。无结构访问的目的是了解受访者自己认为重要的问题，以及他对问题的认识角度、对问题意义的解释及他使用的话语或概念、表述方式等。在访问时，一般只笼统地提出问题，由受访者自由回答，谈话气氛应该轻松、愉快。访问员在访问过程中只做鼓励，不做任何引导性的问话或建议。这样做可以避免因为访问员的引导问话而导致偏误的发生或资料的不真实。因此这类访问有时与日常生活的谈话比较相似，它可以在一个偶然遇到的场合下进行，也可以在请客吃饭时进行，或者在咖啡馆小聚时进行。例如，研究者晚饭后到受访者家里串门，如果受访者正在看电视转播的中国国家足球队比赛，可以一边看电视、一边对电视中的比赛情节进行评论、交流，甚至可以发展为对中国足球体制改革、足球运动员的行为规范、价值观念的讨论。但是在交谈过程中，要尽量地鼓励受访者讲话，研究者甚至可以扮演“球盲”的角色。从他对中国国家队足球队比赛的评价中，一方面可以获得受访者外显的价值观念——对中国足球的直接看法；另一方面也可以获得他的潜在价值观念——例如，从对某个运动员（如“球霸”）的评价中，可以发现他自己认可的行为规范。

无结构型访问与日常生活的谈话是有区别的，虽然它们的谈话形式有些相似。日常谈话一般没有明显目的，不会重复或者避免重复，可以相互提问和相互表示继续交流的兴趣，双方的语言轮换是平等的，可以使用简略语或参照物，不必介绍细节（双方都假设对方是了解的），允许比较长时间的沉默等。

（4）半结构型访谈法。

半结构型访问也称为深度访问或临床访问。它最初用于个案工作的调查，如对犯罪者等“社会病人”的调查。如同医生为病人看病一样，临床访问的意义在于通过对“社会病人”的调查，作出“临床”论断，从而达到挽救罪犯等，纠正偏差行为的目的。因此，临床访问一般要收集特定个人生活经历的资料，其中包括生活中某些重大事件的过程和影响，以及个人特定经验的过程和动机、个人情感的变化等。现在这种方法已经广泛运用于对一般个人的生活史，行为、动机、价值、观值、信仰等方面的深入调查，也用于对社会特定事件、特定问题、特定现象的深入调查。

由于这种访问有明确的主题，研究者对访谈结构有一定的控制，具有一定的导向，并且会事先准备好大致的访谈提纲，研究者根据事先的访谈提纲向受访者提问，因此被称为半结构型访问。但是，在访问过程中，访谈提纲只是一种提示，访问者在提出问题时，鼓励受访者积极参与交流，并要根据谈话过程灵活地调整访问的程序和谈话的内容，或者根据受访者的谈话作出合理的回应，提出需要进一步了解的问题。因此，访谈提纲只是访问的提示，具体的问题要根据实际谈话的情景随机应变。这种访谈最为关键的是在访问过程中要善于发现"事件"，详细了解事件的细节和过程，使这个事件成为一个生动的"故事"。新闻采访中的五个"W"（When、Where、Who、What、Why）的原则也可以为访问所借鉴。

例如，在给研究生上课时一般都要安排"访谈训练"或"模拟访谈"。有一年研究生的社会研究方法课程正好安排在寒假以后。在"访谈训练"中，访谈主题是"我们怎样过春节"。请一位来自北方农村的学生作为"受访者"，先由学生准备好访谈提纲，找一位学生扮演访问者进行访问，然后再请另一位学生再进行访问，最后请同学进行评论。结果是第一位学生的访问大概半个小时就结束了，而第二位学生访问了一个小时还没有结束。原因在于第一位学生的访问没有发现事件或"故事"，没有要求受访者详细地描述事件的过程。当时第二位学生的访谈提纲只有三项：过年前本人和家人的准备；怎样过年，其中包括过年的仪式，如祭祖、拜年等；童年过年和现在过年的比较和感受等。当第二位学生问到过年仪式时，受访者讲到在她的家乡，女性一般不能上祖坟祭祖，只有男性才能去。当她在讲这件事时，我就问起她家的祖坟在什么地方，离家有多远。受访者说她家的祖坟在公路边上，这就引起我的"好奇"（因为在我的感觉中，祖坟一般不会在公路边上），我就问了"为什么"？然后受访者讲到实际上祖坟是"虚拟"的，已经不在了。因为修公路，祖坟被拆掉了，但人们还是习惯到原来的"祖坟"地去祭祖。这就引出三个问题：第一，为什么在这样一个还不算落后的村庄，女性不能上坟祭祖？第二，原来的祖坟最后怎样安排的，如果是迁到其他地方，为什么当地的村民还是要到原葬地去祭祖？如果已被火化了，为什么不到骨灰埋葬地去祭祖？第三，在农村，迁祖坟历来是一个重大事件，因修公路而把祖坟的墓地给征掉了，其中发生了哪些事情？就这样一个"祭祖"事件而引发的后两个问题由于课时的限制，没能继续下去。后来，我看了第一位学生的访谈提纲，我发现学生的访谈提纲非常详细，原来她是采用问卷设计的方法准备访谈提纲的，因此她们之间的对话如同问卷调查，无法发现其中的"故事"，也无法详细了解"故事"的过程和细节。①

因此，在非结构型访问中，一般很难事先规定具体的问题，它需要根据访谈的展开，逐步提出相应的比较具体问题，要具有发现事件的敏锐性，并能详细了解事件的过程。从这个意义上讲，"事件——过程"是非结构型访问的重点和关键。但是，这些具体的问题又是与访谈提纲有关的，是在访谈提纲指导下提出的。

---

① 仇立平．社会研究方法［M］．重庆：重庆大学出版社，2013：227.

5.2.2 访谈的程序

如前所述，访谈是一种社会交往过程，访谈中调查者与被调查者之间形成了一种社会互动关系，访谈资料正是通过这种社会互动得到的。因此，访谈的成败，在很大程度上取决于调查者对这种社会互动过程组织的好坏，调查者只有在这种互动中，与调查对象建立起基本的信任和一定的感情，并根据对方的具体情况进行访谈，才能使被访谈者积极提供资料。由于被调查者一般是陌生地方的陌生人，他们又往往不乐意主动提供资料，这些人都是有思想、有感情、有心理活动的个性化的人，就使这种组织工作并非易事，它要求访谈员必须具备良好的访谈技能，并能掌握和灵活运用访谈的各种技巧。一般说来，访谈大体可分为访谈准备、进入访谈、访谈过程的控制、结束访谈等几个阶段。下面我们结合每一个阶段的特点，介绍具体的访谈技巧。

（1）访谈的准备。

①对于无结构式访谈，访谈前的准备工作首先是根据研究目的和理论假设，准备详细的访谈提纲，并将其具体化为一系列访谈问题，同时还要充分准备与调查内容有关的各种知识。一个知识丰富的访谈员常常能够达到与被访者的深入交谈，提高被访者回答问题的积极性，访谈者则可获得丰富深入的资料，并可对资料的真伪作出判断，而且往往能捕捉到一些有价值的新信息，触发新的思想。

对于结构式访谈，访谈前的准备工作首先是弄懂统一设计的问卷及访谈手册，了解访谈目的、要求、步骤，可能出现的问题及解决的办法等。

②为了访谈的成功，在准备工作中还要对被访人的社区特征有所了解。这里所说的社区特性包括社区人文环境和社会文化传统。每个社区都有自己的特点，若事先不多加了解，掌握它对被访者及调查所带来的影响，不仅访谈极难进行，而且往往会引起不必要的误解，也将无法解释个人所表现的行为特征。例如，调查地区是民族居住区，有饮食方面的禁忌，若在访谈中触犯这类禁忌，就可能引起调查对象的反感而拒绝访谈。又如某地区刚进行过其他类似的调查，若对此点无知而再实施一次调查，就可能因调查内容重复引起调查对象的厌倦。再如，若不了解该地区发生过某种可能影响回答率的特殊事件，如自然灾害、社会事件等，就无法对回答率低或答案中的某些现象作出解释。

③被访谈者是访谈中社会互动双方的一方，他们是资料的提供者，因此，无论是以访谈为主要研究方法或是作为辅助工具，被访者的选择是否得当，对他们是否了解，都会对整个调查的成败影响极大。因此，访谈准备的另一个重要内容就是确定适当的访谈对象，并对他们进行初步了解。结构性访谈多采用随机抽样选取调查对象，以保证结果能统计分析。在无结构访谈时，究竟以哪些人为访谈对象，则与研究目的及社区特性密切相关。不过一般来说，不管什么研究，当地或部门的决策者或领导层总是在被访之列，只有这类人对地区事务和文化传统了解较深。

访谈对象选定后，就要尽可能充分了解被访谈者，如其性别、年龄、职业、文化程度、经历、专长、当前的思想状况、身体状况和精神状况等，这对于顺利进入访谈，与访谈者建立良好的交谈气氛，提高访问的信度与效度大有好处。

④在前面工作结束后，应当拟订实施访谈的程序表，对要做的工作与时间进行安排。这种程序包括：访谈前应阅读哪些文献资料；了解社区到哪种程度；有些什么特殊事件或特殊人物应当事先做准备；被访谈者应如何安排，如何与其联系？访谈地点安排在何处，选择何时进行访谈、大约谈多少时间，访谈时如何进行控制等，对可能出现的问题也要事先做出估计并提出应对防范的办法，等等。

⑤临赴现场访谈前的最后一步工作是准备工具。工具分为两类：一类是普通工具，如笔、纸等；另一类是特殊工具，如调查表格、调查说明书、问卷、调查地区地图、照相机、录像机、计算器等；此外，还应有调查机关所发的公文、介绍信、证件等。

（2）进入访谈。

在实地访谈之前，有必要与调查对象所属的省、市、区、乡等政府机关或派出所、街道这样的地方机构取得联系，在获得对方的允许后，才能着手进行访谈。随着越来越多的研究所、学校、政府机关、商业部门和其他组织使用挨家挨户搜集资料的方法，采取这一行动更加必不可少。

当研究对象是一个社区或社会组织时，通常都是先与其领导人洽谈，以争取他们的合作。如果是规模较大涉及面较宽的调查，有可能的话最好在调查前召开群众大会，请地区或单位负责人召集主持，向群众阐明调查的目的和意义，调查与群众的利害关系及对群众的要求，这样做能使调查获得很好的配合。

有些调查如果能取得当地机关、团体或单位的支持，并派人参加联合调查，则效果更佳。这时，调查力量可以增大，并可得到许多便利条件，群众亦容易给予支持。

“进入访谈”是访谈的开始，它是由请求及第一批问题组成，目的是实现：①回答者产生回答问题的动机；②做好回答问题的准备。开始访谈是一种真正的艺术，全部资料的可靠性在很大程度上取决于访谈者在这方面的表现。

访问者在接近被访谈者时，首先要进行自我介绍，然后说明来访目的以及为什么要进行此项研究，请求他的支持与合作。此外，还要告诉被访者，他是如何被选出来的，根据具体情况有时告诉他是依据科学方法随机抽样的，无特殊目的，他的回答将给予保密；有时则告诉他是因他在社区和这次研究中的重要性而特意挑选的。这一阶段的主要任务是与调查对象建立融洽的关系，消除其顾虑，使他们产生参与研究的动机。在这一阶段，最容易出现：第一，陌生感，它使双方拘束无言；第二，调查对象以各种原因拒绝受访，访谈者因此产生怯场或不耐烦情绪；第三，由于调查者与被调查者地位不平等，产生不自然感。因此，为了创造有利于访谈的气氛，除对访谈对象表示礼貌外，为打破僵局，正式谈话前可以先谈谈调查对象具备或熟悉的方面，从而消除拘束感，如他的住房、家庭、爱好等。也有些调查员开头总要问问调查对象是哪里人，由此展开谈话。

有了利于调查的气氛后，就可以详细说明要调查的内容，提出第一批问题，因为这时被访者的意识尚未转向问题题目，他必须有一个预先心理上的酝酿过程，因此不要提出一些大而复杂的问题。经验证明，开始问题回答顺利能使被访者信心增强，双方互动协调到这时才可以深入进行访谈。

（3）访谈控制。

访谈的过程，是调查者提问的过程，因此，提问成功与否是访谈能否顺利进行的一个关键。但访谈时对调查对象施加影响的，并不只是提问本身，调查者的表情、举止动作都会影响到调查对象的情绪，关系到访谈是否能顺利进行。因此提问与表情（动作）是控制访谈的两个主要手段。由于结构式访谈主要是依据问卷来控制访谈的，因此本段所讲的主要是针对无结构式访谈，但其中许多地方涉及结构式访谈的控制。

①提问控制。

一是题目转换。如果在访谈中，向被访者连续提出一系列与其工作活动有关的问题，随后又提出一些毫无明显联系的家庭关系和朋友关系问题，那么这种从一个题目突然转换到另一个题目的做法，会使调查对象因为毫无心理准备而产生困惑，这种转变应不露痕迹，为此通常使用一些功能性问题。所谓功能性问题，是指在访谈过程中为了对被访谈者发生某种作用而提的问题。例如，在从工作问题转向家庭关系问题时，可以问："您的工作真忙，回到家里可以轻松一下吧？"这种过渡性的功能性问题使谈话容易保持连贯与自然。

访谈中被访者有时会跑题，这时就需要调查者进行引导性提问，使他回到原来的主题上，在转换话题时，切忌粗鲁地打断对方谈话，或者说："你跑题了""你没有按要求回答"之类的话，这会使调查对象感到难堪，从而产生抵触情绪。在这种情况下可以采取归纳法，即将调查对象谈的那些漫无边际的情况加以归纳说："你刚才谈的是XXX问题，很好，现在请你再谈XXX问题。"以此把对方话题引过来。亦可采用提要法，即从调查对象所谈的不着边际的材料中，选取出一两句与正题有关的话进行提问，如："你刚才谈的XXX问题，是怎么一回事？"第三种方式是以动作转换话题，当对方将话题扯远了，可给他送水递烟，中断谈话，当谈话重新开始后，可提出新的问题请他回答，不知不觉改变话题。

二是对问题的追问。当被访者对问题的回答含糊不清时就要进行追问，以期引导调查对象作更准确更充分的回答，或至少给予一个最低限度可接受的回答。当回答前后矛盾不能自圆其说，或回答残缺不全不够完整时，也需要追询。追问可以采取正面的方式，即正面指出回答不真实、不具体、不准确，请对方补充回答。追问也可以采用侧面的方式，即换一个侧面或换一个角度、一个提法而追问相同的问题。追问特别是正面追问是一种比较尖锐的访谈方式，容易引起被访问者的反感，因此，追问一般放在访谈后期进行，而且应当尽量采取中立的追问。一个中立的追问包括：①复述问题。每当被访人支吾或看起来并未理解问题时，应将问题再次进行复述。②复述回答。当调查者不能肯定自己理解了被访人的回答时，可复述一下被访人的回答，以使回答者与调查者确认对回答作了正确的理解。③表示理解和关心。访谈者可表示自己已听到回答，从而激发回答者继续谈下去。④停顿。若认为回答不完全，调查者可停顿不语，表示等待他继续谈完。⑤一个中立的问题或评估。例如，“你讲的这个是什么意思?”或“你是否能给我再多讲一些?”

三是合适的发问与插话。访谈过程组织的好坏，取决于问题的好坏、提问的方式、提问时机的把握。访谈既然是双方的互动，它就是一个动态的过程，不可能完全按照某种模式进行，访谈员必须根据具体情况灵活处理，其中包括提问与插话，这就要求调查员善于捕捉时机。调查者有时需要调查对象的回答，特别是当他对其过去的经历不作任何回答时。例如，他只讲他们的外在活动而不讲内在动机、当时的想法等，这时就需要提问，像问一些有关他们对这些活动所造成的个人关系和社会现象等的看法和态度问题。又如，有时调查对象陷入过去一些琐事而不举出特例，也应用一些适合的问题寻求一个肯定的解答，这些问题往往是调查者临时提出的，不一定与正常过程或预先的计划有关。

有时调查对象在谈话中途可能停顿一下等待调查者暗示以便开始另一个问题的谈话，这是调查者提出准备好的问题的最好时机，如“以往怎样呢?”“你对此事的看法如何?”等。有时为鼓励调查对象，特别是那些不善于表达的人，调查者要插几句鼓励或表示对刚才的谈话满意的话。当调查对象对其过去经验不能清楚地回忆时，可提一些补充问题帮助他回想，有的插话与提问则完全为消除回答者的疲劳之用。

四是提问的注意事项。第一，始终保持中立态度，即应尽力避免倾向性，不允许对回答者的答案进行诱导；第二，把握方向及主题焦点，尽量减少题外话，以便集中注意力讨论重要问题；第三，注意时间上的顺序，特别在研究变迁问题时，事件先后发生的顺序非常重要；第四，使用语言越简单越好，以能达意为原则，不要不着边际，也不要用带有情感的字眼，如先进、落后、自由、保守等；第五，根据访谈对象特点，灵活掌握问题的提法与口气，如访谈对象是孩子时，就应用浅显的语言、亲切的口气。如是老人，则要放慢说话速度。

②表情与动作控制。

访谈技巧也包括表情与动作技巧，访谈员可以通过自己的表情与行为表达一定的思想感情，从而达到对访问过程的控制。例如，当调查对象跑题时，可以利用送水递烟中断他的谈话，然后就可顺理成章地重新开始话题。又如，连连点头，表示“很对”“同意”匆匆记录，说明对方讲的内容很重要，这些动作都意在鼓励对方继续谈下去。

表情也是传达思想的一种重要方式，在访谈中，访谈员自始至终都要使自己的表情有礼貌、谦虚、诚恳、耐心。在运用表情时要注意防止：第一，毫无表情。作为被访谈者，总是希望自己的话能受到对方的注意，如果他看到的始终是一张毫无表情的脸，他谈话的兴趣就会降低。表情过于严肃，一声不吭，也会使被访人产生一种紧张感，从而影响对问题的回答。第二，用表情控制人，即访谈员要控制自己的表情，使其符合调查对象所谈的情境，当调查对象谈到挫折、不幸时，要有同情和惋惜的表情；谈到不平的事时，要有义愤的表示。而当调查对象谈到一些难于启口的隐私时，不要表示轻蔑和鄙视，要做出理解的表示。调查对象谈到成就时，要表示高兴等。调查者的表情要突出表现在看和听上。调查者若目不转睛地盯着对方，会使他感到拘谨、紧张。相反，如果不看对方，只盯着自己的笔记本，会使对方误以为他的谈话令人感到厌倦。因此，运用目光时，应视调查对象的特性与调查时的具体情况而定。调查者还应当是一个好的听众，应表现出对对方的回答感兴趣，切忌边听边打哈欠，或目光游离，三心二意，甚至搞一些小动作，使对方产生反感，失去谈下去的兴趣。

（4）结束访谈。

结束访谈是访谈的最后一个环节，有时比开始访谈还困难。访谈结束应掌握两个原则：①适可而止。即访谈时间不宜过长，一般以 1 ~ 2 小时为宜。②要把握住结束谈话的时机。例如，有时调查对象仍然很有兴趣，还有其他重要的话要说，而他自己又要求转换话题时，调查者乘机插话，就可能圆满结束。有时双方都感到非常疲乏和厌倦，谈话难于进行下去，这时应尽快结束谈话，为使材料完备，最好问调查对象："我们忽略了什么没有？""我们有什么地方没有谈到？"或"你还愿意告诉我些什么？"之类的问题以结束调查。最后都要对被访谈者表示感谢。

总之，访谈者在访谈过程中始终应该：①耐心细致，即使再亲密的态度之中也要采取理智的批判态度。②不带某种权威的架子，即要以平等的态度访问。③不要采取忠告或训诫式的态度。④不和对方进行争论。⑤发现下列情况就应进行交谈而停止提问：需要帮助对方说话；需要解除交谈对象的恐惧不安；为了正确地把握对方的思考和感情而鼓励对方；失掉谈话的机会或忘了所谈的问题，要回过头去议议等。

（5）访谈记录。

访谈的目的就是要获得资料，在访谈调查中，资料是由访谈者记录而来的。做好记录需要一些特殊的技巧，结构式访谈的记录比较简单，只需要按规定的记录方式，把被访者的答案记录在事先设计好的表格、问卷上就可以。困难的是无结构式访谈的记录。

记录的方式分为当场记录与事后记录两类。当场记录是边访谈边记录，它需要征得调查对象的允许。当场记录的优点是资料完整，不带偏见，但为了记录完整，而埋头记录，则有可能失去由对方的表情、动作所表达出来的信息，而且可能因为详细记录而忘了要点，同时，由于紧张也容易产生错误。

如果调查对象同意录音，则既可获得最完整、详细的资料，又可使访谈摆脱记录而专注于谈话。如果可能也可由两个访谈员访谈同一人，一位谈话、一位记录。

事后记录是在访谈之后靠回忆进行记录，它可以不破坏调查者与被调查者的互动，提高对无记名的相信程度。但访谈者有时特别注意由于自己偏好而认为最重要的话，而他认为不大重要的话在凭记忆记录时可能根本消失，而且靠记忆记录会失去许多情报。为此，调查者一方面要训练自己的记忆力；另一方面可采用一些技巧，如事先列好访谈时问题的顺序，依序访谈，访谈后再依序回忆。又如可拿一张纸，遇有重点，记下几字，整理时可作联想的线索等。

记录调查对象的回答与陈述外，还应包括对他的居住条件、邻居情况的描述。此外，还应将访谈中观察到的现象与行动、听到的一些有意义的谚语俗语以及重要的表情与姿势记录在案，并记上自己对被调查者语言能力，参与调查的态度、情感的评价等，也就是说，既包括听到的又包括看到的，还有想到的。

访谈记录下来的资料还要鉴定其正确性，研究人员可以从调查对象中抽样，通过电话或信件与其进行联系，核实是否向他做过调查，并通过询问几个问题辨明资料是否记录准确。

5.2.3 访谈员的挑选与训练

访谈员是访谈中的中心人物，研究结果在很大程度上取决于访谈者的个人品质、特征和能力。一个好的访谈员，不但所得资料丰富、可信，而且可以从访谈中获得新思想、发现新问题，通过访谈获得对问题更深的认识与理解。反之，就只能了解到一些表面的，甚至不真实的社会现象。因此，利用访谈收集资料的任何研究都有一项任务：挑选和训练符合该项研究要求的访谈员。

(1) 访谈员的挑选。

一般地讲，应尽可能选择那些经过训练、有调查经验、对所调查的问题比较熟悉的人作访谈员，如经过社会学调查方法训练的社会学专业和人口学专业的大学生。实践证明，这样的访问员能大大提高调查的质量，降低调查的成本。特别是无结构式访问，对访谈员的质量要求更高，他们通常都是具备与所调查的题目有关的专业知识的人，实际上往往就是参与研究的研究者本身。

访谈员应当具备的条件分为两类：一类是由研究主题的性质、社区类型及调查对象的特点所规定的，另一类是任何研究的访谈员都应具备的。前者称特殊条件，后者称一般条件。

①特殊条件。

重要的有下述几个方面：

一是性别。研究表明，男性访谈员去访问领导人较宜，对女性的访谈则以女性较适宜。在访谈生产、政治问题时，以男性访谈员为宜，而婚姻、家庭调查则以女性访谈员较合适。

二是年龄。通常是青年访谈青年较好。对于身份较高或影响力较大的人或年龄大的人，宜以年龄较大者为佳。在政治和经济问题的研究中亦不宜以年轻人为访谈员。

三是教育。研究表明，教育水平高的访谈员在提问方面造成的差异最小，教育水平对访谈的重要性，还在于访问技巧的运用和对于被访谈者的反应程度。因此，在研究复杂问题时要相对提高对访谈员学历的要求，而且要求具有一定的经验。

四是地区。我国地域广大，民族众多，各地区风俗习惯、语言等差异极大，并且城乡间也有很大的差异。因此，在选择访谈员时要充分考虑这点，尽量选择当地的、同民族的人作为访谈员。总之，访谈者与被访谈者背景越相近（如职业、社会地位、地区、民族），访问效果越好，特别是对于那些敏感性的问题，如民族、宗教等问题，为减少回答的误差，最好的办法就是使用一个与被访者特征大致相同的访谈员。

②一般条件。

主要的有以下几种：

一是诚实与精确。这是调查员必须具备的最基本的品质。诚实认真一方面表现在准确地遵守工作细则；另一方面表现在忠于访谈的事实，对于访谈资料的记录必须十分精确，敷衍了事者不行。

二是兴趣与能力。如对访谈工作没有兴趣，就不可能把工作做好，特别是经过几次访谈后，调查工作会变得枯燥起来，若不是真对工作有兴趣，造成误差的机会就会增加，除对访谈工作的兴趣外，访谈员必须具有一定的能力，主要应具有的能力是观察力、辨别力、表达能力及交往能力。

三是勤奋负责。实地访谈调查是件极其辛苦的工作，此外还有精神上的痛苦。例如，受访谈对象的冷淡、拒绝等。若无责任心，不能吃苦耐劳，就会知难而退，完不成访谈任务。这个条件是对访谈员相当重要的要求。

四是谦虚耐心。访谈员抱着虚心求教，亲近对方的态度，被访者才能知无不言，言无不尽。要善于耐心听完被访者的话，并能耐心讲解问题，即使碰到无理对待也要耐心，否则很容易造成关系紧张，甚至发生争吵，导致访问失败。

（2）访谈员的训练。

关于训练访问者的意义以及训练对研究结果的影响可根据在英国进行的有趣的试验结果说明。① 参加这一试验的有三种访谈员：来自政府调查组织的职业访谈员、来自不列颠舆论研究所的职业访谈员和来自伦敦经济学院的大学生。有经验的访谈员和没有经验的访谈员（大学生）取得的成果之间的差别在所选择的三个试验里是明显的，不管访问的内容是关于肺病、读书还是储蓄状况，与访谈者的性别与年龄无关，结果如表 5－1 所示。

表 5－1　　　　　　　　　　试验结果

	政府调查组织（%）	不列颠舆论研究所（%）	伦敦经济学院（%）
访谈成功	83.7	81.3	69.5
拒绝访谈	3.5	3.2	13.5
没有接触	5.0	6.7	5.8
不在家	10.4	6.5	10.1

对于大规模的结构式访谈，训练访谈员的意义不只在于提高访谈员的访谈技巧和能力，而更重要的是为了保证访谈过程的标准化。因为大规模的结构式访谈需要的访谈员数量一般较多，他们在对于问卷的理解，对访谈中出现问题的处理，以及对答案的记录方法上均难免存在差别，需要训练统一，以降低并消除误差对调查结果的严重影响。下面我们主要介绍结

① 苏联科学院社会学研究所著．社会学手册［M］．浙江：浙江人民出版社，1985：492.

构式访谈访问员的训练方法和一般步骤。

①研究指导者作简要介绍，介绍包括该项研究的目的、意义、整个调查的范围，调查对象的数量及每人的工作量，调查的步骤和每阶段所需时间，付给多少报酬，需要工作多久等。

②阅读问卷、调查员手册或访谈指南及其他与该项研究有关的材料。先由访谈员认真阅读，然后由访问指导者逐条对上述文件进行讲解和提示，使访谈员明确每个项目内容，回答类别及如何记录回答，明确访谈中每一步工作及其对他们的要求。对于访问员提出的问题，访谈指导者要一一给予回答，并与访谈员一起对问卷的条款进行讨论。

③举行模拟访谈，可在访谈员之间一对一互相访谈，也可找个试验点，使每个访谈员实际操作一遍。研究指导者应从旁观察与协助，并严格检查访谈结果。模拟访谈的目的是发现和解决在实际访谈中可能出现的潜在问题，熟悉访谈内容与磨炼访谈技巧。

④集体讨论，结合模拟访谈，全体访问员与访问指导者一起再次逐一复习和讨论问卷的所有问题，并将每一疑问加以解决，并指出今后工作中应注意的问题。

⑤建立监督管理办法，包括将访谈范围和访谈对象进行分配、建立相互联络和互相帮助的方式、订出每天工作进展、资料可靠度以及纪律要求、访谈备要及工作日记的记法与要求。备要记载与访谈技术有关的问题，如找哪些被访人？如何对待不同的问题与人物？日记则记录当天的活动，包括生活、思考、新问题、访问心得、挫折及特殊事件等。

5.3 观察法

5.3.1 观察的概念及其类型

观察是人们日常生活中广泛采用的一种活动方式。例如，观察天气的变化，查看工作状况是否正常，注视上下级和同事们的举止言谈，即通常所说的察言观色，以及观赏自然界的风光景色，观察动植物的特征等。但是，日常生活的观察与科学的观察有很大区别。前者通常是无意识的或不系统的。而科学的观察则必须要具备以下几个特征：第一，有一定的研究目的或研究方向；第二，预先有一定的理论准备和较系统的观察计划；第三，有较系统的观察或测量记录；第四，观测结果可以被重复验证；第五，观察者受过一定的专业训练。

（1）观察的概念。

在社会科学中，观察法是一种搜集社会初级信息或原始资料的方法。这种方法是通过直接感知和直接记录的方式，获得由研究目的和研究对象所决定的一切有关的社会现象和社会行为的情报。观察虽然主要是依赖视觉获取信息，但它也运用其他感官，如听觉、触觉和直觉等作为辅助。观察法是社会研究的主要方法之一，它通常在实地研究中使用，而且通常结合其他方法共同进行。

（2）观察的类型。

①分类原则。

在实际的社会研究过程中，许多研究人员虽然都是采用观察的方法来收集资料。但是，由于研究目的的不同，所需资料的性质不同，采取的观察形式也往往有着很大区别。总的来看，我们可以从以下四个方面来对观察的方式进行分类。

第一，从观察的场所来看，观察法可分为实验室观察和实地观察两大类。实验室观察通常在具有单向透镜、摄像机、录音机等设备的实验室中进行。有时，这种“实验室”也可以是某些自然场所，如教室、会议室、活动室、俱乐部等。但这些自然的场所事前必须经过一定程度的控制，如预先设置某些观察工具、规定好观察的程序和内容等。总之，要使它尽可能接近实验室的条件。实地观察则是在自然的环境中进行的，即在实际的社会生活中进行的观察。这种观察不需要（实际上也不可能）对观察的场所和对象进行控制，而是深入现实生活中对实际所发生的现象进行观察。

第二，从观察者的角色来看，观察法可分为局外观察和参与观察两大类。所谓局外观察，就是观察者置身于所观察的现象之外，“冷眼旁观”研究对象的活动和表现。例如，实验室观察就是典型的局外观察，在实地观察中，有些也是以局外观察的形式进行的。如在汽车站旁的一间楼房内，对车站上排队候车的人上车行为的观察；在书店某个隐蔽处对光顾书店的顾客行为的观察等。参与观察则是指观察者亲自投身到所观察的社会现象和社会生活中去，在自身成为社会生活中各种活动的一员的同时所进行的观察。如到工厂和农村，边参加实际劳动边进行观察，或生活在某一社区中所进行的观察等。当然，根据观察者在参与观察过程中所扮演的角色的不同，参与观察中还有不同的形式。

第三，根据观察程序的不同，可把观察法分为结构式观察和非结构式观察两大类。结构式观察往往事先要对观察的范畴详细分类，对各项内容的观察和记录方法逐一规定。因此，结构式观察常将注意力集中到若干具体的、明确的、许多还是可以计数的行为和特征上。这样，结构式观察的结果通常可以像问卷调查的结果那样进行定量的处理和分析。而非结构式观察则没有这些要求。研究人员事先并不专注于某些特定的行为和特征，在观察过程中也不只是期待这种行为的出现。他们只是当行为发生时进行全面的观察并记录下来。因此，非结构式观察的资料通常不能像结构式观察所得资料那样进行定量的分析和处理，它通常只能从定性角度用来描述所研究的对象和行为。

第四，根据观察对象的不同，又可将观察分为直接观察和间接观察两大类。直接观察即对那些正在发生、发展和变化着的人们的行为所进行的观察。即研究者当时目睹人们的行为举止。目睹正在发生的各种事件和过程。间接观察的对象通常不是正在活动着的人们，不是人们当时的行为和表现，也不是正在发生的事件和活动，而主要是人们行为以后、事件发生以后所留下的各种痕迹。例如，通过观察不同的展览会的地板的磨损程度，可以比较哪个展览会更受欢迎；通过观察学校课桌上涂写的内容和数量，可以用来分析学生思想情操和道德观念，等等。

综合以上介绍，我们有下列简表（见表 5－2），以帮助大家区分。

表 5－2　分类原则和观察类型

分类原则	观察类型
根据观察场所的不同划分	实验室观察——实地观察
根据观察角色的不同划分	局外观察——参与观察
根据观察程序的不同划分	结构式观察——非结构式观察
根据观察对象的不同划分	直接观察——间接观察

在以上四种分类中，各种不同类型的观察方式之间存在着一定的联系。例如，实验室观察总是局外观察，并且常常采取结构式观察的形式；参与观察显然是实地观察，并且常常采取非结构式观察的形式。

②实验室观察。

实验室观察常常是为了了解人们某些具体的、细微的行为特征，这些行为特征则是作为命题中概念（或变量）的指标被观察的。正因为如此，实验室观察常常采用结构式观察的形式来进行。例如，为了检验下列命题：即“社会地位高的人在人际交往中处于主导地位”，就要对各个概念进行定义和测量。其中“处于主导地位”可以用一些行为特征作指标，如谈话的方式、语调、握手的方式、交往的主动性和被动性等。

国外的一些研究人员设计了一种结构式的观察方案，通过直接观察不同阶层的人在交往中的目光移动方式来检验上述命题。他们假定，交往中在相互对视了一段时间之后首先移开目光的人处于被动地位。然后，研究人员在备有录音、录像设备的“办公室”里介绍不同的人相互认识，每次 2～3 人。两名观察人员通过单向镜分别进行观察和记录。在谈话结束之后，介绍人（研究人员）分别询问被观察者的自我感受，即感到自己在交谈中处于何种地位。对比两名观察员的记录可以检验观察的一致性程度，即信度（实际结果约为 0.9）。比较观察记录和被观察者的自我陈述及其他行为特征，可以检验以“目光移动方式”作为“交往中主导（或从属）地位”的操作指标的效度。然后，对观察记录和被观察者所属阶层进行相关分析，就能够检验上述命题。①

实验室观察也可以是无结构的。它预先不建立一套分类系统，而是设计一种情景让被观察者自由活动，通常是设计一些游戏，然后观察者在观察孔或单向镜后面进行观察，并采用投入理解法分析游戏过程中的一系列行为。这种观察的目的在于详细地了解行为的过程和特征，理解被观察者的行为动机和价值规范。有的游戏实验被用于心理治疗，让被试人在游戏中发泄自己的感情，使他们的精神压力得到缓解。实验观察还在其他领域中得到应用；如通过模拟测验、模拟会议或处理文件来观察被试者的素质和能力，以这种方式考核和选拔人才。

③局外观察。

由于社会研究的对象是有思想、有感情的人，因此许多研究方法都不可避免地会引起研

---

① 袁方．社会研究方法教程［M］．北京：北京大学出版社，2013.

究对象的各种反应，从而影响到研究结果的客观性和准确性。为了克服这种现象，十分重要的一点就是要使被研究的人意识不到他们正在被研究，同时又要保证他们在一种极其自然的、不受研究人员干扰环境中行动。局外观察的方法正是能达到这些要求的一种研究方法。它的突出特点是“冷眼旁观”。它可用来研究某些公共场所或某些公众闲暇活动（如观看足球比赛）中的人们的行为和表现。

例如，20 世纪 70 年代，美国的反淫秽书刊委员会需要了解经常光顾出售这类书刊的“成人”书店的是哪些人。① 由于用问卷法或访谈法很难得到调查对象的合作，因此，他们采取了局外观察的方法。通过抽样，选取一些城市的某些书店作为观察点，在书店的外面设置隐蔽的观察所，然后记录进入书店的每一个顾客的特征，记录表格是预先设计好的，主要有四项指标：性别、年龄、社会阶层、婚姻状况（见表 5－3）。对这些指标进行了操作化，如以服装来区别各阶层，以是否戴结婚戒指来确定婚姻状况。事先还对观察员进行了统一培训，以使观察标准化。

表 5－3　　　　书店观察表

观察开始时间________　结束时间________

个人情况：

1. 性别：男（　　）　女（　　）
2. 婚姻状况：已婚（　　）　未婚（　　）
3. 年龄：10 岁以下（　　）　41～50 岁（　　）
   11～20 岁（　　）　51～60 岁（　　）
   21～30 岁（　　）　61 岁以上（　　）
   31～40 岁（　　）
4. 职业或身份：________________
5. 是否有人同行：无（　　）　有（　　）有________个同伴
6. 是否购买书籍：无（　　）　有（　　）买了________本
7. 进店的初衷是________________
8. 是否与服务员接触：无（　　）　有（　　）
9. 是否与其他顾客交流：无（　　）　有（　　）
10. 是否翻阅书籍：无（　　）　有（　　）翻了________本

评价目的性：有目的性　　　　浏览性

|　|　|　|　|　|　|　|

0

又如，有的社会学家为了研究人们光顾书店的目的性，就在书店内选择一个既便于观察又不引人注目的位置，按照下列事先准备好的观察记录表，对进入书店的人们的行为特征进行了观察。结果表明，女性顾客比男性顾客在书店中的行为更具有目的性。

① 袁方．社会研究方法教程［M］．北京：北京大学出版社，2013.

④结构式观察。

结构式观察通常需要围绕所要观察的范畴和事物预先设计出严格的方案。设计的内容主要包括：对这些观察范畴的详细分类；加以标准化以便于客观地测量和记录；对记录进行定量分析。

第一，观察的范畴与分类。

在结构型观察中，要设计标准化的观察表或卡片。在制订观察表时，首先要确定观察项目及项目之间的相互关系，然后选择反映观察项目具体特征的观察指标或单位，形成标准化的观察范畴。观察范畴要有明确的定义，并且不会使人产生歧义，根据观察范畴就可以制订具体的观察卡片。在观察卡片上还要标明观察的时间、地点、观察客体的特性等。例如，对中学生在班级集体中的交往研究，可以设计如表 5－4 所示的观察卡片。

第二，观察的记录与分析。

结构式观察预先都制订专门的观察卡片，卡片上明确列出各种观察范畴和分类，观察者只须在相应的格内标记，而不做出自己的评价。以上述观察"交往中的主导（或从属）地位"为例，观察卡片可采取表列形式（简化的）。

观察卡片没有统一的格式，而是根据具体的观察内容来设计的。设计的原则是简单、易行、可靠、准确。

结构式的观察有些类似于问卷调查，观察卡片上的范畴类似问卷的题项；行为类别相似于问题中的答案类别，因此对观测数据的整理、分析也近似于对问卷资料的处理分析，即可对数据做出总体描述、分类统计，有时也可做相关分析。

表 5－4　　观察卡片

编号________日期________地点________

被观察者编号________观察人________

时间________时________分到________时________分

观察范畴	行为分类	被观察者编号				备注
		1	2	3		
目光移动	1. 首先注视对方					
	2. 首先移开目光					
交　谈	1. 首先询问对方					
	2. 主动转移话题					

表 5－5 是贝尔斯观察互动行为的统计，所记录的某次讨论会上的互动行为总数为 719，它们分属于 12 个类别。表 5－5 显示出，极端情感性行为很少（第 1、第 12 类只占 1%）；积极反应（33.5%）大大高于消极反应（10.4%）；互动主要集中在解答工作问题（57.3%）和对别人意见加以肯定上（24.9%）。

表 5－5　　　　贝尔斯观察小团体互动的分类及统计

互动范围	行为类别	行为数	%
社会—情感范围 积极反应	1. 显示团结	5	0.7
	2. 环节紧张：开玩笑等	57	7.9
	3. 表示赞同	179	24.9
工作范围 解答问题	4. 提供建议	59	8.2
	5. 提供意见	192	26.7
	6. 提供工作方向	161	22.4
中性反应 提出问题	7. 探询工作方向	12	1.7
	8. 探询意见	12	1.7
	9. 探询建议	4	0.5
社会—情感范围 消极反应	10. 不赞同	29	4.0
	11. 表现紧张：或退场	7	1.0
	12. 表现对抗	2	0.3
合　计		719	100

以上数据是对“较为圆满”的小组讨论会上互动行为的总体描述。这些数据可以与其他类型小组会议的数据比较；也可以比较小组内部不同个人的互动行为；最后还可以与某些自变量进行相关分析。

5.3.2　参与观察

参与观察一般与实地研究（field study）相联系。它是在自然场所里进行的直接的观察，而且多采取无结构观察的形式。

（1）参与观察中观察者的角色。

在实际的社会研究中，当研究者采用参与观察的方式来收集资料时，他通常必须在各种不同的观察者角色中作出选择。有的社会学家按参与的程度和方式的不同，把角色分为四种：完全的观察者、作为参与者的观察者、作为观察者的参与者、完全的参与者。完全的观察者实际上是前面所谈到的局外观察者。下面我们着重介绍其他的三种角色。

①“作为参与者的观察者”是这样一种角色，其研究者的身份是被所研究和观察的群体知道的，即人们都知道他是一个研究人员。他是以这种公开的身份参与到被研究群体或社区中进行观察的。这种角色最典型的例子是美国著名社会学家威廉·福特·怀特所做的“街角社会”的研究。

怀特出身于一个中上阶层的家庭，1936 年，他从斯沃思莫学院毕业时，获得了哈佛大学的一笔奖学金。他可以用这一大笔钱在三年的时间里进行任何一项他所感兴趣的研究。由于当时对社会改革很感兴趣，因此他决定用这笔钱去研究波士顿的一个贫民区。他选择了一个科纳威里意大利贫民区，因为他觉得这个地区同头脑中对贫民区的印象最为相近。当然，他的这种选择方法并非很科学。他自己后来也承认："我是在一种不科学的基础上作出这种选择的。"①

为了进入这个地区开展研究，他曾经历过好几次失败的尝试。后来，他终于得到诺顿大街福利委员会一位社会工作者的帮助。这位社会工作者安排他同当地青年帮伙中的多克会面。经过坦率的交谈，多克同意为怀特在这个意大利社区中做保证人——即允许怀特作为"多克的朋友"去参与和观察各种活动。怀特经常同帮伙的年轻人聚在一起玩滚木球的游戏、打棒球、玩纸牌，也常同他们一起谈论赛马等事情。怀特在科纳威里生活了三年半，其中有一年半的时间是同一个意大利家庭住在一起。另外，他还学会了说意大利语。在长期的参与观察中，他收集了大量丰富生动的资料。关于他的研究，怀特写道："当我开始在科纳威里游逛时，我发现需要对我自己和我的研究作出解释。因为只要我和多克在一起，有他担保，就没有人多问我是谁，或者我在干什么。但是，当我独自巡回于其他群体，甚至在诺顿人中间时，他们显然对我十分好奇。

不久，我发现人们在这样议论我：我正在写一本关于科纳威里的书。这似乎是过于含糊的解释，可这就足够了。我发现，我能否为这个地区所接受，取决于我所发展的私人关系，而远不是取决于我所能作出的解释。写一本关于科纳威里的书是不是件坏事，完全取决于人们对我个人的看法。如果我是好的，那么我的研究也是好的；如果我不好，那么就没有什么解释能够使他们相信写这本书是个好主意。②

通过参与观察，怀特获得了有关青年帮伙、社区政治等的新的眼光。他的某些最重要的结果论及诺顿帮伙对其成员自我概念和自我形象的社会影响。如在冬季和春季，玩滚木球游戏是诺顿人的主要社会活动。每周六的晚上，男人们分成不同的队进行比赛，同时也进行个人比赛。怀特起初对这样一种事实十分困惑不解，即一个人的体育能力看起来并不是影响他在滚木球游戏中的表现的主要因素。例如，要论纯粹的体育能力，弗兰克应该是一个优秀的滚木球手。他曾在一些半职业性的棒球队中干过。可说来也奇怪，当弗兰克在社区中打棒球比赛时，就总是表现不佳。阿列克也是这样，当他平时每天晚上"由于有趣"而玩滚木球游戏时，他是一个标准的滚木球手。可当周六的晚上，诺顿帮聚在一起时，他的表现就糟透了。与此相反，多克和丹尼只是很一般的滚木球手，可他们在滚木球的比赛中却总是打败其他人。

基于他的观察，怀特得到这样的结论：一个人在滚木球游戏中的表现，同他在诺顿帮里所处的地位相关。多克和丹尼享有最高的地位，同时也有最高的得分；弗兰克和阿列克的等级相当低，同时得分也最低。诺顿帮把低地位的成员打败最高地位的成员看成是不合适的。

---

① ［美］威廉·福特·怀特．街角社会：一个意大利人贫民区的社会结构［M］．上海：商务印书馆，1994：283.

② ［美］威廉·福特·怀特．街角社会：一个意大利人贫民区的社会结构［M］．上海：商务印书馆，1994：300.

怀特指出，信任在形成滚木球者的表现方面扮演着一种重要的作用，一个低地位者滚木球很出色时，群体的成员往往把他的成功看成是“运气”所致，并且诘难他，可对于最高地位者却不是这样。在这种证据的基础上，怀特得出结论：在个体的表现与群体的结构之间存在着一种关系，诺顿帮成员的精神健康和良好的心理状态都受到他们的群体关系的影响。

参与观察法的一个最大优点就是研究者生活在所研究的对象、群体以及社区中间，对许多现象都能够得到生动具体的感性认识。同时，他还能够公开地询问他想了解的任何问题，可收集到许多采用其他方法难以得到的资料。而参与观察的最大不足就是被观察的人们会十分现实地感觉到他们正在被观察，从而有可能改变他们的行为方式。也就是说，参与观察者在客观上必然会影响到被观察对象的行为。如在怀特的研究中，多克就说过，以前自己的行为是出于直觉，即想怎么干就怎么干，而现在却要考虑怀特将会怎样看、怎样想了。

②“作为观察者的参与者”的则是这样的一种观察角色，它要求观察者既能够成为群体的一员，又能在不暴露研究者身份的情况下询问问题。这是一种要求研究者采取虚伪的角色的情形。例如，装作一个体验生活的作家或进行采访实习的记者等。这样的角色将允许研究者看起来是好奇的，同时又可以在群体成员不知道研究者所做工作的真正性质的情况下，询问许多研究者感兴趣的问题。但在实际社会研究中，采取这种角色进行参与观察的并不多见。原因可能是作家、记者等类似的角色与社会研究者的角色，对于被观察的群体来说并没有什么大的差别。因此研究者往往要么公开让被观察群体知道他是社会研究人员，就像前面所介绍的怀特的研究那样；要么干脆完全不让被观察对象知道其真实身份，这就是下面我们所要介绍的“完全参与者”的角色。

③“完全参与者”的角色实际上就是间谍的类型。在整个观察的过程中，被观察群体的成员都相信他是这一群体中的一个普通成员，一点也不知道他是一个观察者。例如，为了研究生产集体中所形成和确立的社会价值的性质和内容，以及为了找出个体把这种价值内化的某些机制，苏联社会学家奥里珊斯基来到工厂，并成为享有充分权利的工人集体的成员。在好几个月中（即在没有达到研究目的之前）他一直干装配工的工作。他经常到工人家中串门，很快与工人建立了友谊关系，并在工人中享有一定的威信。没有一个工人疑心车间里来了一个研究者。结果，他用这种完全参与观察所获得的资料出版了一本有关现代社会心理学最迫切问题的著作。

此外，采用这种极端角色的研究者往往是为了了解极端的情况。例如，美国社会学家奥瓦波安便是使用这种完全参与法进行监狱管理与囚犯生活调查的。他先取得政府当局的同意，装成一个犯人，进入监狱中与犯人一起生活。因而，一般犯人对他毫无隔阂，将生活情况及所受待遇予以倾诉。这样，他获得了许多实际的材料，并用这些材料在 1914 年发表了一本名为《在监狱内》的著作。对监狱生活描述得十分详细，给予美国政府改善监狱设施以很大的帮助。

类似的例子还有许多，例如，有的研究者为了了解黑人的生活和遭遇，把自己装扮成美国南部的一个黑人进行亲身尝试，最后用他所见所闻和经历写成了《像我一样的黑人》这本著作。还有的研究者把自己打扮成伦敦的一个穷困潦倒的人，并像游民一样漂泊流浪了好几个星期。后来他用他所观察到的资料写成了一本《穷困潦倒》的著作。有关报刊也曾报道过美国一位 33 岁的妇女于 1979 年化妆成 85 岁的老妪进行私访，想了解老年人在美国的处境的消息。她到过 14 个州，足迹遍布一百多个城市的大街小巷。三年之后，她遍身伤痕累累，感情受到严重摧残。她把自己的经历写成一本名为《一个真实的、令人厌恶的故事》的书，描述了美国老年人的悲惨情景，并要求改变这个国家对待老年人的方式。

完全参与的最严重问题是伦理道德问题而不是技术问题。虽然研究者采用这种方法可以获得许多有价值的资料，但是，研究者却都必须面对这样一个问题：即社会研究者究竟有没有为了研究的目的而操纵和欺骗人的权利？

（2）参与观察的分类。

参与观察还可以根据参与程度分为完全参与观察和半参与观察，即在完全参与观察中，观察者的身份是"隐蔽的观察者"，在半参与观察中，观察者的身份是"公开的观察者"。显然，完全参与观察带有"卧底"的特征，这种观察方法能够在一个不被干扰的环境下获得比较客观的资料，但在科学研究的伦理道德上有时会受到质疑，除非针对一些非常特殊的群体，如犯罪团伙、乞丐团伙、监狱犯人等。在半参与观察中，由于观察者的身份是公开的，因此会影响到被观察群体的正常生活，但是如果能够与被观察群体建立比较和谐的关系，并且能够在一个比较长的时期里进行观察，观察者对被观察群体的影响会慢慢减少。因此，在实地研究中，除了针对一些非常特殊的群体之外，大多数参与观察采用的是半参与观察方法。

5.3.3　间接观察

以上所讲的观察方法都属于直接观察，即研究人员直接目睹他的调查对象。直接观察的局限性主要在于观察者或观测工具对被观察者的影响。而间接观察则能完全避免这种弊病。

间接观察是通过某些中介物来观测调查对象，这类似于测量学中的"三角测量"，即分别通过直线和折线来确定某一点的确切位置，并比较各种不同途径的结果来检验各种方法的有效性。在社会学收集资料的方法中，问卷法、访问法、实验法和直接观察都属于直线式的调查方法。而间接观察、文献研究、内容分析则属于折线式的。间接观察包括两种类型：物质痕迹观察和行为标志观察。

（1）物质痕迹观察。

物质痕迹是指人们的行为所留下的迹象，由于行为者并不曾想到调查研究人员会对这些迹象感兴趣，因而他们的行为是真实的、自然的。美国社会学家韦布将物质痕迹观察分为两类，即腐损测量与累积物测量。

①腐损测量。腐损是指人们在活动时有选择性地使用某类物体所造成的腐蚀和腐损。例如，在一定期间内，图书馆中哪些书刊磨损得比较严重，就说明人们更经常地借阅这些书刊，由此可以看出这一期间读者的阅读倾向。又如，观察刑警队车辆的轮胎磨损程度可以推

测这一时期刑事案件的发案率，它可以与报表统计的发案率相互验证。

②累积物测量。考古学家通过观察历史沉积物可以发现自然界和动植物的演变。同样，社会调查人员通过对人们遗留下来的物质的观察，也可以推测人们的行为特征。例如，观察私人书架上面的灰尘可以猜测被调查者对书籍的喜好程度。对垃圾箱中的丢弃物进行分析也可以得到许多有关行为的信息。美国著名的性研究专家金西（Kency）还运用这种方法对公共厕所墙壁上遗留的涂写文字进行了分析。

当然，对物质痕迹资料的收集和分析都比较困难，尤其是很难判断这种资料的有效性和普遍性。但是，这种方法作为辅助手段，可以提供某些行为线索，可以对其他方法获得的资料进行检验。

（2）行为标志观察。

这种间接观察方法是通过一些表面的或无意识的现象来推测人们的行为方式和价值观。它假定，这些现象是人们行为或态度的间接反映。

例如，国外研究人员设计了一种“丢失邮件或物品”的观察；他们在不同城市、不同时间将一些标有地址的信件或物品丢失在街上；然后统计这些信件被寄回或物品被送回的比率，不同的比率表明不同地区不同城市居民的助人程度，它反映了人们在互助行为或社会道德观念上的差异。这种方法还可以验证其他方法的结果。例如，美国社会学家对波士顿居民夜间交往关系的研究就采用了这种方法。研究人员在不同时间将不同标记的铝制钥匙（以便夜间也容易发现）丢落在街上，钥匙链上标有地址、姓名，如过了两个小时还未被人拾走就收回，以免混淆不同时间的回收率。统计各段时间被人拾走的数目和寄回的数目即可算出回收率。调查结果表明，白天的回收率要高于夜间的回收率，这与对问路、回答问卷、结识的统计结果是矛盾的。研究人员认识到，这种结果反映了夜间活动者价值观的另一层面：即夜间的行人对于同属于夜间活动者的陌生人是友善、互助的，而对于不知是何人丢失的物品这类事情则不太关心。由此，研究者发现了夜间活动者与白天的行人之间的差别：前者具有豪爽、敢于冒险、性格粗放、开朗的特征，而后者在平均程度上是理智的社会人。因而，所有的假设虽然被前三项指标证实，但应当修改为“夜间活动者的助人程度要大于白天的活动者”。这个例子说明间接观察有助于更深入、全面地了解人们的行为。

间接观察的主要优点是对被观察者没有任何影响，不会使他们产生“反应”，因此可以收集到真实行为的资料。它的主要缺点是很难对效度进行检验，无法知道所观察的标志和迹象是否真正反映了所要调查的行为或现象，即使能够反映的话，也很难断定这种行为——指标的关系是否具有普遍性。因此，间接观察一般都作为辅助手段，用以对其他方法进行补充和检验。

5.3.4 观察的信度与效度

要讨论观察的效度与信度，有必要先简要介绍一下观察的过程及主要步骤。

(1) 观察的步骤。

观察的全过程可分为三个阶段：准备阶段、实施阶段和资料处理阶段。每个阶段中又包括几个主要步骤，如表 5－6 所示。

表 5－6　　观察的步骤

阶段	内容
准备阶段	①确定研究目的
	②制订观察计划
	③理论准备和物质准备
实施阶段	④进入观察现场（或实验室）
	⑤与观察对象交往
	⑥进行观察（或测量），做出现场记录
资料处理阶段	⑦整理和分析观测记录
	⑧撰写调查报告

准备阶段：①确定研究目的。②制订观察计划：这是对整个观察过程的图上作业，它包括确定观察对象、观察内容和范畴，选择观察方法，确定观察地点、时间，以及详细考虑在各阶段中可能遇到的各种问题。③理论准备和物质准备，理论准备包括查阅文献，提出理论假设或将观察范畴操作化，确定观察指标和分类系统，物质准备包括制订观察卡片或记录提纲，选用技术设备，培训观察员等。

实施阶段：④进入观察现场（或实验室）。⑤与观察对象交往（或与被试者交谈）。⑥进行观察（或测量），做出现场记录。

资料处理阶段：⑦整理和分析观测记录，进行统计分类，得出观察结论；提出理论解释。⑧撰写调查报告。

由于观察法是直接目睹行为和事件的发生与演变，因此它比其他的方法具有更大的表面效度，正如俗话说的："耳听为虚，眼见为实。"但是，在观察的各个阶段仍然存在着一些影响观察效度和信度的因素。

(2) 观察的信度。

观察的信度包括三种类型：第一，不同观察者的相关度；第二，稳定系数，即同一观察者在不同时间观察的符合度；第三，信度系数，即不同观察者在不同时间内观察的符合度。一般来说，不同的观察者或者一个观察者在不同的时间对日常现象的观察是很难完全一致的，国外的研究者曾作过下列实验。

在一次心理学会议上，突然从门外冲进两个人，后面的人拿着手枪追赶前面的人，他们在会议厅中央混战时响了一枪，两人又一起冲了出去。从进来到出去总共二十秒钟。会议主席立即要求所有与会者写下他们目击的经过。这件事是事先安排，经过排演并全部照相下来的，尽管与会者当时并不知道这种情况。在交上的 40 篇报告中，只有 1 篇在主要事实上错误少于 20%，其中 14 篇有 20%~40% 的错误，其余 25 篇有 40% 以上的错误。特别值得一提的是，在半数以上的报告中 10% 或更多的细节纯属臆造。这次观察的条件是有利的，因为整个经过十分短暂，并非常惊人，足以引起人们注意，细节又是事后立刻记下，记录者都是惯于作科学观察的心理学家，并且与事件都无个人牵连，但观察效果却很差。①

其他类似的实验，其结果也大致相同，这说明无结构观察的信度很难信赖，也很难检验，除非对一切都进行录像。因为无结构观察主要依靠具体观察者的感官和主观描述，这种主观描述不是以数量表示的，也不是标准化的，很难相互对比。

观察的可靠性取决于不同观察者都集中注意于某些事项：他们不仅要看到而且必须探寻每一个细节，并用标准化语言记录出来。对信度的精确评估，必须运用统计检验，而这只有在结构式观察方式才能有可能。美国社会学家西尔斯等人对结构式观察的信度进行了研究。

他们在一项为期 6 周的观察中，将 4 名观察人员分别组合为 6 个两人观察组；在不同时间观察同一个孩子的行为；一共统计了 63 次的对比资料，他们计算了每次观测时两个观察人员的一致性程度；即信度，得到总的信度为 81%。其中，第一周的信度为 72%，第五周为 82%，第六周为 87%。按对行为类型的分类统计，观测孩子们的成人角色行为的信度为 86%，依赖性行为的信度为 61%。所记录的行为大部分是成人角色行为，而反社会的侵犯性行为仅记录了 23 例。上述结果说明，观测信度是随时间递增的，而且有较多记录的行为类别其信度也较高。

提高观察信度的方式，一种是通过在不同时间的重复观察，另一种是增加观察者的人数。但前一种更为可信一些。另外，要注意选择有经验的和受过专业训练的观察者，对观察的类别要有较清楚的定义。在对不同时间的行为观察时，要注意情境的变化，以及同一个人在不同时期中行为的变化，因为这些都对观察信度有影响。

（3）观察的效度。

在准备阶段，首先要选择适当的观察方法，然后根据这种方法，对研究者角色的规定来确定观察方案，在观察地点的选择上应考虑它是否适合于研究目的。例如，要观察少数民族的风俗习惯，却选择一个受外来文化影响较大的村镇就不可能得到预想的资料。同样，对观察对象的选择也要考虑研究目的和观察者角色的影响。如果要研究工人的劳动积极性，就要观察不同年龄、不同工种的工人，并且观察必须考虑研究者本人是否适合于从事这种观察。例如，国外有的社会学家要研究洗衣店工人的工间活动，他采用了参与观察，即进店当了临时工。洗衣店大部分是 50 岁以上的女工，而他本人才 20 多岁，因此，当他在场时，女工们的工间交往活动都集中于同他交谈，并且以母亲对待儿子的方式同他交往，结果，他获得的资料并不是研究目的所需要的。

对内在理论效度影响较大的是理论准备过程，即观察范畴的选择和操作化。例如，以前

---

① ［英］W. I. 贝弗里奇：《科学研究的基础》，科学出版社，1984 年版，第 102 页.

面对“成人”书店顾客的描述为例，在确定观察范畴时要考虑它们（如婚姻状况、社会阶层）对于研究目的来说是否是重要的和有效的，然后要考虑所确定的操作化指标是否能表示上述范畴，如以戴结婚戒指来表明已婚是否有效（在实际观察中，研究者通过抽样调查发现，50% 的已婚男子不戴戒指，他们根据这个比率对观测结果进行了修正）。

在观察实施阶段，影响内在经验效度的因素较多，它们来源于：第一，被观察者的“反应”。当被观察者意识到有人对他们观察时，总是会在不同程度上有意识或无意识地改变他们的习惯行为；尤其是在某些敏感性的问题上（如从事违法行为或私下活动时）。第二，观察者本人的价值观和期望的影响。观察者要做到完全客观地观察是不可能的；他们总是多少带有一些个人偏见。此外，不同的观察者可能会注意到不同的事物，这取决于他们的兴趣和期望。例如，“许多男人同一个女人待了一天后对她的穿戴只有极模糊的概念，但是大多数的女人在见到另一个女人以后几分钟就能详细地描述那个女人的服饰”①。第三，观察者本人感官和记忆力的影响。观察者有时会出现错觉，特别是在紧张、疲劳时。他们也会对某些经常出现的现象熟视无睹，而未加记忆。

在资料处理阶段，研究者有可能依据自己的偏好来决定资料的取舍，或者挑选有利的数据来构造自己喜好的理论。这些都会影响观察结论的准确性。

观察效度很难检验，尤其是对无结构的观察。检验效度通常会与其他方法的结果相比较。表 5－7 列出了两种方法对“成人书店”顾客的调查结果。

表 5－7　“成人书店”顾客的特征

社会特征	观察法	问卷法
年龄（或平均年龄）	30～49 岁	32 岁
性别	99% 男性	90% 男性
社会阶层——服装	47%～51% 中产阶层（西装领带）	
社会阶层——职业		49%（专业——管理人员）
婚姻状况	52% 已婚（26% 戴戒指）	61% 已婚

在问卷调查时，由于研究人员取得了书店老板的合作，采用不记名的方式请顾客填写问卷，并且只调查几项非敏感性的问题，因此，它的效度可以认为是较高的。比较两种方法的结果可看出，尽管观察法的定量方式有些直观，但两种结果是比较一致的。

国外的研究人员对观察中主观判断的效度进行过某些检验。例如，他们请 50 名学生表达 10 种面部表情，让另一组学生观察、作记录。结果，观测高兴、友爱、恐惧的准确率为 75%，其他如厌恶、轻蔑等表情的准确率为 50% 左右，总的效度是 0.62。可以断定，经过训练的观察员其正确观测的比率要更高。

① ［英］W. I. 贝弗里奇：《科学研究的基础》，科学出版社，1984 年版，第 104 页.

以上例子说明，结构式的观察只要在各个阶段上注意消除干扰因素的影响，就可以达到较高的内在效度。无结构的观察和间接观察的内在效度不易检验，但它们外在效度较高，而且具有其他方法所不及的优点。

5.3.5 观察法的作用与特点

观察是取得社会信息的重要手段。科学家们认为："知识来源于对周围事件中相似处和重现情况的观察。"① 一切科学发现都离不开对具体事物的大量观察。社会学为研究大量的社会问题，它首先要了解在社会结构中结成各种社会关系的不同人群的活动，即人们的社会行为；其次它要了解社会文化和社会经济状况对人们的相互行为的影响。观察可以提供有关社会行为的详细的、第一手的资料，可以对社会情境有直接的感性认识。例如，恩格斯在调查英国工人阶级状况时经过亲身观察详细地描绘了工人的生活状况和社区环境，他说：我寻求的并不仅仅是和这个题目有关的抽象知识，而是要在工人的住宅中观察他们的日常生活，了解他们的状况和疾苦，亲眼看看他们是怎样为反抗压迫者的社会和政治统治而进行斗争的。这种观察为揭示工人阶级的本质特征和行为方式，揭示社会经济状况与工人阶级的思想意识，价值观及伦理规范之间的联系建立了基础。

观察法还用来搜集用其他方法很难获取的信息。特别是当研究者与被研究者无法进行语言交往或处于不同文化背景的情况下，常常采用观察法。英国社会人类学家马林诺斯基为了研究西太平洋突布兰群岛的土著文化，在岛上生活了六年之久。他一方面学习当地的语言，另一方面主要运用观察法了解当地的生活习惯、风俗、宗教礼仪等，以便揭示隐藏在这些非西方文化现象背后的深层文化结构和它们的社会功能。他创立的实地参与观察方法成为社会人类学方法的典范。

观察也是提出理论假设的基础。在理论研究中经常是一开始对所要研究的问题并没有较全面和深入的了解，没有明确的概念和假设。这时一般要先进行探索性研究，初步观察和了解研究对象的特点，并结合其他方法形成一些理论假设，为下一步的深入研究做准备。

从观察法的作用中可以看出，这种方法具有以下几个优点。

它可以当时当地观察到现象或行为的发生，从而掌握第一手资料。观察不仅可以把握整个现场情况，而且还可以感受到当时当地的情境和气氛，并借助于现场记录或录音、录像可得到详细、可靠的信息。

观察一般是在自然环境中进行，因此，它对研究对象的扰动较小，尤其是在间接观察、局外观察和完全参与观察中，被观察的对象很难觉察到观察者的存在，因而可得到自然条件下真实行为的资料。

---

① 袁方．社会研究方法教程［M］．北京：北京大学出版社，2013：383.

观察法特别适用研究无语言文字沟通的调查对象，如对土著、少数民族和幼儿、聋哑人的研究。

观察法可以弥补其他方法的缺陷。在社会调查中，经常遇到调查对象不愿接受访谈，拒绝回答以及不交回调查问卷的情况。此外，即便回答或填写问题，也有可能有意歪曲真实情况或因记忆不清等原因产生较大的误差。而采用观察法则可避免上述局限性。另外，观察法还可以为文献研究补充具体、详尽的材料，并且能验证其他方法所获得的资料。

观察法的作用和优点是由其特点决定的。观察法有三个主要特点：①观察的直接性与自然性。与其他方法相比，在观察中，研究者与被研究者的联系更为直接和自然。②由于观察的直接性，因此观察者本人的主观意识和价值取向则更多地介入观察对象和观测资料中。③观察具有广泛性，这不仅指观察法广泛适用于各种场合和情境，它的对象包括各种各样的社会现象，而且也指与其他方法相比，观察者的范围更广，甚至未经多少专业训练的人也可以采用这种方法。但也正是由于这些特点，使观察法具有一定的局限性和缺点。

由于观察的直接性和自然性，使它难以控制环境变量和时间变量，很难进行数量分析和统计判断。在自然环境中，研究者很难预见到他所要研究的社会现象何时会发生，很难控制各种影响变量，不易做到有计划的观察。而且一般来说，现场观察的样本数较少，难以定量化，不适于推断到其他场合或其他调查总体。另外，对少数人的观察或一次性的观察很有可能导致歪曲和偏差。

现场研究往往需要直接观察某些组织和人群，如政府机构、领导人等，但研究人员往往很难获准对其观察。即使是对某一企业进行观察，也可能会由于企业领导人的担忧或职工对观察者的怀疑而导致失败。此外，观察也很难得到私人场合的行为资料，如家庭内部纠纷、高层领导行为、性行为等。

由于观察的主观性和情感性较强，因此观察资料会受到观察者的价值观和感情因素的影响。在观察时，观察者本人就处于社会环境之中，他与观察对象有着不可分割的联系，这种联系会直接影响他对社会现象的感知和理解。另外，观察主要依赖于观察者个人的感官和思维能力，而人的感知范围是有限的和有选择性的，人的思维方式也是不同的，例如，观察者常常是不自觉地以自我文化为本位，用他自己的概念和文化标准来评价观察对象的行为。因此，观察者不仅有可能忽视某些重要的社会现象，而且不同的观察者也有可能得出不同的结论。由此得到的资料很难重复验证，无法相互比较，对观察信度也不易检验。

一般来说，观察者的参与程度越高，观察的时间越长，观察结果的主观成分也就越大，情感色彩也越浓。由于观察者与被观察者建立了较深的感性关系，因此他有时可能会拒绝相信或不愿报道某些对后者不利的事情，从而破坏了观察的客观性。

虽然从表面上看，观察是一种任何人都可以采用并适用于大多数场合的方法，但是这也给它带来一定的局限。由于观察的范围较大，涉及各种现象和行为，因此，通过记录而得到的大量观察资料很难整理和分析，这种资料类似于开放性问卷中的回答，它通常是定性地描述或琐碎的记录，缺乏系统性，不易分类和编码。而且，观察的工作量很大，较费时间和精力，需要较多的经费。此外，要从大量的观察资料中提炼出有意义的结论，必须借助于观察者本人的经验和识别能力，从这个意义上讲，与其他方法相比，观察法对于研究者的素质要求更高。

在实际研究中，要做到科学的观察是非常困难的。这种困难不仅来源于观察法本身的特点，更主要的是由于社会科学的性质研究社会过程与研究自然过程有某些本质区别。首先，社会过程受大量偶然因素的影响，很少会出现完全相同的社会现象，因而很少显示出严格的规律性，只有通过多次，详细的观察才能得到比较可靠的资料；其次，对社会过程的观察和理解要受观察者本人的价值观、情感因素和知识结构的影响；最后，观察者的在场会影响研究对象的习惯行为和行动的正常进程。

当然，观察法乃至社会科学方法的局限性并不是绝对的。一方面，近几十年来社会科学中的观察手段与技术在不断发展完善；另一方面，观察法有各种形式，它们适用于一定的研究范围并且有不同的特点，因此不能一概而论。

关键术语

实地调查　访谈法　结构式访谈　非结构式访谈　观察法　实验室观察　局外观察　结构式观察　间接观察　参与观察

思考与实践

1. 实地研究的含义。
2. 访谈法的概念、类型及程序。
3. 访谈员的挑选与训练。
4. 观察法的概念、类型及分类原则。
5. 观察法的作用与特点。

阅读材料

1. 曾婧婧．公共管理研究中的实地试验：最新代表性研究及探讨［J］．公共管理评论，2020，2（4）：190－213.

2. 曾雯露，零零后初中辍学青年研究——基于粤北某农村零零后辍学青年的深度访谈［J］．中国青年研究，2021（3）：21－27.

3. 房宁．政治学为什么需要田野调查［J］．华中师范大学学报（人文社会科学版），2021，60（1）：10－16.

4. 余丽娟．新型农村集体经济：内涵特征、实践路径、发展限度——基于天津、山东、湖北三地的实地调查［J］．农村经济，2021（6）：17－24.

第6章 问卷调查

6.1 问卷的含义

问卷法已被普遍使用。在使用中存在的突出问题是误用，即将随意构建的不完善的问卷向公众分发，或者以为有张问卷就算是实证研究，而不去审视问卷的质量。构建合适的问卷需要时间和技能，它是论证阶段的一项研究工作。问卷法和访谈法比较起来，费时少，成本低，而样本量较大，特别是电子邮件技术发展后，通过计算机发送问卷使问卷法更为便捷有效。

构建问卷之前首先要阐明问题。明确问卷的主题即所要研究的问题和待验证的假设，以便被询问者可根据个人意见无误解地给出答案。然后，采用合适的抽样技术选择调查对象。研究者应估计所选对象是否能够并愿意提供所预期的信息。有些人尽管可以提供信息，但毫无兴趣或认为该项研究意义不大，便不作出回答。事先花费一些精力去辨别被调查者接收问卷的可能性还是值得的。有些场合下，问卷不直接给调查对象本人，而是发给他的上级再转达可能更有效。

6.2 问卷设计的原则、步骤与方法

6.2.1 问卷设计的基本原则

在实际动手设计问卷之前，我们的头脑中应该牢记下面的几条基本原则。这些原则虽然并不直接涉及问卷设计的具体方法和技术，但在某种意义上，它的重要性并不亚于具体方法的介绍。

（1）明确问卷设计的出发点。

问卷作为调查者用来收集资料的工具，在对其进行设计时，自然要考虑调查者的需要，即问卷设计要紧紧围绕所研究的问题和所要测量的变量来进行。既不漏掉一些必需的资料，也不包含一些无关的资料。但是，如果只从研究者的需要来考虑，而不考虑到被调查者的多种实际情况，那么所设计的问卷往往会存在一些不妥的地方。例如，有些问卷长达 40 页，问题数目多达几百个；有些问卷中的问题设计得过于复杂，一个问题中包含 100 多个子问

题；有些问卷中的问题需要回答者进行难度较大的回忆和计算等。这些情况都是设计时没有为回答者着想，没有从回答者的角度进行考虑的表现。

我们知道，社会调查实质上是调查者通过问卷向被调查者了解情况的过程。这一过程可以简单表示为："调查者——问卷——被调查者"。"调查者——问卷"这一环节，指的是调查者按照研究的目的和意图设计出问卷。如果仅从这一点考虑，问卷设计的出发点当然就是调查者，即问卷设计时要一切以调查者的需要为中心；但是，问题还有另外的一半。在"问卷——被调查者"这一环节中，问卷则是众多被调查者的主宰。尤其应该认识到，我们所调查的对象不是机器，而是具体的人。不同质量、不同形式的问卷，对被调查者提出的要求和产生的影响也各不相同。因此，要使我们的调查取得好的效果，设计问卷时不能只把注意力放在编制什么问题上，还要注意问卷调查过程中人的因素。要多为回答者着想，多从回答者的角度考虑，尽量为他们填答问卷提供方便，减少困难和麻烦。

（2）捋清与问卷设计相关因素。

一份问卷的设计工作远远不止是列出一组问题，它还涉及许多在问卷上看不到的因素，并受这些因素的影响和制约。这些因素包括调查的目的、调查的内容、样本的性质等。

①调查的目的。对于任何一项问卷设计工作来说，调查的目的就是其灵魂，因为它决定着问卷的内容和形式。如果调查的目的只是了解被调查对象的一般情况，那么，问卷设计就应该主要围绕着被调查对象各个方面的基本事实来进行。如果其目的不是一般的描述，而是要作出解释和说明，那么，问卷设计就要紧紧围绕着研究假设和关键变量来进行，问卷中必须问什么、不必问什么都将严格受到研究假设的制约。

②调查的内容。调查的内容也是影响问卷设计工作的一个主要因素。对于那些回答者比较熟悉的调查内容、容易引起回答者参与兴趣的调查内容、不会对被调查者产生心理压力的调查内容来说，问卷设计的工作就相对容易一些。这时，问卷的内容可相对详细、深入，提问可以比较直接，问题的数目可以适当多一点；但当调查的内容回答者不熟悉时，或者调查内容比较枯燥，不易引起他们的兴趣时，特别是涉及一些敏感的内容时，问卷设计工作就要困难一些，这时问卷中的问题相对来说就只能问得概略一些、浅显一些、间接一些，问题的数量也应少一些，而问卷的封面信和指导语就需要比较详细，措辞也需要更加小心。

③样本的性质。样本的性质即样本的构成情况，它对问卷设计工作同样有着较大的影响。构成调查样本的被调查者是些什么样的人，他们的职业、文化程度、性别、年龄的分布状况如何，相互之间差异大小等，都是设计者应该有所了解的。因为即使是同样的调查目的和同样的调查内容，用于工人样本中的问卷和用于大学生样本中的问卷在设计上的要求也是不尽相同的。用于工人样本的问卷，其语言应该更通俗、简单和口语化一些，问题的数量也应少一些；而用于大学生的问卷，语言就可以书面化一些，问题可以复杂一些，数量也可以多一些。

（3）认识阻碍问卷调查的因素。

由于问卷调查需要被调查者的密切合作，因此，在设计问卷时，必须对那些在问卷调查过程中可能出现的阻碍因素有清楚的认识。阻碍被调查者合作的因素主要有两个大的方面。

①主观上的障碍。即由被调查者心理上和思想上对问卷产生的各种不良反应所形成的障碍。例如，当问卷内容太多，问卷表太厚，或者问卷中需要花时间思考、回忆、计算的问题太多时，回答者就容易产生畏难情绪；当问卷中的问题涉及个人隐私等敏感的内容时，回答者就容易产生种种顾虑；当问卷的封面信对调查的目的、内容、意义解释不够时，回答者就可能对问卷调查不重视，缺乏积极合作的责任感；而当问卷内容脱离被调查者的生活实际，或者所用的语言与被调查者的文化背景不协调，或者问卷形式设计得呆板、杂乱时，被调查者就可能对问卷调查毫无兴趣、置之不理，甚至将问卷表弃如废纸。

②客观上的障碍。即由被调查者自身的能力、条件等方面的限制所形成的障碍。例如，阅读能力带来的限制，一个被调查者起码要能看得懂问卷才能作出他的回答。如果问卷的格式较复杂、问题较抽象或者语言不通俗易懂，那么有些文化程度较低的被调查者就很难看懂问卷的内容和要求。又如，理解能力的限制，无论是对于问题的内容还是对于填写问卷的方法，被调查者常常会存在一些理解误差，甚至根本无法理解，因而对他们来说，问卷调查就是不可行的。还有记忆能力、计算能力所带来的限制，在问卷中，研究者常常询问有关被调查者过去的经历或生活的问题，也常常询问如每年的收入、每月的生活费用、每天用于某件事的时间等问题，这些问题常常要求被调查者进行一定的（有时甚至是困难的）回忆、思考和计算。然而，并不是每个人对自己所经历过的各种事情都能回忆起来，也并不是每个人都能按调查者的要求进行计算的。如果我们不设身处地为被调查者考虑，那么一些回答者就会由于上述种种客观条件的限制而放弃答卷，从而减少了调查问卷的回收率，影响到调查质量。

（4）多角度考虑问卷设计工作。

一份问卷看起来是由一组问题和答案所构成的调查表格，但是，它的设计工作却涉及许多在问卷上看不到的因素，并受到这些因素的影响和制约。因此，设计问卷时要从多种不同的角度来考虑，尤其要考虑到下述几种因素的影响。

①资料处理分析方法的影响。不同的资料处理和分析方法，对问卷设计者有着不同的要求。如果资料由调查者采取手工的方法进行统计和整理，那么，除了调查的样本很小时问卷可以比较详细外，一般情况下，问卷的内容只能非常简单。因为如果问卷的内容较多，那么手工统计和处理不仅费时费力，有时甚至是无法完成的。如果资料采用电子计算机进行处理，那么，样本可以很大，问卷的内容也可以很多。另外，如果研究者对资料主要采用定性分析的方法，那么，问题的形式就必须以开放形式问题为主；而当主要采用定量分析时，问题的形式就必须以封闭式问题为主。

②问卷使用方式的影响。问卷的使用方式包括问卷的填写方式和回收问卷的方式。由被调查者亲自填写的问卷，即自填问卷，与由访谈员根据被调查者的回答填写的问卷，即访谈问卷之间存在着较大的不同。自填问卷要求设计得尽可能简单、明了，便于填写；而访谈问卷则可以相对复杂一点，但要将对访问员的指导语与对被调查者的提问和指导语明确区分开。从发送及回收的方式上看，用于集中分发、当场填答并收回的问卷，封面信的设计就可

以十分简单甚至不要。因为调查者可以在分发问卷前作统一的解释和说明，以代替封面信的解释和说明。但用于邮寄调查的问卷，则要对封面信备加注意。因为被调查者在接到一份由陌生的调查单位或个人寄来的问卷时所产生的一切疑问，都必须由封面信解释清楚。此外，由于这种方式调查者与被调查者完全不见面，因此一切事情都得通过书面语言来进行，这也给邮寄问卷的整个设计工作提出了特殊的要求。

③调查经费和时间的影响。调查经费的多少以及调查时间的长短都可能对问卷的设计工作造成影响。例如，如果调查的经费不足，可能就只能用油印的问卷而不能用铅印的问卷，有时则是由于铅印的时间太长，赶不上调查的需要等原因，只能油印。

6.2.2 问卷设计的步骤及实例

问卷设计的基本步骤和社会测量有关，也就是问卷实际是指标的问题化，即用问题的语言表述指标的意义。

（1）问卷设计的步骤。

①提出研究假设或设想、指标。在对调查课题进行文献梳理和经验观察的基础上提出研究假设或研究设想，研究假设或研究设想还可以以研究框架的形式表现，大致反映命题之间或者概念之间的关系。在此基础上对研究假设或研究设想中的主要概念给予操作化定义，提出主要的调查项目和测量指标。

②设计问卷草案。由于抽样调查的问卷都是结构式问卷，一个问题如何提问，一个概念怎样理解，除了要符合理论上的规定之外，还应该符合经验事实。在有些研究中，尤其是研究者不太熟悉的领域，还需要经过一定的探索性工作。例如，通过观察、开座谈会、个别访谈等方法，收集调查对象对问题概念的理解，以及具体的表述方法、术语或俚语，甚至一个问题应该有多少个答案，怎样达到概念的穷尽性等。

在此基础上，才可以开始正式设计问卷草稿。设计问卷草稿的方法作为初学者来说主要有两种。

卡片法，即把问题和答案记录在一张一张卡片上，就像以前做读书卡片一样；然后根据问题的类型进行归类，把相类似的问题卡片归在一起；安排好每类问题卡片的前后关系，即根据问题的逻辑秩序和问题的难易程度，确定问题提问的前后秩序；最后，编写问卷草稿，即根据问题的前后次序，把卡片上的问题和答案写在纸上，或者直接输到电脑中，对问题答案编码并安排好编码序号或栏码。

框图法或问卷的流程图，即根据问题的逻辑秩序和难易程度排列出问题的先后次序。具体做法是：先排列好问题的先后次序，然后根据问题的先后次序，画出问卷的流程图。问卷流程图的制作过程有时比较复杂，它既要考虑问题的先后次序，也要考虑过滤性问题和相倚性问题之间的关系，并在流程图上标好每个问题的编号，有可能的话最好把问题答案写在旁边；最后根据问卷流程图的内容编写问卷草案。如果你对问卷设计很熟悉的话，并不一定要采用这样的方法，甚至可以采用专门的问卷设计软件，直接在电脑里设计问卷草案，对问卷草案进行修改等（见图 6－1）。

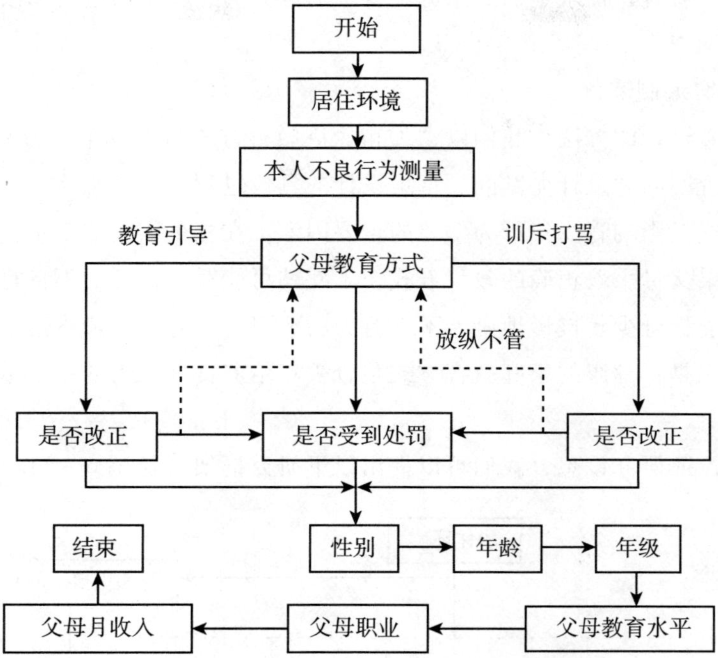

图 6－1　问卷设计流程图举例（部分）

③试测或专家讨论。完成问卷草稿设计后，不能马上进行正式调查，还要经过试验性调查或专家讨论，经过修改才能最后定稿，用于正式调查。尽管在设计问卷草案的过程中，我们已经做了大量的工作，但是任何一份问卷能否获得它所需要的资料，如果没有经过试验性调查或者专家讨论，是不能主观地确定的。因为研究者的思路和对问题的思考方法，有的时候与实际有较大的距离。

试验性调查就是将设计好的问卷草案在调查对象中运用非概率抽样方法选择一部分人进行调查，通过试验性调查主要想了解问卷草案存在的问题：例如，被调查对象是否明白问卷中的概念，会不会发生歧义；必须由调查对象回答的问题是否都得到回答了，未获得回答的问题所占的比率是多少，哪些问题特别不容易得到回答；问卷的长度和填答的时间是否会使调查对象感到厌烦；初步获得的资料是否符合原来的研究假设或研究设想等。

专家讨论法或者是利用开座谈会的形式，或者是把问卷草案直接寄给专家（当然也可以通过电子邮件的方法），请专家们讨论并提出修改意见。请专家讨论最好把自己的设计思想或方案，例如，研究假设或研究设想、概念的操作化及测量指标等资料一起发送给专家，这样专家就可以比较全面地评价问卷草案，并提出意见。如果没有对研究假设或研究设想和概念操作化及测量指标的说明；仅依靠问卷草案，专家们可能很难提出比较深刻的意见。

如果条件允许的话，可以同时进行试验性调查和专家讨论，这样可以获得比较全面、深刻的修改意见。

④修改和复印。经过试验性调查和专家讨论之后，可以把其中发现的问题集中起来，进行具体的分析，并根据发现的问题和专家意见对问卷进行修改。如果可能的话，最好把修改过的问卷请专家再看看，征求他们的意见，再根据专家的意见反馈进行修改。修改完毕即可复印，用于正式调查。

（2）问卷草案编制实例。

为了说明问卷设计的方法，我们以“城市家庭教育方式与青少年行为偏差”① 的调查课题为例子，具体说明问卷设计尤其问卷草案设计的具体过程。

家庭教育方式是影响青少年行为偏差的重要因素。在青少年刚沾染不良行为或者在模仿不良行为时，如果父母采取正确的教育方式，子女就可能矫正自己的不良行为，放任不管或教育不当则有可能让青少年慢慢地染上不良行为的恶习，并有可能最终违法犯罪。因此，研究假设或研究设想是：健康的家庭教育方式是青少年培养良好行为的一个重要因素。调查对象为初中学生。

根据研究假设或研究设想，我们可以提出以下研究框架（见图 6－2）。

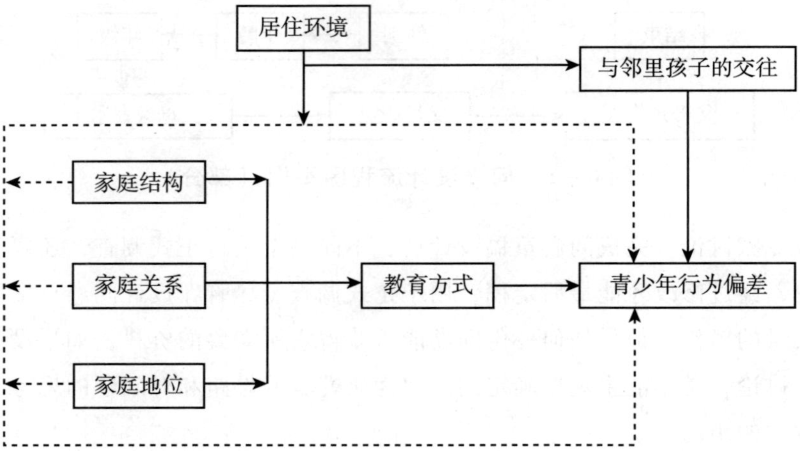

图 6－2　“城市家庭教育方式与青少年行为偏差”研究框架

上述研究框架反映了研究者的设想，即在研究者看来家庭教育方式影响了青少年行为偏差，家庭结构、家庭关系、家庭地位又直接影响了家庭教育方式，同时又对青少年不良行为产生重要影响（用虚线表示）。青少年偏差行为也受到整个社区环境的影响，因为青少年不良行为会受到同龄孩子的影响。研究者在这里用“居住环境”来代替。这样就构成了一个比较完整的研究设想。

然后，针对上述研究假设或设想的主要概念进行操作化定义，需要操作化的主要概念是家庭结构、家庭关系、家庭地位、居住环境、教育方式和青少年不良行为。具体的操作化定义见表 6－1。

---

① 仇立平．社会研究方法［M］．重庆：重庆大学出版社，2013：188.

表6－1　　主要概念操作化举例

需要操作化的概念	操作化定义
家庭结构	主要是指家庭人口数、代数、对数、家庭成员构成及组合情况
家庭关系	主要是指家庭成员尤其是父母之间的相互交往、本人与父母和其他家庭成员的关系，以及家庭的和睦程度
家庭地位	主要根据父母的教育水平、职业和收入反映家庭在社会上的地位
居住环境	主要根据住房类型判断家庭所在的社区环境
教育方式	主要是指父母在教育子女时采用的具体方法
青少年行为偏差	主要是指违反日常行为准则的行为，如骂人、讲脏话、小偷小摸等

在对概念操作化的基础上就可以提出主要的调查项目或测量指标：①家庭结构，包括家庭规模（人数）、家庭成员构成、本人是否独生子女或在兄弟姐妹中的排行；②家庭关系，包括父母之间的关系、本人与父母的关系；③家庭教育方式；④本人基本状况；⑤居住环境。

在问卷设计中，还要注意指标问题化，即以问题的形式表达指标的意义，尤其是一些比较敏感的指标，如青少年偏差行为的具体表现，指标的用词和问题的用词是不同的。

根据上述研究假设或设想以及对主要概念的操作化和测量指标，笔者设计了一份“城市家庭教育方式与青少年行为偏差”的问卷（问题表）初稿，见表6－2。

表6－2　　“城市家庭教育方式与青少年行为偏差”问卷初稿

（以下问题除了空格或特殊说明以外，一律由访问员根据回答在相应答案旁的编码上画圈）

个案编号

A1 你家是住在上海　　　区　　　　　街道。	1－4 ____
A2 本人性别：（1）男　（2）女	5 __
A3 你家的住房是什么样子的？	6 __
（1）老式居民住房　　（2）新村公房	
（3）商品房（公寓）　　（4）简陋房（棚户区）	
（5）其他（请注明）________	
A4 家里有____间可以睡觉的房子（卧房）？	7 __
A5 现在和你住在一起的家人有____人（包括本人）。	8 __
A6 和你住在一起的家人是谁？	9－17 __
（1）爸爸　（2）妈妈　（3）爷爷或奶奶　（4）外公或外婆	____
（5）哥哥或姐姐　（6）弟弟或妹妹　（7）叔叔或姑姑　（8）舅舅或阿姨	____
（9）其他（请注明）__________	____

续表

A7 和你住在一起的哥哥或姐姐、叔叔或姑姑、舅舅或阿姨有没有结过婚的？	18 - 21 ....
（1）有　（2）没有	
如果有的话，他们是谁__________？	
访问员根据 A5 ~ A7 回答概括出孩子的家庭结构是属于哪种类型？	
（1）核心家庭　（2）主干家庭　（3）联合家庭	
（4）残缺家庭　（5）隔代家庭　（6）其他（请注明）________	
A8 你是独生子女吗？（1）是　（2）不是	22 ....
A9 如果不是的话，你是第____个孩子（排行）。	23 ....
A10 你今年____岁了？	24 - 25 ....
A11 你读的中学是什么样的？	26 ....
（1）一般中学　（2）民办中学　（3）原来是重点初中	
（4）民工子弟中学　（5）其他（请注明）__________	
A12 学校在你家附近吗？	27 ....
（1）是　（2）不是	
A13 今年是初中____年级了？	28 ....
A14 你的学习成绩怎么样？	29 ....
（1）优良　（2）一般　（3）比较差	
A15 和你要好的同学的学习成绩怎么样？	30 ....
（1）优良　（2）一般　（3）比较差	
A16 老师布置的作业能按时完成吗？	31 ....
（1）能　（2）有时不能　（3）经常不能　（4）说不清	
A17 喜欢玩电子游戏吗？	32 ....
（1）喜欢　（2）不喜欢（不喜欢或者不玩，直接问 A20）　（3）说不清	
A18 最近一天玩电子游戏的时间是______小时？	33 - 36 ....
（一星期玩电子游戏______小时）	
A19 最近一次是在什么地方玩电子游戏？	37 ....
（1）自己家　（2）网吧　（3）同学家	
A20 爸爸妈妈对（你）玩电子游戏态度是：	38 - 39 ....
（1）反对　（2）同意（直接问 A22）　（3）眼开眼闭（直接问 A22）	
爸爸________；妈妈__________	
A21 如果爸妈坚决反对你玩电子游戏，一旦发觉你还在玩游戏，会怎么办？	40 - 41 ....
（1）耐心说服　（2）扣罚零用钱　（3）大声呵斥　（4）痛打一顿	

续表

（5）其他（请注明）________	
爸爸________；妈妈________	
A22 你的主要兴趣还好是什么（限选三项）？	42 - 47 --------
（1）玩电子游戏　（2）看动漫　（3）看电视　（4）看书　（5）上网	
（6）打球　（7）唱歌　（8）玩玩具　（9）做飞机或者轮船模型	
（10）下棋　（11）交换或收集明星纪念品　（12）其他（请注明）____	
A23 在家爸爸或妈妈经常和你讲话吗？	48 ----
（1）每天都会讲　（2）有时会、有时不会　（3）很少讲　（4）说不清	
A24 你会主动和你爸妈讲话吗？	49 ----
（1）会　（2）不会	
A25 昨天你和爸爸或妈妈谈话的内容是什么？（限选三项）	50 - 55 --------
（1）学习　（2）学校的事情　（3）同学之间发生的事情　（4）吃、穿等	
（5）讨论新闻（6）家里的事　（7）我的零用钱　（8）身体健康	
（9）球赛或者电视节目　（10）其他（请注明）________	
A26 谈了多长时间？	56 ----
（1）不到 10 分钟　（2）10 ~ 19 分钟　（3）20 ~ 29 分钟　（4）半小时以上	
A27 爸爸妈妈在节假日是否会带你逛街、上馆子或者到公园玩？	57 ----
（1）会　（2）不会	
A28 你注意到爸爸和妈妈吵架吗？	58 ----
（1）吵过　（2）没有　（3）不清楚	
A29 如果爸爸妈妈有过吵架的话，是经常的吗？	59 ----
（1）经常　（2）很少	
A30 你注意到爸爸妈妈经常谈话吗？	60 ----
（1）经常谈话　（2）很少谈话　（3）从不谈话　（4）不清楚	
A31 你感到爸爸妈妈关系怎么样？	61 ----
（1）很好　（2）一般　（3）很难说　（4）不好　（5）说不清	
A32 爸爸妈妈喜欢打麻将吗？	62 ----
（1）爸爸喜欢　（2）妈妈喜欢　（3）都喜欢　（4）都不喜欢　（5）不知道	
A33 爸爸或妈妈有没有讲脏话的习惯？	63 ----
（1）有　（2）没有　（3）不知道	
A34 你家经常和邻居发生争吵吗？	64 ----
（1）经常有　（2）偶尔有　（3）没有	

续表

A35 周围邻居经常有吵架的行为吗？	65 ____
(1) 经常有　　(2) 偶尔有　　(3) 没有	
A36 如果你和爸爸（妈妈）一个人住在一起，你知道原因吗？	66 - 67 ____
(1) 知道　　(2) 不知道	
如果知道的话，是什么原因？	
(1) 爸妈离婚了 (2) 外出打工了　　(3) 在国外	
(4) 其他（请注明）________	
A37 对你来说，你感觉在家高兴还是在外面高兴？	68 ____
(1) 在家高兴　　(2) 在外面高兴　　(3) 说不清	
A38 如果爸爸或妈妈出差了或有一段时间没有见到爸爸或妈妈，会想念吗？	69 ____
(1) 会想的　　(2) 不会　　(3) 说不清	
A39 你在弄堂或者小区里有经常在一起玩的小朋友吗？	70 ____
(1) 有　　(2) 没有	
A40 爸爸妈妈知道你的很要好的同学或者小朋友吗？	71 ____
(1) 知道　　(2) 不知道	
A41 爸爸妈妈给你讲过哪些小朋友或者同学可以一起玩吗？	72 ____
(1) 讲过　　(2) 没有讲过（直接问 A43）	
A42 若讲过的话，爸妈认为哪些小朋友或同学可以和你一起玩？（选项两项）	73 - 74 ________
(1) 学习成绩好	
(2) 在学校里当干部	
(3) 小朋友的爸爸妈妈是当干部的	
(4) 小朋友的爸爸妈妈是老师或者技术人员	
(5) 小朋友家里比较有钱	
(6) 小朋友有礼貌、懂规矩、听话	
(7) 其他（请注明）________	
A43 如果爸妈曾经反对过你和某个（些）小朋友一起玩，他们会怎么做？	75 ____
(1) 会告诉我应该和怎样的小朋友在一起，说服我不要和他们一起玩	
(2) 会大骂我，命令我不能和他们一起玩	
(3) 会惩罚我，命令我不能和他们一起玩	
(4) 如果发现的话，会打我	
(5) 要求我放学就回家，不许在外面	
(6) 不管我	

续表

（7）其他（请注明）________	
A44 在你要好的小朋友或同学中有没有以下情况或行为？ （1）经常打架 （2）喜欢讲脏话 （3）上课大声喧哗 （4）欺负小同学 （5）无故不来上课 （6）泡网吧 （7）逃夜（夜不归宿） （8）经常不交作业 （9）抽烟 （10）没有经过人家的同意，就把人家东西拿过来 （11）强迫同学送钱或者送东西 （12）有非常要好、非常亲密的异性同学 （13）进过工读学校 （14）其他（请注明）________	76 - 89 --------
A45 你有没有上面的情况或行为？ （1）有　（2）没有　（3）说不清 如果有的话，请告诉我是哪些行为？ ______________（请访问员根据回答在左边填上答案的编码）	90 - 96 --------
A46 爸爸妈妈知道你有这样的行为，是怎样教育你的？ （1）会和我讲道理　（2）不问青红皂白，先骂我一顿 （3）不问青红皂白，先打我一顿　（4）先讲道理，不听的话就会训斥打骂 （5）把我关在家里，不让我出去　（6）扣我零用钱 （7）从来不管我　（8）其他（请注明）________ 爸爸________；妈妈__________	97 - 98 --------
A47 你和爸爸妈妈经常发生争吵吗？ （1）经常　（2）偶尔　（3）没有	99 ----
A48 当你做了不好的事情受到爸爸（妈妈）的惩罚，家里人会替你求情吗？ （1）会的　（2）不会　（3）很难说	100 ----
A49 当你做了不好的事情受到学校的批评，家里人会帮你吗？ （1）会的　（2）不会　（3）很难说	101 ----

续表

A50 家里因为你的事情是否经常会发生争吵？	102 ....
（1）经常　（2）偶尔　（3）没有	
A51 你爸爸和妈妈的工作是：爸爸__________；妈妈____________	103 - 104 ....
（1）党政企事业单位负责人　（2）办事人员　（3）各类专业技术人员	
（4）商业工作者和服务性人员　（5）军人　（6）工人	
（7）没有工作　（8）其他（请注明）________	
请访问员根据调查对象的回答归到相应的类别，并把答案编码填在空格上。	
A52 你爸爸妈妈上过大学吗？	105 - 106 ....
（1）上过　（2）没有	
爸爸________ 妈妈__________	
如果没有上过大学，你知道爸爸妈妈的教育程度是：	
（1）高中　（2）初中　（3）小学	107 - 108 ....
爸爸________ 妈妈__________	
A53 你爸爸妈妈一个月的大致收入是多少（元）？	109 ....
（1）10000 以上　（2）8000 ~ 10000　（3）6000 ~ 7999　（7）4000 ~ 5999	
（5）2000 ~ 3999　（6）不到 2000	
A54 你上个月的零用钱大致是__________元？	110 - 112 ....
A55 你穿的鞋子是什么品牌__________ ？	113 ....
A56 如果你有手机的话，品牌是________，价格是________ 元？	114 - 115 ....
A57 如果你有 MP3 的话，品牌是________，价格是________元？	116 - 117 ....
编码页根据 A56、A57 题回答，按编码手册要求编码。	

6.2.3 问卷设计技术

问卷设计技术主要包括题型和答案、问题次序和数量、问题语言和提问方式、编码和栏码的设计等。

（1）题型和答案。

调查研究中使用的问卷一般是以封闭式问题为主，根据问题的形式，问卷中的题型主要有填空题、选择题、排序题和关联题，其中选择题又可分为单项选择题、多项选择题、任意选择题、表列式选择题。

填空题在问卷中大多数用于收集数值性资料，如年龄、收入、支出、时间安排或者比较简单的问题。选择“其他”答案的，需要用文字具体说明。表 6 - 2 问卷中的 A1、A4、A5、

A9、A10、A13、A18、A54～A57 都是填空题。

单项选择题就是在规定的答案范围内只允许选择一项答案，这类题型在问卷中是最多的。表 6－2 中 A1、A3、A7、A8 等都是单项选择题。多项选择题是在规定的答案范围内允许选择两个以上的答案。一般而言，多项选择题的备选答案较多，如果答案只有四五个，允许选择多项答案的余地就比较小。同时，允许选择的答案不宜太多，一般不要超过三个。表 6－2 中 A22、A25 是多项选择题。单项选择题与多项选择题各有利弊。单项选择题可以使问题的回答更集中，有时可以"迫使"被调查者在犹豫之中做出自己的判断，并且资料的统计处理也很方便。但是，由于社会现象是受到很多因素影响的，只允许选择一项答案有时会让被调查者为难。例如，我们在调查人们的闲暇活动时，作为单项选择题你可以问"你最喜欢的闲暇活动是什么?"但是，实际生活中一个人喜欢的闲暇活动可能不止一项，单项选择题虽然也可以"迫使"他只能选择"最喜欢"的一项活动，但是对于被调查者来说毕竟不太"友好"，因此多项选择题可以弥补这方面的不足，让被调查者有更多的选择。当然，多项选择题会给资料的统计分析带来一些困难。在问卷设计中，只要不给被调查者的回答带来困难，应该尽量采用单项选择题。任意选择题是在规定的答案中由被调查者按照自己的情况选择他认为符合自己情况或判断的答案。多项选择题要规定允许选择的答案数量，而任意选择题就不再这样规定。实际上，任意选择题和表列式选择题都是把相同答案的若干个问题归并在一个问题之中。例如，表 6－2 中 A6、A44 就是任意选择题，在 A6 中实际上就是把"爸爸和你住在一起吗?""妈妈和你住在一起吗?""爷爷或奶奶和你住在一起吗?"等 9 个问题合在一起；A44 也是如此，实际上就是把"在你要好的小朋友或同学中有没有经常打架的行为?""在你要好的小朋友或同学中有没有喜欢讲脏话的行为?"等 15 个问题合在一起。表列式选择题通常是量表类型的问题，是把测量目标相同、答案相同的问题合在一起。例如，量表就是表列式选择题，表列式选择题也可以是由几个问题组合在一起的，以下就是由三个问题组合在一起的表列式选择题（见表 6－3）。

表 6－3　　　　表列式选择题举例

您是否知道社区有下列便民服务站点？有否接受过这些站点的服务？服务是否满意？

	是否知道		是否得到服务		是否满意	
心理咨询站	1. 知道	2. 不知道	1. 是	2. 否	1. 是	2. 否
司法社工站						
卫生服务站						
社区文化活动中心						
社区事务受理中心						

排序题是由被调查者根据一定的标准，如重要性、时间性或者难易程度对所选择的答案进行排序。排序题分为多项排序和全部排序。多项排序是在多项选择题的基础上发展出来

的，不仅可以确定被调查者所选答案的重要性程度，也可以按照加权方法，将多项选择的答案合并成单项选择。例如，表 6－2 中 A25 题原来是多项选择题，如果作为多项排序题可以改为如下形式（见表 6－4）。

表 6－4　　多项排序题举例

昨天你爸爸或妈妈谈话的主题是什么？请根据谈话主题的重要性程度选择三项，并把答案编号填在下面的空格上：

（1）学习	（2）学校的事情	（3）同学之间发生的事情	（4）吃、穿等事情
（5）讨论新闻	（6）家里的事	（7）我的零用钱	（8）身体健康
（9）球赛或者电视节目		（10）其他（请注明）________	

重要____________；一般____________；不重要____________

多项排序题可以按照加权方法，把多项选择的同一个答案的比率合在一起，成为单项选择的比率。例如，选择答案“学习”的，认为“重要”的占25%、“一般”的占12%、“不重要”的占8%，如果“重要”“一般”“不重要”的权数分别为3、2、1，分别乘以各自的比率，加总除以6为选择“学习”的单项比率。根据计算，最后选择“学习”的加权比率为：$\frac{25 \times 3 + 12 \times 2 + 8 \times 1}{6} \times 100\% = 17.83\%$；如果选择“我的零用钱”的“重要”“一般”“不重要”的比率分别为20%、30%、10%，加权比率为：$\frac{20 \times 3 + 20 \times 2 + 10 \times 1}{6} \times 100\% = 18.33\%$。

全部排序就是要求被调查者根据一定的标准对答案全部排序，经过计算可以获得不同答案在等级上的高低。例如，上例也可以改为全部排序题（见表 6－5）。

表 6－5　　全部排序举例 A

在你和爸爸或妈妈谈话的下列主题中，请根据你认为的重要性程度进行排序，最重要的给 10 分、其次为 9 分……以此类推，并把分数填在答案旁的空格上：

学习_______ 学校的事情_________同学之间发生的事情________

吃、穿等事情_________讨论新闻_________家里的事_________

我的零用钱_________身体健康_________ 其他（请注明）_________

全部排序题在社会分层或职业声望调查中运用比较多，研究者可以采用这样的题型获得有关职业声望的资料，即用打分的方式表示职业等级上的高低，也可以反映不同社会阶层或群体对社会分配的主观评价。例如，我们要想获得干部、知识分子、工人、农民、私营企业主、个体工商户等群体分享改革开放成果大小的主观评价，可以设计以下问题（见表 6－6）。

表 6－6　　全部排序题举例 B

请对下列社会群体分享改革开放成果大小进行评分，分享成果最多的给 6 分、其次给 5 分……以此类推，并把分数填在答案旁的空格上：
工人________ 农民__________ 干部__________ 知识分子__________
私营企业主__________ 个体工商户__________

关联题即关联性问题，是指前后两个问题的回答是相互联系的，前面一个问题的回答会影响到后面一个问题的回答。通常前面一个问题称为"过滤性问题"，后面一个问题称为"相倚性问题"。例如，表 6－2 中 A7、A8 和 A9、A17 和 A18、A19、A20 和 A21、A36、A41 和 A42、A45 就是关联性问题，其中 A7 题中"和你住在一起的哥哥或姐姐、叔叔或姑姑、舅舅或阿姨有没有结过婚的？"是过滤性问题，"如果有的话，他们是谁？"是相倚性问题，只有对前一个问题作出肯定回答，才需要回答下面一个问题。同理，A8 是过滤性问题，A9 是相倚性问题。关联性问题还可以采用以下形式（见表 6－7）。

表 6－7　　关联性问题形式举例

A7 和你住在一起的哥哥或姐姐、叔叔或姑姑、舅舅或阿姨有没有结过婚的？
（1）有 → → →　［他们是谁__________？］
（2）没有

A17 喜欢玩电子游戏吗？
（1）喜欢 → → →　［最近一天玩电子游戏的时间是________小时？
（2）不喜欢　　　　是在什么地方玩电子游戏？
（3）说不清　　　　（1）自己家　（2）网吧　（3）同学家］

A17 喜欢玩电子游戏吗？
（1）喜欢
（2）不喜欢 }
（3）说不清 }　［跳答 A20 题］

在设计封闭式问题答案时，除了要符合互斥性和穷尽性的要求外，有时还要注意答案类别所表示的意义。一般而言，问卷上的问题答案是比较具体和详细的，在资料分析时还要经过重新分类上升到更为抽象的概念层面。例如，在调查人们的闲暇活动时，各种各样的活动可能有二十多种，但是在进行统计分析时，除了要进行具体的描述，还要进行分类整理，简化成几个类别，如"学习型""休闲型""娱乐性""健身型""交际型"等，以便进行中高级统计分析。又如，我们在调查人们的择偶自主性时，答案可能有"自己认识、网上认识、朋友介绍、征婚广告、媒体活动、婚介所、亲属介绍、父母介绍、媒人介绍、其他"，在分析资料时就要根据择偶的自主性程度分为高、中上、中、中低、低五种类型，其中"自己认识、网上认识"自主性程度最高，"中上"是"征婚广告、媒体活动、婚介所"，"中等"

是“朋友介绍”，“中低”是“亲属介绍”，“最低”是“父母介绍、媒人介绍”。

（2）问题次序和数量。

问卷中的问题实际上是对某种现象的测量指标，具有内在的逻辑性，同时问题的先后次序要与人们思考问题的习惯相一致，并有利于访谈气氛的营造。大致说来，问题次序可以根据问题的内容、时间和类别进行安排。

先易后难，即先问简单的问题，后问比较复杂的问题。表6－2中先问家庭的居住情况和个人的信息，然后再问个人的学习和兴趣爱好、个人的不良行为等方面的问题。先一般后特殊，即对一个具体的问题的了解，可以先问一般性的问题，然后逐步深入，问一些比较特殊或敏感的问题。表6－2中有关个人与父母之间的交往，先问个人与父母之间的沟通情况，再问沟通的内容和时间的长短。先客观后主观，即先问客观性问题，后问主观性问题，因为客观性问题一般都是事实类问题，比较容易回答；主观性问题有的需要思考，有的比较敏感，不太容易回答，放在后面比较好，如对父母关系的评价等。不少问卷还有一些比较复杂的量表，也应该放在后面。如果调查内容涉及“过程性”问题，应该根据时间的先后提问。例如，若我们需要了解个人的工作经历，就要根据工作经历时间先后提问，先问第一次工作的时间，什么时候换了工作等，不要跳跃性提问，跳跃性提问容易干扰被调查者的记忆。当然，也可以先问记得比较清楚的、发生在最近的事情，再问前面发生的事情。总的来说，根据时间次序，可以由远到近，也可以由近到远，但不要把时间顺序搞乱了。另外，尽可能把同一类问题放在一起。一份问卷中的问题比较多时，会涉及几个大问题，要尽可能把同一类问题放在一起。表6－2中的大类问题就有个人和家庭的基本情况、学习情况、兴趣爱好、个人与同学、朋友、父母之间的关系、不良行为等，要尽可能把同类问题放在一起，这样可以使提问具有连贯性，被调查者回答问题比较集中，符合他们思考问题的习惯，也便于发现所获资料可能存在的问题。还有，把能引起被调查者兴趣的问题尽可能放在前面。把简单、一般的问题放在前面，并不意味越简单越好，作为开始的问项还应该富有吸引力，使被调查者产生兴趣，更快地进入访谈的氛围。例如，考虑到很多孩子都比较喜欢玩电子游戏，表6－2也可以把玩电子游戏的问题放在较前面的地方，使被调查者对调查感兴趣，引发他们接受调查的愿望，也不会使问卷调查过于枯燥。对于个人背景或特征类的资料一般放在后面，如性别、年龄、职业、教育程度等，放在问卷的前面一方面像在调查户口，另一方面这些问题有的涉及个人隐私，放在前面容易使被调查者为难。但是放在后面有时会产生漏填或漏答的情况，尤其是自填式问卷。因此，调查员在访问结束或者在收回问卷时一定要认真检查，因为个人特征类资料的缺失，会对统计分析带来较大影响。一个比较可行的办法是，对那些比较敏感的个人特征资料如收入等可以放在后面问，其他个人特征的资料可以与相关问题放在一起，或放在稍前的位置。

问题的数量即问卷的长度，虽然很难有一个具体的标准，但是按一些调查研究专家的经验，一份问卷的长度或者其所包含的问题，一般以被调查者能在半个小时内完成为宜。问卷的长度受到两个条件的制约：资料的准确性和被调查者愿意接受调查的时间。研究者总是希望在一次调查中获得最多的信息，问题较多，问卷较长，但是这样的结果经常会使被调查者在填写问卷或接受调查时产生厌烦情绪，就会对最后的、却往往是比较重要的问题敷衍了事，影响资料的准确性。因此，首先要考虑问卷的长度能否被调查者接受，能否获得准确的资料。在特殊情况下，对于比较长的问卷，调查员一定要向被调查者做好解释工作，以使他们愿意接受调查或填写问卷。

（3）问题用语或提问技巧。

在测量指标确定的条件下，问卷设计在某种意义上就是把指标转换成提问，即用什么样的语言表述指标的意义。问题设计除了题型和答案、次序和数量方面要注意若干原则外，还需要重视问题的用语技巧。

首先，对于一些容易引起被调查者反感或者误会的指标，需要转换为比较适当的问题或提问。例如，在对妇女婚姻问题调查时，经常会测量她们的初婚年龄，直截了当地问“您第一次结婚时年龄是多少?”就显得比较唐突（因为这样的提问暗含着还有第二次婚姻）。毕竟在我国离婚还不是普遍的现象。因此，在设计问题时可以先问“您是在哪一年成家的?”或者“您成家有多少年了?”（婚龄），然后利用计算软件用成家年份减去出生年份，或者用现在年龄减去婚龄就是初婚年龄。这类问题经常发生在涉及个人隐私或风俗习惯的提问中。

其次，对于不同的调查对象，问题的用语是不同的，如老年人和青年人的教育程度是不一样的，城市居民和农村居民的认知水平也有差异，因此针对不同的调查对象，要采用不同的提问或用语。例如，“闲暇生活”这一用语对于青年人是容易理解的，但是对于老年人或农村居民就有可能不太理解，要调查老年人或农村居民的闲暇生活就要转换为更通俗的语言，可以问“您的空余时间是怎样安排的”或者“您在空余时间有什么活动或做什么事情”。

有些指标虽然是比较具体的，但对于非专业人员来说还是不能正确理解。因此，在设计问题时，只能先问一些被调查者容易理解和回答的问题，然后由调查员根据回答进行归类。例如，职业是大多数问卷调查中必须搜集的资料，在调查中应该先由被调查者回答自己的具体工作，然后由调查员根据职业分类标准，归到不同的职业类别之中，相类似的问题还有家庭结构等。

涉及个人自我评价的指标，最好先问被调查者对其他人的评价，再问他的自我评价。例如，一项有关居民行为规范的调查，指标设计非常具体、详细，其中包括“文明出行”“保护环境”等指标及其具体表现，由于调查时只问本人“是否知晓”“是否做到”，结果95%以上的人都认为已经做到了，但是实际情况并不如此。如果在设计问卷时先问他对其他居民行为规范的评价，情况就会大不相同。因为在大多数情况下，人们的自我评价会高于对他人的评价。

问题的语言要尽量简短、清楚、准确。也许受到英语用语习惯的影响，现在不少问卷的问题语言过于冗长，不能清楚地表达问题的意义。例如，在社会流动调查中，问及个人的职业发展空间时，如果问题是这样表述的："您认为您现在从事的工作今后还有没有升职的可能性？"还不如改为："最近三年中您会升职吗？"还有，如果在答案上没有具体的说明，一个问题的表述不要含有几个问题，即一题多问；问题的答案不应该出现"正确"或"错误"的选择以及答非所问。例如，"您和家人的教育程度是什么？"就是一题多问，如果不能在答案上具体说明家庭成员是谁，被调查者就不可能回答；"学生考试作弊一律退学，您认为对吗？"应该改为"您是否同意学生考试作弊一律退学？"因为问卷调查不是测验，并且"是"与"非"的价值判断会给被调查者带来一定的压力；如果问题是："最近您是否与配偶争吵过？"但是答案却是"经常、偶尔、没有"就是答非所问，答案应该改为："是、否"，或者把"最近您是否与配偶争吵过？"作为过滤性问题，对于肯定回答者，再问"您经常与配偶争吵吗？"答案为"是、否"或者"经常、偶尔、说不清"。

（4）编码和栏码。

所谓编码是将资料系统化、类别化的过程。它要求将资料按一定的标准加以分类，然后以符号（数字或字母）来表示各种类别，因此编码的作用在于简化各种资料，即以符号代替文字资料，从而为资料的统计分析创造条件。需要指出的是，虽然用来编码的符号可以是数字或字母，但是一般使用阿拉伯数字作为编码的符号，一是因为在向计算机输入资料时，只用右边的数字键盘输入，既方便又快捷；二是在计算过程中，研究者常常还要根据需要进行再编码，用阿拉伯数字作为编码符号在其转换或再编码时比较方便。因此，所谓编码更为简单的定义是：用阿拉伯数字代替问卷中的文字资料，即将问卷中的文字答案转换成数字的过程。

编码的形式主要有两种，即预编码（事前编码）和后编码（事后编码）。预编码就是在设计问卷的同时，就安排好每一个问题答案的编码。以封闭式问题为主的问卷主要采用预编码的形式。预编码是比较简单的，例如，关于性别的编码，其答案类别只有"男""女"两个，只要以数字"1"表示男性，"2"表示女性即可。后编码主要是在调查结束以后整理资料时进行编码，开放式问题采用的是后编码的形式。由于开放式问题答案不可能在调查前就预先拟订，被调查者对于同一问题的答案可能是多种多样的，因此只有在调查结束以后，在对资料分析的基础上归纳、概括、分类，然后再进行编码。由于调查研究通常是规模较大的抽样调查，因此预编码是最主要的形式，即问卷设计同时也包括编码设计，后编码越少越好。编码方法如下。

A. 确定答案代码。根据答案的不同类型，答案代码的确定有所不同：单项选择题和多项选择题是按照答案的数量直接用数字表示每个答案的代号，答案的数量在 9 个以内，分别用 1，2，3，…代表每个答案；答案数量超过 10 个以上，分别用 1，2，3，…，10，11，12，…代表每个答案（参见表 6 - 2 中 A3、A22 题）。

矩阵式问题或表列式问题实际上是把具有相同答案的问题归并在一张表上，也可以采用预编码方法（参见表 6 - 3）。

答案特别多的任意选择题，例如表 6 - 2 中 A44 题，供选择的答案有 15 个，为了使编码更为简便，减少数据文件的长度，答案可以设计为："有"与"无"或者"是"与"否"，分别用"1"表示"有（是）"，用"2"或者"0"表示"无（否）"，其他如家庭耐用消费品情况，一般也是采用这样的编码方法。这样的任意选择题相当于矩阵式问题或表格式问题，也是把具有相同答案的问题归在一起。

以封闭式问题为主的问卷中有时会有一些开放式问题，即填空题，通常是一些数值型问题，如收入、年龄、家庭人口数等，可以直接把数字填在空白处，这些数字严格地说不是编码，而是属于定比测量的调查资料，是具有数学特征的编码。

编码中的某些代号具有特殊的意义。一般而言，"0"通常作为缺省值，或无回答、不适用、没有等。"9"通常作为特殊值，如不知道、不详或其他。当然，编码数值在 9 个以上（两位数）时，"9"可能是有实际意义的，此时用来表示特殊值的应该是"99"，如年龄（抽样调查中一般不可能抽到年龄为 99 岁的老人）；如果是月收入，通常用"9999"表示不详，如果月收入在 1 万元以上，编码的数字范围只有四位数，可以用"9998"表示。需要强调的是"0"和"9"的运用还是要根据具体情况加以规定，以上举例只是通例。

B. 栏码分配。所谓栏码或编码序号是指问卷中的每个问题或变量在数据文件中的位置。如果我们把问卷中的每个问题比作一个个家庭，那么栏码相当于"家庭地址"。栏码一般放在问卷的最右边，是用来填写答案编码的地方。

栏码是从问卷的第一个项目（通常是个案编号）或问题开始，根据每个项目或问题的编码位数和允许选择的答案数量分配栏码位数。一个项目或问题的栏码位数主要取决于两个因素：问题答案的位数和允许选择的次数。一个问题在只允许选择一个答案的情况下，栏码的位数根据答案的位数决定，即答案为个位数，只给一个位置，栏码位数为 1；答案为两位数，要给两个位置，栏码位数为 2；如果允许一个问题可以选择两个以上的答案，栏码位数的多少就是答案位数乘以允许选择的次数。例如，一个问题允许选择两个答案，如果答案位数是个位数，那么栏码位数为 2，给两个位置（见表 6 - 8 中 A42 题）；同理，如果可选 3 个答案，且答案位数是两位数，那么栏码位数为 6，给六个位置（见表 6 - 8 中 A22 题）。对于任意选择题或量表来说，每个项目或指标都要分配一个位置（见表 6 - 8 中 A44 题）；属于定比测量的变量或问题，则要根据具体的变量安排相应的位置，如年龄一般给两个位置（见表 6 - 8 中 A10 题），住房面积给三个位置，月收入如果按照实际收入数，要给四个位置。按照以上方法，表 6 - 2 的栏码位数可作如下分配（见表 6 - 8）。

表 6 - 8　"城市家庭教育方式与青少年行为偏差"栏码安排（节选）

项目或问题	位数	栏码
街道	2	1 ~ 2
个案编号	2	3 ~ 4
A2 本人性别：(1) 男 (2) 女	1	5

续表

项目或问题	位数	栏码
A3 你家的住房是什么样子的？	1	6
（1）老式居民住房　　（2）新村公房		
（3）商品房（公寓）　　（4）简陋房（棚户区）		
（5）其他（请注明）________		
A4 家里有________间可以睡觉的房子（卧室）？	1	7
A5 现在和你住一起的家人有________人（包括本人）。	1	8
A6 和你住一起的家人是谁？		
（1）爸爸	1	9
（2）妈妈	1	10
（3）爷爷或奶奶	1	11
（4）外公或外婆	1	12
（5）哥哥或姐姐	1	13
（6）弟弟或妹妹	1	14
（7）叔叔或姑姑	1	15
（8）舅舅或阿姨	1	16
（9）其他（请注明）________	1	17
A7 和你住一起的哥哥或姐姐、叔叔或姑姑、舅舅或阿姨有没有结过婚的？		
（1）有　（2）没有	1	18
如果有的话，他们是谁__________？	2	19 ~ 20
访问员根据以上回答概括出孩子的家庭结构是属于哪种类型？		
（1）核心家庭　（2）主干家庭　（3）联合家庭	1	21
（4）残缺家庭　（5）隔代家庭　（6）其他（请注明）________		
A8 你是独生子女吗？　（1）是　（2）不是	1	22
A9 如果不是的话，你是第________个孩子（排行）。	1	23
A10 你今年________岁了？	2	24 ~ 25
…		
A22 你的主要兴趣爱好是什么（限选三项）？	6	42 ~ 43
（1）玩电子游戏　（2）看动漫　（3）看电视　（4）看书　（5）上网		44 ~ 45
（6）打球　（7）唱歌　（8）玩玩具　（9）做飞机或轮船模型		46 ~ 47
（10）下棋　（11）交换或收集明星纪念品　（12）其他（请注明）____		
…		
A42 如果讲过的话，爸妈认为哪些小朋友或同学可以和你一起玩？	2	73 ~ 74
（1）学习成绩好		

续表

项目或问题	位数	栏码
(2) 在学校里当干部		
(3) 小朋友的爸爸妈妈是当干部的		
(4) 小朋友的爸爸妈妈是老师或者技术人员		
(5) 小朋友家里比较有钱		
(6) 小朋友有礼貌、懂规矩、听话		
(7) 其他（请注明）________		
A43 如果爸妈知道你和一些他们不喜欢的小朋友玩，他们会怎么办？	1	75
(1) 告诉我应该和怎样的小朋友一起玩，说服我不要和他们在一起玩		
(2) 大骂我，命令我不能和他们一起玩		
(3) 惩罚我，命令我不能和他们一起玩		
(4) 会打我		
(5) 要求我放学就回家，不许在外面		
(6) 不管我		
(7) 其他（请注明）________		
A44 在你要好的小朋友或同学中有没有以下情况或行为？		
(1) 经常打架	1	76
(2) 喜欢讲脏话	1	77
(3) 上课大声喧哗	1	78
(4) 欺负小同学	1	79
(5) 无故不来上课	1	80
(6) 泡网吧	1	81
(7) 逃夜（夜不归宿）	1	82
(8) 经常不交作业	1	83
(9) 抽烟	1	84
(10) 没有经过人家的同意，就把人家东西拿过来	1	85
(11) 强迫同学送钱或者送东西	1	86
(12) 有非常要好、非常亲密的异性同学	1	87
(13) 进过工读学校	1	88
(14) 其他（请注明）__________	1	89
A45 你有没有上面的情况或行为？	1	90
(1) 有　(2) 没有　(3) 说不清		
如果有的话，请告诉我是哪些行为？	6	91 ~ 92
		93 ~ 94
______________________________		
请访问员根据回答在左边填上答案的编码		95 ~ 96

如果我们在某个城市进行调查，采用 PPS 抽样方法，被抽取的街道有 20 个，样本为 1000 人，每个街道被调查的初中学生 50 人，因此街道编号给两个位置，个人编号也给两个位置即可。表 6 – 9 是根据表 6 – 8 部分调查的数据文件制成的，从中可以形象地看出栏码的意义是什么。

表 6 – 9　　栏码和数据文件举例

街道编号		个案编号		性别	住房类型	卧房间数	家庭人口数	家庭成员									家庭成员婚姻	结婚家庭成员		家庭结构	是否独生子女	排行	年龄	
								爸爸	妈妈	外公外婆	爷爷奶奶	哥哥姐姐	弟弟妹妹	叔叔姑姑	舅舅阿姨	其他		一	二					
1	2	3	4	5	6	7	8	9	10	11	12	13	14	15	16	17	18	19	20	21	22	23	24	25
0	1	0	1	1	1	2	5	1	1	1	0	1	0	0	0	0	2	0	0	2	2	1	1	2
0	1	0	2	2	2	2	3	1	1	0	0	0	0	0	0	0	0	0	0	1	1	1	1	4
……																								
1	4	4	9	2	3	3	4	1	1	0	1	0	0	0	0	0	0	0	0	2	1	1	1	5
1	4	5	0	1	3	4	6	1	0	1	0	1	0	0	0	1	1	5	0	4	2	2	1	3

C. 编制编码手册。编码手册即编码簿，是用来说明数据文件中每个项目或问题及其答案（变量）的符号所代表的意义以及编码细则，是编码员对问卷进行编码的依据。编码手册主要包括项目或问题、变量名、变量意义、栏码位数、栏码序号和编码细则等，其中项目和问题就是指问卷上所列的调查项目或问题号码，变量名是用一个代号表示项目或问题号码，变量意义是对变量名的说明，编码细则是说明答案赋值和在编码时应该注意的问题。表 6 – 10 是根据表 6 – 8 部分内容编制的编码手册。

表 6 – 10　　编码手册示例

项目或问题	变量名	变量意义	栏码位数	栏码序号	编码细则
街道	S	街道	2	1 ~ 2	01 = 南京路；02 = 张江路；03 = 清源路；04 = 南海路；05 = 北京路；06 = 香港路；07 = 大东路……12 = 苏州路；13 = 淮海路；14 = 中华路；15 = 学院路；编码若是个位数，第一格填 0
个案编号	ID	个案编号	2	3 ~ 4	各街道从 01 开始编号
A2	X2	性别	1	5	1 = 男；2 = 女
A3	X3	住房类型	1	6	1 = 老式居民住房；2 = 新村公房；3 = 商品房（公寓）；4 = 简陋房（棚户区）；5 = 其他

续表

项目或问题	变量名	变量意义	栏码位数	栏码序号	编码细则
A4	X4	卧房间数	1	7	根据调查结果填写
A5	X5	家庭人口数	1	8	是指住在一起的家庭成员，根据调查结果填
A6	X6	家庭成员	9	9 ~ 17	1 = 有；0 = 没有
A71	X71	家庭成员婚姻状况	1	18	1 = 有；2 = 没有
A72	X72	家庭结婚成员	2	19 ~ 20	最多可以填写两位家庭成员婚姻状况，编码为家庭成员左边的数字，例如，姐姐结婚了仍住在一起，就在 19 格填 5
A73	X73	家庭结构类型	1	21	1 = 核心家庭；2 = 主干家庭；3 = 联合家庭；4 = 残缺家庭；5 = 隔代家庭；6 = 其他
A8	X8	是否独生	1	22	1 = 是；2 = 不是
A9	X9	排行	1	23	根据调查结果填写
A10	X10	年龄	2	24 ~ 25	同上
				……	
A221	X221	兴趣爱好 1	2	42 ~ 43	最多允许选项三项，例如，选择“玩电子游戏、看动漫、下棋”，分别在 42 ~ 47 位置上填写“01、02、10”
A222	X222	兴趣爱好 2	2	44 ~ 45	
A223	X223	兴趣爱好 3	2	46 ~ 47	

以上介绍的是资料初步编码或原始编码。实际上资料输入计算机之后，还要根据研究的需要，对原始数据进行再编码，或者对原始数据重新分类、分组。例如，以上介绍的年龄资料如果输入计算机之后，只是每个个案的年龄，还要进行年龄分组，然后再对各年龄组编码，即再编码。再编码可以使用 PSS 软件中的 Recode 命令。对原始资料重新分组或分类，其关键是怎样对资料进行分类或分组，才能适合研究的需要。它既需要了解一般的统计知识和统计软件操作方法，更为重要的是，还需要了解研究者理论分析框架，使统计分组或分类能够符合理论分析的需要。

6.3　问卷中的量表

在答案中，为了测量人们态度、看法、意见或性格等，常要包含量表。量表将所希望测量的变量属性赋予一定数字或符号，问卷中通常采用下述几种量表。

6.3.1 总加量表

目前使用最广泛的总加量表是李克特量表，它是由美国社会心理学家李克特（R. A. Likert）于1932年在原有的总加量表基础上改进而成的。李克特量表由一组陈述组成，每一陈述有“非常同意”“同意”“不一定”“不同意”“非常不同意”五种回答，分别记为1、2、3、4、5，每个被调查者的态度总分就是他对各道题的回答所得分数的加总，这一总分可说明他的态度强弱或他在这一量表上的不同状态。①

下面我们以一个例子来说明总加量表的形式和设计方式。

表6-11用来测量企业职工间的人际关系的，它由12个不同的陈述（问题）组成，每一个陈述有五种回答，回答栏中的数字是每个陈述的每种回答的记分，它是根据量表测量的维度确定的，这一维度说明，所测量的是什么内容，测量范围是什么，测量范围的两端是什么，如何记分？

表6-11　　人际关系量表

您是否同意下列说法，请在合适的回答栏打“√”。

提问项目	选择回答（只限选一项）				
	非常同意	同意	不一定	不同意	非常不同意
+1. 我在本厂有许多好朋友	5	4	3	2	1
+2. 只要我需要，我相信本厂的大部分同事都会助我一臂之力的	5	4	3	2	1
-3. 对周围的同事我很少关心	1	2	3	4	5
-4. 我很难和本厂的人交朋友	1	2	3	4	5
+5. 我经常向本厂的人请教	5	4	3	2	1
-6. 只有少数同事是开明的，多数人是有偏见的	1	2	3	4	5
+7. 大部分同事会为了集体的利益牺牲个人利益	5	4	3	2	1
-8. 我相信大部分同事会背后中伤我，如果这样做可以使他们晋升	1	2	3	4	5
-9. 我很少关心别人说什么，我只相信自己	1	2	3	4	5
-10. 本厂大部分同事思想保守，他们怎么也不肯改变	1	2	3	4	5
+11. 我跟所有的同事都是朋友	5	4	3	2	1
-12. 我在本厂没有一个好朋友	1	2	3	4	5

① Rensis Likert, Jane Gibson Likert. New Ways Of Managing Conflict. New York: McGraw-Hill, 1976.

根据这一维度来确定每道题的回答是否与维度的方向一致，如果一致，就记为“＋”号，它说明，若“非常同意”这一道题，就表示“人际关系好”，可记为 5 分；如果与维度方向相反，就记为“－”号，它说明，若“非常同意”，就表示“人际关系坏”，可记为 1 分。根据“＋”“－”号所表示的方向，就可按顺序确定每道题的回答是按 5 ~ 1 分还是按 1 ~ 5 分记分。12 道题的总分是从 12 ~ 60 分，总分越高就说明人际关系越好（见图 6－3）。

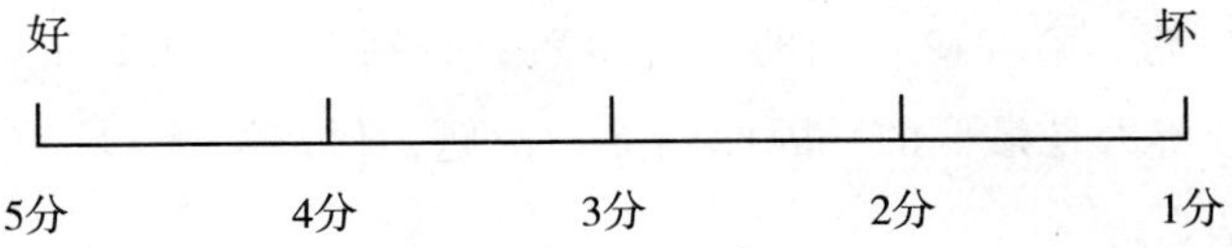

图 6－3　人际关系好坏

如果要测量某一职工在企业中“人际关系好坏”，可请他回答这一量表，在每一道题的合适回答中打“√”，把每题的得分总加起来，就是他的人际关系总分。例如，表 6－11 中打的“√”是某一职工的回答，他的总分是（从第 1 题加到第 12 题）：5＋4＋4＋4＋4＋4＋2＋4＋2＋5＋2＋5＝45 这一分数表明这一职工的“人际关系”较好。

总加量表的制作程序是：

（1）根据所要测量的内容或变量（如“人际关系”“劳动态度”“生育意愿”）收集大量与这一内容有关的问题，然后初步筛选出一组问题（在社会调查研究中，一般为 10 ~ 30 个）作为量表草案。

（2）确定问题的类别和计分标准。回答的类别可分为五个等级，也可分为七个等级、三个等级或两个等级（“同意”与“不同意”）。计分标准是按测量维度规定的方向和回答类别来制定，应注意“＋”“－”号的区分，即正向提问和负向提问的记分是相反顺序的。一般来说，在一个量表中，正向（“＋”）提问和负向（“－”）提问应各占一半，以便使回答者集中精力认真回答，防止误答或敷衍。两级回答可用 0、1 或 1、2 记分，五级回答可用 0 ~ 4 或 1 ~ 5 记分。

（3）试调查。从调查对象中找一些人尝试回答量表草案，以便发现量表设计中有什么问题，是否会引起误解。另外，更重要的是检查每道题的分辨能力。分辨能力是指一个题目是否能区别出人们的不同态度或不同程度，假如一道题是“应该坚持共产党的领导”，那么几乎 100% 的人都会回答“同意”，这一题目就没有分辨计算各题目的分辨力，删去分辨力不高的题目，保留分辨力较高的题目（一般为 5 ~ 20 个）组成正式量表。

李克特量表检查分辨力的方式是：将试调查中得分最高的 25% 的人与得分最低的 25% 的人进行比较，然后计算出每道题的分辨力。举例来说，表 6－11 的“人际关系量表”是一个量表草案，在正式调查前，先对企业中的 20 名工人进行试调查，调查结果如表 6－12 所示，按总分高低由上到下排列。然后列出得分最高的 25% 的人（20 人 ×25% ＝5 人）和得分最低的 25% 的人（也是 5 人），分别计算这两类人在每一道题上的平均分。例如，总分高的5人在第（1）题的平均分为$\frac{4+5+5+4+5}{5}=4.6$；总分低的5人在第（1）题的平均分为$\frac{2+2+1+1+1}{5}=1.4$，两者相减（4.6－1.4＝3.2）即为第（1）题的分辨力系数。用公式表示：每题的分辨力系数＝得分最高的25%的人在这一题上的平均分－得分最低的25%的人在这一题上的平均分。分辨力系数越小，就说明这一题的分辨力越低，这种题目应当删除，如第（11）题、第（12）题的分辨力系数分别为：－0.2和0.2，它们在这12道题中是最小的，即分辨力是最低的，因此删除这两题，保留第（1）～第（10）题，组成正式的"人际关系量表"。

表6－12　　分辨力的计算

被调查者 \ 题目		Ⅰ	Ⅱ	Ⅲ	Ⅳ	Ⅴ	Ⅵ	Ⅶ	Ⅷ	Ⅸ	Ⅹ	Ⅺ	Ⅻ	个人总分
总分高的25%人	工人1	4	5	5	4	3	5	4	4	3	5	2	5	49
	工人2	3	4	4	5	5	4	3	2	5	4	1	4	46
	工人3	5	4	3	3	4	5	4	3	4	4	2	4	45
	工人4	4	4	4	4	3	3	3	3	4	5	1	5	45
	工人5	3	5	3	2	4	4	3	4	5	2	2	4	43
	工人6	4	3	2	5	4	5	4	4	2	3	1	5	42
	工人7	4	4	4	4	2	3	3	4	4	3	2	4	41
	工人8	3	3	4	4	2	3	3	4	2	3	2	5	40
	……													
	工人14													
	工人15	2	4	2	3	2	2	3	4	4	3	1	4	34
总分低的25%人	工人16	2	2	4	2	3	3	2	1	4	2	2	5	32
	工人17	2	2	2	3	4	2	4	1	3	3	2	4	32
	工人18	1	3	2	4	1	3	3	2	1	2	2	5	29
	工人19	1	1	2	2	2	3	2	3	4	1	1	4	26
	工人20	1	1	1	2	1	2	1	2	3	2	2	3	21
总分高的25%人的平均分＝4.5			4.4	3.8	3.6	4.2	4.2	3.4	3.2	4.2	4.0	1.6	4.4	
总分低的25%人的平均分＝1.4			1.8	2.2	2.6	2.2	2.6	2.4	1.8	3.0	2.0	1.8	4.2	
分辨力系数		3.2	2.6	1.6	1.0	2.0	1.6	1.0	1.4	1.2	2.0	－0.2	0.2	

资料来源：袁方．社会研究方法教程［M］．北京：北京大学出版社，1997：302.

一个量表设计好之后，就可以对调查对象作正式调查。量表在用于问卷调查时，一般是与其他问题一起打印在一份问卷中，然后抽取大量样本进行调查。量表与其他问题项目或调查指标一样，都是反映样本在某一变量上的取值或类别，通过分类汇总，就可以描述样本总体或子总体在某一变量上的分布状态，如"所调查的国有企业工人中人际关系很好或较好的占 40%，人际关系一般的占 30%，人际关系不好的占 30%。"或者"冶金工人内部比商业职工内部的人际关系好"，量表用于测验时，常常是单独使用，用以测定具体的个人。

李克特量表最明显的优点是容易设计。李克特量表的适用范围比其他量表要广，它可以用来测量其他一些量表所不能测量的某些多维度的复杂概念或态度。在通常情况下，李克特量表比同样长度的量表具有更高的信度。李克特量表的五种答案形式使回答者能够很方便地标出自己的位置。

李克特量表的最主要的缺点是：相同的态度得分者具有十分不同的态度形态。因为李克特量表是以各项目总加得分代表一个人的赞成程度，它可大致上区分个体间谁的态度高、谁的低，但无法进一步描述他们的态度结构差异。

6.3.2　累积量表

累积量表又称格特曼量表，它是格特曼（L. Guttman）1944 年设计使用的。[①] 针对总加量表是对一个复杂概念的多维度测量的结果，但不能在态度得分上分析人们态度结构的差异，而累积量表是单维的，也就是说，累积量表的语句结构中内含着非常严格的由强变弱或由弱变强的逻辑关系。被测试者对上一条语句的回答决定了他对下一条语句的选择。例如，对于妇女人工流产态度的测量，既可以采用总加量表的方法进行测量（见表 6－13），也可以采用累积量表的方法（见表 6－14）。

表 6－13　　妇女人工流产总加量表

	很同意	同意	没意见	不同意	很不同意
1. 任何妇女要求堕胎都应许可。	1	2	3	4	5
2. 胎儿是人，享有人权，所以堕胎不能允许。	1	2	3	4	5
3. 男女平等，妇女自己有权决定她们是否愿意要孩子，所以堕胎是应该准许的。	1	2	3	4	5
4. 妇女如果不愿意要孩子，就应该避孕，不应该是依靠堕胎。	1	2	3	4	5

① 欧阳卓飞．市场营销调研［M］．北京：清华大学出版社，2006.

表 6－14　　妇女人工流产累积量表

	同意	反对
1. 任何妇女都可要求堕胎。	1	0
2. 孕妇在身心健康受影响的情况下，可以堕胎。	1	0
3. 孕妇在生命有危险的时候可以堕胎。	1	0
4. 孕妇在胎儿有残疾和死亡倾向时可以堕胎。	1	0

比较妇女人工流产态度的两种量表形式，我们可以发现，虽然总加量表和累积量表的语句结构都有其内在的逻辑关系，但是累积量表的语句逻辑更为严密。在表6－13中，当被测试者同意第1条语句“任何妇女要求堕胎都应许可”，在逻辑上应该同意第3条语句“男女平等，妇女自己有权决定她们是否愿意要孩子，所以堕胎是应该准许的。”而对于第2条和第4条语句或者表示“不同意”或者表示“没意见”都不与之矛盾。但是，在表6－14中，如果你同意上面一条语句，在逻辑上必须同意下面一条语句，或者被测试者只有在对上面的语句表示“反对”时，又对下面的语句也选择“反对”或“同意”才不矛盾。

观察表6－13和表6－14，可以发现总加量表和累积量表的差异：第一，总加量表的回答类别虽然可以是两个、三个、五个，甚至更多，但大多数是采用五个类别的回答；累积量表的回答类别只能是两个。第二，累积量表要比总加量表的语句结构更具有严密的逻辑关系。第三，累积量表的语句是单向的，而总加量表的语句可以是单向的，也可以是双向的，尤其是李克特量表的语句只能是双向的。另外，从量表的制作方法来说，总加量表需要经过试验性测试确定正式量表，测试结果一般不影响量表能否成立；而累积量表不需要经过试验性测试，设计完毕后就可以直接用于正式测试，然后根据测试结果决定量表能否成立或者测试是否成功。因此，总加量表是一种“事前量表”，累积量表是一种“事后量表”。

在累积量表中，最为典型的就是鲍格达斯社会距离量表（Bogardus social distance scale），它是美国社会心理学家鲍格达斯于1925年设计的，用于测量美国的种族关系。由于鲍格达斯社会距离量表先于后来被命名的“戈特曼量表”，即累积量表，很多教材把它单列为一种量表类型。① 但是，鲍格达斯社会距离量表的形式实际上就是累积量表（见表6－15），语句的设计从第一句到第七句，实际上是根据“最亲近——最疏远”或“接近——拒斥”的逻辑关系测量白人和黑人之间的种族融合或排斥的价值取向。修改后的鲍格达斯社会距离量表应该说是典型的累积量表的形式（见表6－16）。根据表6－15进行测量，如果同意的话，就给1分，不同意给0分，分数越高，越是倾向于种族相融。

① 风笑天．社会学研究方法［M］．北京：中国人民大学出版社，2000：99.

表6-15　　鲍格达斯社会距离量表A

根据我最初的情感反应，我愿意承认黑人（作为一个个体，不是我所认识的最好的或最坏的成员）属于以下分类中的一种或多种：
1——由婚姻缔结的亲戚关系
2——作为私人朋友在我所在俱乐部中获得成员资格
3——邻居
4——在我所从事的行业中工作
5——我国公民
6——仅作为我国来宾
7——应被驱逐出我国

表6-16　　鲍格达斯社会距离量表B

愿意	不愿意	
		1. 你愿意让黑人生活在你的国家吗？
		2. 你愿意让黑人生活在你所在的城市吗？
		3. 你愿意让黑人住在你们那条街吗？
		4. 你愿意让黑人做你的邻居吗？
		5. 你愿意与黑人交朋友吗？
		6. 你愿意让黑人和你的子女结婚吗？

累积量表的语句设计最为关键的是要确定一个维度，并且只能按照一个维度设计语句，即在一个层面上设计语句。例如，妇女人工流产的语句层面是人工流产对妇女或胎儿健康的影响，社会距离量表的语句层面是空间关系亲近和疏远。累积量表的设计步骤如下。

a. 根据累积量表的语句结构提出具体的语句或项目。

b. 进行正式测试。

c. 根据测试结果按照得分由高到低排列，并且分为量表和非量表两种回答类型。量表类型回答是指被测试者严格按照语句的内在逻辑回答，非量表类型回答则违背了语句的内在逻辑。

d. 计算一致性系数或复制系数（复制系数 $=1-\frac{\text{总误答数}}{\text{总回答数}}$），决定量一般而言，当复制系数大于或等于0.9时，量表就可以成立。

例如，对于妇女人工流产态度的累积量表测试，按照语句的逻辑通过率最高的是“孕妇在胎儿有残疾和死亡倾向时可以堕胎”，其次是“孕妇在生命有危险的时候可以堕胎”，以下依次类推。假如经过对250人调查，其中赞同“孕妇在胎儿有残疾和死亡倾向时可以堕胎”占82.8%，赞同“孕妇在生命有危险的时候可以堕胎”占80.4%，赞同“孕妇在身心健康受影响的情况下，可以堕胎”占66.8%，赞同“任何妇女都可要求堕胎”占44.0%。

其中量表类型回答人数 185 人，非量表类型回答人数 65 人。经过计算，复制系数为 0.93，即妇女人工流产态度量表成立（见表 6－17）。

表 6－17　　　　　　复制系数计算举例

	回答类型	④	③	②	①	回答人数	量表得分（理论分数）	指标得分（实际测量分数）	量表总误差
混合类型	A	+	+	+	+	70	4	4	0
	F	−	+	+	+	5	4	3	5
	G	+	−	+	+	5	4	3	5
	H	+	+	−	+	7	4	3	7
	B	+	+	+	−	63	3	3	0
	I	+	−	+	−	2	3	2	2
	J	−	+	+	−	3	3	2	3
	C	+	+	−	−	45	2	2	0
	K	−	+	−	−	10	2	1	10
	D	+	−	−	−	5	1	1	0
	L	+	−	−	+	10	1	2	10
	E	−	−	−	−	2	0	0	0
	M	−	−	+	+	7	0	2	14
	N	−	−	+	−	10	0	1	10
	O	−	−	−	+	6	0	1	6
总人数：250									
量表类型	A	+	+	+	+	70	4	4	0
	B	+	+	+	−	63	3	3	0
	C	+	+	−	−	45	2	2	0
	D	+	−	−	−	5	1	1	0
	E	−	−	−	−	2	0	0	0
总人数：185									
非量表类型	F	−	+	+	+	5	4	3	5
	G	+	−	+	+	5	4	3	5
	H	+	+	−	+	7	4	3	7
	I	+	−	+	−	2	3	2	2
	J	−	+	+	−	3	3	2	3
	K	−	+	−	−	10	2	1	10

续表

	回答类型					回答人数	量表得分（理论分数）	指标得分（实际测量分数）	量表总误差
		④	③	②	①				
非量表类型	L	+	−	−	+	10	1	2	10
	M	−	−	+	+	7	0	2	4
	N	−	−	+	−	10	0	1	10
	O	−	−	−	+	6	0	1	6
人数：65								总误差：72	

$$\text{复制系数}=1-\frac{\text{总误答数}}{\text{总回答数}}=1-\frac{72}{250\times 4}=1-0.072=0.928=92.8\%$$

在进行累积量表分析时，首先，按照量表得分由高到低排列，在肯定回答（+）和否定回答（−）之间用阶梯线一分为二，凡是在肯定回答区域中出现否定回答，如表中 F、G、H、I、J、K 类型；或者在否定回答区域出现肯定回答，如表中 L、M、N、O 类型，都属于误答。每个类型中误答数乘以回答人数，总加后即为总误答数。其次，对于非量表类型分析，主要根据语句的回答逻辑，按照最容易通过到最不容易通过的逻辑进行归类，在本例中，第四条语句是最容易通过的，依此类推。例如，表中 F、G、H 回答类型，不容易通过的语句都通过了，即得到了肯定回答，而在逻辑上容易通过的语句却没有得到肯定回答，这样的话应该可以视为在逻辑上是肯定回答的。因此，虽然指标得分即测量结果是 3 分，但是量表得分仍可视为 4 分。M、N、O 回答类型的情况则有些不同，虽然也表现为相同的特征，但是不容易通过的语句较少，最多是 2 分，可以视为测试者的回答是错误的，如 M 回答类型，虽然指标得分是 2 分，但量表得分只能是 0 分，因为当第 1、第 2 条语句得到肯定回答的话，之后的语句在逻辑上应该是肯定的，现在出现相反的情况，只能认为测试者对第 1、第 2 条语句的回答是错误的。最后，在分析非量表类型时，如果遇到不能判断的回答类型就可以舍去。如果从第 4 条语句到第 1 条语句出现“−、+、−、+“回答类型，就很难判断，这时可以舍去。

虽然累积量表具有单向性，语句之间具有严格的逻辑关系，能够比较准确地测试出人们的态度，但是累积量表仍然具有它的局限性。由于量表语句同时具有单向性和严密的逻辑关系，一方面，不能测量概念的多种维度或者不能在不同层面上测量同一概念；另一方面，累积量表语句的回答是按照从最不容易通过到最容易通过的原则设计的，因此量表语句表现为逐步收敛的特征，量表的语句不会太多，可能会影响到测量的信度。利用累积量表进行测试，对于被测试者的教育水平具有一定的要求，如果被测试者不能理解语句的逻辑关系，就出现大量的“误答”，不能达到复制系数的临界值，导致测试失败。也就是说，由于累积量表是一种“事后量表”，即使量表的设计完美无缺，也可能由于被测试者的理解能力有限，最终导致量表不能成立，从而浪费大量的人力、物力和财力。由于以上局限，累积量表在调查研究中使用不多，或者只能在教育水平较高的群体中实施。

6.3.3 语义差异量表

相对于总加量表、累积量表来说，语义差异量表是一种比较简单的量表。它是由美国心理学家 C. 奥斯古德、G. 萨西、P. 坦南鲍姆在 1957 年提出的，它“在研究小政治群体、态度或更一般性的政治问题时特别有用”①。奥斯古德等认为，对于智力高的和言语流利的研究对象，直接询问一个概念的含义是有效的。②

通过语义差异量表的测量可以发现在不同的文化背景下，不同的群体中，测试者对某种现象或群体的评价的差异性，或者说在对同一研究对象的评价中，不同文化背景的测试者的评价会不一样。因此，语义差异量表在社会学、社会心理学、心理学，甚至市场研究中得到广泛的应用。

语义差异量表是由若干对意义相反的形容词组成，一对意义相反的形容词之间可以分为七个等级，分别用 1、2、3、4、5、6、7 或者用 +3、+2、+1、0、-1、-2、-3 表示，被测试者只要在其中认为合适的地方打勾即可，测试结果就能反映出人们对某种现象的评价。以下列举的分别是测试不同地域的族群的特征或国民性格的量表（见表 6－18）和测量男女生网上匿名交流感觉的量表（见表 6－19）。

表 6－18　　　　　　　　　甲乙丙族群性格测量

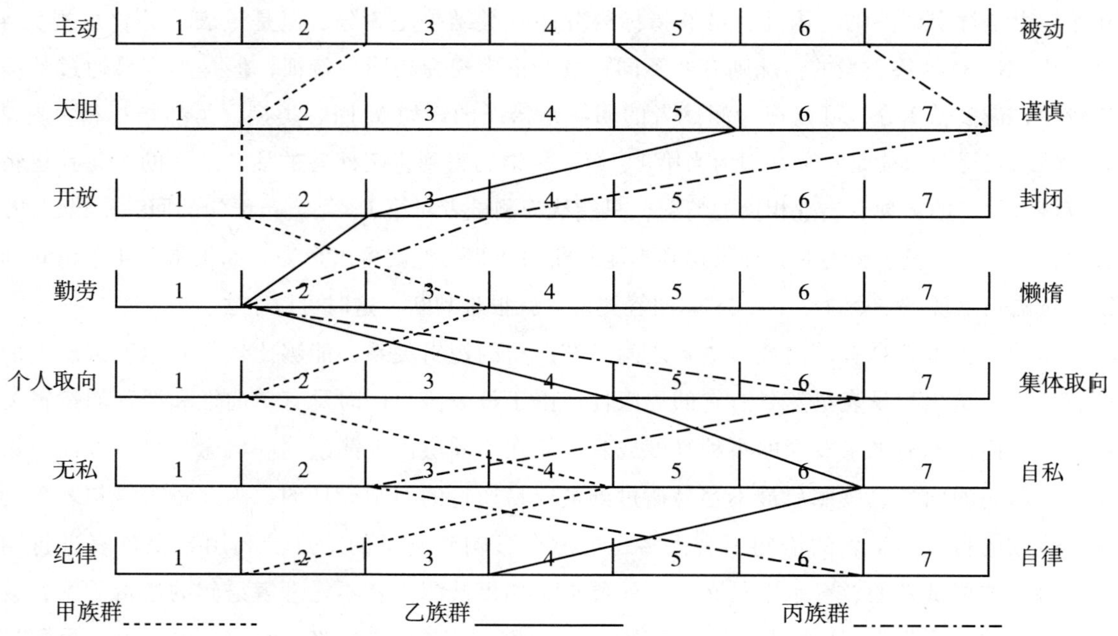

---

① ［美］贝蒂·H. 齐斯克. 政治学研究方法举隅［M］. 北京：中国社会科学出版社，1985：321.

② Osgood, Charles E, Suci, George J. and Tannenbaum, Percy H.. The Measurement of Meaning. Urbana, Illinois: University of Illinois Press, 1957.

表 6-19　男女学生网上匿名交流感觉测量

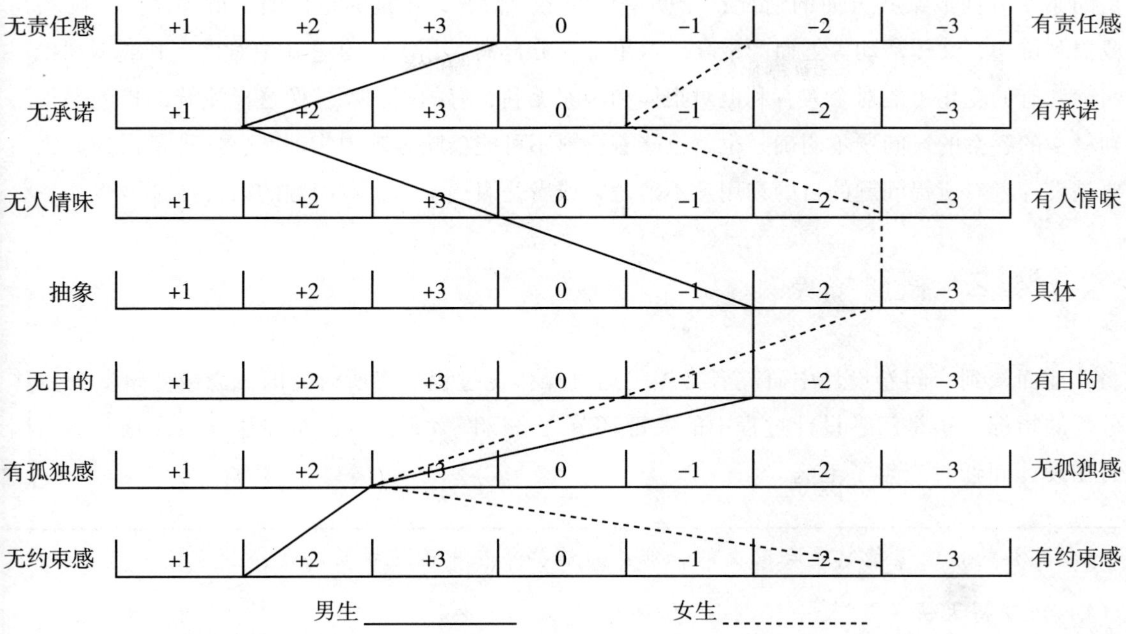

6.4　问卷设计的常见错误

初学者在问卷设计中常常出现错误和不妥当的地方，这本是正常的现象。但由于社会调查研究的结果常常取决于问卷的质量，因而每一个研究者，每一个问卷设计人员都应该尽可能避免各种错误的产生。根据对目前国内一大批问卷的分析，设计人员易犯的错误，主要有下列几种。

6.4.1　问题含糊

所谓问题含糊，即问题的含义不清楚、不明确，或有歧义。

A. 您对单位近年来情况的感觉是：

（1）几乎没有什么变化

（2）变化不大

（3）变化较大

（4）变化很大

B. 您认为这种状况（变化或没变化）是：

（1）有利的

（2）不利的

首先，问题 A 没有说明你所问的是单位的什么情况。即，是问单位的各方面情况，还是问某一方面或某些方面的情况；是问单位的生产情况，还是问单位的干群关系、人际关系或福利待遇、文体活动等方面的情况。这里都十分含糊。其次，问题 B 中对谁有利或无利也不明确。有的变化可能对个人有利但对集体和国家无利，有的则相反。像这样笼统的提问是得不到科学的答案的。问题不明确，也就意味着资料不可能反映客观现实。产生这种错误的原因主要是设计者对所提问题的目的和用意不清楚，或者是表达不当，对问题的语言推敲不够。

6.4.2 概念抽象

前面谈到，问卷设计中研究者必须先通过操作化过程，将所研究的概念或变量变为具体可测的指标。这是问卷设计过程中的关键环节之一。许多研究者正是在这方面注意不够，因而在设计问卷时产生了毛病。

一个民族的传统道德总是会改变的，您认为这些年在中国这种情况是：

(1) 改变得太快了　　(2) 还可以

(3) 慢了些　　(4) 太慢了

什么是“一个民族的传统道德”？什么是“中华民族的传统道德”呢？这些都是既抽象又笼统的概念。由于含义不具体、不明确，在不同回答者的心目中，内容是不同的。有人可能会理解成传统文化、有人可能理解成某一方面的传统道德观念等。实际上，一个民族的传统道德涉及众多的方面，而其中的每一个方面往往又需要若干个具体的指标来测量。因此，要真正了解人们对这一问题的认识，所需要的就远不止这几个简单的答案，而是一份包含若干个问题的问卷。

6.4.3 问题带有倾向性

合格的问卷应该是中立的、客观的。问卷中的问题不应该带有某种倾向性。否则，达不到准确测量回答者的行为和态度的目的。

您认为，全国职工的平均水平是否应该提高呢？

(1) 工资偏低，应当大幅度增加

(2) 应当小幅度增加

(3) 虽然偏低，但为了国家建设可暂不增加

(4) 和劳动生产率相比，工资不算低，不应该增加

问题的这种提法无疑带有明显的肯定倾向，它很可能导致回答者选择前两项答案。如果把问题改为“您认为全国职工的平均工资水平如何”，就可以消除这种倾向性，而且与答案也更为协调。

6.4.4　问题提法不妥

问卷中的问题除了要明确具体、不带有倾向性以外，提法上也应该合情合理，否则也可能会影响到问卷调查的顺利进行。有些提法不妥的问题甚至可能促使回答者放弃回答。

请您判断以下几种说法是否正确：

正确　错误　不知道

(1)“打是疼，骂是爱”，打骂也是家庭教育不可缺少的方式

(2) 对孩子应该多表扬，少批评

(3) 多吃巧克力对孩子的身体有好处

在调查中，要求被调查者判断正确与否，就像把回答者推进考场一样，这对被调查者的心理是一种压力。尤其是当被调查者遇到他们不大理解或拿不准的问题时，这种压力就更大。假如改为“您是否同意下列说法”，并将答案改为“同意、不同意、不知道”就比较妥当了。

6.4.5　双重含义问题

我们说过，一个问题只应问一件事情。如果一个问题中同时问了两件或更多的事情，回答者往往会无法回答。这种双重含义问题有时不注意的确是不易发现的。

实行责任制以来，您觉得您的文化水平和生产技术能否满足生产需要？

(1) 能满足　(2) 不能满足　(3) 不知道

这里实际上询问了两件事：一是文化水平，二是生产技术。因此，那些认为自己的文化水平能满足生产需要，而生产技术方面还不能满足需要的被调查者，或者自己的生产技术能满足需要，而文化水平不能满足需要的被调查者，就无法填答这一问题，应该把这一问题分成两个问题，即：您觉得您的文化水平能否满足生产需要？您觉得您的生产技术能否满足生产需要？

6.4.6 问题与答案不协调

对于封闭式问题，问题和答案是一个不可分割的整体，两者必须相互配合。在提出问题的同时，还应该为这个问题准备好全面而恰当的答案。既不能答非所问，也不能答案不全或答案互相包含。否则就不能很好地达到收集资料的目的。

您常看哪一类报刊书籍？

	经常看	偶尔看	从不看
（1）文学艺术类			
（2）趣味常识类			
（3）政治理论类			

问的是“常看哪一类”，所以答案中除了类别外就不应再有别的内容。否则就会出现一些答非所问的回答。如“您常看哪一类报刊书籍？我从不看趣味常识类报刊书籍”等。若问题不变，则必须将答案中的“经常看、偶尔看、从不看”去掉，仅留下三个类别供选择；若答案不变，则问题必须改为“您对不同书刊的阅读情况如何？”

6.4.7 答案设计不合理

答案中的毛病主要有：答案不穷尽、不互斥，或不处于同一层次、同一维度。

A 您认为目前人们应该主要致力于（选一项）：

（1）缔造人类未来的美好生活

（2）改善人们今天的生活和福利

（3）继承和发扬过去的优良传统

B 下列各种素质中，您认为哪些是一个合格的厂长应该具备的？

（1）决策能力

（2）任贤能力

（3）业务能力

（4）谋略能力

（5）创新能力

（6）指挥协调能力

（7）管理科学知识

（8）马列理论水平

（9）综合分析能力

（10）实际生产知识

前一问题中，给出的三个答案不可能概括人们各种不同的生活目的或行为目标，即它不具有穷尽性，故应在其后加上一个“其他（请指明）____”这样的答案。另外，所列的三个答案在内容上并不处于同一层次，最后一个答案与前两者不能并列。第二个问题所给出的答案中，相互包含的很多。例如，厂长的“业务能力”就应该包括答案（1）、（2）、（4）、（5）、（6）、（7）、（9）、（10）。

6.4.8 语言中的毛病

设计问卷时，语言通顺、易懂是基本的要求。此外，用语还应该尽量口语化、大众化。否则就会产生各种毛病。

A 您是否是个体经营者？

（1）是　　　　　　　　　　（2）否

B 您认为缩短工时能否促进企业经济改革，或相反？

（1）能促进企业经济改革

（2）影响企业经济改革

（3）毫不相干

第一个问题本来很简单，但设计者却没能把它说得更通俗、更符合人们平常说话的习惯。其实，改为“您是个体经营者吗？”似乎更好些。第二个问题是一个前后重复的问句。前一部分已问了“能否促进”就包含“能促进”和“不能促进”两种情况。后一部分的“或相反”就是多余的。

6.4.9 其他方面的毛病

除了前面涉及的几类错误外，在表格设计、封面信及指导语设计等方面也常出现一些不妥的地方。有的表格设计得过于复杂，一个表格所包含的问题和内容太多，往往给被调查者填答带来一些困难。尤其是当一份问卷中复杂的表格问题太多时，既给人一种呆板的感觉，又容易使回答者放弃填答。有的表格设计得不正确，没有按照一般人们填写的习惯（按行填写）来设计，因而增加了回答者理解的难度和填答的困难。

封面信设计上易犯的错误主要有；对调查的有关内容（如调查目的、调查内容、调查意义、调查方法等，介绍不够，过于简单；或者相反，内容过于啰嗦，不简明扼要。另外，有些封面信的语言太专业化，用了一些专业术语，或者太过文学化，这都会对调查产生不良影响。

最后，由于校对检查不够，许多问卷中常出现一些印刷错误，这种印刷错误的危害也不能小看，特别是当一些较关键的字、较重要的字印错时，有时造成的损失是难以挽回的。

6.5 问卷法的优缺点及其运用

6.5.1 问卷法的优点

首先，问卷法节省时间、经费和人力。从问卷调查方法的实施程序来看，它比传统的调查方法具有更高的效率。一方面，由于问卷调查可以采取邮寄的方式进行，因而它可以由很少的调查者在很短的时间内同时调查许多人的情况；另一方面，这种邮寄的方式还可以使问卷调查不受地理条件的限制，到达的空间范围十分宽广。

其次，问卷法具有很好的匿名性。由于社会调查的对象是现实生活中具体的、有思想感情的人，因而不同的调查方法必然会对他们产生不同的影响，引起他们不同的反应。在面对面的访问调查中，人们往往难于同陌生人谈论有关个人隐私、社会禁忌或其他敏感性问题。但在问卷调查中，由于被调查者在回答这类问题时并没有其他人在场，问卷本身又要求匿名，因而问卷调查的方式可以减轻被调查者心理上的压力，便于他们如实地回答这类问题，从这一方面考虑，问卷调查更能客观地反映社会现实的本来面貌，更能收集到真实的社会信息。

再次，问卷法可以避免偏见、减少调查误差。在访问调查中，常常由于访问员的不同（在性别、年龄、能力、态度等方面的不同）、访问员提问的方式的不同、访谈进展情况的不同以及被调查者回答问题的语言不同等原因，产生出各种访问偏见，形成一定的误差。但在问卷调查中，由于每个被调查者所得到的都是完全相同的问卷，因而无论是在问题的表达、问题的先后次序，还是在答案的类型、回答的方式等方面，都具有高度的一致性。每个被调查者受到的刺激和影响都是相同的。这样就能很好地避免由于人为的原因所造成的各种偏误，减少调查资料中的误差，更真实地反映出不同被调查者的不同情况。

最后，问卷资料便于定量处理和分析，社会研究向定量方向的发展，是当前社会研究的一大趋势。由于问卷中的问题是研究者把所研究的概念、变量进行操作化处理的结果，而各种答案又都进行了页边编码。因此，问卷调查所得到的原始资料很容易转换成数字，特别适于用电子计算机进行处理和作定量分析。

6.5.2 问卷法的缺点

首先，对被调查者的文化水平有一定要求。由于填写问卷的人必须能看懂问卷，因而问卷调查客观上要求被调查者必须具有一定的文化程度。他们必须能够阅读和理解问题的含义，能领会填答问题的要求和方法。但是，现实社会中并不是所有的人都能做到这一点的。因此，问卷的使用范围常常受到限制。对于那些文化程度较低的群体，问卷调查往往就难以进行。

其次，回答率往往难以保证。在社会调查中，一定程度的回答率是保证调查资料代表性的必要条件之一。调查是以访问的形式进行时，由于访问员在场进行面对面的交谈，大多数访问一般都能顺利完成，因而访问调查往往可以保证较高的回答率。但是在邮寄问卷调查中，问卷的回收率往往难以保证。这是因为一份问卷能否完成、能否收回，主要取决于被调查者。如果被调查者对该项调查的兴趣不大、态度不积极、责任心不强、合作精神不够，或者被调查者受到时间、精力、能力等方面的限制，他就有可能放弃问卷，使问卷的回收率受到影响。

最后，不能保证填答问卷的环境和填答的质量。问卷调查由于无访问员在场，被调查者填答问卷的环境无法控制。他既可以同别人商量着填写，也可以和其他人共同完成，甚至还可能完全交给别人代填。所有这些，调查者都无法知道。另外，当被调查者对问卷中的某些问题不清楚时，也无法向调查者询问，往往容易产生误答、错答或缺答的情况。因此，问卷调查所得资料的质量常常得不到保证。这也是当前问卷调查面临的主要难题之一。

6.5.3　问卷法的运用

我们要在社会研究中很好地运用问卷这一工具，不能不对它在社会学研究方法中所处的位置、所扮演的角色有一个清楚明确的认识。在实际社会研究中，问卷法作为一种主要的资料收集方法，常常同大规模的抽样调查以及资料的定量分析相联系。可以说，“抽样——问卷——定量分析”三者的结合体，是现代社会学定量研究中最常见也是最重要的一种方式。这种方式与那种以参与观察、深度访问等方法对个案进行定性研究的方式有着明显的区别。

此外，在问卷法的具体运用方面，我们还应该结合我国的情况，明确它的适用范围。采用问卷作工具收集资料的一个重要前提，就是被调查的对象必须具有一定的文化水平。

问卷的适用范围还受到调查对象总体构成情况的影响。一般来说，问卷法在成分单一的总体中（如全部是工人，或者全部是学生等）比在成分混杂的总体中适用。在成分单一的总体中进行调查时，由于人们的社会背景中相同或相似的因素比较多，可以减少许多问卷设计上的困难和麻烦；而一个成分混杂的群体中，人们社会背景中的各种因素往往相差很大，相互之间共同的或相似的东西很少。因此，要设计出一份适合每一部分人情况的问卷，往往很难办到。

通过分析和探讨问卷法的优缺点和适用范围，我们不难理解，为什么说问卷虽然是社会调查中十分有用、十分重要的收集资料的工具，但又不是唯一的、万能的工具。在有些情况下，社会研究所需要的资料很容易通过问卷调查的方法去收集，或者只能采取这种方法去收集；而在另一些情况下，社会研究所需要的资料却难以通过问卷调查的方法去收集，或者完全不可能用这种方法去收集。明白了这一点，我们就能在社会研究的工作中，根据具体的情况作出判断和选择，充分发挥各种调查方法的作用，达到最佳的研究效果。

关键术语

问卷　试验性调查　专家讨论法　量表　总加量表　累积量表　语义差异量表

思考与实践

1. 何谓问卷？
2. 问卷设计的原则、步骤和方法。
3. 问卷中的量表类型。
4. 问卷设计的常见错误。
5. 问卷调查的优缺点及其运用。

阅读材料

1. 刘建政，张曦文，李劼，宋静，李卫锋，吴健生．交流计划提高了香港青年大学生对大湾区内地城市的了解和好感吗？——基于随机对照实验的实证分析［J］．公共行政评论，2021，14（4）：155－174，200.

2. 董海军，李希雨．问卷调查的标准化：必要性、困境与出路［J］．湖南师范大学社会科学学报，2021，50（2）：135－143.

3. 谌丽，徐婧雪，张文忠，解扬洋，党云晓，湛东升．居民城市公共安全感知与社区环境——基于北京大规模调查问卷的分析［J］．地理学报，2021，76（8）：1939－1950.

第 7 章 实验调查

7.1 实验调查的含义

科学可以说是从文艺复兴时期实验方法的采用开始的。自然科学通过实验建立了理论与经验事实的联系，由此才得以逐步形成并取得飞速发展。

近几十年来，社会科学家也越来越认识到实验对于学科发展的重要。美国社会学家索罗金在60年以前说过：发展一门真正的社会学，看来是大势所趋。因为要对社会行为和社会现象的发展变化作出解释、预测和控制，只能通过实验，其他方法无法完全达到这些目的。①

社会科学中研究现象之间相互关系的方法有两种：实验法和相关分析法。后者主要限于对过去的统计资料进行处理，它一般对研究环境很少控制。前者则是在研究现场中进行的，资料搜集与研究过程同步，它对研究环境实行一定的控制，因此实验不仅可以根据原因去预测结果，而且还可以通过控制原因去发现预期的结果。实验法的主要特征就是控制情境和变量来研究社会行为和社会现象的变化，以建立变量间的因果关系。

根据实施场所的不同，可以将实验分为两大类：（1）实验室实验，它限于在有专门设备的实验室中进行，并对实验的条件、控制以及实验设计都有严格的规定；（2）实地实验，它一般在实际场所中进行，它的实验设计并不很严格。根据对变量的控制以及实验设计的严格程度还可以将实验区分为纯实验和准实验。这两种实验在基本原理上并没有很大区别，只不过纯实验对情境和变量的要求更严格而已。

7.2 实验法的原理与程序

7.2.1 实验法的基本原理

实验研究的目的是建立变量间的因果关系。通常研究者预先提出一种因果关系的尝试性假设，然后通过实验操作来进行检验。

---

① 黄文山译．今日社会学学说（上册）．台北：台湾商务，1971：3－11.

一个典型的例子是罗森塔尔和雅各布森在1968年所做的一项实验。他们的研究基于下列理论假设，即“人们对他人行为的期望通常可导致他人向期望方向改变”。由此他们提出的工作假设是：那些被教师认为更聪明的学生，会由于教师的这种偏见而在实际上变得比其他学生更聪明。他们选择一所学校为实验室，让几百名学生参加智力测验，然后从中随机抽取了20%的学生；并告诉教师说，这些学生是测验成绩最高的，因此是最有培养前途的。一年以后，他们又对这几百名学生进行了测验。统计分析表明，上述20%的学生其平均成绩明显高于其余的学生。实验结果证明了工作假设，即教师的期望与学生学习成绩的提高之间存在着因果关系。

从这个例子中可以看出实验法的基本原理：即首先以一个理论假设为起点，这个假设是一种因果关系的陈述，它假定某些自变量（如教师的期望）会导致某些因变量（如学生的成绩）的变化。然后进行以下操作：（1）在实验开始时对因变量（y）进行测试（即前测）；（2）引入自变量（x），让它发挥作用或影响；（3）在实验结束前再测量因变量（即后测）；（4）比较前测与后测的差异值就可以检验假设。如果没有差异，就说明自变量对因变量没有影响，从而推翻假设；如果有差异，则可证实原假设，即自变量对因变量有影响。为了排除其他因素的影响，通常将受试者分为两个组：实验组与控制组。这两个组是随机选派的，它们的所有特征和条件都相同，只不过在实验中，实验组（如被老师认为有培养前途的20%的学生）受到自变量的影响；而控制组（即其余80%的学生）则未受到这种影响。表7－1是一项假设的实验研究的结果。

表7－1　　假设的实验研究结果

	前测	引入（或改变）自变量	后测	差异值
实验组	y_1（80）	x	y_2（90）	$de = y_2 - y_1 = U + E$
控制组	y_2（80）		y_4（84）	$dc = y_4 - y_3 = U$
比　较	$y_1 - y_2$		$y_2 - y_4$	$E = de - U$

注：表7－1为假设的实验研究的结果。

分两个组进行实验的目的是要考察自变量x引起的变化E。即使不引入自变量，由于某些其他外部因素的影响，在一定时间后（几小时、几天或一年）后测的数值也肯定不会与前测的数值相等。外部因素的影响由U表示。实验组所受的影响实际上是由两部分组成的：一部分是由于外部的因素，另一部分是由于新引入的自变量，即 $de = U + E$，由于实验组和控制组的构成是采取随机分派的原则进行的，因此实验组所受到的外部因素的影响与控制组所受的影响相等（即都等于U）。这样，实验组真正受到的自变量的影响E如下：

$$E = de - U = de - dc \tag{7-1}$$

例如，在上例中，对所有学生进行了前测，由于是随机分组，因此各组学生的平均成绩是相等的，即 $y_1 = y_3$（假设为80分），平均一年之后的成绩为：$y_2 = 90$ 分，$y_4 = 84$ 分，那么，教师对学生的期望所产生的影响 $E = de - U = 6$（分）。

7.2.2　实验的主要组成部分

无论是在自然科学中，还是在社会研究中，大部分实验通常都包括三个主要的组成部分：自变量和因变量、实验组和控制组、前测和后测。

（1）自变量和因变量。

我们说过，实验的中心目标是理解因果关系，其基本内容是检验自变量对因变量的影响。通常，自变量是实验中的刺激因素，是有待检验的、引起因变量变化的原因。因此，自变量应该是能够引起某种变化的。同时，必须经过严格定义和操作化，这样才便于在实验中进行测量。

因变量是一种应该由自变量所引起的状况，它是研究的关键点，是要被解释的现象。这种因变量应该在状况上与实验前有所变化，也应该在接受自变量刺激的对象和未接受这种刺激的对象之间有所不同。实验者应该尽可能地让因变量处于一种自然的状态中被观察和测量。同时，因变量也同样是经过操作化处理的，这种操作化处理包括一系列具体的测量方法。

应该注意的是，一项实验中的自变量，可能成为另一项实验中的因变量。

（2）实验组和控制组。

在实验研究中，我们把接受自变量刺激的一组对象称为实验组，而把不接受自变量刺激的一组称为控制组。

设置控制组的主要目的是将研究本身（如前测和后测）对实验对象的影响与实验刺激（即自变量）的影响区分开来。为了达到这种目的，就要求在实验开始前，实验组与控制组成员的各方面条件和状况都相差无几，即基本上不存在大的差别。这就导致下面我们将讨论的消除外部影响和控制无关变量的方法问题。

（3）前测和后测。

由于任何实验的关注点总是在于实验刺激（即自变量）的效果，因此，证明这种刺激的确产生了某种效果就显得至关重要了。正是这种证实刺激在产生效果中的中心地位的需要，使前后测设计在实验中显得如此重要。实际上，实验者所寻求的并不是刺激后的结果，而是因变量的变化——从刺激前的某个时间点到刺激后的某个时间点的变化。在实施实验刺激以前对实验对象（实验组和控制组）进行的测量称为前测，而在实施实验刺激后对其测量称作后测。

在对实验对象进行前测和后测过程中，也可能产生一定的问题。实验对象可能会对测量问题的形式由不熟悉变得比较熟悉，对研究的目的由不了解变得比较了解，因而可能在后测中有意改变他们的回答，以迎合研究者的意图，或故意与之唱反调，从而影响到实验结果的客观性。同时，两次测量可能会使一部分对象感到厌烦，因而缺乏积极合作的热情。此外，两次测量之间其他一些因素（如实验对象个人的生活经历、环境等）可能发生变化，也可能出现一些突发事件，因而导致两次测量的差别不能完全归于实验刺激。正是因为如此，人们又设计出仅有后测的实验。在后面我们将进一步介绍。

7.2.3 实验的基本程序

实验研究的程序与其他方法大致相同。可分为准备、实施和资料处理三个阶段以及若干步骤。

(1) 准备阶段。

①确定研究问题和研究目的。查阅理论文献，确定研究课题的价值及其可行性。

②提出理论假设和工作假设。选择和分析各个有关的变量，将变量分类并建立变量间的因果模型。

③进行实验设计。选择实验场所、设备、测量工具，确定实验进程、控制方式、观测方法等。

(2) 实验阶段。

①选取实验对象，采用随机、指派法等手段进行分组。

②实施实验。控制情境、引入（或改变）自变量、仔细观察、做测量记录。

(3) 资料处理阶段。

①整理分析资料。对观测记录进行统计分析，得出实验结果，检验假设，提出理论解释和推论。

②撰写研究报告。

7.2.4 三项基本工作内容

在上述各个步骤中，有三项内容与其他方法差别较大。也可以说，它们是具体实施一次实验的三项基本工作内容。这三项基本工作内容是：变量的选择和分类、变量的控制、变量的测量。

(1) 变量的选择。

在用实验法研究某个问题时，首先要把与研究课题有关的各种因素挑选出来，然后分析这些因素之间的关系，建立因果模型。例如，要研究企业改革中工资制度的改革对工人劳动积极性的影响，工资制度就是自变量，工人的劳动积极性就是因变量。除了这两类变量之外，还有许多因素会对实验结果产生影响，例如，工厂的类型、规章制度、工人的年龄、性别、职务、教育水平等，这些因素可能是外部影响变量或中间变量，也可能是独立的变量，但它们对于这一特定实验来说，都是需要控制的无关变量。

(2) 变量的控制。

对自变量的控制就是要有计划地、系统地安排实验刺激的情境和程度，使其作用于因变量。例如，新的工资制应当与旧工资制有明显差异，同时，新工资制的各种形式（如计件工资、浮动工资等）之间应有较大区别；这样分别进行实验，就可以看出各种工资改革方案所产生的不同效果。

对所有外部变量（或无关变量）的控制原则是：使它们在实验中保持不变或较少变化；如有可能应尽量把它们排除，使其不致影响或混淆自变量与因变量之间的因果关系。控制外部影响因素的方法有以下几种。

①随机法。随机法是以随机分派的方式将受试者分配到实验组和控制组（或各个不同的实验组）。这是最常用的方法，在理论上也是最有效的控制影响变量的方法。因为按照随机抽样的原则，各个组的成员构成、条件都是均等的；受试者的年龄、文化程度、性别比例等都基本相同，外部因素对他们的影响也是同等的。即使会出现一些差异（如上例前测的平均成绩，实验组为 80 分，控制组为 81 分），也只可能是由抽样误差造成的，而不会是系统偏差。

②配对法。这种控制变量的方法是找出两个各种条件完全都相同的人，将其中一人分派到实验组，另一人分派到控制组，这样一对一对地分派所形成的两个组在理论上是完全相同的，但在实践中却很难做到，因为世界上很难找到两个完全相同的人。例如，两个人年龄、文化程度、性别都一样，但家庭出身、性格习惯等方面则可能有很大差别。如果要使两个人的各种条件都相同，这几乎就是不可能的。为克服这种困难，可采用不太严格的配对法（频数分布配对），使两个组在各种特征上的比例大致相同；或者在某一主要影响变量的分布和方差上大致相同。但是，它们不能消除其他未控制因素的影响。因此，配对法常常结合随机法一起运用，很少单独使用。

③排除法。这种方法是在实验之前把其他影响因素排除在外。例如，测量不同年龄的学生的智力水平时，性别、家庭背景也可能会对智力水平有影响，为排除这些影响，可以只对出身于知识分子家庭的男学生进行实验。不过，这种实验结果不能推论到女学生和其他家庭出身的学生。因此，排除法在实验中不常使用。

④纳入法。纳入法是把其他主要的影响变量也当作自变量引入实验中，同时对几个自变量进行操作、测量和检验。这就需要较复杂的实验设计，并运用统计分析的方法考察各个自变量的影响和它们的相互作用。

（3）变量的测量。

实验所要求的观测记录应当是定量化的数据。因为自变量对因变量的影响只有通过定量化的指标才能加以评定。自变量（实验刺激）可以是定类的，如前面所提到的旧工资制和新工资制，但它的变化程度应当有明显差异或容易观测。例如，若研究人的个性、价值观、动机需求对人的行为的影响时，对于这些自变量就很难精确观测。

对变量的测量一般采用问卷、量表和仪器等工具。测量工具的选用首先要保证它的内在效度和信度，即测量的准确性和可靠性。其次，要注意测量对受试者的影响。例如，同一批受试者既接受前测，又接受后测，就很容易使他们意识到实验的意图，致使实验结果的效度降低。在测量时，应尽量不使实验对象觉察到实验的真正目的。为此，可以采用一些自然的或者伪装的测量方式，如在课堂上测量等等。

7.3 标准实验设计

7.3.1 简单实验设计

实验设计大致可分为两类：简单设计和多组设计。简单实验设计是对单项假设进行验证，即考察一个自变量与一个因变量之间的因果关系。此外，它只分为一个实验组和一个控制组，或仅有一个实验组。多组实验设计则有三个以上的组，它可以考察多个自变量与因变量之间的关系。

(1) 简单实验设计的几种模式。

①单组前后测实验设计。

这种设计没有控制组，只有一个实验组，其模式如图 7 - 1 所示。

	前侧——实验刺激——后测
实验法	y_1　　x　　y_2

图 7 - 1　单组前后测实验设计模式 1

它假定自变量的影响可以通过比较后测（y_2）与前测（y_1）的差异（de）来考察。例如，在一项实验中，让受试者填写一份有关种族偏见的量表，然后让他们看一部反对种族偏见的电影，过一段时间，再填写上述量表，比较前后差异，就可以看出宣传工具对人们观念变化的影响。这种设计一般在研究人员能够确定外部因素不会对实验产生影响，即 U = 0 时才采用，否则，它无法区分因变量的改变（de）有多少是自变量引起，有多少是由其他无关变量引起的。

②两组前后测实验设计。

这种设计也称为典型的或传统的实验设计。其模式如图 7 - 2 所示。

	前侧——实验刺激——后测
实验组	y_1　　x　　y_2
控制组	y_3　　　　y_4

图 7 - 2　两组前后测实验设计模式 2

典型实验设计的主要优点是：第一，比较实验组和控制组前测与后测的差异值，不仅可以确定自变量的影响，还可以排除外部因素的影响。第二，可以排除前测造成的某些干扰影响，例如，在第二次回答测验题时，由于对题目比较熟悉，因此后测的成绩肯定要高于前测。但因为两个组都同样受这个因素的影响，所以不会影响实验的内在效度。

典型设计的主要缺点是：受试者经过一次前测，所以可能会对自变量的引入产生敏感，这样，虽然不会影响内在效度，但会影响和降低实验的外在效度。例如，在对种族偏见的测量中，实验组的人两次填写同样的表格，就很可能会意识到让他们看一部反对种族歧视的影片是什么意图，因而使第二次填写的效度大大降低。在前测会引起受试者敏感的情况下，应考虑采用无前测的实验设计。

③两组无前测的实验设计。

由于前面提到的前测的影响缘故，人们设计了两组无前测的实验模式。其模式如图 7 – 3 所示。

	实验刺激	后测
实验组	x	y_1
控制组		y_2

图 7 – 3 两组无前测的实验设计模式 3

这一设计中，实验对象一般是随机抽取和随机分派的。在实验组引入自变量之后，同时在两个组测量因变量。例如，在实验组看过反对种族歧视的影片之后，测量两个组对种族偏见的态度，就可以看出影片对人们观念的影响（E）。由于两个组的成员是随机分派的，因此可假定他们的各种特征和所受影响是相同的，唯一不同的是，实验组看过电影，而控制组没看过，因而两组之间的差异只可能是实验刺激（影片）导致的。此外，由于不进行前测，排除了前测与实验刺激之间的交互作用效应，因此，对这一特定实验来说，这种无前测的设计比模式 1 和模式 2 都具有更高的效度。

简单实验设计只考虑一个因变量与一个自变量的关系，因而操作容易、简单易行，可以检验和建立明确的因果关系。但是，它将现实生活中错综复杂的关系简化为单一的因果关系，这就大大降低了实验结论的概括能力和外在效度。因为现实事物往往是“多因多果”的。简单实验设计的另一个缺点是：它将所有的其他影响因素都作为无关变量加以控制和排除，忽视了各种因素间交互作用的效应，因而降低了实验的内在效度。

（2）交互作用效应。

交互作用效应是指实验刺激（自变量）的影响（用 E 表示）、外部因素的影响（U）与前测干扰影响（P）三者之间相互作用所产生的影响。

以测量种族偏见的实验为例，实验刺激（看电影）与前测干扰的交互作用是指受试者将测量与看电影联系起来，从而猜测出实验目的所产生的影响，用 IPE 表示；这种影响表现为受试者不愿被别人视为种族歧视者，因而在第二次测量时隐瞒自己的真实态度。实验刺激与外部因素的交互作用以 IEU 表示；由于在两次测量的间隔时期，受试者不仅通过反种族歧视的影片，而且还可能受到其他因素的影响（如看书刊、报纸、听讲演等），因此，他的观念变化还归因于看电影与书刊、讲演等无控制因素共同作用的强化效应。此外，前测与外部因素的共同作用以及这三类因素的共同作用都会产生交互作用效应（用 I_{PU}、I_{PEU} 表示）。

简单实验设计未考虑交互作用效应，所以它的实验结果是不太精确的。从表 7－2 中可看出三种简单实验设计的精确性。

表 7－2　　差异值的构成

实验设计	观测到的差异值
1. 单组前后测	$d = y_2 - y_1 = E + P + U + I$
2. 两组前后测	$d = (y_2 - y_1) - (y_4 - y_3) = E + I_{PE} + I_{EU} + I_{PEU}$
3. 两组无前测	$d = y_2 - y_1 = E + I_{EU}$

注：E：自变量 x 引起的观测值变化；P：前测引起的改变；U：外部无控制因素引起的改变；I：交互作用引起的改变；$I = I_{PE} + I_{PU} + I_{EU} + I_{PEU}$。

设计 1 只有一个实验组，它除了假定前测（P）和外部因素（U）影响很小外，还将这些因素的交互作用忽略不计，因此它的测量结果误差较大，效度较低。设计 2 通过控制组排除了前测和外部因素的影响，只有一些交互作用效应影响它的实验效度。设计 3 由于无前测，因此效度最高。但是无前测也有一定局限性，它无法比较不同时间的变化，而且无法检验在实验开始时两个组的特征值是否相等。例如，在考察教师期望对学生成绩提高的影响时，就不能采用这种设计。

7.3.2　多组实验设计

多组实验设计可以部分地克服简单设计的两个主要缺点：①它可以排除某些交互作用效应对实验结果的影响；②它可以考虑多种因素（自变量）与因变量的因果关系。

（1）所罗门四组设计。

这种设计精确测量干扰因素和交互作用效应的影响，综合了典型设计和无前测设计的优点。

表 7－3 中实验组①和控制组①相当于典型设计，实验组②和控制组②相当于无前测设计。该设计可以测量自变量、外部变量和测量干扰这三类因素各自对因变量的影响。下面再以教师期望（x）与学生成绩之间因果关系的实验为例简单说明这一方法的运用。

首先，随机分派四个组，按表 7－3 的设计对各组学生进行测量，测量的成绩列在表中的括号里。由于是随机抽样和选派，因而尽管实验组②和控制组②没有前测，但可以假定他们的前测平均成绩也是 80 分，而控制组②一年后的成绩为 83 分，这样就可以知道外部因素对学生成绩的影响（U＝3 分）。由（$y_2 - y_3$）得到 $P + I_{PU} + I_{PE} + I_{PEU} = 3$ 分。其中，$y_4 - y_5 = P + I_{PU} = 2$ 分，这就精确地了解到测量干扰以及由前测引起的交互作用效应对因变量的影响。

最后，由（y_5-y_6）得知，自变量对因变量的影响（$E+I_{EU}$）为 4 分。因此，实验组的前后测差异值（de = 10 分）中，教师期望所产生的影响约为 4 分，外部因素影响为 3 分，测量的影响为 3 分。然后，通过对变异值的统计检验可以判断，教师的期望与学生成绩之间是否存在着因果关系。

表 7－3　　所罗门四组实验设计

	前测	引入（或改变）自变量	后测	差异值
实验组①	y_1（80）	x	y_2（90）	$de_1=y_2-y_1$
控制组①	y_3（80）		y_4（85）	$dc_1=P+U+I_{PU}$
实验组②	无	x	y_5（87）	$de_2=E+U+I_{EU}$
控制组②	无		y_6（83）	$dc_2=U$（3 分）

所罗门四组实验设计的实验效度较高，可以区分出外部因素和测干扰的影响。但它的缺点是：第一，设置四个组，必然要增加受试者人数，从而增加了实验的困难；第二，所得结果必须经过复杂的统计检验，对单变量实验的检验一般比较简单，对两组的平均值变异可采用 t 检验，对三组的平均值变异可采用 F 检验，而对四组的平均值变异的检验要用比较复杂的 x^2 检验，这就使较简单的问题复杂化；第三，它只能判断其他外部因素对因变量有否影响，但无法确定哪些变量与因变量间还存在着因果关系。例如，假如教师期望的影响只占 10%～20%，而外部因素的影响占 60%～70% 的话，那么就要找出对因变量有主要影响的其他自变量。

（2）多因素设计。

以上介绍的实验假设都是检验单项假设，即关于一个自变量和因变量的因果关系。多因素设计则是检验多个自变量（或一个自变量的多种取值）对因变量的影响。

例如，国外社会学家 1976 年研究了来访者的频数与退休老人健康程度的关系，如表 7－4 所示。

表 7－4　　多因素设计

	前测	引入（或改变）自变量	后测	差异值
实验组（1）	y_1	x_1（经常）	y_2	$de_1=y_2-y_1$
实验组（2）	y_3	x_2（较多）	y_4	$de_2=y_4-y_3$
实验组（3）	y_5	x_3（很少）	y_5	$de_3=y_6-y_5$
控制组	y_7	x_4（无）	y_6	$dc=y_8-y_7$

这种设计是对典型设计的扩充，它有三个实验组，各个组的自变量强度有明显差异。实验发现，前两个组成员的健康状况变化不明显，而后两个组成员的健康程度明显下降。

多因素设计的另一形式是考察两个以上的自变量对因变量的影响以及自变量之间交互作用对因变量的影响。一般也称为因子设计（factional design）。它假定外部因素的影响等于零。例如，要检验教师期望（x_1）和采用新教学方法（x_2）对学生成绩的影响时，可做如表 7－5 所示的设计。

表 7－5　　(2×2) 因子设计

	前测	引入（或改变）自变量	后测	差异值
实验组（1）	无	x_1　x_2	y_1	$y_1 - y_2 = I_{12} + E_2$
实验组（2）	无	x_1	y_2	$y_2 - y_4 = E_1$
实验组（3）	无	x_2	y_3	$y_1 - y_3 = I_{12} + E_1$
控制组	无		y_4	$y_3 - y_4 = E_2$

因子设计为消除前测引起的敏感影响并减少工作量，一般都运用无前测的设计。前述例子中有两个自变量（x_1 和 x_2），每个自变量有两个值（即有 x 和无 x），分为四个组，通常称为（2×2）因子设计。因子设计可以同时包括多个自变量，每个自变量也可以有多个取值。但是，随着自变量的增加，实验组的数目也要相应增加。例如，在前面的例子中，若再考虑对不同年级学生的影响（假设为三个年级），就变成了（2×2×3）设计，分为 12 个组（见表 7－6）。

表 7－6　　(2×2×3) 因子设计

x_2		新教学法		旧教学法	
x_1：教师期望		x_1	无 x_1	x_1	无 x_1
x_3	一年级				
	二年级				
	三年级				

如果再考虑年龄的影响，就成为四变量 2×2×3×2 设计，实验组数目还要成倍增加。这在实际中很难实施，因为这种实验至少需要几百名受试者，并要进行大量复杂的数据处理和统计分析工作。

（3）重复测量设计。

重复测量设计不是像前述设计那样对不同组的受试者施以不同的实验刺激，而是对每个组（也即每个受试者）都给以不同的实验刺激。实验效果不是以不同组的观测值差异值来表示，而是通过每个组对不同刺激的差异来反映。

例如，要测量不同学生解答形象思维和逻辑思维智力测验题的差异，可作如表 7－7 所示的设计。

表 7－7　　重复测量设计

	形象思维测验	逻辑思维测试
第一次	男生（10 人）	女生（10 人）
第二次	女生（10 人）	男生（10 人）
比较	（总、男女）平均分	（总、男女）平均分

可以看出，重复测量是一种轮换的方法，即每个组都先后接受不同的测量，然后通过比较每一组不同测量的平均值就可以检验不同刺激造成的不同差异。它的优点是：①不用随机抽取实验组和控制组，而只须选取几组实验对象让他们参加各种项目的测验，因此，不必担心组间特征值随机误差的影响。②只须较少的受试者就可达到实验目的。例如，在上例中，若采用控制的方法则需要四个组（40 人）；而重复测量只需要 20 人。③它的实验假设可以有多个，即一个实验可以同时检验几个假设。如上例，实验目的是检验男生组、女生组和总体的形象思维能力和逻辑思维能力有何差异，其中，实验变量是智力测验。重复测量设计的局限是：对有些易于引起受试者敏感或产生较大交互作用效应的实验变量不能进行重复测量。这种设计一般在无法进行随机抽样而只能进行整群选择时采用。例如，要检验三套试题的难易程度，一般只能在学校选择几个班并让全班同学都参加实验，这时就必须运用重复测验（见表 7－8）。

表 7－8　　重复测验

	试题Ⅰ	试题Ⅱ	试题Ⅲ
第一次	一班	二班	三班
第二次	二班	三班	一班
第三次	三班	一班	二班
比较	平均分数分布	平均分数分布	平均分数分布

这里必须注意，各组受不同实验刺激的顺序不应相同。例如，如果几次实验中，三个班都依次做同一套试题，各套试题的平均分差异就有可能是时间因素或学生技能提高引起的，从而分辨不出试题本身的难易程度。

（4）拉丁方格设计。

拉丁方格设计也是一种多因素设计，但是与因子设计不同，它不是考察多个自变量与因变量的关系，而是考察多个自变量的引入顺序对因变量的影响。这种设计可以引入多个不同自变量，这些自变量只有一个取值。实验组的数目取决于引入的自变量，有多少个自变量就分派多少个实验组。每个实验组都依次引入各个自变量，但引入的次序各不相同（见表 7－9）。

表 7－9　　拉丁方格设计

	引入自变量 x 的次序				观测比较
	①	②	③	④	
实验组①	x_1	x_4	x_2	x_3	y_1
实验组②	x_4	x_3	x_1	x_2	y_2
实验组③	x_2	x_1	x_3	x_4	y_3
实验组④	x_3	x_2	x_4	x_1	y_4

实验组可以只有一名被试者（在拉丁方格设计中各组通常只有一名成员），也可以有多名被试者。所引入的自变量在每一行或每一列仅出现一次，每个实验组都依次接受一系列的实验刺激，但各组的实验顺序是不同的，这样就形成了多种互不相同的自变量组合方式。观测不同组合所产生的效果，就可以检验引入自变量的顺序是否会对因变量造成不同的影响。如果各组的因变量观测值（y）都相同的话，那么就说明引入自变量的顺序对因变量没有影响，这种顺序是可以互换的，因此每个自变量都是独立的，它们的作用可以叠加。否则的话，就说明这种顺序对于因变量的变化有影响。通过比较观测值（y），可以发现哪种顺序使因变量发生更大的变化。此外，y 值的不同，还说明某些自变量不是独立的或说明这些自变量之间有交互作用，这时，就要对各个引入阶段的 y 值进行比较和分析，以便对这种差异的产生的原因做出解释或提出假设。一般来说，拉丁方格设计无法测量出交互作用效应，它只能检验实验顺序对因变量的影响，并判断自变量之间是否存在交互作用。

拉丁方格设计的缺点是：第一，它必须保证各组成员的特征相同，不会影响实验结果。但在小样本的情况下，很难找到各种特征都相同的被试者。第二，各种自变量是共同发挥作用的，因此，无法区分每一个自变量对因变量的单独影响。这种设计一般在特殊场合中才采用，即检验自变量的组合方式对因变量的影响或找出最佳组合方式时才使用。

7.4　准实验设计

在社会研究，由于研究对象的性质与自然科学中研究对象的性质有着相当大的差别，因而常常不可能像自然科学家那样，在设备良好的实验室中，严格地控制各种条件来进行实验。通常，人们总是采取准实验的方法。所谓准实验方法就是没有严格地进行指派和严格控制实验刺激的实验方法。它通常不是在纯粹的实验室环境中，而是在研究现场进行，它们常常依据现场的条件和可能性来设计实验方案，并对纯粹的实验设计加以简化。

准实验法的特点是：（1）它的实验假设并不一定是因果关系的假设，也可能是相关关系的假设；（2）它很少采用严格的随机抽样；（3）它通常缺乏前测和控制组。有些人认为，这种实验没有严格地执行实验方法的准则，因此，它不是科学的实验。但是，更多的社会工作者认为，科学并不是以纯实验为起点和目的的，科学的发展必须利用现实所能提供的手段和技术，而不能等待完美的方法产生以后再进行研究。同时，实验设计本身也是一个从无到完美的不断发展过程。而目前社会科学的实验已基本具备了科学方式所要求的条件。尽管它并不总是能检验或建立因果关系，但这种“准实验”至少是能检验相关关系并能发现新的事实的。

准实验法主要有下列几种类型。

7.4.1 相关设计

相关设计（Convectional Designs）通常指交互分类设计，这是社会学研究中最常用的分析方法之一。它的形式近似于两组无前测设计。但是，实验组和控制组不是随机分派，而是根据实验变量（自变量）的要求选取的。例如，Heiss（1972）使用这种方法进行了一项研究。他的假设是：美国黑人的婚姻持久性与其父母家庭的婚姻持久性相关。它的实验结果和设计如表 7－10 所示。

表 7－10　相关设计

	实验变量（父母离过婚）	离婚率（%）
实验组	X	39.2
控制组		31.2

实验组的成员，其父母都离过婚，控制组的成员的父母则都未离过婚。两组成员的离婚率有较明显的差异。实验结果看起来似乎是验证了假设。

但是，相关设计由于对各实验对象没采取控制，因此无法排除其他变量的影响，因而，它的内在效度较低。在上例中，实验对象的年龄、文化程度、家庭背景、职业、父母离婚的时间等都对实验结果有影响，如果对以上的变量加以控制，就相当于采用配对法抽取和分派实验对象，即将上述特征都相同而仅在父母离婚方面不同的一对对象分派到实验组和控制组，这样才能提高效度。但在现实中，很难做到这一点，因此一般都是利用统计分析中控制变量的方法来解决上述问题。但运用统计分析方法需要较严格的抽样和较大的样本，并且需要对统计资料或者问卷的效度进行检验。

相关设计的另一缺点是缺少前测，无法进行时间序列的比较。解决这一缺陷的一种方法是：增加一个事后回溯设计，即在引入实验刺激并加以后测之后，再询问被试者过去的状况。以此与因变量的后测值比较。例如，要了解参加战争对士兵政治态度的影响，一方面要了解士兵们目前的政治态度，另一方面还要询问他们战前所持的态度。但是，要注意，人们对过去状况的回忆通常是受目前状况影响的，即使他们主观上愿意真实地回答，也可能由于记忆不清或选择性记忆而产生较大的偏差。

7.4.2 时间序列设计

时间序列设计（Time - series Designs）是对相关设计的扩充，它也是一种交互分类设计，不过，它的前测和后测包括多个时点，由此组成了一个较长时间序列的观测值，从这些因变量的变化趋势中可以发现自变量的影响程度和影响过程。例如，要研究物价改革（x）对不同城市，不同阶层的人所造成的影响，可以选两个组进行长期观测。例如，某一城市的物价变动很大，从这一城市选取一个实验组，而另一城市的物价变动较小，则把它当作控制组。若考察这种变动与人们对政府的信任程度之间的因果关系，可以运用时间序列设计。设计和假设的实验结果如图 7 - 4 所示。

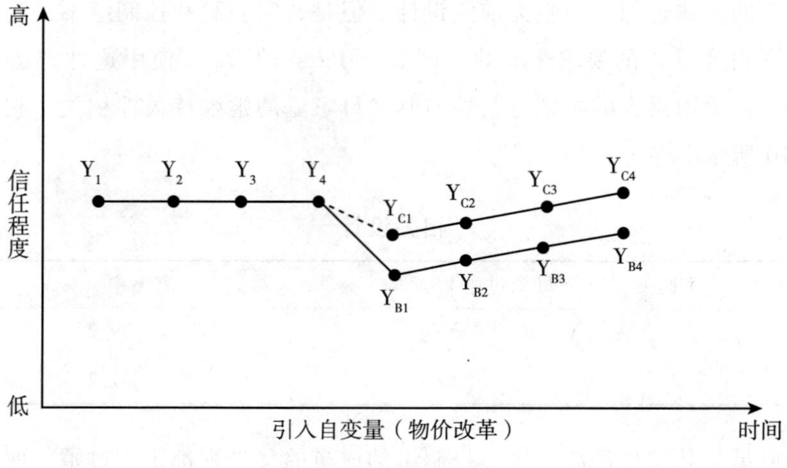

图 7 - 4　时间序列设计

由图 7 - 4 中可见，由于自变量的影响，实验组的 y 值明显下降，控制组下降程度不大，假如过段时间其他因素不会对信任度有较大的影响，那么就可判定，自变量（x）与因变量（y）之间有明显的因果关系。同时，从趋势上来看，y 值在急剧下降之后，有一段时间会保持稳定的，然后又相对缓慢回升。

时间序列设计有多个观察点，而且在每一时点都对实验组和控制组加以测量，因此，从它的差异可以发现因变量的变化趋势，由此可以预测未来的发展变化，并在实际发展过程中检验这种预测。

时间序列设计也称为趋势研究，它一般用于研究较长时期内人们的态度和价值观念的变化。例如，盖洛普民意测验机构通常用这种方法研究社会舆论的变化。但是，这种方法需要较多的人力和物力。此外，它还有两个缺点：（1）它无法断定所假设的自变量是否对因变量有主要影响，因为在很长的时期内，会有许多其他因素导致因变量的变化；（2）测量态度和价值观的变化是很困难的，由于趋势研究是要不断地观测社会发展变化和新的社会现象，它很难利用现有的量表或标准问卷，因此无法确定测量工具的效度。

7.4.3 非等组前后测设计

这种设计的形式与典型设计相似，但它的实验组与控制组是不等同的。例如，要调查加入共青团对青少年思想和行为的影响，可以以青少年违法率作为因变量，以团员为实验组，非团员为控制组。实验设计和假设实验结果如图7-5所示。

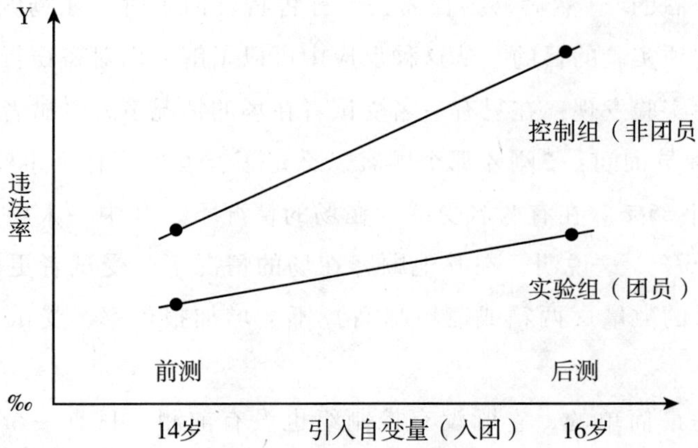

图7-5 非等组前后测设计

从图7-5中可以看出，实验组与控制组的变化差异这种设计的主要优点是：（1）它不仅可以得到后测的差异，还可以知道前测的差异。如果仅有后测的话，就不可能知道实验组在引入自变量前（如入团以前）是处于何种水平。（2）它可以得到更多的信息。例如，从图7-5中可以看出，违法率是随着年龄增长的，因此对实验结果的解释就要考虑更多的因素，并重新修正原有的假设。它的缺点是：由于两组是不等同的，因此无法推论x与y的因果关系，因为y的变化很有可能是不同的实验对象所固有的，没有控制实验对象的固有特征就不能检验出x的真正影响，最多只能说明所假设的自变量（入团与否）与因变量（违法率）之间存在着相关关系。另外，从实验结果中也无法确切判定入团是否是原因，而其结果是导致违法率的变化。

7.4.4 现场实验设计

准实验一般都是在自然环境中进行的，研究人员虽然不能对自然场所的变量加以严密的控制，而且很难采用随机抽样方法使实验组和控制组保持完全一致，但他们可以结合研究目的对实验变量和现场环境加以一定的控制，这种实验也称为实地实验或现场实验。

现场实验的特点是隐蔽性、真实性和概括性都较高。实验对象一般不易发现现场实验的目的，很难觉察到实验对象的存在。现场实验的环境比较真实，很近似于现实的情况，此外，实验变量的引入比较自然，能产生真实的效果。因此，现场实验具有较高的实用性。

例如，国外的社会学家设计了多种实验设计，以观察人们的行为和态度。其中一种称为“盗窃实验”。在这个实验中，研究人员在街上设置了一个售货亭，两名研究人员分别扮演售货员和进行盗窃的顾客，当受试者（真正的顾客）进来购买东西时，售货员假装出去接电话，而离开较长的时间。这时，盗窃者就会抬走货架上的一箱啤酒，并说：“反正卖货的不会发现少了一箱啤酒的”。然后，扬长而去。等售货员回来时，在场顾客（一人或两人）的反应如何，便是这项实验的目的。从这种反应中可以了解人们对盗窃行为的态度以及对他人利益的关心程度。实验发现：在只有一名受试者在场的情况下，受试者会马上向售货员报告的占20%，当售货员询问：“刚才那个顾客怎么走了？发生了什么事？”之后，报告偷窃事件的占45%，合计65%。在有两名受试者在场的情况下，其中一人马上报告或者在询问后才报告的合计占56%。这说明，在其他顾客在场的情况下，受试者更倾向于采取与己无关的态度。增加盗窃的数量（两箱或三箱啤酒）不会增加报告率，受试者的性别也不会影响实验的结果。

这一实验设计是最简单的，它既没有控制组也没有前测，只有一个实验刺激（盗窃）和对反应变量的观测。但是，由于情景真实自然，并采用机械抽样，因此，实验的信度和效度都较高，实验所得的结论也可以得到广泛的应用。

另一较典型的实验设计是考察工人对采用新的工作方式的抵制程度。研究人员在实验前假设，随着工人参与决策程度的提高，工人对新生产方式的抵制程度会降低。在这里，工人参与决策是自变量。实验人员在美国一家机械制造公司的几个主要工厂进行了实验研究，实验对象分为三个组，控制组的工人没有任何参与决策的权利，两个实验组的人参与了修改生产方式的讨论和决策，但是程度有所不同，一个组是部分参与，另一组是完全参与。实验结果表明，非参与组的工人强烈抵制新的生产方式，部分参与组的工人抵触情绪较低，而完全参与组则没有任何抵制，在改变生产方式之后，生产率有很大提高。从而，结论验证了假设。

现场实验的主要缺点：对实验变量和外部变量缺乏严格的控制。为了弥补这一缺陷，应当尽可能地在相似状况下重复同一项实验，以提高实验的效度和信度。

最后要说明的是，准实验与纯实验在原理上没有严格的区别，准实验只是由于场所和研究条件的局限不得不将纯实验设计加以简化。当然，当条件许可时，应尽量采取较严格的设计程序，以提高实验的效度。但是，目前的社会学实验大部分还不具备采用严格设计的条件，它们通常只能称为准实验，而在纯实验设计或实验室研究中，大多是研究社会心理学和教育学的课题。准实验和纯实验均有其优缺点和局限性。此外，在多种形式的实验设计之间，也没有绝对的优劣之分，它们都适用于某些特定的研究目的和研究领域，研究人员应当依据研究目的的要求来选择最适当的实验设计。

7.5　实验的影响因素

实验研究的方式在建立变量之间的因果关系方面，优于其他几种研究方式。但它的这一主要优点却是以其在必备条件、操作程序、环境控制等方面的各种限制为代价的。在实际社会研究中，除了霍桑效应（Hawthorn effect）那样的带有方法论意义的影响因素外，实验的正确性还受到一些某些特定因素的影响。其中比较突出的问题有以下几个方面。

7.5.1　重大事件

由于大多数实验设计都需要进行前测和后测，并且常常是对实验对象在实验刺激前后的态度、观念、价值和行为进行测量。而前测和后测之间又往往会相隔相当长一段时间，短则一周、半月，长则半年、一年。因此，出现在前、后测结果上的差异除了实验刺激所造成的影响外，还有可能受到发生在这一段时间中的某些重大事件所造成的影响。例如，在我们进行一项涉及大学生对世界上一些发达国家的认识和态度实验的过程中，发生了美国轰炸我国驻南使馆这一重大事件。那么，在实验后测中实验对象对美国的看法和认识上的得分显然会受到这一重大事件的影响。用实验的语言来说，就是除了原来的实验刺激以外，重大事件也成了另一个新的“实验刺激”，其情景如图 7 - 6 所示。

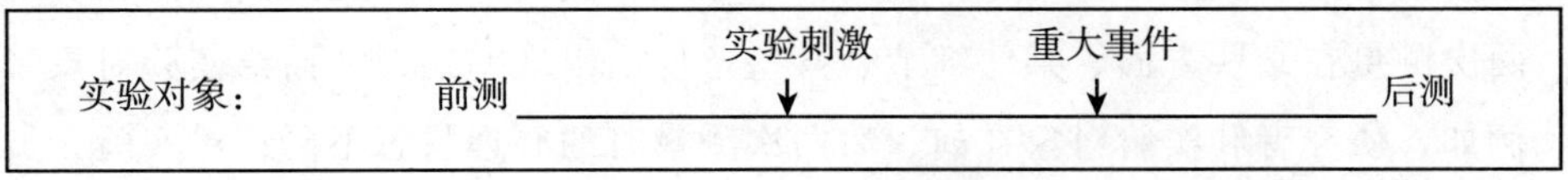

图 7 - 6　重大事件对实验的影响

这一情况启示我们：在出现某些与实验内容关系密切的重大事件时，实验对象在态度、观念、价值及行为上所发生的变化，不一定全部是由于实验刺激的作用所致，很可能是由实验刺激与其他因素共同作用的结果。

7.5.2　实验对象的发育

实验对象的发育指的是在实验的前测和后测之间，实验对象在生理上、心理上的成长、成熟及其所带来的变化。这种变化对实验结果也会造成一定的影响，在一些特定的实验中，这种影响还会相当大。

例如，在初中阶段，学生们往往会在对异性同学的认识、态度以及在处理与异性同学之间的关系方面处于一种迷惑的和矛盾的状态，学校常常通过开设青春期教育课程来帮助和指导学生进行正确的调适。假设为了评价某一青春期教育课程的效果，我们进行了一项实验。一个学年的青春期课程教学也许会对初中生正确认识和处理与异性同学之间的关系、采取正确的态度和行为产生明显的影响。但是，学生在这方面的变化也可以部分地归因于学生在这一年中自身青春期发育所带来的变化的影响。这就是说，即便不开设青春期教育课程，学生们在一年后也会由于自己认识的提高而改变他们原来的态度和行为。因此，我们在实验中还要注意排除这种实验对象发育所带来的影响。

从形式上看，实验对象发育的影响与重大事件的影响有比较大的不同。如果我们把重大事件的影响看作一种外部影响的话，那么，这种实验对象的发育就可以被看作一种内部的影响，即实验对象自身变化所造成的影响。其情景如图 7-7 所示。

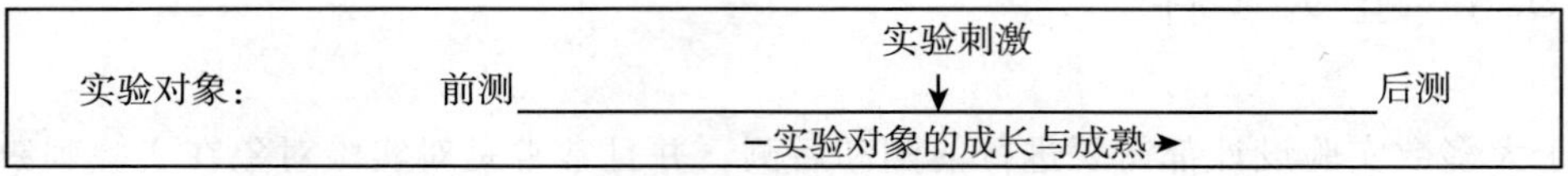

图 7-7　实验对象的发育对实验的影响

7.5.3　实验环境

实验对象发育的影响也可以看成进行前测与进行后测时实验对象的不同（发生改变）所带来的影响。实际上，除了实验对象的不同外，进行前测和后测时所具有的环境也常常是不同的。即使用的是一份同样的问卷，在同样的地点，由同样的研究人员参与，有时也会造成前、后两次测量在某些方面、某些细节、某些条件上出现差别，从而给实验对象带来不同的影响。例如，研究者和实验对象在前、后两次测量时的心理状态不同；对实验人员和实验对象的指示不同；对实验说明的方式不同；实验的物质设备、工具不同；或者实验时间的控制、要求的掌握不同，等等，都是形成实验环境不一致的原因，它们都会使前、后两次测量的结果中掺杂进一些不属于实验刺激影响的效果。因此，注意到这种不一致的方面及其影响，并努力通过控制使它们尽可能地一致起来，也是我们在进行实验时应考虑的方面之一。

7.5.4　初试—复试效应

实验中的前测和后测还具有一个突出的特点：它们的形式、内容完全一样。这是实验方法的基本逻辑所要求的。然而，也正是由于实验方法的这一特点，容易产生初试—复试的影响问题。

很多参加过不止一次英语托福考试（TOEFL）的人都有这样的经历：后一次考试的成绩往往比前一次考得好。除了实际英语水平的提高外，每考一次，考生对考试的形式、内容、重点和答题方法等更加熟悉，参加考试时的心情更加放松，显然是十分重要的原因。同样的经历和现象在实验过程中也会出现。例如，我们用实验来研究电视广告对人们消费观念和行为的影响。在实验开始时，我们先用问卷或量表对人们的消费观念和行为进行调查和测量。然后，我们在相当集中的一段时间内（一周或者一个月），让实验对象观看一系列的电视广告。最后，我们再对实验对象进行同样的调查或测量。在这样做的过程中，除了电视广告所产生的影响外，实验对象变得更加熟悉问卷内容、更加清楚问题的含义、更加明了调查的目标，特别是更加明白他们作为调查对象的角色所产生的影响显然是不可忽视、不可低估的。

7.5.5 实验对象的选择

实验对象作为实验不可缺少的一个部分，也可能产生出一些影响实验正确性的因素。这种情况首先存在于实验对象的选择上，由实验的特定目标、特定逻辑、特定方式所决定，实验对象的选择通常不是像调查研究那样从某一总体中随机抽取，而大多是采取下列三种方式之一：自愿参加、征募参加、强制参加（征募参加指的是类似于招工的方式以一定的报酬来招聘实验对象；强制参加指的是使用学生、犯人等“被控制的群体”作为使用对象）。问题的严重性在于：这三种方式所得到的实验对象都不能很好地代表一般公众。这是因为，自愿者往往比一般人更热衷于科学研究，具有比一般人高得多的社会参与意识和较强的冒险精神；被招聘者则往往具有在经济上处于比较紧张状况的特点；至于研究人员所容易控制的学生或犯人，他们与一般人之间的差别和不同就更是显而易见的了。其次，与实验对象有关，并影响到实验正确性的另一个因素是实验对象的缺损问题。由于实验需要进行前测和后测，而且前、后两次测量的对象都必须是同一群人。因此，如果有的实验对象在完成前测以后就自己主动退出实验，或者在后测开始时，有的实验对象由于调动、搬迁、死亡等原因而无法找到，这都将给实验结果蒙上一层阴影。因为，这些缺失者，尤其是那些中途自动退出的人在有些重要方面与留下来的人是有差异的。他们可能对研究的意义更不关心，也可能研究的题目或研究的内容对他们更为敏感，使他们感到更为不安，还可能他们的文化程度、表达能力等不如其他人。

关键术语

实验室实验　简单设计　多组设计　交互作用效应　所罗门四组设计　多因素设计　拉丁方格设计　相关设计　时间序列设计　非等组前后测设计　现场实验设计

思考与实践

1. 何谓实验室实验？何谓实地实验？
2. 实验法的原理与程序。
3. 控制外部影响因素的方法。

4. 标准实验设计的含义、特点与类型，准实验设计的含义、特点与类型。

5. 实验的影响因素。

阅读材料

1. 代涛涛，陈志霞．行为公共管理研究中的实验方法：类型与应用［J］．公共行政评论，2019，12（6）：166－185，203.

2. 高琛卓，杨雪燕，井文．城市父母对0～3岁婴幼儿托育服务的需求偏好——基于选择实验法的实证分析［J］．人口研究，2020，44（1）：85－98.

3. 刘泽照．实验法在国内应急管理研究的应用及趋势［J］．北京交通大学学报（社会科学版），2021，20（1）：87－94，164.

第8章　混合方法

8.1　混合方法的含义

作为一种存在超过25年的方法论，混合方法研究有着一些易于辨识的共同要素。关于混合方法研究的核心要义并非毫无争议。从哲学角度来分析，认识论和其他的哲学假设位于争议的舞台中心。混合方法研究可以被视为一种方法论，是一种源自广义哲学的研究过程、可以进一步解释和传播的研究过程。

从哲学立场出发，混合方法研究把数据收集、分析和诠释放在核心位置。这并不是无视研究问题、方法论和哲学的重要性，而是强调方法本身，因为这些方法提供了一种科学、具体的方式来进入混合方法研究领域。

8.1.1　混合研究方法是什么

社会科学、行为科学和健康科学领域的一种研究取向，持有这种取向的研究者同时收集定量（封闭的）数据和定性（开放的）数据，对两种数据进行整合，然后在整合两种数据强项的基础上进行诠释，更好地理解研究问题。这种研究取向的核心假设是：当研究者同时整合统计趋势（定量数据）和故事及个人经验（定性数据），那么这种强强联合要比单一采纳任一数据形式都能更好地理解研究问题。

8.1.2　混合研究方法不是什么

（1）混合方法研究并非简单地收集定量数据和定性数据。尽管这也会有所帮助，但是这种类型的研究不会谈及整合两种数据类型，也不会重视两种数据类型的强强联合会给研究带来什么意义。

（2）混合方法研究并非一个简单的研究标签。此种方法论有一系列密切相关的科学技术，熟悉混合方法研究的评审者会查找你研究中是否拥有这些特质。

（3）读者不要把混合方法研究和定量研究中的混合模型相混淆，所谓混合模型是指研究者在统计分析中计算出固定效应和随机效应。

（4）混合方法研究并不仅仅是一种评估技术，例如，形成性评估和总结性评估，尽管研究者在此类评估中同时收集和整合定量数据及定性数据。混合方法研究并非定性研究加上定量研究。混合方法研究可以是两种数据类型的叠加，也可以把定量研究嵌套进定性研究。但是不管采用何种方式，我们都需要理论依据来论证何以可能。

(5) 混合方法研究既非简单收集多种形式的定性数据（如访谈和观察），也非简单收集多种形式的定量数据（如调查和实验数据）。混合方法研究涉及同时收集分析和整合定量数据及定性数据。如此这般，不同研究方法的价值（如统计趋势和故事及个人经验）要比单一的研究方法更有助于理解研究问题。当你使用多种形式的定性数据（或者多种形式的定量数据）时，此类研究应该被界定为“多元方法研究”（multi - method research），而非混合方法研究。

8.2 混合方法的特征

为了解决问题，同时收集和分析定量数据和定性数据。

使用严格的定性研究方法和定量研究方法。

使用一种明确说明的混合方法研究设计方案来整合定量数据和定性数据，并基于这种整合进行诠释。

有时这种混合方法研究的设计方案基于某种哲学或者理论。

8.2.1 收集定量数据和定性数据

假设：定量数据和定性数据是两种不同的数据类型，但是拥有同等重要的地位。使用定量方法的研究者要决定研究内容，提出具体的研究问题或者假设，测量变量以便找到问题的答案，使用统计分析来对结果进行诠释。定性研究方法和定量研究方法有所不同，定性研究的探索者提出的是总括性的问题，以文本、音频或视频的形式收集数据。定性研究的标志性特征是：研究者作为参与式观察者来收集数据或者采用各种研究工具性质的协议文本来直接询问研究对象各种开放性问题，这些工具包括访谈大纲、焦点小组讨论大纲或者问卷。收集完定性数据之后，研究者通过主题分析（thematic analysis）并以文学的形式呈现研究发现，如故事或者记叙文本。两种研究方法都遵循一般的进程：识别问题，确定研究议题，收集数据，分析数据并解释结果。然而，两种研究方法在完成所涉及的每一个步骤上都存在大量的差异。

定量研究和定性研究的要素都涵盖在混合方法研究中。因此，重要的一点就是要认识到混合方法研究者需要同时精通两种研究方法。而且，为了提出混合方法研究的设计方案，研究者需要理解因为两种研究范式叠加而得到增强的优缺点（见表 8 - 1）。

表8-1 定性研究和定量研究的优缺点

定性研究	
优点	缺点
提供了一些人的详细观点 把握了参与者的话语 在情景中理解参与者的经历 基于参与者的观点，而非研究者的观点 受到喜欢故事的人群的欢迎	受制于可推广性 提供的是软性数据（并非硬数据，例如数字） 研究少数的人群 高度主观性 由于依靠参与者本身，不依赖与研究者的专长
定量研究	
优点	缺点
通过广泛人群的大量数据来得出结论 有效地分析数据 探索数据内部的关系 考量可能的因果关系 受到喜欢数字的人群的欢迎	脱离个人体验，研究干巴巴的 不记录参与者的只言片语 对于参与者本身的脉络理解有限 主要由研究者所驱动

8.2.2 使用严格的方法

尽管定量研究和定性研究汇聚成为混合方法研究，但是这并不意味着混合方法研究会抹杀任一研究方法的领域。近年来，若干个作者从定量研究或者定性研究的视角，推进建立了判断何谓严格研究的准则。我们需要关注这些准则，不管它们是来自医学领域的《随机对照试验报告指南》，还是来自研究设计类书籍所推动建立的有关定性研究的非正式指南。对于定量研究和定性研究而言，判断严格研究的关键要素包括以下几点。

（1）研究设计的类型（如实验研究、人种志研究）；

（2）获准进入研究场域；

（3）抽样方法（系统的抽样 vs. 目的性抽样）；

（4）参与者数量；

（5）需要收集的数据类型（如文本、音频、视频、测试分数、问卷答案）；

（6）收集数据所使用的工具（如调查表、观察表、开放式访谈大纲、焦点小组访谈大纲）；

（7）数据库的组织和清理（数据分析的第一步）；

（8）后续数据分析步骤，从基础到更加复杂的分析方法（如从描述统计到推断统计，从编码到归纳主题）；

（9）建立研究合法性和数据可靠性的方法（内部效度 vs. 提升效度的策略）。

8.2.3 整合定量数据和定性数据

在混合方法研究领域，再也没有一个话题如数据整合般如此让人困惑不解。你怎么才能调和文本数据与数字数据呢？研究者之所以常常不会处理这些流程，仅仅是因为他们一般只处理过一种类型的数据（定量数据或者是定性数据）。

为了理解在何处以及如何整合两种类型的数据，需要对混合方法研究的设计方案有所了解。在所有混合方法研究项目中，最核心的是三种基础设计方案。在此之上，后续还有三种高阶设计方案。三种基础设计方案如下。

（1）聚敛式设计（convergent design），设计的意图就是同时收集和分析定量数据及定性数据，最后基于比较两种结果的目的，而对定量数据及定性数据进行聚合分析（有些学者表示，可以用两种数据结果互相验证）。

（2）解释性序列设计（explanatory sequential design），设计的意图在于先收集定量数据，然后使用定性数据来更深入解释定量研究的结果，这是比较简单明了的设计。

（3）探索性序列设计（exploratory sequential design），设计的意图在于先用定性研究探索研究问题，因为问题可能不那么明确，研究对象可能先被触及或者大家对研究对象知之不多，研究场域难以进入。在这个初始性探索后，研究者把定性研究发现用于第二阶段的定量研究。这个阶段的定量研究可能涉及设计各种工具来测量变量，设计活动进行干预研究，或者是设计出利用现有工具可测量出的类型学（typology）。在第三阶段，这些定量研究工具、干预或者各种研究变量都被用于定量数据收集和分析的过程。

一般情况下，上述三种基础设计方案的任一类型都可以在任意混合方法研究中出现，不管是明确表明还是隐含其中。在某些研究中，研究者还会在此基础上做一些添加。本书把这些添加后的结果称为高阶设计方案。在当下混合方法研究的文献中，有以下高阶研究方案的案例。

干预设计（intervention designs），研究者在一个大型的实验研究框架内采用聚敛式设计、解释性设计或者探索性设计。简单来说，在实验研究的过程中，研究者在某些阶段收集定性研究的数据，这种定性数据收集的时间点可以是测验之前、测验过程中或者测验之后。在这种设计方案下的数据整合体现为，把定性研究的数据嵌套入实验研究的数据之中。

社会正义或转型设计（social justice/ transformative designs），研究者在社会正义的理论框架下采用聚敛式设计、解释性设计或者是探索性设计。这个社会正义的理论框架在不同的节点上汇聚成混合方法研究，但是研究自始至终所关注的事情都是旨在提升社会群体的生活质量（如女性主义的社会正义设计）。在这种设计方案下的数据整合实质是用社会正义这个概念串联起研究的全过程。

多阶段评估设计（multistage evaluation designs）是历时性的纵向追踪研究，涵盖多个研究阶段，核心目的在于探索历时性的发展。基于此，研究者会采用聚敛式设计、解释性设计或者探索性设计来进行多种的混合方法研究（有单独的定量研究，也有单独的定性研究）。此类研究设计的典型案例是探索社区某个项目方案历经设计、试点和实施全过程的项目评估研究。这种项目评估研究涉及多个研究阶段，包括需求评估、概念框架、项目测试、项目追踪研究。在这种设计方案下的数据整合是一个历时性的过程，阶段之间环环紧扣。

数据的整合可以有多种形式：聚合数据、解释数据、建构数据和嵌套数据，这取决于研究设计本身。通常的情况是：项目中的研究设计是计划赶不上变化。而且，研究可以对这些基础和高阶研究设计方案进行修改，且情况常常是如此。此外，对于混合方法研究的初学者来说，重要的是理解这六种研究设计（三种基础设计 + 三种高阶设计）的内涵，因为这些研究设计是当下文献中广为流传的版本。

8.2.4　使用分析框架

上述三种高阶设计方案表明混合方法研究中经常使用的不同概念框架和理论框架的重要性。我们在很多混合方法研究中都使用社会科学或者行为科学的框架。例如，某位研究者可能使用领导力理论来推进解释性的序列设计方案，以及同时呈现定量研究和定性研究结果。或者，某个行为变革模型（behavioral change model）可能在健康科学中使用混合方法研究。正如社会正义设计方案所示，研究项目还可以基于转型理论视角或者倡议理论视角来进行混合方法研究，以便推动为边缘群体服务的需要（例如，利用混合方法研究种族形象定性*①的问题）。这些理论框架源自社会行为理论模型或者转型理论模型。

另一个可能在混合方法研究中使用的分析框架就是哲学视角。所谓哲学的分析框架就是关于研究的一般性信念和假设，如研究者如何发现知识。我们都带着自身对世界本质的理解进入研究，同时对需要收集何种信息（例如，主观知识和客观知识）用于回答研究问题都有自己的假设。就需要明确说出自己的哲学立场还是把立场隐含其中的重要性而言，每一个研究领域都有不同的选择。不管你来自哪个研究领域，重要的是要认识到这样一点：我们的价值观和信念塑造了我们的研究取向，影响了我们如何去收集数据，也奠定了我们研究的基础，更影响了我们把自己的研究结果视为知识进化的一部分还是把它视为确定无疑的知识。

8.3　混合方法的操作与应用

从事混合方法研究的个人常常会求助于专业书籍，咨询教授或向那些做过混合方法研究的足智多谋的人士求教，去参加研讨班或者可以学习这种方法论的学术会议。但是有些时候，这些资源并非随手可得，尤其是对于那些希望学习混合方法研究的初学者，或者世界其

① *指警察等因肤色或种族而不是证据怀疑人犯罪。

他偏远国家的个人。本章聚焦混合方法研究的设计方案，要解决本章所涉及的所有问题，则需要经过多次修改完善、共同讨论才能夯实设计方案。

8.3.1 研究规划的必要性

首先，要提问的问题是，你的混合方法研究项目是否有一个读者对象（如研究生学位委员会、学术期刊、书籍、基金会）；你是否有能力且得到许可同时收集定量数据和定性数据；你是否同时精于定性研究和定量研究；你是否对使用多种理论视角来考察研究问题抱有开放的心态。其次，本书建议我们可能讨论的主题，而不是按部就班地呈现混合方法研究中一般性的工作步骤，从而帮助你轻而易举地开始研究项目（例如，讨论的起点是你希望完成什么样的研究任务）。本书精心导入这些研究设计的工作步骤，以便在解决设计方案中更有难度的要素之前，你可以具体、简便地往前走。但是，当本书总结归纳完这些规划步骤之后，会用一个典型的逻辑顺序重新组织这些步骤。在本次讨论中，不是所有的混合方法研究的工作步骤都被囊括其中，但是我们的讨论会涉及主要的步骤，以便你有一个坚实的基础来进行研究。

8.3.2 混合方法的工作步骤

混合方法研究过程的具体步骤如下。

步骤1：为研究项目草拟暂定题目；

步骤2：鉴别出凸显研究必要性的研究问题或者话题；

步骤3：说明研究意图或者需要回答的概括性研究问题；

步骤4：具体说明数据收集的类型和分析方法；

步骤5：考虑纳入某种世界观或者理论的讨论；

步骤6：界定混合方法；

步骤7：选择某个混合方法研究的设计方案；

步骤8：绘制设计方案的流程图；

步骤9：考量研究中的方法论问题和合法性问题；

步骤10：写出混合方法研究项目的目标或者目的；

步骤11：增加研究问题（定量的研究问题、定性的研究问题、混合的研究问题）以便更匹配你的研究设计方案。

（1）为研究项目草拟暂定题目。

研究设计方案从为研究项目草拟暂定题目开始似乎有点奇怪。然而，把这个暂定题目看作研究中一个主要的占位符（placeholder），就是整个研究项目的聚焦点。因此，在暂定题目上的决策是开始研究设计方案的必要组成部分。的确，这个暂定题目会随着研究进展发生变化和转换，界限变得越来越清晰和聚焦。

一个好的体现混合方法研究的暂定题目必须涵盖以下几个关键因素。

①针对研究主题（如姑息治疗或者欺辱）；

②涉及研究对象（也就是数据收集的对象，如老年病人或者年长者）以及研究对象可能所处的场所（如一所主要的大学或者老人活动中心）；

③使用预示所使用的方法论的字眼“混合方法”（mixed methods）；

④中立的语气（至少在一开始时如此）表明对定量研究倾向和定性研究倾向不偏不倚的态度。远离那些可以传达定性研究倾向的字眼，如探索（explore）、意义（meaning）或者发现（discover）。同样也远离那些可以传达定量研究取向的字眼，如关系（relationship）、相关（correlation）或者解释（explanation）。我们的目标是提议一个“中立的”题目，因为混合方法研究采取的是中间路线。

（2）鉴别出凸显研究必要性的研究问题。

接下来，重要的是写出一段话来陈述凸显研究必要性的研究问题或者研究话题。这不是一段好写的话，但这是一个所谓好研究的最重要的组成部分之一。如果学术期刊文章的读者发现无法找到引人入胜的理由来继续阅读（也就是研究问题），那么他就会快速失去阅读兴趣。因此，需要像一个小说家那样行文，在开篇就抓住读者的兴奋点。

这段话难以写好还有一个原因在于，研究者要写出本人对研究本质的基本理解。研究就是要解决问题。很多关于研究问题的段落更多的是聚焦“现存的问题”而非“需要解决的问题”。因此，在混合方法研究的设计方案中，当书写这个段落时，会思考需要解决的研究问题或者研究话题。而且，我会请你考虑说清楚这个问题，而不仅仅是说文献综述显示有研究必要，或者说现有研究文献存在不足，或者说已有研究结果不一致等。当然，这些都是说明研究必要性的依据，但是我会更希望看到我认为有实践意义的问题，这些问题源自实践或来自真实世界中需要解决的问题。那些决策者、健康服务的提供者或者教师需要什么呢？我会期待你的描述能够整合真实世界的问题和已有文献研究的不足。

（3）说明研究意图或者需要解决的研究问题。

当我们确定研究的暂定题目和鉴别出研究问题之后，就要说明研究的总体意图（或者目标）。这用一句话就可以说清楚。你会在后续的研究设计方案的研究目标部分用到它。要说清楚研究意图的其中一种方式就要回答自己这个研究究竟要解决什么问题。本研究最重要的目的到底是什么？

在我们这次假想性的正式面谈中，当你写下关于研究目的的陈述后，我会很好奇你是如何遣词造句的。这个遣词造句本身就是展示最适合你自己的研究设计类型的暗号，同时也显示出你的研究技能的水平。我会在这个段落中查找定量研究或者定性研究的字眼，这些字眼表明了你的研究取向，同时也可能指出最吸引你的混合方法研究设计方案的类型。

（4）描述数据收集的类型和数据分析的方法。

接下来，重要的是鉴别出本研究将要采纳的定量数据和定性数据收集的类型以及分析方法。请列表写出两栏，然后列举出研究项目中将要采纳的数据类型和分析方法。一般来说，指导研究者在数据收集过程中，鉴别出以下的条目（定量研究和定性研究都需要）。

①参与者；

②研究的场域；

③参与者的数量；

④需要收集的信息类型（如定量性质的测量工具和变量、定性性质的核心现象）；

⑤数据的类型（如工具、记录、访谈）。

我也让研究者罗列出他们希望使用的具体数据分析形式。

①组织数据的流程（如把定量数据变成 SPSS 文件、把音频文件转录成为文本文件）；

②基础的数据分析流程（如对定性数据进行编码、对定量数据进行描述性分析）；

③更高级的数据分析流程（如对不同组别的差异和相关变量进行定量分析，把定性数据编码后再归纳为主题或者归纳为某种脉络下的大事记）；

④可能使用的软件（如 SPSS、MAXQDA）。

（5）提出使用混合方法研究的依据。

下一步就是要用一段话说明把混合方法研究作为一种方法论使用的依据。也许，当混合研究方法论变得越来越广为人知，并广为接受后，未来我们不必为使用这种方法论而特别说明。与此同时，我们需要让读者确信，我们在项目中所使用的混合方法具有适切性，契合混合方法研究的逻辑。那么应该怎么操作呢？

就这个问题而言，首先，在项目中采用混合方法研究存在一个概括性的理论依据。当我们单独使用定量研究或者定性研究无法充分理解研究问题时，那么就需要采纳混合方法研究。由于每一种研究方法本身都有自身的内在不足，因此使用某种单一方法可能无法充分解决问题。定量研究无法充分探索个人的故事和意义，也无法深入探究个人的视角。定性研究无法让我们把一个源自小众群体的研究结论推广到更广大的群体。定性研究也无法精确测量群体的总体感受。简而言之，所有的研究方法本身都有优缺点，而混合方法研究可以实现两种研究方法的强强联合（定量研究提供机会进行结论的推广化和精确化，定性研究提供机会对个人视角下的经验进行深入挖掘）。换句话说，我们可以考虑如何对两种研究方法进行取长补短。而这正是早期关于混合方法论的文献所提出的核心观点，使用混合方法研究就是要取长补短。

更确切地说，定量研究和定性研究的强强联合可以帮助我们：

①获取两种不同的视角，定量研究视角取自封闭性的应答性数据，而定性研究视角取自开放性的个人数据；

②获取一个更具有综合性的视角，要比单一采用定量研究或者定性研究得到更多的数据；

③赋予工具性数据（定量信息）更多关于背景、场域和个人经验的脉络（定性信息）的细节；

④针对个人的初步探索（定性研究）可以确证所采用的研究工具、测量变量和干预（定量研究）是否真正适合研究对象和研究场域；

⑤把定性数据加入实验预测的数据（定量研究），例如，确定需要招募的参与者和需要采纳的干预方案，评估实验预测中的个体经验，以及执行后续追踪研究来进一步解释研究结果。

如果你正在策划混合方法研究，那么我会建议你明确说明使用这种方法论的一般性依据，以及通过仔细检查上述建议来具体说明你的理论依据，还要看看是否有某一条适用于你的研究。这些具体的理论依据和混合方法研究的具体设计方案密切相关。

（6）明确表述世界观或者理论。

我们所有人都把自己的世界观（或者范式）代入研究中，不管我们是不是明确说清楚了自己的世界观。所谓世界观是一套信念或者价值观，体现在我们如何进行研究（Guba，1990）。就这个话题而言，我们已经进入关于研究的哲学领域。这些哲学信念可能与我们使用何种类型的证据来作出推断（认识论）有关，或者与我们认为现实的本质是多元还是一元有关（本体论）。例如，我们到底是认为源自现实的理论有助于解释广泛人群的行为，还是认为不同群体的视角的共同界定要比某种概括性的解释更能理解现实。就如何研究而言，我们是更有可能用与时俱进的生成性研究设计（emerging design）来塑造我们下一步的研究步骤去进行研究呢，还是用固定的研究设计，不敢修正研究假设或者不敢加入那些不在我们原有测量范围的额外数据呢？这些想法都涉及我们关于如何做研究的方法论假设。

起初，混合方法研究论文的作者非常关注这种方法论本身所依托的哲学立场。人们常常把方法论和哲学立场联系起来。例如，当研究者收集了定性的焦点小组的数据，这常常多与建构主义者理解多元意义的世界观联系起来。当研究者通过定量工具收集数据，这反映了还原论的世界观，这种世界观和后实证主义相联系（Creswell，2013）。正如混合方法研究所展示的那样，这两种截然不同的世界观何以共存？

混合方法论研究者对这个问题的回答就是寻找一种潜在的哲学观可以让定量数据和定性数据收集和平共处。因此，一些混合方法研究作者支持实用主义（也就是说，支持实用至上和实践）的哲学观，一些支持批评的现实主义（critical realism），还有些支持辩证的多元主义（dialectic pluralism）。如何抉择取决于研究者本人对这些不同的哲学观了解多少，而且何种哲学观能够与某个具体的混合方法研究项目有所共鸣。

随之而来的另外一个话题是，我们是否需要在混合方法研究的设计方案中明确表明自己的哲学观。在健康医学研究中，我们没有看到多少明确表明自己哲学观的情况。而在社会科学和行为科学的研究中，通常的做法是直面自己所持有的哲学观。当我们要在混合方法研究的设计方案中嵌入自己的哲学观时，研究者的责任便是解释自己的哲学观并提供大量的参考文献，以便读者可以跟进了解。而且，研究者需要明确解释自己的哲学观如何体现在混合方法研究项目中。

与各种哲学假设相比，混合方法研究中更通常使用的是各种理论。研究者需要为决策作出安排，包括决定使用何种理论和这种理论如何具体体现在混合方法研究项目中。定量研究中的某种理论就是一种诠释，用来解释研究发现。这个理论可以用于诠释、预测和推论；此外，这个理论还贯穿在研究问题和研究假设中。定性研究的某种理论也是一种诠释，同时还可以是一种研究视角，它贯穿在研究全程的各个阶段。

在社会科学、行为科学和健康科学研究中，理论框架可能来自社会科学，如扩散理论、领导力理论和行为变革理论。大家可以通过文献找到这些理论，同时在使用这些理论的学术期刊文章和研究项目中深入阅读。这些理论典型渗透在研究的定量分析部分，同时有助于决策到底要提出什么研究问题。在定性研究中，可能研究一开始就提出理论框架，或者是在数据收集的时候才浮现理论。混合方法研究中，需要明确说清楚所使用的理论，详细地描述理论内涵，鉴别出理论的原创者和表明此理论如何体现在混合方法研究的具体阶段（如数据收集中的定量分析部分），这都会对研究有所裨益。

另一种类型的理论可能是一个转型的、参与式的或者是倡议性的理论。例如，在混合方法研究中，我们发现某种理论视角可能源自女性主义理论、社会经济理论等。这些理论取向已经成为重要的理论视角，渗透在混合方法研究项目的不同阶段。在健康科学中，一个流行的理论（或者视角）是基于社区的参与式研究（community - based participatory research，CBPR），在此类研究中，利益相关者或者社区成员已经开始成为多个研究阶段中的积极参与者，这有助于厘清研究问题、确定研究设计方案、整合数据收集与分析、传播研究结果。当下，我们难以发现某个混合方法研究项目没有体现社会科学理论或者参与式理论。

（7）界定混合方法研究的方法论。

现在你的混合方法研究设计方案要开始往下深入挖掘到进入具体的领域。其中一个事务就是要界定混合方法研究的方法论。在学术期刊文章和研究计划中关于方法讨论的开篇都是要界定方法论（如随机对照试验、准实验）。因为混合方法研究就是一种方法论的选择，因此需要界定方法论。

这种界定需要说明混合方法研究。

①一种研究方法论，致力于在社会科学、行为科学和健康科学中进行研究；

②为了回答研究问题，收集分析定量数据和定性数据；

③通过联合或者聚合数据、连接数据（如先进行定性研究，后续进行定量研究）和嵌套数据（如把定性研究数据汇聚到实验数据中），对两种类型的数据进行整合；

④把上述过程合并到研究设计方案或者研究计划中，此类研究常常借助于某种哲学假设或者理论。

（8）绘制流程图、描述程序和选择研究方案。

研究设计方案会随着研究进程的推进而有所调整，但是确定一个研究中可能使用的设计方案会有所裨益，然后可以用流程图说明这个设计方案并分享给其他人（如委员会的成员、会议的与会者、研究计划的评审员）。

在这个阶段，重要的是先考虑一下基础设计方案（让我们回顾一下三种基础设计方案——聚敛式设计、解释性序列设计和探索性序列设计）。用流程图说明基础设计方案，同时讨论使用该设计方案的意图，然后回顾一些用于讨论研究设计方案的基本记号，这样就可以快速简便地说出你的意图。

（9）概括潜在的方法论挑战和对合法性的威胁。

正如做定性研究或者定量研究的人士需要解决那些会危及研究合法性的诸多因素，混合方法研究者也需要考虑威胁这个方法论的合法性的具体因素。就此而言，需要基于自己选择的研究设计方案来考虑这些风险因素。如果使用的是聚敛式设计方案，那么要考虑的是定性研究所关注的核心现象和定量研究的变量或者概念构想（constructs）是否并行不悖。其他风险因素可能取决于是否觉得要为定性研究和定量研究选取均等或者不均等的样本量，定性研究和定量研究是否须有并行的分析单元（也就是个体或者群体），如何整合两种数据分析结果，以及如何解释这些发散的结果。对于解释性序列设计方案来说，还有其他的潜在威胁。在这种情况下，我会建议你考虑以下问题：哪些定量研究结果需要跟进性的研究？如何选择跟进性研究的对象？如何研发切中要害的访谈问题？如何确保定性研究数据真的可以解释定量研究结果？最后，如果使用的是探索性序列设计，应关注从定性研究走向定量研究阶段中所出现的问题。例如，当研发一个工具时，需要把定性研究结果转化成题项或者量表，然后用于良好的心理测量过程，如考量信效度的证据。请注意，这些风险因素都是规划研究过程中重要的组成部分。

（10）厘清混合方法研究的目标或者目的。

下一步，需要确定研究目标，也就是说，用一段话说明研究的目的。这段话应该包括研究要达成的意图、使用的设计方案及其简明定义、收集的定量和定性数据的类型和分析方法，以及使用混合方法研究的基本依据。研究目的需要字斟句酌，以便反映研究项目中使用的设计方案。

（11）陈述定量研究、定性研究和混合方法研究所针对的问题。

有了研究目的之后，就是时候提炼研究问题了！写出三种类型的研究问题：定量研究问题或者假设，定性研究问题和混合方法研究问题。先回顾一些关于每一种类型研究问题的基本写作逻辑，这个步骤中尤其需要学习如何写出一个混合方法研究问题，同时用合适的语气说清楚，这种语气要反映出大家期待使用混合方法研究设计方案所带来的结果。

8.4 混合方法研究所需的技能

投身于混合方法研究的人士有时候会认为，因为要收集和分析两种类型的数据，就需要在混合方法研究中压缩其中一种混合方法研究导论或者同时压缩两种研究方法的成分。然而，好的混合方法研究会涵盖严格的定量研究和定性研究过程。这也就意味着研究者需要掌握定量研究和定性研究的技能，或者至少了解与这两种研究方法有关的具体研究方法。

8.4.1 进行混合方法研究的先决条件

掌握截然不同研究方法的个人可以组成一支学术团队、同时掌握定量研究和定性研究数据收集和分析的方法不仅需要对研究的复杂性有所理解，还需要身怀一系列的技能，这些技能可以帮助个体完成混合方法研究。混合方法研究需要研究者同时掌握定量研究和定性研究的技能。

8.4.2 混合方法研究的团队

遗憾的是，大多数人并没有综合掌握定量研究和定性研究方法。这些研究者可以在一个采纳混合方法研究的学术团队中找到自己的位置。实际上，由于跨学科研究的日益增多，学术界有越来越多的混合方法研究团队。这样的研究团队常常包括众多方法论取向迥异的研究者，他们分别拥有定量研究和定性研究技能。团队成员中那些拥有混合方法研究技能的人士可以成为两种方法论队伍沟通的桥梁，同时当两种思维方式差异浮现时，这些成员还可以促进双方的对话。在全球研究背景下，研究团队中参与者的多元化甚至可能更为显著，在这样的背景下，团队成员会把他们各自本土的文化常模（culture norms）一起拿到研究中进行讨论。

那么问题就来了，团队成员如何互相沟通呢？当学术团队协力研究一个问题时，他们可能把问题和多元学科视角（根据各自视角平行工作）联系起来，或者用一个跨学科视角（跨越不同的学科领域）来分析问题（O'Carhain，Murphy&Nicholl，2008a）。凸显这些方法论差异的地方可能在于当以团队一起工作时，哪些人能够跨越学科界限或者哪些人仍然持有自己的学科视角。有研究者（O'Catllainetal，2008a：1579）推动建立可能的学术团队的配置，如表 8－2 所示。

表 8－2　　混合方法研究团队中不同学科的配置

团队 A	项目负责人（医学背景）引领定量研究，社会学家引领定性研究和负责部分的定量研究，还有统计学家和项目研究员。
团队 B	项目负责人（社会科学家）引领定性研究和定量研究，还有临床医生、心理学家、统计学家和两位项目研究员。
团队 C	项目负责人（临床医生）引领定性研究和定量研究，配有两位项目研究员。

资料来源：O'Cathain，Murphy & Nicholl，2008a：1579. 原作者授权给 SAGE 出版社使用。

在如今的研究文献中，我们看到了成功的混合方法研究团队，他们拥有各种研究支持，成员拥有广泛的专业知识背景，投入多学科或者是跨学科的对话中，同时尊重多种不同的方法论取向，还有优秀的项目领导者能够建构各个专业领域和方法论信仰对话沟通的桥梁。此类优秀项目领导者关注学术团队的组成，同等对待各种方法论，这有助于塑造对话和价值观，同时在决策中纳入所有的团队成员（Brannen & Moss，2012）。此类优秀项目领导者还会凝聚共同的愿景和推进共同工作的历史过程。而且，从理想的意义上说，混合方法研究团队的项目领导者需要拥有丰富的定量研究、定性研究和混合方法研究的经验。

8.4.3 研究对个人能力的要求

对于投身混合方法研究的个人来说，他们有必要概括性地理解研究设计过程中的活动流程。不管是定量研究，还是定性研究或者是混合方法研究，情况都是如此。简要研究设计过程如下。

步骤 1：鉴别出需要解决的研究问题或者研究话题；

步骤 2：综述关于此研究问题的相关文献，建立研究的必要定性，其中部分的文献可能是通过某种理论框架来研究问题的；

步骤 3：说明研究目的和最终要达成的主要目标，还需要把研究目标细化为具体的研究问题（或研究假设），把对的研究问题的回答贯穿在研究的全过程；

步骤 4：选择一个研究设计或方案来厘清研究的全过程；

步骤 5：通过严格的研究程序来收集数据以回答研究问题；

步骤 6：分析所收集的数据以便评价研究问题的解决程度；

步骤 7：基于现有文献和理论解释研究结果；

步骤 8：把研究结果传播给不同的读者；

步骤 9：在研究的各个阶段牢记学术伦理问题，尤其是从数据收集到传播研究发现的过程。

对于定量研究和定性研究来说，所遵循的流程都是如此。但是两种研究范式之间的差异并不在于上述所提及的这个一般性的流程结构，而是隐藏在真实的研究项目中每一个具体的步骤之中。

（1）定量研究的能力。

首先回顾定量研究然后再回顾定性研究的具体研究过程可能会有所裨益。在定量研究中，研究者要做的事情如下。

①找到一个可以引领研究者去推导出研究问题和研究假设的理论；

②用变量或者概念构想来表达研究问题和假设，同时用自变量、协变量、中介变量和因变量来具体说明变量之间的关系；

③基于公认的研究设计来为研究过程选择一个设计方案，这些公认的研究设计如实验研究设计（及各种变式）、调查研究设计、单因素设计或者是相关设计，此类设计可以是健康科学研究中通常使用的方案，如观察研究或者是解释性研究方案（如描述性或案例系列研

究、队列研究、病例对照研究、回顾性历史配队伍研究和横断面研究），或者是评估针对研究对象的干预效果的实验研究设计（如元分析、随机对照试验、系统回顾、自身前后对照试验、交叉研究和非随机试验）；

④使用封闭性量表收集数值型数据，如研究工具或者行为核查表，或者从现有报告和文本中提取定量信息，如在学校出勤表或者病历；

⑤提供各种程序对数值型数据进行统计分析，得出各种图表来汇报研究结果，如描述性统计分析、推断性统计分析、效应值和置信区间，使用统计分析软件来进行数据分析；

⑥用一个合情合理的标准化格式来报告研究，这个标准化格式在研究报告中如出一辙，包括导论、文献综述、研究方法、研究结果和讨论这几部分；

⑦通过纳入类似普适性、偏差、信效度和可复制性等话题来确保高质量的研究。

当然，上述步骤不过是进行定量研究的一般性图景而已。还有更加具体的研究指引，如涉及干预试验的实验研究可以遵循美国《内科学年鉴》（*Annals of Internal Medicine*）2010 年发布的《随机对照试验报告指南》。此外，本书还草拟了一份核查表用于定量研究项目中有关方法论讨论的决策，如表 8－3 所示。

表 8－3　　　　严格的定量研究讨论的核查

总论：
——为论证采用定量研究适宜于探索研究问题提出合理的依据（例如，研究兴趣在于发现影响结果的因素，或者是比较不同组别的结果，或者是验证某个理论）
——描述将要使用的定量研究设计的类型（例如，实验设计、准实验设计、单因素设计、相关设计或者调查设计）
——解释为什么此类设计方案适宜于解决研究问题
——明确说明和本研究设计相关的、威胁研究合法性的有关问题
定量数据的收集：
——确定研究的场域
——确定得到许可进行研究（包括机构伦理委员会的许可）
——说明研究中招募被试的方式
——确定被试数量
——说明收集数据的不同类型（例如，研究工具得来的数据，观察数据和数值型的公开数据）
——说明每种数据类型的其他信息（例如，所使用研究工具的信效度数值、使用观察数据的信度策略公开信息的信度问题、使用标准化流程收集数据和培训负责收集数据的人员）
定量数据的分析：
——说明数据录入的流程以汇总所有数据成为一个定量数据库
——回顾数据库清理的流程
——说明所使用的定量分析软件

续表

——说明为了核查被试反应的统计指标（如回收率、反应偏差）所采用的分析方法
——说明为了解决描述性研究问题/假设所采用的描述统计的分析方法
——说明为了解决相关性、对照性的研究问题/假设所采用的推论统计的分析方法
——说明为了核实效应值和置信区间所采用的分析程序
——讨论表达统计结果的各种图表

表 8-3 可以为混合方法研究项目中进行严格的定量研究提供指导。本核查表关注的是数据收集和分析的部分，这些关于定量研究方法的说明描述了典型的定量研究过程。

（2）定性研究的能力。

定性研究的流程与之前所述的一般性研究流程并无二致，但是定性研究与定量研究在很多方面存在不同。为了轻易比较两种研究形式的不同，可以把定量研究的讨论框架用于对定性研究的讨论中。

定性探究始于某种理论，而这种理论引导了研究问题的产生。但是在研究过程中，理论可以不断被修正，而非被奉为圭臬。定性研究的核心理念是随着对研究参与者理解的深入，研究本身是在不断地演进和调整的。

为了更好地理解参与者，研究者提出的是总论性、开放性的问题，允许参与者不受约束地提供信息。对于变量或者概念构想的使用会限制定性研究，因此，定性研究中不会使用自变量、因变量、中介变量或者其他类型的变量。相反，定性研究会确定一个核心话题，称为核心现象（central phenomenon），通过开放性问题来研究参与者。例如，核心现象可能是“保持缄默”，研究者可以针对这个现象，研究商业机构中参与者的表现。

定性研究设计的类型不用于定量研究所使用的设计类型。与实验取向的研究设计不同，定量研究设计源自诸多领域，如社会学心理学和人文学科。这些设计一般不能被称为实验或者调查，定性研究设计方案的名称反映了研究可能的走向。例如，在定性的叙事研究设计中，我们领略到的是个人的生活史；在定性的现象学研究设计中，我们探索的是不同的个体对于同一个概念构想的不同体验，如寂寞；在扎根理论中，我们基于参与者的看法生发出理论，而非源自那些基于不同地点不同样本人群研发而成的现有理论；在定性的案例研究中，我们通过探索一个或者是多个案例来了解人们是如何解决某个具体的问题的；在定性的人种志研究中，我们了解到有着共同文化背景的人群如何发展出谈吐举止的方式和行为准则。上述五种定性研究的设计方案无法覆盖全部，但是它们代表了定性研究中最流行的取向。

与定量研究收集数值型数据不同，定性研究收集文本（如把音频资料转为成为文本）或者图像（如照片）。实际上，定性研究的核心特征就是大量收集各种类型的数据，尤其是数字化时代以短信和网站形式存在的数据。不管收集何种类型的数据，定性研究都不会使用量表或者核查表。相反，研究者通过开放性问题来收集有关参与者的信息，同时记录信息。

之后，数据分析开始要一条一条地处理文本信息或者图像信息，以便形成聚合性数据单元，一开始是编码，然后把编码压缩成为主题。有些时候，这些编码可以相互联系成为事件史，如等待肾移植病人的自我调整过程，常常被用于帮助研究者对数据进行整理和分类并抓住有用的引语。

定性研究的设计方案非常多，不同定性研究报告的格式也会大为不同。最终的报告可能是如定性叙述研究般的讲故事，也可以是扎根理论那样更科学的研究取向。

定性研究者要写出高质量的研究报告需要统合不同参与者的观点，对于研究问题或核心现象所涉及的所有因素进行复杂分析，确保最终的报告准确反映了参与者的看法（效度），同时使用大量的证据来说明研究结果所呈现的编码或者主题。除此之外，每一种具体的研究设计方案会有具体的判断标准。

总的来说，定性研究者不愿意为一个好的定性研究设置标准或者核查表，因为这会限制生成性或者创造性的研究。然而，所有的研究者都意识到当他们投入具体的研究中时，他们脑海中是有一些确定的研究流程的。我列出了一个核查表来涵盖我认为好的定性研究所具备的特征。与定量研究核查表一样，这张定性研究核查表也包括研究设计、数据收集和分析的设计要素（见表 8－4）。

表 8－4　　一个完整的定性研究讨论的核查表

总论：

——为论证采用定性研究适宜于探索研究问题提出合理的依据（如参与者的角度、脉络、复杂性理解，缺乏已知变量和捕捉个体的话语）

——描述将要使用的定性研究设计的类型（如叙事研究、现象学研究、扎根理论、人种志研究、案例研究）

——解释为什么此类设计方案适宜于解决研究问题

定性数据的收集：

——讨论研究的场域

——确定得到许可进行研究（包括机构伦理委员会的许可）

——说明研究中招募参与者的方式

——确定参与者数量

——讨论目的性取样的方法（包括判断准则）

——说明参与者的人口学特征

——说明参与者如何受益于研究（互惠式的研究）

——说明将要收集的数据类型（可能是一张数据收集的图表）

——说明数据收集的程度

——提及用于记录数据的工具（访谈、观察和记录）

——说清楚要问的研究问题（如果使用访谈的话）

续表

定性数据的分析:
——讨论数据的准备（转录）
——说明数据分析的一般性流程（包括阅读数据、写备忘录、数据编码、描述、主题的归纳和解释）
——说明研究中所选择的具体研究流程（如扎根理论、使用开放式编码、轴心编码和选择性编码）
——讨论帮助分析数据的定性分析软件（如 MAXQDA）
——讨论使用多重编码（也就是编码者的内部致性），如果在研究中使用多重编码那么就需要说明编码者的内部致性的百分率以及如何完成多重编码这个过程
——讨论解决研究合法性的策略（如成员审查、三角互证、反面案例分析、同行评审、外部评审、没入研究领域）
——研究者的自我反思（reflexivity）（研究本人的经验和角色如何影响了对结果的诠释）

除了上述这些在混合方法研究项目中写作定性研究部分有关的研究设计的具体建议外，应该注意到定性研究在社会科学和行为科学研究中越来越为人们所接受，同时也在健康科学中得到越来越广泛的应用。在健康科学中，研究正在越来越强调医疗保健服务提供者和病人之间的互动，同时也越来越了解这个互动过程中病人的选择。随着对个人化医疗兴趣的增长，当评价病人必需的医疗服务时，研究中涉及的生物学理论也开始越来越多地纳入了人本的视角，这种取向不仅触及了多元化的病人群体，也把医院和诊所看作组织化的环境来进行研究。

8.5 评估混合方法研究的质量

随着混合方法研究这一领域日渐发展和成熟，作者和学者自然而然地开始考虑评估混合方法研究的质量标准或准则，一个成熟的科学领域确实会有可供学者们评估项目和研究的质量标准。与此同时，随着研究领域的成熟，大家对于构成高质量研究的要素经常会持不同意见，还有来自不同学科和领域的人是否能在质量的界定上达成一致一直存有争议。时至今日，在混合方法研究领域出现的情况是：已经有一些质量标准得到部分群体的使用，不管这些质量标准是源自学术期刊，还是源自基金组织，抑或是源自大学师生强行推行的个人判断标准。毫无疑问，混合方法研究正在蓬勃发展，但学术质量评估上还缺少严格的标准。

8.5.1 如何应用这些标准

不同的读者群都在采用学术质量标准，而不管这些标准是否得到公开的认可。一般来说，学术期刊都会在发表指南中留出一页列出评审人评估来稿质量的评价准则；有时候评估这些准则会非常详细，有时则会抽象和笼统一点。在混合方法研究领域，作者把他们的方法论论文或实证研究类论文提交到目标期刊，这些期刊都有一套供评审人用来评估来稿的评价准则。同样地，资助机构的评审人也有一套评估资金申请的标准。这些标准通常都会公布在容易登录的网站上。对于出版社，如今我们可以在一些网站（例如，http：//mmr. sagepub. com）上找到评价混合方法研究的质量准则。

大学导师在评估博士论文、学位论文、研究报告的质量时也有一定的标准。有时这些标准反映了他们对好论文的兴趣，或这些标准针对的是具体某一项内容（例如，文献综述得足够吗）。随着混合方法作为一种新兴的方法论，还有一小部分正在增加的混合方法课程的开设，大学老师在评估一项混合方法研究时可能有、也可能没有一个严格的标准。他们也许依赖学术期刊发布的标准，或依赖政府机构提出的标准，甚至是依赖有关混合方法研究质量的学术期刊的文章。随着越来越多的大学教授熟悉混合方法的基本原理，在如何评估混合方法研究的质量方面，可能将达成更广泛的共识。

我相信学者会在这个问题上意见相左。让我们回顾一下针对使用质量标准来评估混合研究质量这一看法的支持派和反对派的声音，这会有所裨益。从积极的意义来说，学术期刊的评审人确实需要一些质量评估标准用于评审相关研究项目。

由于编委会人员庞大并有很多临时评审人来审阅稿件，有标准肯定是有好处的。这对政府的资助机构（和私人基金会）的评审人来说，情况也是一样。由于评审委员会参与评审项目申请的人数众多，就是否资助某个混合方法研究而言，资助机构需要用某些标准来进行评审，以确保评审人不会作出随意的决定。

不同的领域对于标准有不同的解读。在健康科学领域，对标准的运用随处可见，不管这些标准是用于筛查或诊断的工具，还是用于手术过程的治疗方案。对于从事健康科学的人来说，这些协议性工具就是生活的一部分。因此，对他们来说，为混合方法研究设立标准是有意义的，这对于健康科学中的临床医师和研究者的工作来说，也是如此。而在社会科学领域，协议性工具检核表和标准不同经常发生。社会科学研究者可能会用另一个学者开发的工具，但会对工具进行改编使之“适合”自己研究中的参与者。

研究人类的情境千差万别，这在全球表现得十分清楚，本土的条件对研究进程影响很大。社会科学与行为科学中的定性研究者多年来坚信一个开放性的数据收集过程，这会让参与者畅所欲言，而非通过一个预先决定的系列问题或者预设的工具来限制参与者的反应。定量研究者则更倾向于相信并运用标准，他们会对某个假设进行操作化定义，例如，研究者可以对符合某种排列顺序的行为模式进行测量和评估，而不考虑个体的具体情况。

研究新手经常会支持设立标准，他们需要有清晰的指南告诉他们如何进行研究、如何评估自己的研究工作。研究新手缺乏发明创新的经验，仅仅是因为他们还不熟悉一些基本原则。

当然我们也要看看在研究方法中设立标准或指南的缺点。标准是由人、团体、资助机构、教授委员会等设立的。谁能判断这些个人或团体知道他们在做什么呢？这与权力有关，与谁掌握了知识生产有关。有时一些人提出的准则是为了让自己得到好处，他们想控制研究的性质来推进个人的研究进程。这样的话，标准有时会导致不受欢迎的结果。

标准的另一个缺点是它们建立了什么是可以被接受和什么不可以被接受的知识。这也许会限制个人的创造性，进而在实际上减少人们采用混合方法研究。经验丰富的研究者也许感觉需要在标准之内开展混合方法研究，这样限制了他或她可能给混合方法带来的独特性。毫无疑问，经验丰富的研究者不喜欢被标准捆绑，渴望自由地展开他们的混合方法研究。这些研究者也许尝试掌握这个方法论的基本要素然后希望在框架之外开展研究，以此促进他们的研究。

反对标准或指南的又一个原因是，人们对这些指南的内容并没有达成共同意见。经典案例就是三位研究者（John，Onwuegbuzie & Turner，2007）的一篇论文，他们询问19个学者使用的工作定义，试着得出一个关于混合方法的定义。当通篇读完这些定义后，你会发现对于混合方法，学者在一些十分根本的问题上意见分歧，很难达成共识。

我个人看法更偏向于为混合方法研究设立质量标准，我认为：

（1）通过为评审人和评估者们提供一套用于评估质量的标准能促进混合方法领域的发展。

（2）标准对于健康科学来说，极为重要；在健康医学中，指南和协议性文本对于临床和医学实践及研究都是至关重要的事情。

（3）标准应具有统领性，以便可能跨越社会科学、行为科学和健康科学的疆域，让标准得到最广泛的应用。

8.5.2　可用于混合方法研究的标准

对于学术期刊、资助机构、私人基金会、学科领域或者研讨班而言，研究标准并不是什么新鲜事物。但是，对于混合方法研究领域而言，设立质量评估标准是一件新鲜事。例如，国家科学基金会发布的《2002版项目评估之易用手册》，其中有一章关于如何评估混合方法研究的内容。2008年，罗伯特·约翰逊（Robert Wood Johnson）基金会支持的“定性研究标准项目”网站，提供了一套对混合方法研究中如何使用定性研究的操作指南。这些指南不仅被当作设计网页中的研究方法内容的模板使用，也为国立卫生研究所（NIH）的行为科学与社会科学办公室提供了鉴别关于定性方法的“最佳实践”的建议。2010年，美国国际开发署（USAID）发布了针对混合方法研究的评估建议，以及为医学教育中混合方法研究的论文写作提供了基础指引。从某种程度上说，研讨班提升了混合方法研究的实然和应然状态。其中一个案例是，2012年国立卫生研究所的研讨班——使用混合方法优化健康干预的传播与执行。

简而言之，我们有许多新兴的混合方法研究的标准，而且一些人正在相关文献中加入自己的声音。与对标准的期待相一致的情况是，混合方法研究的写作者提出了一些他们的期待。

如表 8 -5 所示，展示了文献资料中出现的三个标准。快速浏览这三个标准能看出它们都与《混合方法研究学刊》中设立的标准相差不大。克雷斯威尔和普兰诺·克拉克（Creswell & Plano Clark，2011）的模式看起来的确反映了《混合方法研究学刊》对混合方法研究的定义及核心特征。奥凯瑟兰、墨菲和尼科尔（O'Cathain，Murphy & Nicholl，2008b）的清单更为概括性，它与你指望在任何研究中得到的东西相近。希弗德克尔和里德（Schiffrdecker&Reed，2009）的建议大约是在前两者之间，有针对混合方法和具体事务，如研究设计和取样，但没有给作者详细的过程设定。表 8 -5 还包括诸多建议，有为混合方法合法性提出的建议，有为研究设立现实目标的建议，有软件分析的建议，有关于研究自身局限性和洞悉方面的建议。

表 8 -5　　关于混合方法研究不同评估标准的比较

标　准	克雷斯威尔、普兰诺·克拉克（2011）	奥凯瑟兰、墨菲和尼科尔（2008）	希弗德克尔、里德（2009）
混合方法设计方案	运用混合方法设计方案	通过确定目标、优先事项和研究流程来描述设计方案	确定要使用的设计方案
方　法	使用严格的定量和定性方法	根据取样、数据收集和分析来界定方法	确定每一种数据类型、数据分析和结果的重要性
数据收集与分析	收集定量和定性数据并加以分析		完善取样策略和决定如何和何时进行数据收集，分析与整合
整合数据	合并、嵌套或连接数据库	描述整合体现什么地方以及如何体现整合	
其　他	使用一致的混合方法术语	描述使用混合方法研究的合法性；描述研究的局限于洞见	设立切实的时间要求，使用软件，查阅混合方法的论文来激发想法

8.5.3　国立卫生研究所推动“最佳实践”提供的建议

上述三类指南建议都被纳入了最近发布的《健康科学中混合方法研究的最佳实践指南》（*Best Practices for Mixed Methods Research in the Health Sciences*）。该指南由国立卫生研究所的行为与社会科学研究办公室（OBSSR）牵头组成的工作组制定而成。工作组由 18 人组成，代表了国立卫生研究所、项目官员，以及来自社会科学、行为科学和健康科学的混合方法研究者。这个工作组由德雷克塞尔大学（Drexel University）的安·克拉森（Ann Klassen）、辛辛那提大学（the University of Cincinnati）的维基·普莱诺·克拉克（Vicki Plano Clark）和约翰霍普金斯大学（Johns Hopkins University）的凯特·史密斯（Kate Smith）担任主席。在设计该指南的早期，他们感到这些最佳“实践”应该体现混合方法研究的基本特点，提出申请国立卫生研究所不同经费项目（R 拨款、K 拨款、中心拨款及其他）的申请书的写作建议，为使用该指南的评审人建立评估标准以便评审那些混合方法研究项目的申请书。这些想法在 2001 年国立卫生研究所的行为与社会科学研究办公室所发布的报告《健康研究中的定性方法：在项目申请和评审中的机遇和考量》中也有所体现，该报告包括混合方法研究的一个短篇内容，但是并不足以反映混合方法研究领域当前的现状。

最后，《健康科学中混合方法研究的最佳实践指南》这个报告提供了在健康科学中实施混合方法研究的建议。报告的主题反映了要告诉读者的三个维度：混合方法研究的本质，写申请书的建议，审稿人使用的清单。

关键术语

混合研究方法　聚敛式设计　解释性设计　探索性设计

思考与实践

1. 何谓混合研究方法？研究的是什么？
2. 混合研究方法的步骤。
3. 使用混合研究方法所需的技能。
4. 评价混合研究方法的标准。

阅读材料

1. 肖唐镖. 人际网络如何影响社会抗争动员——基于混合方法研究［J］. 理论探索，2017（2）：35－41.

2. 顾丽梅，张云翔. 共同产生视角下的城市共享单车服务治理——基于上海市案例的混合方法研究［J］. 公共管理学报，2019，16（1）：89－104，173.

3. 李德国，郑炜. 服务设计如何推动公共部门的价值创造：一项针对办事指南的混合研究［J］. 中国行政管理，2021（4）：22－30.

第3篇

资料分析

第9章 文献资料分析

9.1 文献阅读

所谓文献（literature），其原意主要指包含各种信息的书面材料或文字材料。随着社会的发展，信息传播的载体也越来越多样化。因而，我们可以将文献定义为包含我们希望加以研究的现象的任何信息形式。

文献是一个经历了多次变化的概念。最初，文献既指“古典文籍”，又指熟悉这些“古典文籍”的人。到了近代，“文献”变为专指“古典文籍”或“图书资料”等“物”，而不再有“人”的含义。同时，这些“古典文籍”或“图书资料”包含人类以往的知识或理论，但这些知识或理论的载体仅限于纸张、雕版、羊皮、泥板等包含文字或静态图形的载体。到了现代，由于计算机技术的发展，特别是多媒体技术的发展，人类知识或理论的载体更加丰富多彩，因此，文献通常被定义为：以文字、图像、公式、音频、视频、代码等手段将信息、知识记录或描述在一定的物质载体上，并能起到存储和传播信息情报和知识作用的一切载体。《中华人民共和国国家标准 GB3792、1－83 文献著录总则》认为，文献是“记录有知识的一切载体”。构成文献的四要素包括：①知识内容；②物质载体；③记录符号；④记录手段。

9.1.1 文献的分类

现代文献的类型多种多样，按照不同的划分标准，可以划分出不同类型的文献。一般而言，文献的类型可以按载体性质、出版物的形式和加工深度三个标准进行分类。按文献的载体性质划分为印刷型（printing）、缩微型（micro form）、机读型（machine readable）、视听型（audio－visual）和实物型（physical）五类；按文献的出版物的形式划分为图书、期刊、专利文献、科技报告、会议文献、政府出版物、学位论文、标准文献、技术档案和报纸十大类型；按文献的加工深度可分为零次文献（zeroth literature）、一次文献（primary literature）、二次文献（secondary literature）和三次文献（tertiary literature）四类。①

① 范柏乃．公共管理研究与定量分析方法（第2版）［M］．北京：科学出版社，2013.

（1）按文献的载体性质划分。

①印刷型。印刷型文献是以纸张为载体的出版物，是传统的记录知识、信息的方式。其优点是便于阅读，可广泛流传；缺点是体积大，占用空间多，难以实现机械化、自动化。

②缩微型。缩微型文献是以感光材料为载体，利用摄影技术将文献影像体积缩小记录在胶卷或胶片上。缩微型文献可将很多文献集中在小胶片上贮藏，其特点是体积小、容量大、成本低，便于复制、携带和保存，节省库位。美国一些图书馆从20世纪70年代起逐渐广泛应用，将过期文献进行缩微复制，既便于保密，又方便存放，同时，图书馆可腾出更多的空间和书架来放新的书刊。但缩微文献在阅读上不太方便，使用时须借助阅读机，不像印刷型文献随时可看。

③机读型。机读型是用计算机阅读的文献，通过各种编码并根据一定程序把文献记录在计算机的磁带、磁盘、光盘等载体上。机读文献的特点是：存储量大，如一张光盘可存储40万条左右文献摘要等内容，检索时很快就可出结果，查准率、查全率高，并且还可以一边查找一边根据所查课题进行修改，使之更符合要求，方便快捷，很受读者欢迎。目前，中文生物医学文献也录入光盘、软盘，大大节约了读者查文献的时间，具有高速度、高效率、高效果的特点。全国高校大多采用了光盘进行文献检索，并且有的正在或已经准备在互联网上查找文献，这将为图书馆情报职能的发挥起到很大的推动作用。

④视听型。视听型文献包括唱片、录音带、录像带、科技电影、幻灯片。如心脏杂音可录入唱片，将手术过程拍成影片。能听其声、观其形是视听文献的优点，便于理解、掌握。视听文献容易保存，可以反复使用。随着我国社会的不断进步，利用这类文献的人会越来越多。但视听文献也必须借助于录音机、录放机、放映机、幻灯机等进行查阅。

⑤实物型。实物型文献也是一种非文字形式文献，如博物馆陈列的各种文物、展览馆陈列的各种展品、资料馆陈列的各种样品等。它们都记载着十分丰富的知识和信息，而且具有强烈的真实感，用文字是难以描述的。这种类型文献数量不少，其作用也是不能忽视的。

（2）按出版物的形式划分。

①图书。图书是指对某一领域的知识进行系统阐述或对已有研究成果、技术、经验等进行归纳、概括的出版物。图书按学科划分为社会科学图书和自然科学图书，按文种划分为中文图书和外文图书，按用途划分为普通图书和工具书。其特点是内容比较系统、全面、成熟、可靠，但出版周期较长，传递信息速度慢。图书有图书号，如ISBN－978－7－309－12035－6。ISBN是国际标准书号（International Standard Book Number）的简称，是专门为识别图书等文献而设计的国际编号，其号码由13位数字组成，并以四个连接号或四个空格加以分割，每组数字都有固定的含义。第一组978或979，为欧洲商品编码；第二组7，为中国出版物使用的代码；第三组309，为出版社代码，由各国家或地区的国际标准书号分配中心，分给各个出版社；第四组12035，为书序码，该出版物代码，由出版社具体给出；第五组6，为校验码，只有一位，从0到9。

②期刊。一般是指定期或不定期连续出版的刊物。期刊一般都有一个比较稳定的编辑

部，按照一定的宗旨和编辑原则，选登众多著者的文章，有时也采用增刊和特辑形式刊登某一著者的专著。其特点是出版周期短、反映情报快；材料原始、内容新颖、信息含量大；学科面广、内容丰富。期刊有刊号：ISSN 为国际标准刊号，CN 为国内标准刊号。

③专利文献。专利文献是指有关专利申请说明书、批准公报及分类、文摘索引等记录载体材料的总称，主要是指专利说明书。其特点是内容新颖、出版迅速；涉及技术领域广泛、实用性强；具有法律效力；技术上具有单一性和保守性；重复量大。专利有专利号，国家用两个字母代替，US 是美国，GB 是英国，FR 是法国，CH 是瑞士，CA 是加拿大，CN 是中国。

④科技报告。科技报告也称研究报告或技术报告，它是 20 世纪 40 年代后大量出现的一种文献类型，是研究人员对某学科或课题进行研究的阶段报告、成果报告和总结报告。科技报告涉及的内容广泛、专、深、具体，而且是最新的研究成果，往往能反映出一个国家或一个专业的科研水平。科技报告的代号有机构代号，例如，TID－7641 代表美国原子能委员会技术情报局的科技报告，STAN－CS－82－916 是美国斯坦福大学计算机系 1983 年出的报告。类型代号，如 TN 代表技术札记，TT 代表技术译文，密级代号如 C 表示是保密报告，ARR 是绝密报告。

⑤会议文献。会议文献是指在各科学技术会议上选读、发表或提交的论文、报告、讨论记录等文献资料。它含有大量的最新情报信息，是了解世界科学技术发展动向、水平和最新成就的主要渠道，是参考价值很高的文献。会议文献的出版形式一般有以下几种：以单卷式出版；以会议名称作为出版物名称，按会议届次编号，定期或不定期出版文集；以期刊形式、图书、科技报告、视听资料等形式出版。会议类型较多，文献出版形式多样，命名方式复杂以及文献收藏分散等，给文献检索带来困难。

⑥政府出版物。政府出版物是指各国政府及其所属机构发表或出版的各种文献资料。从性质上看，可分为两大类：一是行政性文件，包括政府公报、各种政府法律文件、方针政策、指示决议、统计资料等；二是科技性文献，包括科技报告、调查报告、科普资料和技术政策等文献资料。科技性文献占 30%～40%，其出版形式多样化，既有印刷品，也有视听资料。政府出版物对了解一个国家的科技政策、经济政策以及科技活动和水平，具有一定的参考价值。

⑦学位论文。高等院校或研究机构的学生为获取某种学位而撰写的学术论文，包括学士学位论文、硕士学位论文、博士学位论文。学位论文是原始研究成果，有一定的独创性，对研究工作有一定参考价值。学位论文除少数在有关期刊上登载全文或摘要或以书本形式单册发行外，大多数学位论文不对外发行，属非卖品，仅供内部参考。由于学位论文数量不断增加，质量参差不齐，多数未公开发行，难以收集和利用。

⑧标准文献。标准文献是标准化组织或有关机构对工农业产品和零部件的质量、规格、生产过程及检验方法等所做的技术规定，是生产和建设的共同依据。标准文献有国际标准、区域标准、国家标准、行业标准、企业标准等。标准文献有统一的生产过程，有明确的适用

范围和用途，实效性强并有一定的约束性。其特点是严肃性、法律性、实效性、滞后性。

⑨技术档案。技术档案是生产建设和科学技术部门在技术活动中所形成的，有一定具体工程对象的技术文件、图样、图表、照片、原始记录的原本或复制本等，它是生产建设和科研工作中用以积累经验、汲取教训和提高质量的重要文献。技术档案一般具有保密性和内部性的特点。

⑩报纸。报纸是一种以刊载新闻和评论为主的定期出版物，它与期刊有相同的特点，但是比期刊时效性更强、出版周期更短、报道信息更快。报纸的学术内容较少，但与人们的日常生活关系很密切，所以拥有大量的读者。其类型按内容划分，有综合性报纸、专门性报纸、知识性报纸和参考性报纸等。按出版周期划分，有日报、周报、旬报等。

除上述文献外，还有新闻稿件、手稿、地图等其他形式的文献。此外，文献还可以分为公开发表的文献和未公开发表的文献，这是以文献的公开化程度作为分类标准的。公开发表的文献，又有首次发表与转载之分。转载的文献有的是全文转载，也有的只是摘录式的转载。在公开发表的文献中还有索引文献和综合性文献。索引文献是对现有文献整理后的产物，其编制方式很多，常用的有按作者姓氏笔画、按书名或论文题目第一个字的笔画以及按内容涉及的专业与专题三种分类；综合性文献是对前一段时期内发表的与某一专题有关文章的汇集或综述。未公开发表的文献分为国家文件（如教育主管部门的文件，省、市政府与教育有关的文件，内部参考等）、学校档案文献（如校内文件、各种会议记录、有关校内活动的录像、录音等）和私人文献（如个人的日记、相册、书信、自传、原著手稿等）。

（3）按文献的加工深度划分。

①零次文献。零次文献是指未经正式发表或尚未形成正规载体的一种文献形式，如书信、手稿、会议记录、笔记等。其具有客观性、零散性和不成熟性的特点。

②一次文献。一次文献是以著者本人在科研、生产工作中取得的科技成果为依据，撰写、创作的原始文献。不论其载体形式、出版类型如何，都属于一次文献。大多数阅读性图书、期刊论文、科技报告、专利文献、会议文献、学位论文、技术档案等都是一次文献。一次文献直接记载了科研和生产中创造发明成果的原始资料，是科技人员宝贵的参考资料。其具有创造性、新颖性、分散性和数量庞大的特点。

③二次文献。二次文献是指对一定范围、类型的一次文献进行整理加工、简化、组织而成的系统化、条目化的文献，包括目录、索引、文摘等。它是重要的文献检索工具，是供查找一次文献和了解有关知识信息线索而创立的文献形式。其具有浓缩性、汇集性、系统性的特点。

④三次文献。三次文献是根据某种需要，以二次文献为工具，对所需一次文献内容进行综合分析、筛选、凝练而成的文献，包括综述、述评、动态、年鉴、手册、百科全书等，是参考性的检索工具，既具备检索性能，又具有重要的参考价值。其具有综合性、针对性强、参考价值高的特点。

不同的文献资料种类代表了来自源码资料的信息流。从一手文献到二手文献和三手文献，信息流的详细程度和权威性都大大下降，但更容易获取。因为一手文献难以确定来源，因此，常被称为“灰色文献”。认识信息流有助于识别所需要的最适当的信息来源。有些研究项目只使用二手文献信息源，而其他一些项目则必须使用一手文献来源。

9.1.2　文献阅读的作用

文献阅读不仅可以帮助人们找到研究课题，更为重要的是文献阅读是科学研究中不能缺少的一个步骤，尤其是在选题阶段。在社会研究步骤中，文献阅读也叫查阅文献。人们的经验生活虽然是研究课题的重要来源，但是要使研究课题成为研究的问题还要查阅文献，了解初步选择的课题的研究状况如何。因此，从这个意义上说，在经验生活中发现的研究课题要真正成为研究的问题还必须查阅文献。真正的“问题”就如前面所讲的那样，必须是学术文献还没有涉及的，或者是已有的研究存在不足，或者由于社会的变化已有的研究无法解释和说明新的社会现象。

一般来说，文献阅读主要有三大作用：

第一，可以使研究者详细了解研究课题所在领域的学术成果。绝大多数研究课题在学术史上都或多或少被涉猎过，因此当研究者在选择研究课题时，第一步就必须了解这个领域中已有的研究成果，它们的理论贡献和实践贡献分别有哪些？是偏向于理论研究还是偏向于实证研究？这些研究成果与当下的社会现象或者你要研究的问题关系如何？也就是说，通过查阅文献要知道已有的研究成果有哪些，它们对现实状况的解释或说明存在哪些不足，以及已有的研究本身是否存在某种理论上或方法上的缺陷或不足。换句话来说，如果不能发现已有研究存在的问题，那么你所选择的研究课题就没有研究的必要。因此，通过查阅文献可以把自己的研究放在现有的研究背景中，明确自己的研究在这个领域中的地位，说明自己的研究对本学术领域的贡献是什么，无论是理论贡献还是实践贡献。

第二，通过文献查阅可以为研究者形成自己的研究思路和研究方法提供启发。如果广泛阅读文献的话，可以发现研究者的研究思路、研究方法，这些研究方法或者是相互交叉、互有借鉴，或者各有特点。在分析已有研究成果的研究思路、研究方法时，研究者需要注意以下一些问题：①研究者的理论分析工具或概念是什么，研究假设或设想是什么，重要的理论概念是怎样解释的；理论分析概念是怎样和经验事实（经验指标）结合在一起的，或者它是怎样从经验资料上升为抽象的理论。②研究方法是量化的还是质性的，或者是两者兼有。如果是量化研究，需要注意它的抽样方法是否规范，是概率抽样还是非概率抽样，样本规模是多少，是否具有统计学上的推论意义；测量指标的设计是否合理；采用的统计方法是什么，统计方法的使用是否符合变量的测量层次以及对统计结果是怎样解释的。如果是质性研究，需要注意研究者是怎样选择个案的，选择个案的依据是什么；访谈对象有哪些，是否反映了与个案有关的所有情况，个案资料是否翔实，个案资料能否支撑研究者想要解释的理论构架。如果是把质性研究和量化研究结合在一起的，则要注意两者是怎样结合的。③在分析已有研究的研究思路和研究方法时，还要注意这些研究在方法上、思路上有哪些独到之处或者有哪些创新，哪些研究思路和方法可以为自己的研究所借鉴。如果你的研究课题采用的是量化方法，可以参考其中合理的、有效的测量指标。当然也要注意已有研究在研究思路上、研究方法上存在的不足，尽量避免重走弯路。

需要强调的是，研究者尤其是大学生在查阅文献时往往比较关注理论文献。毫无疑问，理论文献是非常重要的，但是从经验研究的角度看，实证研究的文献资料可能更为重要。一方面它与你选择的研究课题直接有关，另一方面现代实证研究不再是简单的描述性研究。一份有质量的、具有学术价值的研究报告往往是在一定理论指导下进行的，有自己的理论分析工具。在中国，也许有不少优秀的社会学理论家，也有不少擅长实证研究的学者，但是真正能够走通理论研究和经验研究两极的，能够把理论研究和经验研究有机地结合在一起的恐怕不多。即使在社会学发达的西方国家，能够把理论和经验有机结合的学者也不多。在这一方面，涂尔干的《自杀论》研究堪称社会学理论研究和经验研究相结合的典范。

另外，要注意社会学经验研究中的人类学倾向。近十年来国内的学者偏好文化人类学的研究方法，不少学者采用这一研究方法，通过个案研究、社区研究等研究中国的实际问题，而且也产生了很多有质量的、具有学术价值的研究成果。这一现象的存在部分与社会学方法论的争论有关，部分是因为中国的社会学还处于以描述为主的阶段或者资料积累阶段。但是，文化人类学的研究方法和社会学的研究方法毕竟都有各自不同的学术分工。严格地说，社会学的研究方法以量化分析为主，现代社会学量化研究已经发展到数学模型的阶段，多元统计分析方法已经是常用的方法。从这个意义上说，中国社会学的量化研究具有很大的发展空间。

第三，查阅文献可以帮助构建自己的理论框架，在更大的理论和研究背景下分析、解释自己的研究成果。通过查阅和阅读文献，一方面可以使研究者从已有的研究所采用的理论分析框架得到启发。前面说过，一份高质量的研究报告应该是理论研究和经验研究的结合，研究者在实证研究中会有自己的分析框架，这就需要分析它们是怎样把理论和经验有机地结合在一起的，怎样把理论概念演绎成在经验上可以操作的测量指标，两者是否存在问题？如果存在比较大的问题，这些问题就可以成为自己研究的起点。同时，也可以发现，人们在解释同一具体的研究对象时可以有不同的理论。因此，对相同的研究课题，仍然需要通过查阅文献才能知道在这一领域中还可以有其他的理论分析框架。例如，国内近十年非常热门的社会分层研究，一般都是采用西方的多元分层理论，并且也取得了一定的成就。但是，进一步思考的话，可以提出这样的问题：这样的研究能否解释我国社会分层中深刻的结构性矛盾呢？还可以问一下，马克思的社会阶级理论真的已经过时了吗？显然，现在还不能下这样的结论（当然这要建立在对马克思社会阶级理论全面、正确理解的基础上）。另一方面，查阅文献还包括通过浏览和阅读相关理论著作发现可以与研究课题相匹配的理论概念或工具。也就是说，在一个更为广大的理论背景下发现研究课题的理论分析框架。需要注意的是，在我国的社会学经验研究中使用的理论概念或工具往往会成为一个时期的“热点”，也就是说，在一段时间里，学术界往往会把关注的焦点集中在某个学者或理论上，使得研究者在使用理论概念或工具时过于“狭窄”。一般来说，形成这样的“焦点”的往往是西方最新的理论，或者是刚刚介绍到国内不久。关注国外最新的理论动态，企图用它们来解释中国的实际状况是值得提倡的，但是也要注意，采用西方的“后现代”理论解释和分析还处于工业化阶段的中国的实际情况，有的时候并不一定适合。这一点在查阅文献上也应该引起重视。其实，按照笔者的理解，社会科学理论有时很难用“先进”和“落后”加以判断，更为重要的是“适合”和“不适合”。因为，任何理论的产生都和特定的时代背景有关。研究者在选择“理论”时，还要注意“理论”所处的时代背景。社会科学理论还不具有“普适性”的意义。因此，任何理论解释都具有其局限性。中国的社会变迁在世界上是非常独特的，当今的中国社会既有“农业社会”的因素，也有占主导地位的“工业社会”的因素，还有正在发展起来的（在一部分地区）“后工业社会”的因素，因而在对“理论”的选择和把握上的难度会更大。

9.2　文献综述

文献综述（survey；overview；review）是在对某研究领域的文献进行广泛阅读和理解的基础上，对该领域研究成果的综合和思考，是高度浓缩的文献产品。根据其涉及的内容范围不同，综述可以分成两类：一类是较为宏观的，涉及的范围为整个领域、专业或某一大的研究方向；另一类是较为微观的，这类综述可以涉及相当小的研究方向甚至某个论题，谈的问题更为具体与深入。

9.2.1　文献综述的特征和意义

文献综述反映当前某一领域中某分支学科或重要专题的历史现状、最新进展、学术见解和建议，它往往能反映出有关问题的新动态、新趋势、新水平、新原理和新技术等。文献综述是针对某一研究领域分析和描述前人已经做了哪些工作，进展到何种程度，要求对国内外相关研究的动态、前沿性问题做出较详细的综述，并提供参考文献。作者一般不在其中发表个人见解和建议，也不作任何评论，只是客观概括地反映事实。

文献综述与读书报告、读书笔记和研究进展等有相似的地方，它们都是从某一方面的专题研究论文或报告中归纳出来的。但是，文献综述既不像读书报告、读书笔记那样单纯把一级文献客观地归纳报告，也不像研究进展那样只讲科学进程，其特点是“综”和“述”。“综”是要求对文献资料进行综合分析、归纳整理，使材料更精练明确、更有逻辑层次；“述”就是要求对综合整理后的文献进行比较专门的、全面的、深入的、系统的论述。总之，文献综述是作者对某一方面问题的历史背景、前人工作、争论焦点、研究现状和发展前景等内容进行评论的科学性论文。

对具体科研工作而言，一个成功的文献综述，能够以其严密的分析评价和有根据的趋势预测，为新课题的确立提供强有力的支持和论证，在某种意义上，它起着总结过去、指导提出新课题和推动理论与实践新发展的作用。

9.2.2 文献综述的基本结构

文献综述的内容决定文献的形式和结构。由于课题、材料的占有和资料结构等方面的情况多种多样，很难完全统一或限定各类文献综述的形式和结构，但一般都包含以下几个部分：①综述题目；②作者单位；③摘要；④关键词；⑤前言；⑤主体部分；⑦总结；⑧参考文献。下面着重介绍前言部分、主体部分、总结部分及参考文献。撰写文献综述时可按这四个部分拟写提纲，再根据提纲进行撰写。

（1）前沿部分。

前言部分主要是说明写作的目的，介绍有关的概念及定义以及综述的范围，扼要说明有关主题的现状或争论焦点，使读者对全文要叙述的问题有一个初步的轮廓。这部分主要包括以下四个方面的内容：①说明写作的目的。②有关概念的定义。③规定综述的范围。其包括："专题涉及的学科范围"，综述范围切忌过宽、过杂；"时间范围"，必须声明引用文献起止的年份。④扼要说明有关问题的现况或争论焦点，引出所写综述的核心主题，这是广大读者最关心而又感兴趣的，也是写作综述的主线。

（2）主体部分。

主体部分主要包括论据和论证。通过提出问题、分析问题和解决问题，比较各种观点的异同点及其理论根据，从而反映作者的见解。为把问题说得明白透彻，可分为若干个小标题分述。这部分应包括历史发展、现状分析和趋向预测几个方面的内容：①历史发展：要按时间顺序，简要说明这一课题的提出及各历史阶段的发展状况，体现各阶段的研究水平。②现状分析：介绍国内外对本课题的研究现状及各派观点，包括作者本人的观点。将归纳、整理的科学事实和资料进行排列和必要的分析。对有创造性和发展前途的理论或假说要详细介绍，并引出论据。对有争论的问题要介绍各家观点或学说，进行比较，指出问题的焦点和可能的发展趋势，并提出自己的看法。对陈旧的、过时的或已被否定的观点可从简。对一般读者熟知的问题只要提及即可。③趋向预测：在纵横对比中肯定所综述课题的研究水平、存在问题和不同观点，提出展望性意见。这部分内容要写得客观、准确，不但要指明方向，而且要提示捷径，为有志于攀登新高峰者指明方向，搭梯铺路。主体部分没有固定的格式，有按问题发展历史依年代顺序介绍的，也有按问题的现状加以阐述的。不论采用哪种方式，都应比较各家学说及论据，阐明有关问题的历史背景、现状和发展方向。主体部分的写法有下列几种。

一是纵式写法，"纵"是"历史发展纵观"。它主要围绕某一专题，按时间先后顺序或专题本身发展层次，对其历史演变、目前状况、趋向预测作纵向描述，从而勾画出某一专题的来龙去脉和发展轨迹。纵式写法要把握发展脉络，即对某一专题在各个阶段的发展动态作扼要描述，已经解决了哪些问题，取得了什么成果，还存在哪些问题，今后发展趋向如何，对这些内容要把发展层次交代清楚，文字描述要紧密衔接。撰写综述不要孤立地按时间顺序罗列事实，把它写成了“大事记”或“编年体”。纵式写法还要突出一个“创”字。有些专题时间跨度大，科研成果多，在描述时就要抓住具有创造性、突破性的成果作详细介绍，而对一般性、重复性的资料就从简从略。这样既突出了重点，又做到了详略得当。纵式写法适合于动态性综述。这种综述描述专题的发展动向明显，层次清楚。

二是横式写法，“横”是“国际国内横览”。它就是对某一专题在国际和国内的各个方面，如各派观点、各家之言、各种方法、各自成就等加以描述和比较。通过横向对比，既可以分辨出各种观点、见解、方法、成果的优劣利弊，又可以看出国际水平、国内水平和本单位水平，从而找到差距。横式写法适用于成就性综述。这种综述专门介绍某个方面或某个项目的新成就，如新理论、新观点、新发明、新方法、新技术、新进展等。因为是“新”，所以时间跨度短，但却引起国际、国内同行关注，纷纷从事这方面研究，发表了许多论文，如能及时加以整理，写成综述向同行报道，就能起到借鉴、启示和指导的作用。

三是纵横结合式写法。在同一篇综述中，同时采用纵式与横式写法。例如，写历史背景采用纵式写法，写目前状况采用横式写法。通过“纵”“横”描述，才能广泛地综合文献资料，全面系统地认识某一专题及其发展方向，做出比较可靠的趋向预测，为新的研究工作选择突破口或提供参考依据。无论是纵式、横式或是纵横结合式写法，都要求做到以下几点：一是全面系统地搜集资料，客观公正地如实反映；二是分析透彻，综合恰当；三是层次分明，条理清楚；四是语言简练，详略得当。

（3）总结部分。

总结部分与研究性论文的小结有些类似，将全文主题进行扼要总结，对所综述的主题有研究的作者，最好能提出自己的见解。

9.2.3 文献综述的基本要求

（1）文献要“全”和“新”。收集大量的文献资料是写好综述的前提，否则，随便搜集一点资料就动手撰写是不可能写出好的综述的。此外，尽可能查阅和引用最新文献资料。普赖斯指数，即引用最近五年内发表的文献数应达 70% 左右，普赖斯指数越高，越能反映文献综述的新颖程度，也越易于发表或引导新课题研究。

（2）文献要有代表性、可靠性和科学性。在搜集到的文献中可能出现观点雷同，有的文献在可靠性及科学性方面存在着差异，因此，在引用文献时应注意选用代表性、可靠性和科学性较好的文献。

（3）综合性要强，焦点要集中。应能够紧紧围绕中心论题旁征博引，做到放得开、收得拢，即为了集中于焦点，广泛综述国内外的相关研究成果。

（4）引证要准确，评价要客观。要引用原作者的原文（防止对原作者论点的误解），不能从二手材料来判定原作者的“错误”，以免以说传说或断章取义；既要注意引证与自己观点相同的文献，也要引证不同的文献；发表现点和见解做到论据充足，分析客观。

（5）采用了文献中的观点和内容应注明来源，模型、图表、数据应注明出处，不要含糊不清。

（6）要发表自己的观点和见解。应在综述文献的基础上，对所引用的原理、方法、成果或结论等发表自己的意见，而不是纯粹从文献到文献的堆砌。

（7）所有提到的参考文献都应和所研究问题直接相关。

9.3 二次分析[①]

9.3.1 二次分析的含义

二次分析（secondary analysis）也称第二手分析，指的是对那些由其他人原先为别的目的收集和分析过的资料所进行的新的分析。这种新的分析主要有两种类型，分别为着两种不同的研究目的：一种是从别人为研究某一问题而收集的资料中，分析与该问题不同的新的问题，即把同一种资料（已有的、别人的研究所收集的资料）用于对不同问题的分析和研究；另一种则是用新的方法和技术去分析别人的资料，以对别人的研究结果进行检验，即用不同的分析方法处理同一种资料，看看是否能得出同样的结论。

二次分析所用的资料是别的研究者或研究机构通过实地调查所得到的原始数据。由于电子计算机在社会研究中的普及和应用，社会研究人员分享各种实地调查和统计所得的大量数据资料成为可能。从 20 世纪 60 年代开始，利用第二手资料的研究在国际上得到大规模发展。许多研究中心和研究机构相互协作，形成了数据档案网。录好原始数据的磁带被存入档案库，就像传统的图书馆收藏图书一样，供广泛交流和使用。不同的是图书馆的书籍要靠借阅的办法，而数据档案库里的数据资料则需要复制和购买。

9.3.2 二次分析的步骤

从理论上说，我们应该总是在取得资料之前就明确要研究什么问题。但在实际中，有时却总是先发现一组特别令人感兴趣的或特别丰富的数据资料，然后再构想出一个能利用这些资料进行研究的问题。不过，为了叙述方便，我们还是按“正常”的顺序来介绍。

---

① 风笑天．社会研究方法．第五版［M］．北京：中国人民大学出版社，2018.

（1）选择研究的主题。

适用于二次分析的主题可以是相当大的，它有时仅仅只能采用那种在一个国家规模上所得到的数据资料。一旦你提出了某个假设或某种研究问题，就必须仔细地考虑操作化。哪些控制变量是关键性的，因变量是不是必须以某种特定的方式进行测量？通常，在你的研究设计中，要留有一定的余地，以便一旦发现相关的资料中并不具备你所想要的各种特征时，就可以稍微修改你的研究设计，以保持与可用资料的一致性。在二次分析中，你必须相当准确地把注意力集中到你的研究主题上，以便于选择与之相适应的数据资料。但在主题与资料的关系上，二次分析往往要求主题去适应资料，而不是相反，这主要是因为数据资料是已定的、无法变动的，研究者只能在处理和分析资料的方法上、技术上动脑筋，而研究主题则是可以随时调整的。

（2）寻找合适的资料。

由于二次分析所用的都是原始调查或统计得到的数据资料，因此我们应该对这种资料的主要来源有所了解。在美国等西方国家，有许多专门从事调查研究的机构，有各种不同规模的数据库，因而，资料来源较广。例如，由“全国民意研究中心”（NORC）根据其每年对美国的调查所形成的综合社会调查（GSS），还有其他一些大学、科研机构和政府机构的调查研究中心所收集的数据资料等。在我国，这样的数据资料库目前还比较缺乏。从目前情况看，可利用的只有中国人民大学的“中国综合社会调查”（CGSS）、北京大学的“中国家庭动态跟踪调查”（CFPS）等。

对于二次分析来说，明确所寻求的资料十分重要。也许一个研究人员寻找和发现潜在的、具有吸引力的资料来源的最好途径，是去阅读一份相关的研究，因为有那么多公开发表的研究都是来源于大规模调查的分析，你可以通过查阅过去一段时期的研究期刊而得到有关大型调查数据资料的情况。当发现一组对你似乎十分有吸引力的数据资料时，你可以仔细地阅读论文的资料部分对资料的内容、收集方法等的描述。如果是在一本著作中发现这组资料的，那么，书中一般都有介绍资料的收集方法和过程的专门章节。此外，在书后的附录中，还可以找到诸如问卷等详细的信息。当你认为这组数据对研究确实有用时，你可与原始资料的收集者联系，尝试向他索取原始数据和了解具体细节。根据这些原始资料，你就可以从中选择所需要的数据进行你的研究和分析。

（3）对资料的再创造。

得到所需要的数据资料后，往往要对这些资料进行一些加工才能更好地为自己的研究服务。首先，必须从资料中寻找或重新定义你所要研究的变量。其次，应该仔细地研究这些变量。先整理出一份每一变量的频率统计，就可以帮助你加深对资料的了解。例如，若有很大一部分被调查者对于某一项目的回答是“不知道”，那么，你就必须决定是否利用这一项目的资料，以及如何去利用它。最后，你也可以只取样本中的一个部分作为分析的对象。例如，只取男性样本的资料，或只取20岁以上的对象等。但是，在这样做时你必须重新考虑抽样设计，看看这种抽取部分样本的做法对样本本身的性质有什么影响，这一子样本的代表性又如何等。总之，作为一个二次分析研究人员，可以重新创造出许多资料去适合你的研究。但必须时刻注意，不要把资料用于它所不适合的目的。

（4）分析资料。

二次分析的最主要同时也是最大量的工作，就是对资料的重新分析。在这种分析中，各种统计分析方法和技术都同样适用。如果把二次分析的方法与调查研究的方法进行比较，可以更清楚地认识这种方法的实质。调查研究往往是研究者根据自己的研究目的去实地收集第一手资料，也可以说他们是先“创造”出资料，然后再对这些资料进行分析。而二次分析则是研究者自己不去进行实地调查，不去“创造”第一手资料，只是根据自己的研究目标在别人已“创造”出的各种原始资料堆中去“寻找”合适的资料进行分析，即只是把别人已“创造”好的资料拿来为自己所用。

9.3.3 二次分析的优缺点

二次分析首先具有省时、省钱、省力的特点。它可以使研究人员从复杂、辛苦的收集原始数据的工作中以及单调、枯燥的数据登录、输入等工作中解脱出来，以便能集中更多的时间和精力来分析他的资料。二次分析的另一个突出优点是特别适合于比较研究和趋势研究。例如，我们可以通过对不同的研究者在不同的地区分别收集的资料进行二次分析，来对比不同地区的情况；或者把不同的研究者对不同的群体进行调查所取得的资料进行二次分析，来对比不同群体的情况；还可以把其他研究者在不同时期对于同一问题所做的若干次研究的资料聚集在一起进行二次分析，以便研究事物发展的趋势等。

二次分析的主要缺点在于其所用资料的准确性或适用性不足。也就是说，一方面某个研究者为其特殊的目的所收集的数据资料，不一定正好与另一个研究者的研究旨趣相符；另一方面，二次分析研究者所需要的数据资料则有可能在现有研究数据中完全找不到。最常见的情形是，二次分析研究者往往发现原始研究中的某个问题“基本上”是在测量他所感兴趣的某个变量。但他更希望这个问题的提法稍微有点不同，或者再接着问一个相关联的问题，那样就能更准确地测量他想测量的东西。实际上，这样的资料对于二次分析研究人员来说，效度是较低的，即原始问题所测量的并不正好是二次分析研究人员所希望测量的变量。

9.3.4 二次分析的例子

例 9－1：《自杀论》——一项来自统计数据的研究①

涂尔干的自杀研究的资料主要来自欧洲一些国家政府机构发表的一些统计数据。最初的研究发现，在欧洲的许多国家中，自杀率在一个比较长的时期里是相对稳定的，但是涂尔干

① （美）艾伦·巴比．社会研究方法［M］．11 版．邱泽奇，译．北京：华夏出版社，2014：407－408.

发现在炎热的夏季里，自杀率出现异常，表面来看温度似乎与自杀有关，但是发现温度比较高的国家，自杀率并不相应提高。他还发现自杀率在不同的年龄、性别中是有差异的，但是很难做出社会学的解释。进一步的研究发现，在政治动荡时期自杀率会上升，而且在许多欧洲国家都存在，由此建立有关自杀的一般性假设，即自杀率的高低与社会整合有关。进而他通过对资料的分析，使这个一般性假设得到证明。例如，他注意到以基督教为主的国家中，自杀率要高于天主教为主的国家，是什么原因造成宗教对自杀的影响？涂尔干将他在宗教上的发现和政治动荡的发现综合在一起，指出许多自杀与“失范”有关。在政治动荡时期，旧的行为和道德规范被瓦解了，自杀就成为对这种状况极端不适应的最后结果；天主教要比基督教具有更健全的结构和更整合的宗教系统，给人们以连贯和稳定的感觉，因此天主教的自杀率就比较低。

例 9-2:《“丁字型”社会结构与“结构紧张”》——一项来自原始数据的研究①

李强在 2005 年关于“丁字型”社会结构形态的研究成果是我国社会结构研究的重要发现。研究数据来由 2000 年第五次全国人口普查的抽样数据，按 0.95‰的比率采用系统抽样方法从全国总数据中抽取。该项研究运用“国标标准职业社会经济地位指数”，即 ISEI，对我国“五普”抽样调查中的职业、教育、收入等变量进行标准化处理，获得了我国 16～64 岁人口的 ISEI 值。李强根据我国职业人口的 ISEI 值敏锐地发现，中国的社会结构是“倒丁字型”的，即它的一横是巨大的农村社会阶层，一竖是城市社会阶层，是非此即彼的二分式结构，他认为这样的社会结构会造成持续的“社会结构紧张”，即社会群体之间处于一种对立的、矛盾的或冲突的状态，社会关系处于一种很强的张力之中，社会矛盾容易激化，社会问题和社会危机容易发生。因此，李强的研究结果如果被确认的话，将会在某种程度上颠覆学术界对中国社会结构的认识和判断，即认为中国的社会结构正在从“金字塔型”向“橄榄型”过渡，也就是说，中国的社会结构还不是“金字塔型”，首先过渡到“金字塔型”，才能转变为“橄榄型”。

9.4 内容分析

9.4.1 内容分析的概念与例子

（1）内容分析的概念。

内容分析方法在主流社会学研究中通常被看作文献研究中量化分析方法。如同拉扎斯菲尔德和贝尔森提出的，“内容分析是一种对交往所显示出来的内容进行客观的、系统的、定

① 李强．“丁字型”社会结构与“结构紧张”［J］．社会学研究，2005（02）．

量的描述的研究技术”。[1] 这一定义在学术界影响最大，并为许多教科书采用。但是这一定义仍然引起很多争议，其中包括对客观性、系统性的认识。如同默顿所批评的，“要求客观性……其结果是对文件的一种蓄意不理解”。[2] 并且，内容分析方法不仅可以采用量化研究方法，也可以采用质性研究。[3] 它的研究目的主要是在对文献资料重新整理和分析的基础上，解释社会现象之间的关系和变化趋势。因此，内容分析实际上是对现存的各种类型的文献进行再分析的一种技术，用以揭示文献的内在结构、传播过程以及与社会情境之间的关系。

（2）内容分析的例子。

例 9-3：身处欧美的波兰农民

《身处欧美的波兰农民》被认为是美国社会学的奠基之作。[4] 20 世纪初美国社会学家 W. 1. 托马斯和 F. 兹纳涅茨基征集了 50 个美国波兰移民家庭与他们在波兰的亲属之间的 754 封通信，对这些信件进行分析，揭示了资本主义的发展导致家庭的解体，展现了移民过程中家庭重建的情景。他们认为，市场扩展和所谓的“进取心态”的逐步形成，对个性的肯定使家庭发生变化，造成家庭内部的冲突，但同时也开创了个人发展的新的可能性。托马斯和兹纳涅茨基在研究中建立了信件的分类学，认为所有农民信件都是问候信及其变异，具体分为五种类别：仪式信（邀请家庭成员出席婚丧嫁娶等活动，信件内容往往是一篇仪式致辞）；通告信（在家庭成员无法见面时，提供他们生活的详细情况）；情感信（通过情感的交流，加强家庭的团结）；文学信（在举行仪式时，用撰写诗文的方法代替音乐演出和诗歌朗诵）；事务信。几乎所有的信件都是以宗教的问候开始，回信者也往往以宗教的祝词予以回应，“既具有魔力，又具有道义的力量”。

例 9-4：知青研究

《日常仪式化行为：以知青为例的研究》以知青回忆录、口述记录、书信和日记为素材，分析知青日常生活中的仪式化行为，以及仪式化行为对于知青生活的意义。[5] 根据作者对文献资料的整理和概括，知青的日常仪式化行为主要有：政治仪式、讲故事、唱歌和其他音乐活动、养动物、打扑克、写日记、写信、干重活、读书读报和写作、发展爱情、接近自然、保持个人兴趣、着装等。作者认为知青日常生活仪式化具有生活稳定感建构，认识自我，建立自信的功能。同一作者的另一篇论文《日常仪式化行为的形成：从雷锋日记到知青日记》主要以雷锋等英雄日记和知青日记为文本，利用结构仪式化理论，比较了不同时

---

① 阿特斯兰德．经验性社会研究方法［M］．北京：中央文献出版社，1995：186.

② 阿特斯兰德．经验性社会研究方法［M］．北京：中央文献出版社，1995：187.

③ 劳伦斯·纽曼．社会研究方法：定性与定量的取向．第 5 版［M］．北京：中国人民大学出版社，2007.

④ W. I. 托马斯．F. 兹纳涅茨基［M］．张友云，译．译林出版社，2000.

⑤ 吴艳红，J. David Knottnerus. 日常仪式化行为：以知青为例的研究［J］．社会，2005（06）.

代日记的结构差异，以及英雄日记对知青日记的影响。① 无论是雷锋等英雄的日记，还是知青的日记都有三个要素：学习毛主席著作的体会，对自己思想和行为的检讨和反省，改正不正确思想和行为的计划和决心。但是知青日记仍然有自己的特点，即比较关注自己的日常生活，有较多对生活的思考以及反映自己心声的内心独白，这是雷锋等英雄日记所没有的。

例9-5："活着"——小说和电影研究

小说、电影也可以成为内容分析的文本。在《国家、仪式与社会——解读余华小说、电影〈活着〉》（董国礼，胡文娟，2001）一文中，作者以小说（电影）《活着》为文本，从乡村婚姻仪式入手，通过解析来认识特定历史时期内，国家与民间社会的关系。② 认为仪式绝非专属于传统社会，现代权力的运作同样也离不开仪式。将近半个世纪的中国的历史也是一部运动的历史、仪式的历史，作为权力实践的媒体和手段，从"土改"到"文化大革命"的一系列运作完成了集体对家族的取代，集体经济对传统家族经济的取代，民族认同对社区认同的取代。社会关系的转变，为现代民族——国家形成奠定了意识形态的基础。通过经济生活的政治化，日常生活的仪式化和仪式象征的实用化，国家对于民间社会进行改造和重构，使国家权威特别是国家意识形态完成了由强行灌输到基层社会自觉接受、支配、内化的无意识过程，人们的行动逻辑和话语中无不显现国家的印记。

例9-6：中国社会主流词汇研究

《中国社会主流语言词汇的类型分布、使用特征与社会变化》一文以取自1986～1995年《人民日报》"社论"和"评论员文章"中涉及中国经济、社会和其他领域文章中的关键词汇为素材，重点探讨了十年间词语使用类型分布、特征，从语言研究的角度来解释中国社会经济发展中出现的一些问题和现象，从词语的使用和意义的变化中去全面认识中国社会这十年的演变，以及作为主流语言象征的"人民日报"的地位和作用。③ 作者根据以下原则确定选词标准：①根据文章的题目确定关键词；②根据文章的段落主题确定关键词；③关键词在一篇文章中只能选择一个；④以名词为主体。然后将收集到的词汇归为四个大类：环境、政法、科教、经济，每个大类下再分几个小类，如将经济大类分为经济政策、体制改革、经济工作、经济问题等类型。最后对二级细类中的关键词进行整理，统计频数，为分析提供数据。根据统计，十年来涉及政法的词汇使用频次最高，占66.27%，经济词汇频次，占27.05%，科教词汇频次，占6.11%，环境词汇频次，占0.61%。在对经济类词汇的分析中作者比较了《人民日报》"社论"和"评论员文章"的差异，发现20世纪90年代前"评论员文章"涉及经济类词汇的频数要高于"社论"，但在90年代以后，"社论"中关于经济

① 吴艳红，J. David Knottnerus. 日常仪式化行为的形成：从雷锋日记到知青日记［J］. 社会，2007（01）.

② 董国礼. 国家、仪式与社会——解读余华小说、电影《活着》［J］. 社会学，2001（03）.

③ 陆晓文，吕乐. 中国社会主流语言词汇的类型分布、使用特征与社会变化［J］. 江苏社会科学，2001（06）.

类词汇的数量有一个大幅上升的趋势，充分反映了这一时期中国政府和中国共产党对经济工作的重视程度。

以上所举例子中，只有一项研究，即“中国社会主流词汇研究”属于量化研究，其余三个都属于质性研究。虽然西方主流社会学还是把内容分析方法归之于量化研究，但是，质性的内容分析方法仍然有其独到之处，它“被理解为一种特殊的方法，其目的是从对现存资料的社会联系的解释中，获得基本的社会事实和现象”①，“有时对于资料进行定性评估，反而是最恰当的”②。第一，根据笔者理解，质性研究是量化研究的重要前提，在内容分析中，没有质性研究是不可能转换成量化研究的，并且一个规范的质性内容分析是可以为量化内容分析提供很好的基础的，例如，例 9－3 和例 9－4 完全有可能变换为量化的内容分析。第二，质性的内容分析在某种意义上更能把握一个特殊的文本和社会情境之间的关系，如例 9－5 的研究，如果拘泥于内容分析方法应该是量化的，恐怕很难得出现在的结果。第三，量化的内容分析能够准确地揭示研究对象的特征，检验研究结论的普适性程度。第四，并不是所有的以文献资料为基础的研究都是内容分析，例如文献述评或者根据文献资料撰写的历史性专题研究并不属于内容分析的范围。内容分析的主要特点是从对文本的再分析中，重建文本结构，探讨文本和社会情境之间的关系。第五，根据笔者对最近五年相关文献的浏览，纯粹社会学意义上的量化内容分析研究还不多见，最多是属于传播学意义上的内容分析。因此，我国社会学的内容分析，无论是量化研究还是质性研究都还有很大的空间，例如，对于互联网中网络社会的建构就可以采用内容分析方法进行研究。

9.4.2 内容分析方法的类型

内容分析方法最初主要分析传播内容中的各种信息，因此，信息传播过程是内容分析方法最主要的对象，其中包括“谁、通过什么（渠道）、给谁、说什么、产生什么效果”，即拉斯维尔著名的“五 W”模式（who—Through What—To whom—Say What—What Affect）。信息传播的内容分析有五种类型。①传播信息趋势，主要比较同一传播来源在不同时间下，传播信息是否存在差异。例如，我们可以比较 20 世纪 90 年代和 2000 年以后《人民日报》第一版传播信息的差异。②社会情境对传播信息的影响，主要比较在不同的社会情境下，同一来源的传播信息发生的变化。例如，我们可以比较邓小平在 20 世纪 90 年代初“南方讲话”前后，《人民日报》第一版传播信息的变化。③受众对传播信息的影响，主要比较由于受众的变化对同一来源传播信息的影响。例如，《社会》杂志自创刊以来，曾经经历了从学术性杂志到通俗性杂志再到学术性杂志的过程，每次改版都与读者对象的变化与要求有一定的关系，或者至少读者对象的要求是一个重要的诱导因素。④传播信息的关联，主要比较同

---

① 阿特斯兰德．经验性社会研究方法［M］．北京：中央文献出版社，1995：181.

② （美）艾伦·巴比．社会研究方法［M］．11 版．邱泽奇，译．北京：华夏出版社，2014：403.

一来源中，不同传播内容之间的关联。例如，我们可以分析某一文摘杂志中所载不同文摘内容之间的关系，从而分析这一文摘杂志的价值取向或风格。⑤传播来源的差异，主要比较同一传播信息在不同传播来源之间的差异。例如，我们可以分析某一重要新闻在不同的媒体中是如何处理的，如中央报刊和地方报刊、大报和小报对同样的信息在文字上、编排上存在哪些不同（杨国枢，1980）。

从以上介绍的内容似乎可以看出，内容分析方法比较适用于传播社会学的研究，但其实，这种方法也同样适用于社会学、政治学、语言学等社会科学甚至文学的研究。

除了以上分析类型之外，内容分析方法还可以分为描述性的内容分析和推论性的内容分析。描述性内容分析主要是通过文本分析进行作者分析和主题分析。作者分析是对某一作者的某一文本或不同文本中的句法、语句、词组、段落、标题、标点进行结构分析，从而分析作者的写作风格。主题分析被看作是古老的内容分析方法，通过对文本的类型分析和解释，研究文本所表达的主题是什么。推论性内容分析假定一个文本特定的特征是与文本背景特征相关联的，试图从文本分析中提供关于作者、读者、社会情境的真实认识。从方法论上看，推论性内容分析分为“代表模式”和“工具模式”。代表模式认为特定文本提供了一个隐藏在其后的社会现实的真实图像，因而从文本推论到文本背景是有效的。工具模式认为，作为媒介的文本监督或影响着社会结构[①]。因此，代表模式着眼于文本背后的社会情境的分析，工具模式关注的是文本对社会情境或社会结构可能产生的影响或作用。

9.4.3 内容分析的步骤

以内容分析方法进行社会学专题研究，除了必须遵循所有研究都要进行的文献述评，为提出问题奠定理论基础之外，还有以下步骤，这些步骤对于量化的或质性的内容分析基本上都适用。

（1）确定和选择内容分析的文本或文献。

确定和选择内容分析的文本首先要根据研究专题寻找合适的文本资料或文献资料。作为内容分析的文本或文献材料要符合研究目的，或者说对于研究来说具有重要意义，也就是说文本或文献除了要符合研究目的的要求之外，对于公开发表或出版的文本或文献还应该达到规范性的要求，从而保证研究资料的真实性和可靠性。其次，文本和文献是可以找到的，或者说它们是存在的。例如，对于知青日记的研究，一方面我们可以利用公开出版的知青日记（我们假定这样的出版物是真实的）；另一方面，也可以公开征集个人日记，并对其进行真实性和可靠性分析。最后，对于收集的文献材料进行抽样，量化分析一般采用纯随机抽样或分层抽样，在抽样时要确定抽样单位，例如对于知青日记抽样可以根据研究需要以“篇”

---

① 阿特斯兰德．经验性社会研究方法［M］．北京：中央文献出版社，1995：188-191.

为抽样单位，也可以在对日记初步分析的基础上，以“关键词”或“主题词”为抽样单位。当抽样结束后，为了进一步对文献进行分析，还要确定“记录单位”，常用的“记录单位”有：词汇、主题、人物、句子或段落等。质性研究一般采用判断抽样方法。

（2）分类和编码。

分类是内容分析的基础工作，也是最困难的工作。文献材料分类必须在一定的理论指导下进行，因此分类标准往往和一定的理论紧密联系，是和特定的研究目的有关的。分类应该符合穷尽和互斥的要求，也就是说文献材料的归类既能有所归属，又不相互冲突。每个类别要有明确的定义，即以操作化方法说明每个类别定义的内涵和外延。例如，对于知青日记可以分为“政治类”“情感类”“人际关系类”“读书体会类”“道德修养类”“生活琐事类”“其他类”等，每个类别还可以根据需要建立若干个小类，对于每个类别要有明确的操作化定义。由于大多数文献资料都是以文字表述的，因此，分类实际上是非常复杂的。例如，一篇知青日记可能涵盖了几种类别，既可以归属于“政治类”，也可以归属于“道德修养类”或其他，在具体分类时可以先判断日记的主要类别特征，再归之于相应的类别。如果资料分别属于几种类别，可以分别归之于相应的几种类别之下。因此，量化的内容分析数据有可能不是以“篇”为单位，而是以“篇次”为单位。在量化研究中，除了对文献材料本身进行分类之外，还要对有关背景材料进行分类，例如，知青日记可以按照作者的性别、年龄、教育程度甚至家庭出身进行分类，并在此基础上建立“自变量”和“因变量”的分类体系，为统计分析奠定基础。

无论是量化研究还是质性研究的内容分析，分类以后的编码都是必需的。量化的内容分析主要是以“数字”作为编码的代号，用“数字”表示资料的类别，建立相应“数据库”。质性研究是以“文字”（为了检索方便，也可以以数字作为类别的代码）进行分类编码，即通过对文献材料的“剪裁”，以文字的形式归在相应的类别之下，分类建档，建立条理清晰的“资料库”。

（3）资料分析。

当“数据库”或“资料库”建立以后，就可以进行资料的分析。量化的内容分析对于资料的分析方法主要是统计分析，除了一般的频数计算之外，相关分析、回归分析以及多元回归分析也是资料分析的常用方法。需要注意的是，在对资料进行频数计算时，前面讲到的“其他类”的比率不宜超过5%，如果超过5%，必须对“其他类”重新分类，使得“其他类”的比率保持在5%以下。质性内容分析对于资料的分析方法主要是主观分析法，即根据研究者的理论概念，在对资料详细分析的基础上，对资料进行归纳和概括并抽象到一定的层面，用资料说明、论证或诠释一定的理论。

（4）信度和效度检验。

由于内容分析方法所使用的资料都是第二手资料，或者是其他人的研究成果，对于信度和效度的检验相对比较困难。除了在确定和选择文献资料时，要认真对资料进行审核，考察资料的真实性和可靠性程度之外，还要在资料的分类时特别注意分类的合理性，即资料的归类和编码要符合类别的定义，被分析的资料能够有效地与研究目标联系在一起。有条件的话，还可以利用访谈或观察等方法收集的资料来检验内容分析的信度和效度。

9.5　文献分析的策略

与一个研究问题有关的文献数目十分庞大，而用于文献查阅的时间则相对有限，因此、对文献查阅应该有一个明确的计划。文献查阅的过程通常包括三项主要的工作任务：第一，找相关的文献；第二，对文献进行选择；第三，实际阅读和分析文献。①

9.5.1　如何查找相关的文献

社会研究最主要的文献来源通常包括三个部分：一是著作；二是论文和研究报告；三是统计资料和档案材料。

与研究领域相关的著作常常能给我们提供相对全面的研究背景和理论，图书馆是这方面文献的主要来源。相关著作的查找主要依据图书分类法进行，研究者应该对《中文图书分类法》有一个基本的了解。在图书馆，可以利用图书馆的计算机检索工具，通过“书名”“作者”“主题词”“索书号”等进行检索和查询。此外，这方面的详细知识，研究者还可以阅读文献学方面的专门书籍，或者通过进行图书情报方面的课程的专门学习来获得。

学术论文和研究报告是社会研究查阅最多的文献。研究者可以通过使用各种检索工具查找自己所需要的文献资料。英文论文检索工具主要有社会科学索引（Social Science Index，SSI）、社会科学引文索引（Social Science Citation Index，SSC1），此外，各社会科学专门学科还有专门的索引或具有类似索引功能的专门的论文摘要期刊。例如，人口学的人口检索（Population Index）、社会学的社会学摘要（Sociological Abstracts），政治学中的政治学摘要（Political Science Abstracts），以及更广泛的社会科学摘要（Social Science Abstracts）等。中文论文检索工具主要有每月出版的《全国报刊资料索引》（哲学社会科学版）、中国人民大学书报资料中心编辑出版的各门社会科学的《复印报刊资料》及其索引。此外，《新华文摘》《中国社会科学文摘》《高等学校文科学报文摘》等兼有索引功能和论文摘要。读者还可以在自己阅读的规范性的叙述论文所附的参考文献或注释中找到更多的文献目录。当然在获得文献目录或摘要后，可以根据自己的需要查阅原始文献。

在计算机上进行文献查找时，首先要明确我们想要查阅的是哪方面的资料。与此相应的搜索方式则常常是“主题”查询或“关键词”查询。同时，还可以选择“题目”“摘要”“发表时间”等不同的条件设置。查找的思路是从大范围开始，逐步缩小范围。还应该注意

① 陈卫．社会学研究方法概率［M］．北京：清华大学出版社，2015.

的是，我们感兴趣的研究问题常常会涉及好几个不同的领域，因此，应在几个相关的领域中都进行查找。例如，对于独生子女社会化问题，我们就应该在“独生子女”“青少年问题”“社会化”“学前教育”“学校教育”“家庭教育”“青少年心理发展”等多个不同的领域中进行查找，才能保证查找结果的全面性。

此外，其他相关文献资料还包括各种统计资料、统计年鉴、资料手册、档案材料等，这些资料是社会研究资料的重要补充。这些资料可以从图书馆或网上查阅，也可以从政府档案馆那里获得有关历史资料，包括曾经发表和未发表的。对于私人档案，如日记、家谱、照片等，如果是研究需要的话，只能通过“购买”或个人捐赠获得。

需要特别说明的是，我们这里所说的相关文献，通常并不包括各种大众传播媒介如报纸、通俗杂志中的文章或是电视评论，哪怕这些文章也涉及同样的社会研究内容。尽管我们有时也可以从报纸或通俗杂志中得到某些统计材料或者某些观点，但是却不能期望把自己的研究基于记者的作品上。因为，记者的工作属于另外一个不同的领域。无论是他们的收集资料方式，还是他们的分析资料、表达结果的方式，都与社会研究中的方式是大不相同的。他们的工作最多只能作为我们思路的某种参考。

9.5.2 如何选择阅读的文献

当我们查到与我们感兴趣的研究问题相关的文献后，还必须解决对这些文献进行选择的问题。有时某个领域中已有的文献数量相当多，通过检索和查找，我们可能会收集到上百篇甚至好几百篇的论文。要全部阅读这些文献不仅不太可能，实际上也没有必要。通常我们必须决定：在所查找的这些文献中，哪些是必须详细阅读的，哪些是可以大致浏览的，哪些是不用阅读的。那么如何决定哪些是必须重点阅读的文献呢？可以参看以下几个方面。

（1）研究的相关性。即所选择的文献必须与我们的研究课题相关。

（2）发表时间。相对而言，相关文献发表或出版的时间越近，其价值相对则较高，尤其是研究报告。

（3）作者的学术地位。相对而言，作者的学术地位越高，文献的权威性、影响力也相对越大，当然这不是绝对的。

（4）选择学术刊物上发表的论文、研究报告等文献，尽量不要使用一般报刊发表的文章或网上的文章。

（5）刊物或出版社。虽然我国学术期刊的等级评定在学术界有不同的认识（如中文核心期刊），但是学术界对此还是有一个约定俗称的标准：一般发表在国家级刊物（如《中国社会科学）和中国社会科学院各研究所办的学术期刊），专业刊物、国内一流大学的社会科学学报上的论文或研究报告，质量一般比较高；在专业的学术或大学教材出版的专著，学术价值也高。

当然，以上的衡量标准仅是表面的，还不足以完全凭此判断文献的质量。文献质量的评价最好通过自己阅读来把握。一篇优秀的学术文献评价标准基本上有两条。第一，文献的学术贡献。评价一篇论文、研究报告或一部学术著作的学术贡献的要素有：理论、方法及问题，三个要素的组合按学术贡献由大到小的程度大致是：①采用新理论、新方法解决新问题；②采用新理论、老方法解决新问题；③采用老理论、新方法解决新问题；④采用新理论、新方法解决老问题；⑤采用新理论、老方法解决老问题；⑥采用老理论、新方法解决老问题；⑦采用老理论、老方法解决新问题；⑧采用老理论、老方法解决老问题。其中第①种的学术贡献最大，第⑧种一般不能称为学术研究，而只是重复过去的研究，没什么学术价值。第二，文献的学术规范性。所谓学术规范性主要就是指作者的研究起点是什么（即前人在这一领域中的贡献），他是在什么样的基础上开展自己的研究。因此，学术规范的一个基本标准就是一篇文献中，研究者引用他人文献的程度。一般来说，一篇论文、研究报告或一本专著引用他人的文献越多，引用文献的权威性越高，它的学术质量就越高。因为这样的文献反映出研究者的起点较高。如果以这样的文献资料作为研究的起点，那么研究起点将会更高。

9.5.3　如何进行文献分析

对相关文献的阅读是一项既需要时间、耐心和细致，又需要敏锐和效率的工作。阅读文献时，应对以下几个方面的内容特别注意：①每项研究的理论框架和研究背景，即了解不同的研究分别从哪一点出发的，它们各自的目标是什么；②该研究的方法。包括研究对象、研究方式、抽样设计、样本特征、资料分析方法等；③该研究的主要研究结果。包括它在讨论部分所提出的观点、所做的推论等；④自己对该研究的评价。这种评价既包括你所认为的该研究的特点和独到之处，也包括你所认为的该研究所存在的主要不足。特别是在方法上、研究效度或信度上的不足。在对全部文献进行了系统的阅读后，需要对自己头脑中的认识进行一定的梳理，对所回顾的全部文献进行一定的总结。比如，应该考虑一下，在这一特定的问题领域，先前的研究已经做了哪些方面的工作？对于这一特定的现象，现有研究涉及哪些理论？它们已得出了哪些基本的研究结论？这些研究总体上还存在哪些相对薄弱的环节？在查阅文献时，对某些重要的内容画上记号，并随手做一些简要的评论，这样有助于文献回顾后期的整理和总结工作。另外，还可以适当做些摘录。摘录的原文要注明出处、页码；摘录的方法可以是专门的卡片，或是专门的笔记本。

关键术语

文献　文献综述　二次分析　内容分析

思考与实践

1. 简述文献分类和文献阅读的作用。

2. 简述文献综述的特征、基本结构和基本要求。

3. 简述二次分析的步骤与优缺点。

4. 简述内容分析的步骤与类型。

5. 简述文献分析的策略。

阅读材料

1. 阿特斯兰德．经验性社会研究方法［M］．北京：中央文献出版社，1995：188－191.

2. 风笑天．社会研究方法．第五版［M］．北京：中国人民大学出版社，2018.

3. 范柏乃．公共管理研究与定量分析方法（第2版）［M］．北京：科学出版社，2013.

4. 劳伦斯·纽曼．社会研究方法：定性与定量的取向．第5版［M］．北京：中国人民大学出版社，2007.

第 10 章　量化资料分析

前几章讨论了研究假设的形成、变量设计以及数据观测收集的方法，本章讨论的是研究方案的最后一步，即数据处理和分析，得出研究结果的阶段。

实验方法、问卷或访谈以及各种无干扰观测方法，所取得的数据都要求有一定质量和表现形式。数据处理（data process）是将原始观测数据转换成清晰、规范的数字、代码，供后续定量分析之用。数据处理主要是编码（coding）和分类，将这些符号和答案内容转换为代码，然后归类。数据处理完毕后，所有待分析的数据都要有条不紊地存储在计算机内。每个变量的各种属性都由不同代码表示，一个变量的所有数据都存在一个文件中，编制一份代码本（code book）记录各个变量的文件名称及属性代码。

数据分析（data analysis）是从实际观测数据中发现变量的特征、变化规则以及变量之间关联的过程。统计技术是管理研究中被普遍采用的数据分析方法。统计技术应用在数据分析中有两个目的：描述和推断。相应地，数据分析包括描述统计和推断统计。描述统计寻求一种对众多观测数据简明的数学表述方式，而推断统计则是在描述统计的基础上检验研究假设。

10.1　描述统计

数据的描述统计分析可以从三个统计特征数的分析开始：一是数据分布的集中趋势；二是数据分布的离散趋势；三是数据分布的偏斜度与峰度。

10.1.1　集中趋势的度量

集中趋势是指一组数据向某中心值靠拢的倾向，集中趋势的测度实际上就是对数据一般水平代表值或中心值的测度。不同类型的数据用不同的集中趋势测度值，低层次数据的集中趋势测度值适用于高层次的测量数据，反过来，高层次数据的集中趋势测度值并不适用于低层次的测量数据，选用哪一个测度值来反映数据的集中趋势，要根据所掌握的数据的类型来确定。集中趋势的特征数，是代表一组数据典型水平或集中趋势的统计量。

常用的集中趋势的特征数包括算术平均数、加权平均数、几何平均数、中位数、众数等，它们的作用都是度量次数分布的集中趋势。集中趋势特征数的计算是公共管理研究中处理数据的重要方法。

（1）算术平均数。

算术平均数，简称均数（mean）。样本算术平均数通常用 $\bar{x}$ 表示，总体算术平均数用希腊字母 μ 表示。

算术平均数适用于对称分布，特别是正态或近似正态分布的计量资料。算术平均数在统计学中具有重要的地位，是集中趋势的最主要测度值。根据所掌握数据形式的不同，算术平均数分为简单算术平均数（simple arithmetic mean）和加权算术平均数（weighted arithmetic mean）。

①简单算术平均数。未经分组整理的原始数据，其算术平均数的计算就是直接将一组数据的各个数值相加除以数值个数。设样本数据为 x_1，x_2，…，x_n，则样本算术平均数 $\overline{X}$ 的计算公式为：

$$\bar{x} = \frac{x_1 + x_2 + \cdots + x_n}{n} = \frac{\sum_{i=1}^{n} x_i}{n} \tag{10-1}$$

②加权算术平均数。根据分组整理的数据计算的算术平均数，就要以各组变量值出现的次数或频数为权数计算加权的算术平均数。设原始数据被分成 k 组，各组的组中值分别为 x_1，x_2，…，x_n，各组相应的频数分别为 f_1，f_2，…，f_k，则样本的加权算术平均数为：

$$\bar{x} = \frac{x_1 f_1 + x_2 f_2 + \cdots + x_k f_k}{f_1 + f_2 + \cdots + f_k} = \frac{\sum_{i=1}^{k} x_i f_i}{\sum_{i=1}^{k} f_i} \tag{10-2}$$

（2）几何平均数。

几何平均数，是指社会经济现象的同质总体在时间上变动速度的平均数，即统计总体在一段时期内的平均发展速度。因此，它属于动态平均数，是与静态平均数在含义上、计算方法上都不相同的另一种类型的平均数。

平均发展速度一般用几何平均数表示。平均发展速度是总速度的平均，但平均发展速度不等于各年发展速度之和的平均，而等于各年环比发展速度的连乘积的平均。因而，求环比发展速度的平均数不能用总和法，不能按算术平均数公式计算，只能按连乘法，用几何平均数公式来计算。

根据掌握的数据资料不同，几何平均数可分为简单几何平均数和加权几何平均数两种。

①简单几何平均数。根据未经分组资料计算平均数。简单几何平均数的计算公式，如下：

$$\bar{x}_G = \sqrt[n]{x_1 \cdot x_2 \cdots \cdots x_n} \tag{10-3}$$

②加权几何平均数。当掌握的数据资料为分组资料，且各个变量值出现的次数不相同时，应用加权方法计算几何平均数。加权几何平均数的公式为：

$$\bar{x}_G = \sqrt[f_1+f_2+\cdots+f_n]{x_1^{f_1} \cdot x_2^{f_2} \cdots\cdots x_n^{f_n}} \tag{10-4}$$

在前面两个计算公式中，$\bar{x}_G$ 表示几何平均速度；x_1，x_2，…，x_n 分别表示各年环比发展速度；n 表示环比发展速度的项数；f_i为每个环比发展速度的权重。

当需要计算某一周期内的平均经济增长率、人口增长率、科技进步速度和社会发展速度时，如用算术平均数来计算会得出错误的结果。几何平均数可以解决这个问题。几何平均数通常用于计算指数、百分比和增长速度的平均数。

几何平均数的主要作用：①它是计算平均发展速度的最优方法；②当社会经济总体是等比增长时，采用几何平均数反映其发展情况比较合适，此时几何平均数具有更强的代表性。

（3）中位数。

一组按大小顺序排列的数，居中间位置的数据为中位数，简称中数。显然，在中数两端数据个数相等，位置平均。中位数的特征：一半的数大于它，一半的数小于它（顺数或倒数并不重要）。将观测值按从小到大的次序排列，最中间的数称为这组观测值的中位数。考虑到观测数据有偶数个和奇数个两种情况，可用下面的方法确定中位数。

若观测值 X_1，X_2，…，X_n，经重排后为 x_1^*，x_2^*，…，x_n^*，则中位数 Md 的确定：

①当 n 为奇数时，最中间的数就是中位数：

$$Md = 第\frac{n+1}{2}个变量值 \tag{10-5}$$

②当 n 为偶数时，最中间的两个数的平均值就是中位数：

$$Md = \frac{1}{2}\left[第\frac{n}{2}个变量值 + 第\left(\frac{n}{2}+1\right)个变量值\right] \tag{10-6}$$

当资料呈明显偏态，或有个别的特小、特大值存在时，中位数的代表性往往比平均数好。

中位数一般用于不宜或不能用几何均数的偏态分布资料：如变量值分布规律不清楚、有少数的特小或特大值；又如变量值分布一端或两端无确定数值，只是小于或大于某个数值（求不出均数或几何均数）。另外，当资料分布不明时，即判断不出资料是否服从正态分布或对数正态分布时，也只好用中位数。此外，在许多场合下（如许多调查表），我们知道数据的分布状况，但不知道每一个数字的具体值，这时候就无法计算平均数。但我们可以用一定的方法求其中位数在许多地方，政府有关部门利用调查数据的中位数作为制订某些政策（如社会福利政策、最低生活保障等）的重要依据。

中位数一定在变量值分布的中心位置。对于正态分布总体，均数等于中位数；对于对数正态分布总体，几何均数等于中位数。但对于正态分布资料和对数正态分布资料，若用样本中位数比用样本均数和样本几何均数来推断总体均数和总体几何均数的灵敏度低。

在实际应用中，经过统计整理得到的分组数据，算出其中位数，具有重要意义。

当根据组距式变量数列求中位数时，要采用所谓的比例插值法：先根据 N/2 在累计频数分布中找到中位数所在组，然后假定该组中各变量值是均匀分布的，按中位数所在组的下限求中位数，其公式为：

$$m_d = L + \frac{\frac{N}{2} - F_{m-1}}{f_m} \times i \quad 或 \quad m_d = U - \frac{\frac{N}{2} - F_{m+1}}{f_m} \times i \tag{10-7}$$

其中，L 为中位数所在组的下限，f_m 为中位数所在组的频数，F_{m-1}为中位数所在组的以上累计频数，N 为总数，i 为中位数所在组的组距；U 为中位数所在组的上限，F_{m+1}为中位数所在组以下的累计频数。

（4）众数。

众数（mode）是指一组数据中出现次数最多的变量值，用 Mo 表示。从变量分布的角度看，众数是具有明显集中趋势点的数值，一组数据分布的最高峰点所对应的变量值即为众数。当然，如果数据的分布没有明显的集中趋势或最高峰点，众数也可以不存在；如果有多个高峰点，也就有多个众数。

众数是集中趋势的测度值之一，出现次数最多的变量值，不受极端值的影响，可能没有众数或有几个众数，适用于定类数据、定序数据、定距数据和定比数据。在统计实践中，当一组数据出现不同质的情况，或分布中出现极端数据时，用众数来描述数据的集中趋势较为合适。

设众数组的频数为 f_m，众数组前一组的频数为 f_{-1}，众数组后一组的频数为 f_{+1}，当众数相邻两组的频数相等时，即 $f_{-1} = f_{+1}$，众数组的组中值即为众数；当众数组前一组的频数多于众数组后一组的频数时，即 $f_{-1} > f_{+1}$，则众数会向其前一组靠，众数小于其组中值；当众数组后一组的频数多于众数组前一组的频数时，即 $f_{-1} < f_{+1}$，则众数会向其后一组靠，众数大于其组中值。基于这种思路，借助于几何图形而导出的分组数据众数的计算公式如下：

$$m_0 = L + \frac{f_m - f_{m-1}}{(f_m - f_{m-1}) + (f_m + f_{m+1})} \times i \quad 或 \quad m_0 = U + \frac{f_m - f_{m+1}}{(f_m - f_{m-1}) + (f_m - f_{m+1})} \times i \tag{10-8}$$

其中，L 表示众数所在组的下限；U 表示众数所在组的上限；i 表示众数所在组的组距；f_m 为众数组的频数；f_{-1}为众数组前一组的频数；f_{+1}为众数组后一组的频数。

上述下限和上限公式是假定数据分布具有明显的集中趋势，且众数组的频数在该组内是均匀分布的，若这些假定不成立，则众数的代表性就会很差。从众数的计算公式可以看出，众数是根据众数组及相邻组的频率分布信息来确定数据中心点位置的，因此，众数是一个位置代表值，它不受数据中极端值的影响。

10.1.2 离散趋势的度量

公共管理研究或调查所得到的数据，大多具有随机变量的性质。而对这些随机变量的描述，仅有集中趋势的度量是不够的。集中量数只描述数据的集中趋势和典型情况，它还不能说明一组数据的全貌。数据除典型情况之外，还有变异性的特点。对于数据变异性即离散趋势进行度量的一组统计量称为变异量数，包括极差、平均差、方差和标准差及各种百分差等。

不同变异指标的用途不同。全距对变量值的各种分布类型资料都适用；标准差和均数配套，变异系数作为辅助变异指标，适用于对称分布资料，特别是正态分布资料；四分位数间距和中位数配套，一般用于不对称的偏态分布资料。

变异指标和平均指标是彼此独立的。一群变量值的变异指标值越大，说明该群变量值的变异程度或离散程度越大，这是与平均指标值的大小无关的。平均指标和变异指标相结合，就可对一群变量值特别是正态分布资料的一群变量值做很好的描述。

如果一组数据是产品质量检查的结果，那么数据的变异情况说明生产是否稳定；如果数据是测量的结果，那么变异的情况说明测量方法是否正确、仪器是否精密；如果数据是学生的成绩，那么变异的情况说明成绩是否整齐（而不是高低）。

（1）极差。

极差，又称全距（range），是指总体中极大值与极小值之差。用极差反映总体分布的离散程度，十分简便。其计算公式如下：

$$R = X_{max} - X_{min} \tag{10-9}$$

其中，X_{max}和X_{min}分别为数据中的极大值和极小值。可以看出，极差的计算非常简便，所以在现场检查时经常利用，但是极差没有考虑各中间值。

全距反映样本变量值的变异范围，简单明了，各种分布类型的资料都可对称采用。但不足之处是全距只考虑了最大值与最小值的差别，而未考虑其他变量值的差别。

例如，设甲组变量值为 16、19、20、21、24，乙组变量值为 16、17、20、23、24，甲组和乙组的全距都为 24 - 16 = 8。但甲组其他 3 个变量值 19、20、21，比乙组其他 3 个变量值 17、20、23 的差别小，也就是说，全距不能准确反映样本所有变量值的变异程度。另外，最大值和最小值是样本的 2 个极端值，随样本不同而变化大。故全距只能作为参数考察变异指标，不能作为主要变异指标。由于全距的意义明显，可表示为极小值 ~ 极大值之间的差距。

（2）方差和标准差。

方差，也称变异数、均方，常用符号 S^2 表示；作为总体参数时，常用符号 Q^2 表示。它是每个数据与该组数据平均数之差平方后的均值，即离均差平方后的平均数。方差，在数理统计中又常称为二阶中心矩或二级动差。它是度量数据分散程度的一个很重要的统计特征数。标准差，即方差的平方根，常用 S 或 SD 表示。若用 σ 表示，则是指总体的标准差。

①总体方差。

未分组数据：

$$\sigma^2 = \frac{1}{n}\sum_{i=1}^{k}(x_i - \bar{x})^2 \tag{10-10}$$

已分组数据

$$\sigma^2 = \frac{1}{n}\sum_{i=1}^{k} f_i(x_i - \bar{x})^2 \qquad (10-11)$$

②样本方差。

未分组数据：

$$S^2 = \frac{1}{n-1}\sum_{i=1}^{n} (x_i - \bar{x})^2 \qquad (10-12)$$

已分组数据：

$$S^2 = \frac{1}{n-1}\sum_{i=1}^{k} f_i(x_i - \bar{x})^2 \qquad (10-13)$$

方差可以起到与平均差相同的作用，且避免了绝对值的运算。但方差也有缺点，那就是所取的单位是 x 的单位的平方（当 x 为身高，单位为厘米时，方差的单位为平方厘米；当 x 为成绩，单位为分时，方差单位为分的平方，这都是不好解释的），为便于解释，可采用它的正平方根，即标准差。标准差是总体中各单位标志值与算术平均数的离差平方的正平方根，用以表示资料的变异度，又称为均方差。它是测定标志变动程度的最主要的指标。标准差的实质与平均差基本相同，只是在数学处理方法上与平均差不同，平均差是先用取绝对值的方法消除离差的正负号，然后用算术平均的方法求出平均离差；而标准差是先用平方的方法消除离差的正负号，然后对离差的平方计算算术平均数，并开方求出标准差。

③标准差。

未分组数据：

$$S = \sqrt{\frac{\sum_{i=1}^{n} (x_i - \bar{x})^2}{n}} \qquad (10-14)$$

已分组数据：

$$S = \sqrt{\frac{\sum_{i=1}^{n} (x_i - \bar{x})^2 f_i}{n}} \qquad (10-15)$$

其中，$\bar{X}$ 是所有的平均数，x_i 为每一个变量值，f_i 为 x_i 所对应频数。方差和标准差是表示一组数据离散程度的最好指标。其值大，说明离散程度大；其值小，说明数据比较集中。它是统计描述与统计分析中最常应用的差异量数。它基本具备一个良好的差异量数应具备的条件：第一，反应灵敏，每个数据取值发生变化，方差或标准差都随之变化；第二，由一定的计算公式严密确定；第三，容易计算；第四，适合代数运算；第五，受抽样变动的影响小，即不同样本的标准差或方差比较稳定；第六，简单明了，这一点与其他差异量数比较稍有不足，但其意义还是较明白的。除上述之外，方差还具有可加性特点，这是对一组数据中造成各种变异的总和的测量，能利用其可加性分解并确定出属于不同来源的变异性（如组间、组内等），并可进一步说明每种变异对总结果的影响。在描述统计部分，只需要标准差就足以表明一组数据的离散趋势。

（3）四分位数。

四分位差是先将一组数据按大小排列成序，然后将其四等分，去掉序列中最高的 1/4 和最低的 1/4，仅就中间的一半数值来测定数据的离散程度，通常用符号 Q 来表示。也就是说，四分位差是在中间的 50% 的数据的极差。与极差相比，四分位差的优势是能够克服极端值的影响。其计算公式如下：

$$Q = Q_3 - Q_1 \tag{10-16}$$

其中，Q_1 为第 1 四分位数，即第 25 百分位数；Q_3 为第 3 四分位数，即第 75 百分位数。

（4）变异系数。

当所观测的样本水平比较接近，而且是对同一个特质使用同一种测量工具进行测量时，要比较不同样本之间离散程度的大小，一般可直接比较标准差或方差的大小。标准差值大，说明该组数据较分散；标准差值小，说明该组数据较集中。标准差的单位与原数据的单位相同，因而有时称它为绝对差异量。在对不同样本的观测结果的离散程度进行比较时，常会遇到下述情况：两个或多个样本所测的特质不同，即所使用的观测工具不同，如何比较其离散程度？即使使用的是同一种观测工具，但样本的水平相差较大时，如何比较它们的离散程度？在第一种情况下，标准差的单位不同，显然不能直接比较标准差的大小。第二种情况虽然标准差的单位相同，但两样本的水平不同，这可从平均数的大小明显不同确定。通常情况下，平均数的值较大，其标准差的值一般也较大；平均数的值较小，其标准差的值一般也较小。这种情况下，若直接比较标准差取值的大小，借以比较不同样本的分散情况是无意义的。可见，上述两种情况下，若用绝对差异量进行直接比较以确定其分散程度的大小是不行的，这时可用相对差异量进行比较。最常用的相对差异量就是变差系数（coefficient of variation）。

变差系数，又称变异系数、相对标准差等，通常用符号 CV 表示，其计算公式如下：

$$CV = \frac{s}{\overline{X}} \times 100\% \tag{10-17}$$

其中，s 为某样本的标准差；$\overline{X}$ 为该样本的平均数。变差系数是一个无量纲的量，它适于比较有不同算术平均数或有不同量纲的两组数据的情况。

（5）平均差系数。

均差是离差（样本值与均值之差）的绝对值的平均数，即：

$$M.D. = \frac{1}{n}\sum_{i=1}^{n} |x_i - \bar{x}| \tag{10-18}$$

对于已分组的频数分布（组数为 k）：

$$M.D. = \frac{1}{n}\sum_{i=1}^{k} f_i |x_i - \bar{x}| \tag{10-19}$$

平均差反映全部标本数据平均的误差，比极差和四分位差更能全面反映总体的数据变动情况，它的缺点是绝对值不适于作进一步的数学分析。

10.1.3 偏斜度与峰度的度量

（1）偏斜度。

偏斜度是对统计数据分布偏斜方向及程度的度量。统计数据的频数分布有的是对称的，有的是不对称的，即呈现偏态。在偏态的分布中，又有两种不同的形态，即左偏态和右偏态。我们可以利用众数、中位数和算术平均数之间的关系判断分布是左偏态还是右偏态，但要度量分布偏斜的程度，就需要计算偏斜度了。

动差，又称矩，原是物理学上用以表示力与力臂对重心关系的术语，这个关系和统计学中变量与权数对平均数的关系在性质上很类似，所以统计学也用动差来说明频数分布的性质。一般地说，取变量的 a 值为中点，所有变量值与 a 之差的 K 次方的平均数称为变量 X 关于 a 的 K 阶动差，计算公式为$\frac{\sum(x-a)^k}{N}$。当 $\alpha=\overline{X}$ 时，即变量以算术平均数为中心，上式称为 K 阶中心动差，用 m 表示。

采用动差法计算偏斜度系数是用变量的三阶中心动差将 m_3 与 σ^3 进行对比，计算公式为：

$$\alpha=\frac{m_3}{\sigma^3} \tag{10-20}$$

当分布对称时，变量的三阶中心动差 m_3 由于离差三次方后正负相互抵消而取得 0 值，则 $\alpha=0$；当分布不对称时，正负离差不能抵消，就形成正的或负的三阶中心动差。当 m_3 为正值时，表示正偏离差值比负偏离差值要大，可以判断为正偏态或右偏态；反之，当 m_3 为负值时，表示负偏离差值比正偏离差值要大，可以判断为负偏态或左偏态。$|m_3|$越大，表示偏斜的程度就越大。由于三阶中心动差含有计量单位，为消除计量单位的影响，就用 m_3 除以 σ^3，使其转化为相对数。同样地，α 的绝对值越大，表示偏斜的程度就越大。

（2）峰度。

峰度是用来衡量统计数据分布的集中程度或分布曲线的尖峭程度的指标。计算公式如下：

$$\alpha_4=\frac{m_4}{\sigma^4}=\frac{\sum(X-\overline{X})^4F_i}{\sigma^4\cdot\sum F_i} \tag{10-21}$$

统计数据分布曲线的尖峭程度与偶数阶中心动差的数值大小有直接的关系，m_2 是方差，于是就以四阶中心动差 m_4 来度量分布曲线的尖峭程度。m_4 是个绝对数，含有计量单位，为消除计量单位的影响，将 m_4 除以 σ^4，就得到无量纲的相对数。衡量数据分布的集中程度或分布曲线的尖峭程度往往是以正态分布的峰度作为比较标准的。在正态分布条件下，$\frac{m^4}{\sigma^4}$，将各种不同分布的尖峭程度与正态分布比较。

当峰度 $\sigma^4>3$ 时，表示分布的形状比正态分布更尖更高，这意味着分布比正态分布更集中在平均数周围，这样的分布称为尖峰分布，如图 10－1（a）中虚线所示；当 $\sigma^4=3$ 时，分布为正态分布；当 $\sigma^4<3$ 时，表示分布比正态分布更扁平，这意味着分布比正态分布更分散，这样的分布称为扁平分布，如图 10－1（b）中虚线所示。

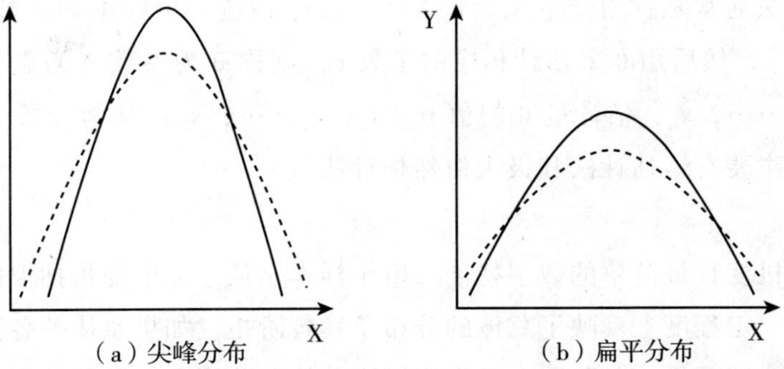

图 10－1　尖峰分布与扁平分布

10.2　推论统计

参数估计，统计推断的一种。根据从总体中抽取的随机样本来估计总体分布中未知参数的过程。从估计形式看，区分为点估计与区间估计：从构造估计量的方法讲，有矩法估计、最小二乘估计、似然估计、贝叶斯估计等。要处理两个问题：（1）求出未知参数的估计量；（2）在一定信度（可靠程度）下指出所求的估计量的精度。信度一般用概率表示，如可信程度为95%；精度用估计量与被估参数（或待估参数）之间的接近程度或误差来度量。

假设检验（hypothesis testing），又称统计假设检验，是用来判断样本与样本、样本与总体的差异是由抽样误差引起还是本质差别造成的统计推断方法。显著性检验是假设检验中最常用的一种方法，也是一种最基本的统计推断形式，其基本原理是先对总体的特征做出某种假设，然后通过抽样研究的统计推理，对此假设应该被拒绝还是接受做出推断。常用的假设检验方法有 Z 检验、t 检验、卡方检验、F 检验等。

10.2.1　参数估计

参数估计是推断统计学中的一个重要概念。参数估计可以分为两类，即点估计和区间估计。这一节将讨论点估计和区间估计的问题。我们知道，总体的分布中包含一些参数，如正态分布就包含两个参数：期望 μ 和方差 σ^2，在推断统计研究中，总体分布的参数常常未知，我们要确定总体的分布，就需要用样本的信息来估计出这些未知参数。

(1) 点估计。

设总体的分布函数的形式为已知，θ 是总体的未知函数，x_1，x_2，……，x_n 是 X 的一组样本观察值。如何从这组观察值来估计总体参数的值 θ，这个问题就称为参数的点估计问题。点估计的方法通常是：用样本 x_1，x_2，……，x_n 构造一个样本的函数，即统计量 $\hat{\theta}=\hat{\theta}(x_1, x_2, \cdots, x_n)$，然后用 $\hat{\theta}$ 来估计相应的参数 θ，则称 $\hat{\theta}$ 为参数 θ 的点估计量。对应样本的一个 x_1，x_2，……，x_n，估计量 $\hat{\theta}$ 的值 $\hat{\theta}(x_1, x_2, \cdots, x_n)$ 称为参数 θ 的点估计值。参数点估计的方法主要有矩估计法和极大似然估计法。

①矩估计法。

矩是描述随机变量最简单的数字特征。由于样本是从总体中随机抽取的，样本的分布及其各阶矩也就在一定程度上反映了总体的分布及其各阶矩。如果总体的各阶原点矩存在，则可采用矩估计法，即用样本各阶原点矩作为相应总体各阶原点矩的估计量，用样本各阶原点矩的函数作为总体各阶原点矩的同一个函数的估计量。

设总体涉及的随机变量为 X，对于任意正整数 k，X 的 k 阶原点矩 $E(X^k)$ 存在，则 X 的算术平均数就是 X 的一阶原点矩，X 的方差就是 X 的原点矩的函数。即：

$$\mu = E(X), \sigma^2 = E(X^2) - [E(X)]^2 \tag{10-22}$$

考虑对 X 的 n 次独立观察值 x_1，x_2，…，x_n，则此样本 K 的阶原点矩为：

$$E(x^k) = \frac{1}{n}\sum_{i=1}^{n} x_i^k, \hat{\mu} = E(x^2) = \frac{1}{n}\sum_{i=1}^{n} x_i = \bar{x} \tag{10-23}$$

根据矩估计法，可得：

$$\hat{\sigma}_x = E(x^2) - [E(x)]^2 = \bar{x}^2 - (\bar{x})^2 \tag{10-24}$$

若服从 (0, 1) 分布，又因为比例可以看成是 (0, 1) 分布的均值，因此，同理可以得：

$$\hat{P} = p = n_1/n \tag{10-25}$$

矩估计法只要求总体的各阶原点矩存在，并不需要知道总体的分布类型。这种方法简单、客观，因而得到了广泛的应用。但是，矩估计法没有充分利用总体分布函数提供的信息。

②极大似然估计法。

极大似然估计法是求估计值最一般的方法。首先介绍似然函数的概念。

定义：设总体随机变量 X 的概率密度为 $f(x, \theta)$，θ 是待估计的参数。x_1，x_2，…，x_n 是 X 的独立随机样本，那么 x_1，x_2，…，x_n 也是随机变量，其联合概率密度为：

$$L(\theta) = L(x_1, x_2, \cdots, x_n; \theta) = \prod_{i=1}^{n} f(x_{i;\theta}) \tag{10-26}$$

则 L (θ) 称为似然函数。

若总体是离散型的，则似然函数为：

$$L(\theta) = L(x_1, x_2, \cdots, x_n; \theta) = \prod_{i=1}^{n} f(x_{i;\theta}) \tag{10-27}$$

为了运算方便，通常对似然函数取对数，即令 $L*(\theta)=\ln L(\theta)$。极大似然估计的基本思想是：一个试验如有若干个结果 A，B，C，…，如果 A 已出现，那么一般说来，当时试验条件应更有利于 A 的出现，因此，未知参数 θ 的取值应使似然函数达到最大，因为这样注定的 θ 最有利于 x_1，x_2，…，x_n 的出现。极大似然估计法就是通过样本数据求似然的数的最大值点 $\hat{\theta}$ 来作为对未知参数 θ 的估计值。

设 x_1，x_2，…，x_n 是正态总体的一组样本观测值，那么参数的极大似然估计值分别为：

$$\hat{\mu}=\bar{x}=\frac{\sum_{i=1}^{n}x_i}{n},\sigma^2=\frac{\sum_{i=1}^{n}(x_i-\bar{x})^2}{n} \quad (10-28)$$

③判断点估计的优劣标准。

任何一个统计量都不可能是绝对“好的”，评价用作估计量的统计量好坏的标准有以下 4 个方面。

第一，无偏性。

如果一个估计量在所估计的总体参数以上或以下出现的可能性（出现的频率或取值范围）相同，就认为这个统计量是个无偏的估计量。取自同一个总体的样本的平均数抽样分布，其平均数等于总体的平均数，所以说样本平均数是总体平均数的无偏估计（量）。

第二，有效性。

这是一条与统计量标准误差相关的标准。因为无偏估计不是唯一的，那么许多个无偏估计中哪个更好（估计值中哪一个更靠近总体参数）？假设有两个容量相等的抽样分布，应该选用平均误差或标准误差较小的那个。换言之，估计量的平均误差越小，根据它推演出接近总体参数值的机会越大，则称平均误差最小的那个估计量为有效估计量。

第三，一致性。

如果随着总量的增加，统计量增加，统计量的值越来越接近总体的参数值，那么这样的统计量就是与总体参数一致的估计量。样本容量越大，估计量的一致性就越可靠。

第四，充分性。

如果一个估计量能够为总体带来大量有用的信息，而没有其他的估计量能带来比它更多的有用信息，那么就称这个估计量是充分的。

（2）区间估计。

在实际参数估计中，人们不仅需要知道被估参数的点估计值，而且还要求知道估计值精确度，即对真实值所在的范围进行估计，并希望知道这个范围包含真实值的可靠程度。这样的范围在估计中若以区间的形式给出，同时还给出此区间包含真实值的可靠程度，则这种形式的估计称为区间估计。

①置信区间。

若总体分布含一个未知参数 β，找出了两个依赖于样本 x_1，x_2，…，x_n 的估计量，即 $\hat{\beta}_1(x_1, x_2, \cdots, x_n)\leqslant\hat{\beta}_2(x_1, x_2, \cdots, x_n)$，使：

$$P(\hat{\beta}_1 < \beta < \hat{\beta}_2) = 1 - \alpha \tag{10-29}$$

则称随机区间（$\hat{\beta}_1$，$\hat{\beta}_2$）为未知参数 β 的 100（1 - a）% 的置信区间，100（1 - a）% 称为置信度。其中，$0 < \alpha < 1$，一般取 0.05 或 0.01。

②区间估计的一般步骤。

步骤 1：抽样，从总体中抽出样本。

步骤 2：构建估计量。一般来说，总体均值的估计量就是样本均值，总体方差的估计量就是样本方差。

步骤 3：找到估计量的抽样分布。均值一般是 Z 分布和 T 分布，方差一般是 χ^2 分布。

步骤 4：依据抽样分布和置信水平（$1 - \alpha$）计算出置信区间。

10.2.2 假设检验

（1）假设检验的几个基本概念。

推论统计的另一个主要内容是假设检验。假设检验也称显著性检验，是研究者从理论或专业知识出发，对研究总体的有关特征提出一定的假设，通过抽样调查的方法获得样本数据，并根据样本数据的统计结果，从概率的角度对假设的真实性作出判断，即假设检验是根据样本调查结果证实或推翻总体有关假设的一种推论统计方法。

①原假设与备选假设。

在假设检验中，首先需要作出一个假定，这个假定在统计上称为虚无假设。虚无假设又称无差假设（null hypothesis）、零假设或原假设，记作 H_0，是进行统计推论的出发点。其含义是样本统计值与它所代表的总体参数之间没有真实的误差，只是偶然误差，受概率规律支配。根据具体的抽样分布可以计算出偶然误差的概率，再依据概率大小决定应该接受或推翻虚无假设。虚无假设的一般形式为：

$$H_0: \mu = a \ (a 为常数) \ 或 \ H_0: \mu_1 = \mu_2 \tag{10-30}$$

研究假设是研究者通过探索性研究确立的假设，是对研究问题所作的一种尝试性回答，又称备择假设，记作 H_0。一般说来，研究假设与虚无假设是对立的。统计中的假设检验是围绕虚无假设展开的，以虚无假设的提出作为第一步，以虚无假设被接受或被推翻作为最后结论，整个过程均与研究假设无关。由于虚无假设与研究假设是对立的，推翻虚无假设意味着接受研究假设，或者反之。因此，为了清楚起见，人们往往将研究假设和虚无假设同时列出，有以下三种形式：

$$H_1: \mu > a \quad H_0: \mu = a \tag{10-31}$$

$$H_1: \mu < a \quad H_0: \mu = a \tag{10-32}$$

$$H_1: \mu \neq a \quad H_0: \mu = a \tag{10-33}$$

也可以这样说，备选假设（研究假设）有三种形式，即“>、<、≠”，而原假设（虚无假设）只有一种形式“=”。研究假设采取何种形式，由研究者根据研究问题确定。

②显著性水平与否定域。

通常人们规定概率小于0.05或0.01的事件为小概率事件，当计算出的概率P大于0.05或0.01时，接受虚无假设，反之，推翻虚无假设。这样，0.05或001便成为人们推翻或接受虚无假设的标准，这个标准称为显著性水平或临界水平，记作 α，上述标准可写为 $\alpha=0.05$ 或 $\alpha=0.01$，有时人们也取 $\alpha=0.1$ 或 $\alpha=0.001$ 作为标准，具体取哪一个标准，由研究者根据研究问题的性质确定。

显著性水平是小概率事件的发展具体体现。在概率分布图中，由显著性水平a所确定的末端区域称为否定域。若计算得到的概率 $P<\alpha$，也即意味着P进入了否定域，从而否定虚无假设。显然，否定域与显著性水平是同一问题的两种不同表述方法，否定域是否定（推翻）虚无假设的区域，显著性水平是推翻虚无假设的标准，否定域的概率就是显著性水平。

在标准正态分布中，当 $\alpha=0.05$ 时，所对应的标准分数 $Z_{a/2}=1.96$；当 $\alpha=0.01$ 时，所对应的标准分数 $Z_{a/2}=2.58$。这样，1.96或2.58也同时成为接受或推翻虚无假设的标准。当 $|z|>Z_{a/2}$（1.96或2.58）时，推翻虚无假设，反之，接受虚无假设。

③双边检验和单边检验（两端检验和一端检验）。

根据否定域在分布图形中的位置，假设检验可以分为双边检验和单边检验。所谓双边检验，指否定域位于分布图形的两端，每端的概率为 $\alpha/2$，其对应的标准分数用 $Z_{a/2}$ 表示。若 $\alpha=0.05$，则每一端的概率为0.025，其对应的标准分数为 ±1.96。单边检验指否定域仅位于一端，或是左端，或是右端，其对应的标准分数用 Z_a 表示。

双边检验或单边检验通过研究假设反映出来。如果是 $H_1: \mu\neq a$，说明是双边检验；如果是 $H_1: \mu>a$，则是右端单边检验；而 $H_1: \mu<a$ 是左端单边检验。采用双边检验还是单边检验，由研究者根据研究问题决定。

④两类错误。

假设检验的结论并不是绝对准确无误的，无论是推翻虚无假设还是接受虚无假设都存在着犯错误的可能。所犯错误有两类。

第一，错误地推翻了虚无假设。虚无假设实际上是正确的，但我们却认为它是错误的，因此，拒绝了它。这是犯了“弃真”的错误，通常称为第一类错误（甲种错误）。在要求不高的情况下，可以简单地认为犯第一类错误的概率就是a，或者说小于a。显著性水平a的值越大，如 $a=0.1$，则犯第一类错误的概率越大。

第二，错误地接受了虚无假设。虚无假设实际上是不正确的，但我们却认为它是正确的，因此，接受了它。这是所谓的“纳伪”错误，通常称为第二类错误（乙种错误），犯此类错误的概率记为 β，若a的值过小，倾向于接受虚无假设，就易犯第二类错误。由于虚无假设的非真状态不是唯一的，因此犯第二类错误的概率 β 也是不确定的，无法计算。

显然，这两种错误互相制约，此消彼长。若a过小，犯第一类错误的可能性减少，而犯第二类错误的可能性却增大。若a过大，情况正好相反。两者难以兼之。一般说来，增加样本容量n，有助于提高检验的有效性。

上述四对概念是假设检验的基本概念，其中体现出的思想方法或思路适用于任何种类的假设检验。在不同种类的假设检验中，涉及的统计量不同，统计量的分布（抽样分布）不同，由此计算相应概率的公式也各不相同，但检验的形式、检验的思路和解释的方式等都是类似的，都可以从上述四对概念予以说明。

⑤假设检验的一般程序。

步骤1：建立适当的原假设和备择假设。根据研究问题的需要提出假设，包括原假设 H_0 和备择假设 H_1。同时，与备择假设相对应，指出所做检验为双侧检验还是左侧检验或右侧检验。

步骤2：构造检验统计量，收集样本数据，计算检验统计量的样本观察值。

步骤3：选择适当的显著性水平 α。α 通常取0.05或0.01。显著性水平就是小概率水平，但小概率并不能说明不会发生，仅仅是发生的概率很小罢了。如果原假设正确我们接受了，或原假设错误我们拒绝了，这表明我们做出了正确的决定。

步骤4：根据所选择的显著性水平 a，确定临界值和拒绝域。

步骤5：把检验统计量的值与临界值进行比较。

步骤6：做出接受或拒绝原假设的统计决策。

（2）单样本 t 检验①。

单样本 t 检验是指研究问题中仅涉及一个总体，且将采用 t 检验的方法进行分析。单样本 t 检验的前提是样本来自的总体应服从或近似服从正态分布。单样本 t 检验的目的是利用来自某总体的样本数据，推断该总体的均值是否：与指定的检验值存在显著差异。它是对总体均值的假设检验。

[例]：为研究信用卡消费现状，对某地区500名信用卡持有者进行了随机调查，得到其月平均刷卡金额数据。据估计，该地区信用卡月刷卡金额的平均值不低于3000元。现依据所获得的调查数据判断是否支持平均刷卡金额不低于3000元的假设。

①单样本 t 检验的基本步骤。

单样本 t 检验作为假设检验的一种方法，其基本步骤与假设检验是完全相同的。

步骤1：提出原假设。

单样本 t 检验的原假设 H_0 为总体均值与检验值之间不存在显著差异，备择假设为它们之间存在差异，表述为：

$$H_0: \mu = \mu_0, \ H_1: \mu \neq \mu_0 \qquad (10-34)$$

其中，μ 为总体均值；μ_0 为检验值。

例如，假设人均住房面积的平均值与20平方米无显著差异，原假设与备择假设为：

$H_0: \mu = \mu_0 = 20$，$H_1: \mu \neq \mu_0$ 以上是一个双侧检验的表述。所谓双侧检验，简而言之，就是在两个方向上都可能拒绝原假设。例如，实际人均住房面积的平均值远远大于或者远远小于20平方米，都能够拒绝等于20平方米的原假设，从而接受其不是20平方米的备择假设。

① 薛薇．统计分析与SPSS的运用（第5版）［M］．北京：中国人民出版社，2017.

对于上述案例，调查数据能否支持平均刷卡金额不低于 3000 元的假设检验表述为：

$$H_0: \mu \leqslant 3000,\ H_1: \mu > 3000 \tag{10-35}$$

该问题是一个单侧检验问题。原因是仅在实际平均刷卡金额远远高于 3000 元时才有理由拒绝原假设而接受备择假设，而当实际平均刷卡金额低于或远远低于 3000 元时是不能拒绝原假设的，也即只能在一个方向拒绝原假设。

步骤 2：选择检验统计量。

对单个总体均值的推断是建立在单个样本均值的基础之上的，也就是希望利用样本均值去估计总体均值。由于抽样误差的存在，虽然样本均值呈现出了差异性，但样本均值的抽样分布却是可以确定的。众所周知，当总体分布为正态分布 $N(\mu,\sigma^2)$ 时，样本均值的抽样分布仍为正态分布，该正态分布的均值为 μ，方差为 σ^2/n，即 $\overline{X} \sim N\left(\mu,\frac{\sigma^2}{n}\right)$式中，$\mu$ 为总体均值，当原假设成立时，$\mu=\mu_0$；σ^2 为总体方差；n 为样本量。若总体近似服从正态分布，当样本量 n 较大时，由中心极限定理得知样本均值也近似服从正态分布。于是可构造 Z 检验统计量，Z 统计量定义为：

$$Z=\frac{\overline{X}-\mu}{\sqrt{\frac{\sigma^2}{n}}} \tag{10-36}$$

由式（10－36）可知，Z 统计量服从标准正态分布。

通常总体方差是未知的，此时可以用样本方差 S^2 替代，得到的检验统计量为 t 统计量，数学定义为：

$$t=\frac{\overline{X}-\mu}{\sqrt{\frac{S^2}{n}}} \tag{10-37}$$

其中，t 统计量服从 n－1 个自由度的 t 分布。单样本 t 检验的检验统计量即为 t 统计量。当认为原假设成立时，μ 用 μ_0 代入。

步骤 3：计算检验统计量的观测值和概率 P－值。

该步骤的目的是计算检验统计量的观测值和相应的概率 F 值。SPSS 自动将样本均值、μ_0、样本方差、样本量代入，计算所得称为 t 统计量的观测值。同时，依据 t 统计量所服从的分布计算其对应的双侧概率 P－值。

步骤 4：给定显著性水平 α，并作出决策。

给定显著性水平 α，与检验统计量的概率 P－值作比较。在双侧检验中，如果概率 P－值小于显著性水平 α，则应拒绝原假设，认为总体均值与检验值之间存在显著差异；反之，如果概率 P－值大于显著性水平 α，则不应拒绝原假设，认为总体均值与检验值之间无显著差异。在单侧检验中，因为 SPSS 给出的是双侧概率 P－值，所以应将 p/2 与 α 进行比较。

图 10－2 为样本均值的抽样分布，圆圈位置为原假设（总体均值）。若原假设为真，样本均值与原假设间的差异不会很大，即检验统计量观测值的绝对值不会很大，观测值一般会

位于圆圈附近。若落在两个临界值所夹的坐标区域内，则不能拒绝原假设。当统计量的观测值远离圆圈，即观测值落入两个临界值之外的坐标区域时，表明样本均值与原假设相距较远，样本无法支持假设，原假设为假，应予以拒绝。因此，当检验统计量的观测值小于右侧临界值且大于左侧临界值时，不能拒绝原假设。当检验统计量观测值大于右侧临界值或小于左侧临界值时，应拒绝原假设。当然，如果此时的原假设确实为真，拒绝它即弃真的概率就是两阴影的面积之和，即显著性水平 α。

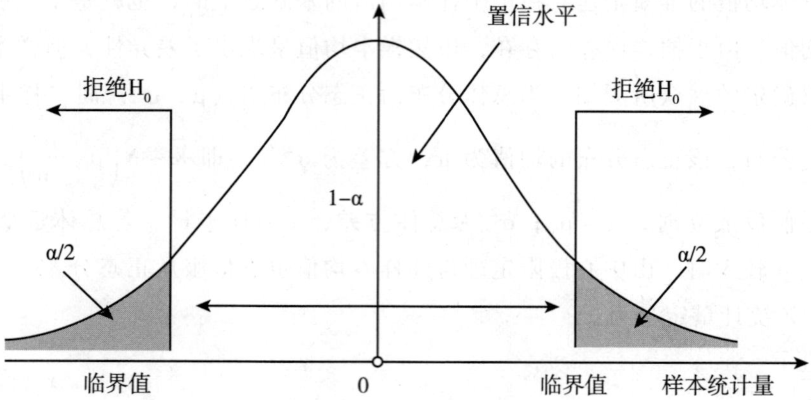

图 10－2　假设检验

进一步，检验统计量的概率 P－值为原假设成立条件下，检验统计量取当前观测值及更极端值的概率，即 SPSS 给出的是观测值外侧两深色阴影面积之和（双侧）。若原假设为假，检验统计量的观测值落入两个临界值之外的坐标区域内，应拒绝原假设，此时的概率 P－值小于 α。因此，在双侧检验中，当检验统计量的概率 P 值小于 α 时，应拒绝原假设。在单侧检验中，当检验统计量的概率 P 值的 1/2 小于 α 时，应拒绝原假设。

（3）两独立样本 t 检验。

两独立样本 t 检验的目的是利用来自两个总体的独立样本，推断两个总体的均值是否存在显著差异。

例如，大学生职业生涯规划数据，研究男生与女生的专业和职业认知得分的总体平均值是否存在显著差异。研究长期吸烟是否为导致胆固醇升高的直接原因，对烟龄 25 年以上（过度吸烟）和 5 年以下（短期吸烟）的吸烟者分别进行随机抽样，获得两组人群的烟龄和胆固醇数据。

两独立样本 t 检验的基本步骤。

两独立样本 t 检验的前提是：一是样本来自的总体应服从或近似服从正态分布。二是两样本相互独立，即从一总体中抽取一个样本对从另一总体中抽取一个样本没有任何影响，两个样本的样本量可以不等。

步骤 1：提出原假设。

两独立样本 t 检验的原假设 H_0 为两总体均值无显著差异，备择假设相反，表述为：

$H_0: \mu_1 - \mu_2 = 0$，$H_1: \mu_1 - \mu_2 \neq 0$　　(10－38)

其中，μ_1、μ_2 分别为第一个和第二个总体的均值。

例如，对于案例，原假设为男生认知得分的总体均值与女生无显著差异，备择假设为男生认知得分的总体均值小于女生，即：

$H_0: \mu_1 - \mu_2 = 0$，$H_1: \mu_1 - \mu_2 < 0$　　(10－39)

再如，前面原假设为过度吸烟者体内胆固醇水平的总体均值不显著低于短期吸烟者，备择假设相反，为单侧检验问题，即：

$H_0: \mu_1 - \mu_2 \geqslant 0$，$H_1: \mu_1 - \mu_2 < 0$　　(10－40)

步骤 2：选择检验统计量。

对两总体均值差的推断是建立在两个样本均值差的基础之上的，也就是希望利用两组样本均值的差去估计两总体均值的差。因此，应关注两样本均值差的抽样分布。众所周知，当两总体分布分别为 $N(\mu_1, \sigma_1^2)$ 和 $N(\mu_2, \sigma_2^2)$ 时，两样本均值差的抽样分布仍为正态分布，该正态分布的均值为 $\mu_1 - \mu_2$，方差为 σ_{12}^2。在不同的情况下，σ_{12}^2 有不同的计算方式。

第一种情况：当两总体方差未知且相等，即当 $\sigma_1 = \sigma_2$ 时，采用合并的方差作为两个总体方差的估计，数学定义为：

$$S_p^2 = \frac{(n_1 - 1)S_1^2 + (n_2 - 1)S_2^2}{n_1 + n_2 - 2} \qquad (10-41)$$

其中，S_1^2、S_2^2 分别为第一个和第二个样本的方差；n_1、n_2 分别为第一个和第二个样本的样本量。此时两样本均值差的抽样分布的方差估计 σ_{12}^2 为：

$$\sigma_{12}^2 = \frac{S_p^2}{n_1} + \frac{S_p^2}{n_2} \qquad (10-42)$$

第二种情况：当两总体方差未知且不相等，即当 $\sigma_1 \neq \sigma_2$ 时，分别采用各自的样本方差，此时两样本均值差的抽样分布的方差估计 σ_{12}^2 为：

$$\sigma_{12}^2 = \frac{S_1^2}{n_1} + \frac{S_2^2}{n_2} \qquad (10-43)$$

于是，两总体均值差检验的检验统计量为 t 统计量，数学定义为：

$$t = \frac{\overline{X}_1 - \overline{X}_2 - (\mu_1 - \mu_2)}{\sqrt{\sigma_{12}^2}} \qquad (10-44)$$

其中，由于 $\mu_1 - \mu_2 = 0$（原假设），因而可略去。在第一种情况下，t 统计量服从 $n_1 + n_2 - 2$ 个自由度的 t 分布；在第二种情况下，服从修正自由度的 t 分布，修正自由度定义为：

$$f = \frac{\left(\frac{S_1^2}{n_1} + \frac{S_2^2}{n_2}\right)^2}{\frac{\left(\frac{S_1^2}{n_1}\right)^2}{n_1} + \frac{\left(\frac{S_2^2}{n_2}\right)^2}{n_2}} \qquad (10-45)$$

至此可见，两总体方差是否相等是决定如何估计抽样分布方差的关键。因此，有必要通过有效的方式对其进行统计检验。两总体方差是否相等检验的原假设是两总体方差无显著差异，备择假设相反，表述为：

$$H_0: \sigma_1^2 = \sigma_2^2, \ H_1: \sigma_1^2 \neq \sigma_2^2 \quad (10-46)$$

SPSS 中通过 Levene F 方法采用 F 统计量进行检验。Levene F 方法主要借助单因素方差分析方法来实现，其主要思路是：①对来自两个总体的两个样本分别计算样本均值；②计算各个观测值与本组样本均值差的绝对值，得到两组绝对差值数据；③利用单因素方差分析判断这两组绝对差值的均值是否存在显著差异，即判断两组的平均绝对离差是否存在显著差异。

可见，Levene F 方法通过判断两个样本绝对离差的平均值是否相等间接推断两总体方差是否有显著差异。

步骤 3：计算检验统计量的观测值和概率 P－值。

该步骤的目的是计算 F 统计量和 t 统计量的观测值以及相应的概率 P－值。SPSS 将自动依据单因素方差分析的方法计算 F 统计量和概率 P－值，并自动将两个样本的均值、样本量、抽样分布方差等代入，计算出 t 统计量的观测值和对应的概率 P－值。

步骤 4：给定显著性水平 α，并作出决策。

给定显著性水平 α 后，SPSS 中的统计决策应通过以下两步完成：

第一步，利用 F 检验判断两总体的方差是否相等，并据此决定抽样分布方差和自由度的估计方法和计算结果。如果 F 检验统计量的概率 F 值小于显著性水平 α，则应拒绝原假设，认为两总体方差有显著差异。如果概率 P－值大于显著性水平 α，则不应拒绝原假设，认为两总体方差无显著差异。

第二步，利用 t 检验判断两总体均值是否存在显著差异。如果 t 检验统计量的概率 P－值小于显著性水平 α，则应拒绝原假设，认为两总体均值有显著差异；反之，如果概率 P 值大于显著性水平 α，则不应拒绝原假设，认为两总体均值无显著差异。

（4）两配对样本 t 检验。

两配对样本 t 检验的目的是利用来自两个总体的配对样本，推断两个总体的均值是否存在显著差异。

两配对样本 z 检验与独立样本 t 检验的差别之一是要求样本是配对的。所谓配对样本，可以是个案在“前”“后”两种状态下某属性的两种不同特征，也可以是对某事物两个不同侧面的描述。其差别在于抽样不是相互独立的，而是相互关联的。

例如，为研究某种减肥茶是否有显著的减肥效果，需要对肥胖人群喝茶前与喝茶后的体重进行分析。收集数据时可以采用独立抽样方式但这种抽样由于没有将肥胖者自身或其环境等其他因素排除出去，分析结果很有可能是不准确的。因此，通常要采用配对的抽样方式，即首先从肥胖人群中随机抽取部分志愿者并记录他们喝茶前的体重。一段时间以后，重新测量这些肥胖志愿者喝茶后的体重。这样获得的两组样本就是配对样本。

再如，为分析两种不同促销形式对商品销售额是否产生显著影响，需要分别收集任意几种商品在不同促销形式下的销售额数据。为保证研究结果的准确性，也应采用配对的抽样方式。即随机选取几种商品，并分别记录它们在两种不同促销方式下的销售额。这样的两个样本是配对的。

配对样本通常具有两个特征：第一，两个样本的样本量相同；第二，两个样本观测值的先后顺序是一一对应的，不能随意更改。

例如，在减肥茶问题中，喝茶前与喝茶后的样本是配对抽取的，体现在收集到的两组数据都是针对同一批肥胖人群，喝茶前后两组样本的观测值是否相同。每对观测值数据都唯一对应一个肥胖者，不能随意改变观测值的先后次序。

两配对样本 t 检验的基本步骤。

两配对样本 t 检验作为假设检验的一种方法，其基本步骤为：

步骤 1：提出原假设。

两配对样本 t 检验的原假设为两总体均值无显著差异，备择假设为两总体均值有显著差异。表述为：

$$H_0: \mu_1 - \mu_2 = 0,\ H_2: \mu_1 - \mu_2 \neq 0 \tag{10-47}$$

其中，μ_1，μ_2 分别为第一个和第二个总体的均值。

例如，肥胖人群喝茶前与喝茶后的平均体重无显著差异。即：

$$H_0: \mu_1 - \mu_2 = 0,\ H_2: \mu_1 - \mu_2 \neq 0 \tag{10-48}$$

再如，两种不同促销方式下商品销售额的平均值无显著差异。即：

$$H_0: \mu_1 - \mu_2 = 0,\ H_2: \mu_1 - \mu_2 \neq 0 \tag{10-49}$$

步骤 2：选择检验统计量。

两配对样本 t 检验所采用的检验统计量与单样本 t 检验类似，也是 t 统计量。其思路是：首先，对两个样本分别计算出每对观测值的差值得到差值样本；然后，利用差值样本，通过对其总体均值是否与 0 有显著差异的检验，推断两总体均值的差是否显著为 0。显而易见，如果差值样本的总体均值有显著差异，则可以认为两总体的均值有显著差异；反之，如果差值样本的总体均值与 0 无显著差异，则可以认为两总体的均值不存在显著差异。

从两配对样本 t 检验的思路不难看出，两配对样本 t 检验是通过单样本 t 检验来实现的，即最终转化成对差值样本总体均值是否与 0 有显著差异做检验。正因为如此，它必须要求样本配对，样本量相同且观测次序不可随意更改。

步骤 3：计算检验统计量的观测值和概率 P－值。

该步骤的目的是计算 t 统计量的观测值以及相应的概率 P－值。SPSS 将计算两个样本的差值：差值样本均值、标准差。并将相应数据代入公式，计算出 t 统计量的观测值和对应的双侧概率 P－值。

步骤 4：给定显著性水平 α，并作出决策。

给定显著性水平 α，与检验统计量的概率 P－值作比较。如果概率 P－值小于显著性水平 α，则应拒绝原假设，认为差值样本的总体均值与 0 有显著不同，两总体的均值有显著差异；反之，如果概率 P－值大于显著性水平 α，则不应拒绝原假设，认为差值样本的总体均值与 0 无显著不同，两总体的均值不存在显著差异。

总而言之，通过分析单样本 t 检验、两独立样本 t 检验和两配对样本 t 检验可以发现，三种分析方法的主要思路有许多共同之处。构造 t 统计量时，它们的分子都是均值差，分母都是抽样分布的标准误。只是两独立样本 t 检验的抽样分布标准误与两配对样本 t 检验的标准误不同。两配对样本 t 检验能够对观测值自身的其他影响因素加以控制，比两独立样本 t 检验更进了一步。

10.3 相关分析

自然界中的许多现象之间存在着相互依赖、相互制约的关系，这些关系表现在量上主要有两种类型：一类是变量之间存在着确定性的关系，即函数关系。例如，已知圆的半径 R，则圆的面积可以用公式 $S=\pi R^2$ 来计算，这里 S 与 R 之间有着确定的关系。另一类为相关关系，在这种关系中，变量之间存在着不确定、不严格的依存关系，对于变量的某个数值，可以有另一变量的若干个数值与之相对应，这若干个数值围绕着它们的平均数呈现出有规律的波动。身高与体重、血压与年龄、商品的销售量与价格、利用外资与国内生产总值（GDP）、收入与支出、进口与出口、产品质量与用户满意度等变量之间存在着密切关系，但并不存在着确定性的关系，这些变量之间的关系称为相关关系。对于相关关系，虽然不能找出变量之间精确的函数关系，但是，通过大量的观测数据，可以发现它们之间存在着统计规律性。

利用双变量数据资料（bi variate data），通常可以进行相关分析。所谓相关，是指两变量（X、Y）相互之间发生关联。因此，了解两变量之间的相关关系，通常有两种方式：一种是绘制数据散布图；另一种是计算相关系数（即表示相关程度强弱、相关方向异同的数值）。相关分析即试图利用相关系数，去衡量两变量之间的关系。

10.3.1 Pearson 相关分析

（1）Pearson 积矩相关系数。

如果两个随机变量，一个变量由小到大变化时，另一个变量也相应地由小到大（或由大到小）变化，并且测得两变量组成的坐标点在直角坐标系中呈线性趋势，就称这两个随机变量之间存在简单线性关系。

两变量间存在简单线性关系可以用 Pearson 积矩相关来分析。Pearson 积矩相关是由英国统计学家 Karl Pearson 于 1890 年提出的，通常适用于等距变量或等比变量测度的数据。Pearson 积矩相关分析是描述两个变量之间是否存在线性关系、线性关系的方向（即正相关还是负相关）和线性关系的密切程度（即相关系数的大小）的分析方法。

以 r 表示样本的 Pearson 积矩相关系数，则其计算公式为：

$$r = \underset{SD_xSD_y}{Cov(x,y)} = \frac{\sum (x-\bar{x})(y-\bar{y})}{\sqrt{\sum (x-\bar{x})^2}\sqrt{\sum (y-\bar{y})^2}} \tag{10-50}$$

其中，Cov(x，y) 表示 x、y 的协方差；SD_x 表示 x 的标准差；SD_y 表示 y 的标准差。

两变量 x、y 变化趋势是同向的，称为正线性相关或正相关（$0<r<1$）；反之，x、y 呈反向变化，称为负线性相关或负相关（$-1<r<0$）。$r=1$，称为完全正相关。$r=-1$ 称为完全负相关。两变量间毫无联系或可能存在一定程度的曲线联系而没有直线相关关系，称为零相关（$r=0$）。正相关或负相关并不一定表示一个变量的改变是另一个变量变化的原因，有可能受另一个因素的影响。

（2）Pearson 积矩相关的显著性检验。

相关系数 r 是样本的简单相关系数，它只是总体相关系数 β 的估计值。从同一总体中抽出的不同样本会提供不同的样本相关系数，因而，样本相关系数也存在变异性。即使从 $\beta=0$ 的总体中做随机抽样，由于抽样误差的影响，所得 r 值也不一定等于 0。故当计算出 r 值后，接着应进行统计显著性检验，以判断两变量的总体是否存在线性相关关系。

在小样本的条件下，数学上可以证明，在 z 与 y 都服从于正态分布，并且又满足 $\beta=0$ 的条件下，可以使用费希尔（R. A. Fisher）的 T 检验来检验 r 的显著性。其检验的基本程序如下：

①提出假设：

$$H_0: \beta=0; \; H_1: \beta\neq 0 \tag{10-51}$$

②构造统计量：

$$T=|r|\sqrt{\frac{n-2}{1-r^2}} \tag{10-52}$$

该统计量服从于自由度为（n－2）的 T 分布。

③在给定的显著性条件下，查 T 分布表得临界值。

④比较实际的 T 值与临界值的大小，并进行决策。当 T 值大于临界值时，则拒绝原假设；当 T 值小于临界值时，则接受原假设。

10.3.2 Spearman 和 Kendall tau 相关

Pearson 相关分析是最常用的相关分析方法，但其仅适用于计算等距变量或等比变量之间的相关系数。在公共管理研究中，经常会遇到大量的非等距变量和非等比变量（如顺序变量或等级变量），要研究这些变量之间关系的密切程度，这时必须选用其他合适的度量方法。本节介绍 Spearman 相关和 Kendall tau 相关。

（1）Spearman 等级相关。

当两个等距变量或等比变量间呈线性相关时，可以采用 Pearson 积矩相关系数来描述。对于非等距变量或非等比变量（如顺序变量、等级变量），可采用 Spearman 等级相关（Spearman rank - order correlation）进行分析。

Spearman 等级相关系数，又称秩相关系数，其利用两变量的秩次大小作线性相关分析。该方法对原始变量的分布不作要求，属于非参数统计方法，适用范围要广些。对于服从 Pearson 相关系数的数据亦可计算 Spearman 相关系数，但统计效能要低一些。

设有 n 个配对的样本观察值 x 和 y，R_X 表示 x 的等级，R_Y 表示 y 的等级（也称为秩），$d = R_X - R_Y$。则 Spearman 等级相关系数的公式：

$$r_d = 1 - \frac{6\sum_{i=1}^{n} d_i^2}{n(n^2-1)} \tag{10-53}$$

在小样本的条件下，可采用 T 检验方法对 Spearman 等级相关系数进行统计显著性检验，检验方法和程序与简单相关系数的统计显著性检验方法完全相同。

（2）Kendall tau 相关。

Kendall tau 相关系数由统计学家肯德尔（Kendall）提出，适用于度量两个顺序变量 X 与 Y 之间的相关，共有 3 种形式，即 tau - a、tau - b 和 tau - c，公式分别为：

$$tau - a = \frac{N_s - N_d}{n(n-1)/2} \tag{10-54}$$

$$tau - b = \frac{N_s - N_d}{\sqrt{n(n-1)/2 - T_x}\sqrt{n(n-1)/2 - T_y}} \tag{10-55}$$

$$tau - c = \frac{2m(N_s - N_d)}{n^2(m-1)} \tag{10-56}$$

其中，N_s 为 X 和 Y 的同序对的数目；N_d 为 X 和 Y 的异序对的数目；T_x 为 X 中同分对的数目；T_y 为 Y 中同分对的数目；n 为样本容量；m 为 X 与 Y 等级数较小者。

所谓同序对，是指变量大小顺序相同的两个样本观测值，即其 X 的等级顺序与 Y 的等级顺序相同，否则称为异序对；所谓同分对，是指等级相同的一对样本观测值，如果样本容量为 n，则样本观测值两两组对的数目为$\frac{n(n-1)}{2}$对。

一般情况下，tau - a 是在没有同分对时采用，它表示同序对的数目与异序对的数目的差在全部可能对数中所占的比例。当存在同分对时，常用 tau - b 和 tau - c；如果 X 和 Y 的等级数相同，则可用 tau - b，否则用 tau - c。

在 SPSS 中采用 tau - b。Kendall tau - b 等级相关系数是用于反映分类变量相关性的指标，适用于两个分类变量均为有序分类的情况。对相关的有序变量进行非参数相关检验，取值范围在 -1 到 1 之间，此检验适合于正方形表格。

10.3.3 偏相关分析

线性相关分析计算两个变量间的相关关系，分析两个变量间线性关系的程度。往往因为第三个变量的作用，使相关系数不能真正反映两个变量间的线性程度，如身高、体重与肺活量之间的关系。如果使用 Pearson 相关计算其相关系数，可以得出肺活量与身高和体重均存在较强的线性关系。但实际上，如果分析体重相同的人的身高和肺活量，是否身高越高，肺活量就越大呢？不是的。原因是身高与体重有线性关系，体重与肺活量存在线性关系，因此，得出身高和肺活量之间存在着较强的线性关系可能是错误的。在研究商品的需求量和价格、消费者收入之间的关系时会发现，需求量和价格之间的相关关系实际上还包含消费者收入对商品需求量的影响。

因此，在分析身高与肺活量之间的相关性时，就要控制体重在相关分析中的影响。在研究需求量和价格之间的关系时，就要控制消费者收入对商品需求量的影响。在控制年龄和工作经验两个变量的影响条件下，考察工资收入与受教育程度之间的关系。在控制了销售能力与其他经济指标的情况下，研究销售量与广告费用之间的关系等。

偏相关分析的任务就是在研究两个变量之间的线性相关关系时，控制可能对其产生影响的其他变量。

（1）一阶偏相关系数。在 3 个变量中，任意两个变量的偏相关系数是在排除其余一个变量影响后计算得到的，称为一阶偏相关系数，公式为：

$$r_{ij\cdot h}=\frac{r_{ij}-r_{ih}r_{jh}}{\sqrt{(1-r_{ih}^{2})(1-r_{jh}^{2})}} \tag{10-57}$$

其中，r_{ij}是变量 x_i 与 x_j 的简单相关系数，r_{ih}是变量 x_i 与 x_h 的简单相关系数，r_{jh}是变量 x_j 与 x_h 的简单相关系数。

（2）二阶偏相关系数。在 4 个变量中，任意两个变量的偏相关系数是在排除其他两个变量影响后计算得到的，称为二阶偏相关系系数，公式为：

$$r_{ij\cdot hm}=\frac{r_{ij\cdot h}-r_{im\cdot h}r_{jm\cdot h}}{\sqrt{(1-r_{im\cdot h}^{2})(1-r_{jm\cdot h}^{2})}} \tag{10-58}$$

其中，i、j、h、m 分别取 1、2、3、4 的组合。显然，二阶偏相关系数是由一阶偏相关系数求得。

（3）高阶偏相关系数。一般地，假设有 k（k>2）个变量 x_1，x_2，x_3…，x_k，则任意两个变量 x_i 和 x_j 的 g（g≤k-2）阶样本偏相关系数公式为：

$$r_{ij\cdot l_1l_2\cdots l_g}=\frac{r_{ij\cdot l_1l_2\cdots l_{g-1}}-r_{il_g\cdot l_1l_2\cdots l_{g-1}}r_{jl_g\cdot l_1l_2\cdots l_{g-1}}}{\sqrt{(1-r_{il_g\cdot l_1l_2\cdots l_{g-1}}^{2})(1-r_{jl_g\cdot l_1l_2\cdots l_{g-1}}^{2})}} \tag{10-59}$$

其中，右边均为 g-1 阶的偏相关系数。

偏相关系数的假设检验。偏相关系数检验的零假设为：总体中两个变量间的偏相关系数为 0。使用 t 检验方法，公式如下：

$$t = \frac{\sqrt{n-k-2} \cdot r}{\sqrt{1-r^2}} \tag{10-60}$$

其中，r 是相应的偏相关系数，n 是样本观测数，k 是可控制变量的数目，n－k－2 是自由度，当 $t > t_{\alpha=0.05}$（n－k－2）或 $p < 0.05$ 时，拒绝原假设。

10.4 方差分析

10.4.1 方差分析的概述

方差分析（analysis of variance）是由英国统计学家 R. A. Fisher 于 1923 年提出的。这种方法是将 k 个处理的观测值作为一个整体看待，把观测值总变异的平方和与自由度分解为相应于不同变异来源的平方和与自由度，进而获得不同变异来源总体方差估计值；通过计算这些总体方差的估计值的适当比值，就能检验各样本所属总体平均数是否相等。方差分析实质上是关于观测值变异原因的数量分析，它在公共管理研究中应用十分广泛。

方差分析是一种假设检验，它把观测总变异的平方和与自由度分解为对应不同变异来源的平方和与自由度，将某种控制性因素所导致的系统性误差和其他随机性误差进行对比，从而推断各组样本之间是否存在显著性差异以分析该因素是否对总体存在显著性影响。方差分析法采用离差平方和对变差进行度量，从总离差平方和分解出可追溯到指定来源的部分离差平方和。

方差分析在经济学、管理学、医学、心理学和生物学等方面具有广泛的应用，在农业、商业、医学、社会学、经济学等诸多领域的数量分析研究中，方差分析发挥了极为重要的作用。这种从数据差异入手的分析方法，有助于人们从另一个角度发现事物的内在规律。

例如，农作物种植过程中，低投入多产出是人们所期望的。为了实现预定目标，研究人员需要对影响农作物产量的各种因素进行定量的对比研究，并在此基础上制订最佳的种植组合方案。为此，应首先找到影响农作物产量的各种因素，如品种、施肥量、地域特征等。不同影响因素对不同农作物的影响效果显然是不同的。对某种特定的农产品来说，有些影响因素的作用是明显的，而另一些则不显著。因此，找到众多影响因素中重要的和关键的影响因素是非常重要的；进一步，在掌握了关键因素，如品种、施肥量等以后，还需要对不同的品种、施肥量等进行对比分析，研究究竟哪个品种的产量高、施肥量究竟多少最合适、哪个品种与哪种施肥水平搭配最优等。在这些分析研究的基础上，人们就可以计算出各个种植组合方案的成本和收益，并选择最合理的种植方案，主动在农作物种植过程中对各种影响因素加以准确控制，进而获得最理想的效果①。

再如，在制订某商品广告宣传策略时，不同组合方案所获得的广告效果是不一样的。广告效果可能会受到广告形式、地区规模、选择的栏目、播放的时间段、播放的频率等因素的影响。人们需要研究在影响广告效果的众多因素中，哪些因素是主要的，它们是如何产生影响的，哪些因素的搭配是最合理的，等等。

上述问题的研究都可以通过方差分析实现。

为了解方差分析的基本思路，应首先了解涉及的相关概念。在方差分析中，将上述问题中的农作物产量、广告效果等称为观测因素，或称为观测变量；将上述问题中的品种、施肥量、广告形式、地区规模、选择的栏目等影响因素称为控制因素，或称为控制变量；将控制变量的不同类别（如甲品种、乙品种；10 千克化肥、20 千克化肥、30 千克化肥；电视广告、广播广告；小规模地区、中规模地区、大规模地区等）称为控制变量的不同水平。

方差分析正是从观测变量的方差入手，研究诸多控制变量中哪些变量是对观测变量有显著影响的变量，对观测变量有显著影响的各个控制变量其不同水平以及各水平的交互搭配是如何影响观测变量的。

方差分析认为观测变量值的变化受两类因素的影响：第一类是控制因素（控制变量）不同水平所产生的影响；第二类是随机因素（随机变量）所产生的影响。这里随机因素是指那些人为很难控制的因素，主要指试验过程中的抽样误差。

方差分析认为，如果控制变量的不同水平对观测变量产生了显著影响，那么，它和随机变量共同作用必然使观测变量值有显著变动；反之，如果控制变量的不同水平没有对观测变量产生显著影响，那么观测变量值的变动就不会明显地表现出来，其变动可以归结为由随机变量的影响造成的。换句话说，如果观测变量值在某控制变量的各个水平下出现了明显波动，则认为该控制变量是影响观测变量的主要因素；反之，如果观测变量值在某控制变量的各个水平下没有出现明显波动，则认为该控制变量没有对观测变量产生重要影响，观测变量的数据波动是由抽样误差造成的。

那么如何判断控制变量的不同水平下观测变量值是否产生了明显波动呢？判断的原则是：如果控制变量各水平下观测变量总体的分布出现了显著差异，则认为观测变量值发生了明显的波动，意味着控制变量的不同水平对观测变量产生了显著影响；反之，如果控制变量各水平下观测变量总体的分布没有显著差异，则认为观测变量值没有发生明显波动，意味着控制变量的不同水平对观测变量没有产生显著影响。

方差分析正是通过推断控制变量各水平下观测变量的总体分布是否有显著差异来实现其分析目标的。方差分析要求样本满足以下条件。

①可比性。资料中各组均数本身必须具有可比性，这是方差分析的前提。

---

① 薛薇．统计分析与 SPSS 的运用（第 5 版）［M］．北京：中国人民出版社，2017.

②正态性。方差分析要求样本来源于正态分布总体，偏态分布资料不适用方差分析。对偏态分布的资料应考虑用对数变换、平方根变换、倒数变换、平方根反正弦变换等变量变换方法变为正态或接近正态后再进行方差分析。

③方差齐性。方差分析要求各组间具有相同的方差，即满足方差齐性。

总之，方差分析从对观测变量的方差分解入手，通过推断控制变量各水平下各观测变量总体的均值是否存在显著差异，分析控制变量是否给观测变量带来了显著影响，进而再对控制变量各个水平对观测变量影响的程度进行剖析。

根据控制变量个数和类型可以将方差分析分成单因素方差分析、多因素方差分析和协方差分析。观测变量为多个的方差分析称为多元方差分析。

10. 4. 2　单因素方差分析

（1）单因素方差分析的基本思想。

单因素方差分析用来研究一个控制变量的不同水平是否对观测变量产生了显著影响。这里，由于仅研究单个因素对观测变量的影响，因此称为单因素方差分析。

例如，分析不同施肥量是否给农作物产量带来显著影响，考察地区差异是否会影响妇女的生育率，研究学历对工资收入的影响等。这些问题都可以通过单因素方差分析得到答案。

①明确观测变量和控制变量。单因素方差分析的第一步是明确观测变量和控制变量。例如，上述问题中的观测变量分别是农作物产量、妇女生育率、工资收入，控制变量分别为施肥量、地区、学历。

②剖析观测变量的方差。单因素方差分析的第二步是剖析观测变量的方差。

方差分析认为，观测变量值的变动会受控制变量和随机变量两个方面的影响。据此，单因素方差分析将观测变量总离差平方和分解为组间（between groups）离差平方和与组内离差平方和两部分，用数学形式表述为：

$$SST = SSA + SSE \tag{10-61}$$

其中，SST 为观测变量总离差平方和；SSA 为组间离差平方和，是由控制变量的不同水平造成的变差；SSE 为组内离差平方和，是由抽样误差引起的变差。

SST 的数学定义为：

$$SST = \sum_{i=1}^{k} \sum_{j=1}^{n_i} (x_{ij} - \bar{x})^2 \tag{10-62}$$

其中，k 为控制变量的水平数；x_{ij} 为控制变量第 i 个水平下的第 j 个观测值；n_i 为控制变量第 i 个水平下的样本量；$\bar{x}$ 为观测变量均值。

SSA 的数学定义为：

$$SSA = \sum_{i=1}^{k} n_i (\bar{x}_i - \bar{x})^2 \tag{10-63}$$

其中，$\bar{x}_i$ 为控制变量第 i 个水平下观测变量的样本均值。可见，组间离差平方和是各水平组均值与总均值离差的平方和，反映了控制变量不同水平对观测变量的影响。

SSE 的数学定义为：

$$SSE = \sum_{i=1}^{k}\sum_{j=1}^{n_i}(x_{ij} - \bar{x}_i)^2 \tag{10-64}$$

式（10-64）表明，组内离差平方和是每个观测数据与本水平组均值离差的平方和，反映了抽样误差的程度。

③比较观测变量总离差平方和各部分的比例。单因素方差分析的第三步是通过比较观测变量总离差平方和各部分所占的比例，推断控制变量是给观测变量带来了显著影响。容易理解，在观测变量总离差平方和中，如果组间离差平方和所占比例较大，则说明观测变量的变动主要是由控制变量引起的，可以主要由控制变量来解释，控制变量给观测变量带来了显著影响；反之，如果组间离差平方和所占比例较小，则说明观测变量的变动不是主要由控制变量引起的，不可以主要由控制变量来解释，控制变量的不同水平没有给观测变量带来显著影响，观测变量的变动是由随机变量因素引起的。

（2）单因素方差分析的数学模型。

假设控制变量 A 有 k 个水平，每个水平均有 r 个观测数据（r 次试验），那么，在水平 A_i 下的第 j 次试验的观测值 χ_{ij} 可以定义为：

$$\chi_{ij} = \mu_i + \varepsilon_{ji},\ i=1,\ 2,\ \cdots,\ k;\ j=1,\ 2,\ \cdots,\ r \tag{10-65}$$

其中，μ_i 为观测变量在水平 A_i 下的期望值；ε_{ij} 为抽样误差，是服从正态分布 $N(0, \sigma^2)$ 的独立随机变量。如果令：

$$\mu = \frac{1}{k}\sum_{i=1}^{k}\mu_i \tag{10-66}$$

其中，μ 为观测变量总的期望值，且有：

$$a_i = \mu_i - \mu\ (i=1,\ 2,\ \cdots,\ k) \tag{10-67}$$

其中，a_i 是控制变量水平 A_i 对试验结果产生的附加影响，称为水平 A_i 对观测变量产生的效应，且 $\sum_{i=1}^{k}a_i = 0$。将 $a_i = \mu_i - \mu$ 代入式子 $\mu = \frac{1}{k}\sum_{i=1}^{k}\mu_i$，则有：

$$x_{ij} = \mu + a_i + \varepsilon_{ij},\ i=1,\ 2,\ \cdots,\ k;\ j=1,\ 2,\ \cdots,\ r \tag{10-68}$$

式（10-68）是单因素方差分析的数学模型。可以看到它是个线性模型。其中，μ 的无偏估计 $\hat{\mu} = \bar{x}$，a_i 的无偏估计 $\hat{a}_i = \bar{x}_i - \bar{x}$。如果控制变量 A 对观测变量没有影响，则各水平的效应 a_i 应全部为 0，否则应不全为 0。单因素方差分析正是要对控制变量 A 的所有效应是否同时为 0 进行推断。

（3）单因素方差分析的基本步骤。

方差分析问题属于推断统计中的假设检验问题，其基本步骤与假设检验完全一致。

①提出原假设。单因素方差分析的原假设 H_0 是：控制变量不同水平下观测变量各总体

的均值无显著差异，控制变量不同水平下的效应同时为0；记为 $a_i = a_2 = \cdots = a_k = 0$，意味着控制变量不同水平的变化没有对观测变量均值产生显著影响。备择假设 H_1 是各效应值不同时为0。

②选择检验统计量。方差分析采用的检验统计量是F统计量，数学定义为：

$$F = \frac{SSA/(k-1)}{SSE/(n-k)} = \frac{MSA}{MSE} \tag{10-69}$$

其中，n为总样本量；k-1和n-k分别为SSA和SSE的自主度；MSA是平均组间平方和，也称组间方差；MSE是平均组内平方和，也称组内方差。除以自由度的目的是消除水平数和样本量对分析带来的影响。可见，这里F统计量的构造方式体现了前面提及的单因素方差分析的基本思想。F统计量服从（k-1，n-k）个自由度的F分布。

③计算检验统计量的观测值和概率P-值。该步骤的目的是计算检验统计量的观测值和相应的概率P-值。SPSS自动将相关数据代入，计算出F统计量的观测值和对应的概率P-值。不难理解，如果控制变量对观测变量造成了显著影响，观测变量总的变差中控制变量影响所占的比例相对于随机变量必然较大，F值显著大于1；反之，如果控制变量没有对观测变量造成显著影响，观测变量的变差应归结为由随机变量造成的，F值接近1。

④给定显著性水平α，并作出决策。给定显著性水平α，与检验统计量的概率p-值作比较。如果概率P-值小于显著性水平α，则应拒绝原假设，认为控制变量不同水平下观测变量各总体的均值存在显著差异，控制变量的各个效应不同时为0，控制变量的不同水平对观测变量均值产生了显著影响；反之，如果概率P值大于显著性水平α，则不应拒绝原假设，认为控制变量不同水平下观测变量各总体的均值无显著差异，控制变量的各个效应同时为0，控制变量的不同水平对观测变量均值没有产生显著影响。

10.4.3 多因素方差分析

（1）多因素方差分析的基本思想。多因素方差分析用来研究两个及两个以上控制变量是否对观测变量产生显著影响。这里，由于研究多个因素对观测变量的影响，因此称为多因素方差分析。多因素方差分析不仅能够分析多个因素对观测变量的独立影响，更能够分析多个控制因素的交互作用能否对观测变量的分布产生显著影响，进而找到有利于观测变量的最优组合。

例如，分析不同品种、不同施肥量对农作物产量的影响时，可将农作物产量作为观测变量，品种和施肥量作为控制变量，利用多因素方差分析方法，研究不同品种、不同施肥量是如何影响农作物产量的，并进一步研究哪个品种与哪种水平的施肥量是提高农作物产量的最优组合。再如，通过多因素方差分析，研究不同广告形式和不同地区的搭配是否对销售额产生影响，以及哪种搭配方式可获得最理想的销售业绩等。

①确定观测变量和若干个控制变量。多因素方差分析的第一步是确定观测变量和若干个

控制变量。例如，上述问题中的观测变量分别是农作物产量、销售额，控制变量分别为品种、施肥量、广告形式、地区。

②剖析观测变量的方差。多因素方差分析的第二步是剖析观测变量的方差。在多因素方差分析中，观测变量值的变动会受到以下三个方面的影响。

第一，控制变量独立作用的影响。控制变量独立作用的影响是指单个控制变量独立作用对观测变革的影响。例如，品种对农作物产量的影响、施肥量对农作物产量的影响、广告形式对销售额的影响、地区对销售额的影响等。

第二，控制变量交互作用的影响。控制变量交互作用的影响是指多个控制变量不同水平相互搭配后对观测变量产生的影响。例如，在农作物产量的例子中，如果品种有甲、乙两个水平，施肥量有 10 千克、20 千克、30 千克三个水平，它们的交互作用包括：（甲品种，10 千克）（甲品种，20 千克）（甲品种，30 千克）（乙品种，10 千克）（乙品种，20 千克）（乙品种，30 千克）。研究这些因素的共同作用是否会对观测变量带来影响是多因素方差分析的重要内容。

第三，随机因素的影响。随机因素的影响主要指抽样误差带来的影响。

③比较观测变量总离差平方和各部分所占的比例。多因素方差分析的第三步是分别比较观测变量总离差平方和各部分所占的比例，推断控制变量以及控制变量的交互作用是否给观测变量带来了显著影响。容易理解，在观测变量总离差平方和中，如果 SSA 所占比例较大，则说明控制变量 A 是引起观测变量变动的主要因素之一，观测变量的部分变动可以由控制变量 A 来解释；反之，如果 SSA 所占比例较小，则说明控制变量 A 不是引起观测变量变动的主要因素之一，观测变量的变动无法通过控制变量 A 来解释。对 SSE 和 SSAB 同理。

（2）多因素方差分析的数学模型。

设控制变量 A 有 k 个水平，B 有 r 个水平，每个交叉水平下均有 l 个样本（l 次试验）。那么，在控制变量 A 的水平 A_i 和控制变量 B 的水平 B_i 下的第 m 个观测值 x_{ijm}，可以定义为：

$$x_{ijm} = \mu + a_i + b_j + (ab)_{ij} + \varepsilon_{ijm}$$
$$i = 1, 2, \cdots, k; j = 1, 2, \cdots, r; m = 1, 2, \cdots, l \quad (10-70)$$

其中，ε_{ijk} 为抽样误差，是服从正态分布（0，σ^2）的独立随机变量。式（10－70）是多因素方差分析的饱和模型，可以看出它是一个线性模型。μ 的无偏估计 $\overline{u} = \overline{x}$，$a_i$ 的无偏估计 $\hat{a}_i = \overline{x}_i^A - \overline{x}$，$b_i$ 的无偏估计 $\hat{b}_i = \overline{x}_i^B - \overline{x}$。$(ab)_{ij}$ 的无偏估计为：

$$\widehat{(ab)}_{ij} = \overline{x}_{ij} - x_i^A - \overline{x}_i + \overline{x} \quad (10-71)$$

如果控制变量 A（或 B）对观测变量没有影响，则各水平的效应 a_i（或 b_i）应全部为 0，否则不全为 0。同理，如果控制变量 A 和 B 对观测变量没有交互影响，则各水平的效应 $(ab)_{ij}$ 应全部为 0，否则不全为 0。多因素方差分析正是要分别对控制变量 A、B 及交互作用的所有效应是否同时为 0 进行推断。

(3) 多因素方差分析的基本步骤。

方差分析问题属于推断统计中的假设检验问题，其基本步骤与假设检验完全一致。

①提出原假设。多因素方差分析的原假设 H_0 是：各控制变量不同水平下观测变量各总体的均值无显著差异，控制变量各效应和交互作用效应同时为 0，记为：

$$a_1 = a_2 = \cdots = a_k = 0 \tag{10-72}$$

$$b_1 = b_2 = \cdots = b_r = 0 \tag{10-73}$$

$$(ab)_{11} = (ab)_{12} = \cdots = (ab)_{kr} = 0 \tag{10-74}$$

这意味着控制变量和它们的交互作用没有对观测变量产生显著影响。

②选择检验统计量。在多因素方差分析中，控制变量可以进一步划分为固定效应和随机效应两种类型。其中，固定效应通常指控制变量的各个水平是可以严格控制的，如温度、品种等，且获得了控制变量所有水平下的观测变量值；随机效应是指控制变量的各个水平无法严格控制，如城市规模、教育水平等，且仅获得了控制变量部分水平下的观测变量值。一般区分固定效应和随机效应是比较困难的。如果方差分析的目的仅局限于对比已有控制变量不同水平对观测变量的影响，不涉及对未观测到水平的影响对比，则可视其为固定效应。由于这两种效应的存在，多因素方差分析模型也有固定效应模型和随机效应模型之分。这两种模型分解观测变量变差的方式是完全相同的、主要差别体现在检验统计量的构造方面。多因素方差分析采用的检验统计量仍为 F 统计量。如果有 A、B 两个控制变量，通常对应三个 F 检验统计量。

在固定效应模型中，各 F 检验统计量为：

$$F_A = \frac{SSA/(k-1)}{SSE/[kr(l-1)]} = \frac{MSA}{MSE} \tag{10-75}$$

$$F_B = \frac{SSB/(r-1)}{SSE/[kr(l-1)]} = \frac{MSB}{MSE} \tag{10-76}$$

$$F_{AB} = \frac{SSAB/[(k-1)(r-1)]}{SSE/[kr(l-1)]} = \frac{MSAB}{MSE} \tag{10-77}$$

在随机效应模型中，F_{AB}统计量同式（10-77），其他两个 F 检验统计量为：

$$F_A = \frac{SSA/(k-1)}{SSAB/[(k-1)(r-1)]} = \frac{MSA}{MSAB} \tag{10-78}$$

$$F_B = \frac{SSB/(r-1)}{SSAB/[(k-1)(r-1)]} = \frac{MSB}{MSAB} \tag{10-79}$$

从上述各式可以看出，各种 F 统计量的构造方式体现了前面提及的多因素方差分析的基本思想。

③计算检验统计量的观测值和概率 P-值。该步骤的目的是计算检验统计量的观测值和相应的概率 P-值。SPSS 将自动把相关数据代入各式，计算出各个 F 统计量的观测值和对应的概率 P-值。

④给定显著性水平 α，并作出决策。给定显著性水平 α，依次与各个检验统计量的概率

P－值作比较。在固定效应模型中，如果 F_A 的概率 P－值小于显著性水平 α，则应拒绝原假设，认为控制变量 A 不同水平下观测变量各总体的均值存在显著差异，控制变量 A 的各个效应不同时为 0，控制变量 A 的不同水平对观测变量产生了显著影响；反之，如果 F_A 的概率 P－值大于显著性水平的则不应拒绝原假设，认为控制变量 A 不同水平下观测变量各总体的均值无显著差异，控制变量 A 的各个效应同时为 0，控制变量 A 的不同水平对观测变量没有产生显著影响。对控制变量 B 以及 A、B 交互作用的推断同理。在随机效应模型中，应首先对 A、B 的交互作用是否显著进行推断，再分别依次对 A、B 的效应进行检验。

10.5　回归分析

10.5.1　回归分析基本概念

回归分析是一种应用极为广泛的数量分析方法。它用于分析事物之间的统计关系，侧重考察变量之间的数量变化规律，并通过回归方程的形式描述和反映这种关系，帮助人们准确把握变量受其他一个或多个变量影响的程度，进而为预测提供科学依据。

观察被解释变量 y 与一个或多个解释变量 x_i 的散点图，当发现 y 与 x_i 之间呈现出显著的线性关系时，则应采用线性回归分析的方法，建立 y 关于 x_i 的线性回归模型。在线性回归分析中，根据模型中解释变量的个数，可将线性回归模型分成一元线性回归模型和多元线性回归模型，相应的分析称为一元线性回归分析和多元线性回归分析。

（1）确定回归分析中的解释变量和被解释变量。

由于回归分析用于分析一个事物如何随其他事物的变化而变化，因此回归分析的第一步应确定哪个事物是需要解释的，即哪个变量是被解释变量（记为 y）；哪些事物是用于解释其他变量的，即哪些变量是解释变量（记为 x）。回归分析正是要建立 y 关于 x 的回归方程，并在给定 x 的条件下，通过回归方程预测 y 的平均值。这点是有别于相关分析的。例如，父亲身高关于成年儿子身高的回归分析与成年儿子身高关于父亲身高的回归分析是完全不同的。

（2）确定回归模型。

根据函数拟合方式，通过观察散点图确定应通过哪种数学模型来概况回归线。如果被解释变量和解释变量之间存在线性关系，则应进行线性回归分析，建立线性回归模型；反之，如果被解释变量和解释变量之间存在非线性关系，则应进行非线性回归分析，建立非线性回归模型。

（3）建立回归方程。

根据收集到的样本数据以及上一步所有商定的回归模型，在一定的统计拟合准则下估计出模型中的各个参数，得到一个确定的回归方程。线性回归模型确定后的任务是利用已经收集到的样本数据，根据一定的统计拟合准则，对模型中的各个参数进行估计。普通最小二乘就是一种最为常见的统计拟合准则，在该准则下得到的回归参数的估计称为回归参数的普通最小二乘估计。

（4）对回归方程进行各种检验。

前面已经提到，由于回归方程是在样本数据基础上得到的，回归方程是否真实地反映了事物总体间的统计关系以及回归方程能否用于预测等都需要进行检验。通过样本数据建立的回归方程一般不能立即用于对实际问题的分析和预测，通常要进行各种统计检验，主要包括回归方程的拟合优度检验、回归方程的显著性检验、回归系数的显著性检验等。

（5）利用回归方程进行预测。

建立回归方程的目的之一是根据回归方程对新数据的未知被解释变量取值进行预测。利用 SPSS 进行回归分析时，应重点关注上述过程中的第一步和最后一步，至于中间各步，SPSS 会自动进行计算并给出最佳的模型。

10.5.2 一元线性回归

（1）一元回归模型。

一元线性回归模型是指只有一个解释变量的线性回归模型，用于揭示被解释变量与另一个解释变量之间的线性关系。

一元线性回归的数学模型为：

$$y = \beta_0 + \beta_1 x + \varepsilon \tag{10-80}$$

式（10－80）表明被解释变量 y 的变化可由两个部分解释：第一，由解释变量 x 的变化引起的 y 的线性变化部分，即 $y = \beta_0 + \beta_1 x$；第二，由其他随机因素引起的 y 的变化部分，即 ε。

由此可以看出，一元线性回归模型是被解释变量和解释变量间非一一对应的统计关系的良好诠释，即当 x 给定后 y 的值并非唯一，但它们之间又通过 β_0 和 β_1 保持着密切的线性相关关系。β_0 和 β_1 都是模型中的未知参数，β_0 和 β_1 分别称为回归常数和回归系数。ε 称为随机误差，是一个随机变量，应当满足两个前提条件，即：

$$\begin{cases} E(\varepsilon) = 0 \\ Var(\varepsilon) = \sigma^2 \end{cases} \tag{10-81}$$

式（10－81）表明，随机误差的期望应为 0，随机误差的方差应为一个特定的值。给定 x 条件下对式 $y = \beta_0 + \beta_1 x + \varepsilon$ 两边求条件期望，则有：

$$E(y) = \beta_0 + \beta_1 x \tag{10-82}$$

式（10－82）称为一元线性回归方程，它表明 x 和 y 之间的统计关系是在平均意义下表述的，即当 x 的值给定后利用回归模型计算得到的 y 值是一个平均值。也就是说，如果父亲的身高 x 给定了，得到的成年儿子的身高 y 是特定“儿子群”身高的平均值。

对式 $E(y)=\beta_0+\beta_1 x$ 一元线性回归方程中的未知参数 β_0 和 β_1 进行估计是一元线性回归分析的核心任务之一。由于参数估计主要是针对样本数据的，由此得到的参数只是参数真值 β_0 和 β_1 的估计值，记为 $\hat{\beta}_0$ 和 $\hat{\beta}_1$，于是有：

$$\hat{y}=\hat{\beta}_0+\hat{\beta}_1 x \tag{10-83}$$

式（10－83）称为估计的一元线性回归方程。从几何意义上讲，估计的一元线性回归方程是二维平面上的一条直线，即回归直线。其中，$\hat{\beta}_0$ 是回归直线在纵轴上的截距，$\hat{\beta}_1$ 为回归直线的斜率，它表示解释变量 x 每变动一个单位所引起的被解释变量 y 的平均变动值。

（2）回归方程的统计检验。

①回归方程的拟合优度检验。回归方程的拟合优度检验是检验样本数据点聚集在回归线周围的密集程度，从而评价回归方程对样本数据的代表程度。

拟合优度检验从对被解释变量 y 取值变化的成因分析入手。y 的各观测值之间的差异（即与其均值的差异）主要由两个方面原因造成：一是由解释变量 x 取值不同造成的；二是由其他随机因素造成的。

例如，在研究父亲身高和成年儿子身高的关系时发现，成年儿子身高的差异会受到两个因素的影响：第一，父亲身高的影响；第二，其他随机因素的影响。即使父亲身高相同，其成年儿子的身高也不尽相同。

由于回归方程反映的是解释变量 x 的不同取值变化对被解释变量 y 的线性影响规律，因此本质上揭示的是上述第一个原因，由此引起的 y 的变差平方和也就称为回归平方和（SSR），即 $\sum_{i-1}^{n}(\hat{y}_i-\bar{y})^2$，而由随机因素引起的 y 的变差平方和通常称为剩余平方和（errors sum of squares，SSE），即 $\sum_{i-1}^{n}(y_i-\hat{y}_i)^2$，且有以下等式成立：

$$\sum_{i=1}^{n}(y_i-\bar{y})^2=\sum_{i=1}^{n}(\hat{y}_i-\bar{y})^2+\sum_{i=1}^{n}(y_i-\hat{y}_i)^2 \tag{10-84}$$

其中，$\sum_{i=1}^{n}(y_i-\bar{y})^2$ 为 y 的总离差平方和。

再回到拟合优度检验的问题上。容易理解，当所有观测点都落在回归线上时，回归方程的拟合优度一定是最高的。此时 y 的 SST 中其实只包含 SSR 部分，而没有 SSE。由此可知，在 y 的 SST 中，如果 SSR 所占的比例远大于 SSE 所占的比例，也就是说，回归方程能够解释的变差所占比例较大，那么回归方程的拟合优度较高。拟合优度的统计量正是基于这种基本思想构造出来的。

一元线性回归方程的拟合优度检验采用 R^2 统计量。该统计量称为判定系数或决定系数，数学定义为：

$$R^2=\frac{\sum_{i=1}^{n}(\hat{y}_i-\bar{y})^2}{\sum_{i=1}^{n}(y_i-\bar{y})^2}=1-\frac{\sum_{i=1}^{n}(y_i-\hat{y}_i)^2}{\sum_{i=1}^{n}(y_i-\bar{y})^2} \tag{10-85}$$

式（10－85）正是上述基本思想的体现，它是“SSR/SST”，也是“1－SSE/SST，反映了回归方程所能解释的变差的比例。$1-R^2$ 则体现了被解释变量总变差中回归方程所无法解释的比例。由式（10－85）可知，R^2 的取值在 0～1。R^2 越接近 1，说明回归方程对样本数据点的拟合优度越高；反之，R^2 越接近 0，说明回归方程对样本数据点的拟合优度越低。

在一元线性回归分析中，R^2 也是被解释变量 y 和解释变量 x 的简单相关系数 r 的平方。由此可见，如果 y 和 x 的线性关系较强，那么用一个线性方程拟合样本数据点，必然能够得到一个较高的拟合优度；反之，如果 y 和 x 的线性关系较弱，那么用一个线性方程拟合样本数据点，则无法得到一个较高的拟合优度。

②回归方程的显著性检验。线性回归方程能够较好地反映被解释变量和解释变量之间的统计关系的前提应是：被解释变量和解释变量之间确实存在显著的线性关系。回归方程的显著性检验正是要检验被解释变量与所有解释变量之间的线性关系是否显著，用线性模型来描述它们之间的关系是否恰当。

回归方程的显著性检验的基本出发点与拟合优度检验非常相似。通过前面的讨论已经知道 SST＝SSR＋SSE。在回归方程的显著性检验中采用方差分析的方法，研究在 SST 中 SSR 相对于 SSE 来说是否占较大的比例。如果占较大比例，则表示 y 与 x 全体的线性关系明显，利用线性模型反映 y 与所有 x 的关系是恰当的；反之，如果占较小比例，则表示 y 与 x 全体的线性关系不明显，利用线性模型反映 y 与所有 x 的关系是不恰当的。回归方程的显著性检验采用的检验统计量正是基于这种思想构造的。

一元线性回归方程的显著性检验的原假设 H_0 是 $\beta_1=0$，即回归系数与零无显著差异。它意味着：当回归系数为零时，无论 x 的取值如何变化都不会引起 y 的线性变化，x 无法解释 y 的线性变化、它们之间不存在线性关系。检验采用 F 统计量，其数学定义为：

$$F=\frac{\sum_{i=1}^{n}(\hat{y}_i-\bar{y})^2}{\sum_{i=1}^{n}(y_i-\hat{y}_i)^2/(n-2)} \tag{10-86}$$

式（10－86）中的统计量很好地体现了上述基本思想，它是“平均的 SSR/平均的 SSE”，反映了回归方程所能解释的变差与不能解释的变差的比例。F 统计量服从（1，n－2）个自由度的 F 分布。SPSS 将自动计算检验统计量的观测值和对应的概率 P－值。如果概率 P－值小于给定的显著性水平 α，则应拒绝原假设，认为回归系数与零存在显著差异，被解释变量 y 与解释变量 x 的线性关系显著，可以用线性模型描述和反映它们之间的关系；反之，如果概率 P－值大于给定的显著性水平 α，则不应拒绝原假设，认为回归系数与零不存在显著差异，被解释变量 y 与解释变量 x 的线性关系不显著，用线性模型描述和反映它们之间的关系是不恰当的。

③回归系数的显著性检验。回归系数的显著性检验的主要目的是研究回归方程中的每个

解释变量与被解释变量之间是否存在显著的线性关系，也就是研究每个解释变量能否有效地解释被解释变量的线性变化，它们能否保留在线性回归方程中。

回归系数的显著性检验是围绕回归系数（或偏回归系数）估计量的抽样分布展开的，由此构造服从某种理论分布的检验统计量，并进行检验。

一元线性回归方程的显著性检验的原假设 H_0 是 $\beta_1 = 0$，即回归系数与零无显著差异。它意味着：当回归系数为零时，无论 x 的取值如何变化都不会引起 y 的线性变化，x 无法解释 y 的线性变化、它们之间不存在线性关系。

一元线性回归模型中，回归系数估计量的抽样分布为：

$$\hat{\beta}_1 \sim N\left\{\beta_1 \cdot \frac{\sigma^2}{\sum_{i=1}^{n}(x_i - \bar{x})^2}\right\} \tag{10-87}$$

当 σ^2 未知时，用 $\hat{\sigma}^2$ 替代，即：

$$\hat{\sigma}^2 = \frac{1}{n-2}\sum_{i=1}^{n}(y_i - \hat{y}_i)^2 \tag{10-88}$$

于是在原假设成立时，可构造 t 检验统计量为：

$$t = \frac{\dfrac{\hat{\beta}_1}{\hat{\sigma}}}{\sqrt{\sum_{i=1}^{n}(x_i - \bar{x})^2}} \tag{10-89}$$

其中，$\hat{\sigma}$ 为回归方程的标准误，它是平均的 SSE 的平方根，反映了回归方程无法解释 y 变动的程度。t 统计量服从 n－2 个自由度的 t 分布。SPSS 将自动计算 t 统计量的观测值和对应的概率 P－值。如果概率 P－值小于给定的显著性水平 α，则应拒绝原假设，认为回归系数与零有显著差异，被解释变量 y 与解释变量 x 的线性关系显著，x 应该保留在回归方程中；反之，如果概率 P－值大于给定的显著性水平 α，则不应拒绝原假设，认为回归系数与零无显著差异，被解释变量 y 与解释变量 x 的线性关系不显著，x 不应该保留在回归方程中。

在一元线性回归分析中，回归方程的显著性检验和回归系数的显著性检验的作用是相同的，两者可以相互替代。同时，回归方程的显著性检验中的 F 统计量等于回归系数的显著性检验中的 t 统计量的平方，即 $F = t^2$。

10.5.3 多元线性回归

（1）多元线性回归模型。

多元线性回归模型是指含有多个解释变量的线性回归模型，用于揭示被解释变量与其他多个解释变量之间的线性关系。

多元线性回归的数学模型是：

$$y = \beta_0 + \beta_1 x_1 + \beta_2 x_2 + \cdots + \beta_p x_p + \varepsilon \quad (10-90)$$

式（10－90）是一个 p 元线性回归模型，其中有 p 个解释变量。它表明被解释变量 y 的变化可由两个部分解释：第一，由 p 个解释变量 x 的变化引起的 y 的线性变化部分，即 $y = \beta_0 + \beta_1 x_1 + \beta_2 x_2 + \cdots + \beta_p x_p$；第二，由其他随机因素引起的 y 的变化部分，即 ε，β_0，β_1，β_2，…，β_p 都是模型中的未知参数，分别称为回归常数和偏回归系数。ε 称为随机误差，也是一个随机变量。给定 x 条件下对 $y = \beta_0 + \beta_1 x_1 + \beta_2 x_2 + \cdots + \beta_p x_p + \varepsilon$ 两边求条件期望，则有：

$$E(y) = \beta_0 + \beta_1 x_1 + \beta_2 x_2 + \cdots + \beta_p x_p \quad (10-91)$$

式（10－91）称为多元线性回归方程。估计多元线性回归方程中的未知参数，β_0，β_1，β_2，…，β_p 是多元线性回归分析的核心任务之一。由于参数估计的工作是基于样本数据的，由此得到的参数只是参数值 β_0，β_1，β_2，…，β_p 的估计值，记 $\hat{\beta}_0$，$\hat{\beta}_1$，…，$\hat{\beta}_p$。于是有：

$$\hat{y} = \hat{\beta}_0 + \hat{\beta}_1 x_x + \hat{\beta}_2 x_2 + \cdots + \hat{\beta}_p x_p \quad (10-92)$$

式（10－92）称为估计的多元线性回归方程。从几何意义上讲，估计的多元线性回归方程是 p＋1 维空间上的一个超平面，即回归平面。$\hat{\beta}_i$ 表示当其他解释变量保持不变时，x_i 每变动一个单位所引起的被解释变量 y 的平均变动值。

（2）回归方程的统计检验。

①回归方程的拟合优度检验。多元线性回归方程的拟合优度检验采用$\overline{R^2}$统计量。该统计量称为调整的判定系数或调整的决定系数，数学定义为：

$$\overline{R^2} = 1 - \frac{\dfrac{SSE}{n-p-1}}{\dfrac{SST}{n-1}} \quad (10-93)$$

其中，n－p－1、n－1 分别是 SSE 和 SST 的自由度。由此可知，调整的判定系数是“1－平均的 SSE/平均的 SST”，本质上也是拟合优度检验基本思路的体现。调整的判定系数的取值范围和数值大小的意义与 R^2 是完全相同的。

在多元线性回归分析中，仍然可以计算 R^2。此时，它是被解释变量 y 与诸多解释变量 x 的复相关系数的平方，实质上测度了 y 与 x 全体之间的线性相关程度，也测度了样本数据与拟合数据（预测数据）间的相关程度。

多元线性回归分析中采用$\overline{R^2}$而非 R^2 作为拟合优度检验指标的主要原因是：在多元线性回归分析中，有两个方面的原因可以导致 P 值的增加。

第一，R^2 的数学特性决定了当多元回归方程中的解释变量个数增多时，SSE 必然会随之减少，进而导致 R^2 值增加。

第二，回归方程中引入了对被解释变量有重要贡献的解释变量而使 R^2 值增加。线性回归分析的根本目的是希望找到那些对 y 有贡献的 x，进而分析它们之间线性变化的数量关系。背离这个根本点去追求高 R^2 值是没有意义的。因此，当 R^2 值增加时，应能对其原因加以区分。R^2 本身显然是无能为力的，应采用调整的 $\overline{R^2}$。在某个 x_i 被引入回归方程后，如果它对 y 的线性解释有重要贡献，那么必然会使 SSE 显著减少，并使平均的 SSE 也减少，使 $\overline{R^2}$ 提高；反之，如果某个 x_i 对 y 的线性解释不明显，将其引入后虽然能使 SSE 减少，但不会使平均的 SSE 减少，$\overline{R^2}$ 值也不会提高。可见，在多元线性回归分析中，$\overline{R^2}$ 能够比 R^2 更加准确反映回归方程对样本数据的拟合程度。

②回归方程的显著性检验。多元线性回归方程的显著性检验的原假设 H_0 是 $\beta_1=\beta_2=\cdots=\beta_p=0$，即各个偏回归系数同时与零无显著差异。它意味着：当偏回归系数同时为零时，无论各个 x_i 取值如何变化都不会引起 y 的线性变化，所有 x 无法解释 y 的线性变化，y 与 x 的全体不存在线性关系。检验采用 F 统计量，其数学定义为：

$$F=\frac{\sum_{i=1}^{n}(\hat{y}_i-\overline{y})^2/p}{\sum_{i=1}^{n}(y_i-\hat{y}_i)^2/(n-p-1)} \tag{10-94}$$

其中，p 为多元线性回归方程中解释变量的个数。F 统计服从（p，n－p－1）个自由度 F 分布。SPSS 将自动计算检验统计量的观测值和对应的概率 p－值。如果概率 p－值小于给定的显著性水平 α，则应拒绝原假设，认为偏回归系数不同时为零，被解释变量 y 与解释变量 x 的全体的线性关系显著，可以用线性模型描述和反映它们之间的关系；反之，如果概率 p－值大于给定的显著性水平 α，则不应拒绝原假设，认为偏回归系数同时为零、被解释变量 y 与解释变量 x 的全体的线性关系不显著，用线性模型描述和反映它们之间的关系是不恰当的。

通过前面的讨论不难发现，回归方程的显著性检验和回归方程的拟合优度检验有异曲同工之处。F 统计量与 R^2 有以下对应关系：

$$F=\frac{R^2/p}{(1-R^2)/(n-p-1)} \tag{10-95}$$

由式可见，回归方程的拟合优度越高，回归方程的显著性检验也会越显著；回归方程的显著性检验越显著，回归方程的拟合优度也会越高。但应注意的是，回归方程的拟合优度检验实质上并非统计学的假设检验问题，它并不涉及假设检验中提出原假设、选择检验统计量、计算检验统计量的观测值以及根据抽样分布计算其概率 P－值、决定拒绝或不可拒绝原假设等一系列步骤。因此，回归方程的拟合优度检验本质上仅仅是一种描述性的刻画，不涉及对解释变量和被解释变量总体线性关系的推断，而这恰恰是回归方程的显著性检验所要实现的目标。

③回归系数的显著性检验。多元线性回归方程的回归系数的显著性检验的原假设 H_0 是 $\beta_i=0$，即第 i 个偏回归系数与零无显著差异。它意味着：当偏回归系数 β_i 为零时，无论 x_i 取值如何变化都不会引起 y 的线性变化，x_i 无法解释 y 的线性变化，它们之间不存在

线性关系。

在多元线性回归模型中，偏回归系数估计量的抽样分布为：

$$\hat{\beta}_i \sim N\left\{\beta_i \cdot \frac{\sigma^2}{\sum_{j=1}^{n}(x_{ji}-\overline{x_i})^2}\right\} \tag{10-96}$$

当 σ^2 未知时，用 $\hat{\sigma}^2$ 替代，即：

$$\hat{\sigma}^2 = \frac{1}{n-p-1}\sum_{i=1}^{n}(y_i-\hat{y}_i)^2 \tag{10-97}$$

于是在原假设成立时，可构造 t 检验统计量为：

$$t_i = \frac{\hat{\beta}_i}{\frac{\hat{\sigma}}{\sqrt{\sum_{j=1}^{n}(x_{ji}-\overline{x_i})^2}}} \tag{10-98}$$

其中，t_i 统计量服从 $n-p-1$ 个自由度的 t 分布。SPSS 将自动计算 t_i 统计量的观测值和对应的概率值。如果概率值小于给定的显著性水平 α，则应拒绝原假设，认为偏回归系数 p_i 与零有显著差异，被解释变量 y 与解释变量 x_i 的线性关系显著，x_i 应该保留在回归方程中；反之，如果概率值大于给定的显著性水平 α，则不应拒绝原假设，认为偏回归系数 p_i 与零无显著差异，被解释变量 y 与解释变量 x_i 线性关系不显著，x_i 不应该留在回归方程中。

在多元线性模型中，回归方程的显著性检验与回归系数的显著性检验的作用不尽相同。回归方程的显著性检验只能检验所有偏回归系数是否同时为零。如果偏回归系数不同时为零，并不能保证方程中不存在某些偏回归系数为零的解释变量。也就是说，回归方程通过显著性检验不能保证回归方程中不存在不能较好地解释 y 的 x_i。回归系数的显著性检验正是为此对每个偏回归系数是否为零进行逐一考察。因此，多元线性回归中的这两种检验通常不能互相替代。

但上述的 F 检验并非与 t 检验无任何关系。如果某个解释变量 x_i 引入回归方程且通过回归系数的显著性检验，它会使均方误差减小，R^2 提高，并使 F 统计量的观测值得到改善，即：

$$F_{ch} = \frac{R_{ch}^2(n-k-1)}{1-R^2} \tag{10-99}$$

其中，F_{ch} 称为偏 F 统计量；R_{ch}^2 为 R^2 的改进量，$R_{ch}^2 = R^2 - R_t^2$（R_t^2 是解释变量 x_i 进入方程前的判定系数）。不难发现，当某个解释变量 x_i 被引入回归方程后，对应的偏 F 统计量的观测值与该解释变量的 x_i 之间存在以下数量关系：$F_{ch} = x_i^2$。同时，从偏 F 统计量角度讲，如果某个解释变量 x_i 的引入使 R_{ch}^2 发生显著变化，偏 F 检验显著，就可认为该 x_i 对 y 的线性贡献是显著的，它应保留在回归中。偏 F 统计值的检验与回归系数的显著性检验的实质是相同的。

（3）多元回归分析的其他问题。

在多元线性回归分析中，由于被解释变量会受众多因素的共同影响，需要由多个解释变量解释，于是出现诸如此类的问题：多个变量是否都能够进入线性回归模型，解释变量应以怎样的策略和顺序进入方程，方程中多个解释变量之间是否存在多重共线性等。①

①解释变量的筛选问题。在多元线性回归分析中，模型中应引入多少解释变量是需要重点研究的。如果引入的解释变量较少，回归方程可能无法很好地解释说明被解释变量的变化。但是也并非引入的解释变量越多越好，因为这些变量之间可能存在多重共线性。因此，有必要采取一些策略对引入回归方程的解释变量加以控制和筛选。在多元回归分析中，解释变量的筛选一般有向前筛选、向后筛选、逐步筛选三种基本策略。

一是向前筛选策略。向前筛选策略是将解释变量不断进入回归方程的过程。首先，将选择与被解释变量线性相关系数最高的解释变量进入方程，并进行回归方程的各种检验。然后，在剩余的变量中寻找与被解释变量偏相关系数（以已进入回归方程的解释变量作为控制变量计算偏相关系数）最高并通过检验的解释变量进入回归方程，并对新建立的回归方程进行各种检验。这个过程一直重复，直到再也没有可进入方程的解释变量为止。

二是向后筛选策略。向后筛选策略是将解释变量不断剔除出回归方程的过程。首先，将所有解释变量全部引入回归方程，并对回归方程进行各种检验。然后，在回归系数显著性检验不显著的一个或多个解释变量中，剔除 t 检验值最小即对被解释变量线性影响最不显著的解释变量，并重新建立回归方程和进行各种检验。如果新建回归方程中所有解释变量的回归系数检验都显著，则建立回归方程的过程结束。否则，按照上述方法再依次剔除一个当前最不显著的解释变量，直到再也没有可剔除的解释变量为止。

三是逐步筛选策略。逐步筛选策略是向前筛选和向后筛选策略的综合。向前筛选策略是变量不断进入回归方程的过程，变量一旦进入回归方程就不会被剔除出去。随着解释变量的不断引入，由于解释变量之间存在一定程度的多重共线性，使某些已经进入回归方程的解释变量的回归系数不再显著，这样造成最终的回归方程可能包含一些不显著的解释变量。逐步筛选法在向前筛选策略的基础上，结合向后筛选策略，在每个解释变量进入方程后再次判断是否存在可以剔除的解释变量。因此，逐步筛选策略在引入解释变量的每一个阶段都提供了剔除不显著解释变量的机会。

②变量的多重共线性问题。所谓多重共线性，是指解释变量之间存在线性相关关系的现象。解释变量间高度的多重共线性会给回归方程带来许多影响。例如，偏回归系数估计困难，偏回归系数的估计方差随解释变量相关性的增强而增大，偏回归系数的置信区间增大，偏回归系数估计值的不稳定性增强，偏回归系数假设检验的结果不显著，等等。测度解释变量间的多重共线性一般有以下方式。

---

①　薛薇．统计分析与 SPSS 的运用（第 5 版）［M］．北京：中国人民出版社，2017.

一是容忍度。容忍度是测度解释变量间多重共线性的重要统计量。解释变量 x_i 的容忍度定义为：

$$Tol_i = 1 - R_i^2 \tag{10-100}$$

其中，R^2 是解释变量 x_i 与方程中其他解释变量间的复相关系数的平方，表明了解释变量之间的线性相关程度。如果 R_i^2 较小，即方程中其他解释变量对该解释变量的可解释程度较低，那么容忍度会较大；反之，如果 R_i^2 较大，方程中其他解释变量对该解释变量的可解释程度较高，那么容忍度会较小。容忍度的取值范围在 0～1 之间，越接近 0，表示多重共线性越强；越接近 1，表示多重共线性越弱。SPSS 对变量多重共线性的要求不是很严格，只是在容忍度值太小时给出相应的警告信息。

二是方差膨胀因子。方差膨胀因子是容忍度的倒数，即：

$$VIF = \frac{1}{1 - R_i^2} \tag{10-101}$$

由式（10－101）可知，方差膨胀因子的取值大于等于 1。解释变量间的多重共线性越弱，R_i^2 越接近 0，VIF 越接近 1；解释变量间的多重共线性越强，R_i^2 越接近 1，VIF_i 越大。通常，如果 VIF_i 大于等于 10，则说明解释变量 x_i 与方程中其余解释变量之间有严重的多重共线性，且可能会过度地影响方程的最小二乘估计。

三是特征值和方差比。特征值是诊断解释变量间是否存在严重的多重共线性的另一种有效方法。其基本思想是：如果解释变量间确实存在较强的相关性，那么它们之间必然存在信息重叠，应将这些重叠信息提取出来，成为既能够反映解释变量的信息（方差）又相互独立的因素（成分）。

根据这一基本思路，可从解释变量的相关系数矩阵出发，计算相关系数矩阵的特征值。于是，具有最大特征值的因素刻画解释变量方差的能力是最强的（通常可达到 70% 左右），其他特征值随其数值的减小解释能力依次减弱。如果这些特征值中，最大特征值远远大于其他特征值，则说明解释变量间具有相当多的重叠信息，仅通过这一个因素就基本刻画出了所有解释变量的绝大部分信息（方差）。

解释变量标准化后的方差为 1。如果每个因素都能够刻画该变量方差的一部分，那么所有因素将刻画该变量方差的全部。如果某个因素既能够刻画某解释变量方差的较大部分比例（如 0.7 以上），又可以刻画另一个解释变量方差的较大部分比例，则表明这两个解释变量间存在较强的线性相关关系。

四是条件指数。条件指数也称病态指数，是在特征值基础上定义的能够反映解释变量间多重共线性的指标。它的数学定义为：$k_i = \sqrt{\frac{\lambda_m}{\lambda_i}}$。其中，$k_i$ 为第 i 个条件指标，它是最大的特征值 λ_m 与第 i 个特征值比的平方根。容易理解，如果最大的特征值与第 i 个特征值相差较大，即第 i 个条件指数较大，则说明解释变量间的信息重叠较多，多重共线性较严重；反之，如果最大的特征值与第 i 个特征值相差较小，即第 i 个条件指数较小，则说明解释变量间的信息重叠较少，多重共线性不明显。当 $0 \leq k_i < 10$ 时，认为多重共线性较弱；当 $10 \leq k_i < 30$ 时，认为存在中度多重共线性；当 $k_i \geq 30$ 时，认为多重共线性较严重。

10.5.4 Logistic 回归

线性回归模型的一个局限性是要求因变量是定量变量（定距变量、定比变量）而不能是定性变量（定序变量、定类变量）。但是在许多实际问题中，经常出现因变量是定性变量（分类变量）的情况。可用于处理分类因变量的统计分析方法有鉴别分析、Probit 分析、Logistic 回归分析和对数线性模型等。在公共管理研究中，应用最多的是 Logistic 回归分析。Logistic 回归分析根据因变量取值类别不同，又可以分为 Binary Logistic 回归分析和 Multinational Logistic 回归分析，Binary Logistic 回归模型中因变量只能取两个值 1 和 0（虚拟因变量），而 Multinational Logistic 回归模型中因变量可以取多个值。

（1）Logistic 回归模型①。

在很多情况下，因变量只取两个值，表示一种决策、一种结果的两种可能性。例如，某个人能否拥有房子，受到多种因素的影响，如家庭情况、工龄、收入情况等，但最终的可能性只有两个，要么拥有住房，要么没有住房。我们把 $y = 1$ 定义为拥有住房，$y = 0$ 定义为其他情况。

从模型角度出发，不妨把事件发生的情况定义为 $Y = 1$，事件未发生的情况定义为 $Y = 0$。可以采用多种方法对取值为 0 或 1 的因变量进行分析。通常以 p 表示事件发生的概率（事件未发生的概率为 $1 - p$，并把 p 看作自变量 X_i 的线性函数），即：

$$P = p(y = 1) = f(b_i x_i)(i = 1, 2, 3, \cdots, k) \tag{10-102}$$

不同的函数形式 $f(b_i x_i)$，就有不同形式的模型，最简单的莫过于使 $f(b_i x_i)$ 为线性函数，即：

$$p = b_0 + b_1 x_1 = b_1 x_1 + \cdots + b_k x_k \tag{10-103}$$

我们可能会认为可用普通最小二乘法对式（10-103）进行估计，但因 p 的值一定在区间 [0，1] 内，而且当 p 接近于 0 或 1 时，自变量即使有很大变化，p 的值也不可能变化很大，所以对式（10-103）直接用普通最小二乘法进行估计是行不通的。

从数学上看，函数 p 对 X_i 的变化在 $p = 0$ 或 $p = 1$ 的附近是不敏感的、缓慢的，且非线性的程度较高。于是要寻求一个函数 $\theta(p)$，使它在 $p = 0$ 或 $p = 1$ 附近时变化幅度较大，而函数的形式又不是很复杂。由此引入 p 的 Logistic 变换，即 $\theta(p) = \text{Logistic}(p) = \ln\left(\frac{p}{1-p}\right)$。其中，Logistic(p) 为因变量 $y = 1$ 的差异比或似然比的自然对数，称为对数差异比、对数似然比或分对数。很明显，$\theta(p)$ 以 $\text{logistic}(0.5) = 0$ 为中心对称。$\theta(p)$ 在 $p = 0$ 和 $p = 1$ 的附

① 范柏乃．公共管理研究与定量分析方法（第 2 版）[M]．北京：科学出版社，2013.

近变化幅度很大，而且当 p 从 0 变化到 1 时，θ(p) 从 -∞ 变到 +∞。用 θ(p) 代替 p 就克服了前面指出的两点困难。如果 p 对 x_i 不是线性的关系，θ(p) 对 x_i 就可以是线性的关系了。用 θ(p) 代替 p，得：

$$\theta(p) = \ln\left(\frac{p}{1-p}\right) = b_0 + b_1x_1 + b_2x_2 + \cdots + b_kx_k = b_0 + \sum b_ix_i \qquad (10-104)$$

进一步转化为：

$$p = \frac{\exp\left(b_0 + \sum b_ix_i\right)}{1 + \exp\left(b_0 + \sum b_ix_i\right)} = \frac{1}{1 + \exp\left[-\left(b_0 + \sum b_ix_i\right)\right]} \qquad (10-105)$$

这就是 Logistic 回归模型的一般表达方式。

(2) Logistic 回归模型的参数估计。

Logistic 回归模型是对二分类因变量（因变量 y 只取两个值）进行回归分析时经常使用的统计分析方法。与线性回归不同，Logistic 回归是一种非线性模型，因而普遍采用的参数估计方法是最大似然估计法（maximum likelihood，ML）。可以证明，在随机样本条件下，Logistic 模型的最大似然估计具有一致性、渐进有效性和渐进正态性等基本特点。最大似然法的基本思想是：先建立似然函数与对数似然函数，再通过对数似然函数达到最大值来求解模型中未知参数的估计值，所得到的估计值称为参数的最大似然估计值。

在线性回归中，似然函数方程是通过把偏差平方和分别对未知参数求偏导所得到的，它对于未知参数都是线性的，因此很容易求解。但是在 Logistic 回归中，似然函数方程对于未知参数是非线性的关系，其求解是十分困难的。最大似然估计法是通过采用 Newton - Raphson 迭代方法计算完成的，如果借用 SPSS 软件的 Logistic 回归分析很容易计算得到未知参数，因此我们不必了解未知参数的具体求解过程。

(3) Logistic 回归模型的统计检验。

Logistic 回归模型的统计检验，如果采用 Newton - Raphson 迭代方法进行参数估计，那么可利用迭代过程中的信息矩阵（information matrix）的逆矩阵，将该逆短阵的对角元素开方，即可得到参数估计值 b_j 渐近标准误 $SE(b_j)$。利用标准正态分布统计量 $z = \frac{b_j}{SE(b_j)}$，或服从自由度为 1 的 $Wald(x^2) = z^2 = \frac{b_j}{SE(b_j)}$，对求得的 Logistic 回归模型中的回归系数进行统计显著性检验。目前大多数统计软件用 Wald $(x^2) = Z^2$ 对回归系数进行检验。

整个模型的拟合程度的好坏可采用拟合优度检验，常用的有 Pearsonx^2 检验和 Hosmer - Lemeshow 检验。Pearsonx^2 检验统计量的定义为：

$$Q = \sum_{i=1}^{n} (o_i \underset{e_i}{-} e_i)^2, df = k - 2 \qquad (10-106)$$

其中，o_i 为样本观察频率，e_i 为期望频率，k 为分组个数。

Hosmer - Lemeshow 检验统计量的定义为：

$$C=\sum_{i=1}^{n}\frac{(o_k-e_k)^2}{n_kp_k(1-p_k)},df=n-1-k \qquad (10-107)$$

其中，o_k 为第 k 组成功者的观测个数，p_k 为第 k 组估计概率平均值。该检验是针对成功数的观察值与期望值差别的 x^2 检验，因而 C 值大于 x^2 分布的 α 百分率点（或 P 值小于 α）表示模型是不合适的。

在检验时，如果能通过 Pearson x^2 检验，则说明模型已是很好了。但实际上有很多情况下不能通过检验。与 Pearson x^2 检验相比，Hosmer - Lemeshow 检验要宽松一些，因此，目前一般应用 Hosmer - Lemeshow 方法进行检验。

10.6 因子分析

10.6.1 因子分析的基本原理①

在公共管理的研究中，往往需要对反映事物的多个变量进行大量的观测，收集大量数据以便进行分析寻找规律。多变量大样本无疑会为公共管理研究提供丰富的信息，但也在一定程度上增加了数据采集的工作量和难度，更重要的是在大多数情况下，许多变量之间可能存在相关性而增加了问题分析的复杂性，同时给分析带来不便。如果分别分析每个指标，分析又可能是孤立的，而不是综合的。盲目减少指标会损失很多信息，容易产生错误的结论。因此，需要找到一个合理的方法，减少分析指标的同时，尽量减少原指标包含信息的损失，对所收集的资料作全面的分析。由于各变量间存在一定的相关关系，故有可能用较少的综合指标分别综合存在于各变量中的各类信息。因子分析是从研究相关矩阵内部的依赖关系出发，把一些具有错综复杂关系的变量归结为少数几个综合变量的一种降维的统计分析方法。

在公共管理研究中，往往收集到的数据是多指标的。而且各指标之间通常不是独立的，或多或少地存在着一定程度的关系。因子分析的目的是通过少数几个变量去描述这众多变量间的协方差关系。这少数几个变量是潜在的，而且是难以观察的。在众多的观察变量中，必定存在某些高相关的变量，把这些高相关的变量综合成一组。这样同一组内变量之间是高相关的，而与其他各组的变量却只有较低的相关或是不相关。这些组内高相关的变量可以设想是由一个共同的因子在影响着它们而导致高相关，这个共同的因子称为公共因子。

因子分析是以相关为基础，从协方差或相关系数矩阵开始把每个测量变量的方差分解成两部分：一部分是由所有测量变量共同具有的少数几个因子引起的方差，即公共因子的方

① 范柏乃．公共管理研究与定量分析方法（第 2 版）［M］．北京：科学出版社，2013.

差；另一部分是每个测量变量特有的特殊因子引起的方差。公共因子和特殊因子之间是不相关的。若公共因子与特殊因子还存在相关，则说明特殊因子中还可以抽取公共因子。

因子分析的基本过程通常可分为两个步骤。

第一步：主因子分析。其是通过对原始变量的相关系数矩阵内部结构的研究，导出能控制所有变量的少数几个综合变量，通过这少数几个综合变量去描述原始的多个变量之间的关系。一 般来说，这少数的几个综合变量是不可观测的，故称其为因子，我们又称这种通过原始变量相关系数矩阵出发的因子分析为 R 型因子分析。因子分析所获得的反映变量间本质联系、变量与公共因子的关系的全部信息通过导出的因子负荷矩阵体现。

第二步：因子解释和命名。从因子分析导出的负荷矩阵的结构出发，把变量按与公共因子相关性大小的程度分组，使同组内变量间的相关性较高，不同组变量间的相关性较低，按公共因子包含变量的特点（即公共因子）对因子进行解释和命名。

10.6.2 因子分析的数学模型和相关概念

设 m 个可能存在相关关系的原始变量 X_1，X_2，…，X_m 含有 p 个独立的公共因子 F_1，F_2，…，F_p（$m \geqslant p$），原始变量 X_i；含有特殊因子 ε_i（$i=1, 2, \cdots, m$），各个 ε_i 之间互不相关，且与 F_j（$j=1, 2, \cdots, p$）之间也互不相关，每个 X_i 可由 p 个公共因子和自身对应的特殊因子线性表达：

$$\begin{cases} X_1 = a_{11}F_1 + a_{12}F_2 + \cdots + a_{1p}F_p + \varepsilon_1 \\ X_2 = a_{21}F_1 + a_{22}F_2 + \cdots + a_{2p}F_p + \varepsilon_2 \\ \cdots\cdots \\ X_m = a_{m1}F_1 + a_{m2}F_2 + \cdots + a_{mp}F_p + \varepsilon_m \end{cases} \qquad (10-108)$$

矩阵形式为：

$$\underset{(m\times 1)}{X} = \underset{(m\times p)}{A} \times \underset{(p\times 1)}{F} + \underset{(m\times 1)}{\varepsilon} \qquad (10-109)$$

且满足以下：

（1）$m \geqslant p$；

（2）$Cov(F,\varepsilon)=0$（即 F 与 ε 是不相关的）；

（3）$E(F)=0$，$Cov(F)=I_p$（即 F_1，F_2，…，F_p 互不相关，且方差皆为 1，均值皆为 0；

（4）$E(\varepsilon)=0$，$Cov(\varepsilon)=I_m$（即 ε_1，ε_2，…，ε_m 互不相关，且都是标准化的变量，假定 X_1，X_2，…，X_m 也是标准化的，但并不相互独立）。

其中，A 称为因子负荷矩阵，其元素 a_{ij} 表示第 i 个变量（X_i）在第 j 个公共因子 F_j 上的负荷，简称因子负荷，如果把 X_i 看成 p 维因子空间的一个向量，则 a_{ij} 表示 X_i 在坐标轴 F_j 上的投影；ε 称作误差或特殊因子。

因子分析的目的在于确定公共因子的个数 P 和各公共因素的系数 a_{ij}，并依据这些系数来确定公共因素的内涵。

10.6.3　因子负荷、方差贡献率和共同度

因子负荷 a_{ij} 是变量 X_i 与因子 F_j 的相关系数，它反映了变量 X_i 对因子 F_j 的依赖程度。

在矩阵 A 中，第 i 行平方和 $h_i^2 = \sum_{k=1}^{p} a_{ik}^2 = 1 - c_i^2$，$h^2$ 称为共同度。共同度是公共因子所占的 X_i 的方差，共同度越大，说明公共因子包含的 X_i 的信息就越多。

在 $A = (a_{ij})$ 中，第 j 列的平方和（j = 1，2，…，p）$S_j^2 = \sum_{k=1}^{m} a_{k_j}^2$ 代表公共因子 F_j 的特征值，表示公共因子 F_j 对所有原始变量 X_1，X_2，…，X_m 提供的方差贡献总和。

方差贡献率 $\frac{s_j^2}{\sum_{i=1}^{m} D(x_i)} = \frac{s_j^2}{m} \times 100\%$ 表示 F_j 对所有原始变量的方差贡献率，方差贡献率越大，F_j 就越重要。方差贡献率是衡量公共因子相对重要性的指标。一般选择几个公共因子，就看所有公共因子的方差贡献率之和（称为累计方差贡献率）达到我们预想的百分比有几个公共因子。

10.6.4　公共因子抽取、旋转和解释

因子分析的一个基本任务是从众多的变量中抽取若干个公共因子，从而达到减少变量的降维目标。在 SPSS 因子分析的因子抽取方法模块中，提供了 7 种公共因子抽取方法，包括：主成分分析法，这种方法认为各变量是因子的线性组合，并假定各因子不相关，主成分为方差最大的成分；未加权最小平方法，这种方法使观测相关矩阵和再生相关矩阵的差矩阵的平方和最小；最小平方法，这种方法用变量的单值加权，使观测相关矩阵和再相关矩阵的差矩阵的加权平方和最小；极大似然法，这种方法主要使用迭代方法来抽取公共因子；主轴因子抽取法；α 因子抽取法；映像因子抽取法。这些方法本质上大多属于近似方法，是以相关系数矩阵为基础的，所不同的是相关系数矩阵对角线上的值，采用不同的共同度。

在这几种公共因子抽取方法中，较常使用的是主成分分析法和主轴因子抽取法两种。主轴因子抽取法在研究中似乎是一种传统的手段。这两种方法由于在数学模型及功能上的不同，适用范围也是不同的。如果进行分析的目的是简化问题，找出几个制约观测变量的潜在变量，从而根据与公共因子的相关程度对观测变量加以分类，或者根据个体在公共因子上的不同水平对个体进行分类或排序，则可使用主成分分析法；若是问题的目的在于获取几个共同性的潜在变量，由于这几个共同性变量对观测变量的影响才使观测变量之间出现相关，则

应使用主轴因子抽取法。

因子抽取过程中的一个重要步骤就是确定需要抽取几个公共因子。确定因子抽取数目涉及因子模型与数据之间充分协调的问题，即因子抽取后对剩余残差以及公共因子方差合理性的评价。确定因子抽取数目方法有许多种，包括统计方法和代数方法。统计方法的假定在实际应用中是一种理想化的模型，实际操作较为困难。而确定因子数目的代数方法主要有三种：①通过对相关矩阵秩的估计来确定因子抽取个数，这种方法的一个经验性近似标准就是依据特征值≥1 来做出判断；②通过计算公共因子的方差百分比来确定抽取个数，这是一个最早使用的经验性方法，即计算先后抽取因子的方差比例，当累积比例达到某一经验性的标准时即停止抽取。至于这个经验性的比例标准如何确定，则需要结合具体情况进行主观的经验性判断，在早期的智力研究中这个标准通常是 85%；③使用图解法来确定因子抽取个数。即把特征值按大小排列后绘制一条曲线，在特征根发生急剧变化的临界点即为应该抽取的因子个数。这种方法在特征值出现显著变化的情况下效果是比较好的，但如果特征值逐渐下降、形成一条平缓的曲线时，图解法并不适用。

因子分析的目的不仅是抽取公共因子，更重要的是要知道抽取的每个公共因子的实际意义，以便对实际问题进行分析。如果每个公共因子的含义不清，不便于对实际背景进行解释，这时根据因子负荷阵的不唯一性，可对因子负荷阵进行旋转，使旋转后的因子负荷阵结构简化，便于对公共因子进行解释。所谓结构简化，就是使每个变量仅在一个公共因子上有较大的负荷，而在其余公共因子上的负荷较小。这种变换因子负荷的方法称为因子旋转。

在 SPSS 的因子分析的旋转方法模块中，共提供了 5 种因子旋转方法：①方差最大正交旋转法，这种方法使负荷量的变异数在因子内最大，即使每个因子上具有最高负荷的变量数最少；②直接斜交转轴法，使因子负荷量的差积最小化；③四次方正交最大旋转法，该方法使负荷量的变异数在变项内最大，即使每个变量中需要解释的因子数最少；④平均正交旋转法，这种方法使负荷量的变异数在因素内与变项内同时最大；⑤斜交转轴法，将正交转轴的结果再进行有相关的斜交转轴。

很多研究者在按正交因子模型做完因子分析后，总会得到模棱两可的解释。其根本原因出在“正交”上。正交因子模型是个理想化的模型，它要求公共因子间不相关，然而现实问题中，这些公共因子并非完全不相关（可能相关性很小），这样就出现了现实问题同模型间的矛盾。依因子分析模型把事实上存在关系的变量“强行”让它们不相关。但用正交模型做的结果，却要用实际收集到的数据去解释。于是，实际问题与模型的矛盾导致解释上的麻烦。

在实际应用因子分析中出现了难以解释的现象，根本原因是模型同实际数据的矛盾，而其直接原因表现在因子对变量的贡献不明确。对相同的数据作因子分析，结果会因人而异。因子解释和命名的是否妥当与研究者本人对因子分析把握程度有关，也与研究者对实际问题所涉及的专业知识有关。

10.6.5　因子分析注意事项

（1）样本量不能太小。对于因子分析而言，要求样本量比较充足，否则结果可能不太可靠，一般而言，要求样本量至少是变量数的 5 倍以上。

（2）各变量间应该具有一定的相关性。如果变量间彼此独立，则无法从中提取公共因子，也就谈不上因子分析法的应用。

（3）KMO 检验。KMO 检验用于检查变量间的偏相关性，取值在 0～1。KMO 统计量越接近于 1，变量间的偏相关性越强，因子分析的效果越好。在实际分析中，KMO 统计量在 0.7 以上时，效果比较好；而当 KMO 统计量在 0.5 以下时，不适合应用因子分析法，应考虑重新设计变量结构或者采用其他统计分析方法。

（4）因子分析中各公共因子应该具有实际意义。在主成分分析中，各主成分实际上是矩阵变换的结果，因此意义不明显。但在因子分析中，提取出的各因子应该具有实际意义，否则就应该重新设计要测量的原始变量。

10.7　聚类分析

10.7.1　聚类分析的思想

聚类分析，又称集群分析，是研究“物以类聚”的一种多元统计分析方法，是应用较为广泛的统计分析技术。① 通过聚类分析，可以将性质相近的个体归为一类，性质差异较大的个体属于不同的类，使类内个体具有较高的同质性，类间个体具有较高的异质性。

我们所研究的样本或指标（变量）之间存在程度不同的相似性（亲疏关系）。于是根据一批样本的多个观测指标，具体找出一些能够度量样本或指标之间相似程度的统计量，将这些统计量作为划分类型的依据，把一些相似程度较大的样本（或指标）聚合为一类，把另一些彼此之间相似程度较大的样本（或指标）又聚合为另一类，关系密切的聚合到一个小的分类单位，关系疏远的聚合到一个大的分类单位，直到把所有的样本（或指标）聚合完毕，这就是分类的基本思想。例如，我们可以根据学校的研究实力、教学水平和学生素质等情况，将大学分成一流大学、二流大学等；国家之间根据其经济社会发展水平可以划分为发达国家、发展中国家；自然界生物可以分为动物、植物和微生物等。

根据上述的基本思想，我们可以把聚类分析理解为：根据已知数据，计算各观察个体或变量之间亲疏关系的统计量（距离或相似性程度）。根据某种准则（如最近距离法、最远距

① 范柏乃．公共管理研究与定量分析方法（第 2 版）[M]，北京：科学出版社，2013.

离法、中间距离法、重心法等)，使同一类内的差别较小，而类与类之间的差别较大，最终将观察个体或变量分为若干类。

在实际研究中，既可以对样本个体进行聚类，也可以对研究变量进行聚类，通常将对样本个体进行的聚类称为 Q 型聚类，对研究变量进行的聚类称为 R 型聚类。

Q 型聚类分析的主要作用是：可以综合利用多个变量的信息对样本进行分类；分类结果是直观的，聚类分析谱系图非常清楚地表现其数值分类结果；聚类分析所得到的结果比传统分类方法更细致、全面、合理。

R 型聚类分析的主要作用是：不但可以了解个别变量之间关系的亲疏程度，而且可以了解各个变量组合之间的亲疏程度；根据变量的分类结果以及它们之间的关系，可以选择主要变量进行回归分析或 Q 型聚类分析。

10.7.2 聚类分析中“轻疏程度”的度量方法

在聚类分析中，个体之间的“亲疏程度”是极为重要的，它将直接影响最终的类结果。对“亲疏程度”的测度一般有两个角度：第一，个体间的相似程度；第二，个体间的差异程度。衡量个体间的相似程度通常可采用简单相关系数或等级相关系数等。个体间的差异程度通常通过某种距离来测度。

这里重点讨论个体间差异程度的测度方法。个体间距离的定义会受 k 个变量类型的影响。由于变量类型一般有定距型和非定距型之分，使个体间距离的定义也因此不同。

(1) 定距变量的常用距离。

①欧氏距离 (euclidean distance)。

两个体 (x, y) 间的欧氏距离是两个体 k 个变量值之差的平方和的平方根，数学公式为：

$$d_{xy} = \sqrt{\sum_{i=1}^{k} (x_i - y_i)^2} \tag{10-110}$$

其中，x_i 为个体 x 的第 i 个变量的变量值，y_i 为个体 y 的第 i 个变量的变量值。

②欧式距离平方和 (Squared Euclidean distance)。

两个体 (x, y) 间的平方欧氏距离是两个体 k 个变量值之差的平方和，数学定义为：

$$d_{xy} = \sum_{i=1}^{k} (x_i - y_i)^2 \tag{10-111}$$

其中，x_i 为个体 x 的第 i 个变量的变量值，y_i 为个体 y 的第 i 个变量的变量值。

③切贝谢夫 (Chebychev) 距离。

两个体 (x, y) 间的切比雪夫距离是两个体 k 个变量值绝对差的最大值，数学定义为：

$$d_{xy} = \max |x_i - y_i| \tag{10-112}$$

其中，x_i 为个体 x 的第 i 个变量的变量值，y_i 为个体 y 的第 i 个变量的变量值。

④布洛克距离。

两个体（x，y）间的 Block 距离是两个体 k 个变量值绝对差的总和，数学定义为：

$$d_{xy} = \sum_{i=1}^{k} |x_i - y_i| \tag{10-113}$$

其中，x_i 为个体 x 的第 i 个变量的变量值，y_i 为个体 y 的第 i 个变量的变量值。

⑤明考斯基（Minkowski）距离。

两个体（x，y）间的明考斯基距离是两个体 k 个变量值绝对差 p 次方总和 p 的次方根（p 可以任意指定），数学定义为：

$$d_{xy} = \sqrt[p]{\sum_{i=1}^{k} |x_i - y_i|^p} \tag{10-114}$$

⑥夹角余弦距离。

两个体（x，y）间夹角余弦距离的数学定义为：

$$d_{xy} = \frac{\sum_{i=1}^{k} (x_i y_i)^2}{\sum_{i=1}^{k} x_i^2 \left(\sum_{i=1}^{k} y_i^2 \right)} \tag{10-115}$$

其中，x_i 为个体 x 的第 i 个变量的变量值，y_i 为个体 y 的第 i 个变量的变量值。

⑦自定义距离。

两个体（x，y）间的用户自定义距离是两个体 k 个变量值绝对差 p 次方总和的 r 次方根（p，r 任意指定），数学定义为：

$$d_{xy} = \sqrt[r]{\sum_{i=1}^{k} |x_i - y_i|^p} \tag{10-116}$$

其中，x_i 为个体 x 的第 i 个变量的变量值，y_i 为个体 y 的第 i 个变量的变量值。

（2）定序变量的常用距离。

①卡方距离。

两个体（x，y）间卡方距离的数学定义为：

$$\chi^2(x,y) = \sqrt{\sum_{i=1}^{p} \left(\frac{x_i - E(x_i)}{E(x_i)} \right)^2 + \sum_{i=1}^{p} \left(\frac{y_i - E(y_i)}{E(y_i)} \right)^2} \tag{10-117}$$

其中，x_i 是个体 x 的第 i 个变量的变量值（频数），y_i 是个体 y 的第 i 个变量值（频数），$E(x_i)$ 和 $E(y_i)$ 分别为期望频数。

②Phi 方距离。

两个体（x，y）间 Phi 方距离的数学定义为：

$$d_{xy} = \sqrt{\frac{\sum_{i=1}^{k} \frac{[x_i - E(x_i)]^2}{E(x_i)} + \sum_{i=1}^{k} \frac{[y_i - E(y_i)]^2}{E(y_i)}}{n}} \tag{10-118}$$

其中，x_i 是个体 x 的第 i 个变量的变量值（频数），y_i 是个体 y 的第 i 个变量值（频数），$E(x_i)$ 和 $E(y_i)$ 分别为期望频数，N 为总频数。

③二值变量个体间距离的计算公式。

第一，简单匹配系数。简单匹配系数是建立在两个体 k 个变量值同时为 0（或 1）和不同时为 0（或 1）的频数表基础上。简单匹配系数重点考察两个体的差异性，其数学表达为：

$$p_{xy} = \frac{b + c}{a + b + c + d} \tag{10-119}$$

其中，a 为两个体同时为 1 的频数，d 为两个体同时为 0 的频数，a + d 反映了两个体的相似程度；b 为个体 x 为 1、个体 y 为 0 的频数，c 为个体 x 为 0、个体 y 为 1 的频数，c + b 反映了两个体的差异程度。

第二，雅可比相关系数。雅可比相关系数与简单匹配系数有相似之处，其数学定义为：

$$p_{xy} = \frac{b + c}{a + b + c} \tag{10-120}$$

雅科比系数也排除了同时拥有或同时不拥有某特征的数，反映了两个体间的差异程度，但它忽略了两个体同时为 0 的频数。这种处理在医学研究上较为常见，因为通常阴性对研究的意义不大。

10.7.3 聚类分析的几点说明

第一，所选择的变量应符合聚类的要求。聚类分析是在所选变量的基础上对样本数据进行分类，因此分类结果是各个变量综合计量的结果。在选择参与聚类分析的变量时，应注意所选变量是否符合。例如，如果希望依照学校的科研情况对高校进行分类，那么可以选择参加科研的人数、年投入经费、立项课题数、支出经费、科研成果数、获奖数等变量而不应选择诸如在校学生人数、校园面积、年用水量等变量。因为它们不符合分类的要求，分类的结果也就无法真实地反映科研分类的情况如何。

第二，各变量的变量值不应有数量级上的差异。聚类分析是以各种距离来度量个体间的“亲疏”程度的。从上述各种距离的定义来看，数量级将对距离产生较大的影响，将影响最终的聚类结果。

第三，各变量间不应有较强的线性相关关系。聚类分析是以各种距离来度量个体间的“亲疏”程度的。从各种距离的定义来看，所选择的每个变量都会在距离中做出“贡献”。如果所选变量之间存在较高的线性关系，能够相互替代，那么计算距离时同类变量将重复“贡献”，将在距离中有较高的权重，因而使最终的聚类结果偏向该类变量。

分层聚类是应用最为广泛的一种聚类方式，其聚类过程是按照一定的层次进行的。①

分层聚类的基本原理：分层聚类也称系统聚类。其主要思想是：首先将每一个个体看作一类，然后将相近程度最高的两类进行合并组成一个新类，再将该新类与相似度最高的类进

① 薛薇. 统计分析与 SPSS 的运用（第 5 版）[M]. 北京：中国人民出版社，2017.

行合并。不断重复这一过程，直到所有的个体都归为一类。

层次聚类又称系统聚类，简单讲是指聚类过程是按照一定层次进行的。层次聚类有两种类型，分别是 Q 型聚类和 R 型聚类两种；层次聚类的聚类方式又分两种，分别是凝聚方式聚类和分解方式聚类。

正如样品之间的距离可以有不同的定义方法一样，类与类之间的距离也有各种定义。类类之间用不同的方法定义距离，就产生了不同的系统聚类方法。本节介绍常用的八种聚类方法，即最短距离法、最长距离法、中间距离法、重心法、类平均法、可变类平均分法、可变法、离差平方和法。

①分层聚类的两种类型。

Q 型聚类是对样本进行聚类，它使具有相似特征的样本聚集在一起，使差异性大的样本分离开来。

R 型聚类是对变量进行聚类，它使差异性大的变量分离开来，相似性的变量聚集在一起。可在相似变量中选择少数具有代表性的变量参与其他分析，实现减少变量个数，达到变量降维的目的。

②分层聚类的两种方式。

凝聚方式聚类。凝聚方式聚类的过程是：首先，每个个体自成一类；然后，按照某种方法度量所有个体间的亲疏程度，并将其中最“亲密”的个体聚成一小类，形成 n－1 个类；接下来，再次度量剩余个体和小类间的亲疏程度，并将当前最亲密的个体或小类再聚成一类；重复上述过程，不断将所有个体和小类聚集成越来越大的类，直到所有个体聚到一起，形成一个最大的类为止。可见，在凝聚方式聚类过程中，随着聚类的进行，类内的“亲密”程度在逐渐降低。对 n 个个体通过 n－1 步可凝聚成一大类。

分解方式聚类。分解方式聚类的过程是：首先，所有个体都属一大类；然后，按照某种方法度量所有个体间的亲疏程度，将大类中彼此间最“疏远”的个体分离出去，形成两类(其中一类只有一个个体)；接下来，再次度量类中剩余个体间的亲疏程度，并将类中最“疏远”的个体再分离出去；重复上述过程，不断进行类分解，直到所有个体自成一类为止。可见，在分解方式聚类过程中，随着聚类的进行，类内的“亲密”程度在逐渐增强。对包含 n 个个体的大类通过 n－1 步可分解成 n 个个体。

③SPSS 中的层次聚类采用的是凝聚方式。

由此可见，在层次聚类法中，度量数据之间的亲疏程度是极为关键的。那么，如何衡量数据间的亲疏程度呢？这涉及两个方面的问题：一是如何度量个体间的亲疏程度；二是如何度量个体与小类之间、小类和小类之间的亲疏程度。测度个体间亲疏程度的方法在前面已经讨论过，这里将重点讨论如何测度个体与小类、小类与小类间的亲疏程度。

④个体与小类、小类与小类间“亲疏程度”的度量方法。

SPSS 中提供了多种度量个体与小类、小类与小类间“亲疏程度”的方法。与个体间“亲疏程度”的测度方法类似，应首先定义个体与小类、小类与小类的距离。距离小的关系

“亲密”，距离大的关系“疏远”。这里的距离是在个体间距离的基础上定义的，常见的距离有：

最近邻居距离：个体与小类间的最近邻居距离是该个体与小类中每个个体距离的最小值。

最远邻居距离：个体与小类间的最远邻居距离是该个体与小类中每个个体距离的最大值。

组间平均链锁距离：个体与小类间的组间平均链锁距离是该个体与小类中每个个体距离的平均值。

组内平均链锁距离：个体与小类间的组内平均链锁距离是该个体与小类中每个个体距离以及小类内各个体间距离的平均值。

重心距离：个体与小类间的重心距离是该个体与小类的重心点的距离。小类的重心点通常是由小类中所有样本在各个变量上的均值所确定的数据点。

离差平方和法：离差平方和法是由 Ward 提出的，因此也称 Ward 方法。离差平方和聚类的原则是：聚类过程中使小类内离差平方和增加最小的两小类应首先合并为一类。离差平方和法聚类的基本步骤是：首先各个体自成一类，然后逐渐凝聚成小类。随着小类的不断凝聚，类内的离差平方和必然不断增大。应选择使类内离差平方和增加最小的两类凝聚，直到所有个体合并成一类为止。

10.7.4 快速聚类（K-means 聚类）

快速聚类是在聚类个数已知的情况下，快速将个体分配到各类的一种聚类办法。[①]

（1）基本原理。

快速聚类又称 K-平均值聚类，它将数据看作 K 维空间上的点，以距离为标准进行聚类分析。快速聚类只能产生指定个数的分类，它以牺牲多个解为代价以获得较高的执行效率。SPSS 的快速聚类过程适用于对大样本进行快速聚类，尤其是对形成的类的特征（各变量值范围）有了一定认识时，快速聚类不失为一种优良的方法。

快速聚类的思想是：首先，选择 k 个观测量作为初始的聚类中心点，根据距离最小的原则将各个观测量分配到这 k 个类中；然后，将每一个类中的观测量计算变量均值，这 k 个均值又形成新的 k 个聚类中心点。依次类推，不断进行迭代，直到收敛或达到分析者的要求为止。

（2）核心步骤。

第一步，指定聚类数目 K。在 K-Means 聚类中，应先要求用户自行给出需要聚成多少类，最终也只能输出关于它的唯一解。这点不同于层次聚类。

第二步，确定 K 个初始类中心。在指定了聚类数目 K 后，应需要指定这 K 个类的初始

---

① 薛薇．统计分析与 SPSS 的运用（第 5 版）［M］．北京：中国人民出版社，2017.

类中心点。SPSS 中初始类中心点的指定方式有两种：第一，用户指定方式。用户应事先准备好一个存有 K 个样本的 SPSS 数据文件，这 K 个样本将作为 K 个类的初始类中心点。这里，用户的自主性是比较大的，应根据实际问题的分析需要和以往经验指定相对合理的初始类中心。第二，系统指定方式。SPSS 系统会根据样本数据的具体情况选择 K 个有一定代表性的样本作为初始类中心点。在初始类中心点的选择上，虽然用户的可选择性比较大，但也应根据实际工作的需要和以往的经验，指定比较合理的初始类中心点，否则就应增加迭代次数，以保证最终聚类结果的合理性和准确性。

第三步，根据距离最近原则进行分类。依次计算每个样本数据点到 K 个类中心点的欧氏距离，并按照距 K 个类中心点距离最短的原则将所有样本分派到 K 个分类中。

第四步，重新确定 K 个类中心。中心点的确定原则是：依次计算各类中 K 个变量的均值，并以均值点作为 K 个类的中心点。

第五步，判断是否已经满足终止聚类分析的条件。聚类分析终止的条件有两个：第一，迭代次数。当目前的迭代次数等于指定的迭代次数（SPSS 默认为 10）时终止聚类。第二，类中心点偏移程度。新确定的类中心点距上次迭代所形成的类中心点的最大偏移量小于指定的量（SPSS 默认为 0.02）时终止聚类。

通过适当增加迭代次数或合理调整中心点偏移量的判定标准，能够有效克服初始类中心点指定时有可能存在的偏差，提高聚类分析的准确性。上述两个条件中任意一个满足则结束聚类，如果均不满足，则回到第三步。

可见，与层次聚类不同，K - Means 快速聚类是一个反复迭代的分类过程。在聚类过程中，样本所属的类会不断调整，直到最终达到稳定为止。

关键术语

描述统计　集中趋势　离散趋势　偏斜度　峰度　推断统计　参数估计　假设检验　相关分析　Person 相关　Spearman　Kendall 相关　偏相关　方差分析　单因素方差分析　多因素方差分析　回归分析　一元回归　多元回归　Logistic 回归　因子分析　因子负荷　方差贡献率　共同度　公共因子　聚类分析　K - means 聚类

思考与实践

1. 简述假设检验的一般程序。
2. 简述方差分析中样本需要满足的条件。
3. 简述单因素方差分析的基本思想和基本步骤。
4. 简述回归分析的基本步骤。
5. 简述测度解释变量间的多重共线性的方式。
6. 简述因子分析的基本原理。
7. 简述聚类分析的基本原理。

阅读材料

1. 陶然．Logistic 模型多重共线性问题的诊断及改进［J］．统计与决策，2008（15）：22－25.

2. 肖雪梦，张应应．三种回归方法在消除多重共线性及预测结果的比较［J］．2015（24）：75－78.

3. 林海明，张文霖．主成分分析与因子分析的异同和 SPSS 软件——兼与刘玉玫、卢纹岱等同志商榷［J］．统计研究，2005（3）：65－69.

4. 柯健，李超．基于 DEA 聚类分析的中国各地区资源、环境与经济协调发展研究［J］．中国软科学，2005（2）：114－148.

5. 胡竹菁，戴海琦．方差分析的统计检验力和效果大小的常用方法比较［J］．心理学探新，2011（3）：254－259.

6. 戴金辉，袁靖．单因素方差分析与多元线性回归分析检验方法的比较［J］．统计与决策，2016（9）：23－26.

第 11 章　质性资料分析

定性资料的分析也有许多既定的程序。要对这些叙述性的资料进行分析，就要有事先的准备，通常先须将原始材料（如田野笔记、文件、录音带）转化为半成品的资料誊写，然后将之编码，纳入特定的分析框架之中。

11.1　录制与誊写

11.1.1　录制及注意事项

在访谈或观察中做笔记容易分散注意力。解决这个问题的办法是使用音频、录像机记录言语和行为。录下访谈和其他数据收集活动，可以暂时减轻采访者的负担。录音机或录像带提供非常接近事实状况、他人可以回顾的永久记录。它们有助于研究者回想发生了什么事件、未发生什么事件或无回答等这类容易遗漏的状况。如果可行，随时在电子设备上录制资料收集活动。当收集的资料很重要时，无论选择哪种设备，如使用数码、录像和录音，在进行现场录制之前，都需要检查和演练。保证资料安全是怎么强调都不过分的。在保险箱存放创建的数据录音并且分头存放原录音和备份录音。如果资料具有保密性质，确保自己遵守对被采访者的承诺。录音媒介的保存要远离盗窃、破坏、火灾和抄袭等其他危险环境。

电话交谈和记录电话会议（能进行转录）不适用于所有的研究计划，但在大多数情况下，通过电话收集资料是可行的。以电话为主的资料收集方法能够扩大采访地域范围并减少研究项目开支。尽管电话采访缺少现场采访时捕捉的细节动态，但它也隐含一些内容。比起面对面的访谈，也许参与者在家通过电话能更加轻松地与你交谈。电话采访也要像现场访谈一样进行录制。未经允许录制电话谈话内容是不道德的。如果要通过电话收集资料，应该告知所有的参与者你打算在预订电话采访的通话时间内使用录音设备。

录音阶段（访谈、小组会谈等）结束后，所有的访谈过程细节在脑中仍然记忆犹新，因而应该立即花点时间整理材料。第一，检查磁带确保一切工作技术进行顺利；第二，复查笔记，看是否需要增加或者修改；第三，准备好将要转录的文件/磁带，如果不是自己进行转录，把文件给转录人员工作，并且在安全的地方备份文件；第四，给所有的参与者发送感谢信或者电子邮件，如果参与者人数众多，最好选择群发邮件。

11.1.2 誊写

定性资料是以文字、图形、录音、录像等非数字形式表现出来的研究资料。定性资料有两个来源——实地源和文献源。定性资料的实地源包括访谈、个案研究、开放式问卷、非结构观察；文献源包括与研究主题相关的著作、论文等。我们从访谈、焦点小组、现场观察等研究方法中所得到的资料可能是录音、录像、原始的笔记等，这些都是最原始的定性资料。誊写过程是很耗时间的。如果是一个小时的录音，誊写为文字可能需要花费大概两个小时。如果数量不是很庞大的话就尽量自己誊写（并且尽早开始），因为在誊写的过程中我们能够加深对这个个案的理解，甚至可以将我们现场观察到的、而录音中无法反映出来的信息补充上去。

誊写需要尽量精准，不要因为认为被访者说的话没有价值或者难以理解，就简单概括或者跳过。因为我们在未开始浏览所有资料形成初步的假设之前，并不能够判断哪些材料有价值，所以誊写时需要尽量完全还原，可以以特殊格式加上自己的一些注解，但是不要让信息在誊写过程中被遗失。

以文本形式呈现资料。研究者所收集的资料最终都要以文本的形式加以呈现，研究者要经过资料誊写的过程，才能进入资料分析的阶段。在资料整理和分析的过程中，研究者必须放空自我，让自己和资料不断进行对话，让资料与理论进行对话，再从参与者的立场来解读资料语境的意义。

手边的录音录像材料并不能直接用作研究材料，我们必须对这些材料进行转写，转写之后得到的成品才能被用在会话分析研究中。这并不是说转写的成品比原始的录音录像材料好，实际上转写成品在一些方面是不如原始材料的。但是，考虑到目前还没有哪些出版物能够直接加载这种原始的录音录像材料，以及其他的一些原因的存在，我们必须进行转写和利用转写的成品。会话分析研究者不能声称转写体系能够捕捉录音材料的所有细节，也不能认为转写成品应该或能够被看作录音材料的完美替代。与其他任何的转写体系一样，会话分析的转写体系必然是选择性的，因为会话分析研究关注的是谈话的序列特征。

（1）转写（誊写）的本质。

在许多不从事会话分析的人眼中，转写是任何人都能够完成的工作。他们认为转写就是把听到的主要思想记录下来，把那些无关紧要的噪音去掉。实际上，在其他人眼中的“噪音”与无关紧要的细节正是会话分析必须捕捉的东西，因为这些内容包含着丰富的思想和意义。会话分析的转写也不可能把所有的细节都表现出来，因为它要受到一些因素的制约，例如研究者的能力，研究者对原始材料的理解、研究者所利用的转写体系，以及转写成品的阅读对象，等等。所以说，转写实际上是上述这些因素与研究者对原始材料的忠实程度的一个妥协。其目的就是要把原始的录音、录像材料以文字和符号的形式传递给可能的受众。但是，转写并不能够替代原始的材料，因为转写首先是选择性的，其次转写会受到转写者的能力和研究目的等的限制。

(2) 转写（誊写）的作用。

在转写众多的作用中，以下两项非常重要：第一，因为转写在根本上不能替代录音录像资料本身，而且转写成品又是许多因素综合作用的一个妥协，那么会话分析的研究者在进行具体的研究工作之前就必须自己转写语料，这个转写过程会迫使研究者注意到许多细节和信息。第二，我们必须妥善保存转写成品以及与其相对应的原始的录音录像材料，因为这些材料是一种可以不断进行挖掘的宝藏，它仍然可以为我们将来的研究服务。

总的说来，转写实际上就是一个让研究者对研究材料进行理解、选择和使用的过程。转写不仅能满足当前的研究需要，而且能服务于我们将来的研究工作。

(3) 转写（誊写）的内容。

以下的内容是会话分析的研究者必须转写的。

原始录音的时间、日期和地点

交际者的身份

讲出的词语

发出的声音

听不到或不能理解的声音或词语

空间/沉默

重叠的话语和声音

讲话速度、拖音、重音、音量等

有关原始录音材料的时间、日期和地点等信息均为研究者归档材料所使用，这些信息对读者并没有什么意义。从交际者的身份信息来说，在日常会话中是给出真实的名字还是用字母来表示，都没有什么大的区别；然而对于机构性谈话中交际者身份的表示问题就是一个有争议的问题，如在研究医患谈话时，如果我们用“DOC”来表示医生，用“PAT”来表示患者，这样读者将来阅读我们的文章时，就会想当然地用这些身份表示来衡量医生和患者的言语，而不是通过仔细阅读我们的转写材料来发现他们的社会身份。所以有些人就反对在研究机构性言谈应对时，用交际者的机构身份来进行标识。

在转写的过程中，首先把我们听到的话语转写出来，从而获得谈话的基本内容。但是我们的转写绝不能停留在前面这种纯粹的文字表现上，我们还得把前面这些文字表达的方式传递出来。这样，我们就必须把前面提到的第二项到第七项的内容添加进来。

除去词语之外的声音在交际过程中起作用的声音符号，如出气声。把听到的语义内容与交际者的讲话方式很好地结合起来并不是一件容易的事情，这要取决于研究者的研究目的以及研究者在材料转写方面的能力等因素。最好的转写状态应该是不遗漏任何表达交际信息的声音符号。另外，听不到和不能理解的地方，研究者应该努力去听，甚至可以去猜测那里可能是什么词语，但是给出这些词语时一定要标明这些内容是研究者猜测出来的。那些真的不能理解和听不清的地方也要标记出来。此外，沉默在言语交际中也是有意义的，我们在语料的转写中绝对不能忽视沉默这种现象。另外，重叠话语和紧接话语，它们在会话分析研究中都有非常重要的意义。

11.2 编码与归类

11.2.1 定性资料的编码①

编码就是指用简洁的文字或者数字、字母来标明记录中的内容或想法，将对研究具有意义的词、短语、句子或者段落用特定的号码标示出来。这需要研究者具有极其敏锐的观察内容就是在研究原始资料，仔细思考资料的内容，不仅能够快速发现资料比较隐含的意义和特点，而且可以在不同的概念和事物之间建立联系。而这些被号码标注的内容就是在研究者仔细阅读原始资料的基础上，识别出来的反复出现的现象或模式，或者比较有意思的、较突出的内容。

原始资料的内容虽然丰富但也繁杂，那么，研究者应当对什么样的内容进行编码呢？首先，研究者可以直接对备忘录中的内容进行编码，特别是个人摘引备忘录中的内容，以简化过程、聚焦主题；其次，对于要编码的资料内容的选择取决于具体的研究主题，需要编码和记录的内容必须是最能够回答研究问题的资料内容。当然，定性资料的编码、分析与具体研究问题的确定是互相作用的过程。研究问题指导研究者对资料内容进行编码，而资料反映的真实状况有可能否定原有的研究设想，需要重新确定研究问题。

研究者可以根据整理和分析的进度逐步建立一级编码、二级编码和三级编码等。这一编码方式特别适合于当研究者并没有合适的理论假说时，通过收集和分析资料建立模型的情况，即需要采用后面所介绍的类别分析方法。

（1）开放式编码。

一级编码亦被称为开放式编码，是对原始资料的一些词汇、段落等的编码，一般是研究对初次收集到的定性资料进行整理分析时完成的，一般来说，为了使编码过程更加直接方便，研究者可以直接在资料或者备忘录复印件的空白处进行，一级编码可以直接写在资料的一侧，重要的词语或短语可以用特殊的标记或者颜色着重标注出来。在定性研究中，研究者对于编码时所用编号的选择也有讲究。这里的编号并不要求必须使用数字或者字母，还可以用简短易懂的文字。事实上，为了使研究者能够更加一目了然地知道编号所代表的意义，在进行编码时，往往使用在文献资料中或具体访谈中被访谈者使用的概念，这类概念通常被称为“本土概念”。在通过实地调查所获得的访谈资料中，这一概念是被访谈者或被观察者经常使用、可能有其特殊的含义的概念。这些概念通常会有其地域或者人群的特色，与社会上

① 陈卫．社会研究方法概论［M］．北京：清华大学出版社，2015.

的通用概念或者学术界的定义并不相同。其次，如果某一概念对于被访谈者或者被观察者来说具有一定的意义，即便在研究者看来非常寻常，也可以被认为是本土概念。例如，“擅长社交”这一词汇，在具体的研究背景下，相同的词汇可以表达很多不同的意思和概念，根据不同的语境而有所不同，如“爱交朋友，喜欢跟大家在一起”“说话得体，做事有分寸”“爱攀关系，走后门”等。不过，“本土概念”并不需要是被观察者这一群体所普遍通用的概念，也可以是被观察者个人经常使用的、对其自身有着特殊意义的词汇或语言。但是，在使用这些“本土概念”进行编码时，要注意区分概念和词汇的差别之处，研究者应当用其内涵的概念来进行编码，而非从资料中直接摘录的词汇。有时候，本土概念并非一个词汇或短语，而是由一个句子来表达其含义的，这时，就需要研究者先对句子进行解读。

（2）轴心式编码。

二级编码也被称为轴心式编码或主线编码，是指研究者已经在脑海中形成了初步的主题，围绕某一类属将相关的资料联系在一起的编码，这些关系可以是因果关系、包含关系、时间关系甚至是语义关系等。通过在不同一级编码的编号之间建立联系，资料的内容会被浓缩、简化，逐渐变得条理清晰，所含模式也将渐渐体现出来。当然，挖掘编码之间的联系以及寻找资料中的模式这些重要任务，并不要求研究者一步完成。

这是资料的“第二层过滤”在开放式编码时研究者着重在实际的资料，并赋予每个主题编码的标签，此时并不试图找出主题间的连接或浓缩出主题所呈现的概念。相反的，在主轴式编码时，研究者从一些有组织的最初编码或初级概念开始，在主轴式编码中，研究者更为注重的是主题，而不是资料。在此阶段可能会产生其他编码或新的概念，研究者就将之记录下来，但其基本任务是检视最初的编码。他/她朝向概念或主题的组织以及确认分析的主要概念这个主轴来移动。主轴式编码着重在于发现和建立类别之间的各种联系包括因果关系、时间关系、语义关系等。在主轴式编码中研究者会思考原因和结果、条件和互动、策略和过程，并寻找将它们聚合在一起的类别或概念。主轴式编码不仅刺激关于概念或主题间关系的思考，同时也提出新的问题。它可以让一些主题或审视比较深入，此外，也可以增加证据和概念之间的关联性。将编码以及证据合并在一起时，他/她会发现许多地方都有核心主题的证据，并建立紧密的网络支持这些定性资料。

（3）选择式编码。

三级编码也被称为选择式编码，即从诸多主题中找到一个可以统领其他相关主题的核心主题。选择式编码包括对资料的浏览和编码后，有选择地查找那些说明主题的个案，并对资料进行比较和对照。这是在概念发展完成并开始组织几个核心概念或概念间的全面分析之后开始进行。举例来说，某一研究者研究在小酒馆的劳工阶级的生活，决定将性别关系变成一个主要议题。在选择性编码时，研究者看过田野笔记，找寻男人和女人在谈论约会、订婚、婚礼、离婚、婚外情或夫妻关系时的差异，然后比较男性和女性在婚姻中每个主题每一部分态度上的差异。在选择性编码过程中，主要的主题或概念始终指引着研究者的研究，并不断对早期编码中所识别的主题进行再组织，并探讨与分析多个不同的重要主题，举例来说，在上述小酒馆的研究中，研究者审视对婚姻的意见以了解性别关系和不同生命周期这两个主题，因为婚姻可以从这样两种不同的角度里考察。

当然，根据具体研究问题以及分析思路的不同，研究者也可以采用不同的编码方式。例如，在采用叙述分析时，研究者可以根据事件发生的时间、地点、起因、发展和结果等对资料进行编码，这由于前面所述的类别分析时所采用的编码方式而有所不同。

对资料编码的过程需要研究者对原始资料逐字逐句地进行比较和分类，可以从中逐渐获得和总结分析思路，是定性研究中必不可少的过程。编码工作能帮助研究者更加容易地分析记录的文本，加快其在文本中识辨模式（pattern），发现关系的过程。

（4）建立编码表。

完成对一份材料的编码工作以后，研究者可以将所有的编号及所总结的对应的意义归纳到一张编码表或一本编码本中，与原始的资料装订在一起，以便后续查找。如果是团队性研究，则要由团队协调决定内容的编码表，同时运用这一编码表对文本进行编码；团队也应当共同讨论从资料中观察到的模式，并且决定最后的解释性观点。

编码表或编码本是一个将所有的编号及其意义按照一定的分类标准组合起来的系统，反映了研究者将资料整理、精炼后的内容和模式。这一系统的作用主要有两个：第一，编码表或编码本可以将编号按照一定的顺序或联系系统地排列起来，使研究者了解编码的数量及其联系，以审视这些编码的设置是否合理，有没有必要对编码进行修改或增减，或者需不需要调整或改进整个编码系统的整体结构。第二，编码表或编码能够为研究者或者其他团队成员查找编码及其所代表的具体含义提供方便。不过，这一系统中的编码及其含义也并不要求研究者一次性就确定，刚开始建立的编码系统一般来说是研究者的初步尝试和想法，不必是最正确的或是自始至终使用的。定性研究中，对于资料的整理和分析应当是不断演化、同时进行的过程，编码系统也应当根据研究的开展、资料内容的增多或变化进行修改或补充。

不过，在进行编码和建立编码表或编码本时，研究者不仅需注意这一系统要能够反映原始资料的真实内容，而且还要考虑到在之后的研究过程中，研究者需要借助这一编码系统进一步分析资料和撰写调查报告，因此，编码系统必须能够为今后的进一步研究提供方便。有关编码的结构，斯伯莱德里提出实地调查的笔记分类系统可以包括空间、参与人、活动、物品、行为、事件、时间、目标、感受 9 个方面。而波格丹和比克兰也给出了另一种建议，指出编码系统可以包括以下几个方面：不同的场景或情境；被研究者对事物的定义；被研究者看问题的角度；被研究者看待人与事物的方式；事件的过程；活动；事件；策略；人际关系和社会结构；研究者所使用的方法；研究者事先设置的编码系统。

（5）借助软件进行编码。

在现代的定性资料分析中，研究者可以借助各类定性资料分析软件进行，而不必完全依赖纸质的笔记本或卡片等。定性数据分析软件是一种帮助研究者系统性地整理和分析复杂的定性资料的计算机软件，这类软件为研究者提供了定位、编码、注解数据和观察定性数据中的相互关系的方法。

现有的常用定性数据分析软件有 ATLAS. ti，Nvivo、Ethnograph、Kwalitan 和 NUD * IST 等。研究者借助软件对定性资料进行整理和编码的大致步骤为：①将访谈记录加载到软件之中；②将编码运用于访谈材料之中；③进一步通过输入文字性的评论和备忘来注解访谈记录、编码和引语；④将数据联系起来加以比较和对比；⑤通过图表、示意图、矩阵的方式将数据可视化。

使用定性资料分析软件可以：①进行数据资料管理，将所有相关的研究项目和材料整合在一起；②简化编码与归档步骤，方便索引并提取数据加以对比；③将数据资料之间的关系可视化，明确数据之间的关联；④简化文本、内容分析。

借助软件进行整理、编码和分析，有诸多优势。首先，分析软件为资料的管理与分析提供了一个详细的组织工具，便于小组工作和共享。其次，借助软件进行整理，可以使编码和修改的过程变得轻松，提供多重代码查询和分析，能完成更复杂的任务。此外，还能使研究者所书写的备忘结构化，使分析更加迅速和全面，更有利于观察数据资料中的复杂关系。同时，借助软件进行资料的整理和分析，能够提高结论的信度。当然，使用软件也有一定的劣势。例如，软件很可能使研究者分析材料时非常的量化，或使研究者迷失于大量的细节和代码中，也很可能会使研究者丧失对于材料的宏观图景和创造性分析。

11.2.2　定性资料的归类①

资料整理的第二步工作是分类。经过真实性、准确性和适用性审查后的资料，仍是杂乱无章的，必须经过进一步的加工整理，使之条理化和系统化。

分类具有两重意义，对于全部资料而言是“分”，即将相异的资料区别开来，对于各份资料而言是“合”，即将相同或相近的资料合为一类。因此分类就是将资料分门别类，使繁杂的资料条理化系统化，为找出规律性的联系提供依据。它不仅有利于资料的存取，本身也是对研究对象的一种认识方式。

（1）确定分类标准。

①确定分类标准。

分类的关键在于选择和确定分类标准。分类标准一经选定，必然突出在此标准下的性质差异，而将其他标准下的差异掩盖起来。分类标准的选择往往是基于某种假设或理论，本身就是对所研究问题的一种分析和认识。

分类标准可分为品质标准和数量标准两大类。所谓品质标准，就是反映事物属性差异的标准。如性别、民族、户口类别、企业的所有制等，均属于品质标准。所谓数量标准，就是反映事物的数量差异的标准，如以人口作为划分大、中小城市的标准。年龄也是一种数量标准。

---

① 袁方．社会研究方法教程［M］．北京大学出版社，1997.

分类标准还可以分为现象标准与本质标准两类。前者是反映事物的外部特征与外在联系的标准，如年代、性别、地址等；后者则是反映事物本质特征或内部联系的标准，如划分阶级的对生产资料的占有。按现象标准分类能够帮助研究者建立资料的档案系统，便于资料的存取和查找。按本质标准分类不仅是资料存取、检索系统，也是研究者对客观事物和规律认识的总结系统。按本质分类常常反映出研究者的理论观点。

分类标准的选择是件困难的工作，这是因为公共管理的研究对象具有各种社会属性，如人具有年龄、性别、种族、社会地位、各种属性，有的千差万别，有的错综复杂。确定分类标准是以科学的理论为指导，以客观事实为依据，同时必须遵循下述原则。

第一，有效性原则。所谓有效性有两个含义：一是这一分类方式对于研究目的是有效的；二是这一分类能有效地反映现实社会现象。为此，首先，分类必须服从于研究目的。例如，要研究社会的结构特征，可选择职业声望和收入作为分类标准；要研究企业经营情况，则可以经济效益作为分类标准。如果不是按研究的需要设立分类标准，研究问题就无法得到恰当的解释。其次，分类必须能反映现象的本质特征。社会现象的诸多特征中有本质和非本质特征，事物的特征是由本质特征决定的，因此，分类要能有效地反映社会现象的真实情形，必须能抓住其本质特征。马克思对阶级进行分类的标准——对生产资料的占有情况就抓住了社会现象的本质特征。

第二，互斥性原则。互斥性是指分类标准应当互斥，以使同一条资料只能归于类，不能既属此类，又属彼类，例如，人口出生地区若按北方人、南方人、北京人分类，则在北京出生的人既可以划入北方人一类，又可划入北京人一类，这种分类标准就违反了互斥性原则。

第三，完备性原则。完备性是指分类标准的确定应当能使每一份资料都有所归属，分类结果要使所有资料全部包含进去，无一遗漏，如将人按性别分类，就是一种完备的分类标准；若将人按白种、黑种、黄种人分类的话，则混血儿将无类可归，违反了完备性原则。

第四，各类别必须处于同一分类层次。例如，把自然界分为无机界、无生物，就混淆了层次界限，犯了“超级分类”的错误。

资料分析有两种方法，即前分类和后分类。前分类指收集资料前就已定下分类标准，然后按分类指标收集和整理资料；后分类指在资料收集完成后，再根据定量资料的性质、内容和特征分类。定量资料通常采用前分类，而定性资料则一般采用后分类。

②分类的功能。

第一，指出社会现象或社会单位的类型。通过分类就能运用比较法对不同类型的社会现象进行比较，分析产生差异的原因，进而做出理论解释，例如，将育龄妇女按城乡分类比较其生育意愿，通过对这一意愿上差异的比较，分析出经济发展水平、文化水平对生育意愿的影响。

第二，反映总体的内部结构。通过将一个总体分为性质相异的若干组成部分，就可以看出总体是由哪些部分构成？这些部分之间的区别和相互联系是什么？每部分对总体的影响如何？例如，用阶级来反映社会结构状况，以企业所有制类型反映区域的社会经济结构，以性别反映人口结构状态等。

第三，分析社会现象间的依存关系。社会现象之间都是互相联系、互相制约、互相依存的。通过分类可以从数量上揭示这种关系。例如，通过交互分类揭示阶级地位和政治态度间的关系，企业的所有制类型和经济行为间的关系，收入和职业间的关系等。

由此可见，分类不仅是一种整理资料的程序，同时本身也是一种分析和认识问题的方法。与定量资料不同，对于定性资料，整理与分析不能截然分开。

（2）汇总与编辑。

分类标准选出后，就要将资料归类，并按一定的逻辑结构进行编排，即汇总和编辑。

为了对分类资料进行汇总和编辑，先应根据研究的目的、要求和客观情况，确定合理的逻辑结构，使汇总和编辑后的资料既能反映客观情况，又能说明研究问题。汇总和编辑资料的基本要求是：完整和系统，大小类要井井有条，层次分明，能系统完整地反映研究对象的面貌；简明集中，要使用尽可能简洁、清晰的语言，集中说明研究对象的客观情况，并注明资料的来源和出处。

资料的编辑可以按人物也可以按事件发生的时间顺序或按事件发生的背景及按分析的要求。例如，要分析影响青少年犯罪原因，就可按原因的种类编辑：如家庭情况，是否不完全家庭、家庭经济社会地位如何；邻居情况，学校班级环境；个人的情况，又可分为有无不良朋友、受教育情况等。如有必要，还可对各项资料的价值和作用等作些简短的评述，以备进一步研究参考。

定性资料中有许多是个案资料，为了对个案进行比较以及对个案作出正确的估价和分析，要尽可能使资料数量化，使分析方法和看问题角度标准化。拉扎斯菲尔德和罗宾逊在 1940 年第 24 期《应用心理学》上发表《个案研究的定量化》，提出以下操作步骤。

①定义对个案进行分类的标准（为此要明确规定个人归属分类轴）。

②决定在各个案记录的指标中登载于这一分类标准上的项目或与这一分类有关的项目（如果要采用“统治与服从”的分类轴，为了知道某人是统治还是服从，至少也要挑选一些有用的项目）。

③根据各指标在标准上的位置，给予数值和符号（要分别给各个案以正值和负值，如表示某人是处于统治地位的事例都是 +1，表示处于服从地位的事例都是 -1。当然，如有必要可使用更详细的等级，如 +0.5，-0.3 等，不属于任何一方的中间状态则是 0）。

④为了决定表示各个案位置的最终指数，要汇总各个案记录的分数（一个个案的指标分数的最有效的表示方法是算术平均值，当然分数取值范围是在 +1 和 -1 之间）。

11.3　田野笔记

大部分田野资料是以田野笔记的形式出现的。完整的田野笔记包括地图、图表、照片、访问记录、录音带、录像带、备忘录、从田野上带回来的物品、田野中记下的重点，以及离开田野后所做的详尽笔记。实地研究者期望能填满许多笔记本与档案柜，或将同样的资料输入电脑。笔记必须要简洁、有组织，因为研究者将会反复回头查阅笔记。

11.3.1 田野笔记的类型

实地研究者有多种记笔记的方式。完整的田野笔记有几种类型或层次，下面介绍 5 种不同层次的笔记。通常，最好的做法是把一次观察期间内所记的笔记全都集中在一起，分别用单独的纸张来区分笔记的类型。笔记的类型不同，数量也有差异。举例来说，6 小时的田野观察，可能产生 1 页的速记笔记、40 页的直接观察记录、5 页的研究者推论，以及 2 页包括方法、理论和个人性的笔记。

速记笔记。在田野中要写出好的笔记几乎是不可能的事。更重要的是，低头写笔记时，研究者就无法看到与听到当时的情况。记笔记的注意力本该用来进行田野观察。速记笔记是在田野中记下的。它们往往是如字词、短语或图画这类不太显眼的用于提示记忆的东西，通常写在随手可得的东西上，通常研究者会把这些速记笔记并入直接观察笔记中，但不能完全取代它们。

直接观察笔记。田野资料最基本的来源是研究者在离开田野后，立刻写下的笔记，日后他还会有所增添。这些笔记应该按照日期、时间，以及每次进入的地点，整理出先后顺序。它们是研究者将其所见所闻用具体特定的字眼所做的详细描述。可能的话，它们应该是对特殊的字、词或行动所做的精确记录。研究者的记忆会因勤于练习而有所改善。新的研究者能够很快回想起田野中听到的准确的字词。逐字的陈述应该用双引号，将之与改写的话区别开来。对话的附属项目（非语言交流、小道具、语气、速度、音量、手势）也应加以记录。研究者记录下实际说过的话，不做任何的整理修改；也记下包括不合文法的谈话、俚语和错误的遣词用字。研究者要在笔记中记下具体详尽的细节，而不是摘要。研究者记下有谁在场、发生了什么状况、发生在哪里，以及在什么时间、在什么状况下发生。初学者也许没记笔记，因为“没发生什么重要的事”。有经验的研究者知道在“没有事情发生”时，事件也能透露不少信息。举例来说，成员即使在琐碎的对话中，也可能传递情感，分出远近亲疏的体验。

研究者的推论笔记。为了做到“设身处地”，或“易地而处”，实地研究者努力倾听成员说话。研究者只是倾听而不使用任何分析性的类别；研究者将其现在所听到的与他们以前听到的或其他人所说的话加以比较；研究者用自己的解释来推论或揣测这些话语的含义。在日常互动中，同时进行这三个步骤而且很快就做出我们的推论。研究者不掺杂任何推论的观察，就构成了直接观察笔记。研究者自己的推论记录是个独立部分，它对于直接观察来说是至关重要的。人们从未亲眼看到社会关系、情感或意义。他们看到特定的外在行动，听到说出来的话语，然后再依靠文化背景知识、情境所提供的线索，以及行动或言谈，赋予其社会意义。例如，人无法看到爱与恨；人只是看到与听到特定的行为（脸红、大声说话、粗野的动作），然后根据这些动作做出推论（这个人生气了）。

分析性的笔记。研究者进入田野之后，对该怎样进行研究，要做许多的决定。有些行动是有计划的（例如，进行访问、观察特殊的行动等），而其他行动则是试探性的。实地研究者在分析性笔记中保留关于研究方法的想法，记录了自己的计划、用到的技巧、伦理考虑和程序上的选择，以及对技巧策略所提出的自我批评。在实地研究中，理论浮现于资料搜集过程中，在研究者整理田野笔记的过程中得以理清。分析性笔记对于研究者赋予田野事件意义的尝试有持续性的记录。研究者通过提出想法间的关联、构造假设、提出猜测和发展新概念等方式，仔细思考笔记内容。

分析性备忘录。这是理论笔记的一部分，它们有系统地偏离主题、切入理论，在这里研究者深入阐释概念，使概念在研究者仍处于田野中时就得到扩展。通过反复阅读思考这些备忘记录，研究者修正或发展更为复杂的理论。

个人笔记。如前所述，个人的感觉与情绪反应会成为资料的一部分，并会影响研究者在田野中的所见所闻。研究者在笔记中保留一个类似个人日记的部分，记录他个人的生活事件及其感觉。个人笔记有三项功能：提供研究者一个发泄的机会、一个处理压力的路径；构成个人反应的资料库；有助于研究者有机会日后重读笔记时，评估他所做的直接观察或推论。

11.3.2 田野笔记的建议①

在实地研究中做观察记录或访谈记录时，应该注意同时记录下研究者本人的思想、感情、评价、认识、猜想、理解等主观内容。因为在实地研究的过程中，研究者的思想感情的卷入是十分自然的事情。正是这种卷入引导着研究者去理解研究对象的真实的思想感情，也使他能够分析和解释研究对象的行为。这就是“设身处地”“投入理解”的实际意义。但与此同时我们也要记住：研究者思想感情的卷入实际上是一把“双刃剑”，它也会导致研究者的某种认识偏见。因此，研究者应像记录研究对象的行为表现、思想感情那样，记录下自己的感觉和思想感情。当然，研究者本人的思想感情应与研究对象的内容分开记录，常用的方法是：在记录中用括号将研究者自己的认识和感情记录与对研究对象的记录区分开；也可以在对研究对象做观察、访问记录的笔记本中，专门留出旁边 1/3 的空白，以记录研究者自己的认识和感受。

关于观察记录材料的详略，原则上是越详细越好。有的研究者甚至建议：“每一个小时的观察，最低限度至少要有两页每行空一行的打字材料。”当然，我们还是应当根据实际情况，做到内容多则多记，内容少则少记。但无论多少，都应尽量客观、详细、具体。

---

① ［美］W. L. Neuman 著，王佳煌等译：《当代社会研究法——质化与量化途径》，（台湾）学富文化事业有限公司 2005 年 2 月（修正版），第 623 页 .

（1）在每一段实地之后尽快记录笔记，在还未将观察记录下来之前不要和其他人说话。

（2）每一段田野笔记都从新的一页开始记录，上面标明日期、时间。

（3）只有很短时间可记录时，记录下一些关键字词、最先或最后发生的事。

（4）留白处多留一些，以便随时可以增加东西上去。如果事后记起任何事情，再回去加入笔记中。

（5）把笔记有计划地分类，并把不同层次的笔记分开来，这样未来易于回头检视。

（6）以事件发生的顺序加以记录，并记下发生的时间长短（如等待 15 分钟、骑车 1 小时）。

（7）笔记尽量具体、完整、清楚。

（8）清楚分段、运用引号。能精确记忆的句子用双引号，而解释意义的用单引号。

（9）把当时看来不重要的对话或例行公事记录下来，以后可能会很重要。

（10）“笔随意走”，想到什么很快记录下来，不要担心写错字或想法天马行空。假设没有人会看到你的笔记，但记得要用假名。

（11）不要完全以录音带取代田野笔记。

（12）将实地的图片或地图放进来，并指出在观察期间你和其他人的动作。

（13）在笔记中加入研究者自己说的话和行为，并将感觉和自己的想法另外写下来。

（14）避免评价性的摘要字眼。与其说“水槽看起来好恶心”，不如说“水槽都生锈了，看起来很久没清洗了。里面的碗盘、残渣看起来好像堆了好几天”。

（15）过一段时间就重新阅读一次田野笔记，并将重新得到的想法记录下来。

（16）一定要有备份，放在其他安全的地方并上锁，以避免火灾发生。

11.4 话语分析

话语分析法（discourse analysis）。这是语言学中一种常见的方法，该方法强调的是研究者在理解资料中被访谈者的语言时，要考虑语境，这一分析方法与叙述分析具有相似的特点。这种分析方法强调无论是句子和句子之间还是不同的段落之间，都会存在着结构上或是语义上的联系。研究者可以采用语境替换来对资料中被观察者的语言进行考察，区分某一特定词汇在不同语境下的使用是否有所不同。同时，研究者可以通过考察某一特定的词汇或句子被使用的频率，来观察某一人群使用语言时的趋向。

话语分析是最近几十年西方学术界首先从语言学、传播学和教育学等领域中形成发展起来并扩散到整个社会科学领域的一种新的社会研究方法与模式。“话语”这个词在英文里是 discourse（讨论、推论、辩论、话语），对于“话语”的解释有多种说法，一般而言话语是特定的社会语境中人与人之间从事沟通的具体言语行为，及一定的说话人与受话人之间在特定社会语境中通过文本而展开的沟通言语活动。包括说话人、受话人、文本、沟通、语境等要素。

话语分析在不同的学科中有不同的意义和实践。一般而言，话语分析是指对那些已经说出来的“话”到底是以怎样的方式以及按照什么样的规则被说出和被传播的过程加以分析、话语分析用于验证文本和谈话，其目的是揭示社会现实产生的意义。

话语分析可以应用于大多数的定性资料，如访谈资料、文件与记录、报刊文章、漫画、小说、政治演讲和日常对话等。实践中，话语分析有多种应用方式，并且都有着不同的理论观点。如评论性话语分析、负面话语分析、互动话语分析。总体上，话语分析的内容包括：

（1）话语策略及社会效应分析：是对一定时空范围内的人们以各种话语形式（日常生活中的言论、新闻报道、政府文件、书刊文章、广告、电影电视、音乐等）所建构的某一社会现实（如精神病人等）和他们所采用的话语策略及其社会效应进行分析。对话语策略的分析又包括以下四个方面的内容：①对特定话语形式所采用的对象描述策略加以分析，即分析说话者采用了哪些词语来描述被言说的对象。如果对象是精神病人的话，人们用什么词语来描述？如“疯子”“神经病”等，不同的名词代表了一套不同的关于“精神病人”的话语系统。②对特定话语形式所采用的陈述模式进行分析，分析说话者采用了哪些陈述模式来陈述他要陈述的内容。陈述模式有很多，有量化模式、质性模式、表格模式以及混合模式等，不同的话语系统有不同的陈述模式。③对说话者采用的修辞、策略进行分析，分析说话者采用了哪些修辞（腔调、节奏、省略、重复、语词或句子的先后次序、排比和比喻等手段的运用以及对权威话语或相关文献的引用方式等）手段来进行言说，通过这些修辞手段，他试图突出或强调什么。④对说话者的主题构成策略进行分析。如他用什么方式去强化他的主题？立论基础的根据是什么？等等。

（2）话语系统、话语规则和作用机制分析：了解分析在背后支配着这个人言语行为的那套话语系统以及相关的话语构成规则，具体可从四个方面进行：①话语对象构成规则：在文本作者所处的话语系统当中，可以言说的主要对象是哪些？这些对象是由哪些人在什么样的时间、空间区域中依据什么样的标准界定出来的？将一些事物归入这一对象，而将其他一些事物排除在这一对象外延之外的根据是什么？等等。②陈述构成规则：即什么人可以在什么情境下、以什么方式、什么内容加以陈述。举例来说，政府工作报告要由总理在人民大会堂发表，这就是我们的官方政治话语规则。我们对调查对象进行访谈时面临的情境也同样，访谈时，被访者会对自己被访的身份做一个界定，他会想此时此刻我的身份是什么，角色是什么，我可以说什么，不可以说什么。这都取决于他脑子里面已经有的某一套话语系统。③修辞构成规则：不同的话语系统有不同的修辞模式，政府的官方话语有政府官方的一套修辞模式，学术话语也有学术话语的规则。比如一篇学术论文，一开始要提出自己的问题，要做文献评估，然后要交代研究者的研究方案，再陈述研究者的资料来源、研究过程，最后是研究结论，这是一整套固定的学术话语规则。④主题构成规则：不同的话语系统可能会有不同的主题构成规则，比如，在经典马克思主义的话语系统内，基本的论述主题就是“生产力决定生产关系”“经济基础决定上层建筑”等。

在分析了话语系统及其相应的话语构成规则后，我们还要对这些话语构成规则的作用机制进行分析，要去探讨和揭示各个话语系统及其话语构成规则是通过什么途径、以什么方式作用于言说者，使得言说者自觉或不自觉地按照这些规则去言说、去书写，这也应当是话语分析的重要环节之一。

(3) 发掘和展示话语建构的多元性：在现实生活中存在着多种不同的话语系统，它们可能各有自己的一套对象构成规则、陈述构成规则、修辞构成规则和主题构成规则。如根据话语所在的领域可分为官方话语和民间话语。民间话语里面还有行业话语，如学术话语是一套话语、商业话语是一套话语。在不同话语系统的约束和引导下，人们对现实可能就会有不同的感受、不同的理解和言说，因而也就会有不同的观念和行为方式人们如果依照这些不同的观念和行为方式去行动，就可能产生不同的社会效果。话语分析工作应该尽量从多种角度出发，尽量将话语建构的多种可能性揭示出来、展现出来，使人们真正意识到社会现象的话语建构性，意识到自己所在的话语系统的局限性。

11.5 顺序分析

11.5.1 叙事分析

叙事分析是社会研究的一种方法，而社会研究从叙事分析角度看，就是一种如同叙事者所做的经验的再呈现。

(1) 叙事分析的含义。

叙事是一种质性研究的方法，有人认为这样的一种研究方法是受建构主义的启迪，也有人认为是受现象学的影响或者是对经验主义本质的质疑。从建构主义的角度看，它假设人类并没有直接的管道进入一个单一的且可获得全部的“真的真实”，尽管其客观存在，但人类尽全力去探索他所能理解的世界，这个“世界”仅仅是由许多人类所建构或感知的“建构真实”所组成的，人类所面对的开放性论题并非真实地存在，而是我们如何理解它。于是，个人所经历的社会或行为真实，均被视为个人心理上所建构的“多元真实”。人类用自己在特殊的自然、社会、心理和文化脉络中所建构的概念去主动理解自己所经历的情境。在意义理解中，人类依据层出不穷的崭新经验，不断尝试并修正或建构。叙事正是在这样的基础上产生的，它具体是指应用故事以描述人类经验和行动的探究行动。由于人们通过其所叙说的故事，来为其生活赋予意义，因此要研究人们如何建构其生活经验的意义，叙事研究应该是最恰当的研究方式。

叙事包括故事和情节，两者都包含事件，但在情节中事件依据有秩序的序列来加以安排和连结，例如，多种认同角色怎么排列，在这里还涉及角色丛、情节、场域、情景等概念。叙事主体可以是个人，也可是组织，还可以是一个国家。不同叙事主体所采用方式不同，但叙事中总带有他们的“影子”，无论叙事主体是有意或无意，它都不能做到完全的“真实”，换句话说，它可能是对经验的建构或再建构，尤其是文学和电影。

（2）何谓叙事研究。

叙事研究被作为一门学科而重视起来是在 20 世纪 60 年代，在结构主义大背景下，同时受形式主义影响才得以正式确立。它研究所有形式叙事中的共同叙事特征和个体差异特征，旨在描述控制叙事（及叙事过程）中与叙事相关的规则系统。

范式是叙事研究涉及的比较重要的因素。有两种叙事范式：以故事为对象的研究层面和以话语为对象的研究层面。

①以故事为对象的研究层面。形式主义区分了叙事作品中的“情节”和“故事”，大致相当于叙事学中区分的话语和故事。早期叙事学家在结构主义的影响下，选择“故事”作为叙事学的研究对象。为了发现结构或描写结构，叙事学研究者将叙事现象分解成组件，然后努力确定它们的功能和相互关系。这一定义带有浓厚的结构功能主义色彩，其重心在于确定叙事中的行为，然后描写行为的功能和序列关系，以便从中找到支配叙事的结构。

②以话语为对象的研究层面，以故事为对象的范式只能在故事层面进行叙事研究，存在很多缺陷，尤其不能解释同样一组行动可以用不同方法来叙述这一事实。于是，叙事学家开始关注叙事的话语层面，即故事的表述方式主要包括叙事时态、时间、语态、人物描写、人物话语表达方式。

11.5.2 叙事的构成

叙事的构成主要包括四个方面：场域或情境脉络、人物、事件和情节。

（1）场域。场域也叫情境脉络，是指叙事或行动发生的地方，包括物理环境、社会文化情境和时间位置。社会文化情景是指人物属性（社会阶级、性别等）环境、社会规范、价值理念和宗教信仰等。对时间位置的描述则是叙事的历史脉络，涉及叙事者如何理解事件中的人、事、物的意义，并且包含研究者和参与者之间的关系。这些场域对于了解人物的行动、观点和感受有相当重要的意义。

（2）人物。人物是指与叙事事件有关的人们，这些人的故事和行动常被用于建构故事。叙事中的主要人物是叙事者本身，而“支持人物”则是那些可能影响主要人物的思考、感受和行动的重要他人；两者之间的关系也是研究者分析的重点。

（3）事件。事件是指过去的特定时空中发生的事，常常具有时间的序列性，随着时间的推移而开展或终结，有其前因后果、开始结束、主要事件以及影响。

（4）情节。情节是指人类生活经验中许多事件和行动构成的整体性结构；在叙事中，许多过去发生的事件与现在的行动相关联，重新组织成为具有内部一致性的整体故事，借以解释事件中的各个元素，并为整体叙事赋予意义。人们可以根据情节和叙事结构来理解、解释事件和生活经验之间的关系。

11.5.3 叙事分析的程序

包括专注于经验、述说经验、转录或誊写经验、分析经验和阅读经验。

(1) 专注于经验。在叙事访谈中，受访者需要有意识地反思、记忆、观察，找出经验的特殊意象或片段，而专注于经验的经历，依赖于叙事者从经验的整体内涵中加以选择。

(2) 述说经验。在会话式的叙事访谈中，受访者以所有可能的表达形式，再现过去所发生的、具有时间序列的事件；受访者描述事件发生的场域、有关的人物/开展的情节，并以聆听者可理解的方式来组织事件。

(3) 转录或誊写经验。当访谈录音转录成文本时，以文本作为经验的再现是不完整的、部分的、选择性的，因为由录音转换成文字的过程本身就是一个阐释的历程，不同的转录方式和不同的人转录出的结果不是完全一样的，其中转录的文本可能会隐含有研究者的意识形态和立场。

(4) 分析经验。面对大量的文本资料，分析者必须决定究竟要将分析重点放在叙事的形式、情节组织、表征风格、生活片段还是主要事件上，而不同的分析重点也会创造出对访谈叙事文本的不同诠释。

(5) 阅读经验。当经验被撰写成报告之后，尤其是在发表以后，就会面对着不同读者的评论，接受读者的不同观点，以建构对其意义的完整诠释。任何研究发现从研究主题到采用方法，再到报告的形式，都是特定时空下权力关系的运作。

11.5.4 会话分析①

会话分析（conversation analysis，CA）是对具体情景下的社会生活进行研究，其目的是要细致地审视最普遍的日常活动，因为社会行为是有意义的，更重要的是社会行为具有自然的组织结构，而这些结构则可以被发掘和研究。

(1) 会话分析的基本假设。

会话分析研究建立在三个基本假设之上：第一，言谈应对是有结构、有组织的，不是杂乱无章的；第二，交际者的话语是受语境影响的，当然交际者的话语也同时会影响和创造语境；第三，研究者不能忽视言谈应对过程中的任何细节，无论它们看起来是多么的无序，多么的无关。

会话分析研究最基本的假设就是社会行为的方方面面都会表现出具有组织性的模式，而

---

① 于国梁. 会话分析［M］. 上海：上海外语教育出版社，2008.

且这些模式具有稳定、能重复出现的结构特征。言谈应对作为一种社会行为同样也具有这类特征；这些结构特征与其他任何社会规约一样，独立于交际者的心理以及其他因素，不以交际者的意志为转移。所以说，表面上看似杂乱无章的日常会话，实际上是社会规约和社会组织的缩影，我们可以通过研究日常言语交际来解释其背后的社会因素和社会规约。

交际者对于言谈应对的组织和结构等方面的知识的掌握是他们的一种能力这些知识会被应用到具体的交际活动中，尽管他们的意识程度会在不同的情景下有所变化。交际者所拥有的关于言谈应对的知识或者更广泛地说，他们所拥有的社会知识，会影响他们的言语和交际行为，同样也会指导他们理解交际对方的行为。作为会话分析的研究者，我们可以通过研究交际者的言谈应对来分析其背后的行为模式、结构特点以及社会特征等。所以说，表面上看似杂乱无章的日常会话，实际上是社会规约和社会组织的缩影，我们可以通过研究日常言语交际来解释其背后的社会因素和社会规约。

在言谈应对的过程中，交际者所说的话语是受语境影响的。这主要体现在两个方面：第一，交际者的话语是顺应语境因素的产物。言谈应对最大的结构特征就是它的序列组织，任何一个话语都与其前后的话语具有序列方面的相关性，一个话语的产出必定要受到其前面的话语的影响和制约，也就是说，交际者是在顺应语境的情况下做出相应的语言行为的。第二，交际者所做的某个具体的语言行为同样会影响它后面的话语，从而影响和制约语境，因为每一个话语同样也是后面话语产生的语境因素之一。所以，一个话语既形成于上文语境，同时也为下文话语创造了语境会话分析研究的第三个假设。实际上是与会话分析的语料观紧密相连的。这个假设的影响主要表现在以下两个方面：第一，研究者们不再热衷于社会理论的构建，不再盲目提出不成熟的理论；相反，他们开始致力于围绕社会现象进行实证研究。第二，研究者在具体的科研过程中，开始关注社会行为的细节，因为每个细节都有可能包含着社会结构方面的重要信息。这个假设深深地影响了会话分析的形成和发展，以及从会话分析角度开展的每一个研究。这也许就是为什么我们在转写和分析语料过程中要捕捉尽可能多的细节的原因。在非研究者眼中，那些令人眼花缭乱的转写符号，在研究者眼里却是有秩序的，有价值的。

会话分析研究的这三个基本假设，促成了其研究方法的形成，促成了其以语料为基础的研究风格。因此，在具体的研究过程中，我们必须放弃利用那些已经存在的概念来分析手边语料的做法；而应该对语料进行没有目的的审视，通过审视言谈应对进行的过程和方式，进而可以分析和探讨其背后的社会规约和社会组织。总的来说，会话分析研究可以被看作一种对社会行为和自然发生的社会现象的组织特点进行描写的分析方法。这种研究方法关心的是体现在交际中的细节，以及细节背后的社会属性上。

（2）会话分析的研究设计。

会话分析的研究过程可以分成以下四个步骤：第一，选择研究题目；第二，收集研究材料；第三，通过审视和归纳研究材料建立有关研究对象的规律和模式；第四，对发现的规律和模式进行描写。下面分别对以上四个步骤给予解释和说明。

①选择研究题目。

在进行具体的会话分析研究之前，研究者一定要确定一个大致的研究方向/领域，或者稍微具体的研究题目，这是开展实质性研究的大前提。这时，研究者也就完成了会话分析研究设计的第一步。例如，我们对医患之间的谈话很感兴趣，然后就去收集现有医患谈话的文献，在进行了阅读之后认真总结一下目前的研究是在哪些方面展开的，取得了什么样的成果，并且认真思考我们自己可以在哪些方面开展进一步的研究，而这样的研究是具有一定的学术和/或实际意义的。例如，这个时候我们可以把自己的研究缩小到艾滋病患者与医生之间的咨询上因为我们可能觉得这样的研究还没有很多人做过。另外，我们还可以发现在这种特别的咨询中，交际双方在言谈应对过程中说了些什么是怎么说的。在确定了这个研究题目后，我们就可以开始下一阶段的工作。

②研究材料的收集。

我们所收集到的语料，或者说研究材料，可以分为四种类型：研究者收录的语料、研究者控制的语料、研究者观察到的语料和研究者发明的语料。研究者控制的语料是二语习得和心理语言学经常使用的语料，这种语料收集方法是以研究者的实验设计为前提的，研究者为了验证自己的某个假设而设计出某个实验，然后让受试者来参加实验，从而得到实验的结果。这样的结果是在研究者的精心设计下得到的，研究者的意图和目的在其中起着举足轻重的作用。研究者观察到的语料是人类学经常使用的研究素材，研究者深入到他所研究的文化当中，对他所观察到的该文化成员的行为进行观察和记录，然后再以这些观察和记录为基础，对那个文化进行研究。研究者发明的语料是形式语言学使用的语料，收集手段如句法学研究就可以利用研究者依据个人的语言直觉所发明的句子为研究对象，来探讨人类的语言能力。上述这三种类型的语料都不是会话分析所使用的研究素材，会话分析使用的是研究者收录的语料，它包括三种来源：研究者自己对自然情景下发生的言语交际进行录音录像得到的材料、研究者拷贝广播电台和电视台的节目而得到的材料，以及研究者使用别人收录的录音录像材料。尽管在会话分析研究者内部对后两种语料的使用仍然有争议。但是，我们觉得如果从应用型会话分析的角度来看，后两种语料是可以使用的。会话分析对收录的语料的青睐是因为这种语料收集方法可以避免直觉和回忆的局限性和错误性。录音录像材料为研究者提供了大量的研究素材和交际情景，从而保证了研究者不以个人选择或个人直觉来做出结论。

会话分析研究强调使用自然情境下发生的语料。语料的自然与否不仅取决于交际发生的情景，它还与我们的研究目的和分析手段有关。例如，广播电台的谈话节目就是发生在广播电台这个特殊的社会机构中的言谈应对，它有很多人为的控制和操纵，应该说不是在纯粹自然的情境下发生的；但是，如果我们的研究目的就是要揭示这种特殊的机构性话语，那么我们就可以利用它，就可以认为这是在广播电台这种特殊的社会机构中产生的自然语料。在我们收录了足够多的语料后，我们要从其中选出能够代表我们研究的题目/情景/现象的具体材料。记住，我们在这里的选择并不是统计学意义上的随机抽样（random sampling），因为在会话分析研究中，我们没有必要也不可能那么做，重要的是我们选择的材料能够在最大限度上代表我们的研究题目或情景（现象）就可以了，也就是说我们选择的语料要具有代表性。

另外，作为一个会话分析的研究者一定要注意的是，在我们要对别人的交际进行录音之前，一定要获得交际参与者的许可，并且要遵守交际发生的社会机构的要求，甚至是当地法律的规定，这就是所谓录音的社会和道德思考。录像资料尽管今天已经被一些研究者引入了会话分析研究，因为录像资料可以提供一些录音资料所不能捕捉的细节如交际者的面部表情和身体语言等，但是考虑到录像的技术和经费投入，以及如何保护交际参与者的隐私等等问题，录像资料并没有像人们预想得那样被大量广泛地使用。

（3）通过审视，归纳和研究材料建立有关研究对象的规律和模式。

大多数的言语交际都有一个整体的结构，尤其是机构性谈话。整体结构是由不同的阶段或活动组成的，而且这些阶段和活动都有特定的顺序，这些顺序一般是不可以颠倒的。电话语料的分析一个结构特征：例如，打 110 报警电话，第一阶段是电话铃声响起到接起电话是整个谈话的开端；第二阶段是请求；第三阶段是多轮询问；第四阶段是回应；第五阶段是会话的结束。在上面五个阶段中，每一个阶段都有一个特定的目标，而这个目标的实现都是交际双方共同完成的。把整个交际过程分成不同的阶段来进行分析能够让我们更清楚地看到这个事件的整体结构和序列，以及交际者是如何共同协力完成一个交际行为的。

总的来说，会话分析在方法论方面具有以下两个特点：第一个特点是会话分析的基本目的，即描写那些潜藏在有序的、能被交际者理解的言谈应对背后的社会组织结构，这些社会组织结构通常被看作是一种机构性的规则、步骤和规约；第二个特点是会话分析的中心理念，即那些潜藏的社会组织机构不像传统的民族学那样从田野纪录或者社会成员对社会行为的报告中重建起来的，而是靠观察那些自然发生的言谈应对的细节获取的。

所以当我们要对发现的规律和模式进行描写时，以下两点非常值得注意：第一，我们不能对参与者的意图、想法、情绪以及他们对当前事件的理解做出任何的假设，更不能在描写中使用假设。我们能够做的只是从交际者的言谈应对中去发现他们在交际过程中的所有细节，从细节中发现交际行为背后的社会以及其他因素。第二，我们的描写和分析是一种所谓的事例分析方法，只需要满足“个体充分性”即可。事例分析方法认为一个事例就足以吸引研究者的注意力和研究兴趣。事例本身就是一个事件，我们可以通过审视其特征和结构来发掘它的组织特征。这个事例是否会再次发生对于研究该事件的组织结构和产生机制来说是没有意义的。

关键术语

誊写　开放式编码　轴心式编码　选择式编码　编码表　田野笔记　话语分析　叙事分析　会话分析

思考与实践

1. 简述如何对定性资料编码。

2. 简述田野笔记的类型。

3. 如何对定性资料进行归类。

4. 简述话语分析的内容、研究设计。

5. 简述会话分析的基本假设和研究设计。

6. 简述叙事分析的程序。

阅读材料

1. （美）艾尔·巴比著；邱泽奇译．社会研究方法（第11版）[M]．北京：华夏出版社，2018.01.

2. 陈向明．质性研究 反思与评论 [M]．重庆：重庆大学出版社，2008.

3. 陈向明．教师如何作质的研究 [M]．北京：教育科学出版社，2001.

4. 陈向明．质的研究方法与社会科学研究 [M]．北京：教育科学出版社，2000.

5. 陈卫．社会研究方法概论 [M]．北京：清华大学出版社，2015.

6. 袁方．社会研究方法教程 [M]．北京：北京大学出版社，1997.

7. 风笑天．社会研究方法（第5版）[M]．北京：中国人民大学出版社，2018.

8. 陆益龙．定性社会研究方法 [M]．北京：商务印书馆，2011.

9. 仇立平．社会研究方法 [M]．重庆：重庆大学出版社，2015.

第 12 章　混合资料分析

混合研究是在定性研究与定量研究的论战中产生的。混合方法被看作继定性和定量方法之后的“第三次方法论运动”。混合研究作为一种方法论，涉及指导数据收集和分析的哲学假设，以及在研究过程中许多阶段的定性与定量方法的混合。作为一种方法，混合研究方法关注在单个研究或多个研究中收集、分析和混合定性与定量数据。混合研究方法的中心假设是：把定性和定量方法混合起来使用，比单一方法能更好地理解和解决研究问题。混合研究已成为社会科学研究新的研究取向和发展趋势。本部分将在回顾混合分析形成、发展的基础上，介绍混合研究的主要类型，探讨混合研究的未来发展趋向，并思考混合研究对我国社会科学研究的意义与价值。

12.1　混合分析的目的与原理

12.1.1　混合分析的目的①

（1）解释过于复杂的研究问题。

如果需要解释的现象过于复杂，需要大量的数据，而只有定量或者定性数据并不能满足研究的需要，这时候就需要考虑使用混合研究方法。② 单一的定量数据分析或许能反映大样本案例的内在联系，但是由于社会问题的复杂性，定量分析的结果需要更为详细具体的访谈等定性数据进行辅助解释；同样地，单一的定性数据或许能够对问题原因进行解释，但是定性数据的主观性较大，并不具备良好的客观性，定性分析结果的外部效度也相对较差，因此需要用定量的方法对定性的推论进行统计学意义上的验证。在公共管理领域，对一些组织结构复杂的研究来说，单一层次的数据收集和方法分析往往难以全面解释研究的问题，同时，对一些敏感性问题来说，也常常难以搜集到大量的定量数据，对这些问题就可以使用混合研究方法。例如，一项关于国际公务员所面临的利益冲突的研究，由于定量研究很难证实研究

---

① 杨立华，李凯林．公共管理混合研究方法的基本路径［J］．甘肃行政学院学报，2019（6）．

② Sale J E M，Lohfeld L H，and Brazil K. Revisiting the Quantitative －Qualitative Debate：Implications for Mixed －Methods Research［J］．Qualityand Quantity，2002，36（1）：43－53.

假设，研究者便通过对一组调查对象的半结构式访谈，进一步探讨这个问题①。在这类研究中，定量数据及其分析是对研究问题的一般性解释，访谈等定性数据的分析则是对定量研究结果的细化，两种方法的混合用于解释复杂的研究问题。

（2）发展新的测量方法或者理论模型。

如果一项研究想对已有的研究进行操作方法的创新，那么就可以考虑使用另一种研究方法来进行研究。两种研究方法的对比，可以验证新的测量方法是否有效。新的理论模型的构建也需要混合研究方法的使用，一般来说，新的理论模型的构建都需要进行实证的检验。在文献整合、案例分析等定性研究的基础上提出的新的公共管理测量方法或理论模型在定性分析中或许是成立的，但是仍需要运用定量研究进行大样本的数据验证。如果用不同的研究方法仍然能得出相同的研究结果，那么这一新的测量方法或理论模型才有可能是正确的。举例来说，在公共管理领域，探索社会治理模式或者构建新的绩效评估体系的研究可以使用混合研究方法。为了探索新的社会治理模式或者构建新的绩效评估体系，研究者可以先使用定性研究方法，根据理论和经验构建出新的模式或体系，然后再使用定量研究方法对这一模式或体系进行验证和修正。例如，在公共管理领域的经典著作《规则、博弈与公共池塘资源》一书中，奥斯特罗姆先是做了文献和理论研究，构建出了研究的模型及分析框架，然后利用制度分析和多层次分析等方法分析构建的模型，对模型进行实证性的验证。②

（3）解释或深化已有的结果。

如果一项研究的初步结果需要进一步解释，可以采用混合研究方法。研究方法的混合可以用新的研究方法对已经取得的初步结果进行解释，从不同的角度对问题进行再研究，从而获得更加全面和更加深入的研究结果。在公共管理领域中，定量研究可以帮助梳理复杂社会问题中的相关关系，例如，研究者可以使用结构方程模型分析公众对政府信任程度的影响因素，但是具体为什么这些因素对信任程度有影响，就需要使用访谈等定性研究方法进行具体的解释；同样地，如果在定性研究中发现公众的受教育程度可以影响其对政府的信任程度，那么也可以用大样本的定量数据分析来验证并深化定性研究结果。举例来说，在公共管理中，对绩效问题、政策有效性问题以及社会问题等公共管理问题的研究，不仅需要探究不同因素之间的联系，还需要明确这种联系的具体作用、方式及其原因，此种情况就需要使用混合研究方法。例如，一项关于绩效系统和新公共管理经验批判的研究，研究者先用行政数据建立了一个模型，通过这个模型探求供应商的绩效压力和对客户制裁的关系，然后再对具体案例进行访谈研究，从而解释这两个因素的关系，并阐明这个模型的内在机制。③ 与绩效问题不同，政策有效性问题的因果推论是相对笼统的，因此需要对特定的政策执行过程进行具

① Mele V, AnderfuhrenBiget S, Varone F. Conflicts of Interest in International Organizations: Evidence from two United Nations Humanitarian Agencies [J]. Public Administration, 2016, 94 (2): 490-508.

② 埃莉诺·奥斯特罗姆. 规则、博弈与公共池塘资源 [M]. 王巧玲，等译. 陕西人民出版社，2011.

③ 约翰·克雷斯威尔. 混合方法研究：设计与实施 [M]. 游宇，译. 重庆大学出版社，2017：5-8.

体描述。例如，一项关于组织多样性政策能否提高少数民族在组织中代表性的研究，研究先根据年度报告的定量数据建立回归模型，但是回归模型并不能描述政策执行过程中的具体问题，因此研究又利用定性研究方法，对政策执行过程中的具体情况进行详细分析。① 相比于绩效问题和政策有效性问题，社会问题的研究有更多的干扰因素，需要用混合研究方法明确不同因素间的关系。例如，一项关于中国食品安全监管资源与公众认知之间关系的研究，研究者先使用了多元回归分析，阐明省级和市级监管资源对居民食品安全担忧的影响，然后通过对监管人员和消费者的深入访谈，厘清监管资源与公众认知缺失之间的关系。② 由此可见，研究可以利用定量和定性研究方法相结合，加深对研究结果的诠释。

（4）推广已有的研究发现。

为了证明一项研究发现的可推广程度和适用性，可以使用混合研究方法。如果一项研究在一种研究方法下的正确性已经得到验证，那么将其进行推广将是下一步的重点工作。如果使用不同的研究方法仍然能得到相同的结果，那么研究结果的适用性就得到了推广。案例研究作为一种定性研究方法是公共管理领域很常用的一种研究方法，使用案例研究方法得出的研究结论具有很强的针对性，但同时也具有一定的局限性。案例研究的结果是否具有普适性，能否广泛应用到公共管理领域当中？这就需要搜集更多案例，使用定量分析对定性结果进行验证。如果定量研究不能证明案例研究的结果，并不是说案例研究的研究是错误的，只是这种研究结果的适用范围是有限的。在这种情况下，使用混合研究方法可以很好地解决研究结果的外部性问题，从而推广已有的研究发现。例如，一项关于环境冲突的研究，研究者在第一阶段对不同地区的环境冲突采用了访谈、观察等定性研究方法，分析学者在环境冲突解决中的作用；研究的第二阶段则对跨越时间和地理位置的案例进行分析，通过对定性资料的编码，实现定性资料的定量分析，从而验证学者在环境冲突解决中的重要作用，③ 提高研究的外部效度，推广已有的研究成果。

12.1.2 混合分析的基本原理

一旦决定你的研究需要混合设计，那么下一步就要为使用混合设计确定基本原理。你想通过混合定量和定性方法获得什么？怎样混合这些方法才能帮助回答研究问题？在回答这些问题时，推荐参考格林、凯瑞塞利和格雷汉姆（Greene, Caracelli and Graham, 1989）提出

---

① Groeneveld S, Verbeek S. Diversity Policies in Public and Private Sector Organizations: An Empirical Comparison of Incidence and Effectiveness [J]. Review of Public Personnel Administration, 2012, 32 (4): 353 - 381.

② Ma L, Liu P. Missing links between Regulatory Resources and Risk Concerns: Evidence from the Case of Food Safety in China [J]. Regulation & Governance, 2019, 13 (1): 35 - 50.

③ Yang L, Lan G Z, He S. Roles of Scholars in Environmental Community Conflict Resolution: A Case Study in Contemporary China [J]. International Journal of Conflict Management, 2015, 26 (3): 316 - 341.

的框架结构①（见表 12 - 1）。其框架结构是基于混合研究五大原理而建立起来的：（1）三角互证；（2）互补；（3）发展；（4）启蒙；（5）扩展。

（1）三角互证：三角互证这一术语通常是在研究同一现象过程中，研究者通过不同的方法获得研究结果的汇集和证实时所使用。你希望能够自信地汇报研究结果，研究证据的每个点都能得出相同的结论或推断。三角互证可以大幅提升研究结果的可信度或真实性。

（2）互补：当研究者使用通过另一种研究方法所获得的结果来细化、增强、阐释和证明其原来方法所获得的结果时，这样做的目的就被称为互补。这样做能够帮助你理解一个现象中重叠的和不同的方面。

（3）发展：发展是指研究者通过由一种研究方法而得出的研究结果帮助发展另一种研究方法。

（4）启蒙：启蒙是指发现悖论和矛盾，以及那些可能引发研究问题或研究结果重构的观点。

（5）扩展：当研究者试图通过为不同的调查部分使用不同的研究方法以拓宽调查的广度和范围时，这一方式被称为扩展。例如，可以使用定性的方法来研究教育项目的过程（即它是如何工作的），并使用定量方法来研究项目的结果。

使用格林等（Greene et. al，1989）的框架来确定研究目的更有助于形成或选择一种混合研究设计。例如，如果研究的目的是三角互证，那么至少要在数据解释和报告的撰写中体现混合。如果研究的目的是发展，那么则需要连续系列设计。

表 12 - 1　　框架结构

目的	解释
三角互证	从不同的研究方法中汇集、证实研究结果，并寻求结果的一致性。
互补	致力于使用通过另一种研究方法所获得的结果来细化、增强、阐释和证明其原来方法所获得的结果。
发展	致力于由一种研究方法而得出的结果来开发或激发出另一种研究方法。在这里发展被宽泛地解释为抽样、实施以及测量决定。
启蒙	致力于发现悖论和矛盾，框架新观点，通过由不同方法所获得的研究问题或结果来重构已有的研究问题或结果。
扩展	致力于通过为不同的调查部分使用不同的研究方法以拓宽调查的广度和范围。

资料来源：Based on Greene，Caracelli，and Graham（1989）.

① Greene，J. C.，Caracelli，V. J.，& Graham，W. F.（1989）. Toward a conceptual framework for mixed - method evaluation designs. Educational Evaluation and Policy Analysis，77（3），255 - 274.

12.2　混合分析的基本要素

通常情况下，研究者的需要包含抽样/数据来源、变量及其测量、程序和资料分析技巧四个部分,[①] 混合研究方法的流程也与这四个部分密不可分。[②] 伯克·约翰逊认为混合研究过程存在八个迭代步骤：确定混合设计是否合适、确定使用混合设计的基本原理、选择或者构建一个混合研究设计和混合抽样设计、收集数据、分析数据、不断地验证数据、不断地解释数据和结果、撰写研究报告[③]。公共管理中混合研究方法的使用流程虽然有表述上的差别，但是应当包括以下五个基本步骤：确定方法、选择研究设计、收集数据、分析数据、汇报结果[④]（如图 12－1 所示）。

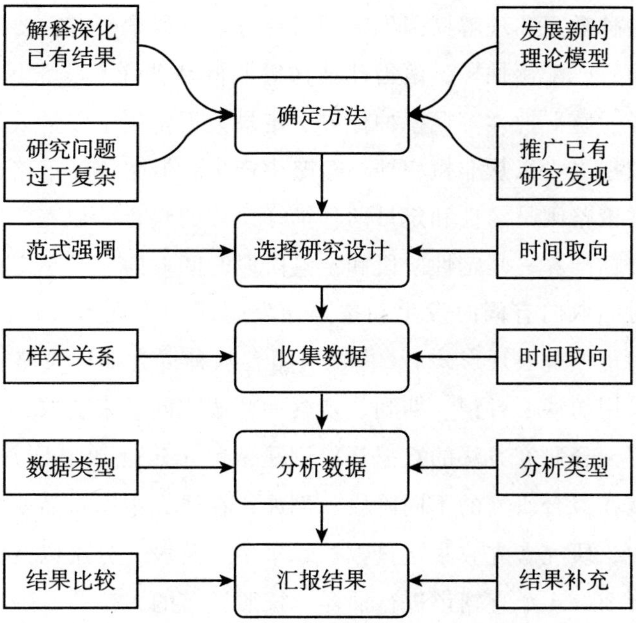

图 12－1　基本步骤

（1）确定方法。

科学研究应该结果至上，不受制于研究规则，研究活动应以研究问题主宰，而非范式或方法为王。任何研究方法都有其特定的适用条件，应当根据所研究问题的具体情况选择方法。混合研究适用条件主要有以下四个：解释过于复杂的研究问题、发展新的测量方法或者

---

① 阿巴斯·塔沙克里．混合方法论：定性和定量方法的结合［M］．唐海华，译．重庆大学出版社，2010.

②④ 杨立华，李凯林．公共管理混合研究方法的基本路径［J］．甘肃行政学院学报，2019（6）.

③ 伯克·约翰逊．教育研究：定性、定量和混合研究方法［M］．马健生，等译．重庆大学出版社，2015.

理论模型、解释或深化已有的结果、推广已有的研究发现。除此之外，如果遇到某一种数据难以搜集的研究困境，也可以选择混合研究方法中的嵌入式混合设计，通过数据转换解决这一难题。总之，方法的选择与确定应当以问题为导向，以研究条件为依据，因地制宜地选择最合适的研究方法。

（2）选择研究设计。

研究者可以根据研究的目的和研究条件，因地制宜地选择合适的混合研究设计。如果研究主题仍处于初期探索阶段，还没有成熟的方法体系，那么就可以选择聚敛式混合设计；如果是探索性研究并期望获得验证性的补充，则可以选择探索性混合设计；如果是解释性研究并期望获得生动性的解释，则可以选择解释性混合设计；如果研究是一个长期的项目，或者研究对象涉及多个层次，则可以考虑使用多层次混合设计。

（3）收集数据。

科学可以视为一种学习和理解周围事物的研究方法，科学研究需要对研究问题进行数据收集。就抽样策略而言，配额抽样、滚雪球抽样等非概率抽样方法常用于定性数据的收集，分层抽样、系统抽样、整群抽样等概率抽样方法定量数据常用于定量数据的收集。但这也不都是绝对的，定量数据也可以从非概率抽样策略中产生，概率抽样策略也同样适用于定性数据的收集，混合抽样策略则是定性和定量两种抽样设计的整合。伯克·约翰逊认为，混合抽样设计的分类有两个标准：一是定性阶段和定量阶段时间取向；二是定性样本和定量样本之间的关系。其中，时间取向有同时发生和按顺序发生两种表现形式；样本间关系主要有相同、互斥、嵌套和多重四种表现形式。① 由此可组合八种混合抽样策略。就数据获取方法而言，定性方法大多采用访谈、日记、期刊、观察和开放式问卷来获取，定量方法则倾向于使用测试和封闭问卷，混合研究方法的数据获取则是依赖于定性和定量方法的数据获取方式，不同的获取方法体现在混合研究的不同阶段。例如，在研究中国食品安全监管资源与公众认知之间关系的研究中，研究者先收集定量数据，采用多阶段、分层以及随机抽样的策略对中国 23 个省、5 个自治区、4 个直辖市进行抽样，按照城市的人口总量进行样本数量的分层与配额，然后对配额后的城市划分为 5 个分区，进而采用 Kish 方法随机抽取受访家庭和人员；收集完定量数据再收集定性数据：定性数据主要来源于北京、上海、广东和贵州的地方安全监管官员以及食品消费者。② 在这个研究中，研究者采用的是同时且互斥（抽样对象分别为居民和监察官员）的混合抽样策略。

（4）分析数据。

混合研究方法的数据分析是定量和定性两种研究方法数据分析的整合，既可以分别进行分

① 伯克·约翰逊．教育研究：定性、定量和混合研究方法［M］．马健生，等，译．重庆大学出版社，2015.

② Ma L, Liu P. Missing links between Regulatory Resources and Risk Concerns: Evidence from the Case of Food Safety in China [J]. Regulation & Governance, 2019, 13 (1).

析，在解释过程中整合，也可以在分析和解释过程中都进行整合。混合数据的分析可以从数据类型和分析类型两个维度进行考虑。数据类型可以分为定性数据、定量数据以及定性和定量数据；分析类型包括定性分析、定量分析以及定性分析和定量分析，由此可组合出七种混合数据分析策略。在数据的混合分析策略中，定性和定量数据可以转换成量化或质化的数据类型来进行分析。数据的混合分析策略多用于嵌入式混合设计以及多层次混合设计。在常用的混合研究设计中，传统的数据分析方法比较常见，例如，定性研究方法和定量研究方法处于同等地位的混合研究设计就不涉及数据的混合分析策略，而只是两种研究方法的混合。仍以中国食品安全监管资源与公众认知之间关系的研究为例，该研究既有定量数据又有定性数据，分析类型也是既有定量分析又有定性分析，但是两种分析过程是互为独立的。问卷数据仅做定量分析，访谈数据只做了定性分析，属于定性数据和定量数据的简单组合分析。在“学者在环境冲突中的作用”这个研究中，研究者先对定性资料进行量化，然后进行定量分析，属于定性数据的定量分析策略。

（5）汇报结果。

混合研究方法的结果需要介绍两种研究方法的使用，并对一些特定的研究术语进行相应的界定，毕竟不是所有人都能够精通两种研究方法。在结果陈述方面主要有以下两种情况：如果混合研究设计是同等地位混合设计，那么混合研究报告的结果部分就需要有定量和定性两项研究结果的分别陈述，并对两种研究方法的研究结果进行比较分析；如果是主从设计的混合研究设计，结果部分应以占主导地位的研究方法的研究结果为主，并将占次要地位的研究方法的研究结果作为补充。但混合研究设计并不全是定量研究方法和定性研究方法的简单相加，嵌入式混合设计虽然也是主从地位混合设计，但在这种研究设计中，定性研究方法和定量研究方法是在从数据到分析的研究过程中进行的，只有一个研究结果，所以结果汇报也只需要汇报分析后的研究结果。

研究者在进行混合分析时，可用以下清单来进行自我检查。这些基本要素包括混合研究的特征和计划用于研究的策略类型，以及研究的可视模型、数据收集和分析的具体程序、研究者角色、最终报告的结构。

——是否已提出混合研究的基本定义？
——读者是否对混合研究策略的使用有所了解？
——是否已经确认选择混合策略的标准？
——是否已确定了策略？是否已经给出了选择策略的标准？
——是否已提出能说明研究策略的可视模型？
——可视模型是否有恰当的说明？
——是否提及与模型相关的数据收集和分析程序？
——是否提及定性和定量两种数据收集的抽样策略，它们与研究策略相关吗？
——是否说明了数据分析的具体步骤，它们与研究策略相关吗？
——是否讨论了确定定性研究和定量研究数据的步骤？
——是否提及了叙事结构，并且与将使用的混合研究策略类型相关？

图 12－2　混合分析基本要素问题

12.3 混合分析的主要类型

就像定量和定性研究方法一样，混合方法研究包括数种不同设计。这些设计为收集、分析、混合、解释、报告定量和定性数据提供了完善的框架，以更好地实现特定类型的研究目的。研究者在设计混合方法研究时，要考虑以下四个原则：① 第一，研究者可以在研究开始时就确定使用混合方法，并且在研究过程中决定使用混合方法；第二，研究者应该考虑形成研究设计的路径，是使用基于类型学的路径，还是动态路径；第三，研究者的设计必须符合其研究课题和研究问题；第四，研究者要提出至少一条理由说明为什么这种设计是混合方法。

研究者在设计混合方法研究时，要在选择混合方法设计上作出四个关键决策：定量、定性研究部分是独立的还是交互的；两个研究部分在实现研究目的上，是否具有同等重要性；两个部分的研究是同时进行、有序进行，还是分多个阶段进行；如何混合各研究部分。混合，指就研究中混合发生的环节、混合采用的策略（即合并、连接、嵌入或使用框架）等方面作出决策。研究者要根据这些决策以及最符合研究问题和实践考量的基础性逻辑来选择混合方法设计。

研究者可以在以下六种主要的混合方法设计中进行选择：一致性设计、解释性设计、探索性设计、嵌入式设计、变革性设计、多阶段设计。这些设计适用于不同的研究目的，也通常采用不同的哲学前提假设作为基础。每种设计都包含一组特定程序，为该设计提供基础性逻辑。研究者应认真思考所选设计面临的挑战，并规划策略来应对这些挑战。除了现有已发表文献中最常见的研究设计外，在不同设计类型中我们也可以看到相似的变体。

12.3.1 一致性并行设计

最有名的混合方法设计是一致性设计。早在 20 世纪 70 年代，学者们就开始讨论此种设计，它也是多个不同学科最常使用的方法。一致性设计最初被称为“三角”设计，这种设计使用两种不同方法来得到关于同一主题的互证的结果，但是，它很容易与定性研究中的三角互证方法混淆，而且，研究者使用这种方法有时也不是为了得到互证的结果。20 世纪 70 年代以来，这种设计曾被冠以多个名称，包括同步三角互证法、平行研究、一致性模型和并行三角互证法，不管以何为名，如果研究者在同一个研究阶段中同时收集、分析定性和定量数据，并随后将定性、定量结果整合为整体阐释，那么这就是一致性设计。

---

① 约翰·W. 克雷斯维尔 薇姬·L. 查克，混合方法研究：设计与实施（原书第 2 版），游宇 等，译. 重庆大学出版社［M］. 2017.

（1）一致性设计的目的。

一致性设计的目的是“就同一研究主题，获得不同但互补的数据”，来对研究问题做出最佳解释。研究者采用这种设计，旨在结合定量、定性方法，使定量方法（大样本量、趋势、归纳）与定性方法（小样本量、细节、深度）能够相互弥补、取长补短。如果研究者出于检验和验证的目的，想要直接比较定量统计结果和定性发现来进行定量定性互证，就可以使用这种设计。使用这种设计的其他目的还有：利用定性发现说明定量研究结果；综合互补的定量、定性结果，来获得对现象更全面的理解，比较同一个系统中的多个层级。

（2）选择一致性设计的条件。

选用一致性设计时，除了要使设计与研究目的相契合外，还要注意以下事项：研究者收集数据的时间有限，要在一次田野作业中同时收集两类数据；研究者认为，收集、分析定量和定性两种数据，对于解决研究问题同等重要；研究者具备进行定量、定性研究的专业技术和知识；研究者能够管理大量数据的收集和分析。鉴于此，一致性设计最适合团队研究，或可以收集有限定量和定性数据的单个研究者。

（3）一致性设计背后的哲学前提假设。

由于一致性设计包括同时收集、分析、合并定量和定性两种数据与结果，这便提出了有关研究哲学前提假设的问题。我们建议选择此设计的研究者采用一种范式，如实用主义，作为研究的统领性范式，而不是“混合”不同范式。实用主义的前提假设非常适合用来指导这种做法，合并定量、定性方法来获得更多理解。

（4）一致性设计的程序。

图 12－3 中展示了一致性设计的实施程序。如图 12－3 所示，一致性设计包括四个主要步骤：第一，研究者就感兴趣的研究主题收集定量和定性数据。两种数据的收集是同时，却彼此独立进行的——并不是基于一种数据的分析结果来收集另一种数据。此外，对于解决研究问题，定量、定性两种数据也具有同等重要的地位。第二，研究者使用典型的定量、定性分析程序，来分别分析定量、定性数据集。第三，得到定量、定性的分析结果后，研究就进行到了交界点，研究者将进行以下步骤——合并定量、定性数据的分析结果。这一合并步骤包括：在分析中，直接比较两种结果，或转换结果的形式来加强两类数据间的联系。第四，研究者要解释，定量和定性两组结果在何种程度上以何种方式，彼此相同、相异、相关，并且可以通过整合结果获得更好的理解来回应研究的总目标。

（5）一致性设计的优点。

一致性设计有许多优点：一是直观，混合方法的新手常常选择这种设计，它是文献最先讨论的设计，也已成为混合方法研究的流行设计之一；二是高效，两种类型数据的收集在一个研究阶段中几乎是同时进行的；三是研究者使用传统的定量和定性方法，来分别收集、分析定量和定性数据。这使此设计适合团队研究——团队包含具备定量和定性研究专业知识与技术的成员。

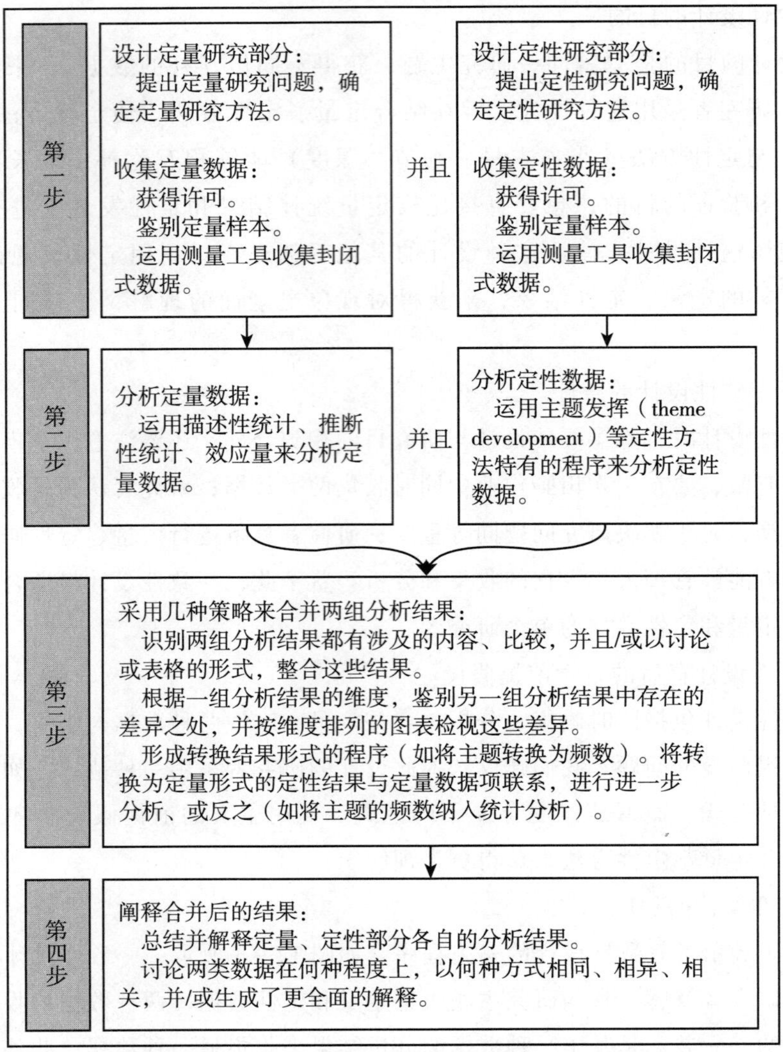

图 12-3　一致性设计基本实施程序的流程

（6）使用一致性设计的挑战。

虽然一致性设计是最流行的混合方法设计类型，但它也是主要设计类型中面临最多挑战的一种。选择一致性设计的研究者将面临下述挑战，并可以采用以下方法进行应对：由于一致性设计同时进行两种数据收集，两类数据具备同等重要性，它要求研究者进行大量工作，并具备专业技术和知识。组建包含定量和定性专家的研究团队，在毕业生委员会中引入具备定量和定性专业知识的研究者，或是在定量和定性研究中对独立研究者进行训练，在一定程度上可以解决这个问题；研究者在合并定量、定性数据集时，要考虑两者样本不同、样本量不同带来的影响。由于定量和定性数据收集的目的并不相同（定量是为了一般性，定性是为了深入描述），两者的样本量会有所差异；将两组差异颇大的数据及其分析结果进行有效合并，很具挑战性。研究者需要对研究进行设计，以使定量、定性数据解释的是同一个概念。这一策略有助于合并数据集；如果定量和定性研究结果不一致，则研究者将面临抉择。

矛盾的结果或许可以为该主题提供新的洞见，但这些差异很难处理，还可能需要收集其他数据。接下来的问题是要另外收集或重新分析哪种数据：定量数据、定性数据，还是两者都要？

（7）一致性设计的变体。

设计变体展现了研究者使用这些主要设计时进行的改动。在文献中，一致性设计有三种常见变体：平行数据变体、数据形式转换变体和数据效度变体。

平行数据变体是一种常见变体，定量、定性两个平行的研究部分彼此独立进行，只在阐释部分才进行合并。研究者使用两种数据来检验现象的不同方面，并在讨论部分中整合或比较这两组相互独立的研究结果。例如，相关研究收集了定性的访谈，以及定量的问卷调查和服务器日志，并讨论了这两类结果如何更全面地展现年轻人在网络虚拟社区中的活动。

数据形式转换变体指研究者实施一致性设计时，赋予定量、定性部分不同的重要性，更侧重定量部分，并采用数据形式转换来合并数据。也就是说，在两组数据集的初步分析之后，研究者对定性结果进行量化（如根据定性主题创建一个新变量）。数据形式转换使定性数据的分析结果，可以通过直接比较、相互管理和进一步分析与定量数据和定量结果结合在一起。相关研究对父母价值观的研究就使用了这一变体。他们从定性访谈资料中总结出定性主题，然后将每个参与者在这些主题上的表现二分地赋值为“呈现”或“不呈现”。接着他们把这些量化得到的分值和定量数据放在一起分析，利用相关分析和 Logistical 回归来确定各类别之间的关系，以及不同性别、种族之间的差异。

数据效度变体指研究者在一份问卷中同时设置开放式和封闭式问题，并用开放式问题的结果来确证、验证封闭式问题的结果。因为定性主题是额外加入定量问卷的，所以通常不会形成一个完整的基于文本的定量数据集。但是，它们为研究者提供了新的主题和优越的引文，可以用来检验、丰富定量问卷调查的发现。例如，相关研究在研究大规模伤亡事件对法医情感、心理的负面影响时，在定量问卷中加入了定性问题。他们使用定性数据来检验定量问卷项目的结果。

12.3.2　解释性时序设计

大部分混合方法设计的论著都会强调时序设计，并称为时序模型、顺序三角互证、迭代设计等。尽管这些名称适用于任何顺序的两阶段设计，我们仍将介绍一些具体的设计名称，它们可以区分时序设计中是定量部分还是定性部分在前。解释性设计是一种混合方法设计，这种设计在第一阶段进行定量研究，接着得到具体结果并进入第二阶段。第二阶段，即定性研究阶段，旨在更深入地解释第一阶段的结果，这一设计名称反映了它强调结果解释的特性。此设计也称为定性后续设计（qualitative follow - up approach）。

（1）解释性设计的目的。

解释性设计的总目标，是用定性部分来解释之前的定量结果。例如，如果研究者需要定性数据来解释定量的显著（或不显著）结果、支持性案例、异常结果，或意料之外的结果，就非常适合采用解释性设计。倘若研究者想根据定量结果对样本进行分组，然后对这些小组进行进一步的定性研究，或者要利用参与者特性的定性结果来指导定量阶段的立意抽样，也可以使用解释性设计。

（2）选择解释性设计的条件。

当研究者想要利用定量数据判断趋势和关系，并要解释这些趋势背后的机制或原因时，解释性设计是最有效的。其他重要条件还有：

研究者和研究问题都更倾向于采用定量方法；

研究者知道重要的变量，并能够使用定盘工具来测量研究对象的结构；

研究者能够再向参与者收集第二轮定性数据；

研究者有足够时间进行两个阶段的调查研究；

研究者资源有限，并需要研究设计——在这种设计中，一次只收集、分析一种数据；

研究者根据定量研究结果发现了新问题，而且这些问题无法用定量数据回答。

（3）解释性设计背后的哲学前提假设。

既然研究一开始就是定量部分，研究问题和研究目的便通常会更重视定量部分。尽管这可能促使研究者采用后实证主义视角进行研究，我们依旧鼓励研究者考虑在各个研究阶段使用不同的假设。也就是说，由于解释性设计的研究以定量研究开头，研究者通常一开始就从后实证主义视角出发来开发测量工具、测 R 变量、评估统计结果；当研究进入定性阶段，研究者需要衡量多种视角并进行深入描述，便会转而采用建构主义的前提假设。这样，由于研究者采用了多种哲学立场，研究设计的总哲学前提假设便从后实证主义转为建构主义。

（4）解释性设计的程序。

解释性设计或许是混合方法设计中最便捷的一种设计。图 12 – 4 展示了一个典型的两阶段解释性设计的实施步骤。第一步，研究者需要设计、实施一个包括定量数据收集和分析的定量研究部分。第二步，研究者识别出需要额外作解释的定量结果，并运用这些结果来指导建立定性研究部分，由此进入第二阶段——这里也是混合的交界点。具体而言，研究者在这一步形成或完善定性研究问题、立意抽样程序、数据收集提纲，因此这些内容是根据定量结果得出的。如此，定性阶段便是以定量结果为基础的。第三步，研究者收集、分析定性数据，进行定性阶段的研究。第四步，研究者要解释定性结果在何种程度上，以何种方式解释了定量结果，并为理解定量结果提供了新的洞见，以及整个研究如何回应研究目的。

（5）解释性设计的优势。

解释性设计的众多优势使它成为最为便捷的一种混合方法设计，其优点包括以下几种：定量研究者会对这种设计感兴趣，因为该设计的起始部分具有强烈的定量导向；两阶段的结构便于实施，因为研究者在两个阶段分别使用定量、定性方法，一次性收集一

第一步

设计并实施定量研究部分：
- 提出定量研究问题，明确定量研究方法。
- 获得许可。
- 识别定量研究样本。
- 运用测量工具收集封闭式数据。
- 运用描述性统计、推断性统计和效应量来分析定量数据，回答定量研究问题，并为第二阶段的研究选定参与者。

↓

第二步

根据定量研究结果使用策略：
- 确定对哪些定量结果进行解释，比如：
  - 显著的结果；
  - 不显著的结果；
  - 异常值；
  - 群体差异。
- 运用这些定量结果：
  - 完善定量研究问题和混合方法研究问题；
  - 确定选择哪些参与者作为定性样本；
  - 设计定性数据收集提纲。

↓

第三步

设计并实行定性研究：
- 根据定量研究结果，提出定性研究问题，并确定定性研究方法。
- 获得许可。
- 有目的地选择有利于解释定量结果的定性样本。
- 根据守则收集开放式数据——守则是根据定量结果形成的。
- 运用生成主题的程序和定性研究的特定方法来分析定性数据，回答定性研究问题和混合方法研究问题。

↓

第四步

解释两种相关的研究结果：
- 总结并解释定量研究结果。
- 总结并解释定性研究结果。
- 讨论定性研究结果在何种程度上、何种方式有助于解释定量研究结果。

图 12－4　解释性设计基本程序的流程

种类型的数据。这意味着，即便是单个研究者也可以实施这种设计，而不需要研究团队；最终的研究报告可以由定量部分和之后的定性部分组成，这样不仅便于撰写，也能为读者提供清晰详细的内容；这种设计是生成式的，研究者可以根据首个定量阶段的研究结果来设计第二个阶段。

（6）解释性设计面临的挑战。

尽管解释性设计很便捷，但研究者选用这种方法时，仍要预计到它所面临的挑战。解释性设计面临着以下挑战：此设计需要较长时间来实施两个研究阶段。研究者要知道定性阶段比定量阶段耗时更长。尽管定性阶段只研究有限几位参与者，研究者还是得为定性阶段预留充足的时间；难以获得机构审查委员会（IRB）批准，因为在获得第一阶段的结果之前，研究者无法确定第二阶段参与者的挑选方式。解决方法是向机构审查委员会提供初步的定性研究框架，并告知第一阶段的参与者可能会再次参与研究；研究者要决定哪些定量结果需要进一步解释。虽然这些内容要到定量阶段的研究完成之后才能真正确定，但研究者在规划研究时就可以预先考虑进行进一步解释的定量结果，如显著的结果和有重要影响的自变量；研究者必须决定在第二阶段抽选哪些样本，以及采用什么标准来挑选参与者：如何从与定量阶段相同的样本中选择参与者，以期得到最好的解释；以及可以使用的参与者挑选标准——人口统计学特征、定量阶段进行比较的分组，也可以挑选在选定的自变量上表现异常的个体。

（7）解释性设计的变体。

解释性设计有两种变体：典型的后续解释变体、参与者挑选变体。典型的后续解释设计是解释性设计最常见的变体。研究者更重视最开始的定量阶段，并使用后续的定性阶段来帮助解释定量结果。例如，有研究对有学习障碍的中学生进行研究，考察记笔记方式对他们考试成绩的影响，这项研究就是以定量阶段的研究开头的。基于定量研究结果，他们又进行了定性阶段的研究，包括从学生那里收集访谈资料和文件，来了解他们记笔记的态度和行为，以帮助解释定量研究结果。虽然不那么常见，但如果研究者更重视第二个定性阶段，而不是开头的定量阶段，就产生了参与者挑选变体。该类型也称为定量准备设计。如果研究者重在对某一现象进行定性检验，但需要首先得到定量结果来识别，特意选择最佳参与者，就可以使用这种变体。例如，相关研究收集了定量数据来识别在知识学习方面始终学到得多的理科生和始终学到得少的理科生，然后对这两组学生的学习观念进行了深入的定性比较研究。

12.3.3　探索性时序设计

探索性设计也是一种两阶段的顺序设计：研究者在开始第二个定量研究阶段前，先对某一主题进行了定性探索。这一设计的名称也体现了探索性研究的重要性。许多研究者在使用这种迭代设计时都会开发测量工具，把这一步作为定性阶段和基于定性结果的定量阶段之间的中间步骤，并用于接下来的定量数据收集。因此，探索型时序设计也被称为测量工具开发设计和定量后续设计。

（1）探索性设计的目的。

探索性设计的主要目的，是将第一个定性阶段中基于少数个体的定性发现推广至第二个定量阶段收集的更大样本之中。与解释性设计类似，两阶段探索性设计旨在利用第一阶段的定性方法，来帮助形成、解释第二阶段的定量方法。要使用这种设计，即意味着出于以下原因需要进行探索性研究：①无法测量，或没有测量工具；②变量未知；③没有指导性的框架或理论。因为探索性设计以定性研究开始，所以最适于对某一现象进行探索。如果研究者由于没有测量工具，而需要开发测量工具并进行测试，或是在变量未知的情况下需要找出重要变量以供定量研究，就尤其适合选用探索性设计。倘若研究者想把定性研究结果推广至不同群组，或想检验新理论、新分类原则的多个方面，或是打算更深入地探究某一现象并测量其属性的普遍程度，探索性设计也同样适用。

（2）选择探索性设计的条件。

当研究者想要推广、评估或检验定性探索的结果来考察这些结果是否能够推广到某一样本或群体，探索性设计是最适合的。另外，以下注意事项同样重要。

研究者和研究问题更倾向于定性导向；

研究者不知道什么概念值得研究，同时缺乏相关的定量测量工具；

研究者有时间实施两个阶段的研究；

研究者资源有限，并需要研究设计——在这种设计中，一次只收集、分析一种数据；

研究者根据定性研究结果发现了新问题，并且定性数据无法回答这些问题。

（3）探索性设计背后的哲学前提假设。

鉴于探索性设计以定性研究开始，这种设计的研究问题和研究目的通常更重视定性研究部分。因此，在研究的第一阶段，研究者通常采用建构主义的原则，来强调多元观点和更深入理解的重要性。而当研究进入定量阶段，潜在哲学前提假设便可能变成后实证主义，来引导变量、统计趋势的识别与测量。因此，这种设计采用了多种世界观，而且不同研究阶段有不同世界观。

（4）探索性设计的程序。

图 12－5 总结了探索性设计的四个主要步骤：第一步，收集、分析定性数据，对某一现象进行探索；第二步，也是混合的交界点，研究者根据定量阶段的结果开发测量工具、识别变量，或基于新理论、新框架提出有待检验的命题，上述工作将开头的定性阶段和后续的定量阶段连接在一起；第三步，研究者进行定量部分的研究，对新的参与者使用开发出的测量工具，来检测重要变量；第四步，研究者要解释定量结果以何种方式、在何种程度上推广或扩展了一开始得到的定性结果。

（5）探索性研究的优势。

由于探索性研究是两阶段的结构，一次也只收集一类数据，因而探索性设计和解释性设计有许多同样的优势。探索性设计的具体优势如下：①有两个彼此独立的研究阶段，这使描述、实施和报告探索性设计都很简便；②尽管探索性设计通常比较重视定性部分，但加入定量研究部分可以使定量背景的读者更容易接受定性部分；③如果第一个定性阶段的结果表示需要进行第二个定量阶段的研究，就可以采用这种设计；④研究者可以开发新测量工具，这也是研究过程的潜在成果。

（6）使用探索性设计将面临许多挑战。

首先，第一、第二阶段的研究需要相当长的时间来完成，其中包括耗时开发新测量工具。研究者要认识到这一事实，并在研究计划中设定时间表。其次，研究者应考虑在第一阶段使用立意抽样的小样本，在第二阶段使用由其他参与者组成的大样本，以避免定量部分的偏向问题。如果在两个研究阶段之间开发测量工具，研究者就需要决定使用定性研究阶段的哪些数据来构建定量测量工具，以及如何使用这些数据来产生定量工具。最后，研究者应采取一些程序，来确保测量工具得到的数据是有效且可信的。

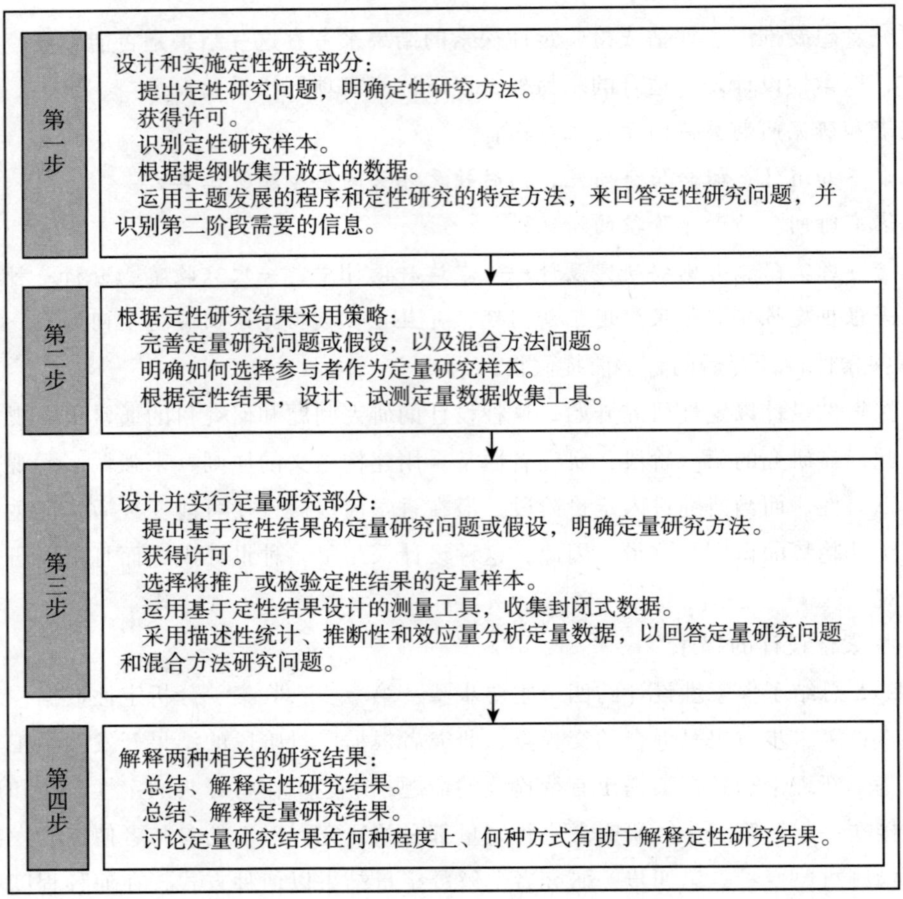

图 12－5 探索性设计基本实施程序流程

(7) 探索性设计的变体。

与解释性设计一样，探索性设计的这两种主要变体，在定量部分和定性部分优先次序方面有所不同。

在理论发展变体中，研究者更重视一开始的定性阶段，并确保次要的定量阶段旨在扩展定性阶段的结果。研究者实施定性研究部分，旨在发展新的理论、分类系统或分类方法，并且用更大的样本来检测研究发现的普遍性，以及/或者检验理论。当研究者根据定性发现形成定量研究问题或假设，而后进行定量阶段的研究来回答这些问题，就是采用了这种模式。例如，相关研究描述了如何基于定性案例研究，提出有关家庭实践影响因素的新变量和新假设，然后运用定量的路径进行分析，以检验这些通过定性研究提出的变量和关系。

然而，研究者在使用探索性设计时，往往更重视第二阶段的定量研究。在工具发展变体中，最初的定性阶段起次要作用，通常是为了收集信息，用来开发更重要的定量阶段所需的测量工具。利用该模式，麦克和马希尔首先就年轻人关于恋爱关系中自己对他人重要性的看法，进行了定性探索（即他们如何感知自己在对方眼中是重要的）。根据定性研究结果，他们开发了情侣重要性问卷，并把它纳入第二阶段的定量研究，用于检验假设——这些假设是根据重要感生成与维持理论模型形成的。

12.3.4 嵌入式设计

嵌入式设计是这样一种混合方法设计——研究者在一个传统的定量研究设计或定性研究设计中，整合定量、定性两种数据的收集与分析（参考图 12-6）。在原本与更大设计有关的数据收集、分析过程之前、之间和/或之后，可能出现第二种数据集的收集与分析。在某些嵌入式设计中，两种数据集之一会在研究中起支持性的次要作用。例如，研究者在定量实验中嵌入定性研究部分，来支持实验设计。此外，研究者也会将定量和定性方法相结合，再嵌入传统研究设计或研究程序。例如，在一个嵌入式混合方法的案例研究中，研究者收集、分析了定量和定性两种数据来检视案例。研究者还可以将定量、定性方法嵌入社会网络分析等研究程序。

（1）嵌入式设计的目的。

使用此设计的前提是：单单一种数据集并不充分，研究中有不同的问题有待回答，并且每一类问题都需要不同类型的数据来回答。在嵌入式实验混合方法设计的例子中，定量研究占主导地位，研究者需要定性数据来解释次要的研究问题时，往往采用嵌入式设计。在实验的例子中，研究者加入定性数据有以下几个原因，如改善招募程序、检验干预过程，或是解释实验参与者的反应。值得注意的是，加入定性数据的目的与实验的主要目的相关但并不相同，而实验的主要目的在于评估干预项是否具有显著作用。这一特征区分了嵌入式设计和一致性设计——在一致性设中，研究者使用定性、定量两种方法来解决一个总的研究问题。

（2）选择嵌入式设计的条件。

如果研究者打算通过改善定量或定性设计来实现研究的主要目的，因而提出需要不同类型数据来回答的多个研究问题，就适合采用嵌入式设计。另外，有以下注意事项：

研究者具备必要的知识和技能，来严格执行预定的定量或定性设计；

不论研究是以定量还是定性为主要导向，研究者都可以接受；

研究者此前对补充性方法少有经验；

研究者没有足够的资源来赋予定量、定性数据同等重要性；

研究者识别出关于实施定量或定性设计的新问题，对这些新问题的洞见可以通过次要数据集获得。

（3）嵌入式设计的哲学前提假设。

嵌入式设计可以用来改善传统定量或定性设计的应用。因此，设计中的主要方法决定了该设计的前提假设，而另一数据集则从属于这一方法论。例如，如果主设计是实验性的、相关性的、纵向的或重在工具检验的，研究者便很可能以后实证主义前提假设为总范式。同样的，如果主设计是现象学的、扎根理论、民族志、案例研究或叙事的，那么研究者最有可能采用建构主义范式。不论是哪种情况，补充性的方法都要服务于主导方法。

（4）嵌入式设计的程序。

如果要讨论嵌入式设计的程序，那么，关注补充性数据的收集、分析与主要研究部分关联的时机，以及在研究中加入补充性数据的原因，不失为一个好方法。桑德洛夫斯基（Sandelowski，1996）最先介绍了补充性研究部分这一概念，这一研究部分出现在主要研究部分之前、之间或之后（或部分结合）；我们发现，无论以哪种方法为重，这都是讨论嵌入式设计的有用框架。研究者根据在更大设计中使用补充性数据的目的，来做出有关程序的决策（之前、期间、之后，或部分结合）。因此，嵌入式设计可以在嵌入的研究部分中采用一阶段或两阶段设计，而且这一研究程序会体现关于设计顺序或并行属性的问题与特征。

文献中最常见的嵌入式设计类型，都是在实验设计中嵌入定性数据，所以图 12 - 6 提供的主要程序展示了在实验干预之前、之间和/或之后加入定性数据的程序。一般的步骤包括：①设计整个实验，并确定需要加入定性数据的原因；②收集、分析定性数据，来改善实验设计；③收集、分析实验分组的定量结果数据；④解释定性结果如何改善了实验程序和/或对实验结果的理解。

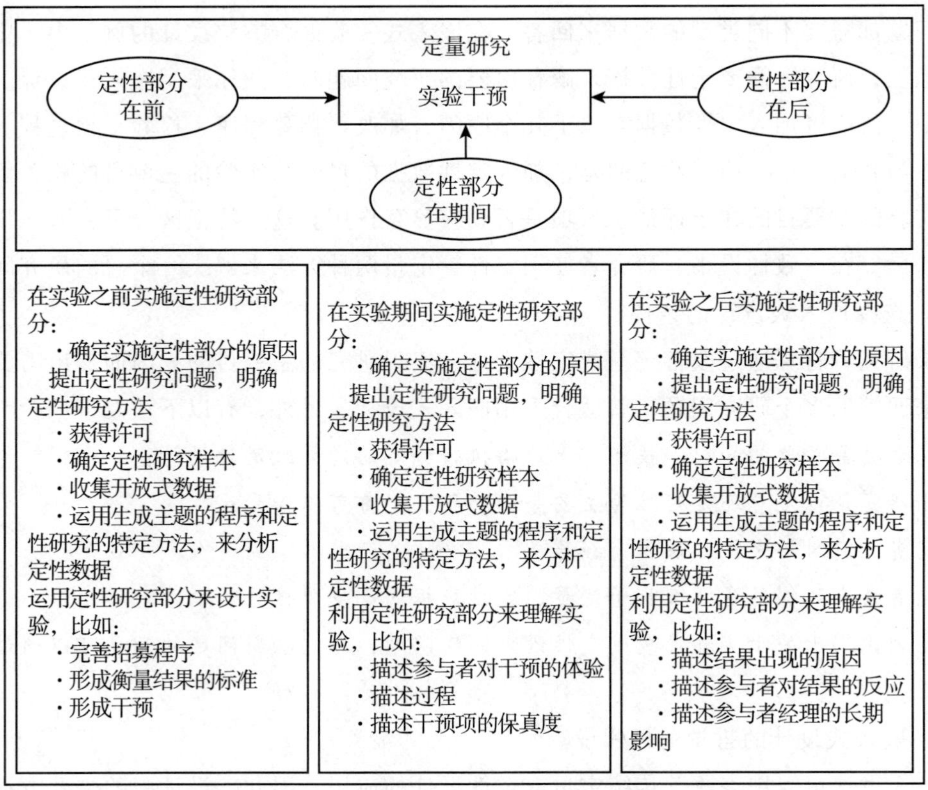

图 12 - 6　嵌入式设计基本实施程序流程

（5）嵌入式设计的优势。

嵌入式设计有以下几个优点：如果研究者没有充足的时间和精力投入广泛的定量、定性数据收集，就可以采用嵌入式设计，因为它认为其中一类数据比另一类更重要，可以侧重收集一类数据；通过增加补充性的数据，研究者可以改善更大的设计；因为嵌入式设计用不同方法解答不同问题，因此很适合团队研究，团队成员可以按照自己的兴趣和专长专攻其中一个问题；对于不同问题的关注，意味着定量、定性两种研究结果可以分开发表；对不甚熟悉混合方法研究的基金机构而言，这种设计很有吸引力，因为这种设计的重心是传统的定量或定性设计。

（6）使用嵌入式设计的挑战。

以下是嵌入式设计的挑战，以及应对策略：研究者除了要有混合方法设计的专业知识外，也要有定量或定性设计的专业知识；研究者必须明确在更大的定量（或定性）研究中，收集定性（或定量）数据的目的。研究者可以用主要目的和次要目的的方式来说明这一内容；研究者必须决定，在实验的哪个时间点收集有关干预的定性数据。这一决定必须基于加入定性数据的目的（如塑造干预，解释参与者在干预中的过程，或对实验结果进行后续跟踪）；当用定量、定性两种方法来回答不同研究问题时，两种结果很难进行整合。但是，嵌入型设计不像一致性设计，它的目的不是合并两种数据集来回答同一个研究问题。采用嵌入式设计的研究者，可以在研究报告中分别报告两组结果，甚至在不同的论文中分别发表两组结果；对于嵌入干预期间的实验方法，收集定性数据可能会引入潜在的干预偏差，影响实验结果。我们建议通过收集平滑的数据来解决这一潜在偏差。

（7）嵌入式设计的变体。

理论上，按照是否符合以下特征，嵌入式设计有两种变体：一种方法作为补充嵌入更大的研究设计；另一种方法是定量、定性方法相结合之后嵌入更大的研究设计或研究程序。这两大分类中还有更多变体：研究者在更大的设计中嵌入补充性数据集来解决多种问题，这就是嵌入式设计的典型变体。最常见的例子是嵌入式实验变体，指研究者在实验中嵌入定性数据。其他类似变体还有嵌入式相关变体和嵌入式工具发展与检验变体。例如，有研究在测试测量工具时收集了定性资料（如参与者的意见、开放式反馈和田野观察记录），以提供额外的证据，证明测量工具能够在护理中心得出有关工作人员的有用结果。近年来，学者们还讨论了混种设计——混种设计指研究者在传统研究设计或研究程序中嵌入定量和定性数据的设计。这些做法产生了几种嵌入式设计变体，如混合方法案例研究和混合方法叙事研究。在这些例子中，案例或叙事成了定量和定性数据收集的载体。另一个例子是混合方法民族志，研究者在民族志设计中讨论两种形式的数据收集。此外，定量和定性数据也可以嵌入更大的研究程序，如社区史日历、生命史日历或地理信息系统（GIS），社会人口学学者曾讨论过这部分内容。例如，相关研究在地理信息系统研究程序中加入定量空间数据与定性民族志信息，来描绘满足残疾儿童需求的家庭的经历。

12.3.5 变革性设计

当研究者采用以理论为基础的框架——如变革性世界观——进行混合方法研究，那么他所用的研究设计便超出了上述四种基本的混合方法设计。基于变革性的理论框架是一种旨在支持代表受到不公待遇群体或边缘群体需求的框架。采用这种设计的研究者会采取一定立场，能敏锐发现研究对象群体的需求，并会研究得出具体的改变措施，为所研究的群体增进社会公正。有一些学者认为意识形态观点不是混合方法设计的分类标准，认为它们主要关乎研究内容方面的目的，而不是研究方法选择。而其他学者认为，变革性设计也是主要的混合方法设计之一。

（1）变革性设计的目的。

进行变革导向的研究，目的在于识别权力失衡，对个体或社区赋权，以期增强有利于社会公平的因素。也就是说，在变革性设计中，研究者混合定性定量方法主要是因为价值和意识形态方面的原因，而非方法和程序方面的原因。该设计的目的是：使用最适于推进变革性目的的方法（如挑战现状、制订解决方案）。

（2）选择变革性设计的条件。

当研究者确定实现变革性目的需要采用混合方法，就应该采用变革性设计。其他注意事项还有：

研究者试图解决有关社会公正的问题，并呼吁变革；

研究者观察到被忽视群体或边缘群体的需求；

对研究被忽视群体或边缘群体的理论框架，研究者有充分的研究经验；

研究者可以在研究对象群体没有被进一步边缘化之前，开展研究。

（3）变革性设计背后的哲学前提假设。

变革性为实施变革性设计提供了总的前提假设。变革性设计倡导和参与的世界观，为研究项目提供了统领性范式，其中包括政治行动、赋权、协作和变革导向的研究视角。

（4）变革性设计的程序。

根据单个变革性研究的具体情境，研究者可以采用与上述任何一种基本混合方法设计一致的研究程序。有所不同的是，研究者使用的变革性范式和理论视角“在整个研究过程中具有普遍影响”。作者描述了研究视角影响五个研究步骤的方式，包括：①确定研究困惑和检索文献；②确定研究设计；③确定数据来源，挑选参与者；④确定或形成收集数据的工具和方法；⑤分析、解释、报告和使用结果。另外，还有研究检视 11 份已发表的研究实践，确定了可以在多文化背景下有效开展混合方法研究的几种程序。正如这些作者所言，图 12－7 总结了变革性研究者在设计混合方法程序时所要考虑的关键事项。

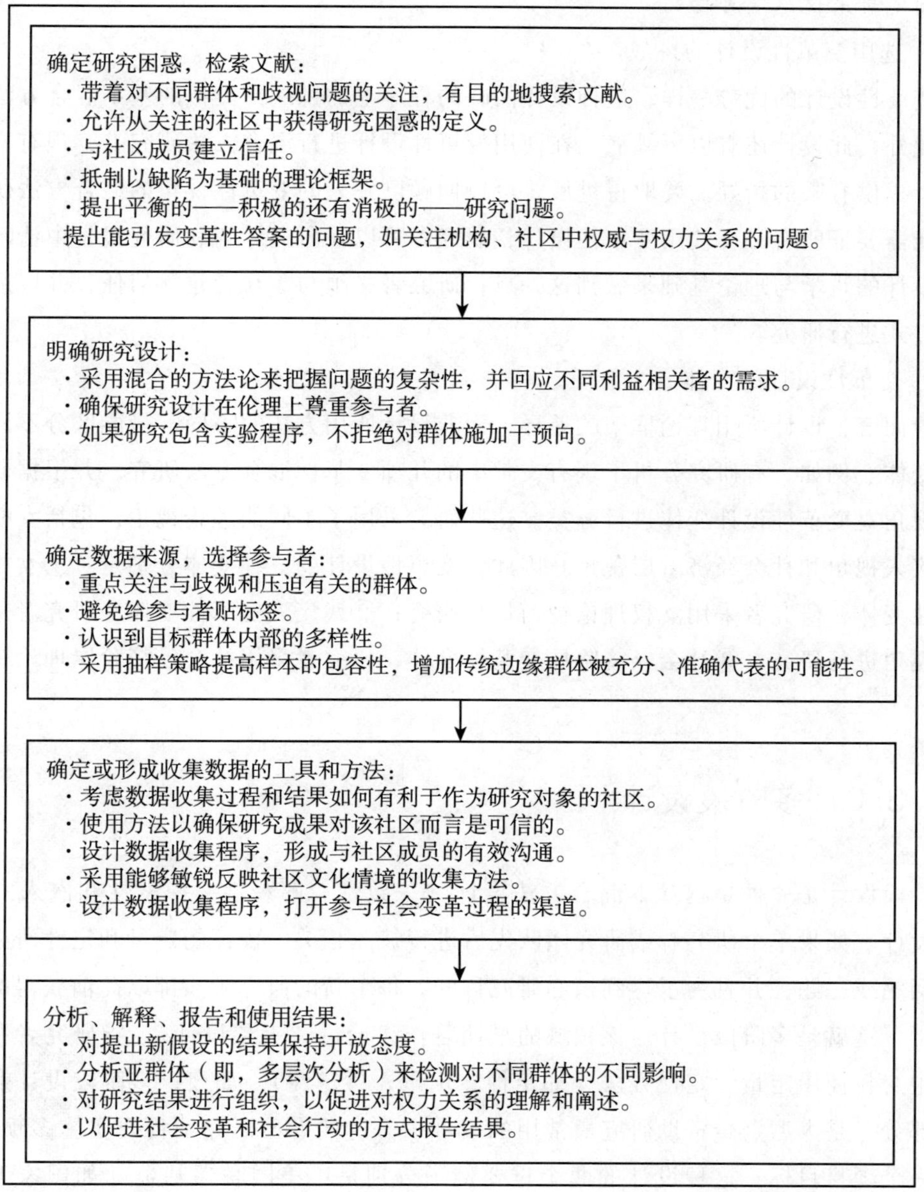

图 12－7　设计变革性设计的基本注意事项的流程

（5）变革性设计的优势。

在变革性设计中，研究者可以实施与任一基本混合方法设计一致的程序。因此变革性设计和上述设计有一些共同的优点。此外，变革性设计还有以下优势：

研究者在变革性框架内采用倡导和解放的世界观进行研究；

研究有助于为个体赋权，带来变革和行动；

参与者通常会积极参与研究；

研究者有能力使用多种研究方法，使得出的研究结果既对社区成员有用，对利益相关者和政策制定者来说也是可信的。

（6）选用变革性设计的挑战。

如变革性设计的优势一样，这种设计面临的程序上的挑战与类似的基本混合方法设计的一样。此外，此设计还有以下挑战：在使用变革性设计进行混合方法研究上，现有文献仅能为研究者提供有限的指导。要取得进展，可以回顾已发表的变革性视角的混合方法研究；研究者可能需要证明有必要使用变革性设计，研究者可以在研究计划和研究报告中清晰地讨论变革性设计的哲学与理论基础来做到这一点；研究者必须与参与者建立信任，并以适合文化背景的方式进行研究。

（7）变革性设计的变体。

一般而言，设计所用理论框架的差异，而非设计所用方法的不同，最能区分不同的变革性设计变体。例如，有研究分析了现有文献中的几项变革性混合方法研究，并根据研究采用的理论视角对变革性设计变体进行分类。这些研究采用了不同的理论视角，包括女权主义视角、残疾人视角和社会经济阶层视角。因此，变革性设计的三种变体分别是：①女权主义视角变革性变体，研究者采用女权理论视角进行研究；②残疾人变革性变体，研究者采用残疾人理论视角进行研究；③社会经济阶层变革性变体，研究者采用社会经济阶层理论视角进行研究。

12.3.6 多阶段设计

多阶段设计是一种超越基本混合方法设计（一致性、解释性、探索性和嵌入式）的混合方法设计。如果单个研究者或研究团队先后进行彼此相关、佐证的定量和定性研究，来研究某个问题或主题，并且为了达到核心研究目的，每个新的研究阶段都以此前获得的研究结果为基础，这就是多阶段设计。该领域的早期著作讨论过“夹层设计”，指研究者在三个研究阶段中交替使用定量、定性方法（如定性、定量、再定性）。如今，多阶段设计兼有时序和并行部分，是大型资金资助研究最常用的设计——这些大型研究项目要实施多项小研究，来实现一个项目目标。这种设计的两个重要例子分别是：美国联邦基金［如国家卫生研究院（NIH）或国家科学基金会（NSF）项目］资助的、包含大量调查人员和研究者的多项目混合方法研究，以及多个层次数据收集、数据分析和多项研究的全州评估研究。

（1）多阶段设计的目的。

使用多阶段设计，是为了解决一组不断增加的研究问题，这些问题均会在不同程度上推进项目研究目标的达成。这种设计为持续多年的项目提供了总体性的方法论框架，这些项目需要多个研究阶段来组成。例如，在项目评估中，这些研究阶段可能与需求评估、方案制订和项目评估测试等阶段有关。

（2）选择多阶段设计的条件。

除了让设计与一系列研究问题相匹配，选择多阶段设计还应该符合以下条件：研究者无法仅用一项混合方法研究来实现长期项目的目标；研究者拥有大型研究的经验（如评估研究的经历，复杂健康科学项目的经历）；研究者有足够的资源和资金来进行这项历时多年的研究；除了有定量、定性研究经验的研究者外，研究团队还包括参与者；研究者正在进行的混合方法研究项目是生成式的，研究的不同阶段会出现新的研究问题。

（3）多阶段设计背后的哲学前提假设。

作为多阶段设计基础的哲学前提假设，会根据设计的具体情况有所不同。作为一般性的框架，研究者如果要同时进行定量、定性部分的研究，应当采用实用主义作为统领性的哲学基础；如果依序进行两种研究，就要在定性部分选用建构主义，在定量部分使用后实证主义。由于团队研究经常采用这种做法，团队中的不同小组常会采用不同前提假设，专攻整个设计的不同部分。不仅哲学前提假设很重要，选用一个强有力的理论视角也有益于多阶段设计——这一理论视角为研究者在各个研究阶段讨论独立的研究内容提供了指导性框架。

（4）多阶段设计的程序。

多阶段设计的一般程序见图 12－8。多阶段设计中的每个独立研究都旨在回答一组具体的研究问题，从而整合起来实现更大的项目目标。一个研究阶段或几个研究序列中的研究程序，往往近似于一个或多个基本混合方法设计的实施程序。此外，使用多阶段设计时，研究者必须仔细说明各个阶段的研究问题，这不仅有利于整个调查方案，从此前几个研究阶段的所得获益，也对基于此前研究发现、研究结果形成的设计程序有好处。

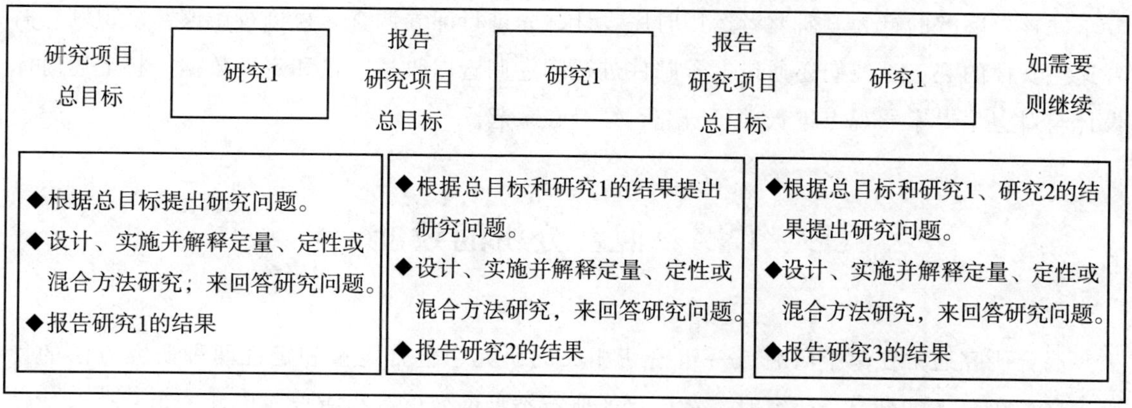

图 12－8　多阶段设计基础实施程序的流程

（5）多阶段设计的优势。

多阶段设计具有许多优势：多阶段设计具有实践混合方法设计元素所需的灵活性，而要解决一组互相联系的研究问题需要这些混合方法设计元素；研究者可以发表多阶段设计中单个研究的结果，同时仍然致力于整个评估或研究项目；设计很适合典型的项目评估与开发研究；研究者可以利用多阶段设计，为持续多年的多次证明研究提供总体框架。

（6）使用多阶段设计的挑战。

尽管包含多种元素的特质和灵活性是多阶段设计的主要优势，但这也表明了此设计的主要挑战：在单个或后续的阶段，研究者必须预见通常与单个并行研究和时序研究相关的挑战；研究者需要有足够的资源、时间、精力才能成功完成持续多年的多阶段研究；研究者要在项目范围内与研究团队有效合作，也要预计到团队成员可能的增加和流失；除了在研究阶段中混合定量和定性部分外，研究者还需要考虑如何在单个研究之间建立有意义的联系；由于不少多阶段研究都把项目开发作为实践性目标，研究者要考虑如何形成材料和程序来将研究发现转化为实践。

（7）多阶段设计的变体。

如何对多阶段设计的变体进行分类，有关这一问题的思考才刚刚起步。因为多阶段设计研究常以不同研究项目的形式发表于多种期刊，因此我们很难识别相关例子。根据文献中已有的例子，我们认为有以下变体。

大型程序开发和评估项目最常使用多阶段设计。这些项目往往是教育、医疗服务研究等领域的国家资助项目，研究者开展的研究项目包含探索研究、程序开发、程序测试和可行性研究。

多层次全州研究使用不同研究方法和阶段来检视一个系统中的多个层级，如地方层次、州层次和国家层次。举个例子，讨论关于教育问题的多层次项目应当如何在五个层次进行研究：学校系统、学区、学校、教师和班级、学生，每个层次则需要采用不同研究方法。

最后一种变体是结合了并行与时序阶段的单个混合方法研究。例如，研究女性在分娩前寻求硬核外麻醉的行为。研究者运用时序设计，先进行问卷调查，再进行访谈，来识别、解释这些女性的观点。他们还通过电子邮件进行问卷调查以收集定量和定性数据，将上述时序设计与对卫生专家的观点进行并行研究，结合在一起。

12.4 混合分析的效度

混合研究通常在单个研究或一组密切相关的研究中包含定量和定性两种研究方法的使用。这意味着当进行混合研究时本章探讨的所有类型的效度都很重要。因此，第一个要记住的关键点就是你要设计和进行的混合研究，要具有很强的定量及定性效度。①

近年来，几个研究方法学家已经确定了在混合研究中尤其重要的几种类型效度。这里重点关注奥韦格布兹及约翰逊提出的混合研究效度的九种类型（也称作合法化类型）。② 奥韦格布兹及约翰逊指出，我们可以将这些类型视为效度类型或将其视为混合研究合法化的类

① 伯克·约翰逊/拉里·克里斯滕森：教育研究：定量、定性和混合方法（第4版）[M]，马健生，译．重庆大学出版社，2015.

② Onwuegbuzie, A. J., & Johnson, R. B. (2006). The validity issue in mixed research. Research in 1he Schools, 13 (1), 48 - 63.

型。在这里，效度与合法化两个词语可互换使用。在混合研究中，推论或结论是基于研究的定性及定量两个部分得出的。然而，要实现真正混合，还必须将这些推论结合或融合到更大的元推论。

混合研究中的第一种类型的效度叫作内部—外部效度（inside - outside validity）。内部—外部效度指的是研究者准确地理解、使用和呈现参与者主观的局内人观点或“朴素”观点（也叫作“主位”视角）以及研究者客观的局外人观点（也称为“客位”视角）的程度。这个观念就是要完全地进入参与者的世界以及“客观的”研究者的世界，要在这两种视角之间来回反复，而后基于这些认真开发的主位视角与客位视角来形成一种观点。从这两种视角来理解现象，这对于进行完全有根据的描述和解释是很重要的。

范式效度（paradigmatic validity）指的是研究者反思、理解、展现其“综合性”混合研究哲学与方法学范式的程度，包括关于混合研究的认识论、本体论、价值论、方法论以及修辞学的观念。要获得范式效度，研究者的范式必须具有意义，而且能使研究者进行一个合情合理的混合研究。为了澄清一下刚刚用过的某些词语，请注意，你的认识论观念指的是认为研究知识是什么，这种知识是如何获得的，何时思考这种要得到证明或辩解的知识。你的本体论观念指的是你相信自己作为研究者认为在所研究的内容中什么是真实的或正确的。你的价值论观念指的是你相信研究的价值所在。方法论观念，这里是从狭义的角度来讲的，指的是关于如何进行或实践研究的观念。你的修辞学观念指的是关于恰当的写作风格的观念，用这种写作风格来描述研究结论及提出你的观点，这种修辞学观念还包括关于撰写研究报告时，你所喜欢的语言类型的观念。当研究者展现出对与定量和定性研究有关的哲学假设的理解，并以一种符合逻辑的、合情合理的以及切实可行的方式把这两者联系或“合并”在一起时，范式混合就出现了。

可公度性混合效度（commensurability mixed validity）指的是混合研究所做出的元推论反映混合世界观的程度。这种综合的世界观一定是以深刻理解和领悟一个受过全面训练的定性研究者和定量研究者在这个世界上的“所见”为基础，而且还要超越这两个基本的视角去了解一个受过全面训练的混合研究者所能够看到的。这种观念就是要成为一个定性研究者和一个定量研究者，而且通过来回的转换，还要成为一个混合研究者。达到某种程度的可公度性需要有能力在定性视角和定量视角之间转换，还需要有能力创造一种完整的或更广泛的或精心综合的或多元视角的观点，帮助理解和解释所研究的现象。解决这种难题的策略包括格式塔转换的认知和情感过程、角色互换以及移情作用。如果研究者不能避开一种主导的研究方法，那么可公度性也可以通过使用研究小组来获得，这个研究小组包括一个定性研究者、一个定量研究者以及一个混合研究者，该混合研究者帮助调解与整合定性研究者和定量研究者所看到的内容。为了使这一策略奏效，必须提供充足的时间来进行联合讨论，并且将各种研究解释与反映一种混合世界观的元推论整合到一起。

劣势最小化效度（weakness minimization validity）指的是一种研究方法的劣势被另一种研究方法的优势所弥补的程度。为了使劣势不重叠，混合方法研究者要把定性方法和定量方法结合在一起。例如，一种对自我效能的高度结构化测量会提供准确的数值结果，但它可能会错失许多主观的细微差别。深度访谈或许可以用来判明定量测量在何时何地曲解了个体的思想。如果是在一个临床环境下针对一个特定的学生或顾客进行测量，那么这一点就尤为重要。

顺序效度（sequential validity）指的是将一项研究的定性与定量部分分阶段实施中可能发生的潜在问题最小化的程度。这个观念就是试图理解如果以不同的顺序进行各个阶段的研究，那么结果是否会不同。例如，如果首先完成定性部分，其次完成定量部分，那么有人会问如果首先完成定量部分，其次完成定性部分，结果又会是怎样的。如果认为这个问题是不确定的，那么你或许可以选择采用多轮次设计（即在定性阶段和定量阶段之间来回转换）。

转换效度（conversion validity）指的是一个混合研究者进行高质量数据转换（量化或质化）以及基于转换数据做出恰当的解释和元推论的程度。简单来说，量化指的是将定性数据数字化（如点计单词），而质化指的是将定量数据转换成词语、主题或类别。只有量化或质化数据时，这种效度才是有意义的。如果转换数据，那么你就会面临转换效度问题，即在多大程度上做了准确的转换，并且在多大程度上把这些转换的结果整合进了有意义的元推论之中。

样本整合效度（sample integration validity）指的是定量与定性抽样设计之间的关系产生高质量元推论的程度。例如，你可能在一项调查研究的定量部分有一个相对大的、随机抽取的样本。你也可能用一个小的方便样本组建了一个焦点小组，去深入挖掘在调查研究中检查出的问题。关键问题在于必须注意怎样将这些不同组的人结合在一起，又如何推广结论。

政治效度（political validity）或合法化指的是混合研究者恰当地处理多元利益主体的利益、价值观及立场的程度。达成这种合法化的方法就是要充分理解研究主题所涉及的政治、利益及观点，并尊重和呈现这些观点。例如，在一项评价研究中，需要理解关键的利益相关团体，审查每个团体所关心的问题，提供带有充分解释的数据，对他们的需求做出辩护和反应。应该对那些力量和声音最微弱的利益相关者的需求格外敏感，并试图“让他们发出声音”。

多元效度（multiple validity），它指的是混合研究者成功地处理和解决所有相关效度类型的程度。换句话说，在面对一个特定的研究时，研究者必须识别和处理所有相关的效度问题。成功地处理有关的效度问题会帮助研究者提出各种应该在混合研究中得出的推论或元推论。

关键术语

三角互证　一致性并行设计　解释性时序设计　探索性时序设计　嵌入式设计　变革性设计　多阶段设计　内部—外部效度　范式效度　可公度性混合效度　劣势最小化效度　顺序效度　转换效度　样本整合效度　政治效度　多元效度

思考与实践

1. 简述混合分析的目的与基本原理。
2. 简述混合分析的主要类型。
3. 简述解释性时序设计的选择条件、程序和优缺点。
4. 简述探索性时序设计的选择条件、程序和优缺点。
5. 简述嵌入式设计的选择条件、程序和优缺点。
6. 简述变革性设计的选择条件、程序和优缺点。
7. 简述多阶段设计的选择条件、程序和优缺点。
8. 简述混合分析的效度类型。

阅读材料

1. 杨立华，李凯林 . 公共管理混合研究方法的基本路径 [J]. 甘肃行政学院学报，2019 (6).

2. 吴登生，李建平，汤铃，邓若鸿，杨晓光 . 生猪价格波动特征及影响事件的混合分析模型与实证 [J]. 系统工程理论与实践, 2011 (11): 2032 - 2041.

3. 朱迪 . 混合研究方法的方法论、研究策略及应用——以消费模式研究为例 [J]. 社会学研究, 2012 (4): 146 - 168.

4. 吴清军，李贞 . 分享经济下的劳动控制与工作自主性——关于网约车司机工作的混合研究 [J]. 社会学研究 . 2018 (4): 137 - 164.

5. Sale J E M, Lohfeld L H, and Brazil K. Revisiting the Quantitative - Qualitative Debate: Implications for Mixed - Methods Research [J]. Quality and Quantity, 2002, 36 (1): 43 - 53.

6. Groeneveld S, Verbeek S. Diversity Policies in Public and Private Sector Organizations: An Empirical Comparison of Incidence and Effectiveness [J]. Review of Public Personnel Administration, 2012, 32 (4): 353 - 381.

第 4 篇

研究报告与论文撰写

第13章　撰写研究报告

研究报告是对研究过程和研究结果的概括和总结，是以具体的事实数据来说明和解释问题的论文。它是作者进行某一项具体研究所获得成果的具体体现，是作者与他人进行交流的重要媒介。如果作者不能恰当地通过研究报告表达自己的研究成果，那么作者为研究所做的所有努力就等于零。因此，撰写好研究报告，不仅有助于研究成果的更好表达与交流，同时也更有益于社会各界对研究成果的了解与推广。本章将从研究报告的类型、基本结构、撰写策略和成果转化四个部分来阐述研究报告的撰写。

13.1　研究报告的类型

13.1.1　实验报告

实验报告是在科学研究活动中人们为了检验某一种科学理论或假设，通过实验中的观察、分析、综合、判断，如实地把实验的全过程和实验结果用文字形式记录下来的书面材料。从实验报告的特点来看，首先，实验报告具有准确性。实验报告的写作对象是科学实验的客观事实，这就要求实验报告内容科学，表述真实、质朴，判断恰当。实验报告应准确地描述发生的各种现象，实事求是地分析各种现象发生的原因，不能用已知的理论或生活经验硬套在实验结果上，一定要看到什么，就记录什么，不能弄虚作假，更不能由于所得到的实验结果与预期的结果或理论不符而在实验报告中随意取舍甚至修改实验结果、假造实验现象等。其次，实验报告具有客观性。实验报告以客观的科学研究的事实为写作对象，它是对科学实验的过程和结果的真实记录，虽然也要表明对某些问题的观点和意见，但这些观点和意见都是在客观事实的基础上提出的，是用科学的态度客观描述科学问题和记录实验过程和现象，采用科学方法和手段对不同参数从不同角度对实验过程中记录下的实验现象和实验数据进行客观综合分析，得到客观、全面、合理的分析结果。① 此外，实验报告具有确证性。实验报告中记载的实验结果是可以被任何人重复和证实的，任何人只要按给定的条件去重复这项实验，都能观察到相同的科学现象，得到同样的结果。最后，实验报告具有可读性。实验

① 张艳玲．实验报告在培养工科大学生综合能力中的重要作用［J］．教育教学论坛，2020（30）：376－378.

的过程是比较复杂的，但实验报告最终是要与他人进行交流的，因此，实验报告除了基本的文字阐述外，还常常借助图像、表格等简易理解的方式来表达实验结果。

实验报告在实验观察的基础上，通过实验者自身的分析与判断，得出具有一般意义的结果，这不仅有助于实验者之间的交流，还很好地还原了整个实验的过程和结果，具有保留实验资料的作用。

13.1.2 调查报告

调查报告是对某一情况、某一事件“去粗取精、去伪存真、由此及彼、由表及里”的分析研究，揭示出本质，寻找出规律，总结出经验，最后以书面形式陈述出来。调查研究必须有正确的立场、观点，才能实事求是地进行调查研究，认识事物的本来面貌，得出合乎客观实际的结论。同时还要有饱满的热情、艰苦深入的作风和实事求是的态度，这样才能获得丰富的材料，写出内容饱满的调查报告。第一，调查报告最主要的特征是针对性。调查报告是针对某一现有问题展开调查，以揭示这一问题的种种现象和深层原因；或是针对社会现实中某种新近产生或新近有了长足发展的事物，或是针对一些社会情况，如社会风气、百姓意愿、婚恋、赡养、衣食住行等群众生活各方面的基本情况而写的报告。针对性主要包括两个方面：一方面，调查报告必须明确调查目的。任何调查报告都是目的性很强的，是为了解决某一问题，或是说明某一问题，因而撰写报告时必须做到目的明确、有的放矢，围绕主题开展论述。另一方面，调查报告必须明确阅读对象。阅读对象不同，他们的要求和所关心问题的侧重点也不同。调查报告一般有比较明确的意向，相关的调查取证都是针对和围绕某一综合性或是专题性问题展开的。因此，调查报告反映的问题集中而有深度。第二，真实性。调查报告务必实事求是，求真务实，认真了解和全面掌握第一手的真实情况，说实话、办实事、求实效，坚决克服形式主义和浅尝辄止等不良作风。第三，典型性。某一地区、某一单位、某一企业，在贯彻落实党和国家的各项方针政策过程中，或在日常的思想政治、经济建设、科学教育等方面取得了突出的成绩，为了把他们的具体做法和成功奥秘反映出来，可以对他们进行专题的调查，然后写出调查报告。第四，论理性。调查报告离不开确凿的事实，但又不是材料的机械堆砌，而是对核实无误的数据和事实进行严密的逻辑论证，用逻辑思维来提取本质性和规律性的东西，得出科学的结论。第五，时效性。要顺应瞬息万变的社会形势，调查报告必须讲究时间效益，做到及时反馈。调查报告只有及时到达使用者手中，使决策跟上社会形势的发展变化，才能发挥调查报告的作用。

调查报告是整个调查工作的总结，是调查研究人员劳动与智慧的结晶，也是大家需要的最重要的书面结果之一。调查报告有助于人们了解、剖析事物的本质，预测事物的发展趋向，对于解决问题具有积极的作用。同时，调查报告在实际调查的基础上得出的调查结果和战略性建议可以传递给专门的人员，从而促进相关工作的开展。

13.1.3　观察报告

观察报告是指观察者（作者）带着明确的目的，借助于自身感官或有关辅助工具，运用观察研究的方法，对某个对象或某种现象进行观察研究后撰写的研究报告。观察报告具有以下特点：一是选择性。观察不是面面俱到地进行观察，而是有意识、有目的地对与研究问题有关的方面进行观察。观察报告的注意点在观察得到的哪些有价值有意义的信息。二是理论性。观察方法本身就必须有一定的方法论作依据，需要观察研究的现象或问题也需要一定的理论作指导。三是目的性。观察的对象是一定的现象或某些特定的问题，在观察中通常根据观察者的研究目的从事观察活动。因此，观察报告是指向观察中作者选择观察的策略、观察的过程以及通过观察得到结果。

观察报告是展现作者观察结果的一种重要方式，它不仅可以保留作者经过观察而获得的第一手资料，而且这种观察结果往往能够给我们带来认识上的突破，同时对实践也发挥着很好的指导作用。

13.2　研究报告的基本结构

规范的研究报告在结构上会有一些细小的差异。但一般来讲，研究报告都是从对研究问题的探讨开始，到研究所得的结果与讨论结束。研究报告的基本结构通常可以分成标题、导言、方法、结果、讨论、小结或摘要、参考文献以及附录几个部分。一是标题，即表达研究报告内容的简短语句；二是导言，主要说明所研究的问题及研究的意义，其中往往包括研究的背景、研究的问题及其界定、研究的目的和意义、对前人相关研究文献的综述等；三是方法，即说明研究所采用的方式方法、研究的程序和工具等，主要内容包括研究的思路或逻辑，研究的基本概念、变量、假设和理论架构，研究对象的取样和选择，研究资料收集与处理的方法；四是结果，即说明研究发现了什么，以及对研究发现进行的分析；五是讨论，即说明研究还存在哪些局限、从研究结果出发，还能得到什么或还能继续做些什么；六是小结或摘要，即对上述内容进行简要的总结；七是参考文献，即研究报告中所涉及的书籍和文章目录；八是附录，即研究过程中所用的研究工具、统计数据和旁证性资料。

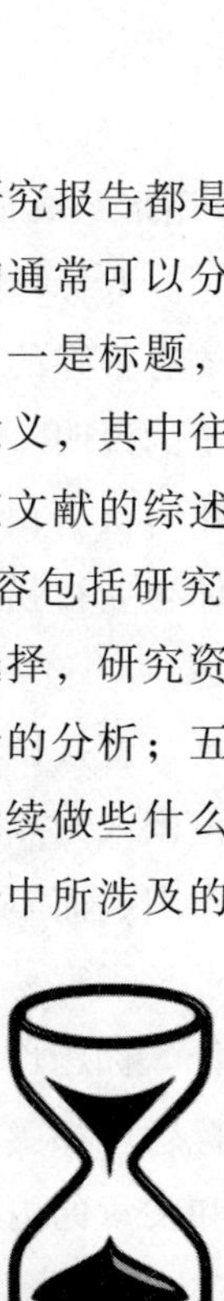

图 13－1　沙漏

总体来看，研究报告的撰写具有类似于沙漏的形式（见图 13－1）。也就是说，研究报告的正文撰写应首先从导言开始，让读者对研究报告有一个总体的认识，然后再逐渐转入研究相关的专门领域，直到提出作者自己的研究，并介绍其研究方法和结果。这是“沙漏”最狭窄的部分，也是整个研究报告最核心的部分。接着对研究结果的内涵和意义进行讨论，报告又开始逐渐向一般的领域拓宽。①

13.2.1 标题

标题，是标明文章、作品等内容的简短语句。常言道：看书先看皮，看报先看题，标题可以使读者在还没有开始阅读研究报告前，就可以通过简短的标题了解到文章的主要内容和主旨。一个好的标题往往能够抓住读者的眼球，激发读者继续探读的欲望。

（1）分类。

根据标题的表现形式，可以划分为两种：单标题和双标题。

①单标题。只有一个简短的语句组成。其写法有两种，第一种是公式化写法。公式化写法就是按照“研究对象 + 研究课题 + 文体名称”的公式拟制标题。例如，《一个富裕居委会的财务调查》就是这样的标题，其中“一个富裕居委会”是调查对象，“财务”是调查课题，“调查”显示文体是调查报告。这样写的好处是要素清楚，读者一看就知道这是写的什么单位，涉及的是哪些问题，文种也很明确。这样写的不足之处是太模式化，不够新鲜活泼。第二种是常规文章标题写法。具体方式灵活多样：可以用问题作标题，如《儿童究竟需要什么读物?》；可以用一定的判断或评价作标题，如《城乡结合的一种好形式》；可以显示作者自己的观点，如《莘莘打工者，维权何其难》；可以直接叙述事实，如《三个孩子去蛇岛》；可以用形象画面暗示文章内容，如《“航空母舰”逐浪经济海洋》，等等。

②双标题。双标题由正副标题组成，正标题一般要能引人注目，引起人们的注意力，直白一点就是要有很强的吸引力，而副标题则一般是进一步说明文章属于什么，对文章属于哪一块做出初步的说明。其中正标题一般采用常规文章标题写法，具体手段如前所述。副标题则采用公式化写法，由调查对象、调查课题、文体名称组成，如《明晰产权起风波——对太原市一集体企业被强行接管的调查》。

（2）要求。

标题的撰写直接影响到研究报告对读者的吸引力，具体要求：一是明确。要能够揭示研究报告论题范围或论点，使人看了标题便知晓研究报告的大体轮廓、所论述的主要内容以及作者的写作意图，而不能似是而非，藏头露尾，与读者捉迷藏。二是简练。研究报告的标题不宜过长，过长了容易使人产生烦琐和累赘的感觉，得不到鲜明的印象，从而影响对研究报告的总体评价。标题也不能过于抽象、空洞，标题中不能采用非常用的或生造的词汇，以免使读者一见标题就如堕烟海，百思不得其解，待看完全文后才知标题的哗众取宠之意。三是新颖。标题和文章的内容、形式一样，应有自己的独特之处。做到既不标新立异，又不落案臼，使之引人入胜，赏心悦目，从而激起读者的阅读兴趣。

---

① 风笑天．社会研究方法［M］．第五版．北京：广东人民出版社，2018.

13.2.2 导言

导言，又称为引言，亦称绪论，是指研究报告前的概述部分。用于说明作者撰写研究报告的目的、过程、资料来源，并扼要地说明研究报告中阐述的观点和结论，使读者先得到一个总概念，帮助理解整个研究报告。导言通常包括四方面的内容。

（1）研究的问题和背景。

研究报告应以对所提问题的描述开始，即在撰写研究报告的起先，就应该尽可能用常用的语言清楚的陈述所要研究的问题是什么，为什么选择这一问题进行研究。不论研究人员着手的是一个有关人类行为的简单经验问题，还是一个有关社会管理现状的问题，作者都必须把问题放在特定的背景之中循循引入，而不是把毫无思想准备的读者拉进作者的问题或理论之中。作者要用必要的时间和空间，一步一步地把一般性的读者带入对特定问题的正式或理论化的陈述中来，以便于读者更好地了解所研究的问题及其重要性，为什么要进行研究等。一般来说，研究背景可以从三个层面来考虑：第一层面，从国际大背景下宏观的政治、经济等角度阐述；第二层面，从国内中观的某一领域角度来考虑；第三层面，从本省、市、县或区的微观实际问题来进行分析。①

例如，一篇题为“公共管理学科建设与发展规划研究”的研究报告的导言是这样的：

从 19 世纪末 20 世纪初开始，政府及公共部门管理研究领域逐渐成为相对独立的分支学科。到了 20 世纪 80 年代中后期，“新公共管理”运动极大地改变了公共部门管理尤其是政府管理学科的研究范围、主题、研究方法、学科结构以及实践模式，形成公共行政学、政策科学和新公共管理学三种范式共存的格局，它们有着各自的支持者、学术团体、杂志、研究纲领和学术活动。

由于历史原因，中国公共管理学科的发展滞后于中国经济改革与社会发展的需要，与经济学、社会学、管理学等其他社会科学亦存在显著差距，在一些基本范畴及概念上仍然有许多争议，这主要集中表现在公共管理与行政管理、工商管理、公共政策、公共事务及公共治理等研究领域的区别与关系上，甚至在大学公共管理研究或学院名称上也有反映。例如，有的称“公共行政学院”“公共管理学院”，有的称“公共政策学院”“公共事务管理学院”，有的称“政府管理学院”等。这些问题的本质就是一种“定位危机”，这种危机并没有随着公共管理学科的发展自然消失，相反，由于种种新发展趋势，对于一部分研究公共管理领域的学者来说，这种危机感更加强烈了。尽管目前中国公共管理学界讨论的表现方式不同，但是这种定位的不确定感实际上也在困扰着许多新近设立公共管理学科的院校。与此同时，随着中国社会的进一步转型，市场经济改革所引起的失业人群的扩大、地区之间和内部收入差距的扩大，社会利益主体多元化格局的形成以及全球化与国际竞争等，公共管理学科发展面

① 风笑天．社会研究方法［M］．第五版．北京：广东人民出版社，2018.

临着空前的机遇和挑战，尤其对于次发达地区拥有或即将拥有公共管理学科的高校来说，任务将更为艰巨。

有鉴于此，本研究拟从比较分析角度，依托互联网络便利性，运用问卷调查方法收集相关数据，比较分析江西财经大学公共管理学科发展与全国及国内知名高校相关学科的差距，分析公共管理学科相关指标间的相互关系，厘清我院公共管理学科发展的方向和任务，并就我院公共管理学科建设手段、途径等提出相应的意见和建议。①

（2）研究的目的和意义。

研究的目的，即叙述作者在这次研究中想要达到的境地或想要得到的结果。研究的目的体现了研究的方向，是研究最终所要达到的目标。研究的意义，即叙述该研究的新颖性和重要性。写研究报告的目的和意义，其实就是要说明作者所要报告的内容有没有研究价值、这个研究方法有没有可能奏效、这个论证逻辑有没有明显缺陷等。

作者可以从以下两点来撰写研究的目的和意义：一是所研究的问题是前人没有研究过的，是该研究领域中一个新颖有意义的问题，也就是说该研究有一定的创新意义；二是前人有研究过，或者说阐述过，但是没有足够全面的阐述论证，因此，作者可以就此提出自己研究的目的和意义去完善前人的观点，或者是驳斥前人的观点，并由此提出自己的观点。不论是哪一个方面的阐述，作者都要根据自己的研究内容而展开，而不能生搬硬套。

总之，研究的目的和意义一定要叙述清晰，并且要有一定的新意，撰写的步骤一般是先从研究的现实出发，指出现实当中存在这个问题，需要去研究、去解决。接着根据阐述的问题写研究的理论和学术价值，在理论上有何完善、突破或创新等，特别要注意所使用的理论能够证明自己的观点，对理论意义的阐述一定要清楚，否则难以有说服力。

（3）文献综述。

文献综述是在对文献进行阅读、选择、比较、分类、分析和综合的基础上，作者用自己的语言对某一问题的研究状况所进行的综合叙述。一般在陈述完研究的目的和意义之后，紧接着就是对这一领域中已发表的研究成果进行总结和评论，让读者比较清晰地了解自己所做研究的理论基础及研究价值。在研究问题的初始阶段作者对相关文献的搜集、整理、分析都为文献综述的撰写奠定了基础。因此，到撰写研究报告时，作者所需要考虑的是如何选择需要进行综述的文献，以及根据何种组织方式更好地展现已有的研究成果。

如何进行文献的选择，关键是看已有的文献对自己研究的影响力。在作者已搜集的相关文献中，并不是每一篇文献都对自己的研究发挥着重要的作用，因此，选择的关键是与自己的研究密切相关的那些文献。在选择文献的过程中我们需要注意以下几点内容：一是尽可能地查找所有相关的资料，从一手文章到二手相关论著，应尽量避开大众传媒类型的资料，如报纸或广播中的文章，因为记者们的工作与公共管理研究属于不同的领域，后者不论对资料的收集还是研究结果的表达都有着更加严格的要求。二是文献的选择应尽可能地考虑最近的

---

① 吴军民．公共管理学科建设与发展规划研究［R］．江西财经大学，2009.

研究成果，毕竟越近的文献与自己的研究有着更加相似的研究背景，同时更近的研究可能吸收了更早一些的研究，有着科学累积的性质。三是尽量选择权威文献，权威文献对研究的问题、过程、方法和结果有着更高的要求，一般来说研究的质量也相对较高。

文献综述的撰写要根据自己研究的需要进行精心的组织，若作者所探讨的问题是前人忽视的领域或者是驳斥已被众人接受的观点，作者应详细地介绍导出这些结论的研究，可以根据已有研究的时间顺序或者与自己研究问题的密切程度进行阐述，然后指出已有研究存在的不足或者错误的地方。若作者面临的是过去研究中有争议的观点，那么作者的文献综述应先概述支持其中一种观点的所有研究，然后再对支持另一种观点的所有研究进行概述，最后对两种观点的差异进行分析与解释。

不论是哪一种文献综述方式，都需要注意两点：一是文献综述要文字简洁，不能只是简单地将相关文献的摘要重述一遍，更不能大量逐字逐句地引用原文，要用自己的语言对所选择的每一篇文献总的情况做一简单介绍，如其中的问题、所用的样本类型等，要把文献作者的观点说清楚，并从原始文献中得出一般性结论。二是文献综述不是资料库，要紧紧围绕研究的“问题”，确保所述的已有研究成果与自己的研究直接相关，其内容是与自己的研究紧密组织在一起，既能系统全面地反映研究对象的历史、现状和趋势，又能反映研究内容的各个方面。特别值得一提的是，对于已有研究中所用的与你自己的研究相同的概念或变量要进行仔细的检查比较，而不要想当然地认为只要名称相同，其内涵就一定相同。一定要搞清楚在各个不同的研究中，同一名称的概念是如何操作定义的，又是如何测量的。因为，常常存在着这样的情况，在不同的作者所做的研究中，同一名称的概念，实际上却意味着两种不同的内容。三是避免描述性罗列或轻率评价。文献综述经常出现的问题有两种：一种是描述性地将现有的研究文献简单罗列，将所有观点摆出来，缺乏内部逻辑性和整体性，也不对现有的研究做出评价，更不与自己的研究主题紧密结合起来进行探讨，没有指出前人研究对自己的借鉴价值；另一种是轻率地设置“靶子”，动辄贬低别人的观点并进行不客观的批判。

(4) 研究假设。

在对前人的相关研究进行简要的综述之后，接下来作者应简要地介绍一下自己的研究假设，即所研究问题的暂时答案。在向读者介绍研究假设之前，作者可以简要地回顾一下在前言部分已经提到的研究问题，然后从问题引入自己的研究假设。关于研究假设主要是对以下几个方面进行说明：首先，研究假设是如何得来的，是通过理论演绎，还是来源于经验观察。由理论直接演绎来的假设一般比较抽象，作者可由这种抽象的理论假设推论出具体而特殊的经验假设，而这一假设较易由实证研究加以直接验证。由经验概括而来的假设，其抽象程度较低，但通过归纳逻辑的推论，可以使一些具体假设上升为抽象的理论假设，这种假设所说明的是更广泛、更普遍的现象。[①] 其次，研究假设是否清晰和具体地表述变量之间的关

① [美] 艾尔·巴比. 社会研究方法 [M]. 第10版. 邱泽奇译. 北京：华夏出版社，2005.

系。一项研究工作所要解决的问题是什么，应以清晰、简明、准确的方式进行陈述，切忌宽泛、冗长、模糊。如果要研究什么及其研究的实际和理论背景都是用模糊语言表达的话，这种假设便不可能得出有意义的结论。最后，作者应说明所提出的假设是可以验证的。即提出的假设是可以通过科学实验或具体实践来进行检测的，如果假设无法验证，无法用观测、试验的事实来支持或拒绝这一假设，这种研究就无法进行下去，那么研究报告的撰写也将失去意义。①

13.2.3 方法

对方法的描述是研究报告中一个关键的部分。读者不仅要看作者的研究结果，也要了解这个研究是如何做的。只有知道研究所采用的方法，了解各种具体的操作步骤，读者才能评价该研究是否具有科学性，是否有价值。因此，方法部分的主要任务就是明确具体地告诉读者这项研究是如何做的，下面将讨论方法部分可能涉及的各方面情况。需要说明的是，由于每一项具体的研究所采用的方法并不是完全相同的，因此它们各自在研究报告中被介绍的内容自然也就不是完全一样的。②

（1）研究方式与研究设计的介绍。

对于研究报告所提出的问题，作者必须明确地交代自己采取的是何种研究方式，是实验研究、调查研究、实地研究还是文献研究。不同的研究方式常常由不同的资料收集方法和资料分析方法及特定的程序和技术所组成，同时，它们还包含不同的方法论问题。因此，作者介绍的内容和重点往往是不一样的，如果采取的是实验研究的方式，就需要介绍其实验设计是传统的经典设计？所罗门四组设计还是仅有后测的两组设计？实验刺激是什么？实验组和控制组是什么？等等。如果采取的是调查研究方式，那么需要介绍的则是其研究采用的是定量统计调查还是定性的访问调查，以及调查的总体、样本有多大？采用的具体调查方式是什么？调查工具是什么？调查员培训工作如何展开？资料的回收方式有哪些？等等。如果采取的是实地研究方式，就要详细描述如何进入现场？进行观察时所采取的角色是什么？实地观察的对象和地点选择有何考虑？等等。如果是文献研究方式，就要说明文献的形式有哪些？文献如何选取？文献的质量如何？文献资料如何处理和分析？总之，无论作者采取哪种研究方式，都应该在研究报告的方法部分先对此作一简单说明，以帮助读者了解和检查其在方法使用中的一些具体细节。

（2）研究对象的介绍。

除了文献研究外，其他几种社会研究方式都必须与人打交道。因此，在研究报告中，常常要对作为研究对象的人及其活动进行说明。尤其是在实验研究或调查研究的研究报

---

① 李怀祖．管理研究方法论［M］．第3版．西安：西安交通大学出版社，2017.

② 风笑天．社会研究方法［M］．第五版．北京：广东人民出版社，2018.

告中，更要专门介绍研究对象的情况。拿实验研究来说，就要介绍实验对象是些什么人，他们是如何被挑选到的，他们又是怎样被分到实验组或控制组的，这两组的人员在某些主要特征上有没有明显的差异等。而对于调查研究来说，则需要对调查样本做全面的介绍。例如，抽样总体是什么（即总体的界定），样本是如何从总体中抽取的，即具体抽样方式和过程，样本的规模多大（即实际调查的人数），回答率或回收率如何等。下面介绍一个这样的例子：

本项调查共发放 850 份问卷，回收 787 份（回收率 92.6%），其中有效问卷为 755 份（占回收问卷的 95.9%）。此次问卷调查从 2011 年 5 月 18 日开始，至 6 月 2 日结束，共计 16 天。调查主要在南昌市（青山湖区、青云谱区、西湖区）、新余市（渝水区、分宜县）、宜春市（万载县、高安市）以及九江市（浔阳区、永修县）进行。从年龄与性别来看，此次调查以青年和中年人为主要对象，各年龄段的男女性别比差距不大。在教育年限与性别方面，此次调查样本的教育程度以中小学为主。在户籍方面，此次调查样本以本市的非农业户口和市外的农业户口为主。①

目前，许多作者只是在报告中写上“在 XX 市进行了抽样调查”，或“XX 市抽取了 500 名工人进行调查”，这样的说明是远远不够的。因为读者并不明白你究竟调查了些什么人，也不明白你究竟是怎么抽样的。不讲清楚此内容，读者就无法判断你的调查结果有多大价值，也无法判断你的结论在多大程度上反映了现实的情况。只有当读者了解你的样本的来源和特征后，他们才能估计将你的研究结果推而广之时受到的局限有多大。例如，如果你的样本全部由女性组成，你的结论推广到男性对象中也许就不能成立；如果你的样本全部是从大学生中抽取的，你的结论在一般性的包含各种职业、各种成分的总体中也可能不成立。

（3）资料收集方法的介绍。

在前面的第二篇中我们分别介绍了文献调查、实地调查、问卷调查、实验调查和混合调查五种资料收集方法，但这只是一种理论上的叙述，在实际研究中还应根据客观情况进行具体应用。一般来说，在研究报告中对资料收集方法的介绍，还应对研究的主要变量、资料收集过程和所用的工具进行详细说明。

①对研究的主要变量进行说明。需要收集哪些资料，采用何种方式进行收集，都是围绕着研究的主要变量展开的。因此，在介绍研究资料收集的方法中，我们首先就要说明研究的主要变量是什么、变量的操作定义是什么、这些变量是用哪些指标来进行测量的。如果是采用问卷调查的方式，还应该对问卷中用来测量这些变量的特定问题进行分析说明。即使在研究报告的附录中附有调查问卷的，也要这样做。如果某一变量较为复杂，调查中采用的是多个指标的综合测量，在这里就需要把对这些指标进行综合评分的程序和方法做些说明，让读者既明白变量是通过哪几个指标来测量的，又清楚具体的计分和计算方法。下面是对变量进行说明的一个例子。

---

① 吴军民，赖水源．农村残疾人扶贫政策效应评价研究［M］．北京：中国财政经济出版社，2016.

关于主要因变量的介绍：福利均等化程度的判定有三种标准，即最低标准、平均标准和相等标准，核心是在一个什么样的服务水平上，一位公民应当享受的标准公共服务数量。本书对福利均等化的测量是最低标准与相等标准的结合。在推进残疾人“两个体系”建设和落实残疾人事业发展规划过程中，江西省各级政府均制定了具体的实施办法和细则，详细规定了社会保障、就业、康复、文化体育等具体内容。依据这些规定，作者筛选和确定了6类21项福利作为残疾人应当享受的标准福利数量，并将调查对象报告的福利数量与之进行比较，其比值作为结果均等化的测量。比值越趋近或等于1，结果越均等，亦即残疾人所享受的公共服务数量越与标准福利数量相接近；反之，则越不均等。

关于主要自变量的介绍：生计空间是一个综合性的概念，既指人们赖以生产、生活的物理空间，也概指由各种资本、参与活动、发展机会以及关系网络等构成的社会性空间，具体包括居住空间、生计资本和空间参与活动三个子变量。在第一个假设中非中心区实际上包括农村和城镇非中心地区，因此居住空间的测量指标有两个，即“户籍制度”和“居住中心城区”，均为二分变量。关于生计资本，本研究重点考察残疾人的物质资本、社会资本和人力资本情况，分别通过“自有住房”（二分变量）、“知心朋友数”、“劳动能力”（五点尺度）3个指标来测量。空间参与活动是公民对公共空间的选择、涉入、使用的行动和过程。通过对残疾人社会活动空间及其相关因素的考察，可分析他们融入社会和被社会接纳的程度，亦可分析制度对维系和拓展残疾人社会活动空间的影响，本研究设计了7个有关活动场所的问题或指标，运用五点尺度法来测量社会活动空间，即“1 = 从没，2 = 很少，3 = 说不清，4 = 有时，5 = 经常”。①

②对资料收集过程进行说明。即如实地把作者是如何进行实验操作或实施调查的过程告诉读者。例如，一项实验研究对其过程是这样介绍的。

我们先用一份含有30个问题的种族偏见程度量表同时对实验组和控制组成员进行测量。半个月后，单独给实验组成员放映了一场反映黑人历史和生活的影片。又过了半个月后，再用同样的量表对两个组的成员再次进行测量。在这一个月中，两组成员都没有经历与种族偏见有关的事件。

对于调查来说，需要介绍的内容也许更多一些。例如，抽样是如何进行的，调查是采用自填式问卷，还是派访问员登门调查；如果是采用自填式问卷，那么问卷是如何发到被调查者手中的，又是如何回收的；问卷的回收率是多少；有效回收率又是多少，那些未回收的问卷主要由于什么原因所致；如果是派访问员登门访谈，那么访问员是一些什么人，他们具有何种程度的访问调查经历，如何对他们进行培训，等等。下列调查是这样介绍的：

我们选择了南昌、新余、宜春和九江4个设区市9个县（区）为调查地区，其中又以南昌为主体，它们均是江西省残疾人“两个体系”建设先行区或典型示范区，残疾人

① 吴军民，赖水源．农村残疾人扶贫政策效应评价研究［M］．北京：中国财政经济出版社，2016.

工作开展较为全面。在江西省残疾人联合会的帮助下，采取多阶分层抽样方法从江西省“残疾人人口基础数据库”中选取样本，以入户和社区集中填答相结合的方式收集问卷，对精神和智力残疾人的调查则主要通过其合法监护人或家庭中的健全人员进行。此次调查共发放 850 份问卷，回收 787 份，回收率 92.6%；其中有效问卷为 755 份，占回收问卷的 95.9%。①

对于文献研究来说，则要详细介绍文献的形式、取得的方法、抽样的方式、内容摘录或编码的方式等。如果是多人共同进行，同样也要介绍这些文献摘录人员、编码人员的专业经历、培训情况，以及相互间评审、判断的一致性程度等。下面是一项利用文献资料所做的定量研究的方法部分的摘录：

对一所高校公共管理学科评价指标和方法的选择应从学科体系中多学科交叉的特点出发，既要考虑指标的充分性又要突出重点，既要注意实践性也要具有可操作性。从这一角度出发，本报告借鉴教育部学位与研究生教育发展中心编制的《学科评估指标体系》（以下称《指标体系》），并结合国务院学位委员会对申请博士学位授予权学科、专业所要提供的基本数据，形成了公共管理类省级精品课程、有无省级公共管理类重点/品牌专业、公共管理类国家级精品课程、公共管理类国家级重点/品牌专业、公共管理类博士学位授予权、公共管理类博士后流动站 6 个综合指标。同时，本报告借鉴了《指标体系》的做法，并根据网页调查的实际形成了 16 个关键因素指标，即学术队伍、科学研究和人才培养三项一级指标和二级指标教师情况、专家情况、科研基础、获奖专利、论文专著、科研项目、奖励情况、学生情况等主要方面，以及是否是“211”工程大学、是否是教育部或其他部委直属高校、综合性还是多科性大学 3 个参考指标。

笔者根据 2009 年 8 月 4 日教育部公布的统计数据，全国共有普通本科高等学校 740 所。其中，“211”工程学校 112 所，教育部直属高校 75 所，其他部委直属高校 33 所，拥有 MPA 专业学位教育的有 100 所。这些大学构成为本课题调查的总体。

本报告采取简单随机抽样方法，具体做法是以公共管理类学院为单位，对相关网页中“学院概况（简介）”“师资力量”“教师情况”“（教学）科研情况”“学科建设”和“学生情况”等所提供信息进行整理形成调查问卷。除了教师情况相关数据外，若无特别交代，其他相关指标的统计时间范围均为 2003～2007 年。②

③要对所用的工具进行说明。无论是实验所用的仪器、材料，还是测验所用的量表，调查所用的问卷，都要对读者进行一定程度的描述。如前面所举的种族偏见实验中，就应该对所放电影的主要内容及其出版年代、制片厂、导演及主要演员等情况作一简单介绍，以帮助读者了解这一实验刺激的效果和影响程度。对于问卷来说，虽然在学位论文或学术专著中常将其附于文后或书后，但一般的供发表用的研究报告常常由于篇幅的限制，不可能这样做，

① 吴军民，赖水源．农村残疾人扶贫政策效应评价研究［M］．北京：中国财政经济出版社，2016.

② 吴军民．公共管理学科建设与发展规划研究［R］．江西财经大学．2009.

因此，需要将其长度、形式、制作过程等作些介绍，例如，问卷包含多少个问题，主要是封闭式问题还是开放式问题，是否进行过试调查，在何地对哪些对象进行的试调查，试调查的结果如何等，都应作些说明。

（4）资料分析方法的说明。

在介绍完资料收集的方法之后，作者还需要对研究中所采用的资料分析方法作些说明。在前面第三篇我们介绍了文献资料分析、量化资料分析、质性资料分析和混合资料分析方法，但由于研究方式的不同、样本规模的不同、资料收集方法的不同等，使每一项具体的研究所采取的分析方法也都不完全一样。有的以定性分析为主，有的则以定量的统计分析为主，有的只进行了初步的、一般化的描述分析，有的则进行了较深入的、复杂的相关分析、因果分析等。因此，作者有必要对实际采用的分析方法进行说明。下面是介绍资料分析方法的一个例子：

第一，本报告运用规范分析的方法分析我国学者对困难群体概念、基本特征、困难群体的分类、构成人群四个方面的认识，结合江西的实际情况，规范分析形成江西困难群体的主要原因，结合实证分析手段（采用德尔菲法）确定本项目的研究对象及其研究对象说明；第二，主要运用11191份样本数据，对江西困难群体总体状况（包括区域分布、困难群体分类、困难群体人口特征、收入和消费、社会保障情况）、城市低保户和农村低保户对低保政策等方面（包括信息关注、标准的态度、期望标准、要考虑的因素、建议等内容）的反映情况进行实证分析，勾勒出江西城乡困难群体的总体状况，为以后的分析提供了珍贵的实证分析结论；第三，主要运用规范分析方法对江西困难群体社会保障行政管理体系、行政管理法规、制度现状、行政管理流程、经费管理现状、监督机制等内容进行分析，实证分析方法穿插其间，对现行制度的现状、取得的成就进行阐述和评估；第四，以规范分析为主线，结合实证分析，从困难群体社会保障覆盖面、社会保障差距、社会保障自身制度、社会保障发展的客观要求四个方面对存在的问题进行阐述；第五，以实证分析为主体，以规范分析为补充，运用数量统计、计量等现代技术方法，建立困难群体社会保障近期（2009～2010年），中期（2011～2015年），长期（2016～2020年）规划，并运用数量分析方法对社会保险资金、城乡低保资金进行科学预测，运用计量经济学方法对农村“五保”资金进行科学预测，结合实证分析结论，提出完善江西困难群体社会保障的指导思想、基本原则、总体思路，构建城乡困难群体社会保障制度框架，并提出政策建议。①

对于资料的处理、整理及分析过程，也需要作一些说明。例如，资料是手工整理或统计的，还是在计算机上完成的。如果是手工整理或统计的，则要说明是由哪些人员进行的、做了哪些统计等。如果是上机处理的，则要介绍资料输入的质量，所使用的软件（如SPSS，SAS，STATA等）及计算机机型等。

---

① 胡幼桃等．江西省城乡弱势群体社会保障问题研究［R］．江西省财政厅．2007.

13.2.4　研究结果

结果部分是整篇研究报告中最为重要的部分。一个研究报告写得好不好，是否能全面、准确地反映研究的基本情况，使研究成果具有推广价值和借鉴价值，就看这部分的具体内容写得如何。一般说来，这部分的文字内容所占的篇幅，要占整篇研究报告的一半左右。在结果部分的表达上，总的原则是先给出“森林”，然后再是“树木”，即先给出总体的、一般性的陈述，然后才是个别的、具体细节的陈述。不管是在对整个研究的结果的陈述中，还是在对各个部分结果的陈述中，都应该采取这一原则。在对整个研究结果的陈述中，应该先给出中心的结果，然后移到外围的结果；在对各个部分结果的陈述中，也是应该先陈述基本的结果，然后再在必要的地方和细节上详尽地阐述或描述。具体来说，结果部分的阐述可以分为两个层次，第一层次是提出研究结果，第二层次是对研究结果进行分析。①

（1）提出研究结果。

研究结果不能直接提出来，毕竟读者并不像作者那样非常熟悉自己的研究，在提出研究结果时要有一个循循导入的过程。正确的做法是再次向读者提示作者在报告的导言部分所提出的概念性问题，即对所研究问题的概念性陈述。例如，“我们的问题是，男人比女人更容易感情外露吗?”或者，“让我们先看看这一问题：是男人还是女人更容易感情外露?”这一做法的目的是将读者从导言部分开始的但中途被方法部分打断的有关研究问题的思路再次连接起来，即按照“问题—结果”的线索继续下去。然后向读者继续提示在研究中实际完成的操作或实际测量的行为，即对问题的操作性陈述（这一方面的情况已在方法部分作过详细的说明）。例如，“在观看一部感人的电影时男人比女人流眼泪更多吗?”这一做法的目的是使研究问题直接向作者的研究结果靠近，为结果的提出打下基础。紧接着马上告诉读者答案。例如，“回答是肯定的”，或者“正如下表所显示的那样，正是男人比女人哭得更多”。这就是作者的结果或结论。至于作者的这种结果是如何得到的，有哪些证据支持这种结论，则是后面需要继续说明的内容。

（2）研究结果分析。

在提出研究结果之后，作者需要对结果进行详细、具体的分析，即用数字、图形、表格、材料来向读者说明和解释结果的由来。这里的基本规则是：既能使读者通过阅读作者的说明和解释来抓住研究的主要结果，又能使他们通过查看图形或表格来做到这一点。这也就意味着，各种图表都必须具有清楚完整的标题，即使是一个非常长的标题也行。同时，对结果的分析应尽量细致，如在说明和解释的文字中，作者又必须手把手地引导读者找出图表中的主要结果。例如，“正如表 2 中第一栏所显示的，男性中流泪人数的百分比（32.6%）高于女性流泪的百分比（26.8%）”，而不要只是笼统地说“从上面表中我们可知男性流泪比

①　袁方．社会研究方法教程［M］．北京：北京大学出版社，1997.

女性流泪更多”。在对研究结果进行分析的过程中，作者在每一个分支结果的末尾部分，都应对该结果所处的位置作一简要的小结。例如，“上述情况表明，除了在未婚男性中有一点例外以外（这种例外我们将在后面部分进行专门讨论），我们关于男性在视觉形象的悲伤的反应上比女性哭得更多的假设得到了有力的支持”。然后用一种平滑的转折句把读者引向下一个部分。例如，“上述结果肯定了男性在消极的情感方面比女性更容易出现感情外露的现象，但是，我们是否能够假定他们在积极的情感方面也比女性更加容易外露呢？我们不能下这样的结论”。随着对结果的不断分析，作者需要不断进行小结，以便帮助读者不断把到目前为止的这些信息储存在头脑中。而不能总是让读者回过头去查找作者的叙述线索中的那些主要点。

下面是前述研究报告例子中结果部分的一段摘录：

带有性别偏见的招工广告真的阻止了男人和女人申请干那些“相反的性别”的工作吗？结果清楚地说明，情况正是这样，这点可以从图 13－2 中看出。

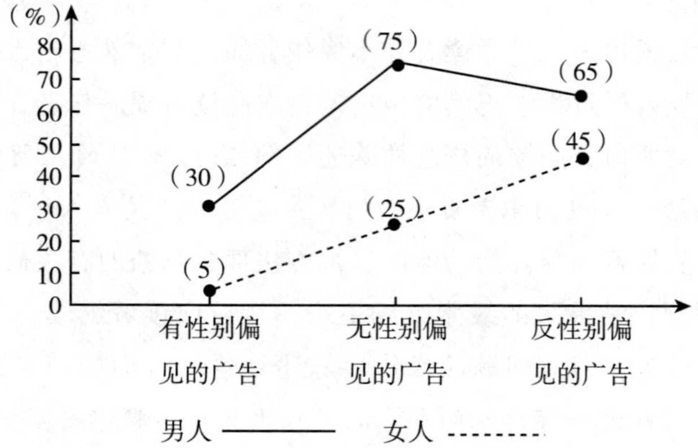

图 13－2　对申请干各种“相反的性别”的工作感兴趣的男人和女人的百分比（每一个百分点代表 20 个调查对象）

首先来看女人的结果。当养路工和建筑工的工作以带性别偏见的广告形式出现，不超过 5% 的女人对这些工作感兴趣。当这些同样的工作以不带性别偏见的广告形式出现时，25% 的女人对这些工作感兴趣。而当这两种工作的招工广告写得对女人有感染力和吸引力时，样本中几乎有一半的女人（45%）对申请这两种工作感兴趣（$x^2 = 8.53$，$p < 0.01$，单边检验）。也就是说，有性别偏见的广告的确阻止了女人申请那些被称为男人干的工作。如果去掉广告中的性别偏见，就会有更多一些的女人对申请这些工作感兴趣，而如果以肯定的方式精心编写招工广告，对那些工作感兴趣的女人就会更多。

男人的结果也显示出一种十分相似的模式，但并不完全相同。男人们总的来说对于像电话接线员和服务员这样的工作的兴趣，比女人们对养路工和建筑工这样的工作的兴趣要大（这种差别可能部分地由于这样一种事实，即太平洋电话公司确实在海湾地区雇用男性电话接线员）。尽管如此，结果仍然揭示出带性别偏见的广告趋向于阻止男人申请干电话接线员和服务员这样的工作（$x^2 = 9.09$，$p < 0.01$，单边检验）。因为当性别偏见消除时，男人中对申请这两种工作感兴趣的百分比从30%增加到75%。但是当广告的用语以颠倒的性别偏见形式出现时，对这些工作感兴趣的男人的百分比并没有进一步增加（然而，它也没有显著减少，$x^2 < 1$，不显著），75%也许是对任何特定的工作所能期望的最大值，而颠倒的性别偏见形式可能将增加男性对“女性”工作的兴趣，同时可能略少于前者。

结果表明，招工广告内容中的性别偏见通过阻止男人和女人申请“相反性别”的工作的确起到了支持和帮助歧视的作用。①

在表述研究结果时，应注意以下事项：

①不要只讲实践成果，不讲理论成果。多数报告只是简单总结做法，不能从理论上阐述自己的研究结果，提炼出有启示性或规律性的东西，成果缺乏理论支撑和学术品位。例如，叙事研究成果，有叙事，没提炼。没有理论的指导，叙事只是叙事，只能是将身边的教育事件如实地反映出来而已，其写作技法会变化，叙述形式会调整，但是仍然走不出事件本身的局限，走不出个人经验的狭隘空间。既不能认识现象的本身，更不能真正实现“透过现象看本质”的研究目的。因此，作者应从研究实际出发，站在理论的高度对研究结果进行提炼，得出有启示性或规律性的东西。

②对成果的分析既要有定性描述，也要有定量的分析。一个研究的结果，是否取得了令人信服的效果，除必要的定性描述外，还必须有定量分析和科学的检验方法，一些报告在写到这部分时，往往是过于简单，草草了事，大大地降低了成果的质量。如“经过近几年的研究证明，效果明显，受到了学生的好评。”“实践证明，这种方法是提高学生素质的好方法。”或自己下定性的结论“该研究已经达到了国内的领先水平”等，简单的几十个字就算完事，显得分量不够，不能够让人信服。因此，作者在对研究结果进行定性描述的基础上，还应有一些定量的分析。

③在陈述所取得的研究成果时，研究成果应与研究内容、目标一致。观点和材料与研究的主要内容、目标是紧密联系在一起的。研究结果中涉及的在研究内容中有提到，而研究内容中涉及的也在研究结果分析中提到了。

④研究方法在研究结果分析中得到体现。如研究方法中有问卷调查和个别访谈，那么在研究结果中就要有调查数据及访谈内容；研究方法中有个案研究方法，研究结果分析中就要描述个案；研究方法中没有涉及实验法，研究结果中也不能时不时出现实验班的名称，等等。

⑤有关研究经验或研究体会不要在结果这个部分来陈述。

13.2.5　讨论

当表达了研究所得的结果时，下一个任务就是用更为一般的术语来讨论这些结果，并回

① 风笑天．社会研究方法［M］．第五版．北京：广东人民出版社，2018.

过头去将这些结果同我们在设计这一研究时所期望的东西相联系。讨论部分经常同结果部分相结合，但对于那些比较复杂的研究，或者那些有着较为广泛或较为抽象的应用的研究来说，讨论部分才常常是单独的。但无论是哪种情况，讨论都与导言部分密切相关，在导言部分所出现的某些中心问题可能会在讨论部分再次出现。正如前面所提到的，导言部分是“沙漏”形报告的上瓶，方法和结果部分是“沙漏”的最狭窄部分——瓶颈，而讨论部分则是“沙漏”的下瓶，导言部分的叙述由宽到窄，而讨论部分的叙述方式则刚好相反，即由窄到宽。一般来说，讨论的内容主要包括以下几个方面。

（1）研究的质量及局限性。

在讨论部分，常常需要对研究程序、样本、资料等方面的质量进行评估。一个作者的科学态度既体现在研究工作中扎扎实实、一丝不苟的精神上，也体现在对研究质量实事求是的评价上。在公共管理研究中，任何一项研究都不可能十全十美，即总会在某些方面存在这样或那样的问题，这就要求作者应毫无保留地向读者进行说明。作者可以把自己的研究结果同在文献评论中列举的那些研究结果进行比较，看看是否又一次验证了它们的结论。同时还可以讨论自己的研究在哪些地方可能存在误差，哪些方面可能存在缺陷，讨论将自己的结论进行推广时必须具备的条件及所受到的限制。还要提醒读者注意下列一些方面：例如，研究所用样本的特点，让他们注意这一样本与作者所希望概括的其他总体之间出现差异的可能性程度。还有对结果有影响的某些特定方法，或某种方法的某些特殊性质，或者任何其他可能产生不正常结果的因素。特别是要愿意接受反面的或未料到的结果：不要用歪曲的意图将它们解释掉，而要如实地陈述和讨论它们。

（2）研究的应用价值。

在讨论部分，作者应以明确的叙述说明研究假设是否得到证实，即使是没有证实的假设也同样对深入探讨所研究的内容具有价值，因为他用失败的结果告诉读者此假设行不通。同时，作者也应明确地回答导言部分所提出的研究问题。但是，要注意，不要简单地再次解释和重复结果部分已经总结了的观点，每一句新的陈述都应该为读者理解这一问题带来一些新的东西。接着在此基础上开始讨论：从研究的结果中，能够得出什么样的推论？这些推论中，哪些同研究的数据资料结合得相当紧密？哪些则在较抽象的层次上同理论更加相关？对于研究的结果来说，它的理论内涵和实践内涵又是什么？观照当前具体社会问题、现实问题，能否给出一个合理的解释框架、分析逻辑，或者说，能对现实生活世界的存在和发展提供哪些启示，等等。

（3）尚待解决的问题。

讨论部分还包括对于研究仍未能回答的那些问题的讨论，以及对于在研究中新出现的问题的讨论。关于研究仍未能回答的那些问题，作者需要指出这些问题具体是什么，并对未能回答这些问题的缘由做一些简单的说明。如果在研究中一些存在的问题还没有引起人们的注意，并且限于各种因素的制约作者也不可能提出解决问题的办法，那么，作者需要把问题指出来，以引起有关方面的注意，或者启发人们对这一问题的思考，这也是很有价值的，如

《暗访北京站前发票非法交易》一文的结尾。

记者随后又转了几个地方，16 时 10 分从北京站前离开。在这 40 分钟里，碰见了大约 20 名卖发票的不法人员。从言谈举止可以感觉到他们知道自己的行为是违法的。在广场、路口维持秩序的公安、保安人员不少，也许是司空见惯了吧，记者没有看到他们出面制止这种不法行为。

发票非法交易现象，到底该由谁来管，怎么管？作者指出这一问题，相信能引起有关部门的重视。

（4）建议和措施。

在实际发表的研究报告中，相当一部分是以对进一步研究的建议和措施来结束研究报告的，但是，按照“沙漏”的形式，研究报告的结尾部分应该是关于人类行为或整个社会的一般性的宽泛陈述，而不应是只有少数社会研究人员感兴趣的具体细节。这就要求作者对整个研究运作过程进行全面、忠实的记录，并从自己已经掌握的理论知识出发，善于发现新问题，提出自己的建议和措施，或者在前人已提出解决办法的基础上，根据实际情况的变化提出更加具体、客观的建议和措施。

总之，研究报告的讨论部分不宜写长，有些社会学家认为在讨论部分的长度与研究结果的清晰程度之间往往存在着一种负相关。即讨论部分越长，读者对研究结果反而理解的越不清晰。

13.2.6　小节和摘要

研究报告常常包括一个非常简要的小节，在小节中，再次对整个报告的各个部分作一个纲要式的总结，因此，它又涉及总的问题的陈述，先前已有的研究结果的阐述，对研究设计、研究对象、资料收集方法、资料分析方法、主要结果的说明，从结果中得到的各种结论和推论，以及更广泛意义上的讨论等。目前，在许多专业杂志上发表的研究报告限于篇幅，常常用摘要来取代小节。摘要是一种更简明扼要的小节，它通常作为一个单独的部分放在研究报告的开头，而不是放在研究报告的末尾。一般来说，摘要往往只有一二百字，它使广大读者能很快地对这一研究的主要内容、方法、结果和结论有一个总的了解。从而便于他们决定是否继续阅读整个报告的细节内容。写好摘要并非易事，因为它的篇幅非常有限，其中每句话、每个字都要十分明确和恰当。我们不可能把各方面的情况都写进摘要里，因此必须作出选择即决定主要突出哪些关键内容，略去哪些次要内容。下面是摘要的一个例子。

残疾人教育是指对残疾人进行的教育。从教育对象来看，既包括对生理和心理有缺陷的并选择接受特殊教育的残疾人，也包括具备接受普通教育能力且选择接受普通教育的残疾人。中国残疾人教育发展受到“人皆有用”“人皆平等”以及“人皆有尊严”的思想影响，经历了从隔离到融合、从权利到人力资本和从单一到多元的发展过程。新中国成立以来，我国残疾人教育虽然在教育水平和教育形式上取得了巨大成就，但是也还存在发展不平衡和教师专业化程度偏低等问题。①

13.2.7 参考文献

在研究报告的结尾处，常常要将整个研究报告中所引用过的所有著作和文章的目录列出，并用“参考文献”作为标题将它们集中成单独的部分。其中，中文著作的写法如下。

［1］吴军民．农村贫困家庭生计支持政策效应研究［M］．复旦大学出版社，2015.

［2］［美］D. K. 贝利．现代社会研究方法．上海人民出版社，1986.

英文著作的写法如下：

［1］Whyte，W. F Street Coner Society Chicago：University of Chicago Press，1943.

［2］Pfeffer，J. &Salancik G R. The External Control of Organizations：A Resource Dependence Perspective. Stanford，California：Stanford Business Books，2003.

在英文著作或期刊中，所列文献里的书名通常是用斜体字印刷的，以将其与其他内容区别开来。其顺序依次是著者名、书名、出版公司所在地名、出版公司名、年份。

［1］江依妮，张光．财政资源错配：户籍区隔下的地方公共服务供给［J］．经济体制改革，2016（4）.

［2］吴军民．社会救助的弹性分析：以江西“农村低保”为例［J］．华东经济管理，2010（5）.

英文文章的写法如下：

［1］Bowley，C. Furmage，A. M.，Marcus，K. and Short，S. D. Case Study：Degree of Integration of Disability Rights Into Allied Health Professional Education［J］．Health and Human Rights. 2018，20（1）：259－272.

［2］Aas，S. Disabled－therefore，Unhealthy？［J］．Ethical Theory and Moral Practice. 2016. 19（5）：1259－1274.

文献中列出的英文文章所发表的杂志名称通常也是用斜体字来和文章名以及其他内容区别开来的。其顺序依次是人名、文章名、杂志名、年份、期号、页码。

如果引用的是某著作中所编入的一篇文章则写法如下：

［1］Schumann，H. &Duncan，O. D. Questions about attitude survey questions In H. L. Costner（Ed.）．Sociological methodology，1973－1974. San Francisco；Jossey－Bass，1974.

其顺序是：文章作者名、文章名、著作编者名：书名、该出版公司的地名、出版公司名、出版年份。

中文的写法也与此类似，如：

① 郑功成，杨立雄．中国残疾人事业发展报告［M］．北京：人民出版社，2017.

［1］刘英："中国城市家庭的发展与变化——五城市家庭调查初析"，见刘英、薛素珍编《中国婚姻家庭研究》，社会科学文献出版社，1987。

13.2.8　附录

在研究的过程中通常会用到一些辅助性的材料，如问卷、态度量表、实验中的刺激材料、实验设备、统计数据、研究背景的照片和草图以及其他旁证性资料等。这些材料往往由于太长而不适于放在研究报告的正文部分，但这些材料又是研究报告不可或缺的一个部分，他们可以帮助读者更好地了解研究的细节。因此，作者可以把这些资料都放在研究报告的附录中，这一方面不会影响研究报告正文的行文流畅性，另一方面又可以回答作者在报告的正文部分由于省略某些内容而产生出的某些疑问，这些资料和信息甚至可以使那些有兴趣的读者去深入探讨研究的细节。

值得注意的是，并不是所有的材料都要搬到附录中去，而是与研究报告内容密切相关的那些支撑材料才需要放入附录中，因此，作者在做附录时，要对材料进行整理与挑选，去除那些无关紧要的材料。此外，由于专业杂志的篇幅总是有限的，因此，绝大部分杂志上发表的研究报告都没有这样的附录，而在以学位论文形式出现的研究报告中，则必须有附录部分，因此，作者要根据研究报告的应用选择是否需要附录。

13.3　研究报告撰写策略

在 13.2 节中我们主要介绍了研究报告的各个组成部分及其写作要求，在这一节中我们将具体阐述研究报告的撰写策略。

13.3.1　问题导向策略

研究就是提出问题、分析问题与解决问题，而研究报告的撰写无非就是把提出问题、分析问题和解决问题的过程用书面语言展示给读者。也就是说，研究报告的撰写是以研究问题为导向的，问题导向就是以解决问题为方向，少做与问题关联不大、不做与问题无关的无用功。马克思在《莱茵报》第 137 号刊论《集权问题》中提出："历史本身除了通过提出新问题来解答和处理老问题之外，没有别的方法。"他还说，问题就是公开的、无畏的、左右一切个人的时代的声音；问题就是时代的口号，是它表现自己精神状态的最实际的呼声。通过学习马克思和恩格斯的著作就会发现，他们的全部著作，没有不是为解决他们时代的大问题而作的。马克思的问题导向策略对于作者撰写研究报告有着非常重要的借鉴意义。具体来讲，作者要注意以下几个方面。

（1）问题从研究课题中来。

一项具体的公共管理研究开始于对研究问题的选择。“选好了问题也就解决了一半。”这一说法正确地解释了提出问题与解决问题之间的辩证关系，很好地体现出提出问题对于解决问题的重要意义。著名科学家爱因斯坦曾经说过：“提出一个问题往往比解决一个问题更重要，因为解决问题也许仅是一个数学上或实验上的技能而已。而提出新的问题、新的可能性，从新的角度去看旧问题，却需要有创造性的想象力，而且标志着科学的真正进步。”① 李政道也说过：“要开创新路子，最关键的是你会不会自己提出问题。能正确提出问题，就是创新的第一步。”那么，问题从哪里来，这是作者在撰写研究报告之前就应该明确的事情。毕竟在公共管理学中、在现实的社会生活中，都存在着大量的尚未解决的一般问题，而对于一项具体的研究来说，它只能在众多的可能性面前进行选择。因为公共管理研究既不是笼统的和无所不包的，也不是盲目的和漫无边际的，而是十分具体、明确、有针对性的研究。现实生活中的每一项公共管理研究，基本都是针对某一公共管理生活领域中的某种特定公共管理现象或公共管理问题的。因此，作者关于问题的提出，首先就应从研究课题出发，对宽泛的研究课题进行分解，例如，一项关于残疾人事业发展的研究，就可以把其分解为“残疾人教育发展问题”“残疾人就业发展问题”“残疾人康复事业发展问题”“残疾人社会保障问题”等，然后作者可以对这些细化的问题分别进行研究，也可以根据自己的需要突出某一方面的问题进行研究，最后再根据问题的选择撰写研究报告，可以是残疾人事业发展的总情况说明的报告，也可以是就某一方面问题说明的报告。

（2）研究目标及其内容针对核心问题的确定。

研究目标就是告诉读者研究最后要达到的具体目的，要解决哪些具体问题。相对于目的和指导思想而言，研究目标是比较具体的，确定目标时用词要准确、精练、明了，不能笼统地讲，必须清楚地写出来。只有目标明确而具体，才能知道工作的具体方向是什么，才知道研究的重点是什么，思路才不会被各种因素所干扰。这一般可以从现实需要方面出发，指出现实当中存在这个问题，需要去研究、去解决，但在研究的过程中往往不止一个问题，在研究报告中，研究目标不可能针对所有的问题展开说明，这一方面会削弱研究报告的针对性；另一方面也会模糊读者对研究的认识，抓不住作者进行研究的真实意图所在。因此，研究目标应针对核心问题来确定，也就是说，在研究报告中作者应始终围绕着核心问题进行阐述，整个研究报告的目标就是为了解决这个核心问题，并通过解决这个核心问题达到理论上的升华，或实践上的突破。

研究内容是紧紧围绕研究目标，展示和论证针对某个问题的整个研究设计，即先提出具体的研究问题，然后针对问题结合理论展开分析。研究内容一般包括两部分：一是研究问题，重点写“问题是什么”，涉及这个问题的理论和概念有哪些，产生来源、具体表现形式、该问题的理论含义等；二是研究设计，重点写这个问题的分析框架、具体思路以及需要

① 郑功成，杨立雄．中国残疾人事业发展报告［M］．北京：人民出版社，2017.

关注的细节等。在研究报告中对研究内容的确定不可能面面俱到，也就是说不可能对实际研究中的每一个问题进行分析与设计。在通常情况下，研究内容只针对核心问题的解释与分析等进行说明，也就是说，整个研究报告的内容始于核心问题的提出，并最终以解决核心问题而结束。

(3) 成果及其成效阐述针对核心问题的解决。

作者在撰写研究报告时，要注意研究报告结构的内在联系。也就是说，作者所提出的问题，并根据问题所确定的研究目标，最终都必须落实到研究成果中去。看一个研究合格不合格，就看在研究成果中研究问题是否得到了妥善的解决，所取得的成果是不是达到了预期的研究目标。在陈述所取得的研究成果时，一定不能忽略研究问题、目标与研究成果之间这一内在的联系。否则，就会令读者感到这个研究并不成功，这个研究报告是没有意义的。因此，作者在阐述研究成果及其成效时，为了不偏离研究报告的内在逻辑联系，为了突出研究报告的重心，以便于读者更好地理解与评价，应紧紧抓住研究的核心问题，直接在结果中阐述对于核心问题的回答是什么，并集中展示针对解决核心问题的数字、图形、表格和材料等支撑资料，让读者一目了然。至于那些对核心问题的解决没有很大关联的结果作者在撰写过程中可以直接忽略。

对于研究成效的阐述也要紧紧围绕着核心问题的解决，并与针对核心问题而预设的研究目标联系起来，说明成果在多大程度上解决了核心问题，是否达到了预设的研究目标，还存在哪些不足的地方，是否可以在实践中进行推广，推广的范围是什么，等等。

13.3.2　实践创新策略

实践创新策略是基于现实问题解决方案或基于现实问题解决方案并参照其他方面的知识进行的开创性创新。他要求作者不受传统观念的束缚，敢于大胆去设想和想象，敢于对同一事物产生质疑，敢于对同一问题提出新的见解，并努力去思索，去寻找新的答案，发现一些新方法和新思路。具体来说，作者在研究报告撰写中可以从以下几个方面进行实践创新。

(1) 在标题撰写中注重实践创新。

在当前网络发达的时代，各种文章、报告层出不穷，作者如何使自己的研究报告从众多的文章中脱颖而出，撰写好研究报告的标题绝对是事半功倍的选择。因为一个好的标题不仅能激发读者阅读的兴趣，还能让读者快速地了解到研究报告的主要内容和主旨。要撰写好研究报告的标题，作者首先就要对自己的研究报告有一个理性的认识，也就是说，自己的研究报告是为谁而写的，一般来说，研究报告都有它的目标读者群，所以作者所撰写的标题一定要紧紧扣住这些目标读者群的心理和需求。如何抓住目标群体的需求，最简单的方法就是在标题撰写中注重实践创新，毕竟研究报告是作者将自己的研究问题、过程及结果与目标读者群进行分享与交流的文章，如果作者的标题脱离了研究的实践，同时又与类似的研究标题相比毫无新意可言，那么这种标题不仅难以取信于目标读者群，更难以吸引这些读者的眼球。

因此，作为一名作者，在撰写研究报告的标题时，除了标题表达简洁、鲜明之外，更重要的是要注重标题的实践创新。也就是说，作者要善于从研究实践出发，提取研究的关键词、创新点作为标题，这种标题不仅可以明确研究报告的研究指向，还可以展示研究在实践过程中区别于以往研究的创新所在，这种有着明确研究指向和创新点的标题必然会让目标读者群体一眼就识别出来。

（2）在研究综述中探寻新路径。

作者在撰写研究报告的综述时如何探寻新路径，这一方面要求作者敢于对前人的相关研究进行挖掘，也就是要能追本溯源，追根究底。作者可以围绕研究报告的专题，按时间先后顺序或专题本身发展层次，对其历史演变、目前状况、趋向预测作纵向描述，从而勾划出某一专题的来龙去脉和发展轨迹。但作者要注意不要孤立地按时间顺序罗列事实，而是要根据自己研究的实际情况，抓住那些对自己的研究具有重大影响的、有创造性、突破性的成果作详细介绍，而对一般性、重复性的资料可以从简从略，这样撰写既突出了重点，又做到了详略得当，使读者对研究的相关情况一目了然。

另一方面，作者撰写研究综述时要有自己新的见解、新的角度和新的发现。作者对现有的各派观点、各家之言、各种方法、各自成就等加以描述后，可以围绕自己的研究对现有的各种观点、见解、方法、成果的优劣利弊进行简要的对比，可以抓住自己研究中的某一个关键点提出对现有研究的新的见解，有时也可以另辟蹊径，换一个角度去梳理、评价现有的各种研究成果等。

总之，在撰写研究报告的综述时，作者可以充分发挥自己的创造力，但必须正确处理借鉴吸收别人研究成果与自己独立思考的关系。一方面不能自持高傲，故步自封，无视前人与他人研究成果；另一方面，那种为介绍而介绍，对所引用的观点及文献只述而不评，或者任意引申发挥的做法也是欠妥的。

（3）在实践研究中探寻新方法。

研究报告是围绕着研究问题而展开的，因此，有一个科学的问题非常重要。但是，如何解决这个问题，研究的方法非常关键。毕竟读者在阅读或审查研究报告时，主要关心的是作者是如何开展研究的，在研究中发现了什么问题，这些问题解决了没有，是如何解决的。然而，在公共管理研究中，并不是所有的研究问题都能得到妥善的解决，有少数问题之所以没得到很好的解决，或者说没有得到作者期待的结果，根本原因是没有突破传统的研究方法，进而找到一种适合该问题研究的新方法。可以说，研究方法创新是解决研究问题，取得重大成果的重要前提，因此，作为作者，应努力在自己的实践研究中对解决问题的方法进行思考与探索，力争在传统研究方法的基础上找到适合自己研究的新方法，并最终在研究报告中给读者带来新的研究思路和研究成果。

具体而言，研究方法的创新可以从以下两个方面努力：一方面是对已有研究方法的改进。公共管理研究方法有观察法、调查法、实验法、经验总结法、个案法、比较研究法、文献资料法等。作者在实践研究的过程中可以对这些方法进行改进，例如，在调查法中，作者经常使用笔纸问卷调查；在观察法中，通常也是采用普通观察记录。现在是信息技术飞速发展的时代，作者可以突破这些传统的研究工具，适当地采用互联网和计算机相关的研究工具，如网络问卷调查、在线数据采集和计算机单机仿真模拟等，有条件的作者甚至可以采用摄像设备、生理测量设备等。这些研究方法的改进，可以大大提升研究的质量和水平。另一方面是多方法融合。一个大的研究往往需要多种方法，小的研究可能主要是一种方法，但也要利用其他方法。例如，在数据采集方法上，作者可以使用问卷、二手数据、访谈或观察等多种数据采集方法结合运用的方式，在数据处理方法上，可以从案例分析、相关分析、假设检验、回归分析、方差分析、主成分/因子分析、内容分析、聚类分析、时序分析、计量模型、历史事件分析法、判别分析、优化模型、结构方程模型、模拟模型、人类学分析、诠释学分析、模糊模型等方法中选用两种或多种方法进行分析。① 总之，作者在实践中创新运用各种方法时，一定要严格按照方法的要求，不能单纯地凭经验、常识去做，而是要根据研究的实际情况，有针对性地进行选择与运用。

13.3.3　图表并茂策略

俗话说，“一图顶千言，有图有真相”，图表能够直观地展示信息属性，是实现研究成果可视化的重要手段，作为研究数据体现的重要载体，图表在研究报告的写作中扮演着重要的作用。特别是对于那些非专业的读者而言，在研究报告的行文中辅之以必要的图形与表格，可以帮助他们更好地理解研究的内容、过程及结果。

（1）使用相关研究图片时要符合规范。

图片被称为“世界的语言”，在不同国度、不同文化水平的读者面前，一张清晰可见的图片，往往能跨越语言和专业知识的局限。研究报告中选取图片一是能增加文章可读性，提升读者兴趣。图文并茂的内容往往能让读者阅读起来更加舒服，如果只是文字内容的累加，容易使读者产生视觉疲劳。而在文字陈述的过程中辅之以支撑性的图片，不仅能使报告的内容更加丰富，同时也能增强读者对报告内容的理解，提升读者的阅读兴趣。二是能起到一定的稀释研究报告相似度的作用。有的报告研究的是同样的问题，在文字的阐述方面或许有很大的相似之处，但如果能够用本研究的独有图片来作为支撑，那么就可以让读者快速识别出研究报告的独到之处。三是图片可以突出重点内容，让读者聚焦关键信息。合理的配图还可将读者的目光吸引至特定区域，让重点内容更加吸睛，让研究报告起到更好的效果，同时帮助读者更快获取有效信息。但是，在研究报告中使用相关图片时要注意符合规范。

①图片内容要符合要求。图片的内容不仅关系到研究报告的质量，而且还涉及一个版权甚至隐私权的问题。因此，作者在研究报告中安插图片时，一方面要考虑图片所表达的内容是否与本研究密切相关，也就是说，图片的内容是必需的，而不是可有可无的。另一方面，

① 陈明亮．社会科学研究方法创新：调查、分析与建议［J］．管理工程学报，2018（4）：79－87.

作者应尽可能地采用自己原创的图片，也就是说，在图片具体内容上要区别于其他研究图片的具体内容，以提升作者该项研究的可信度；同时，作者在选用图片时要注意保护他人的隐私，凡是涉及他人隐私的图片都坚决不能采用，除非征得图片相关人员的同意。

②图片之间的关系要协调。作者选择一系列的图片作为研究报告的支撑材料时，为了便于区分，对于每一个图片都要进行统一编码。同时，作者还应综合考虑图片之间是否相互配合、相互关联，避免在同一组图片中，多次出现相似画面的现象。要注意特写镜头、中景和远景等画面的协调性搭配，使其在组合后的总体效果大于每张图片机械相加的总和。将多幅图片组合在一起以后，让读者能够通过画面清晰了解研究的整体情况和典型细节，从而在图片中获得较为全面的信息。

③图片与文字叙述要契合。在研究报告中对于选用的每一个图片都应撰写一个对应的标题，图标和文字叙述虽然各司其职，但两者一定要相互呼应。有些图片作为研究报告的重要支撑材料，还需要对图片进行一定的文字说明，图片的文字说明与图片本身应是一个相辅相成的整体，图片的文字说明对图片起着解释、补充、升华的作用。在通常情况下，单幅的图片说明应尽量写得详细，成组图片中各张图片的文字说明应该能够相应串联起来，使这组图片成为一个整体。

（2）使用相关表格时要符合规范。

很多研究报告中都会用到表格，表格能更好地记录数据或对事物进行分类等，许多情况下用文字很难将问题描述清楚，而如果选择用表格表达出来，就会更清晰直观。不仅如此，表格往往更简洁、清晰、准确，而且还有很强的逻辑性与对比性，因此，研究报告中应用表格，能大大地提升研究报告的品质。但是，相关表格也不能随意应用，作者在使用表格时应注意符合规范：

①表格的结构完整。一个表格在整体外型上，其表题、标目（总标目、横标目、纵标目）等应齐全，给读者一个完整的印象。推荐在研究报告中使用“三线表”，“三线表”通常只有三条线，即顶线、底线和栏目线。其中顶线和底线为粗线，栏目线为细线，必要时可加辅助线。“三线表”由表序（表号）、表题（表名）、表头（项目栏）、表身及表注等项目组成。它保留了传统卡线表的全部功能，以其形式简洁、功能分明、阅读方便等特点而被大多数期刊采用。

②表格设计应力求科学、准确、一目了然。使用表格是为了研究报告中的分类比较和数据结果更加科学、直观。因此，作者应将表格中不同的组别，不同参数的数据进行必要地准确地归类，按比较的需要靠近排列。此外，表格是完整的、可独立存在的形象化语言，因此，表格的内容应简洁直观，以数字表达为主，避免夹杂过多的文字。例如，引出表格的说明文字只需对表格进行简要概括，无需用繁杂的语言再去重复数据。同时要根据表格数据的涵义及类别适当地合并或删除掉重复的内容，使研究报告中的表格布局简约、合理、精确。

③相同的内容不应同时使用文字、表格和插图重复表达，使用一种形式即可。一般能用文字表述清楚的问题则不用表格，例如，表格的内容简单，仅少数几组统计数据，用一两句

话就可以表达清楚的，应以简要文字叙述；若既可以使用表格，又可以使用插图表述同一内容时，应选择更为合适的表述形式。通常强调事物的形貌或参量变动的总体趋势时，以插图为宜；相反，对比事项的隶属关系或对比量的准确程度时，则以表格为宜。

13.3.4　精细加工策略

撰写研究报告的过程，也是一个重现研究的过程，但是撰写研究报告与实践研究有很大的不同，实践研究要求严格地按照研究设计一步一步操作，有时可能会因为操作失误而出现错误或无效的结果，那么就要进行重新操作，直到获得正确和有效的结果。而撰写研究报告无须对研究的每一个步骤、每一个细节进行描述，只需要对实践研究中那些有用的信息进行加工处理。简单地说，撰写研究报告就是要求作者对实践研究中大量的材料进行提炼、取舍，从而精选出科学、正确的，最有价值、最典型的材料，并按照一定的逻辑关系，通过精炼简洁的文字表达出来。具体来说，作者在撰写研究报告时应遵循以下原则。

（1）遵循学理逻辑性原则。

研究报告的撰写要有整体感，这种整体感即问题与结果之间要具有学理逻辑性，也就是首先要告诉读者研究的问题是什么，然后再介绍自己的研究是如何开展的，最后得到了一个什么样的结果。问题与解决问题的方法，以及结果之间是一环扣一环，一一对应的关系，这中间的每一个环节都是缺一不可的，跳过一个环节，或者是错位的陈述，都会使研究报告出现学理逻辑错误。这就要求作者要严格地把握整个研究的过程，熟悉每一个环节的内容，特别是那些影响研究结果的关键因素，作者要及时地做好记录，以防在撰写研究报告的过程中出现遗漏。同时，作者还要具有一定的逻辑学基础，在撰写研究报告内容的过程中做到逻辑严谨、条理清晰、有理有据。例如，对于支撑研究成果的论据材料不要单纯地列举事例，讲故事，而是要在研究报告中把那些与成果之间具有内在必然联系的材料提取出来，如果列举材料与成果之间没有这种逻辑关系，不论研究报告中列举多少事例，故事讲得有多精彩，也很难得到一个让人信服的研究成果。总之，研究报告的表现形式固然重要，但是作者不能把主要的精力放在追求报告的形式上，而是要更多地考虑研究结构的逻辑合理性。

（2）遵循实践科学性原则。

在研究报告中怎样使研究观点得到有力的论证，是作者应该关心的重要问题。论点的证实除了必须依靠逻辑的力量外，还需要依靠科学事实的支撑，也就是说，研究报告的内容撰写要遵循实践科学性原则。研究报告的实践科学性主要表现在：一是要用充分的论据和严密的论证，或精确可靠的数据资料来证明研究假设；二是研究报告内容要实事求是，从实际出发，无论是研究假设的提出还是分析、论断，都要恰如其分，与事实相结合，正确反映客观规律。

具体来说，作者在撰写研究报告的过程中，首先，应全面掌握实践研究的素材，认真分析素材，找出其带有规律性的东西。研究过程中的素材往往是参差不齐的，需要作者用筛选法斟酌取舍，减裁选用。做到去粗取精、去伪存真，并要通过由此及彼、由表及里的分析进行改造制作，分清现象与本质、主流与支流、成绩与缺点等，并从事物的相互关联中发现事物的内在联系和本质特征，找出规律性的东西，提炼出科学正确的观点。其次，作者在论述过程中要正确处理好研究假设与事实的关系，恰当地配置事实，用事实论证。这就要求作者要从实践研究中选好事实，除了要注意事实的典型性、科学性以外，还要善于用正反两方面的事实来说明问题，全方面地帮助读者理解不熟悉的论点。最后，在研究报告的小结上，要求作者不得带有个人好恶的偏见，不得主观臆断，而必须切切实实从客观实际出发，从中引出合乎实际的结论。总之，实践科学性是研究报告的“本”，是公共管理研究的灵魂，失去了科学性，也就失去了研究报告的价值。

（3）遵循语言简练性原则。

对研究报告内容的阐述要精炼简洁，语言表达准确、生动。所谓简洁，就是研究报告应用简单的、常用的语言写作，能让非专业的读者进行阅读，能让他们清楚地理解作者做了什么，如何做的，最终取得了什么结果，即使他们对于统计、实验设计或其他有关的专业知识一无所知。所谓准确，是指研究报告应忠实客观地反映研究实际，不存在浮化夸张。不为了吸引读者的眼球而生造词语，也不为了扩大读者群而随意地用日常生活用语代替科学术语，这些做法不但对读者没有益处，反而容易造成读者理解上的歧义。因此，作者在撰写研究报告的过程中，应有针对性地为解决某一问题而展开，准确地陈述问题发生、发展的起因、过程、趋势、影响及解决办法。如果用词概念不清，读者就难以了解事物的本来面目，也就达不到解决问题的目的。特别是政策调研报告，用词准确有助于政策决策者迅速准确地理解调研报告的内容，有利于政策制定和调整的正确性，如果用词不准确，可能会造成无法挽回的不良后果。所谓生动，是指研究报告的语言要讲求文采，文字描绘和表达具体、形象可感。不要在研究报告中描述一堆模糊不清、抽象的信息，也不要生硬地宣布研究的结果，这些做法只会让读者对报告中的研究失去信任感。要使研究报告生动形象，作者就要善于捕捉研究实践中的关键细节。例如，在描述研究结果是如何得来的部分，作者可以对实践操作中的关键细节进行描述，让这个关键细节就像播放电影一样呈现在读者的面前，这种做法不仅能增强研究报告的可信度，还能大大地提升读者的阅读兴趣。

13.4 研究报告的转化

研究报告是作者在深入实践、深度思考、潜心研究的基础上形成的智慧结晶，研究报告的转化是整个研究活动的“最后一公里”，其转化与否，将直接关系到整个研究工作的质效。因此，作为一名作者，撰写研究报告是表达自己研究成果最基本的形式，而这种成果能否转化为现实的行动，则对作者提出了更高的要求。如何促进研究报告的转化，作者可以从以下几个方面努力。

13.4.1 明确转化方向

作者在撰写研究报告之前，甚至在开始研究之前，就应该对自己的研究应用方向有一个正确的认识，也就是说，作者之所以开展研究，并围绕自己的研究撰写研究报告的目的是什么，是为了给公共管理部门提供政策依据，还是在研究的基础上总结经验、推广典型，抑或是针对某个专门的问题研究出具体的解决办法等。

（1）政策依据。

政策依据是指制订政策、贯彻执行政策时所应遵循的原则。一个政策的产生绝不是凭空的，决策者必须依据客观、科学的原则制订与执行政策，也就是说，任何一项政策都必须从客观实际出发，以客观事实为依据。研究报告最大的一个特点就是从客观实际出发，用事实说话，特别是随着政策科学的发展，公共管理研究中的系统分析和其他政策分析法，包括决策理论、可行性研究、预测技术、调查研究、PPBS、成本效益分析等方法的运用，研究报告越来越成为公共管理部门制定、执行各项政策的依据。一方面，研究报告通过实践研究提炼出来的科学理论，以及调查发现的社会发展规律可以为政策的制定和执行提供科学的理论和科学的方法论指导，只有在客观实际基础上制定的政策，才能够得到人民的拥护、顺利地贯彻实施，而建立在实践研究基础上的研究报告可以为政策的制定和执行提供最真实的情况。另一方面，研究报告通过实际研究相关利益集团，可以更好地协调政策制定和执行中各个利益相关集团之间的关系，毕竟每一项新政策的制定必然会破坏原有的利益格局，重新组合新的利益体系，而在实践研究基础上形成的研究报告可以预先考虑到各利益集团的需求，从而为新政策的制定提供利益协调的依据。①

由此，作者在撰写研究报告前就要认真思考，研究报告将要转化的方向是什么，如果是作为政策的依据，那么作者应以实践定向，以发现和解决社会的政策问题为宗旨，在对政策和相关利益集团进行调查与分析的基础上，提出符合社会实际和政治可行性的政策措施与建议。

（2）典型经验。

典型经验，是人们针对某一实践活动，通过对成功因素的分析和研究，上升为理性认识，从而归纳概括出来的具有指导性、代表性的做法、体会和规律。典型经验是一种做法，是使实践活动取得成功的做法，是正面经验，而导致实践活动失败的做法，是反面经验，即教训。一般用于推广的典型经验是正面的经验，在这类经验中通常会推出一些操作性强的工作方法，这是增强典型经验指导性的重要手段。典型经验传达的是一种作风，从经验中提炼出的一种工作作风，让人们不仅学到工作方法，更重要的是通过工作方法，学到一种工作作风，起到长远的作用。典型经验宣扬的是一种精神，典型经验中体现的精神能鼓舞士气、激

---

① 李忠尚、尹怀邦等．软科学大辞典［M］．辽宁：辽宁人民出版社，1989.

励人心、唤起大众、催人向上。

研究报告是分析、归纳典型经验的一种重要手段，作者通过实地研究，可以站在时代的高度，提炼出具有时代意义、满足时代需求的经验观点。同时，作者通过实地研究，可以选取出具有典型意义的经验撰写成研究报告，进而推广，让更多的人从中得到启示与借鉴。总之，作者的研究报告若要转化成典型经验，作者在撰写报告时就要把握上述特征，如此才能提炼出具有指导意义的典型经验。

（3）具体的工作举措。

将研究的成果转化为具体的工作举措，这是确保研究有生命力、有战斗力、有正能量的根本举措。所谓“文以载道，以用为贵”。只有将研究过程中发现的问题解决、堵点疏通，才能凝聚事业发展前行的强大正能量，才能倒逼专门机构或人员更加注重工作的方式和方法，以取得更大的成效。形成研究报告不是研究的“终点”，由此转化出解决问题的办法才是研究的目的和价值，不论是纵深推进改革事业的蓬勃发展，还是满足人民日益增长的美好生活需要，或是推动某一个组织的发展，都难免会遇到新情况、新问题、新挑战。而在实践基础上的研究报告，可以将其研究成果转化为推动工作的强劲动能与蓬勃智慧，从而更好地促进各项事业的发展。因此，作为作者，应明确自己研究报告的工作举措方向，有的放矢，更好地实现其转化。

13.4.2 打好转化基础

研究报告能否沿着作者预设的方向进行转化，还需要作者在研究的过程中为研究报告的转化打好坚实的基础。这就要求作者为研究报告的撰写而进行的研究要注重“六性”，做到“四不”。

（1）注重“六性”。

①注重研究范围的广泛性。研究范围的广泛性主要体现在研究所涉及的地区、对象、资料来源等广泛。从地区上看，除非为特定地区做的研究报告，一般来讲，研究的范围应从整个社会的宏观角度出发，尽量选择大的区域作为自己的研究范围，这样做出来的研究报告价值更大，更便于在全国范围内推广。从研究对象上看，凡是与研究有关的单位和个人，作者都应纳入研究的范围，如果作者只站在自己个人、自己单位或利益相关人的立场上做研究，或者只就一些局部的鸡毛蒜皮的小事而小题大做，这样的研究报告即使做得再好，质量是会大打折扣的，难以得到政府、社会的重视，研究报告也难以得到转化。从资料来源上看，研究的支撑材料既可以是作者通过实地调查、实验研究所收集的一手资料，也可以是通过网络、书籍、报刊等获得的二手资料，只要是与研究相关的材料，作者可以通过各种正规渠道去获取。

当然，在实际的研究中，作者限于时间、精力、经费等因素，不可能对全国范围内的每一个地区或者是对所有与研究相关的单位和个人进行研究，这时候作者就要灵活地用到我们在第 3 章所讲到的抽样方法，在大的区域范围内对研究的对象进行抽样，通过样本来进行研究，如下面的例子。

本部分将主要运用单变量、双变量分析方法对两项问卷调查的样本情况作简要说明，包括一些人口统计特征（如性别、年龄、教育、户籍、宗教、信仰等）、家庭生产经营、社会联系等。本项调查共发放 850 份问卷，回收 787 份（回收率 92.6%），其中有效问卷为 755 份（占回收问卷的 95.9%）。此次问卷调查从 2011 年 5 月 18 日开始，至 6 月 2 日结束，共计 16 天。调查主要在南昌市（青山湖区、青云谱区、西湖区）、新余市（渝水区、分宜县）、宜春市（万载县、高安市）以及九江市（浔阳区、永修县）进行。①

②注重研究对象的层次性。层次性是指系统在结构或功能方面的等级秩序特征，通常可按物质的质量、能量、运动状态、空间尺度、时间顺序、组织化程度等多种标准划分，不同层次具有不同的性质和特征，既有共同的规律，又各有特殊规律。系统由低到高具有不同层级，每个层级都有不同的整体性，高层级具有低层级所没有的新特性，低层级的特性又是形成高层级特性的基础，因而使不同层级相互区别又相互联系。作者在研究的过程中应该关注研究对象在系统中的每一个层级，了解每一个层级的特征，并在此基础上进行归纳总结，得出比较全面的研究结果。这种包含研究对象各个层级特征的研究报告也更易于在各个层级中推广与转化，如下面的例子。

关于调查对象的年龄、性别、受教育年限等情况。从年龄与性别来看，此次调查以青年和中年人为主要对象，各年龄段的男女性别比差距不大。在教育年限与性别方面，此次调查样本的教育程度以中小学为主。教育年限在小学（男占 21.3%，女占 21.1%）和大专以上（男占 10.5%、女占 5.3%）的被调查男女性别比例基本持平，而未受教育（男占 8.3%、女占 12.1%）和中学（男占 64.8%，女占 61.5%）的性别比例有差距，但差距不是很大。②

③注重研究内容的真实性。研究的目的是要了解情况、发现问题、推进工作，一旦偏离了研究的真实性，解决问题的效果就会大打折扣，正确的决策、正确的执行、正确的经验、正确的工作举措也就无从谈起。因此，作为作者，知之为知之，不知为不知，研究报告来不得半点虚假，一就是一，二就是二，自己研究到什么样的程度，也就表达到什么样的程度。学术研究与真实、脚踏实地是紧紧联系在一起的，没有了真实性，也就没有了学术的生命。不论在提出命题、开展研究、分析解释数据、得出结果，还是最后撰写研究报告等各个阶段，作者都应该尊重研究的真实情况，例如，在获取数据时要忠实于数据的原貌，在解释数据分析的结果时不夸大成果的学术、经济和社会价值，不编造成果，无中生有等。在研究报告中，为了避免对研究的真实性存在争议，作者应对研究的目的、方法和结果都做详尽的说

①② 吴军民，赖水源．农村残疾人扶贫政策效应评价研究［M］. 北京：中国财政经济出版社，2016.

明，并附上原始资料和数据，以帮助读者判断报告的真实性。①

④注重研究课题的超前性。超前性是指思维、意识的超前，即在客观存在的基础上，根据事物的发展规律，先于客观事物的发展变化而作出的符合事物发展趋势的科学预测。研究课题的超前性主要体现在：一是作者能对某种事物的发展趋势或结局作出一种前瞻性预测，即“未雨绸缪”。如刘逸同志通过对我国珍稀药用植物资源的调查，发现一些药用植物已濒临灭绝，但是，我国一些以野生药材为主要原料的老药还在大量生产，新药还在不断问世；一些珍稀天然植物药的出口还在成倍增加。他因此忧心忡忡，大声疾呼：“明天，我们还能不能吃到中药?”

研究课题超前性的另一表现是选题新颖，选题的创新性是研究课题超前性的灵魂，离开了创新，则无超前性可言。这就要求作者所要探讨的问题是别人尚未发现或未引起重视的，作者所提出的建议或思路是未曾有人提过或想到过的。此外，选题新颖还要求作者立足长远，用发展的眼光去看待事物。有些条件，虽然眼下不具备，但经过一段时间的发展、努力，会完备起来，也就是说，作者应充分发挥自己的主观能动性，突破现有条件的限制，提出走在时代前沿的研究设想。②

总之，研究课题的超前性是提升研究价值的一个重要方面，一个没有创新的研究报告，是很难得到政府和社会的重视或采纳的。

⑤注重研究的科学性。研究的科学性是指研究的内容是否符合客观实际，是否反映出事物的本质和内在规律，即概念、定义、论点是否正确，论据是否充分，实验材料、实验数据、实验结果是否可靠等。具体来说，一是研究要以客观事实为基础。研究一般不以“神”“鬼”“精灵”为前提，一切应以客观事实的观察为基础。通常作者需要对整个研究进行设计，从而确保研究的程序和步骤都是有序、清晰和结构化的，并能为读者所了解。同时，作者要用文字和语言清楚地表述所取得研究结果的全过程，使读者可据此判断获取的观测数据和分析结果以及导出的结论是否可靠。二是研究结果是可以重复的。研究的结果具有普遍必然性，能够解释其适用范围内的已知的所有事实。作者通过多次验证可得出同样的结果，其他人应用相同的程序和方法也能得出同样的结果。三是研究必须是系统的、完整的。研究应遵循一定的逻辑推理，并且在研究方法上严谨，在研究过程中或研究报告的撰写过程中不能出现逻辑错误，应保持研究和研究报告的结构完整。四是研究应该是中立的。研究不是为某个阶级服务的，而是任何人都可以用它或者接受它。这就要求作者应超越各个利益主体的立场，不为游说者的意见所左右，不见风使舵，不投机取巧等。同时，作者应尽量在研究过程中排除价值和主观偏好的影响，排除个人偏好对观测结果的影响已成为研究科学性的有机组成部分，因为这些个人偏好和价值观念可能会导致错误的结论。

⑥注重建议的可行性。作者所提的建议对研究报告的转化起着非常重大的作用，如果所

---

① 杨杜等．管理学研究方法［M］．第二版．大连：东北财经大学出版社，2013.

② 刘吉元．论民主党派提案选题的超前性及超前思维的培养［J］．参政论坛，2002（2）：11－12.

提的建议是立足于现实，即现阶段所具有的能力和条件基础上的，那么这种建议是可行的，研究报告可以得到很好的转化。如果作者离开所处的现实条件来提建议，那么即使研究再超前，建议再美好，也只能是痴人说梦，无法在现实中运行，研究报告更不可能转化成功。因此，作为作者应在研究的过程中为建议提供准确而有力的数字和事实材料，同时应深思熟虑，反复论证自己的建议，从而确保自己的建议能经得住现实问题的考验，能够在现实生活条件下顺利运行。

（2）做到"四不"。

①不唯上。不唯上，就是"不为任何个人或权势集团服务"。也就是说，作者应努力创造条件，保持研究工作的相对独立性，能比较客观、公正、中立、准确地进行研究。首先，在研究的目的上，不先入为主，不搞奉命论证、"御用咨询"，不为"长官意志"所左右，不诠释"指示精神"。这就要求作者必须认真采取切实有效的措施，减少上级对自己研究的干预，千方百计保证研究活动的相对自主权和独立性。作为作者，不能去琢磨委托者的意图而投其所好，也不能为已有的上级决策作论证，更不能因名人的言论而改变自己的主张，而要坚持自己的实际研究，发扬实事求是的治学精神。为了保证研究工作的独立性和自主性，作者还应拒绝接受一些附有不适当条件的研究合同或捐款。其次，在研究的过程中，研究人员应尽量摆脱研究组织内部的行政约束和思想约束，研究人员能以自主方式，自由而开阔地思维，多角度地进行独立研究；具有课题选择、分析问题角度、研究方法选择和价值判断的独立性；享有设计和评估各种备选方案的自由；可以重新界定问题，怀疑已被接受的研究范式等。最后，在研究结果上，研究成果的价值不以是否为上级所采纳为标志，除事关国家、社会安全、稳定等不宜公开的材料外，作者可以通过研究报告的形式，广泛向社会公众及政府公布其研究成果，传播信息，推动社会发展。①

②不唯书。人们寻求问题的解答许多都来自书本。在日常生活中，当人们碰到迷惑不解或陌生的问题时，总希望找一本有关的书籍来寻求答案，人们往往自觉或不自觉地把求助于书本看成最有效、最令自己放心的解答方式。古人读圣贤书，现代人们学习各种理论、文章和语录。作者也经常为了说明研究报告中某个观点而引经据典，引用书本中的话来求得支持，此时，作者可能对书本中话语的来由和真伪不加考察，最终导致研究报告中出现虚假的信息，从而影响到研究报告的转化。因此，作为作者，在研究的过程中，不能总是寄希望于书本来解决问题，对于书本中的话语不能拿来就用，而是要注意这些话语是怎么来的，是作者的主观意识还是客观存在，只有确定书本知识是真实可靠的，作者才可以使用。此外，对于书本中与自己实践研究不一致的地方，作者要有怀疑的精神，或许书本中的知识并不一定就是正确的。②

③不唯众。唯众，是指完全依据众人的想法办事，不唯众，就是指作者要能独立思考，

---

① 陈振明．政策科学—公共政策分析导论［M］．第二版．北京：中国人民大学出版社，2003.

② 李怀祖．管理研究方法论［M］．第 3 版．西安：西安交通大学出版社，2017.

不要随大流，东风来了往西倒，西风来了往东倒，不经思考地跟着别人办事。作为作者，应该有自己的主见与立场，在自己的研究结果与众人的观点不一致时，要勇于坚持自己通过研究验证的东西，而不是大家认为正确的东西才是正确的。例如，曾有人问，两个大小不同的球从塔顶下落，哪一个球将会先碰到地面？在现代科学奠基人伽利略之前，众人都是依据亚里士多德的理论来回答。亚里士多德认为，不同物体下落的快慢是不一样的，跟质量成正比。1700 多年以来，人们一直把这个违背自然规律的学说当成不可怀疑的真理，但年轻的伽利略根据自己的经验推理，大胆地对亚里士多德的学说提出了疑问，并通过比萨斜塔上的试验，揭开了落体运动的秘密，推翻了亚里士多德的学说。

④不唯己。在前面我们讲到，作者在研究报告中应不唯上、不唯书、不唯众，要勇于保持自己研究的独立性，以新的思维方式和研究手段，从新的角度研究问题，提出解决的新思路和新办法，创造性地推进工作。但是，在这个过程中，作者要注意不能过于以自我为中心，盲目自信。例如，在政策研究报告中，科学的决策必须有科学的政策研究，但政策研究只能帮助领导决策，而不能替代领导决策。

因为定性定量的问题作者可以通过技术手段分析，而一些无法计量比较、随机因素多的问题，就只能由决策者根据经验和见识，经过周密思考，做出判断和决策，这就要求作者在研究报告中应把握分寸，不要盲目地以自己的政策研究结果代替“决策”。① 此外，知识无涯，人生苦短，任何博学多才的作者所能把握的知识总是有限的，一个人已知的知识领域与未知的知识领域相比，犹如无垠宇宙中的一颗星斗而已，更何况人类还面临许多尚未发现的庞大的“必然王国”，因此，作为作者，不能唯我独尊，而是要适当地求助于书本，从而更快捷、有效地获取知识、解决疑难。最后，从基础研究到实际应用到某个方面，研究报告是需要“量体裁衣”的，很多“量体”和“裁衣”过程，就是“跟风研究”和“微创新”的过程。作者很难做到仅凭一己之力就可以做出高质量的研究报告并实现转化，他们需要适当地学习其他作者的研究方法，有时候还可以在众人的基础上继续往更纵深处研究。

13.4.3 缩短转化周期

时间就是金钱，时间就是生命。随着各级机关、各行各业工作效率的提高，成果转化的时效性也在不断增强。因此，作者要不断增强紧迫感、责任感。研究成果转化必须适应形势的发展，在时效性上下功夫，缩短转化周期，提高成果利用率，这就要求作者做到“三个及时”：及时发现问题，这是解决问题的前提；及时研究，这是解决问题的关键；及时转化，这是解决问题的根本。

（1）及时发现问题。

要研究解决问题，首先要能够发现问题。对于有些问题，如果作者不能及时发现，那么

① 陈振明．政策科学—公共政策分析导论［M］．第二版．北京：中国人民大学出版社，2003.

这个问题不但得不到解决，随着时间的推移，问题可能会愈演愈烈，甚至对社会造成无法挽回的影响。因此，作为作者，应强化主动意识，把发现问题作为研究的首要环节，在日常生活中不断提升自己发现问题的能力。一是要多实践。实践是认识的来源，任何问题的获得都离不开作者的实践活动。作为作者，就要经常深入实践，用自己的耳朵去听，用自己的眼睛去发现，多问多打听，从实践中获得问题。同时，作者还要注重对细节的挖掘，所谓耳听为虚，眼见为实，但实践中眼见的也不一定是真实的，因为问题往往不会浮于表面，作为作者不能被表面所看到的东西所迷惑，而是应有自己的分析和判断能力，从细节着手，小中见大，及时找到问题。二是要多记录。俗话说“好记性不如烂笔头”，作者在寻求问题的过程中往往要面对众多的研究对象和复杂的工作内容，如何从众多的信息中获取问题的线索，这就要求作者及时把关键的信息记录下来，如果条件允许的话，可以记录得更加全面些，这样可以保证信息的完整性，从而更加有助于问题的及时发现。三是多阅读。阅读是人类进步的阶梯，也是人们发现问题的最便利的方式，特别是当前网络信息的飞速发展，研究人员可以通过广泛、及时的阅读来把握当前的社会状况，并从中发现亟待解决的问题。

（2）及时研究问题。

发现了问题之后，作者就要及时针对问题设计研究的方案，并将研究方案迅速付诸实践。如果作者及时地发现了问题的萌芽，但是没有及时去研究这个问题，并找出解决问题的答案，那么随着时间的推移，问题可能已经扩大化了，作者当初发现的问题可能已经不再是新鲜的问题，而是众所周知的问题，而且其他人或许已经找到了解决的办法，而此时作者再去对该问题进行研究，将大大降低研究的价值及研究报告转化的概率。此外，研究问题若得不到及时的研究，该问题也有可能随着时间的推移发生了变化，也就是说，当前的问题可能不是之前的那个问题了，如果这时候作者才开始对之前问题进行研究，那么这种研究注定是没有意义的，因为再好的研究结果也不能解决当前的问题了，更不用说研究成果的转化了。因此，作为作者，应及时深入细致地开展研究，真正把问题摸清楚，把问题找准确，把症结分析透，并研究提出解决问题、改进工作的思路、办法和措施。

（3）及时转化成果。

研究成果能否及时得到转化，直接关系到研究报告的应用价值。因为任何一项研究都是针对具体的问题而展开的，如果研究成果不能及时转化为解决问题的政策、典型经验或具体工作举措，那么随着问题的变化或者加剧，研究成果将失去其应用的价值，也就是说，逾期的研究成果已经无法解决当前的问题了。因此，作者及时研究问题并得出解决问题的方法之后，应及时将自己为研究成果而撰写的研究报告转化为现实的政策或具体措施。这就要求作者应多渠道、多形式、多手段推动研究成果转化，使之真正落地见效。一是要善于借势转化。作者要紧跟时代发展大势、紧盯国家大事、紧贴工作大局，借势推动，顺势而为，及时转化紧跟党和国家大政方针的研究成果。二是精于借智转化。作者可以将智库专家、特邀咨询员、企业家等调研中收获的真知灼见，充分吸纳到自己的研究中，从而通过会议、论坛等方式推动转化；也可将带有全局性、普遍性的研究成果，及时纳入相关人员的教学培训内容，借助课堂启迪相关人员思维，传授技巧方法，转化为开展工作的思路和办法。三是巧于借力转化。借助新闻媒体大力宣传可推广的研究成果，让点上的经验在面上铺开，达到“一花引来百花开”的效果；同时，作者在研究结束之后，应及时撰写研究报告，并进行发表，让自己的研究成果在专业领域得到推广，以促进研究成果的转化。

关键术语

研究报告　实验报告　调查报告　观察报告　研究问题　研究创新　研究方式　研究对象　研究价值　成果转化　政策依据　典型经验　工作举措

思考与实践

1. 何谓研究报告？
2. 简述研究报告的类型。
3. 简述研究报告的基本结构。
4. 研究报告的撰写策略有哪些？
5. 撰写研究报告应遵循哪些原则？
6. 如何进行研究报告的转化？
7. 如何理解研究报告的“六性”？

阅读材料

1. 郑功成，杨立雄．中国残疾人事业发展报告［M］．北京：人民出版社，2017.

2. ［美］艾尔·巴比．社会研究方法［M］．第10版．邱泽奇译．北京：华夏出版社，2005：476－482.

3. 风笑天．《江村经济》教我们如何做研究——重读费孝通先生《江村经济》一书的几点启示［J］．中国地质大学学报（社会科学版），2016，16（5）：104－109.

第 14 章　撰写研究论文

研究论文是作者针对某一个（些）问题、现象进行深入分析、讨论并得到有意义结论的文章，是研究成果的文字表述，是作者长期以来从事研究工作的智慧结晶。研究论文与研究报告的不同之处在于研究报告是科研成果的一般表达形式，其更加侧重于资料性，而研究论文是科研成果的高级表达形式，突出的是它的学术性。通过撰写研究论文，不仅能够锻炼作者的逻辑思维能力，还能促进思维系统性与明确性的形成。此外，研究论文也是体现作者科研能力和水平的一种重要表现形式。

研究论文通常包括学术期刊论文和申请学位的毕业论文。发表在学术期刊上的研究论文和毕业论文虽然其内在规范性和创新性要求是一致的，但它们在形式、篇幅、结构等具体要求上还是存在一定的差异。① 本章将详细介绍研究论文的类型、基本结构、撰写策略及论文发表。

14.1　研究论文的类型

14.1.1　学位论文

学位论文，主要是指学生为了能拿到学位而撰写的论文，也称毕业论文。学位论文是检查学生掌握某领域的基础知识，运用该研究领域的理论和方法来研究社会现象或问题，在指导老师的指导下独立完成的文章。学位论文要求具有一定的研究水平，尤其是硕士、博士学位论文要求更高，不仅具有学术性，更要求具有前沿性、开拓性和创新性。

（1）本科学位论文。

本科学位论文是个人从事科学研究的起始阶段，也是对学生逻辑思维能力、书面表达能力、运用基本概念和知识能力的重要训练途径，同时还是培养学生创新意识和创新能力的重要手段，有助于学生养成良好的研究习惯，为以后的科学研究奠定基础。通过本科学位论文写作过程的训练，可以达到以下几个目的：一是综合运用专业基本理论、基本知识、基本技能的能力；二是独立提出问题、分析问题、解决问题的能力；三是理论联系实际的工作作风和严肃认真的科学态度；四是运用专业手段及科学方法获取信息和处理信息的能力；五是培

① 杨杜等．管理学研究方法［M］．第二版．大连：东北财经大学出版社，2013.

养学生开展调查研究、处理实验数据、利用文献和书面表达等综合能力。

针对公共管理学科的特定专业性质，结合上述培养目标，管理类本科学位论文应该符合以下要求。

①实践性。公共管理专业具有很强的实践性和操作性，公共管理理论是对现实实践的高度总结和概括，公共管理研究应该与现实实践紧密联系，针对公共管理实践过程中所产生的问题、困惑及关键领域进行分析和指导。对本科学生而言，要在有限的学习期限和知识基础上，撰写宏观或纯粹基础理论的学术文章具有很大难度。从实际情况来看，近年来有相当数量的学生写作该类文章，基本上是教材、文献资料的简单堆砌和观点罗列，缺乏理论和实践价值，达不到本科学位论文的要求。

公共管理专业的理论和实践问题很多，也非常具体，特别是随着国家治理体系和治理能力现代化的大力推进，中国公共管理实践的现实课题非常多，这就为毕业论文的选题提供了很大的选择空间。无论是政府管理、行政管理、城市管理、公共政策以及劳动社会保障等都应强调微观应用价值，强调现实可操作性。一篇合格的毕业论文应该针对某一特定领域（或某一个点）的现实问题展开研究，力争为管理实践提供有价值的参考和指导。当然，要求本科毕业论文去解决公共管理实践中的重大问题显然不太现实，但这并不与紧密联系实践的原则相违背。本科毕业论文可以针对实践中某一特定的、小范围的问题展开研究，而且就算论文最终并没有能够对某一问题进行深入的研究，关注实践并能提出问题就已经是一个非常了不起的成就。

②规范性。规范性指研究的程序和步骤都是有序、清晰和结构化的，并能为其他科学研究人员所理解。本科毕业论文的规范性强调的是能用文字和语言清楚地报告取得研究结果的整个过程，包括概念、名词、术语、变量等要素的准确使用，使用专业性的学术语言，论文结构符合学术规范等。本科毕业论文的规范性要求有着极其重要的意义，通过严格的规范性训练，为培养学生严谨的学术态度奠定基础，无论对于以后从事科学研究还是走上工作岗位来讲，都具有关键的作用。

概念、名词、术语、变量等基本要素的表达和运用反映了研究者的基本功和基础技能。在论文写作过程中，很多学生不能对上述基本要素进行准确的区分和定义，随意使用和概念混淆的现象到处可见，同一名词在上下文的含义不一致，让读者一头雾水，不知所云。

毕业论文属于学术研究，需要使用规范的学术语言，要突出其专业性、它与一般的演讲稿、报告、文艺作品在行文风格、用词规范上有着很大的区别，毕业论文要求使用客观、准确、专业、规范的学术文字，同时要求严格的内部逻辑性和一致性。另外，书写格式的规范也有严格的要求，主要表现在对文献的引用、标点符号的使用、图表绘制说明等方面。

（2）硕士学位论文。

与本科阶段以获取基础知识和基础理论为主的培养目标不同，硕士生的培养目标主要是开展科学研究和理论探索，硕士学位论文要求学生对所研究的客体有新见解或新成果，并对本学科发展或经济建设、社会进步具有一定的意义，表明作者掌握坚实的基础理论和系统的学科知识，具有从事学术研究或胜任专门技术工作的能力。因此，除了本科学位论文的理论联系实际和规范性要求外，硕士学位论文要有一定的创新性。这一方面要求硕士学位论文的主要观点及研究发现是作者自己的劳动成果。自己亲自调查或进行实验得到数据资料，自己查阅资料整理出观点综述、观点证据，发现并论证前人没有提出的观点，或者对已有的研究和观点进行补充或修正。论文的大部分内容不能是已有知识的重复，不能是别人观点或劳动成果的大量引用和简单堆砌，更不能是对别人观点或劳动成果的抄袭。一般介绍性的文章并不符合学位论文的要求，即使是对新知识的介绍也不适合作为学位论文的内容。学位论文是严格意义上的发现问题、分析问题和解决问题的原创性研究论文。别人的观点和劳动成果只能作为支持证据，而不能作为自己的观点。另一方面硕士学位论文还要求具有一定的科研质量，而称得上科学研究成果的论文，一定要有创新性，即有新发现和经过论证的研究假说。学位论文与教材最大的不同在于教材是知识点的介绍，而论文是新知识的创造。当然，新知识的创造并非易事，创新也有大小高低之分，对硕士学位论文而言，要求其在某一领域做出开创性的知识创造和贡献有些不太现实，因此，只需要就某些特定的知识点进行验证、修正、补充，或者针对现实实践提出一些理论假说并进行初步的探索，都称得上是知识的创新。这并不是说硕士论文就应该放弃大创新的努力，现实中不乏在硕士阶段就做出突出贡献和获得新发现的研究者，这为日后的科研工作奠定了良好的基础。

（3）博士学位论文。

博士论文是博士研究生培养的阶段性成果，论文的质量标志着学生的研究能力、学术水平及研究潜能。通过博士论文的写作，能使博士生的研究能力得到系统训练和提升，并为未来的研究打下坚实的基础。高质量的博士论文预示着一个良好的开端，那些在日后取得突出成就的研究人员，他们的博士论文就已显示出良好的研究潜质。鲜有低水平的博士论文作者能够成为优秀的研究人员。因此，对于每一位博士生而言，应该珍惜难得的机会，树立精品意识，刻苦钻研，全力以赴地从事博士论文的研究和撰写。因此，在本、硕学位论文的基础上，对于博士论文的撰写有着更高的要求。

①创新性。相比于硕士论文，博士论文更加重视创新性，可以说，创新性是博士论文最基本的要求。决定一篇博士论文质量的高低，很重要的一个指标就是创新的大小。只有在已有研究成果的基础上有新的发现或新的探索，才有可能称得上是一篇合格的博士论文。创新的大小（或多少）决定博士论文质量的高低，而创新的有无决定是否算得上合格的博士论文。那么，什么才算得上是创新呢？有学者指出，论文要完善地论述创新点，一般要能清楚地回答三个方面的问题：一是创新点是什么，论文要清楚地表述所提出的新发现及其主体内容；二是为何要提出这样的创新点，论文要清楚地交代创新点提出的实际和理论背景，让读者感觉到这样的创新点确实有其理论价值和实践意义；三是回答这个创新点是否成立的质疑，有足够的证据和论据来支持和验证论文所提出的创新点。因此，博士论文在选题及写作的过程中，都应该紧密地围绕上述三个问题进行展开，只有对其做出令自己和别人满意的回答，论文的创新性才有保证。因此，博士生应该牢记上述问题，容不得一点马虎。

②贡献性。博士生作为高层次的研究者，其研究成果应该能够对人类知识的积累作出贡献。欧美国家对博士论文的贡献性要求提出了明确的规定，例如，法国要求各个学科的博士论文都应该对未开发领域进行初步探索，而这种探索必须具有新的内容；德国规定，博士论文必须是博士独立完成的科研成果，是学位候选人个人科研能力的证明，作者应该提出自己的观点，并对某一领域的科学发展作出贡献；英国规定，“博士学位是授予对知识有独创性贡献的人的”。博士生培养质量高低在很大程度上是通过博士论文所作出贡献的大小来反映的。一般来讲，只有具备以下特征的研究才能算得上是有贡献的。

第一，必须能够为丰富人类知识库作出贡献。人类文明的进步依靠的是研究者对知识的不断更新和积累，博士学位论文的贡献性首先表现在这一点上；对现有理论的修正或补充、发现新的理论、创建新的学说、为实践提出新的解决方案等都应该是丰富了人类的知识库。

第二，必须具有重大的研究价值和意义。博士论文是一个完整的阶段性成果，在投入很大精力和时间的前提下，博士生应该有信心也有能力选择那些具有重大研究价值和意义的课题。只有那些具有重大价值的研究成果才能为人类知识的积累作出贡献。

第三，必须具有前瞻性和可延续性。研究的价值往往体现在对某一领域做出了前瞻性的研究，很多导师建议博士生选择一个五年甚至十年后才会成为主流的研究课题，这一方面有助于奠定研究者未来的地位和根基；另一方面，前瞻性也为创新性提供了可能。

第四，必须是一种创造性的研究和学术工作成果。创造性与前瞻性以及知识贡献在很大程度上指的是同一问题的不同方面，需要着重指出的是，那些对现有研究成果进行梳理和归纳、选取不同的样本检验已有的理论假说、介绍国外的前沿研究成果等都算不上严格意义上的创造性。

14.1.2 学术期刊论文

学术期刊论文是某一学术研究在实验性、理论性或预测性上具有的新的科学研究成果或创新见解和知识的科学记录，或是某种已知原理应用于实际上取得新进展的科学总结，用以在学术刊物上发表的书面文件。其是对某个科学领域中的学术问题进行研究后表述科学研究成果的理论文章。学术期刊论文的撰写是非常重要的，它是衡量一个人学术水平和科研能力的重要标志。

一般来说，学术期刊论文有以下六个主要特点：一是科学性。学术期刊论文的科学性，要求作者在立论上不得带有个人好恶的偏见，不得主观臆造，必须切实地从客观实际出发，从中引出符合实际的结论。在论据上，应尽可能多地占有资料，以最充分的、确凿有力的论据作为立论的依据。在论证时，必须经过周密的思考，进行严谨的论证。二是创造性。科学研究是对新知识的探求。创造性是科学研究的生命。学术期刊论文的创造性在于作者要有自己独到的见解，能提出新的观点、新的理论。否则，没有创造性，学术期刊论文就没有科学价值。三是理论性。研究论文在形式上是属于议论文的，但它与一般议论文不同，它必须有自己的理论系统的，不能只是材料的罗列，应对大量的事实、材料进行分析、研究，使感性认识上升到理性认识。一般来说，学术研究论文具有论证色彩，或具有论辩色彩。研究论文的内容必须符合历史唯物主义和唯物辩证法，符合“实事求是”“有的放矢”“既分析又综合”的科学研究方法。四是平易性。指的是要用通俗易懂的语言表述科学道理，不仅要做到文从字顺，而且要准确、鲜明、和谐、力求生动。五是专业性。专业性是区别不同类型论文的主要标志，也是论文分类的主要依据。六是实践性。实践性是论文价值的具体体现，它还表现在内容上，旨在根据一定的岗位职责与目标要求培养能力。

14.2 研究论文的基本结构

14.2.1 题目

题目又称题名或标题。题目是以最恰当、最简明的词语反映论文中最重要的特定内容的逻辑组合。研究论文的题目是一篇论文给出的涉及论文范围与水平的第一个重要信息，也是必须考虑到要有助于选定关键词，以及编制题录、索引等二次文献，且可以提供检索的特定实用信息。由于读者要通过论文题目中的关键词来检索作者的论文，因此，作者应用心斟酌选定题目。一般来说，论文题目应对研究对象进行精确具体的描述，这种描述一般要在一定程度上体现研究结论，也就是说，论文题目不仅应告诉读者这篇论文研究了什么问题，更要告诉读者这个研究得出了什么样的结论。对论文题目的要求是：醒目、准确得体、简短精练、外延和内涵恰如其分。

14.2.2 作者姓名和单位

在研究论文的题目下方应注明作者的姓名和单位。注明作者的姓名和单位属于论文署名问题，署名一是为了表明文责自负，二是记录作者的劳动成果，三是便于读者与作者的联系及文献检索（作者或单位）。署名大致分为两种情形，即：单个作者论文和多个作者论文。后者按署名顺序列为第一作者、第二作者等，有些论文署名还有通讯作者。第一作者指的是署名排在最前面的那个人，是论文的主要数据收集者和执笔者，也是对这篇文章贡献最大的人。有的文章署名也有两个或多个第一作者，称为并列第一作者，这种情况下一般需要在人名上进行标注。第二作者指的是排在第一作者之后的那个人，是对文章有一定直接或间接帮助的贡献人，在总体贡献上与第一作者有较大差距。通讯作者指的是排在最后面的那个人，一般是整个研究的负责人，承担研究的经费、设计、文章的书写等。他也是文章和研究材料的联系人，最重要的是，他担负着文章可靠性的责任。

总体来讲，署名应遵循这些原则：一是主要收集数据者，对数据进行分析和总结，执笔撰写文稿的作为第一作者；二是研究负责人参与整个研究过程，数据分析讨论，文稿修改等作为通讯作者；三是所有研究组的硕士、博士、博士后，凡是在研究组学习工作期间受到研究组的相关经费支持而获得的所有数据和相关资料，在撰文发表时，第一单位必须是实际研究单位；四是研究组任何成员（无论离开的还是在学的），在发表与研究组相关的研究论文时，成稿后必须经过研究组的讨论和集体修改，方可投稿，任何人在没有通过研究组的修改讨论时，都不得擅自投稿；五是进入研究组的博士生、博士后，在总结发表其在硕士期间和博士期间的数据时，作者单位都要署原工作和学习单位，通讯作者原则上是原导师。

14.2.3 摘要

摘要是对论文研究内容的高度概括，很多人会根据摘要检索一篇研究论文，因此摘要应包括：对问题及研究目的的描述、对使用的方法和研究过程进行的简要介绍、对研究结论的简要概括等内容。摘要应具有独立性、自明性，能够很好地概括整篇论文的思想。通过阅读论文摘要，读者应该能够对论文的研究方法及结论有一个整体性的了解，因此摘要的写法应力求精确简明。在撰写论文摘要时应注意下列事项：一是整理材料使其能在最小的空间下提供最大的信息面。二是用简单而直接的句子。避免使用成语、俗语或不必要的技术性用语。三是请多位同事阅读并就其简洁度与完整性提供意见。四是删除无意义的或不必要的字眼。但亦不要矫枉过正，将应有之字眼过分删除，如在英文中不应删除必要之冠词如 a，an，the 等。五是尽量少用缩写字。使用特殊缩写字时应另外加以定义。六是不要将在文章中未提过的数据放在摘要中。七是不要为扩充版面将不重要的叙述放入摘要中，即使摘要仅能以一两句话概括，也不要画蛇添足。八是不要将文中所有数据大量列于摘要中，平均值与标准差或其他统计指标仅列其最重要的一项即可。九是不要放置图或表于摘要之中，尽量采用文字叙述。

14.2.4 关键词

研究论文的关键词是文章中的核心词汇，也是出现频率较高的词汇。研究论文的关键词一般放在最后再写，也就是最后和写论文摘要时一起写，这样便于从全文把握。一般来说，撰写关键词可以从以下几个方面着手：一是根据论文的标题提取关键词。事实上，论文的标题不仅说明了本文所要表达的内容，更表达了文章的核心思想。论文的功效是解决实际问题，因此具有功能性，而关键词更是别人在搜索时重要的依据，因此，关键词的设定可以从论文的标题中提取。二是根据论文的主题来提炼关键词。论文的主题，也就是说论文要论证的东西、研究的方向，这个方向就是关键所在，无论是作者的论据、假设，还是最终论述的观点结果，都可以是关键词。管理学的关键词就是管理相关、法律的关键词是法律相关、文学是文学相关的关键词等。三是关键词的设计长度要在 3 ~ 8 个词汇之间，并且排在“摘要”的左下方。为了满足文献标引或检索工作的需要，从论文中选取出的词或词组，一般要具有一定的规范性。需要注意的是，在相关文献中没有收录的词汇，一般也不要选取。此外，关键词的数量一般在 3 ~5 个之间，也不必太多，否则没有重点。四是文章关键词提取应该根据关键程度选取，而且最好不要过于集中。关键词在一篇论文中很多，因为论文字数多，信息量也大，相关的内容也比较多，所以关键词的选取并不太容易，作者可以根据关键程度加以大致排序，选择最关键的词汇。最后，关键词一定不要只在一段文章中反复出现，否则选择适当程度就会有失偏颇，如果分布在整个文章中最好。

14. 2. 5　引言

引言是论文的起始部分，内容复杂篇幅长的研究论文，称“绪论”或“序论”。引言的主要任务是界定研究问题，交代研究问题的实际背景，阐明全文的主要观点（文章论点）。一般而言，引言主要回答以下几个问题：研究背景、研究目的、研究问题的提出，关键概念的界定，主要研究内容的概述，研究方法的选择以及研究论文整体框架的交代等。引言的开始需要有一个段落叙述论文研究问题的实际背景。一般可以从两个角度切入：一种是从现有研究文献入手；另一种是从观察现象着手。缺乏实际工作经验和实践的作者，惯用的手法是从现有文献分析入手，但公共管理学作为一门应用性非常强的学科，从公共管理现象入手可能是更为有价值的方法。公共管理研究多属于应用研究，要回答和解释现实问题，研究方法应以反映归纳思维的实证研究为主。

此外，引言需要对研究目的和研究问题交代清楚，读者一看完研究论文的引言，便应感到作者所提的问题清晰而且有实际意义，产生一定程度上的认同，即产生“为什么自己或者其他研究者没有意识到这个问题”的感触。同时，读完引言后，读者对文章的整体框架和实现途径有了大概的了解，从而能够对论文的价值作进一步的判断。

在撰写研究论文的引言时，作者还应注意这样这几方面的问题：一是避免泛泛而谈。一些作者似乎把研究论文的引言看成一种形式，是可有可无的部分，将绪论的写作和正文的写作相分离，只是为了给绪论加一顶帽子。其常见的现象是：一般化地论述研究的重要性，甚至从研究所涉及的对象在当前社会的影响开始谈起。即使落脚于研究的主题，也是从宏观谈起到微观结束，停留在一般性的论述较多。显然，这样做的结果使读者无法准确地判断“论文命题”的具体价值，缺少对当前研究状况的概括和介绍，不知道作者的研究与以往的研究工作有什么不同。因此，论文的引言必须交代研究工作的背景，概括性地论述所研究问题的现状。对研究现状的论述，不仅是考查作者对资料的占有程度和熟悉程度，更重要的是从资料的全面程度和新旧程度可以判断研究工作的意义和价值，以及研究结果的可信度。二是避免单纯罗列。引言不仅要反映背景的广度，更重要的是要考查作者对研究背景了解的深度。一般作者对研究的问题了解不深，在介绍研究现状时往往是列出一大堆参考文献，罗列出不同研究者的不同做法和结论，缺乏作者的分析和归纳，没有概括出研究的成果和存在的问题，有的甚至将一些与本文研究没有直接关系的文献也列在其中，片面地强调资料占有的丰富性。尽管有人认为，对研究现状的介绍，不同的杂志有不同的要求，但从研究论文撰写的角度出发，引言的目的是阐述论文命题的意义，而并非研究资料的综述，尽管综述对读者查找资料提供了方便。因此，应当用作者自己的语言概括出研究的现状，特别是存在的难点和不足，从而引出论文研究的主题。三是引言的篇幅一般不要太长，太长可致读者乏味，太短则不易交代清楚，一篇 3000 ~ 5000 字的研究论文，引言字数一般掌握在 200 ~ 250 字为宜。研究论文的引言作为论文的开头部分，写好是非常必要的。因此，写论文引言一定要多多斟酌，仔细考虑，争取做到最好。

14.2.6 论点（假设）

在文献综述的基础上，作者完成了对所研究问题实际和理论背景的回顾，又在肯定前人工作的前提下提出不足和有待研究的问题，接下来便应提出本论文所要研究的主题。针对文章提出研究主题以及作者对此研究问题给出的主观回答，构成了研究论文的论点或假设。不论是论点还是研究假设的提出都是为后续论证章节提供基础和方向的。

（1）主论点（假设）提出。

论文的主论点，就是阐明问题阶段中的预设答案，也是研究论文的主要假设。如何提出合用的假设，并没有一套规范的办法可循。正如殷海光所说："一个假设之合用与否，与提出者在该范围里的学识、经验、训练大有关系，与他的想象力之强弱也大有关系"（殷海光，2004）。如《勤劳而不富有》一文提出的预设答案"制度成本对冲了勤劳"，并非靠逻辑规则推出，而是综合运用逻辑和形象思维的结果，是一种洞察力的体现。

主论点（假设）的提出，虽然无规范的办法可循，但对于已提出的主论点是否合用，还是可以辨别的。合用的主论点（假设）必须满足以下一些要求。

首先，它是有意义的，可以解释现实中的疑难问题，而且，不能局限于说明已观察的样本，还应说明未观察的样本，即有一定的外部效度。精确地验证没有多大意义的假说，这不仅不能为社会创造价值，还是一种资源的浪费。在学位论文中也不乏这类为假设而假设的无价值假设，如复习时间与考试成绩正相关，上级信任度越高下属的满意度越高等，这些假设没有解释任何疑难问题，都是常识。

其次，可以验证。提出一个假设，接下去就需要验证。如所提出的假设为真，当然好，表示认知上有收获，如所提出的假设不成立，便排斥了一个不合用的假设，后人不再重复这条路，促使研究者去找新的假设，也起到作用。无论证实或证伪，都可以说完成了验证。但有些假设无法验证，如"善有善报，恶有恶报""人有灵魂"就是这类无法验证的假设，学位论文不能去验证这些假设。有些假设的论证需要过多的数据，论文工作时间有限，难以完成数据收集和验证工作，这类假设也不可取。

最后，一般情况下，假设要与众人已接受的知识一致，不要轻易提出与科学知识相左的假设。要了解与假设相关的知识，不能无视已有知识，妄自造作。如果现有知识已能解释面临的问题，自己偏偏要去重复解释一遍，这只能表明自己的幼稚或孤陋寡闻。如永动机是不可能实现的事早已被证明，有人还要去试，只会徒劳无功。当然，这里并非说任何情况下，所提假设都要与众人已接受的知识一致，不可违反。在已有知识不足以解释面临的问题时，就可能有提出相左假设的必要。

（2）主论点（假设）转化。

将一个主论点（假设）转化为分论点（假设）和子论点（假设），是论点（假设）树构造中的主要工作。主论点（假设）转化过程中始终要注意紧扣主题，从主题出发，合乎逻辑地推论出所有子论点（假设），不要走题，不要节外生枝。主论点（假设）转化实质上是从主论点（假设）出发追究证据的过程，主论点（假设）的表述不仅要一句话说清楚，还要拿出证据。如果直接拿得出数据和事实证据支持此论点（假设），那事情到此结束，否则，主论点（假设）要分解下去。研究论文的主论点（假设）一般都很难直接拿出证据，不是三言两语就能说得清，要分若干项来说明，而“每一项证据”就是用一句话来表达的分论点（假设）。随后，又可能对每一项分论点（假设）追问证据，每个分论点（假设）又要靠几个子论点（假设）来说明。这样，反复做下去，直到拿出数据和事实证据为止。一般来说，操作论点（假设）在主论点（假设）之下的二三层中即可“浮出水面”。

可见，主论点（假设）以下的各中间层次的命题，既是上一层次论点（假设）的证据，又是本层次的论点（假设），并要求下层次提供证据。层次分解一直要到找到操作论点（假设），能着手收集数据寻找证据为止。可见，论点（假设）树构造过程就是“论点（假设）——证据”的转换过程。论点（假设）逐层转化的方法可概括出以下三种。

①外延法。按主论点（假设）概念的外延，选择其中若干项形成子论点（假设）。如《勤劳而不富有》一文中，制度成本的外延包括交易时间、注册和审批的时间、经济纠纷法庭审理的时间、交易对方资信信息获取的可靠性等，论文从制度成本构成去找出几项要素，引申出了论点（假设）。

②反证法。设想与主论点（假设）相反的观点，例如，待论证的主论点（假设）是“跨国公司设立海外分支的动因是无形资产”，可设置分论点（假设）“跨国公司设立海外分支的动因主要是廉价劳动力和原材料”，如果能够论证该分论点（假设）不成立，等于支持了主论点（假设），关于反证法的论证方法我们在论证章节中将做详细介绍，这里不展开阐述。

③替代法。将主论点（假设）的概念用另一个概念来替代。在《勤劳而不富有》一文中，为了说明制度成本对冲勤劳价值，引出对交易制度依赖程度不同的两种产业，即制造业和服务业，服务业要求有完善的信息发布和资信体系，制造业对这类交易制度的要求较低。统计数据表明，中国制造业发展快，在工业中占有较大比重，服务业较之制造业，发展较缓慢，在国民经济中所占比重一直偏低。这说明由于交易制度方面的差距，不得不靠“勤劳”来推动制度要求较低的制造业发展，补偿因交易制度拖累而发展缓慢的服务业。然后，“服务业比重偏低”作为分论点（假设），也就成为制度成本对冲勤劳价值的论据。

14.2.7 论据

论据，是用来证实论点的根据，在逻辑学上，它是用来确定论题的真实性的那些判断。在证明中，它担负着回答“为什么”的任务。论据，依据其本身的性质和特征，可分为理论性论据和事实性论据两类。①

（1）理论性论据。

理论性论据是指那些来源于实践，并且已被长期实践证明和检验过，断定为正确的观点。它包括马列主义、毛泽东思想的基本原理，党在不同时期内的路线、方针、政策，科学的定义、法则和规律，一般的公理、常识以及成语、谚语等。这样的言论有一定的权威性和可信度，引用为论据，可以有力地证明观点，增强说服力。但是使用理论性论据，要注意所引用语言与观点的一致，还要注意保证引言的准确，出处不能有误，否则会削弱文章的说服力。

（2）事实性论据。

事实性论据是对客观事物的真实描述和概括，具有直接现实性的品格，因此是证明论点的最有说服力的论据。事实性论据包括有代表性的确凿事例、史实以及研究数据等。典型的事实论据是最有说服力的证明材料，所谓的“事实胜于雄辩”就是这个道理。作为论据的事实可以是一人一事的具体事例，也可以是多人多事的概括性材料。初学写作的作者，往往把自己的思路限制在名人事例的小天地里，其实只要可以证明论点，无论天下大事还是小事，都可以为作者所用。

研究数据也是研究论文中非常重要的论据资料，研究论文中有关数据材料的描述应达到这样的要求，即其他研究人员可以根据所提供的细节重复作者搜集数据和验证假说的过程。使用事实论据注意“四要”：一是事实要确切。要注意材料的确切与真实，切忌胡编乱造，材料虚假，影响论证的效果。二是观点要一致。要注意材料与观点的一致性，特别是那些内含丰富的材料，一定要仔细斟酌。有时一件事情的成因是多方面的，如果把握不好其中诸多因素的细微差别，就会造成论据与论点脱节。三是叙述要简洁。叙述只是为论证服务的，因此，事例要使用概述的方法，将笔墨集中在能够证明观点的主要情节上，事例的叙述要有鲜明的指向性。四是分析要深入。用事实论证还要注意对事实的分析论述，不能只是将事实一摆，事例说完就完。只有经过分析论述，事例才会更有效地证明论点。

14.2.8 论证

（1）演绎论证。

演绎论证是用演绎推理的形式也就是从一般原理到原则出发，来推断个别的特殊的事

① 梁秀华．谈议论文论点的提出和论据的使用［J］．林区教学，2011（3）：32－33.

物。演绎论证可以分为直接论证和间接论证。

①直接论证。直接论证是从论据直接推出论题的真实性的论证。直接论证是直截了当的论证。这里所说的“直截了当”，并不是说论证中只包含一个推理层次，一次性地用论据来确定论题的真实性或虚假性；而是说用论据来确定论题或真或假时，作者的思路是一个方向，没有转折，即使论证中有时包含几个推理层次，但思路仍是同向的。所以直接论证可以只包括一个推理层次，也可以包括几个推理层次，不管层次有多少，论述者的思路总是同向的。

②间接论证。间接论证是通过否定与论点相矛盾的判断来确立论点的真实性。间接论证又有两种形式。

第一，反证法。反证法（又称归谬法、背理法），是一种论证方式，首先假设某命题不成立（即在原命题的条件下，结论不成立），然后推理出与定义、已有定理或已知条件明显矛盾的结果，从而下结论说原假设不成立，原命题得证。即假设一个与原论点相反的论点，然后得出一个虚假的结论。通过种种方式证明该结论是虚假的，从而确立了原论点的真实性。它的结构如下：

论点：A 真

论证：假设非 A 真，那么 B 真

已知 B 假，所以非 A 假

所以 A 真

第二，排除法，也叫淘汰法。在论据中先列出各种可能性，然后逐一排除其他不可能，证明只有论题中的一种可能是真实的。这个方式的逻辑结构为：

论点：A 真

论证：或者 A 或者 B 或者 C

已知 B 假 C 假

所以 A 真

（2）归纳论证。

归纳论证是用归纳推理的形式主要从一些具体事例中概括出某种一般道理。人们对事物的认知是从个别到一般、感性到理性的过程。归纳推理和人们的一般认知活动是相一致的。归纳论证的方式也是多种多样的，包括事实论证、比喻论证、类比论证、对比论证等。

①事实论证，又叫举例论证，是一种从材料到观点，从个别到一般的论证方法，是从对许多个别事物的分析和研究中归纳出一个共同结论的推理形式。使用这种方法，一般是先分论后结论，即开门见山提出论题，然后围绕论题逐层运用材料证明论点，最后归纳出结论。这种结构的方法，比较符合人们的思维认识规律。运用事实论证进行论证时列举的事实可以有两种形式，即概括总体性事实和枚举个别事实。概括总体性事实的说服力在于事实所体现的普遍性，它是对事实的总体或全局的全面性统计或概括。采用枚举个别事例的论证方式，不要求全面周到，只需要枚举几个事例即可。枚举事例要求有一定的典型性，同时也要考虑

到经济原则，尽可能不要同类重复。

②比喻论证。是用比喻作论证，以比喻者作论据去论证被比喻者（论题）的论证方式。在比喻论证中，比喻者是一组形象事例，其中包含一定的关系和道理，被比喻者则是一种抽象的道理。比喻者和被比喻者虽然是两类不同的事物，但在它们之间存在着一个共同的一般性原理，因此它们之间具有推理关系。运用比喻论证要注意几个问题：一是用来作为喻体的事物，应当是为大家所熟悉的、具体的、浅显的，这样，才能既通俗又生动地说明另一个事物；二是比喻应当贴切、自然，要能恰到好处地说明被论证事物的特点；三是因为比喻的双方缺乏本质上的内在联系，所以任何比喻都是有缺陷的。要完整、深刻地论述一个问题，不能仅靠几个比喻，应把它与其他论证方法结合起来使用。

③类比论证。类比论证是根据两个对象在某些属性上的相同或相似，推论两者在其他属性上也有相同或相似，其逻辑形式为：A 具有 a、b、c、d 的属性，B 具有 a、b、c 的属性，所以，B 可能具有 d 的属性，属于形式逻辑中的归纳推理。类比论证属于偶然性推理，是一种从特殊到特殊、从个别到个别的推理方式，其结论不一定为真，只有一定程度上的可靠性。在某些情况下，有时无法获得更确切的论据。运用类比论证，有时是有效的。运用类比论证需要注意以下几点：一是要使用同类对象进行类比，世界上具有某些相同属性或相似属性的事物是无穷多的，有的根本是风马牛不相及的，对它们进行类比，就缺乏说服力；二是避免单独运用类比论证一种论证方式，最好是与其他的论证方式结合使用，使之起一种补充和丰富的作用；三是要注意结论的可靠程度，除非个别很有把握的情况，否则结论一般只是一种可能性。在表述上要把握住分寸，不可绝对化。

④对比论证。对比论证则是一种求异的思维方式，它侧重从事物的相反或相异的属性的比较中来揭示需要论证的论点本质。对比论证方式的运用范围很广，可以进行比较的事物很多，中与外、古与今、大与小、强与弱等，都适合进行比较，在比较中分析和阐明两者的差异后，是非昭然，自然就能够确立论点。对比可以是两个对象之间的比较，也可以是同一对象自身前后不同阶段之间的比较，前者称为横向比较，后者称为纵向比较。运用纵向对比的论证方式，不能停留在形式逻辑的静态判断的层面上，否则，有时会显得说服力不够。运用对比论证要注意几个问题：一是比较的双方要具备可比性；二是建立合理的参照系。要进行比较，就必须具有合理的共同参照系，没有共同的参照系，两者就无法进行比较。所谓参照系指的是用来衡量和确定双方优劣长短的标准，这样的标准必须具有客观性，否则比较的结论不一定可靠。

14.2.9 结论与讨论

结论是研究者对研究结果的看法和议论。同样的研究结果，不同的研究者或读者可能引申出不同的结论。结论中可包括与同类分析结果的比较，揭示与前人研究工作的差异，衬托出本研究结果的创新之处。

结论部分的主体内容就是摘要的内容，不过结论可以扩充摘要的内容，分析结果可说明得详细些。摘要是论文微型版本，不在论文正文之内，结论与摘要内容重叠不能说是重复。犹如一曲交响乐，主旋律可以前后多次出现，创新点是论文精华，即使内容重叠，读者也不至于厌烦，而会加深印象。

结论可以在分析结果的基础上对它的理论和实际价值作出主观判断。从结果引申出结论时容易出现“过度引申”的情况。“过度引申”指不能从分析结果逻辑地推论出来，例如，分析结果证实新职员经过半年专人指导，其业绩比没有专人指导的新职员要好，如据此得出业绩好必定要专人指导的结论就是“过度引申”。要用分析结果的实际内容来说话，不要抽象地使用“重大突破”“重大创新”之类的言词。即使是理论上的突破，只要把突破之处描述清楚，自己不说，同行自有评论，这倒不只是谦虚。人难得有自知之明，过分自信是人性弱点之一，加之个人信息有限，自己的研究成果只有经过实践和时间的检验才能作出客观的评价。

结论中还可提出在本研究基础上有待进一步研究的问题和建议，有些论文中最后提一句：“显然，还有许多问题有待深入研究。”或列一个问题清单，这些说法都符合事实，但无甚意义，须结合本论文工作实践，特别是存在的缺陷和不足，提出进一步研究的设想和建议。①

14.2.10　注释

注释是对论文篇名、作者和文稿中特定内容所做的必要补充、解释和说明。一是对篇名的注释，包括论文产生的背景、立项项目、基金项目等所做的说明。如某系列论文，则应说明此前已发表的论文篇名、发表报刊、时间（期数），以便读者查考。二是对作者的注释，即“作者简介”，包括作者姓名、性别、工作单位或住址、职称、学位、邮政编码等。篇名、作者注释一般放在论文首页。三是文内有关特定内容的注释，一般放在文章篇末。例如，一般引用的个别语句，可用夹注的形式，放在引用句子后边，用圆括号标出。篇末的注释采用顺序编码制，即：按注释在正文中出现的先后顺序，用带圆圈的阿拉伯数序号编码，放在标注处的右上角；注释条目按顺序集中列于文章末尾、参考文献前。

14.2.11　参考文献

参考文献的具体写法在前面章节已经介绍过，在这里补充介绍一下研究论文中列举参考文献的一些要求：一是按研究论文参考或引证文章和资料的先后顺序排列；二是列举的参考文献一般应为正式出版物（包括书籍、报纸、杂志等）；三是要标明序号，作者（编者、译

---

① 李怀祖．管理研究方法论［M］．第 3 版．西安：西安交通大学出版社，2017.

者）姓名，书名或报纸杂志中的篇名，出版单位（或报名、杂志名），出版时间（杂志期数，报纸版数）等。

14.3　研究论文撰写策略

研究者在着手撰写论文时，有必要掌握一些论文的撰写策略，不然的话撰写出来的论文可能会不符合规范，甚至出现偏离研究论文主旨的情况。而研究者如果掌握了一定的撰写策略，不仅能确保研究论文始终围绕着研究的问题而展开，还能使整个文章行文标准，特色鲜明。具体而言，研究者可以从论文的撰写步骤和撰写技巧两个大的方面来提升自己的写作水平。

14.3.1　研究论文的撰写步骤

（1）提炼论文题目。

研究论文的题目是论文的“眼睛”，如果题目短小、精练、鲜明，就能传神生辉，使人一看就有兴趣。因此，对研究论文的题目进行提炼，是非常重要的。这就要求作者在撰写题目时字数要少，用词需要精选。至于多少字算是合乎要求，并无统一的“硬性”规定，一般希望一篇论文题目不要超出20个字。若简短题名不足以显示论文内容或反映出属于系列研究的性质，则可利用正、副标题的方法解决，以加副标题来补充说明特定的实验材料、方法及内容等信息，使标题成为既充实准确又不流于笼统和一般化。

此外，题目的撰写，也不能由于一味追求字数少而影响题目对内容的恰当反映，在遇到两者确有矛盾时，宁可多用几个字也要力求表达明确。因为文和题是互相作用、互相影响的。文要切题，题要配文，如果文不对题，题目再短再精，也是没有意义的。因此，作者既要使题目简短精练，又要使题目能概括地表达论文的中心论点和讨论的范围，起到“画龙点睛”的作用，就要掌握以下论文题目提炼技巧。

①依据学术方向进行选题。研究论文写作的价值，关键在于能够解决特定领域的特定问题，特别是在学术研究方面的论文更是如此。因此，论文选择和提炼标题的技巧之一，就是依据学术价值进行选择提炼。

②依据兴趣爱好进行选题。论文选择和提炼题目的技巧之二，就是从作者的爱好和兴趣出发，只有选题符合作者兴趣和爱好，作者平日所积累的资料才能得以发挥效用，语言应用等方面也才能熟能生巧。

③依据掌握的文献资料进行选题。文献资料是支撑、充实论文的基础，同时更能体现论文所研究的方向和观点，因而，作者从现有文献资料出发，进行选题和提炼标题，是题目提炼的第三大技巧。

④从小从专进行选题。所谓从小从专，即是研究论文作者在进行选择和提炼标题时，要从专业出发，从小处入手进行突破，切记全而不专、大而空洞。

要求论文题目能准确表达论文内容，恰当反映所研究的范围和深度。其常见毛病是：过于笼统，题不扣文。关键问题在于题目要紧扣论文内容，或论文内容与论文题目要互相匹配、紧扣，即题要扣文，文也要扣题。这是撰写研究论文的基本准则。

（2）精选支撑材料。

研究论文的题目选定之后，我们通常需要花费大量时间，围绕论题范围尽可能全面地搜集各种材料。一个小小的题目，往往需要占有很多材料。有些文章只有几千字，可收集的材料却有几十万字、数百万字。全面搜集材料是开展科学研究很重要的一个环节，是科研工作的基础。因为科学研究的全过程始终建立在研究材料的基础上，材料搜集与科研之关系，就像"水之积也不厚，则其负大舟也无力"一样。科研实力和水平首先在于材料的充分占有，在充分占有材料的基础上作者还要精选支撑材料。精选支撑材料，主要指对论文引用的材料增加、删节或调整。材料是文章中的"血肉"，它是证明观点的论据，是论点成立的依托。因而对选用材料的基本要求是：一是必要，即选用说明观点的材料；二是真实，即所用的材料必须符合实际，准确可靠；三是合适，即材料引用要恰当，不多不少，恰到好处。在精选材料中，还要看引用的支撑材料是否确凿有力；是否有出处；是否能相互配合说明论点；是否发挥了论证的力量；是否合乎逻辑；是否具有说服力。要把不足的材料补足，要把空泛的、陈旧的、平淡的材料加以调换；要把不实的材料和与主题无关的材料坚决删除。具体来说，精选材料有以下技巧。

①精选第一手资料。第一手资料包括与论题直接有关的文字材料、数字材料（包括图表），如统计材料、典型案例、经验总结等，还包括作者亲自实践中取得的感性材料。这是研究论文中提出论点、主张的基本依据。没有这些资料，撰写的研究论文就只能成为毫无实际价值的空谈。对第一手资料要注意及早收集，同时要注意其真实性、典型性、新颖性和准确性，并从中精选出对研究最具说服力的资料。

②精选他人的研究成果。这是指精选国内外有关作者研究的最新动态。撰写研究论文不是凭空进行的，而是在他人研究成果的基础上进行的，因此，对于他人已经解决了的问题就可以不必再花力气重复进行研究，人们可以以此作为出发点，并可以从中得到有益的启发、借鉴和指导。对于他人未解决的，或解决不圆满的问题，则可以在他人研究的基础上再继续研究和探索。切忌只顾埋头写，不管他人研究，否则，撰写的研究论文的理性认识会远远低于前人已达到的水平。

③精选边缘学科的材料。当今时代是信息时代，人类的知识体系呈现出大分化大融合的状态，传统学科的鸿沟分界逐渐被打破了，出现了令人眼花缭乱的分支学科及边缘学科。努力掌握边缘学科的材料，对于所要进行的学科研究，课题研究大有好处。它可以使我们研究的视野更开阔，分析的方法更多样。如研究公共管理学的有关课题，就必须用上社会学、心理学、人口学、财政学等学科的知识。大量研究工作的实践表明，不懂一些边缘学科知识，

不精选一些边缘学科的材料，知识面和思路狭窄是很难撰写出高质量的研究论文的。

④精选名人的有关论述、有关政策文献等。名人的论述极具权威性，对准确有力地阐述论点大有益处。至于党的有关方针、政策既体现了社会主义现代化的实践经验，又能反映出现实工作中面临的多种问题，因此，研究一切现实问题都必须占有和清楚这方面的材料，否则会出现与党的方针、政策不一致的言论，使论文出现很大的缺陷。

⑤精选背景材料。精选和研究背景材料，这有助于开阔思路，全面研究、提高研究论文的质量。例如，要研究莱恩的新公共管理理论，不能只研究他的著作，还应该大力搜集他当时所处的社会、政治经济等背景材料，从而取得深入的研究成果。

（3）制订思路提纲。

制订良好的思路提纲是研究论文撰写成功的一半，尽管研究论文要求作者把复杂的概念糅合在一起，但制订一份写作思路提纲将确保概念连贯而充实。同时，制订思路提纲可以让实际的论文撰写过程不那么紧张，并避免最常见的错误。更重要的是，思路提纲将有助于使论文表达清晰、简明，并使那些审阅论文的期刊编辑信服。登高才能望远，而制订一个合适的思路大纲可以让作者俯瞰论文的全局，帮助作者在结构问题显现之前便将其消灭。具体来说，作者可以按照以下步骤进行。

①列出引言的提纲。这是讨论研究涵盖范围的地方，而不是对本项研究的总结。引言中要回答这样的问题：这项研究可以解决什么问题？过去在这方面做了什么工作？这项工作和现有的文献有什么区别？引言中要试图说服读者这项研究对科学界是有价值的。有些作者把引言写得过于臃肿，因为他们急于去写论文的精华部分。通过列出引言的提纲，作者可以在写第一遍时就只写出必要的内容，而不是在投稿之前才匆忙地去除累赘。

②列出方法部分的提纲。详细说明研究是如何进行的，使用了什么测量方法，以及是如何分析结果的。研究论文中一个常见的错误是作者在方法部分忙于解释研究的结果，而这些结果应该保存到后续部分中。列大纲可以帮助作者将方法与结果和解释分离开来，这样腾出空间来扩展方法步骤。

③列出结果和讨论的提纲。期刊编辑和同行审稿人会想看看研究发现了什么，以及这些发现与引言中提出的问题有什么联系的。研究论文这部分写作的一个错误是作者陈述他们的研究结果和其他研究者的发现，但没有将这些观点融合成一个更大的论点。列提纲能让作者在写作前把要点连接起来，从而提高论文的清晰度。

④列出结论的提纲。一个非常常见的错误是结论部分只是重复（甚至直接引用）引言的内容。列提纲可以帮助作者抓住关键点：研究发现了什么，为什么这些发现有价值，以及该研究如何影响未来的研究。令人信服的结论往往是获取期刊编辑青睐的成败关键。这一部分是论文的最后印象，所以务必充分利用好。

（4）撰写论文初稿。

研究论文有各种各样的类型，但是都要经过资料采集、整理、撰写、成稿、定稿、审核，通过审核等过程。论文初稿是还没有正式被认可的文献作品。在没有最终通过之前都可以大量修改、完善。有可能研究论文文本已经完成了，但是还没通过相关审核的，也可以叫初稿。撰写初稿是论文写作的核心工作。一切基础工作都是围绕这项核心工作开展的。正式开始撰写初稿之前，作者有必要认真检查基础工作和由此产生的工作条件，并且对执笔顺序和写作方法做出选择。

①撰写初稿的条件。撰写初稿又叫做写草稿，是在制订思路提纲和相关条件的基础上进行的，思路提纲制订之后，还应慎重检查所有撰写初稿的条件是否已经具备。撰写初稿的进度和质量取决于这些条件是否准备得充分，撰写初稿同时又是对这些条件的检验。这些条件如下。

第一，选题已经确定，并围绕选题搜集到足够的资料。

第二，通过阅读资料，已经确定论文的立论和研究方法。

第三，通过对参考资料的阅读和思考，论文的谋篇布局和结构已经了然于胸，并且拟定了论文思路提纲。

一般说来，论文初稿就是论文提纲的细化和扩展，撰写初稿依照提纲写下去就行。但实际上问题并不是这么简单，撰写初稿在对提纲进行细化和扩展时，思维常常会受到激发而变换认识的角度，或者产生更新的观点，这时就需要重新审视材料，重新选择视角，重新做局部甚至是全局的构思，修正、更改原先的提纲，朝着新的方向写作。因此，全面检查这些条件是非常必要的。

②执笔顺序。万事开头难，准备工作就绪开始写作论文时，常有人感到要写的东西千头万绪无从下笔。这时，可以从以下两种模式中任选一种，开始撰稿。

第一，从引论起笔。分析问题和解决问题的思维过程，或者是事物发生、发展和取得结果的过程。对写作的内容如果已经深思熟虑，这种方式写起来就比较顺手，便于阐明意义、安排结构、首尾呼应、文理贯通、一气呵成，写出的文字也较自然流畅、风格一致。

第二，从本论起笔。从本论起笔是先写本论，再写结论，最后写引论。这样是先关注研究课题，回过头来再概述研究和提出研究的意义。这样做的好处是：作者的思维一直停留在研究的问题上。对从引论入手不知如何下笔的作者，先从研究问题入手，容易很快地进入写作状态。把研究做完，回过头来再做引论，也就比较容易了。

第三，写作方式。撰写初稿的方式有两种，可以依作者的写作习惯或所撰写论文的特点加以选择。

首先，深思熟虑，一气呵成。无论以哪一种执笔顺序开始提稿，都可以依据拟好的思路提纲照此方式撰写初稿。作者成竹在胸，顺着思路，没有中断，一鼓作气写下去。写作中不为较小的疑难或选择词句而发生滞涩、停留，尽可能把头脑中涌现的词句写出来，对与错留待初稿完成后去推敲、修改。这会对论文初稿文辞流畅、衔接自然、结构完整产生良好影响，也会使完成初稿花费的时间较少。若准备工作比较充分，制订思路提纲后写作时间又比较集中，通常可以采取这种方式。

其次，考虑成熟一部分，完成一部分，分段写成初稿。撰写论文初稿和写感性文章的执笔顺序略有不同：论文由于事先拟定了思路提纲，论文的各部分存在于一个逻辑体系中，各个部分是有联系的，但又具有相对的独立性，因此可以按顺序写，也可以不按顺序，而是考虑成熟一部分，写作一部分，最后总成其稿。若思路提纲制订后，撰稿的时间比较分散，采用这种方式比较好。作者可以一部分一部分地写下去，在写某一部分时，突然想起另一部分的内容，还可以立即插入，回过头来还可以接着写下去。

总之，无论采用何种写作方式，撰写初稿时都有一些技术性的事项需要注意，如果了解这些事项，事先加以关注，可以提高撰写论文的效率，减少失误，节省时间。这些技术性事项如下：一是尽量把想到的内容写出来。宁愿多余的内容在修改定稿时加以删减，也不要等到修改定稿时由于初稿过于简略，而遗漏了某些内容。二是尽量保持各章、条、款、项、段落的均衡。撰写初稿时，各部分要做到长短适宜、轻重得当、通体均衡，以保证论文逻辑上和形式上的质量。除非因撰稿内容需要，否则不要随意扩张或压缩文章的某些部分。三是注意根据写作进展的需求，适当调整思路提纲。写作过程中常常会产生新的观点和新的认识角度，这时有必要调整、修改思路提纲，改变写作的方向。当然，涉及结构性的调整时，一定要慎重，要有充足的依据。四是边写边加注。引用参考资料，要随引随加注，以避免过后用更多的时间来查出处。参考文献还应按前面章节陈述的标准格式著录齐全。五是遇有疑难时，及时记录在卡片上，留待集中查检工具书解决。如果遇到一个问题就检查一个问题，往往会耽误时间，影响写作进度，而把所遇到的疑难问题记录下来，集中查询，则会节省时间。注意所记问题应注明页码和位置，以便查证后填入。六是随时保持良好的写作状态，保持高度集中的注意力，不要因干扰而中断写作。这一方面需要调整和调动个人写作的情绪，冷静分析不能持续保持良好写作状态的原因；另一方面需要挑选写作的时间和环境。

（5）修改润色定稿。

研究论文的修改不是一件简单的工作。自己付出了很大的努力，好不容易写出了初稿，马上又要对其进行修改，这种立杆见效的“自我否定”其实是一件残酷的事情。所以有的人从心理上不能接受，也是可以理解的。但论文修改是一项客观要求，容不得感情用事。掌握论文修改的方法，不仅有助于提高对论文修改意义的认识，而且会使修改工作富有成效，达到提高论文质量的目的。一般来说，论文修改润色一般可以从以下四个方面展开。

①思想观点的修改。写论文的主要目的是表达自己的思想，宣传自己的主张，如果自己的认识不深刻，甚至有错误，就不可能使别人得到教益，甚至会给人以坏的影响。论文的立论是论文的统帅，如果认识肤浅、见识不高，要想把论文的材料、结构等整理好，也是困难的。所以修改润色论文，首先要考虑论文的主题和观点是否正确，认识是否深刻，论文是否有新意。一是要综观全局，立足全篇，审视论文的中心论点是否正确、集中、鲜明、深刻，是否具有创新性，文题是否相符，若干从属论点与中心论点是否一致，某些提法是否全面、准确。如果中心论点把握不准确，不能把最典型、最具本质意义的思想和规律揭示出来，或者有某种失误和偏颇，就要动“大手术”，进行一次大改写甚至重写；如果论文中的论点落后于形势的发展，缺乏新意，就要重新构思和概括，或改变论证角度，进一步挖掘和提高。

对于论文中出现的主观、片面、空泛的地方，要进行强化、增补等改写工作，将偏颇的改中肯，片面的改全面，模糊的改鲜明，粗浅的改深刻，松散的改集中，有失分寸的改恰当，陈旧的改新颖，立意太低的加以升华。

②例证的修改。论点是通过例证材料支撑的，由于篇幅的限制，论文写作时不能将研究中所搜集的所有材料都放进去，因此，所选用的支撑材料是有限的，这些材料应当最能支持论点，是最有说服力的论据。在对论文例证的修改中，要进行再精选、再确认，使用最恰当的例证材料，增强论据的说服力。

③结构的修改。结构是论文的骨架，在论文修改中，要考察结构是否达到了层次布局合理有序，逻辑展开顺畅严谨，各部分详略得当、协调平衡。如有不当，就应进行有针对性的调整，通过对论文结构的重构，使论文更加严谨，整篇文章在形式上更富有美感。

④语言的修改。语言是构成论文的基本元素，如果运用得好，颇能为论文增色，反之，论文的质量可能就要打折扣，有的甚至令人“不忍卒读”。论文语言的修改丝毫不能马虎，一定要有字斟句酌的精神，对论文中可有可无的语言、对言不表意的文字进行删节，对过于臃肿的表述进行压缩，对不符合规范的语言进行规训；对某些平实的语言进行修饰润色。语言的修改是一项精细的工作，不仅要有耐心，还要细心，否则，问题和错误可能如过眼云烟，不会引起注意。有人说，论文的语言是需要锤炼的，我深以为此言不虚。高质量论文的写作者必定是驾驭语言的高手。驾驭语言是写作的基本功，教育研究和写作者应当注重提高自己驾驭语言的能力。

不少人在论文初稿完成后再回过头去看论文时，完全看不出问题，有时甚至连非常明显的问题，如果没有人指点出来的话，也会“熟视无睹”。出现这种情况是很正常的，论文初成，大脑中对“热稿”的印象还是理想中的腹稿，这时写作者是不易发现问题的。在这种情况下，作者应先将论文搁置一边，暂时不去管它，对它进行“冷处理”。一段时间后，再回过头去修改，常常可以更冷静地发现各种问题。作者也可以将初稿拿给同行朋友去批评，他们更易发现作者没有关注到或没有想到的问题，所谓当局者迷旁观者清便是这个道理，然后在同行朋友所提意见和建议的基础上对论文修改润色。

14.3.2　研究论文的撰写技巧

撰写研究论文大体要遵循这样的顺序，先有个骨架，亦即前面所说的论点或假设树，接着是根据论点或假设树取材，然后选择表达论点或假设论证内容的言辞。骨架是前提，有了骨架，选材才有根据，言辞才有依托，文章才能有模样。否则，必然是“痹义肥辞，繁杂失统”。而取材适当、语言精练朴实，才能将骨架的含义清晰地显示出来。

研究论文要简约、朴实和严谨，合理取舍材料是颇费斟酌的事情，要决定该写和不该写什么，即使该写的部分，还要考虑哪些是重点，要多费笔墨，哪些可一带而过。研究论文围绕假设选择素材主要体现在两个方面：一是描述文章骨架时，阐明主论点或假设、各子论点或假设和分论点或假设提出的依据，各论点或假设之间的逻辑关系，以及各层次论点或假设之间的转换和推论过程，让读者感受到这个骨架有根基，有理论和事实依据，立得起来。二是论证操作论点或假设时，要说明论证方法，变量设计和样本选择，以及数据收集和分析过程，让读者感受到论证过程科学可信。

动笔时，还不能忽视写作技巧。文字功夫好的作者写出的论文，评审专家读起来顺畅，可以较快审完，如果文字不通顺、层次不清、晦涩难懂，就难免有厌烦之感，很可能影响到论文质量评价。根据研究论文写作出现的问题来看，写作时应把握好连贯性、援引事例和首尾效应的技巧。①

（1）连贯性。

研究论文是用文字语言来描述和解释各种事件之间的关联的，因此，文章是否连贯是衡量论文写作质量的重要标志。所以作者在撰写研究报告时，应保持文字前后的一贯性、前后关联，才能让读者留下完整的概念，这是写文章的特点，也是难度所在。研究论文撰写中，连贯性主要体现在以下几点。

①让读者感受到章与章之间的衔接。有的研究论文，章节可以单独成文，与其他章节没有多大关联，甚至讨论的不是同一个研究主题。有的在前面引言等章节说过的一些“大道理”到后续章节又重复提出，或重新来个开场白。有的在前面提出的理论问题或数学模型，却不见后续的分析或应用内容。有的写了几章理论，后面一章实证或案例，但实证或案例支持前面什么论点，没有明确的对应关系等，这些都是忽视了“衔接”的要求。所以每章的开头要有一段话，说明该章的内容及其前后联系。

②让读者感受到论文的章、节与句之间有层次感。写文章与绘画也有相通之处，画一棵树，一般是先画主干，再画树枝、树叶和花朵等，主干、树枝、树叶和花朵构成一幅画的整体。写论文先写绪论，犹如树的主干，然后再写论证章节，犹如树枝，这些章节里叙述的论证内容犹如树叶和花朵，由一句句话和一段段文字构成。看一幅画，主干、树枝、树叶和花朵在画中处于何层次、起到什么作用，观看者一目了然。一篇论文，也同样希望读者读后达到这样的效果。读过作为主干的绪论后，便知道后面犹如树枝的几章怎样展开，而读到后面的章节也知道这些章节在整体中的地位。即使读某一章的内容，也清楚各段之间以至各句之间的关联，后面段落一定是前段意图的继续，不能突然转换话题，这样才给读者以自然连续的感觉，会饶有兴趣地读下去，甚至读完一部分会迫不及待地想读下一部分。由于文字写作局限于一维空间，要做到这点，比绘画要困难得多。

③要查看有无孤立的句子和段落。一篇无论多么复杂的论文，总还是由每一个字一句话积累而成，好的文章，“如茧之抽绪，原始要终，体必鳞次”，所有的字句，好像茧的抽丝，从头到尾连成一线而不间断，从整体来有，则像鱼鳞那样片片紧密相连。文章写好后，可以回头检查，如发现有句子或段落，前无来由，又无后续内容，坚决删去，以免冲淡文章的连贯性。

---

① 李怀祖．管理研究方法论［M］．第3版．西安：西安交通大学出版社，2017.

（2）援引事例。

撰写研究论文，援引事例不仅是一种技巧，而且是必要内容。研究论文强调要有实际背景，解决或解释实际问题，最忌讳那种“从理论到理论，从概念到概念”的写法，一定要有实际数据和事实来支持所提出的论点，可以说，一篇无任何数据和事实的研究论文很难说是合格的论文。

这里所说的援引事例，不只是指作为论证证据的数据和事实，论文通篇论述过程中也须援引事例。现以引言中研究问题背景的写作来说明。问题背景这段写作目的，是为了让读者认可所提出的问题是有价值的，是值得研究的。例如，《中国人为何勤劳而不富裕》这篇研究论文所提出的问题，就是用实际数据和事例来说明，令人感受到研究这些问题的价值所在。但不少研究论文写提出问题这节时，偏好抽象概念推论而不用事例，这显然是不恰当的。公共管理学是应用型学科，研究问题总得与现实联系起来，没有事实和数据，很难令读者感受到研究该问题的实际价值所在。最怕在名词和概念上漂浮，陷入毫无现实价值的从概念到概念、从名词到名词的推导中。

除了问题背景一节外，论文其他部分写作，也同样要举出一些现实中的具体例子。亚里士多德说过，“没有具体形象，人便不能思考”，尽管概念是逻辑思维的细胞，但概念的形成还有前述的概念化的过程，靠的还是个人自身的“心象”。而具体事例最容易引起读者的共鸣。

（3）首尾效应。

论文少则几千字，多则近 10 万字，读者特别是评审专家，不大可能从头到尾逐字逐句地去读，要择重点。如何引导评审专家注目自认为论文精华之处，这是写作过程中要考虑的问题，而把握首尾效应是其中的要领。认知科学研究发现，数据或信息输入的次序，影响人的判断，突出表现为“首尾效应”。

首尾效应指输入一连串信息时，最初的信息强烈影响最后的判断，“先入为主”，此话有一定的科学根据。一篇演讲或一堂课的开场白，影响到听众对通篇演讲或整堂课的评价和注意力。一篇文章有好的开头就会吸引人读下去，否则，就有可能弃而不顾。此外，一连串信息中最后的信息，有时也可能在判断中起到较大的作用，称为“近期效应”。一场演讲的精彩结束语，往往令人难忘。

研究论文对于评审专家和其他读者来说，也有这两种效应。一篇研究论文的首，应该是摘要和引言，尾是结论。此外，章节同样有首尾，章有首段和小结，节有起始段和末段，即使一段话也有首尾两句。下面以研究论文的摘要和结论来阐释首尾效应。

从评审专家阅读的顺序来看，一般都是先看摘要。“摘要”产生“首位效应”。如评审专家读过摘要后，就能清晰地了解到论文作者独立的论点是什么，并感受到这些论点经过科学论证和它的价值所在，那一定非常满意，并抱着一种肯定和积极期待的心态，继续翻阅后续章节的内容，对后续内容中的优点更为敏感。如果摘要写作不到位，评审专家细读后还找不到作者的独立论点所在，更无法对论文价值做出判断，那会感到一定程度的失望，抱着一种怀疑和期望不高的心态，继续去找作者所想表达的论点，对于后续内容中的缺陷更为敏感。所以花精力写好摘要可以说是“一本万利”的事情。

“尾”指的是结论部分，对评审专家来说也是最“近期”收到的信息，这些信息在形成评价意见中所起的作用，远大于正文章节提供的信息。研究论文的摘要和结论联系密切，一般说来，摘要写得好，结论也会写得好。有的专家看完摘要后，会继续阅读结论，使读过摘要形成的印象更为清晰。

14.4 研究论文的发表

14.4.1 研究论文发表的基本流程

一般而言，在国际优秀期刊（包括国内的权威杂志）发表研究论文主要包括以下几个步骤：提交稿件—评审过程—决定函（审稿意见）—修订—重新审稿—接收函。[①]

（1）提交稿件。

当作者开始向杂志提交稿件时，需要注意以下几个事项：一是确保文章符合该杂志的格式，当发现作者并没有遵守该杂志的格式要求时，编辑或审稿人会觉得很恼火甚至觉得受到了侵犯，这也表明作者缺乏基本的专业素养和敬业精神；二是要明确掌握杂志投稿的程序和途径，这个可以通过期刊网站或杂志的主页获得；三是注意匿名审稿的要求，一定要严格按照匿名审稿要求的格式提交稿件。

（2）评审过程。

接下来就进入期刊编辑和审稿人的评审过程了，大多数期刊有一个总编辑和几位编辑，作者的文章会按照研究领域分配给其中的一位编辑，这个编辑将指派两到三名审稿人来评审文章，审稿人的评审标准一般包括文章的主题、方法、数据有效性、理论贡献等。大多数期刊的审稿人会在四周内完成评审，因此作者一般会在两个月到六个月内收到期刊编辑的决定。

（3）决定函（审稿意见）。

执行编辑根据审稿人的意见拟订决定函，一般有三种可能的结果：拒绝、修订重新评审、有条件的接受。稿件被拒绝一般会因为文章涉及比较大的、难以纠正的“理论性”问题和“技术性”问题。所谓“理论性”问题包括理论发展不足、贡献不足、模型不完整等；“技术性”问题一般为不恰当的样本、数据有问题、方法不合适等。修订重新审稿是编辑觉得作者的文章具有可发表的潜在性，只是还存在各方面的问题，评审人会提出明确而详细的修改建议。有条件的接受是指只需要做很少的修改就能发表，这种情况很少出现。

---

① 杨杜等．管理学研究方法［M］．第二版．大连：东北财经大学出版社，2013.

（4）修订。

接到杂志修订意见后，作者首先应该仔细阅读并分析编辑的审稿意见，以便确切了解编辑的关注点与批评，并对每一点修订意见进行有效而认真的回应。然后，作者应该不断地修改直到修正了所有审稿人提出的问题为止。最终的文章应该有更明确的重点、更清晰定义的概念、更强理论支持的假设、更严谨的研究方法以及更充实的讨论内容。

（5）重新审稿与接收。

修订好的文章再次向杂志投递，编辑会对作者的文章进行再次审议，可能还会提出修订的意见，直到达到编辑认为可以发表的程度为止。

14.4.2　研究论文发表的技巧

（1）研究论文写作规范。

研究论文有明确的写作规范，最好的办法是借鉴和参考顶级杂志上优秀研究论文的行文规范，前期的模仿式训练对于研究论文写作规范的掌握是有利的。值得指出的是，研究论文的摘要和引文对能否进入审稿程序非常关键。摘要是审稿人第一直观的印象和认知，通过对摘要的阅读一般就能初步判断文章的价值和意义，决定是否有必要对全文进行阅读。因此，摘要应该对整篇文章高度总结概括，包含待解决的关键问题、一个有关主要论点或假说的简短申明、所采用的研究方法以及主要的研究成果。大多数期刊要求摘要不超过 100 字，一定要确认文章的标题和摘要是否捕捉到了文章核心的内容，是否足够简单明了。另外，因为大多数研究论文都是匿名审稿，这要求作者应该尽量避免引用自己的文章，尤其不能在文中由于引用自己的文章而吐露身份，如“我之前的研究表明（作者姓名，年份）……”。

（2）研究论文投稿恰当。

①针对撰写的学术研究论文内容，了解有关杂志刊登的文章信息，有针对性地投稿。当前，很多研究生反映，辛辛苦苦写出来的文章，竟然难以发表，研究论文写作的积极性极大受挫。究其原因，主要是缺乏投稿针对性造成的。如何提高针对性和命中率？笔者认为，研究生首先要了解所投刊物的主要栏目，看你的文章是否能在所投刊物上找到属于自己的位置。其次，要注意刊物上刊登文章的长短，如果要求 4000 ~ 6000 字，那么你的 3000 字或 10000 字左右的文章就不合适，要么另投他刊，要么修改压缩以符合刊物的版面要求。最后，要注意刊物上刊登的文章是否有中英文摘要和关键词、文献标识的方法以及作者简介等。当然，还有一点重要的是，你要注意刊物刊登文章的语言风格，是偏重于严谨的学术性，贴近生活的实践性，抑或是学术性与实践性并重。只有“对症下药”，学会有针对性地投稿，才能大大增加文章被采用的概率。

②根据撰写的学术研究论文质量，有选择性地投稿，努力提高发表刊物的档次。在写作实践中，选题新颖、观点鲜明、创新性强的学术研究论文，最好投到专业核心杂志和相关核心杂志（包括 CSSCI、中文核心）上，采稿周期一般为 1 ~ 3 个月。如果等 2 ~ 3 月还没有消

息，应及时改投其他稍微差一点的核心杂志，若还是没被采用，可能表明你的文章质量不高，那就立即改投普通杂志。否则，耽搁的时间过长，时效性已过或此方面的研究成果问世，你的文章也就失去了应有的价值。对于自认为稿子质量一般的文章，又想发表的，建议直接投给 CN 刊物，这样采用率高些，若不行再改投他刊，直到发表为止。

③根据不同杂志的投稿要求，采用不同的投稿方式，增加命中率。有的杂志明确要求只准寄送打印稿，并且要求按照匿名评审的排版方式寄送稿件；有的杂志要求只能寄送打印稿件，但排版必须符合刊物刊登的规范；有的杂志则规定打印稿和电子稿均可；有的杂志则特别喜欢电子稿，处理起来方便；有的杂志开通有投稿网站，只接受网上投稿，等等。针对不同的杂志投稿要求，选择恰当的投稿方式，会赢得编辑的信任，不至于因怀疑你一稿多投而枪毙你的稿件。

就寄送打印稿而言，也有多种方法。第一，如果处在同一个城市距离又不太远的话，可以直接给杂志社送稿，顺便也可以和编辑做一个简单的交流，增加编辑对你的了解。第二，可以采用快递或特快专递的方式寄打印稿，一来节省时间，二来编辑眼前一亮，因为他们每天接触的稿子多是平信寄来的。你的是快递，表明你对发表文章的重视，无形中也会增加编辑对你的文章的重视。就网上发电子稿而言，也有很多技巧。第一，发稿子时同时写上一封诚恳的信，表明你对该杂志的了解程度、你期待发表文章的用途以及文章的简要说明等，不论如何，要谦虚，不要给人留下吹嘘的印象。第二，按照刊物规定的方式投稿。例如，《教学月刊（中学版）》（中文核心）明确规定，投稿主题栏，要写上投稿、学科名称、文章名称等信息。文章要在附件中而不能在写信栏，并强调，当文章发送后得到自动回复的信件后，应按要求及时寄送打印稿。①

（3）争取他人推荐。

发表研究论文时，在格式、质量都有相关的保证后，作者可以先让导师或其他熟悉的专家提出指导意见，然后再进行修改，最后让他们帮忙推荐到相关刊物发表，因为导师和专家从事多年的研究，可能会与有关杂志建立了良好的信任关系。推荐的方式主要有：第一，导师或专家给杂志社编辑打电话或发电子邮件，告诉编辑作者的文章及个人信息等。第二，在寄送打印稿或发电子稿件时，把导师、有关专家的推荐信寄去或发去。研究生参与导师的课题或书稿，从中抽出的部分而形成的文章以及按照导师指导的写作思路而写成的文章，最好采用与导师合作署名的形式发表。

关键术语

研究论文　学位论文　期刊论文　写作要求　思路提纲　概念界定　研究主题　论点　论点转换　论据　演绎论证　归纳论证　主证　旁证　投稿

---

① 耿红卫．研究生学术研究论文的撰写及发表策略［J］．宁波大学学报（教育科学版），2013（1）：55－57.

思考与实践

1. 何谓研究论文？
2. 简述研究论文的类型。
3. 简述研究论文的基本结构。
4. 如何进行主论点的转化？
5. 研究论文的撰写策略有哪些？
6. 简述研究论文发表的基本流程。
7. 研究论文发表的技巧有哪些？

阅读材料

1. 马睿宏，崔学兰．如何撰写学术论文［J］．山西财经大学学报．2008，30（1）：241.

2. 李慧．实证方法在管理学科问题研究中的科学运用［J］．科学学与科学技术管理，2008（5）：34 – 38.

3. 周传虎．学术论文写作与发表指南［M］．北京：中国人民大学出版社，2019.

附　　录

附录 1：调查问卷实例

保密：根据《统计法》第三章第十四条，本资料“属于私人、家庭的单项调查资料，非经本人同意，不得泄露”。

行政区编码：□□□□□□　　　问卷编码：□□□

农村居民家庭生计状况
调查问卷

被访人是否为户主：是 □　　否 □→与户主关系

被访人出生年份：________性别________，文化程度________

被 访 人 住 址：________省________市________县______乡（镇）______村

调　查　时　间：________年________月________日

江西财经大学

调查说明

农村家庭生计状况调查旨在通过对农村样本家庭及其成员的调查，搜集个体、家庭层次的信息，获得农村家庭生计状况资料，为社会提供有效的信息来源，为学术研究提供系统科学的数据，为政府政策决策提供科学依据。

为获得准确的数据，请您依据实际情况回答问题。如果因此而对您的生活和工作造成不便，我们深表歉意，请您理解和帮助我们的工作。

根据《中华人民共和国统计法》第三章第十四条，在未获得您的许可的前提下，我们会对您所提供的所有信息绝对保密。科学研究、政策分析以及观点评论中发布的是大量问卷的信息汇总，而非您个人、家庭、村/居的案例信息，不会造成您个人、家庭、村/居信息的泄露。

本次调查采取不记名的方式进行，请在所选答案的序号上画“√”，或将答案填写相应的横线上（或空格）。

如果您对调查员的身份有任何疑问，欢迎您随时拨打电话与课题调查负责人进行联系与核查。

负责人：吴军民 博士　　联系电话：13576147395

非常感谢您的支持和帮助！

一、家庭基本情况

1. 与您一起居住和生活的家庭人数有________人。其中：男性________人，女性________人；6 岁以下有________人，7~15 岁有________人，16~60 岁有________人，60 岁以上有________人。

2. 您的家庭由几代人组成？

①一代　②两代　③三代　④四代　⑤四代以上

3. 您家庭成员受教育情况【计算家庭成员教育程度就高不就低，比如家中有人读到“普通高中”或“职高/中专”的，则不将此人计入“小学”“初中/技校”】：

	毕业/结业几个？	在学的有几个？	中途辍学的有几个？	此阶段上学家里花了多少钱？
小学				
初中/技校				
普通高中				
职高/中专				
大专				
本科及以上				

4. 您家的劳动力中，全年从事农业超过 6 个月的有________人，外出打工超过 6 个月的有________人，在本县范围内从事非农业工作超过 6 个月的有________人。

5. 您家的房子大概有________平方米，有________间。

6. 您家居住的房屋结构类型是：

①砖木结构　②土坯房　③钢筋混凝土/砖混

④茅草房　⑤其他

7. 您家承包的耕地有________亩，林地________亩，水（鱼）塘________亩。

8. 您家的耕地、林地或水塘等有否发生流转？

①有【继续回答第 9 至第 12 题】

②没有【跳过第 9 至第 12 题，直接从第 13 题做答】

9. 您家的耕地、林地或水塘等流转的方式是（可多选）：

①出租　②转让　③转包　④互换

⑤代耕代种　⑥政府征地　⑦其他

10. 您家流转出去的耕地有________亩，林地________亩，水塘________亩；流转进来的耕地有________亩，林地________亩，水（鱼）塘________亩。

11. 在您家有政府征地吗？①有→征地________亩，征地补偿________元　②无

12. 您家是否愿意流转土地？

①愿意＿＿＿＿＿　　　　②不愿意＿＿＿＿＿

如果愿意，主要是因为（可多选）：	如果不愿意，主要是因为（可多选）：
①有稳定的非农工作　②有社会保障 ③流转收益更高　④找工作容易 ⑤不想种地　⑥缺劳力 ⑦其他	①找别的工作难　②转让收益低 ③没有社会保障　④有劳动力 ⑤对土地有感情　⑥其他

13. 您家土地全部或部分流转出去后生活主要靠什么？（可多选）

①自营非农业　②种田　③打工　④流转收益

⑤社会保障　⑥亲友接济　⑦其他

14. 今年上半年（1 ~6 月），您全家每月收入总共约为＿＿＿＿元，家庭每月总支出约为＿＿＿＿元，家里每月吃饭约花＿＿＿＿元。

二、生产经营

15. 您家收入主要来自于（可多选）：

①种粮　②种植经济作物　③种植瓜果　④畜牧业

⑤竹木业　⑥打工　⑦自营非农业　⑧其他

16. 您家有从事农业生产和经营吗？

①有【继续回答第 17 至第 22 题】　②没有【跳过第 17 至第 22 题，直接从第 23 题做答】

17. 请填写您家 3 种最主要的或收入贡献最大的农产品产销情况（如果没有表格栏中的"事件"，就填"不适用"）。

农产品名称	单位	产量	出售量

18. 您家的农用机械和工具有哪些？请列举最主要的 3 项。

农用机械与工具名称	数 量	单位购买价格	是否在使用

19. 您家农产品出售有困难吗？①有__________　　②没有

您家出售农产品主要存在哪些困难？（可多选） ①不了解市场信息　②无稳定销售渠道　③无冷藏设备　④缺包装设备/技术 ⑤无自有品牌　⑥没有自己的组织　⑦其他　⑧没有困难

20. 您家在农业生产方面存在的主要困难是（可多选）：

①土地规模太小　②资金不足　③缺技术　④自然灾害多

⑤水利设施差　⑥其他　⑦没有困难

21. 您家如果农业生产经营资金不足，会去找谁借贷？（可多选）

①银行　②农村信用社　③农民专业合作社　④私人

⑤企业　⑥其他　⑦不去借贷　⑧没人肯借

22. 您家如果有借贷农业生产经营资金，贷款利率如何？

①低于银行同期利率　②等于银行同期利率

③银行同期利率 1 ~ 2 倍　④银行同期利率 3 ~ 4 倍

⑤银行同期利率 4 倍以上

23. 您家有否听说过农民专业合作社？①有听说过　②没听说过

24. 您的邻居或朋友有没有加入农民专业合作社？①有　②无

25. 您村有没有农民专业合作社？①有　②无

26. 您家是否加入了农民专业合作社？

①是【继续回答第 26 至第 32 题】　②否【跳过第 26 至第 32 题，直接从第 33 题做答】

27. 您/家人在农民专业合作社中有担任职务吗？①有→任何职________　②无

28. 您家有为农民专业合作社出资吗？①有→ 折合人民币________元　②无

29. 农民专业合作社主要提供哪些服务？（可多选）

①购买农资　②加工产品　③销售产品　④帮助获得优惠政策

⑤信息服务　⑥帮助获得贷款　⑦技术服务　⑧其他

⑨没有服务

30. 您家所加入的合作社经营状况如何？

①亏损严重　②有点亏损　③基本持平　④略有盈余

⑤盈余很多　⑥不知道

31. 您家所加入的合作社，成员按照什么标准分配合作社的盈余？

①按成员出资比例　②按成员与合作社交易额（量）

③成员平均分配　④按交易额（量）结合出资比例

⑤不分配　⑥全部分配给一人　⑦不知道

32. 在您家加入的农民专业合作社中，如果发生了风险怎么样承担？

①农户承担　②合作社与农户共担　③合作社承担

④保险公司承担　⑤其他　⑥不知道

33. 您家与县级以上政府确定的龙头企业有发生经济关系吗？

①有__________　②无

(1) 发生哪些经济关系？(可多选)

①土地租赁　②企业就业　③产品收购

④提供原材料　⑤技术服务　⑥其他

(2) 这些经济关系对您家经济收入有多大帮助？

①非常有帮助　②有些帮助　③一般

④帮助较少　⑤没有帮助

三、社会保障与社会服务

34. 您家有参加以下社会保障吗？(可多选)

①最低生活保障　②新型农村养老保险　③新型农村合作医疗

④医疗救助　⑤特困生活救助

⑥没有【跳过第 34 至第 38 题，直接从第 39 题做答】

35. 您家缴交新型农村养老保险费用的有________人，每月家里总共要交________元；领取养老金的有________人，每月共________元。

36. 对于您家而言，以下哪个社会保障项目是您最需要的？

①最低生活保障　②医疗救助　③特困生活救助

④新型农村养老保险　⑤新型农村合作医疗

37. 您家参加了新型农村合作医疗吗？①有参加→每月家里交____元　②没有参加

38. 参加新型农村合作医疗后，您家上一次看病花了______元，其中报销了______元。

39. 您对现有的农村社会保障满意吗？

①很不满意　②不太满意　③一般/说不清　④比较满意　⑤很满意

40. 您认为自己或家人的健康状况如何？

①很好　②好　③一般　④不太好　⑤很差

41. 您觉得自己或家人的健康状况和一年前比较起来如何？

①更好　②没有变化　③更差

42. 您家人日常生病最经常去哪儿就医？

①省/地级市医院　②县城医院　③乡镇卫生院　④村卫生所

⑤私人诊所　⑥仙姑/神棍/庙观　⑦其他　⑧自己处理

43. 您/家人觉得那里的医疗技术水平怎么样？
①很好　②好　③一般　④不满意　⑤很不满意
44. 您/家人对那儿的就医条件和环境满意吗？
①很满意　②满意　③一般　④不满意　⑤很不满意
45. 去年您家是否有人因病住院？
①有【继续回答第 45 至第 52 题】
②无【跳过第 45 至第 52 题，直接从第 53 题做答】
46. 去年内，您/家人总共住院多少天？合计＿＿＿＿＿＿天
47. 去年内，您/家人住院时间最长的一次有多少天？时间＿＿＿＿＿ 天
48. 去年内，您/家人住院交给医院的费用是多少？计＿＿＿＿＿＿元
49. 去年内，您/家人住院期间吃饭、请人照顾等的费用是多少？计＿＿＿＿＿元
50. 去年内，您/家人住院自己承担的费用是多少？计＿＿＿＿＿ 元
51. 在您家直接支付的治病住院费用中，主要由谁来支付？
①本人　②配偶　③儿子　④女儿　⑤儿女一起
⑥共同支付　⑦其他
52. 去年内，您家直接支付的治病住院费用，超过了您家的支付能力吗？
①严重超过　②轻微超过　③二者相当　④略有剩余　⑤绰绰有余
53. 您家有接受过以下就业服务吗？（可多选）
①职业介绍　②就业培训　③失业保险
④没有【跳过第 53 至第 56 题，直接从第 57 题做答】
54. 您家参加了由哪些部门组织的就业培训？（可多选）
①农民专业合作社②农技推广站　③广播电视　④农业龙头企业　⑤农机站
⑥政府部门　⑦残疾人组织　⑧其他
55. 参加就业培训对您家有什么用处？
①没用处　②用处较小　③不知道　④有些用处　⑤非常有用
56. 您家对政府部门提供的就业服务评价如何吗？
①非常不满意　②不太满意　③一般/说不清　④基本满意　⑤非常满意
57. 近 3 年来，您/家人共参加过＿＿＿＿次村民大会。
58. 您去年有参加村民理事会吗？①有→参加＿＿＿＿次　②没有
59. 与 3 年前相比，您家认为村里社会治安有什么变化？
①明显变好　②略为变好　③没有变化　④变得略差　⑤明显变坏
60. 近 3 年来，您的村里曾发生过哪些突发事件？（可多选）
①森林/房屋火灾　②治安事件　③山体滑坡　④洪水　⑤地震
⑥急性传染病　⑦群体性事件　⑧集体上访　⑨牲畜疫病　⑩其他
⑪没有

61. 上述突发事件对您家日常生活有什么影响?

①非常有影响　②有些影响　③一般　④影响较少　⑤没有影响

62. 如果有可能的话，您家是否愿意对村内基础设施建设或者维护出部分钱?

基础设施类型	是否愿意出部分钱（在相应处打“√”）	
	愿意	不愿意
自来水		
农田水利		
乡村道路		
农村电力		
公共厕所		
有线电视		
学校与幼儿园		
环境卫生（垃圾处理）		

63. 去年您家获得政府政策的支持情况。

政策类型	有无享受（在相应处打“√”）		金额（元）
	有	无	
粮食直补			
生产资料综合补贴			
农机购买补贴			
良种补贴			
母猪防疫补贴			
培训补贴			
水费补贴			

64. 去年，您家有无从政府或工作单位得到过抚恤或救济?【包括现金和实物】

①有→折合________元　②否

65. 去年，您家是否从村委会得到过抚恤或救济?【包括现金和实物】

①有→折合________元　②否

四、社会交往与社会关系

66. 村里有人家（没有亲戚关系）办“红”“白”喜事，您家知道后一般会怎么做?

①去帮忙　②送贺仪或丧仪　③帮忙且送贺仪或丧仪

④不管它，当作不知道　　　　　　　⑤其他

67. 请您大概估算一下，去年一年里头：

（1）您家电费共花了________元。

（2）您自己家里过节、过生日、办喜事等请客共花费了________元。

（3）您家为亲戚、朋友、村里人等过节、生日、喜事等送礼共花费了________元。

（4）您家为村里的庙会、法事、祭祖等共花费了________元钱。

68. 去年，您家是否从子女之外的其他亲属、邻居和朋友处得到经济帮助？【包括现金和实物】

①是→折合________元　　②否

69. 您家有没有在以下事情上找人帮过忙？【如没有发生过“事件”栏中的事情，则填写“不适用”；帮助您的人的“社会身份”请注明其职业和职务，如果涉及很多人则填写您认为最重要的3个人的职业和职务】

事件	是否找过人	是否得到帮助	是否亲戚	帮助您的人的社会身份
1. 借钱				
2. 子女上学				
3. 看病				
4. 找工作				

70. 有没有人在以下事情上找您家帮过忙？【填答注意事项和第68题一样】

事件	是否找您家	是否得到帮助	是否亲戚	向您求助的人的社会身份
1. 借钱				
2. 子女上学				
3. 看病				
4. 找工作				

71. 下面的问题，请您根据自己的情况打分（在相应数字上画圈）。

（1）您家的收入在当地属于？　很低……1　2　3　4　5　6　7　8　9　10……很高

（2）您家在当地的社会地位？　很低……1　2　3　4　5　6　7　8　9　10……很高

（3）您家在当地的人际关系？　很差……1　2　3　4　5　6　7　8　9　10……很好

附录2：随机数表

32044	69037	29655	92114	81034	40582	01584	77184	85762	46505	53633	15371
23821	96070	82592	81642	08971	07441	09037	81530	56195	98425	21533	64827
82383	94987	66441	28677	95961	78346	37916	09416	42438	48432	16744	59182
68310	21792	71635	86089	38157	95620	96718	79554	50209	17705	29755	02090
94856	76940	22165	01414	01413	37231	05509	37489	56459	52983	96409	59779
95000	61958	83430	98250	70030	05436	74814	45978	09277	13827	52953	71540
20764	64638	11359	32556	89822	02713	81293	52970	25080	33555	90262	31720
71401	17964	50940	95753	34905	93566	36318	79530	51105	26952	54105	48221
38464	75707	16750	61371	01523	69205	32122	03436	14489	02086	67582	66521
59442	59247	74955	82835	98378	83513	47870	20795	01352	89906	19305	26904
11818	40951	99279	32222	75433	27937	46214	48872	26536	41042	40596	25017
66785	6837	96483	00230	58220	09756	00533	17614	98144	82427	62138	69210
05933	69834	57402	35168	54138	44850	11527	05692	84810	44109	55109	39017
31722	97334	77178	70361	15819	35037	46319	21085	37957	05102	93335	66817
95118	88373	26934	42991	00142	90852	14199	93593	76028	23664	47180	76234
14347	69760	76397	91159	85189	84766	88814	90023	62928	14789	53471	00822
64447	95461	95772	84261	82306	90347	97519	03144	16530	52542	21857	19942
82291	62993	93884	69165	14135	25283	35685	47029	62941	37099	72881	03865
45631	73570	53937	02803	60044	85567	10497	26882	50000	47039	04120	19431
59594	78376	47900	30057	94668	04629	10087	13562	13800	15764	91658	66838
72010	44720	92746	82059	42361	54456	66999	77103	47491	65161	86859	71560
35419	04632	07000	25529	72128	90404	05118	34453	42189	82994	18450	69697
71750	86044	76982	81606	93646	00776	06017	10638	08818	94242	65467	43308
84739	48460	08613	88344	27585	44997	58464	68682	56828	78191	53879	64035
38929	79307	78252	14446	21545	34737	48625	61374	32181	17834	22256	27132
67690	88918	06316	08110	24591	38729	53296	64295	87158	64938	62955	91406
64601	76493	91280	23056	21242	26983	34203	40045	82157	65050	41256	26715
72065	44093	88240	17510	73412	88774	96914	05702	17130	20916	58746	11631
90225	74930	08500	64177	13202	15085	15734	57555	63812	57696	22222	10157

续表

28621	05997	60429	26054	65632	27972	42932	81090	49530	35918	80372	22246
34314	85753	63937	53393	10934	61002	34310	57073	20982	28131	99700	68586
11128	84671	54057	69332	39704	18843	56031	68332	77029	81158	74555	78332
35568	67291	36330	69073	86991	60906	36610	87019	94719	97919	63357	39290
98522	89016	13019	98667	89737	14994	79230	69251	36768	49334	13705	75901
89684	27811	82218	91198	33067	73110	67847	40419	53241	86977	26195	29384
29211	79880	12066	12964	24359	13240	85803	19939	45345	50807	45814	36502
40812	24292	44850	18449	21290	23083	84893	63294	32730	96663	43984	37924
37557	47569	29962	77730	43273	76805	54125	11957	74378	56507	18835	35163
83221	56851	93252	85160	44644	91209	49776	21425	30860	83151	92087	92691

附录3：x^2 分布表

n \ α	0.995	0.99	0.975	0.95	0.90	0.10	0.05	0.025	0.01	0.005
1			0.001	0.100	0.016	2.706	3.841	5.024	6.635	7.879
2	0.010	0.020	0.051	0.103	0.211	4.605	5.991	7.378	9.210	10.597
3	0.072	0.115	0.216	0.352	0.584	6.251	7.815	9.348	11.354	12.838
4	0.207	0.297	0.484	0.711	1.064	7.779	9.488	11.143	13.277	14.860
5	0.412	0.554	0.831	1.145	1.610	9.236	11.071	12.833	15.086	16.750
6	0.676	0.872	1.237	1.635	2.204	10.645	12.592	14.449	16.812	18.548
7	0.989	1.239	1.690	2.167	2.833	12.017	14.067	16.013	18.475	20.278
8	1.344	1.646	2.180	2.733	3.490	13.362	15.507	17.535	20.090	21.955
9	1.735	2.088	2.700	3.325	4.168	14.684	16.911	19.023	24.666	23.589
10	2.156	2.558	3.247	3.940	4.865	15.987	18.307	20.483	23.209	25.188
11	2.603	3.053	3.816	4.575	5.578	17.275	19.675	21.920	24.725	26.757
12	3.074	3.571	4.404	5.226	6.304	18.549	21.026	23.337	26.217	28.299
13	3.565	4.107	5.009	5.892	7.042	19.812	22.362	24.736	27.688	29.819
14	4.075	4.660	5.629	6.571	7.790	21.064	23.685	26.119	29.141	31.819
15	4.601	5.229	6.262	7.261	8.547	22.307	24.996	27.488	30.578	32.801

续表

n \ α	0.995	0.99	0.975	0.95	0.90	0.10	0.05	0.025	0.01	0.005
16	5.142	5.812	6.908	7.962	9.312	23.542	26.296	28.845	32.000	34.267
17	5.697	6.408	7.564	8.672	10.085	24.769	27.587	30.191	33.409	35.718
18	6.265	7.015	8.231	9.390	10.865	25.989	28.869	31.526	34.805	37.156
19	6.844	7.633	8.907	10.117	11.651	27.204	30.144	32.852	36.191	38.582
20	7.434	8.260	9.591	10.851	12.440	28.412	31.410	34.170	37.566	39.997
21	8.034	8.897	10.283	11.591	13.240	29.615	32.671	36.479	38.932	41.401
22	8.643	9.542	10.982	12.338	14.042	30.813	33.924	36.781	40.289	42.796
23	9.260	10.196	11.689	13.091	14.848	32.007	35.172	38.076	41.638	44.181
24	9.886	10.856	12.401	13.848	15.659	33.196	36.415	39.364	42.980	45.559
25	10.520	11.524	13.120	14.611	16.473	34.382	37.652	40.646	44.314	46.928
26	11.160	12.198	23.844	15.379	17.292	35.563	38.885	41.923	45.642	48.290
27	11.808	12.879	14.573	16.151	18.114	36.741	40.113	43.194	46.963	49.640
28	12.461	13.565	15.308	16.928	18.939	37.916	41.337	44.461	48.278	50.993
29	13.121	14.257	16.047	17.708	19.768	39.087	42.557	45.722	49.588	52.336
30	13.787	14.954	16.791	18.493	20.599	40.256	43.773	46.979	50.892	53.672
31	14.458	15.655	17.539	19.281	21.434	41.422	44.985	48.232	52.101	55.003
32	15.134	16.362	18.291	20.072	22.271	42.585	46.194	49.480	53.486	56.328
33	15.815	17.074	19.047	20.867	23.110	43.745	47.400	50.725	54.776	57.648
34	16.501	17.789	19.806	21.664	23.952	44.903	48.602	51.966	56.061	58.964
35	17.192	18.509	20.569	22.465	24.797	46.059	49.802	53.203	57.342	60.275
40	20.707	22.164	24.433	26.509	29.051	51.806	55.759	59.342	63.691	66.766
50	27.991	29.707	32.357	34.764	37.689	63.167	67.505	71.420	76.154	79.490
60	35.535	37.485	43.482	43.188	46.459	74.397	79.082	83.298	88.379	91.952
70	43.275	45.442	48.758	51.740	55.329	85.527	90.531	95.023	100.425	104.215
80	51.172	53.540	57.153	60.392	64.278	96.578	101.879	106.629	112.329	116.321
90	59.196	61.754	65.647	69.126	73.291	107.565	113.145	118.136	124.116	128.299
100	67.328	70.065	74.222	77.930	82.358	118.408	124.342	129.561	135.807	140.169
200	152.241	156.432	162.728	168.279	174.835	226.021	233.994	241.058	249.445	255.264
300	240.663	245.972	253.912	260.878	269.068	331.789	341.395	349.874	359.906	366.844

附录4：Z检验表

z	0	0. 01	0. 02	0. 03	0. 04	0. 05	0. 06	0. 07	0. 08	0. 09	z
0. 0	0. 5000	0. 5040	0. 5080	0. 5129	0. 5160	0. 5199	0. 5239	0. 5279	0. 5319	0. 5359	0. 0
0. 1	0. 5398	0. 5438	0. 5478	0. 5517	0. 5557	0. 5596	0. 5636	0. 5675	0. 5714	0. 5753	0. 1
0. 2	0. 5793	0. 5832	0. 5871	0. 5910	0. 5948	0. 5987	0. 6026	0. 6064	0. 6103	0. 6141	0. 2
0. 3	0. 6179	0. 6217	0. 6255	0. 6293	0. 6331	0. 6368	0. 6406	0. 6443	0. 6480	0. 6517	0. 3
0. 4	0. 6554	0. 6591	0. 6628	0. 6664	0. 6700	0. 6736	0. 6772	0. 6808	0. 6844	0. 6879	0. 4
0. 5	0. 6915	0. 6950	0. 6985	0. 7019	0. 7054	0. 7088	0. 7123	0. 7157	0. 7190	0. 7224	0. 5
0. 6	0. 7257	0. 7291	0. 7324	0. 7357	0. 7389	0. 7422	0. 7454	0. 7486	0. 7517	0. 7549	0. 6
0. 7	0. 7580	0. 7611	0. 7642	0. 7673	0. 7703	0. 7734	0. 7764	0. 7794	0. 7823	0. 7852	0. 7
0. 8	0. 7881	0. 7910	0. 7939	0. 7967	0. 7995	0. 8023	0. 8051	0. 8078	0. 8106	0. 8133	0. 8
0. 9	0. 8159	0. 8186	0. 8212	0. 8238	0. 8264	0. 8289	0. 8315	0. 8340	0. 8365	0. 8389	0. 9
1. 0	0. 8413	0. 8438	0. 8461	0. 8485	0. 8508	0. 8531	0. 8554	0. 8577	0. 8599	0. 8621	1. 0
1. 1	0. 8643	0. 8665	0. 8686	0. 8708	0. 8729	0. 8749	0. 8770	0. 8790	0. 8810	0. 8830	1. 1
1. 2	0. 8849	0. 8869	0. 8888	0. 8907	0. 8925	0. 8944	0. 8962	0. 8980	0. 8997	0. 90147	1. 2
1. 3	0. 90320	0. 90490	0. 90658	0. 90824	0. 90988	0. 91149	0. 91309	0. 91309	0. 91621	0. 91774	1. 3
1. 4	0. 91924	0. 92073	0. 92220	0. 92364	0. 92507	0. 92647	0. 92785	0. 92922	0. 93056	0. 93189	1. 4
1. 5	0. 93319	0. 93448	0. 93574	0. 93699	0. 93822	0. 93943	0. 94062	0. 94179	0. 94295	0. 94408	1. 5
1. 6	0. 94520	0. 94630	0. 94738	0. 94845	0. 94950	0. 95053	0. 95154	0. 95254	0. 95352	0. 95449	1. 6
1. 7	0. 95543	0. 95637	0. 95728	0. 95818	0. 95907	0. 95994	0. 96080	0. 96164	0. 96246	0. 96327	1. 7
1. 8	0. 96407	0. 96485	0. 96562	0. 96638	0. 96712	0. 96784	0. 96856	0. 96926	0. 96995	0. 97062	1. 8
1. 9	0. 97128	0. 97193	0. 97257	0. 97320	0. 97381	0. 97441	0. 97500	0. 97558	0. 97615	0. 97670	1. 9
2. 0	0. 97725	0. 97778	0. 97831	0. 97882	0. 97932	0. 97982	0. 98030	0. 98077	0. 97124	0. 98169	2. 0
2. 1	0. 98214	0. 98257	0. 98300	0. 98341	0. 98382	0. 98422	0. 98461	0. 98500	0. 98537	0. 98574	2. 1
2. 2	0. 98610	0. 98645	0. 98679	0. 98713	0. 98745	0. 98778	0. 98809	0. 98840	0. 98870	0. 98899	2. 2
2. 3	0. 98928	0. 98956	0. 98983	$0.9^{2}0097$	$0.9^{2}0358$	$0.9^{2}0613$	$0.9^{2}0863$	$0.9^{2}1106$	$0.9^{2}1344$	$0.9^{2}1576$	2. 3
2. 4	$0.9^{2}1802$	$0.9^{2}2024$	$0.9^{2}2240$	$0.9^{2}2451$	$0.9^{2}2656$	$0.9^{2}2857$	$0.9^{2}3053$	$0.9^{2}3244$	$0.9^{2}3431$	$0.9^{2}3613$	2. 4

续表

z	0	0.01	0.02	0.03	0.04	0.05	0.06	0.07	0.08	0.09	z
2.5	$0.9^{2}3790$	$0.9^{2}3963$	$0.9^{2}4132$	$0.9^{2}4297$	$0.9^{2}4457$	$0.9^{2}4614$	$0.9^{2}4766$	$0.9^{2}4915$	$0.9^{2}5060$	$0.9^{2}5201$	2.5
2.6	$0.9^{2}5339$	$0.9^{2}5473$	$0.9^{2}5604$	$0.9^{2}5731$	0.925855	$0.9^{2}5975$	$0.9^{2}6093$	$0.9^{2}6207$	$0.9^{2}6319$	$0.9^{2}6427$	2.6
2.7	$0.9^{2}6533$	$0.9^{2}6636$	$0.9^{2}6736$	$0.9^{2}6833$	$0.9^{2}6928$	$0.9^{2}7020$	$0.9^{2}7110$	$0.9^{2}7197$	$0.9^{2}7282$	$0.9^{2}7365$	2.7
2.8	$0.9^{2}7445$	$0.9^{2}7523$	$0.9^{2}7599$	$0.9^{2}7673$	$0.9^{2}7744$	$0.9^{2}7814$	$0.9^{2}7882$	$0.9^{2}7948$	$0.9^{2}8012$	$0.9^{2}8074$	2.8
2.9	$0.9^{2}8134$	$0.9^{2}8193$	$0.9^{2}8250$	$0.9^{2}8305$	$0.9^{2}8359$	$0.9^{2}5411$	$0.9^{2}8462$	$0.9^{2}8511$	$0.9^{2}8559$	$0.9^{2}8605$	2.9
3.0	$0.9^{2}8650$	$0.9^{2}8694$	$0.9^{2}8736$	$0.9^{2}8777$	$0.9^{2}8817$	$0.9^{2}8856$	$0.9^{2}8893$	$0.9^{2}8930$	$0.9^{2}8965$	$0.9^{2}8999$	3.0
3.1	$0.9^{3}0324$	$0.9^{3}0646$	$0.9^{3}0957$	$0.9^{3}1260$	$0.9^{3}1553$	$0.9^{3}1836$	$0.9^{3}2112$	$0.9^{3}2378$	$0.9^{3}2636$	$0.9^{3}2886$	3.1
3.2	$0.9^{3}3129$	$0.9^{3}3363$	$0.9^{3}3590$	$0.9^{3}3810$	$0.9^{3}4024$	$0.9^{3}4230$	$0.9^{3}4429$	$0.9^{3}4623$	$0.9^{3}4810$	$0.9^{3}4991$	3.2
3.3	$0.9^{3}5166$	$0.9^{3}5335$	$0.9^{3}5499$	$0.9^{3}5658$	$0.9^{3}5811$	$0.9^{3}5959$	$0.9^{3}6103$	$0.9^{3}6242$	$0.9^{3}6376$	$0.9^{3}6505$	3.3
3.4	$0.9^{3}6631$	$0.9^{3}6752$	$0.9^{3}6869$	$0.9^{3}6982$	$0.9^{3}7091$	$0.9^{3}7197$	$0.9^{3}7299$	$0.9^{3}7398$	$0.9^{3}7493$	$0.9^{3}7585$	3.4
3.5	$0.9^{3}7674$	$0.9^{3}7759$	$0.9^{3}7842$	$0.9^{3}7922$	$0.9^{3}7999$	$0.9^{3}8074$	$0.9^{3}8146$	$0.9^{3}8215$	$0.9^{3}8282$	$0.9^{3}8347$	3.5
3.6	$0.9^{3}8409$	$0.9^{3}8469$	$0.9^{3}8527$	$0.9^{3}8583$	$0.9^{3}8637$	$0.9^{3}8689$	$0.9^{3}8739$	$0.9^{3}8787$	$0.9^{3}8834$	$0.9^{3}8879$	3.6
3.7	$0.9^{3}8922$	$0.9^{3}8964$	$0.9^{4}0039$	$0.9^{4}0426$	$0.9^{4}0799$	$0.9^{4}1158$	$0.9^{4}1504$	$0.9^{4}1838$	$0.9^{4}2159$	$0.9^{4}2468$	3.7
3.8	$0.9^{4}2765$	$0.9^{4}3052$	$0.9^{4}3327$	$0.9^{4}3593$	$0.9^{4}3848$	$0.9^{4}4094$	$0.9^{4}4331$	$0.9^{4}4558$	$0.9^{4}4777$	$0.9^{4}4988$	3.8
3.9	$0.9^{4}5190$	$0.9^{4}5385$	$0.9^{4}5573$	$0.9^{4}5753$	$0.9^{4}5926$	$0.9^{4}6092$	$0.9^{4}6253$	$0.9^{4}6406$	$0.9^{4}6554$	$0.9^{4}6696$	3.9
4.0	$0.9^{4}6833$	$0.9^{4}6964$	$0.9^{4}7090$	$0.9^{4}7211$	$0.9^{4}7327$	$0.9^{4}7439$	$0.9^{4}7546$	$0.9^{4}7549$	$0.9^{4}7748$	$0.9^{4}7843$	4.0
4.1	$0.9^{4}7934$	$0.9^{4}8022$	$0.9^{4}8106$	$0.9^{4}8186$	$0.9^{4}8263$	$0.9^{4}8338$	$0.9^{4}8409$	$0.9^{4}8477$	$0.9^{4}8542$	$0.9^{4}8605$	4.1
4.2	$0.9^{4}8665$	$0.9^{4}8723$	$0.9^{4}8778$	$0.9^{4}8832$	$0.9^{4}8882$	$0.9^{4}8931$	$0.9^{4}8978$	$0.9^{5}0226$	$0.9^{5}0655$	$0.9^{5}1066$	4.2
4.3	$0.9^{5}1460$	$0.9^{5}1837$	$0.9^{5}2199$	$0.9^{5}2545$	$0.9^{5}2876$	$0.9^{5}3193$	$0.9^{5}3497$	$0.9^{5}3788$	$0.9^{5}4066$	$0.9^{5}4332$	4.3
4.4	$0.9^{5}4587$	$0.9^{5}4831$	$0.9^{5}5065$	$0.9^{5}5288$	$0.9^{5}5502$	$0.9^{5}5706$	$0.9^{5}5902$	$0.9^{5}6089$	$0.9^{5}6268$	$0.9^{5}6439$	4.4
4.5	$0.9^{5}6602$	$0.9^{5}6759$	$0.9^{5}6908$	$0.9^{5}7051$	$0.9^{5}7187$	$0.9^{5}7318$	$0.9^{5}7442$	$0.9^{5}7561$	$0.9^{5}7675$	$0.9^{5}7784$	4.5
4.6	$0.9^{5}7888$	$0.9^{5}7987$	$0.9^{5}8081$	$0.9^{5}8172$	$0.9^{5}8258$	$0.9^{5}8340$	$0.9^{5}8419$	$0.9^{5}8494$	$0.9^{5}8566$	$0.9^{5}8634$	4.6
4.7	$0.9^{5}8699$	$0.9^{5}8761$	$0.9^{5}8821$	$0.9^{5}8877$	$0.9^{5}8931$	$0.9^{5}8983$	$0.9^{6}0320$	$0.9^{6}0789$	$0.9^{6}1235$	$0.9^{6}1661$	4.7
4.8	$0.9^{6}2067$	$0.9^{6}2453$	$0.9^{6}2822$	$0.9^{6}3173$	$0.9^{6}3508$	$0.9^{6}3827$	$0.9^{6}4131$	$0.9^{6}4420$	$0.9^{6}4696$	$0.9^{6}4958$	4.8
4.9	$0.9^{6}5208$	$0.9^{6}5446$	$0.9^{6}5673$	$0.9^{6}5889$	$0.9^{6}6094$	$0.9^{6}6289$	$0.9^{6}6475$	$0.9^{6}6652$	$0.9^{6}6821$	$0.9^{6}6981$	4.9

附录5：F分布表

m \ n	1	2	3	4	5	6	7	8	9	10	15	20	40	60	∞
1	161	200	216	225	230	234	237	239	241	242	246	248	251	252	254
2	18.5	19.0	19.2	19.3	19.3	19.3	19.4	19.4	19.4	19.4	19.4	19.4	19.5	19.5	19.5
3	10.13	9.55	9.28	9.12	3.01	8.94	8.89	8.85	8.81	8.79	8.70	8.66	8.59	8.87	8.53
4	7.71	6.94	6.59	6.39	6.26	6.16	6.09	6.04	6.00	5.96	5.68	5.80	5.72	5.69	5.63
5	6.61	5.79	5.41	5.19	5.05	4.95	4.88	4.82	4.77	4.74	4.62	4.56	4.46	4.43	4.37
6	5.99	5.14	4.76	4.53	4.39	4.28	4.21	4.15	4.10	4.06	3.94	3.87	3.77	3.74	3.67
7	5.59	4.74	4.35	4.12	3.97	3.87	3.79	3.73	3.68	3.64	3.51	3.44	3.34	3.30	3.23
8	5.32	4.46	4.07	3.84	3.69	3.58	3.50	3.44	3.39	3.35	3.22	3.15	3.04	3.01	2.93
9	5.12	4.26	3.86	3.63	3.48	3.37	3.29	3.23	3.18	3.14	3.01	2.94	2.83	2.79	2.71
10	4.96	4.10	3.71	3.48	3.33	3.22	3.14	3.07	3.02	2.98	2.85	2.77	2.66	2.62	2.54
11	4.84	3.98	3.59	3.36	3.20	3.09	3.01	2.95	2.90	2.85	2.72	2.65	2.53	2.49	2.40
12	4.75	3.89	3.49	3.26	3.11	3.00	2.91	2.85	2.80	2.75	2.62	2.54	2.43	2.38	2.30
13	4.67	3.81	3.41	3.18	3.03	2.92	2.83	2.77	2.71	2.67	2.53	2.46	2.34	2.30	2.21
14	4.60	3.74	3.34	3.11	2.96	2.85	2.76	2.70	2.65	2.60	2.46	2.39	2.27	2.22	2.13
15	4.54	3.68	3.39	3.06	2.90	2.79	2.71	2.64	2.59	2.54	2.40	2.33	2.20	2.16	2.17
16	4.49	3.63	3.24	3.01	2.85	2.74	2.66	2.59	2.54	2.49	2.35	2.28	2.15	2.11	2.01
17	4.45	3.59	3.20	2.96	2.81	2.70	2.61	2.55	2.49	2.45	2.31	2.23	2.10	2.06	1.96
18	4.41	3.55	3.16	2.93	2.77	2.66	2.58	2.51	2.46	2.41	2.27	2.19	2.06	2.02	1.92
19	4.38	3.52	3.13	2.90	2.74	2.63	2.54	2.48	2.82	2.38	2.23	2.16	2.03	1.98	1.88
20	4.35	3.49	3.10	2.87	2.71	2.60	2.51	2.45	2.39	2.35	2.20	2.12	1.99	1.95	1.84
21	4.32	3.47	3.07	2.84	2.68	2.57	2.49	2.42	2.37	2.32	2.18	2.10	1.96	1.92	1.81
22	4.30	3.44	3.05	2.82	2.66	2.55	2.46	2.40	2.34	2.30	2.15	2.07	1.94	1.89	1.78
23	4.28	3.42	3.03	2.80	2.64	2.53	2.44	2.37	2.32	2.27	2.13	2.05	1.91	1.86	1.76
24	4.26	3.40	3.01	2.78	2.62	2.51	2.42	2.36	2.30	2.25	2.11	2.03	1.89	1.84	1.73
25	4.24	3.39	2.99	2.76	2.60	2.49	2.40	2.34	2.28	2.24	2.09	2.01	1.87	1.82	1.71
30	4.17	3.32	2.92	2.69	2.53	2.42	2.33	2.27	2.21	2.16	2.01	1.93	1.79	1.74	1.62
40	4.08	3.23	2.84	2.61	2.45	2.34	2.25	2.18	2.12	2.08	1.92	1.84	1.69	1.64	1.51
60	4.00	3.15	2.76	2.53	2.37	2.25	2.17	2.10	2.04	1.99	1.84	1.75	1.59	1.53	1.39
120	3.92	3.07	2.68	2.45	2.29	2.18	2.09	2.02	1.96	1.91	1.75	1.66	1.50	1.43	1.25
∞	3.84	3.00	2.60	2.37	2.21	2.10	2.01	1.94	1.88	1.83	1.67	1.57	1.39	1.32	1.00

续表

m \ n	1	2	3	4	5	6	7	8	9	10	15	20	40	60	∞
1	4052	5000	5403	5625	5764	5859	5928	5982	6023	6056	6157	6109	6287	6313	6366
2	98.5	99.0	92.2	92.2	99.3	99.3	99.4	99.4	99.4	99.4	99.4	99.4	99.5	99.5	99.5
3	34.1	30.8	29.5	28.7	28.2	27.9	27.7	27.5	27.3	27.2	26.9	26.7	26.4	26.3	26.1
4	21.2	18.0	16.7	16.0	15.5	15.2	15.0	14.8	14.7	14.5	14.2	14.0	13.7	13.7	13.5
5	16.30	13.30	12.10	11.40	11.00	10.70	10.50	10.30	10.20	10.10	9.72	9.55	9.29	9.27	9.02
6	13.70	10.90	9.78	9.15	8.75	8.47	8.26	8.10	7.98	7.87	7.56	7.40	7.14	7.60	6.88
7	12.20	9.55	8.45	7.85	7.46	7.19	6.99	6.84	6.72	6.62	6.31	6.16	5.91	5.82	5.65
8	11.30	8.65	7.59	7.01	6.63	6.37	6.18	6.03	5.91	5.81	5.52	5.36	5.12	5.03	4.86
9	10.60	8.02	6.99	6.42	6.06	5.80	5.61	5.47	5.35	5.26	4.96	4.81	4.57	4.48	4.31
10	10.00	7.56	6.55	5.99	5.64	5.39	5.20	5.06	4.94	4.85	4.56	4.41	4.17	3.98	3.91
11	9.65	7.21	6.22	5.67	5.32	5.07	4.89	4.74	4.63	4.54	4.25	4.10	3.86	3.78	3.60
12	9.33	6.93	5.95	5.41	5.06	4.82	4.64	4.50	4.39	4.30	4.01	3.86	3.62	3.54	3.36
13	9.07	6.70	5.74	5.21	4.86	4.62	4.44	4.30	4.19	4.10	3.82	3.66	3.43	3.34	3.17
14	8.86	6.51	5.56	5.40	4.70	4.46	4.28	4.14	4.03	3.94	3.66	3.51	3.27	3.18	3.00
15	8.68	6.36	5.42	4.89	4.56	4.32	4.14	4.00	3.89	3.80	3.52	3.37	3.13	3.05	2.87
16	8.53	6.23	5.29	4.77	4.44	4.20	4.03	3.89	3.78	3.69	3.41	3.26	3.02	2.93	2.75
17	8.40	6.11	5.19	4.67	4.34	4.10	3.93	3.79	3.68	3.59	3.31	3.16	2.92	2.83	2.65
18	8.29	6.01	5.09	4.58	4.25	4.01	3.84	3.71	3.60	3.51	3.23	3.08	2.84	2.75	2.57
19	8.19	5.93	5.01	4.50	4.17	3.94	3.77	3.63	3.52	3.43	3.15	3.00	2.76	2.67	2.49
20	8.10	5.85	4.94	4.43	4.10	3.87	3.70	3.56	3.46	3.37	3.09	2.94	2.69	2.61	2.42
21	8.02	5.78	4.87	4.37	4.04	3.81	3.64	3.51	3.40	3.31	3.03	2.88	2.64	2.55	2.36
22	7.95	5.72	4.82	4.31	3.99	3.76	3.59	3.45	3.35	3.26	2.98	2.83	2.58	2.50	2.31
23	7.88	5.66	4.76	4.26	3.94	3.71	3.54	3.41	3.30	3.21	2.93	2.78	2.54	2.45	2.26
24	7.82	5.61	4.72	4.22	3.90	3.67	3.50	3.36	3.26	3.17	2.89	2.74	2.49	2.40	2.21
25	7.77	5.57	4.68	4.18	3.86	3.63	3.46	3.32	3.22	3.13	2.85	2.70	2.45	2.36	2.17
30	7.56	5.39	4.51	4.02	3.70	3.47	3.30	3.17	3.07	2.98	2.70	2.55	2.30	2.21	2.01
40	7.31	5.18	4.31	3.83	3.51	3.29	3.12	2.99	2.89	2.80	2.52	2.37	2.11	2.02	1.80
60	7.08	4.98	4.13	3.65	3.34	3.12	2.95	2.82	2.72	2.63	2.35	2.20	1.94	1.84	1.60
120	6.85	4.79	3.95	3.48	3.17	2.96	2.79	2.66	2.56	2.47	2.19	2.03	1.76	1.66	1.33
∞	6.63	4.61	3.78	3.32	3.02	2.80	2.64	2.51	2.41	2.32	2.04	1.88	1.59	1.47	1.00

附录6：t分布表

单侧	α = 0. 10	α = 0. 05	α = 0. 025	α = 0. 01	α = 0. 005
双侧 / 自由度	α = 0. 20	α = 0. 05	α = 0. 05	α = 0. 02	α = 0. 01
1	3. 078	6. 314	12. 706	31. 821	63. 657
2	1. 886	2. 920	4. 303	6. 965	9. 925
3	1. 638	2. 353	3. 182	4. 541	5. 841
4	1. 533	2. 132	2. 776	3. 747	4. 604
5	1. 476	2. 015	2. 571	3. 365	4. 032
6	1. 440	1. 943	2. 447	3. 143	3. 707
7	1. 415	1. 895	2. 365	2. 998	3. 499
8	1. 397	1. 860	2. 306	2. 896	3. 355
9	1. 383	1. 833	2. 262	2. 821	3. 250
10	1. 372	1. 812	2. 228	2. 764	3. 169
11	1. 363	1. 796	2. 201	2. 718	3. 106
12	1. 356	1. 782	2. 179	2. 681	3. 055
13	1. 350	1. 771	2. 160	2. 650	3. 012
14	1. 345	1. 761	2. 145	2. 624	2. 977
15	1. 341	1. 753	2. 131	2. 602	2. 947
16	1. 337	1. 846	2. 120	2. 583	2. 921
17	1. 333	1. 740	2. 110	2. 567	2. 898
18	1. 330	1. 734	2. 101	2. 552	2. 878
19	1. 328	1. 729	2. 093	2. 539	2. 861
20	1. 325	1. 725	2. 086	2. 528	2. 845
21	1. 323	1. 721	2. 080	2. 218	2. 831
22	1. 321	1. 717	2. 074	2. 508	2. 819
23	1. 319	1. 714	2. 069	2. 500	2. 807
24	1. 318	1. 711	2. 064	2. 492	2. 797
25	1. 316	1. 708	2. 060	2. 485	2. 787
26	1. 315	1. 706	2. 056	2. 479	2. 779
27	1. 314	1. 703	2. 052	2. 473	2. 771
28	1. 313	1. 701	2. 048	2. 467	2. 763

续表

自由度 \ 单侧	α = 0.10	α = 0.05	α = 0.025	α = 0.01	α = 0.005
双侧	α = 0.20	α = 0.05	α = 0.05	α = 0.02	α = 0.01
29	1.311	1.699	2.045	2.462	2.756
30	1.310	1.697	2.042	2.457	2.750
40	1.303	1.684	2.021	2.423	2.704
50	1.299	1.676	2.009	2.403	2.678
60	1.296	1.671	2.000	2.390	2.660
70	1.294	1.667	1.994	2.381	2.648
80	1.292	1.664	1.990	2.374	2.639
90	1.291	1.662	1.987	2.368	2.632
100	1.290	1.660	1.984	2.364	2.626
125	1.288	1.657	1.979	2.357	2.616
150	1.287	1.655	1.976	2.351	2.609
200	1.286	1.653	1.972	2.345	2.601
∞	1.282	1.645	1.960	2.326	2.576

参考文献

[1] 阿巴斯·塔沙克里. 混合方法论：定性和定量方法的结合 [M]. 唐海华译. 重庆：重庆大学出版社，2010.

[2] 阿列克斯·英克尔斯. 戴维·H. 史密斯. 从传统人到现代人—六个发展中国家中的个人变化 [M]. 北京：中国人民大学出版社，1992.

[3] 阿特斯兰德. 经验性社会研究方法 [M]. 北京：中央文献出版社，1995.

[4] 埃莉诺·奥斯特罗姆. 规则、博弈与公共池塘资源 [M]. 王巧玲等译. 西安：陕西人民出版社，2011.

[5] 埃什尔曼. 家庭导论 [M]. 北京：中国社会科学出版社，1991.

[6] 艾尔·巴比. 社会研究方法（第 11 版）[M]. 邱泽奇译. 北京：华夏出版社，2018.

[7] 奥古斯特·孔德. 论实证精神 [M]. 北京：商务印书馆，1970.

[8] 巴甫洛夫. 巴甫洛夫选集 [M]. 北京：科学出版社，1955.

[9] 贝蒂·H. 齐斯克. 政治学研究方法举隅 [M]. 北京：中国社会科学出版社，1985.

[10] 贝利. 现代社会研究方法 [M]. 上海：上海人民出版社，1986.

[11] 伯克·约翰逊/拉里·克里斯滕森. 教育研究：定量、定性和混合方法（第 4 版）[M]. 马健生译. 重庆：重庆大学出版社，2015.

[12] 陈明亮. 社会科学研究方法创新：调查、分析与建议 [J]. 管理工程学报，2018 (4)：81.

[13] 陈庆云. 公共管理研究的若干问题 [J]. 中国人民大学学报，2001 (1)：22-28.

[14] 陈卫. 社会学研究方法概率 [M]. 北京：清华大学出版社，2015.

[15] 陈向明. 质的研究方法与社会科学研究 [M]. 北京：教育科学出版社，2006.

[16] 陈振明. 公共管理学 [C]. 北京：中国人民大学出版社，2003.

[17] 陈振明. 政策科学——公共政策分析导论（第 2 版）[C]. 北京：中国人民大学出版社，2003.

[18] 陈振明. 薛澜. 中国公共管理理论研究的重点领域和主题 [J]. 中国社会科学，2007 (3)：140-152，206.

[19] 董国礼. 国家、仪式与社会——解读余华小说、电影《活着》[J]. 社会学，2001 (3)：59.

[20] 恩格斯. 自然辩证法 [M]. 北京：人民出版社，2018.

[21] 范柏乃．蓝志勇．公共管理研究与定量分析方法［C］．北京：科学出版社，2017.

[22] 费孝通．江村经济——中国农民的生活［M］．上海：商务印书馆，2001.

[23] 风笑天．社会研究方法（第5版）［M］．北京：中国人民大学出版社，2018.

[24] 高淑贵．家庭社会学［M］．台湾：黎明文化事业公司，1991.

[25] 耿红卫．研究生学术论文的撰写及发表策略［J］．宁波大学学报（教育科学版），2013（1）：56－57.

[26] 国家图书馆《中国图书馆分类书》编辑委员会．中国图书馆分类法（第5版）［M］．北京：国家图书馆出版社，2010.

[27] 何菊玲，栗洪武．教师教育范式：结构与内涵——基于库恩范式理论的解读［J］．教育研究，2008（4）：83－88.

[28] 胡塞尔．欧洲科学的危机与超越论的现象学［M］．北京：商务印书馆，2001.

[29] 胡幼桃等．江西省城乡弱势群体社会保障问题研究［R］．江西省财政厅，http：//jxf. jiangxi. gov. cn/art，2007. 03. 12.

[30]［美］加布里埃尔·A. 阿尔蒙德，西德尼·维巴．公共文化——五个国家的政治态度和民主制［M］．北京：东方出版社，2008.

[31] 解恩泽．现代交叉科学的发展趋势［J］．创新科技，2006（11）：46－47.

[32] 康大为．中华辞海［M］．北京：印刷工业出版社，2001.

[33] 克劳斯·迈因策尔．复杂性中的思维［M］．曾国屏译，北京：中央编译出版社，1999.

[34] 克雷斯尔．研究写作指导：定量与混合研究的路径［M］．崔延强译．重庆：重庆大学出版社，2007.

[35] 莱西．哲学辞典［M］．伦敦，1986.

[36] 蓝志勇．凯瑟琳·安德逊．当代公共管理研究的范式观——一项经验研究［J］．公共管理报，2005（3）：12－22，92－93.

[37] 劳伦斯·纽曼．社会研究方法：定性与定量的取向（第5版）［M］．北京：中国人民大学出版社，2007.

[38] 李汉林．李路路．资源与交换——中国单位组织中的依赖性结构［J］．社会学研究，1994（4）：3－5.

[39] 李怀祖．管理研究方法论（第3版）［M］．西安：西安交通大学出版社，2017.

[40] 李强．"丁字型"社会结构与"结构紧张"［J］．社会学研究，2005（2）：45.

[41] 李忠尚．尹怀邦等．软科学大辞典［C］．沈阳：辽宁人民出版社，1989.

[42] 梁秀华．谈议论文论点的提出和论据的使用［J］．林区教学，2011（3）：33.

[43] 林南．社会研究方法［M］．北京：农村读物出版社，1987.

[44] 刘吉元．论民主党派提案选题的超前性及超前思维的培养［J］．参政论坛，2002（2）：11－12.

[45] 陆晓文．吕乐．中国社会主流语言词汇的类型分布、使用特征与社会变化 [J]．江苏社会科学，2001 (6)：27.

[46] 罗伯特·默顿．社会理论和社会结构 [M]．北京：译林出版社，2015.

[47] 马克思．恩格斯．马克思恩格斯选集（第4卷）[M]．北京：人民出版社，2012.

[48] 马克思·韦伯．支配社会学 [M]．上海：上海三联书店，2020.

[49] 莫蒂默·艾德勒等．西方思想宝库 [M]．长春：吉林人民出版社，1988.

[50] 罗伯特·K. 默顿．科学社会学 [M]．北京：商务印书馆，2003.

[51] 欧阳卓飞．市场营销调研 [M]．北京：清华大学出版社，2006.

[52] 普赖斯．小科学大科学 [M]．北京：世界科学社，1970.

[53] 乔纳森·H. 特纳．社会学理论的结构 [M]．北京：华夏出版社，2000.

[54] 仇立平．社会研究方法 [M]．重庆：重庆大学出版社，2013.

[55] 任军．胡塞尔现象学中科学的含义 [J]．西北师大学报（社会科学版），2008 (4)：9-13.

[56] Simon Blackburn. 牛津哲学辞典 [C]．上海：上海外语教育出版社，2000.

[57] 苏联科学院社会学研究所著．社会学手册 [M]．杭州：浙江人民出版社，1985.

[58] 汤治成．约定性结构还原与广义科学统一 [J]．系统科学学报，2010 (4)：23-27.

[59] 陶春芳．中国妇女社会地位概观 [M]．北京：中国妇女出版社，1993.

[60] 托马斯·库恩．科学革命的结构 [M]．北京：北京大学出版社，2012.

[61] 王乐夫．论公共管理的社会内涵及其他 [J]．政治学研究，2001 (3)：78-79.

[62] 威廉·福特·怀特．街角社会：一个意大利人贫民区的社会结构 [M]．北京：商务印书馆，1994.

[63] 诺伯特·维纳．控制论 [M]．北京：科学出版社，1962.

[64] W. I. 弗里奇．科学研究的基础 [M]．北京：科学出版社，1984.

[65] 吴建南．公共管理研究方法导论 [C]．北京：科学出版社，2006.

[66] 吴敬琏．制度重于技术——发展中国高新技术产业 [M]．北京：中国发展出版社，2002.

[67] 吴军民．公共管理学科建设与发展规划研究 [R]．江西财经大学，2009.

[68] 吴军民．赖水源．农村残疾人扶贫政策效应评价研究 [M]．北京：中国财政经济出版社，2016.

[69] W. L. Neuman. 王佳煌等译．当代社会研究法——质化与量化途径 [M]．台北：学富文化事业有限公司，2005.

[70] 吴艳红．J. David Knottnerus. 日常仪式化行为：以知青为例的研究 [J]．社会，2005 (6)：31.

[71] 吴艳红．J. David Knottnerus. 日常仪式化行为的形成：从雷锋日记到知青日记

[J]. 社会, 2007 (1): 67.

[72] 夏禹. 科学学基础 [C]. 北京: 科学出版社, 1983.

[73] 肖雷波. 从科学论到技术科学研究 [J]. 自然辩证法研究, 2012 (8): 64-68, 48.

[74] 薛薇. 统计分析与SPSS的运用 (第5版) [C]. 北京: 中国人民大学出版社, 2017.

[75] 杨杜等. 管理学研究方法 (第2版) [C]. 大连: 东北财经大学出版社, 2013.

[76] 杨国枢等. 社会及行为科学研究法 [C]. 台北: 东华书局, 1985.

[77] 杨立华. 李凯林. 公共管理混合研究方法的基本路径 [J]. 甘肃行政学院学报, 2019 (6): 76.

[78] 于国梁. 会话分析 [M]. 上海: 上海外语教育出版社, 2008.

[79] 袁方. 社会研究方法教程 [M]. 北京: 北京出版社, 1997.

[80] 约翰·W. 克雷斯维尔, 薇姬·L. 查克. 混合方法研究: 设计与实施 (第2版) [M]. 游宇等译. 重庆: 重庆大学出版社, 2017.

[81] 臧雷振. 社会科学研究中实验方法的应用与反思——以政治学科为例 [J]. 中国人民大学学报, 2016 (5): 150-156.

[82] 张成福. 党秀云. 公共管理学 [C]. 北京: 中国人民大学出版社, 2001.

[83] 张丽霞. 当代公共管理方法的变革与发展趋势 [J]. 党政论坛, 2004 (11): 33-35.

[84] 张良. 公共管理导论 [C]. 上海: 上海三联书店, 1997.

[85] 张庆东. 公共行政与公共管理: 概念辨析与学科界定 [J]. 中国人民大学学报, 2001 (5): 86-92.

[86] 张廷玉. 明史 [M]. 卷四十五, 志二十一.

[87] 张廷玉. 明史 [M]. 卷六十九, 志四十五.

[88] 张艳玲. 实验报告在培养工科大学生综合能力中的重要作用 [J]. 教育教学论坛, 2020 (30): 377.

[89] 郑功成. 杨立雄. 中国残疾人事业发展报告 [M]. 北京: 人民出版社, 2017.

[90] 马克思恩格斯全集 (第3卷) [M]. 人民出版社, 1999.

[91] 周鲍龙. 非平衡系统经济学与经济计量学概要 [M]. 长春: 吉林省社会科学院经济研究所, 1982.

[92] 周树志. 公共行政、公共政策、公共管理 [J]. 中国行政管理, 2001 (2): 59-61.

[93] Bozeman B, Strauss man D J. 1990. Public Management Strategies: Guidelines for Managerial Effectiveness. Jossey-Bass Publishers.

[94] Creswell, John W. 2013. Educational Research. Pearson.

[95] Evans Kareng. 1996. Chaos as Opportunity: Grounding a positive vision of management

and society in the new physics. Public Administration Review, Vol. 56, No. 5, pp. 33 – 46.

[96] G. &C. Merriam, T. Allen&Son, Webster's New Collegiate Dictionary [M]. Springfield, MA: G. &C. Merriam Co. , 1977.

[97] Groeneveld, S. & Verbeek, S. 2012. Diversity Policies in Public and Private Sector Organizations: An Empirical Comparison of Incidence and Effectiveness. Review of Public Personnel Administration, Vol. 32, No. 4, pp. 353 – 381.

[98] Kuhn T S . 1999. The Structure of Scientific Revolutions. University of Chicago Press, 1999.

[99] EC Hargrove. 1987. Managing Public policy. by Laurence E. Lynn, Jr. Boston, MA: Little, Brown and Co. , 282, pp. , NPA, paper.

[100] Ma L, Liu P . 2017. Missing Links between Regulatory Resources and Risk Concerns: Evidence from the Case of Food Safety in China. Regulation & Governance.

[101] Mead, G. H. 1934. Mind, Self, and Society from the Standpoint of a Social Behaviorist. The University Of Chicago Press.

[102] Mele, V. Anderfuhren – Biget, S. VARONE, FRéDéRIC. 2016. Conflicts of Interest in International Organizations. Evidence from two United Nations Humanitarian Agencies. Public Administration, Vol. 94, No. 2, pp. 1 – 19.

[103] Osgood, C. E. The Measurement of Meaning. Audio – Visual Communication Review, 1957, 2 (7): 503 – 4.

[104] PerryJ, Kreamer, K. L. 1983. Public Managemen: Public and Private Perspectives. California: May field Public Company.

[105] Rensis Likert, Jane Gibson Likert. 1976. New Ways Of Managing Conflict. New York: Mc Graw – Hill.

[106] Sale, J. E. M. Lohfeld, L. H. Brazil, K. 2002. Revisiting the Quantitative – Qualitative Debate: Implications for Mixed – Methods Research. Quality and Quantity, Vol. 36, No. 1, pp. 43 – 53.

[107] Neufeldt V, Guralnik, D. B. 1988. Webster's New World Dictionary of American English.

后　　记

近些年来，公共管理研究方法与其他学科研究方法的融合无论在广度还是深度上，都取得了令人瞩目的新进展。在广度上，方法融合的学科领域不断拓展，除了充分利用经济学、管理学、法学、哲学、伦理学、社会学、心理学等传统学科研究方法外，还越来越多地综合利用数学、系统科学、运筹学、数理统计学、计算机科学和数据科学以及行为科学、脑科学、神经科学、认知科学、认知心理学等新兴学科研究方法。在深度上，方法融合的价值重塑纵深推进，关切并体现价值性、思想性与知识性、学理性相统一的学科命脉，从规律发现、问题解决转向对社会价值观的深度重塑，服务于国家和社会先进文化创新、意识形态思想引领。

因此，本书在编写过程中着重在以下三个方面体现学科与研究方法的融合：（1）汲取哲学、心理学、经济学、伦理学等学科研究经验，介绍以概念抽象、学理思辨及逻辑演绎为主要特征的规范性研究；（2）汲取社会学、行为科学等学科研究经验，系统介绍以实验研究、文献研究、社研究、实地研究等为主要特征的实证研究；（3）汲取数理统计学、数据科学和大数据技术等学科研究经验，力图系统说明数学建模、数据仿真、数据挖掘为主要特征的量化研究。

本教材是团队分工合作的成果。吴军民负责本教材的总体思路、框架构建，郭亚雄教授、毛家慧老师负责本教材的统稿和部分章节撰写。具体分工如下：第 1～3 章，余丽敏（江西财经大学）；第 4～6 章，毛家慧（江西财经大学/江西交通职业技术学院）；第 7 章，饶生来（福建广播电视大学龙岩分校）；第 8 章，段宜嘉（《经济地理》杂志社/江西财经大学）；第 9 章，郭亚雄（江西财经大学）；第 10 章，陈贤兵（福建省光泽县第一中学）；第 11～12 章，熊高鹏（江西财经大学）；第 13～14 章，李丹妃（江西财经大学）。吴伟华、宋寅平、王艳冬、白娟等硕士研究生参加了教材的文字校对工作。

本教材的出版得到江西财经大学财税与公共管理学院的大力资助，并作为江西省教育厅研究生优质课程和案例建设项目、江西省研究生“课程思政”示范课程项目的阶段性成果，在此向他们表示感谢，感谢他们对公共管理学科发展的理解与支持！当然，无论是教材的结构设计还是方法融合的实际运用，本教材尚存在不少的缺点和错误，恳请广大师生批评指正。

编者

2021 年 10 月 20 日